北京大學《儒藏》編纂與研究中心 編

《儒藏》精華編選刊

霜紅龕集（上）

〔清〕傅山 撰

王薇 校點

北京大學出版社
PEKING UNIVERSITY PRESS

圖書在版編目(CIP)數據

霜紅龕集：全二册 / （清）傅山撰；北京大學《儒藏》編纂與研究中心編. --北京：北京大學出版社，2025.5. --（《儒藏》精華編選刊）. --ISBN 978-7-301-36090-3

Ⅰ. Z429.49

中國國家版本館CIP數據核字第20256ZH795號

書　　名	霜紅龕集 SHUANGHONGKAN JI
著作責任者	〔清〕傅山　撰 王薇　校點 北京大學《儒藏》編纂與研究中心　編
策劃統籌	馬辛民
責任編輯	沈瑩瑩
標準書號	ISBN 978-7-301-36090-3
出版發行	北京大學出版社
地　　址	北京市海淀區成府路205號　100871
網　　址	http://www.pup.cn　　新浪微博：@北京大學出版社
電子郵箱	編輯部 dj@pup.cn　總編室 zpup@pup.cn
電　　話	郵購部 010-62752015　發行部 010-62750672 編輯部 010-62756694
印 刷 者	三河市北燕印裝有限公司
經 銷 者	新華書店
	650毫米×980毫米　16開本　48.75印張　530千字 2025年5月第1版　2025年5月第1次印刷
定　　價	187.00元（全二册）

目録

上册

霜紅龕集卷三…………二六

霜紅龕集卷四

霜紅龕集卷五……六六

霜紅龕集卷九

霜紅龕集卷十

霜紅龕集卷十一 …… 一六四

霜紅龕集卷十四

霜紅龕集卷三十三……………………四七五

校點説明

傅山（一六〇七——一六八四），初名鼎臣，字青竹，後改名山，字青主，號嗇廬，又號公他，陽曲（今山西太原）人。明清之際學者、思想家。

傅山爲明末著名愛國志士。甲申之變，曾爲挽救明朝奔走呼號，入清後以「僑民」自居，出家修道，自號「真山」，人稱「朱衣道人」。曾策劃武裝抗清，順治中受宋謙案牽連入獄，抗詞不屈。康熙間以老病堅拒博學鴻詞科徵召，不就中書舍人，隱居治學。及卒，以朱衣黄冠斂，其志節爲世所稱。

傅山是清代學術的重要奠基人。他博極經史，精於文字音韻之學；考訂歷代典籍，證以金石，開清代考據學之先；又獨闢治學蹊徑，究心諸子，倡導百家之學；尤工詩文、書法、繪畫，筆鋒質樸，氣勢直正，被尊爲「清初第一寫家」。其於醫學亦卓有成就，擅内、外、婦、兒科，常年以醫術救人。又通曉道佛，兼融三家，力主經世致用，身體力行，反對陳腐空疏的學風，與顧炎武、黄宗羲、王夫之、李顒、顔元并稱「清初六大師」。

傅山一生著述宏富，但多有散佚。如所撰《性史》、《十三經字區》等，今已不傳。清前期，所撰詩文曾爲學者多次搜輯刊刻，終因文字獄壓力，數遭毁板、隱匿。清中葉以後，文網漸疏，其詩文始得刊出，流傳於世。近代以來，其著述、書畫漸爲世人全面收集整理。傳世的有《霜紅龕集》、諸子批注與評注、諸史批注、《金剛經注》、《文選批注》、《春秋人名韻》、《兩漢書姓名韻》、《傅青主女科》、《傅青主男科》、《傅青主小兒科》等。

傅山詩集首刻於清初。順治末年，其門人昭餘戴廷栻編録傅山詩一卷，以其書房名題爲《霜紅龕詩略》，卷首戴廷栻序，略述編輯原委及傅山詩學。與傅眉、胡庭、白孕彩等人詩合輯爲《晋四人詩》，刊行於順治、康熙間，是傅山生前唯一的詩作刻本。

乾隆十二年（一七四七），傅山詩文集《霜紅龕集》問世，爲陽曲張耀先所刊。該集在戴氏《霜紅龕詩略》基礎上，增入大量傅山詩文，包括各體詩五百七十餘首，文五十餘篇，附録各家贈答輓悼詩文三十餘篇。文集按體分類，編爲十二卷。另輯其子傅眉《我詩集》六卷附刻於後。卷首瞿源洙等序，述編訂始末。書刊出不久，編者迫於文字獄壓力，先後挖改刻板，剔去編者名氏，繼而將書板焚毁。

其後，汾城劉贄與江左蘇爾詒共同搜集傅山詩作，輯《霜紅龕詩鈔》二卷，選詩不及張耀先本的一半，與吴雯《蓮洋詩鈔》合題《山右二徵君詩鈔》，刊於乾隆三十二年。《詩鈔》精選傅山作品，又對所選詩篇有所删改，原著真貌遭到破壞。

嘉慶、道光之際，陽曲張廷銓得其兄張廷鑒所輯傅山詩文稿《霜紅龕集拾遺》，又與壽陽劉霦（雪崖）羅訪傅山詩文散佚民間者，達數十年。搜獲傅山詩文兩千多首，分列十五類，彙爲四十卷，題《霜紅龕集備存》，取待考未定之意。劉雪崖於咸豐四年（一八五四）刊出，該書對乾隆間張氏刻本所遺漏者補入甚多，字數超該刻本數倍，並對張本挖改、毁損、撤出詩文加以辨析評注，多所增補，稱咸豐劉氏刻本。

宣統間，山西巡撫丁寶銓聘請羅振玉、繆荃孫等學者，據咸豐劉氏刻本，編定體例，重加劃一，校勘詩文，删除評注，題《霜紅龕集》，於宣統三年（一九一一）刊出。正文篇卷未作增減，除依劉氏本仍作四十卷外，補加《附録》三卷，收録傅山及其家人傳記、事略、碑銘、各家寄贈輓悼詩文及歷次所刻《霜紅龕集》序跋、凡例等。書末附丁氏《傅山年譜》（繆荃孫、段朝端、羅襄、羅振玉撰）一卷。該刻本體例嚴整，内容較完備，刊刻亦稱精細，爲學界所重，至今流傳較廣。

與此同時，平遥王晋榮亦對咸豐劉氏刻本再加修訂，按體例、内容編排分類，分别題爲《霜紅龕文》、《霜紅龕筆記》、《嗇廬别集》、《嗇廬雜著》、《霜紅龕詩》、《霜紅龕樂府》、《霜紅龕文補遺》、《咳唾珠玉》、《仙儒外紀削繁》等，相繼刊行（約刊印於宣統三年左右），又統稱《傅青主集》、《傅山遺書》。對散佚傅山詩文作了補録，内容數量皆較丁氏刻本增多。

本次點校《霜紅龕集》，以宣統三年山陽丁寶銓刻本爲底本，校以清初戴廷栻刻本《晋四人詩》（簡稱戴本），清乾隆十二年陽曲張耀先刻本《霜紅龕集》（簡稱張本），壽陽劉雪崖刻本《霜紅龕集備存》（簡稱劉本），平遥王晋榮刻本《傅青主集》（簡稱王本），參以傅山手稿、墨蹟、石刻、拓本，相關的文獻、史料、方志、別集、家譜、年譜及劉贄《霜紅龕詩鈔》等。

二〇〇七年山西古籍出版社出版山西學者陳監先先生遺著《霜紅龕集校補》，是書逐卷校訂丁本《霜紅龕集》，並對傅山生平及《霜紅龕集》版本源流詳加考證。此次點校，於陳先生書中校記多有參用，在此説明。

校點者　王　薇

序

傅青主先生，别字嗇廬，學者稱之爲嗇廬先生。山西太原人也。不忘故國，蒙難堅貞，箕子胥餘之遜遁，鄭氏思肖之淒苦，始足喻其高節。凡所遺箸，三四刻矣，年久零落，湮鬱不彰。今爲整齊，網羅放逸，都四十卷，再板傳世。

國初儒者，如孫夏峰、胡石莊、黄梨洲、陸桴亭、顧亭林、李土室、李中孚，自署「二曲土室病夫」。王船山及傅嗇廬氏，皆遺老之魁碩，後學之津逮，躡漢企宋，究委窮源，性情出處雖殊，而學必實用，動爲世法，率八人而如一也。其餘則羽翼而已。嗇廬年次孫氏，而長於胡、黄，故巍然爲河北大師者垂數十年。論者以聲震天下，伏闕爲師，義難及矣，然孫夏峰之設匭徵金，營救左、魏，黄梨洲之袖錐對簿，告祭忠端，則與嗇廬同其奮激也。至於飛語下繫，備極慘狀，痛亦深矣，然顧亭林之濟南逆案，赴鞫歸獄，則與嗇廬同其慷慨也。又以世家舊族，賣醫爲活，哀亦甚矣，然王船山之竄身猺峒，課蒙自給，則與嗇廬同其骯髒也。觚稜在望，仆地涕零，老彌篤矣，然李土室之都會舁行，拔刀自刺，則與嗇廬同其倔彊也。若夫「蕭然物外，自得天機」，亭林論嗇廬語。貞不亢矣，然胡石莊之不出庭户，陸桴亭之謝絶賓客，則與嗇廬同其澹定也。

蓋行誼卓絶，頡頏羣儒，若語學術，亦度越於人人，而自爲宗派。《潛邱劄記》謂：嗇廬長於金石遺文，嘗謂此學足以正經史之譌而補其缺，厥功甚大。約原文。按本朝莊氏、葆琛。吴氏荷屋。爲用金文證經之鉅子，畢氏、秋颿。阮氏文達公。爲用石文攷史之大宗，其源乃開於嗇廬。由是以言，金石文證釋經史，傅學也。全謝山撰嗇廬《事略》曰：「或强以宋儒之學，嗇廬原文「先生」二字。曰：必不得已，吾取陳同甫。」嗇廬《雜記》云：「同甫容得晦翁，而晦翁不能容同甫。」此亦嗇廬尊揚同甫之一證。按：顔習齋爲近今鉅儒，張文襄公謂其别爲宗派。乃極稱同甫，見所著《習齋記餘》者四。卷三云「陳可進之韓、范一例」；卷六云「宋明兩代之不競，一言盡之曰，兩朝是文墨世界」；同卷又一條論「宋儒主胡文昭而以陳氏次之」；又一條謂「陳氏學行，雖不免雜霸，而三代蒼生或少有幸」云云。傅、顔論議，先後一轍。由是以言，顔氏學風，嗇廬所漸漬者也。嗇廬《與戴楓仲書》云：「《漢書》整俊，但細領會。約原文。宂沓之瘕，不覺盡消。」又云：「班書終無釋手之日。」《兩漢書人姓名韻序》。按：本朝古文，方望溪氏出，始講義法，謂之正宗。不百年而法弊，曾文正起而補救，略橅《漢書》，遂以跨越一代。由是以言，曾氏文派爲嗇廬宿所主張者也。國初鉅儒，學宗漢宋，旁及地志、算術而已，究心子部者少，況乃二氏？嗇廬生際其時，嶽嶽兀兀，昌言子學，過精二《藏》。乾嘉以後，遂成風氣，治子名其家者有人，如汪、畢諸著述。通釋入於儒者有人，如羅臺山諸人。中西大通，益抉其樊，諸子、道、釋，一以貫之，名曰「哲學」。其大無外，其細無閒。

由是以言，近日之哲學，實嗇盧氏之支流與其餘裔也。綜是而論，一二緒餘，精誼所結，演繹成家，此余所謂嗇盧之學，斷非博士、文人、拘儒所能略窺其津涯者也。詩文見志，推測如此，君子觀覽，尚論定焉。

近者西學内訌，東隅外蹙，作此無益，玩愒時日，縱成善本，亦奚裨益！然石莊《繹志》，譚氏訪求於海壖擾攘之時；《船山遺書》，曾公雕刻在江皖糜爛之日。儒書講習，卒贊中興，嗇盧貞諒，迴異弔詭。儻承學之士聞風興起，則人心世道之已蕩決者，或迴瀾於學術之流行，亦未可知。

江陰繆炎之京卿、荃孫。上虞羅叔言參事、振玉。江夏羅微之太守襄。熟於編槧，往復商訂，共成此業，例並書焉。

宣統三年歲次辛亥孟夏山陽丁寶銓序於太原節署。

霜紅龕集卷一

陽曲傅山青主

賦

喻都賦謹序。

臣丙子、丁丑以事再詣京師，京間民輒流言：皇帝苦邊患，宮操訓武，命中官習兵陣，嬪妃以下學騎馬馳縱，且南遷。臣愚料皇帝無此意。先是己巳之變，有大臣某首議遷，有旨「再言遷者死」，人心乃安。迄今八九年，歲警烽火，邊備日嚴，皇帝精察下問，學識日益定。喜爲此言者，非庶人之福。作《喻都賦》。其詞曰：

稽古畿之營建，非崇高之自閑，鼎德罔以及遠，媮一隅而偏安。蒼墅有虞君之跡，會稽以覲禹而名山。家天下之睿聖，蓋巡狩非遊槃。姒肇微于田洛，保遺孕于有仍。戒攸箴之罔伏，詳圮避于盤庚。於邠岐之世易，蒸歸德之直甯。嗟東遷之失計，艱用武而中興。遲逃責于誃台，任諸侯之縱横。惟自削而人逼，遂彼重而我輕。斯輓輅堅拊背之請，披荊有採稆之卿。邪谷愁零鈴之雨，錢塘泣望祭之陵也。

煽元運之百年，肦腥聞于中土。帝眷顧于龕山，肇有皇之聖祖。頽折木以下浣，柄慧星而横掃。載山東而被河洛，扼潼關而震幽墅。鷹祭鳥而犒軍，嶲旦中而逋虜。安碣石之潢瀾，輯金台之萬户。商市農畊，雲龍風虎；車甲周衶，威儀漢古。臭辭爊蠢，音寂舶塗；澣污歁埃，牗聳曜瞍。辰樞星拱，聖作物覩。勢俯馭乎中原，地不同於外府。故豐建康而希文，鎬北平而憲荎。誅一人之異議，從僉謀之大同；虢一日之不甯，貽萬年之恢閎。襟䣼醢其河濟，枕厜㕒其居庸。左袖挹其滄洋，右肩拍其行峰。❶坭圫郭以閎闠，原隰霽以曈曨。扞南京以㬎，抱中都而襴襛。侯瑞輯乎明向，赤子于焉懷中。況乎輪困夷庚，堳塛走集；山海喜峰，潮河古北；星棊守衛，延袤紆直；脣關齒營，小剳大勑；越絶紅螺，矗抵獨石；雲中厚膂，上谷勁翮，懸隧煙突，飛檄星的；辟歷猋發，槍棓鶻擲；勤王内援，影忽響疾。

環壚壤之膏腴，得樹植之播耘。黍稷稻粱，秬穄鋪菜；來牟厚麵，秔秫穲秧；荒遼蕪塍，稉秕穭生。至于早韭晚菘，蘆笋蒲芬；❷葵莧茨葵，萱苣荾芹；蹲鴟樹雞，天花地蕈；藷薺菱芡，藕的青芬；柑橘頻柰，柿栭栗榛；櫻桃胡桃，松栝梡欆；荔枝枇杷，蔗欖香橙。南國嘉樹，

❶「右」，原作「左」，據張本、劉本、王本改。

❷「芬」，原作「岎」，係版刻誤字，徑改。

易種移根；浥雨湛露，英蒼實旻；華腴膽壼，物熕用分，皆足以補闟茸之過，策饋餾之勳。❶加以舳艫萬艘，候閘艤壩，香稌大秈，雪燦玉砑，瑀倉纏廩，泥停沙瀉。而外戚之家，與夫中貴之舍，豢畜睍乎積稃，膔脛糲其耙秠。

若夫熟食市列，殺施邱鋪；麋豚韭卵，牛心挑孩；狗䐗馬脧，脾臄溷胦；蒸用厭朝，炙以膕哺。家食易厭，野味是圖。豣弓挾彈，❷林搜水求。羆熊麞麅，髦貍鼠鼩；有駕有雁，有鴇有鳧；有鶉有鴿，有鴞有鷺；縠覆麂掩，腈膗腰腒。乃罛罾與罶罭，❸復濱海而通河。鯉鱉鱣鮪，鰋鱦蝌蝦；鮎鯽黴鯤，珧柱函嬴。❹鯖鱸遥貢，鰽魨遠羅；鱻鱻委蛇，蹣跚巴沙。誠足嘔肪而吐胑，莫不喚哾而饞娃。

顧果然兮何愁，惟容體之新鮮。寒綿毳以厚居，温縠絺以紲袢。恐襦褲之麁疏，勾筐箧之爛煸。沓紈裹而糾下，或越端而縱緣。羣繽紛以萃蔡，年戍削以連卷。吻杍柚之拮据，給消摇而偏僊。醉嫛蔨之館娵，簪藪蕍之時妍。歙欻蹐跼，矗没膏沐，倚肩曼歌，縈聲豔曲。呼

❶「餾」，原作「鏰」，係版刻誤字，徑改。
❷「豣」，原作「豣」，係版刻誤字，徑改。
❸「罾」，原作「罾」，係版刻誤字，徑改。
❹「柱」，原作「枉」，據張本、劉本、王本改。

盧博六，打毬蹩踘，鬭羊溝之雄株，格韓盧之捷足。既不饑而不寒，亦不蠶而不粟。聊相羊于高厚，饒儚洄乎昧旭。

方令有道曾孫，右耊尚功。貔虎飲德，彪熊御風。桓桓龙龙，滾滾喁喁。手揮旻使，膈臆慫恖。介摩挲其義仗，袢袒朳其思憑。❶噪賓早而躍菑邱，拊耊陽而泣踦童。礪屈盧而淬干將，怒巨靈而背燭龍。戈迴雪而辟羲馭，弦宕霄而殺濤洶。伊吾抵臧馬之掌，瀚海追票姚之蹤。請興問罪之師，誓恢陷没之疆；丕復夫婦之仇，席捲沙漠之庭。寨横山，溝撒江，來伏餘，收大甯。拓白雲，幅甕陽，横鴨緑，城鳳凰。恤屬國，存王封，銷金甲，招國殤。奠廟社之靈，崇山陵之光；盛中興之頌，求封禪之章。

然後柄儒臣，召太史，齋聖顔，降天語。羞醊食，敞壇宇，演干戚，舞鞮鞻。稽百靈之禋典，嚴七萃之戎旅。服玉輅以龍馬，駕屬車以騊駼。杆格澤兮旂招摇，揮螣蛇兮辟雀咮。驚甲作兮戒狒猬，驅强良兮奔攬諸。駭雄伯兮懾騰簡，迫委隨兮刃食巨。慄馮夷兮捕罔象，馳慶忌兮搜林藪。飛廉颼飀以四除，屏翳嚥嘔以上扈。發孤竹而歷北户，轉日下而揖王母。勒崑崙而册閬風，小泰山而堞梁父。方辟四極以爲都，又何南北之足數！

乃始回雲梢與羽葆，旋豹尾與縿龍。都止輦而問俗，祁案節而觀飌。駐大常于䀕䁪，勞服

---

❶「思」，張本作「恩」。

力于桑農。憫殿屎于風雨，審艱難于稑穜。喻寰宇之無事，可寬徭而緩徵。命有司以休息，非復前之倥匆。撤摧採之監使，屬寶藏之丱封。轟訇匌乎萬歲，顒容與乎紫宫。郊來麒麟之跡，雲迴焦明之文。上行五帝之德，下咨芻蕘之言。與女息狹邪之習，謳《祈招》之篇；翼遺唐之憂思，斥鄭衛之淫儇。鳩焉摟焉，陶焉繇焉；宴瞿瞿焉，紆懕懕焉。亶胥勔以忠孝，樂天都之萬年！唐林曰：「謳」上似有脱字，宜加「士」字。

無家賦

某嘗讀漢將軍《霍去病傳》，以未滅塞外匈奴恥爲家，曰：嗟哉，天乎！斯何時也！桑弧蓬矢，我非男子也哉！顧孱弱不振，痛哭流涕之不遑，尚安能汲汲室家也者！作《無家賦》。

鼎湖之龍，髯鐐鐈髿髳而崢嶸兮，❶嬰軜畾而胡蝦蜨以蝬蛣。角栲栳觶觡而觘觶觻以眩贇兮，鱗焫爁以暲曠曙瞰。瓏鞼鞼蹧嘐而螟蠼蜳兮，❷尾鈖鉽敓鍉以綽颵。霅靋隨而靅雺靇靇兮，倏引電而熛熛以煜霅。雲靆霿霴䨴而來頞兮，蟖翳佁儗以蠖略。蝘蹇螗蜷而生璘瑞兮，趀踏蚴

❶「鐐」，原作「鏶」，據劉本、王本改。
❷「敓」，原作「嶽」，據劉本改。

蟉以跮踱。黃帝乘以御天兮，余安歸而誰適？

羌僬而操抇兮，捡硈僔而不迺。二嬈知余之介㝎兮，推紫貝斑駁之闕以余留。潔瞟矑而可嵩兮，恥解佩以夷猶。玉女卦賣而嬋娟褊襬兮，終不問夫宓妃。靈媧抱琴而擽捋瀻冽兮，恐讖於淫心而瑱耳。西王母戴勝而下賓兮，伯仲季三鴽⿰犭立⿰豸累頡頏而致辭。下都與密都而駢羅兮，魋陸吾武羅以司之。虎身爪而人面九尾兮，豹文小腰而白齒。是皆職上帝之囿時也。

爾迺其山，則槐江不周，軒轅符惕。其狀則嶠崰嶷而扈摧崣以峮嶙兮，巋岝峉以屹嶾。密⿸厂咅窟而巀嶫兮，墮嵽峌而隒㟞嵾以䃸崑。厓碑䜹以谽谼轞轔兮，䃸陘峢硩以豂谽。巘峛㟪而磃磓兮，忽峁峲以峈嶧。乍硘碱而嵴刺兮，復迤巏而立以嵛岃、翠微、厜㕒之間。

其木，則彫棠、帝室、蒯柏、橎楄、柜格、楕櫔。迷穀四照，帝休五衢。緯以瑯玕、甘櫨，被以珠聖、玗琪、青欒，槃觸而方攘；又儷佹以靈壽、朱威、文玉，墑㙴而玢豳。神民之建，九欘九枸而百仞無枝，叉風橋梶而攢撋，唵菱⿰黍必茀以瀏莅。合藥之齋，員神磈氏之宮在焉。不死之藥，則有蒗薰蕢籜，藞蔄荻梨，不飢之祝餘。無條菈遻而栟榮，❶幽醰颯纚以蓊蔚。謦顉心而洗魂，無葱蕕之鶡鶪。其中則鸞鳳櫂盾而歌舞，當扈、鵸鵌、鵁鶄、鶌鶋，羽翻翃以䎉翯。青𥄕

❶「菈遻」，原作「拉遻」，據劉本、王本改。

灌灌，翨翲翩以⿰犭玆翧，馱翽翁而翏翻。遠鶩鷸跂踵之毒喙，長安甯而不餣蹇。

其獸，則骸骼、騶虞、當康，恥傀赽之踸踔兮，彳亍⿰男方躩而踧規槼。乘黃狐狀而負角兮，一乘之壽二千許。⿰犭悤無口而不可殺兮，安知朱厭、獓⿰犭囚之作仵！折蝃蝀而亘橋兮，玉膏皓汧於其池。沖瀜匒匌以湏濫兮，晶⿰氵羔漩澴以潿洄。灌玉榮而植瑾瑜兮，游鯑鮨與珠蟞冉遺。歸休乎，此亦足以爲君之室家！

何衆嬂之繽嬪招招兮，余乘風颼飂而直舉。戒前轍之脱輹柅輪兮，謀及婦人而致退也。愳朱矑之眼⿰目桑而西瞀瞀兮，悠所期之不至。從大人於中州兮，政逴遒於周行。見綺⿰糸昔之迣來兮，佝絡幕而登降。飛廉惙而先驅兮，埄埨埌壙而不揚。靊霳警而威仰蹕兮，役熛怒而儓游光。屏翳灑而霡霂兮，亦不敢霆霿而淖淍。樞紐征營而跋蹤兮，招矩偕光紀而趨蹌。泰逢躚蹮以部伍兮，矗圍躪躒而搜藏。計蒙豎蹭昌鹽。而蹞躦兮，❶驕蟲嚴導而⿰足旁蹡。江疑⿺鬼賓⿺鬼疑而懾引兮，英招邐遝而憤忡。萬乘夥夠以獻獻兮，竿格繹而彗贅旒。旞長孛於左纛兮，錦翟方釳繁廡而紛糾。樹旬始之楟梢兮，鈂鏸與羽葆而並修。戚鉞鑭鏻而不銹兮，握譽炫燿而結綢。旗招搖而裶衯蕤綏兮，蔽象輅之青虯。伏雲階而仰嗽兮，錫金簡之乾符，董百靈以摒揪。

其車，巢輣則撐岑而昭遐，輜軿則循轍以嵷嵱。至於軓軏轒輐，轄輬衝廣，遊闕萃戎，莫不

❶「昌鹽」，原爲大字，實爲上「蹭」字的反切，今排作小字注。

因樅而脅軌，❶硐砱綴聯以軝輘。乃駕以鴩燕、飛翮、晨鳧、夾翼、銅雀、翻羽、狗魚之乘，被以玫珂、金梁、瓔衢之鞍，鬣髾鬛而赴六轡之軆鞴兮，鷊尸彐而蹬踩以會鸞。於是載嫵婉纖襹之翠鳳兮，玄虵騷殺以蟠蜿。鵰鷚鷹鳶嘴爪利於吴戟兮，駭若搏而驚鵰鷚。熊虎齫齶而齅鱖以赫嘀兮，附帛傾而撲掩。鍦矟錟鋋鴻絧以鱗鏈兮，又次之以戫戫鍟鍛。旇矛萃從而攖戳鍦兮，彭排酋矟鵝鸛以鏀溢。戢𥢶釪戫過鵜鶘之晵鍟兮，復列鍈盾與殳鈒。士皆僂堙、鐸父、邢蒯、申鮮虞之徒，貫二旅、三屬、鎦鏁、鉅鏂之甲。纓兜鍪以縵胡兮，襲韎韐及袒衹；轃縋縿之韙絡兮，佩盂勞而跨拍激。大屈弨弰而盈韊兮，飛𥁕鑑鑪槮削以叢服；猶齘纇以蹻狢兮，陸梁趦趫以侹仡。輆軖睢盱而鶚睹兮，競賈勇而蠭軼；鉦氙蟄而庯懠兮，夔鼓闉而騤瞿以鶨踢。鼿蝄蛃兮撼天吴，劖蠱雕兮搘土螻。劚窮奇兮剽攬彨，劆聾娙兮劙窫窳，攮狍鴞兮剸犀渠。

驅不若於絶域兮，粟祁連而麼浚嵇。躪余吾而繫胘雷兮，禪姑衍而封居胥。溝私渠而洫員海兮，又何撒江鬲緑之足數！朝大人於泰階九級之靈都兮，衆星𩫖焫而垣紫府；㥁埤諜之蟣蠓兮，弦臍餂之杈枒以傎桑。緫㿥㲉之振掝而壐擠兮，貸始元而借黄亥；圝瞩昒而瓸萬倍兮，黟眘矙而絶利。守寒門之巀嶭以嶮巇兮，入絳宫而是憇。

---

❶「脅」，原作「⿱劦貝」，據劉本改。

秋海棠賦

爰有秋榮，臨池眩瞳。影涵鏡碧，漪惹雲紅。細風答豔，涼月贈濃。蘶赫蹏之金菱，羞飛燕于珠宮。有嬌者姊，同稱異志。慮遲暮之無知，競芳容于桃李。遺姝妹兮不來，枕簟涼兮自矢。霜欲下兮强妍，雁南聲兮淚紫。雌霓寫帶兮，遥霞綴裳，藉翠葉之胥來兮，娟慵卧于玉牀。寒生暈兮猜醉，妮憐豔兮疑香。不堪見老藕兮，右籬蒼蒼。感時顧景兮，增好色之愁腸。

此廿年前筆，已久不復記憶矣。丁亥夏過晉祠，示周出稿命書之。迴視少時，信筆遊戲，不無輕跳。今年四十餘，半老夫矣。歲月爾爾，念之生慨。❶

鷀巢琴賦

夏日，過不塵先生書齋，見鷀子結巢壁上之琴。歸而感梁子之所與友者，如此而已。因爲賦之。❷

伊余讀《南史·馬樞之傳》曰：有雙鷀兮庭棲，時往來於几案，信高士之無機，感仁人之難

---

❶「慨」下，張本有「示周幸棄之，不足觀也」九字。

❷「賦之」，張本作「之賦《鷀巢琴》」。

遇，滋萬物兮懷疑。不謂德輝之靡遠兮，在蘆鷲之清溪。有孤琴之懸壁，來匙子兮啣泥。信莊生之曠論，烏莫智於鷦鷯。夫豈無兮芳塵之樓，與夫芸暉之牆？恐主人之未信，將貽笑於處堂，乃迴翔而後集，見伊人兮水方。彼則高山兮流水，我其鳳覽而鷗忘。羽差池兮，喻高漸之鴻儀；音上下兮，❶調無絃之宮商。遂卜居於焦桐之尾，益長謝乎文杏之梁。吁嗟鷯兮！爾其樂梁生之貧兮？梁生貧無以爲糧。抑愛梁生之清兮？彼復清冷而無裳。爾其取梁生悠遠之韻兮？惟在蘆渚水湄，月夜龍吟，一鼓之琳瑯。爾乃移家其上，使先生金玉其音兮，徒效子桑，趨舉而旁皇。然而人多不顧，爾獨來翔。其庶幾乎，梁生鍾牙之輩，足慰知希者于寂寞之鄉。爾能不爲世人之涼薄兮，每秋去而春來。我亦請與爾主人申盟兮，終不改絃而更張。

[麥連][麥善]嗢陀南賦

時新第一，鮮潤斯今。冰蠶初蠕，雀舌方鴿。青珠色重，碧玉光沈。嫩難大嚼，香飫寸心。眼根味在，舌際非尋。齒頰生慧，淡雋不任。腹尺薄劣，肉食非夫。細揉碎簸，取精于

❶「上下」，張本倒乙。

粗。鹽飛水晶，茹⿱艹耗靈蔬。❶何者肥臃，其美不圖。無明不增，唐園非徒。嘉種妄啖，爲有爲無。潤益生死，雨露之孤。感此時序，老大及吾。田父坐殺，不知魏牟。麥飯幾時，與此不侔。酸鹹辛苦，而作滯留。牙後生愧，足見風流。即此不昧，荒我神州。侈滑恣膩，爲胃海羞。氣既陳厭，志亦新求。不貪果然，粱稻休謀。空中打場，只聞打麥。使知食此，玉禾不摭。蓺此奇芒，雪阡霞陌。不意人間，綠雪耕藉。淨鍊凝轉，無異水碧。握之不盈，螴蜳如釋。連連善善，服之無斁。

麧⿰麥差小賦

青青之穬，最宜⿰麥連⿰麥善。中心念之，三釜不腆。口體非孝，辟穀信善。仲由之負，何自偃蹇！悠悠蒼天，生我太讝！四兩不舉，五十有佃。還顧子弟，覶指書卷。我不責爾，朝茶暮飯。爾有仔肩，我腹便便。子弟遇我，亦云奇緣。人間細事，略不謱謰。還問老夫，亦復無言。倀倀任運，已四十年。

丁酉既熱，睡足起遲，略覺精神，適有此柬，率意捉筆。

❶「茹⿱艹耗」，張本、劉本、王本作「茹芼」。

朝沐

朝沐兮無言，無言兮撫盤。不由兮終古，知不由兮何苦！夢躍立兮悇悇，孰申申兮督余？蹇浮淮兮渡江，奈曾憂兮不忘。攬河入海兮遺憂，雷電冥冥兮臨鬱州。鬱州兮拳石，愴臣心兮五百田客。五加兮采采，藤夜交兮可喜。薜荔兮蘺蘺，不遑衣之兮，臣母老矣！

諗甲申以來兮，何生人之樂致！堪包羞被恥兮，重之以甲午之情事！憶使九日不食兮，溘此微氣。老母之哭臣兮，至今亦既。期頤菽水兮，豈不有弟焉任之？齎志長逝兮，如有靦之屛屛。屛屛兮何爲？臣志兮獨知。獨知兮良難，筮草昧兮遇盤桓。盤桓兮倏踰大士，豫度遘之兮復多齟齬。顛種種兮上怒，不可已兮心腐。晞髮兮河渚，浩歌兮顧汝。顧汝兮方將，思有戟兮須黃。聊隱忍兮文章，物玩之久兮虞淪降。道師友兮以明，哀此非兮用匡。

夢賦

噩宜槲兮精馳，替寥悄兮荒祠。顴煒煒兮丹暉，棱嶽嶽兮朗眉。靈不怒兮憑几，巍翼善兮赭衣。探琅玕兮弈棋，嘿摩娑兮凝思。凝何爲兮逐遲，豫順動兮介幾。筩羣羊兮雛鼇，晰三七兮捋遺。神手談兮殺機，帀陰陽兮匪夷。鋪漢局兮威儀，髯飄飄兮指揮。握廟算兮星飛，奉槍棓兮不違。

黠嫠賦

黠一嫠兮，袒澤蘭而負塗。謂羣瞰以姱修兮，孰知其爲辱余？容神壇村社兮，般紛紛逐簫鼓。羌誰諒此晨華夕月兮，嚴獨鉗厥門户。徐夫人兮深懷，擬眈眈焉剸誰。負夫君兮徒繁，睨舉世焉當施。時嗃嗃兮嘻嘻，如無心之卷葹。夫固知陽之窮兮，孰兆此陰之謀！

有姊妹兮，誚予以不藏。還有聞之兮，自信而中涼。欲陳辭以致謝兮，痛啁哳其不可明。原夫誚之兮，豈涕泣以正也。謏幸若我何爾兮，快嗜競也。我益於此佩德兮，使我不異乎衆行。嘖吾離其内毁兮，外庶消其雀膸。礪暗沫以自堮兮，矢常汚而不清。於夫君兮何裨，有難訛乎崩中。

侖賾賦

侖賾數之戢眘兮，道括之而不與。期二有不可知兮，惟要之於三也危。聖人曰妙觀不必兮，必之則悲。夫然後知不知知病兮，❶知不知所以上。何必我之明兮，何必人之罔。何必人之遲兮，何必我之訣。以是而兵日弭兮，亦聊以葺吾之枳。即不得已而用之兮，不可勝豫於

❶「知病」，張本作「之病」。

此。豈聞受降如受敵兮，睨香象之於鼠。愚者謂之過兮，孰測其優以理？如是而多所容兮，固容於枳之外也。不敢且以與物兮，如不能之能也。藏不虞以生心兮，於不相往來邁矣。空非軍之地兮，軍於空者誰其敗矣。空軍而軍空兮，神武所以混同。勢婆娑於駕馭兮，心窈窕於羲農。聖人憂於天地兮，其不憂之師天地而無窮。❶

好學而無常家賦

何人生之蹙迫，聽日月之虛耗；罔耳目之聰明，受聲色之導盜。遡疏仡於循飛，攬荒唐以觀妙。莫不有其嗜慾，澹不知其所好。愍混沌之既鑿，惜見聞之不博。聊汎濫於古今，孰載籍非糟粕。舍臭腐無神奇，悟輪扁於妙斲。據大憝以流眄，悲原伯之廢學。但聞道即吾師，羣可樂而友之。豈山川之能閒，川至海而終期。何妻孥之足累，果百氏以忘饑。不沾沾於故紙，仍非罔於思維。《山經》若地如圖，信足跡以摶扶。從憐目之風飄，螺舟而舟浪桴。覽自然之古道，唾王、鄭之《易疏》。異忘年之挾策，還萬有於一無。邈雲霞夫徜徉，隨鴻鵠以翱翔。知山川之迂曲，洞天地之圓方。辨三幡以同歸，書八角而垂芒。超書契以充謏，釋名道之非常。以有涯隨無涯，深有取於《南華》。仰屋梁而憧憧，誰少異於井蛙？觀票騎之略遠，

❶「之師」，張本、劉本作「者與」。

臨瀚海而無槎。彼區區之富貴，尚不屑乎爲家！ 唐林曰：「山經」句有譌，恐「山」上闕一字，而「如」字羡也。「螺舟」上疑有脱字，而「舟浪」「舟」亦爲羡。

春日小賦

蕩蕩艸野，春心是傾。去人不遠，悔近郊坰。違人後豁，曳我柴扃。雲阡雨暗，雨陌雲明。花離柳合，日豔風輕。組金織碧，分丹共青。丹青界絡，金碧明淫。金碧挑盪，丹青琤嶸。轉疏换密，抽光繹精。細龕閲香，詳鳥審聲。端失鹵莽，緒得丁寍。此時非我，蘧然遺形。外物豈假，誘我落情。情遠道近，因夢入醒。迴視大夢，覺癡夢靈。夢亂花忙，花多夢叜。水前花當，花外水縈。縈洄不測，溟漲雲平。山川有極，神理不停。顛倒孤月，不指列星。比肩步趑，瞠乎不行。君不入夢，謂我逕庭。舉世蕲亂，爾將汝迎。吾將爲實，吾將爲名？有内無外，忍辱則榮。動静專專，其神始凝。古迂今闊，俄經頃營。衾枕昏昏，不愜其生。耳目取資，天地之英。東風吹衣，神廬不盈。謝白若惕，納紅若驚。華年感慨，始葉初莖。不念頹暮，但憐奮苓。春日既鮮，新夜不冥。冥花如雪，涼月如冰。花黐月諜，月避花偵。氄而不喪，虚以損增。良晝佳夜，衆兆不誠。勿與人事，蚩蚩之氓。

霜紅龕集卷二

陽曲傅山青主

樂府

夕夕曲

水晶之壺，葡萄之酒，目成顔酡，心醉非日。一解。纖阿在窗，古梅餽香，蘭缸吐葩，垂歡玉牀。二解。歡牀如天，歡體如雲，登天抱雲，愁墜儂身。三解。

解珮曲

解珮不解珠，解此古玉環。白作蟾蜍魄，紅當守宫斑。一解。解珮在何許，乃在王孫園。王孫起更衣，明月當中天。二解。

採蓮曲

採蓮採蓮，欲採復襟。蓮花無語，蓮花有心。一解。姊選芙蓉，妹睇菡萏。芙蓉顛狂，菡萏靦覥。二解。花盛何許，盛在中塘。儂家不逬，中有鴛鴦。三解。蘭槳揮揮，鴛鴦飛飛。女伴無良，妬彼何爲？四解。

夢中採蓮曲

風來蓮衣批，摇舟向深處。飛來白鷺鷥，伴儂不肯去。

方心

《方心》，記燕方姬之心也。姬壇酒家，不壚。太原張生，相而美之，請聘，許之。父母愛姬重離，約生官而後出燕，請館生如贅。生審得之，曰：「何澹清静，其愔嫕也。」館再月，生歸。姬裝中黯不失儀，生微之，如恐父母笑己之難壻去也。生益陰敬之，曰：「是所謂『性沈詳而不煩』者矣。」生歸一年，始再至館。姬又中喜不失儀，如恐父母之笑己之狂壻來也。迎之，待之，飲食之，既媕嫿而幽静，如人非燕女，居非燕市。

生日益得之，敬之，曰：「『嗟佳人之信修，羌習禮而明詩』者邪！」館幾月，生又歸。幾月又來，裝之，迎之，待之如初，而日加練。生日圖載姬歸，姬於是含然諾其不分，喟揚音而哀嘆，蓋姬亦知父母之重離姬，而又不好雅授生以計，力困其父母而俱。姬於是乎奈何其爲心也。

生約歸構裝來載姬，既期而愆之。於是乎姬病，書告生，延醫請治婢。生爲報書，先以資往，期某日至，而又愆之。郵書者，舊遊一迂先生也，誤溢言。姬家疑生，而迂先生日至姬家責報書。姬家所親一少年，闖然而紅輚。迂先生曰：「是矣，是矣！」蓋迂先生不信姬之不生心於生之一年餘不來也，且燕之姬也。而迂日甚，言日益繁。姬頗聞之，病於是乎加劇，請死諸迂先生。然中不無疑生其有言於迂先生也，不然，何其期之屢愆？而迂先生又生之好友而託之財者也，而何其甚也？會生力至，又得書曰：三月某日發，某日當至。力既發，而生適又以他事發遲十日。至某日，姬力疾爲容，備待生至如初，而生不至。姬父曰：「生不來矣。」姬心曰：「其來。」母曰：「其不來耶？」姬心曰：「其來。」兄弟曰：「不來矣！」姬心曰：「其不來邪？」姬不合睫三日夜而革，請移牀，日屬其父兄接生蘆溝橋。父夕歸曰：「不見也。」兄夕歸曰：「不見也。」其母憐姬之必不能生而徒自苦也，曰：「看渠真負汝不來矣，何不引絶自方便也。」姬於是閉目，喉間微句句而死。死再日而生至。於是乎悼良會之永絶，哀一逝而異鄉。生當奈何其爲方之爲心也。先是，邦之人羣噪生曰：「是不可已乎？何好色也！」道人曰：「生惡能好色？好色者，古人一荀奉倩耳！所謂『誠其意者，如好好色』，色何容易好也！」及聞姬死，而又羣然慶曰：「生之幸也！」道人曰：「老生之常談也。何幸？古人云『死生亦大』哉，而況乎待人爲苦樂之死生也！」嗚呼，悲哉！生但好色，不再無色。方負生邪？生負方邪？既爲之記，而三復「君思我兮然疑作」、「他人有心，予忖度之」，係之以《方心》一篇。

方心方心，然疑沈吟。沈吟然疑，方心奈何？一解。奈何奈何，南山暮雨，北山朝霞。錯罵老蕩，老蕩戀家。錯怨愛儂，愛儂天涯。二解。郎擔名，妾飲恨。一恨爺娘拗，不許女隨倩。二恨爺娘窮，無錢買妾命。三解。説起三恨來，有淚無處灑，❶有口没處寫。那裏不生長，生長北京家，教人當瘦馬。四解。前日寄書人，是郎好朋友。爲郎惜財帛，爲郎惜名頭。五解。郎底名頭善，郎底財帛儹。儂魂上泰山，也爲郎知感。六解。今日來呀，燒香煮茶。茶老香灺，風吹落花。明日來哩，强起梳洗。梳洗不辦，傀儡不起。七解。郎好逍遥，有甚遲早！儂氣一絲，牀上悄悄！八解。自古皆有死，也了紅顔事。九解。只是涵胡絶，不得分明訣。十解。郎若真有情，妾甘紅尾生。十一解。郎若真相弃，妾作黛柱厲。十二解。弃我不弃我，死得胡塗

❶「無」，張本、劉本、王本作「没」。

殺。謝爺謝娘閉兩眼，傳語女兒莫遠嫁。十三解。嫁近休嫌貧，嫁遠休嫁山西人。山西之人，不知無心，不知有心？有心無術，要心何益？千恨萬恨，難向人説。妾是郎底，要誰攛掇！十四解。方心死，方心生。奈何方心，歌作新聲。新聲新聲，死於張生。有話告郎，郎不來聽。妾命短促，郎不手戮。既被郎誤，豈非郎毒！憶郎姓張，恨郎如谷。十五解。黄泉有酒妾當壚，還待郎來作相如，妾得自由好奔汝。十六解。

莫舞代漢高語。

莫舞莫舞，劍光耀怒。客看舞歡，邦淚如雨。一解。戲下之享，邦命如羊。伯也蔽之，奈何彼莊。邦還軍中，争言伯功。伯功不在，在救我翁。二解。羽暴如虎，置翁高俎。邦實不孝，分羹急語。三解。伯也緩辭，羽乃信之。侯公説來，伯實存之。四解。殺邦無君，烹翁無親。無君四海尚有人，無親天子安容身？五解。今爲天子，奄有四海。承顔上壽，太上皇在。六解。欲報之德，昊天罔極。罔極罔極，尤伯之德。七解。厥德何享？侯食射陽。壽翁顧伯，紀信莫當。德山報垤，但有心藏。八解。再拜獻壽恩伯前，祈天願伯千萬年。同姓劉，更名纏。劉邪纏邪？帶礪綿邪？聊永言邪。九解。

不人不鬼篇張本作《蓋公》。

夢有贈老夫長聯，記得「山人不人，山鬼不鬼，蓋公由來爲蓋公」十五字，演爲短歌，凡九章，曰「山家樂府」。

山人不人，涼踽離羣。山鬼不鬼，葵藿信蕊。一解。中國有人，非陰非昜。蓋公蓋公，清净之宗。二解。輻轂爲車，諸儒何知！醅酒相漢，師在膠西。三解。酒酸魚敗，切莫貪嗜。雉膏不食，聖訓孔至。四解。甲申正月筮得此爻。東風軥軥，雨來山間。酒甘魚鮮，敢忘訓言？五解。留侯老龍，傀儡沛公。始終客星，好畤太中。安車寶劍，鼓瑟侍從。越降呂誅，陶繇壽終。六解。重爲輕根，静爲躁君。臣子慨慷，何有一身？天命不由，羞包於心。匹夫匹婦，告仇誰伸。七解。陰符陽德，聖人不仁。恬澹無欲，幽心合漠。❶戰勝喪處，誰敢代斲？南望介山，白雲粵粵。苟思其親，不盡其樂。八解。遐哉王光，東海瓠落。東海洋洋，百谷之王。納而不盈，誰測淺深。沐日浴月，大晦大明。圓方去我，混肰落情。九解。

❶「漠」，張本作「莫」。

濁漉

濁漉濁漉，與清甯濁。知希我貴，知美斯惡。濁漉濁漉，甯濁無清。有心莫示，有言莫鳴。豈曰無言，解言無人。雍糾謀婦，先殞厥身。婦口如箕，哆侈無知。男子婦口，終日是非，不竊不盜，穿窬之魁。苦語告之，❶不回其甘。巽語旁牖，無如其酣。東家牆厚，西隣屋高，東窺西計，心也徒勞。老知耄及，何時逍遥？程鄭實驕，血氣有詖。降階一問，酘蔑爲憂。有性不遷，仁人之願。神守在焉，鸛鴝何怨？言笑宴宴，秋雲鴻雁。摩霄而南，不同嚦調。❷無亦有之，天風吹散。維風無心，西北東南。指我蹢我，匪今斯今。莫不勝我，匪風之任。家之長子，國之大臣。臣罪實多，臣命實屯。渾淪元氣，隱忍乾坤。

羊裘

皚皚羊裘，可以禦寒。五月負薪，披之實難。道傍遺金，可以易單。獨恥不拾，癡公何無暑煩，亦有故人，天子物色求焉，衮衮龙龙，遠垂大澤一竿。釣不必得，魚性之觀。裘亦非狂，

---

❶「語」，張本作「言」。

❷「同」，張本作「聞」。

土木之安。爰至餘杭山中，❶文舉先生，或遺韋衣，爛不到躬。豈不過矯，天賦寒情？吁嘻哉！寒能傷體，温亦負恥。饑不可忍，飽亦有悔。少不勤行，長不趁時。百歲林老，拾穗春畦。行歌何樂，樂不在裘。

旁剛

數數聞西河子丹，世講道茲氏注虛。君肝膈意氣，山中之人爲之太息：今茲乃有斯人邪！爲之賦《旁剛》之篇。汾陽胡寬，字子丹。

旁而剛而，夷庚一言，十萬師而。嗟呼此義，皋者已矣。乃知胡常，爰知驃騎，單豹無翼，遂爲虎噬之。於維智叔，獨訟宋光。伊何于茲，不顧人之渭陽。宜訟宜殺，攸宜各行。瞻彼霍太山，嵷巍乎汾之陽。大姬有叔，陳裔焉昌，源而委而，虞周陰相。天下事皆如斯，豈得令獨有《無衣》之章？

---

❶「餘」，原作「於」，據張本、劉本、王本改。

石　河　雪崖曰：鑑盤，郝姓，名德新，字舊甫，壽陽石河村人，解元郝名聲子，諸生，晉府儀賓。甲申之變，先生負母寓其家。

郝鑑盤六十壽，同人徵詞勸觴，率爾爲《石河》篇。

石河石河，有那其邁。高楊冬青，翳翳雲阿。遡往吞灘，避地載過。温温恭人，春風分酡。三十餘年，此意不諼。今還石河，載翠其椽。明哲永矢，厥心石堅。視彼昧昧，不畏于天。昔之石河，如入楊侯。今之石河，楊侯欲休。拭目舉杯，簫鼓中流。左圖右史，邈焉誰儔？聿念舊德，有蔚其葩。三晉解元，祥開日華。之子之藝，能世其家。知命不苟，逍遥道涯。柔有其舌，剛無其牙。三萬六千，旨酒力加。

松莊寺祈雨碑❶

太原東山冢罕山，是請澤，歲不雨，籲厥神，肆城東鄉多祀之松寺，虛館寓祀神。爰有西音之亭，用娛神釐。祭特羊，時或設糈，尚猶《山經》之遺。將祭之期，而棟之傾，臺之圮，鄉之人虞若靈之來也。丹厥楹而壯厥基，固以神之和也。而雨之希，且以

❶ 此篇原無題，劉本、王本同，據張本補。

娉于城東之隅。心焉其巍，是《列子》之所謂「無過我者」也。須僑之人爲之辭，徵諸韓勑之陰、玄儒先生之碑，視此爲靡矣。爰集土語，爲迎送之歌二章。不文之飾，懼樸之離也。

拍鐃打鼓，東山請爺。裹衣挈糧，大家小家。我荷我旗，汝支汝蓋。有丁有男，汝莫我賴。東山之人，難其來臨。爺欲雨我，奈何村人，半夜竊請。神語之許，預人之知，就輿而雨。爺歇雨歇，爺起雨起。時起時歇，好雨不止。莫驚爺雨，甯濕我衣。下民艱難，只爺知之。爺入我祠，歇馬云好。秋成送爺，許羊而禱。

右《迎神》。

靈旗紛紛，龍虎其奔。靈旗離離，鳳凰其飛。小兒采衣，手握栁枝。齊聲謝雨，送神其歸。捉苗之難，嚼青嚼白。苗既出隴，共風共雹。我苗之青，不樓其心。我苗之黄，亦不合穰。糜不見葉，穀不見穗。蒸糜炊飯，念我爺惠。離畝上場，除種還租。得到甕裏，始有其餘。收成儘够，新舊得見。不問人借，明年作佃。今年之收，誰其與之？連村作社，合力舉之。牽羊安神，跪坐以明。東山之人，謂我虔誠。擊鼓擊鼓，爺亦光彩。明年請神，雲雨其待。

右《送神》。

霜紅龕集卷三

陽曲傅山青主

五言古

詠史感興雜詩三十四首

高士薄珪組，蹈海心如歸。賢豪喜功名，快其得指揮。周公勤吐握，不爲榮謙撝。施施捐簞豆，謂可遇渴饑。但虞靈輒餓，豈識朱亥椎！雄才自瞻遠，卓犖亦知微。徐州慕聲名，平輿龍已飛。

有黄軒轅鳥，賦性無妒憎。蕭衍苦郗徽，下詔羅鶬鶊。羽毛何所知，珠宫粉黮朋。新人未見納，鄭袖孤娉婷。姱修不自藏，取惡乃衆情。

孝子多迂節，明王重封疆。解宏非曾閔，何爲辭巨創？金革不可避，鎦珙六上章。豈不負君命，勳庸恐無光。

疇咨世已遠，功名士日多。機變有微中，詩書無以過。漢功誰第一？顯赫誠蕭何。嬴二動火德，鄂君始不呵。高士恥結納，道義期賡歌。慷慨亦相諾，邈矣如江河。

上山采枸杞，山徑多溲疏。溲疏實類杞，乃分刺有無。灼灼垂枝柯，滴瀝紅珊瑚。光耀詎不美，物性恐復殊。采藥養壽命，誤食當何如？棄置莫嘆息，此類安足儲！

鄴下多才士，吾獨怪鎦楨。平面視甄妃，何無臣主情？四顧陳阮輩，鼠伏如畏烹。亮非雲龍依，戚施匄令名。鬼蜮哉路生，亦以高才稱。

孟德張漢羅，正平不可援。于于岑牟衣，❶落落《鸚鵡》篇。天子竟可挾，賤士終難前。愚者誚剛折，明知當不然。陳徐早委質，稱頌文翩翩。一時離疾疫，不聞獨長年。

元龍有五敬，子魚同見推。吴贈無所愛，魏禪能贊儀。清潔始何矯，禮法終若虧。知人良不易，君子可方欺。一身間邴管，誰必苛相疑？

經術蔽腐儒，文章難救時。譙郤富典故，建議草降辭。齷齪處人國，緩急將安裨！偉哉隆中人，長嘯誰能知？

吾聞士難得，千里如比肩。四海豈不廣，間絶多山川。知遇信有人，乃在千百年。覆瓿當時誚，桓子賞其言。

永元有君子，史策遺其名。縑囊撲諫郎，執法當殿廷。一語相舟旋，伯堅撲獨輕。遁跡宜城山，酒傭留國楨。直臣豈愛死，仁人爲求生。此義不可泯，讀之傷古情。

---

❶「于于」，劉本作「千千」。

亢桑逃尸祝，穆然頤道真。伯休隱賣藥，女子乃知名。名盛實恐盡，釋去如遺塵。況復富與貴，螫人毒且深。嗚豫快威福，誰知攖天仁？羊裘釣大澤，遐哉嚴子陵。既不見我賤，豈復知彼尊？流覽挹芳惠，狂奴非杓人。

石楠不可佩，佩之心擾擾。高臺不可上，上之見遠道。遠道遊遨子，潔皙何姣皓。駿馬班驎衣，光曜路旁草。草木無所知，臺上人已老。

明發不能寐，中軫非一端。呻佔銷壯志，繁弱艱一關。昀昀有先澤，耘耔非所閑。尸饔勤老母，晨夕忺兒餐。念昔虎頭子，傭書在長安。

毛義齷齪士，養母苦所需。檄到自可喜，無檄憂何如？願言騎龍馬，寶刀弓矢俱。旭旦入山林，雉兔隨手殳。射熊取其掌，割封從圜呼。微行傍河水，一籊雙鯉魚。日夕攜來歸，燒桂香中厨。鮮羞鐻金盤，香飯炊彫胡。兕觥酌醽醁，玉琖加醍醐。長跪獻北堂，千歲以承娛。

菽水可盡歡，聖言何其章。椎牛願及時，道義榮龍光。房生念母饑，日爲封猪羊。親腹誰不果，❶歐歍成盜囊。有淑陶公母，一鮓不苟嘗。豈其厭鮓美，其子監魚梁。

委委河上梁，去水一尺强。梁柱剌河中，不怨河泥黃。事有須相成，未在高其行。孱鉅無權資，安由見所長。濡足無所濟，屑屑勞褰裳。乾坤非一變，得失不概量。《洪範》列《周

---

❶「誰」，戴本、張本、劉本、王本作「詎」。

書》，箕子心終傷。

爵禄未云孝，承歡在順親。太史救北海，閒關唯慈欽。賈母誠聖善，節義明古今。彤管欺厥子，成濟專惡名。魏晋同亂賊，出反虞自天。不惜覆魏鼎，但傷孤母心。

魁岸史五老，順庵曰：「史生，平陽才士。」僬僥彼其儔。家貧嘗不飽，雄氣吞千牛。桃柳炫河干，聊復偕春遊。俯仰張電目，百壺傾不留。起舞弄負劒，瑣醽駴沐猴。❶醉過太史廬，涕淚哀千秋。

天鑒無遠邇，百年如朝昏。人命不久駐，施報嘗惛惛。欒武施未斬，黶以驕怢存。意天善善長，豈曰厚惡人。幽通闡一體，斯言似有倫。孟博死清節，其怨龍舒君。大《易》訓幹蠱，《小宛》戒忝生。孝哉鍾公子，申志死闕庭。南樂相不時，乃獨瑠逆丁。❷吾猶及見之，詩文得其英。析薪亦易荷，司馬一作「今古」。流清聲。

不牧奥有牂，不田鶉生堂。烹牂炙其鶉，鶉美牂正肪。妻子日厭飫，鄉里欣嘉祥。拘士聞之疑，以爲不可嘗。蘭苣雪簠簋，顑頷方未央。

青燈照書史，惻然動吾仁。賢愚去已久，毁譽惟後人。羿巧復誰中，盪舟力成塵。捷捷

❶「駴」，原作「駭」，據戴本、張本、劉本、王本改。

❷「南樂相不時，乃獨瑠逆丁」，戴本、張本無此十字。

儀秦口，一辭無所陳。

海上徐孝子，奉母遊四方。徐道亨，定海人，後丐乞養母。山川豁胸臆，水陸勤膳糧。母子皆自足，蘧廬忘橐囊。長嘯謝堯舜，不匱惟其行。亦有天下養，不在崇高堂。

華屋陳甘膬，板車臨家園。鷽鳩事其親，不出榆枋閒。鵬雛致色養，負老摶青天。俯覽周八荒，露飲雲霞餐。考槃崑崙邱，玉臺無暑寒。王母命大鵹，翺翔饋靈丹。

羣生盇元氣，日以溷其真。龍飛震草昧，掃蕩須真人。唐虞行愈邈，天眷知焉存。五德遞文飾，豎儒羞惡倫。❶巢許在盛古，已恐污其身。

神器如傳舍，真人無私營。天德炤海日，人心消甲兵。舞羽有何威？有苗歸虞庭。劉季稱豁達，終日憎韓彭。

唐虞不可際，道德將焉陳？執經就腐朽，無益空中塵。縱橫自一時，傾危成儀秦。柔舌亦有權，焉得逢人臣！魯連真奇士，畫策肆賤貧。

墳籍秘不見，載記何其厖。汎濫二千年，穢雜污神房。傭奴當染鼎，因循成帝王。男兒有聲靈，豈借崇高揚！日月炤晝夜，萬物習以常。景星間代出，争仰增天章。趙王草木腐，斵養精神長。涼州有張李，晋史生輝光。

---

❶「倫」，戴本作「論」，劉本、王本作「淪」。

田舍謹封閉，歲月歸盆罌。大寶非盤杅，緘縢不可藏。汲汲厭王氣，愚哉秦始皇。豎兒攫團黍，得者矜其長。既噉復覰顧，唯恐奪于旁。志態亦何鄙，腹飽氣不揚。曠觀啚唐林曰：「啚，否之譌。否即音，古今字。」千古，乾坤真盜囊。稷契何盛際，揖讓見虞唐。

細草驕夏榮，一霜褫其魂。靡節受所染，欲落紅殷殷。仰睇高岡松，黑醜無精神。僊鶴鳴喬柯，慘澹相主賓。眷言徑寸姿，蚣蝑亦見親。❶僊鶴但玄縞，蚣蝑有紅帬。

雄劍不自柄，觀人舞蒯緱。辟擊昧虛實，焉得豁所謀。男兒生無權，簡閲深低頭。文章費精氣，僅與刺繡侔。秋原腯禽獸，壯夫食其尤。快哉背上箭，明月真風流。

人生不相信，豈但鴟與鱻！跖也膾人肉，謂惠當垂涎。惠也剖其心，白如霜雪蠲。示跖跖但笑，我心胡不然。《中孚》信豚魚，聖人何見言？相疑不相害，惠終感跖賢。

吾觀西方書，爰有共命鳥。一命而歧頭，性情不相了。一睡一頭醒，醒者食香草。私謂命非二，我食彼亦飽。不謂睡者起，聞香增其懊。毒草瀉所私，食之唯恐少。前香既已矣，毒發同死槁。萬類莫不有，物性良難考。

反招隱

蜆堂亘峻巖，若園薰玉隴。有松食厭苓，有雲衣無總。幽黑少仁獸，神釋心不聳。絕智

❶「蚣蝑」，戴本、張本作「蝑蚣」。下同。

遊鴻濛，遺形習臃腫。忘我亦已多，孔道生闒茸。

種　薤　引

《傳》稱李孚種薤，欲以成計，一根不予人，亦不自食。時人謂能行意。

種薤復種薤，薤味多苦辛。不辛復不苦，何爲怨賤貧？　貧賤不可苟，富貴非難臻。　懍慄不經霜，發生安見春？　一春復一秋，日車不久留。東毚司察忙，西魄返照幽。　照見七尺影，蚤晚不相酬。有志不早定，有氣空噎喉。　優游非不樂，氣餒志亦休。　休休歲云暮，欲種薤已誤。不見薤根長，傷心薤上露。

結客少年場

快馬不在肥，快刀不在長。相許心如丹，不在面上霜。　一言決人意，千里不留停。　笑取仇家頭，混跡游他鄉。豈不愛生命，恥終妾婦堂。　妾婦亦殺人，被殺不覺傷。　巾幗繫人手，簪珥刳人腸。一朝化塵土，泉夜羞蓬桑。　功名誠難立，知己無相忘。

飲　馬

馬駑人不騎，芻豆日在皁。馬良人過求，飛馳嘗不飽。　惡馬逢少年，磬控長安道。　綵韂金月題，辟人誇姣好。　踏殺良家兒，如同踐蒿稿。　烽臺火夜明，將軍事征討。　傳令選上駟，駑惡各自保。　良者三兩騎，左右將軍纛。　沙漠萬里程，安必善水草。　長嘶西北風，筋力不奈老。苦樂既已殊，駕馭無顛倒。

怨詩行

晢晢雲中雁，遺音悽以愴。悽愴如訴説，欬歎多衷腸。世人不可解，請問公冶長。公冶聽其真，此鳥誠可傷。言自岣嶁山，將赴崆峒陽。一前慮矰繳，一後殿以鵜。一中前後恃，容與而頡頏。中道遇僊人，擁其前者行。行行没雲旻，三忽成一雙。三里一回叫，五里一回瞠。叫寂瞠無影，誰可補我羣？誰可補我羣，問我君鳳凰。鳳曰爾多醜，鳧鷟即可當。鵚鸛及鵜鶘，後俯皆前昂。降心近鵝鴨，亦得豢稻粱。言念鵝與鴨，刀俎不可嘗。試去約鳧鷟，不能高飛揚。禿鵚復有蛇，❶老鸛陰不陽。鵜鶘厚毛羽，洿澤心非良。我羣不可補，我怨何時忘？

苦陶先生於王撫軍座上作詩依韻代遣

舊遊難亢絶，援止尚咸腓。晋人餞宋客，榮悴各有歸。衆鳥新林趨，孤雲危岫依。勢力一作「利」。不可忽，素心詎易違。共舉友生觴，疇深今昔悲。日車轉易世，出處不同輝。率此愛酒性，但愁酩酊遲。情所無奈何，勉道弃如遺。

白子隣虎居

摩肩不見人，卜隣眈近虎。炳毨儀其文，風生領其武。酩酊蹲石樓，弱肉如登俎。畏友能相容，謀食屢荷吐。山獸蒙惡聲，町畦者自迮。厠鼠不啖人，挾之有何祜？戞拊有仁聖，

❶「鵚」，原作「鵝」，據張本、劉本改。

虞廷稱率舞。不可與同羣，宣尼語自苦。

惜正之老友三首順庵曰：「絳州文養蒙，字正之。」

文子實狂士，其狂在謙下。是甚不自有，老蠢受人罵。不遇可與言，終年如無話。半醉乃不禁，缺齒懸河瀉。博六賭大斗，醉死不復怕。高譚辟滿座，深情動人訝。因此似狂者，反爾疑其詐。

龍門有辛子，順庵曰：「復元先生也。」自是操守士。信從與誹謗，各不得其是。文生遊其門，淑人爲衷只。不必樹標幟，實不負桃李。

弱冠遊錫山，受教素修馬文忠公字。老。時文領精義，復得聞聖道。東林禍作時，❶共疑崖岸掃。國難畢從容，門牆益定保。坎壈而窮終，竟能不潦倒。不然以其才，肯朽衡門草。況吾諗之子，心計足論討。

悼子堅二首汾州王如金，字子堅。

王子狂而疏，行真不掩言。於其所真時，硜硜亦未然。詩篇多新警，殊不戛戛詮。短小過逵衢，庬大奴才駢。醉眼乜西河，黄茆連青天。

一命可不愛，如獨遺厥母。太真猛渡河，終天恨終古。豈無膝下兒，病寒而汗迕。際遇

---

❶「東林」，張本作「昔之」。

各有時，性情殊樂苦。

悼孫女班班

弱女雖非男，慰情良勝無。阿爺徒解醫，不及爲爾咀。遂使曾祖婆，失一嬌女娛。生怕阿醴尋，妹妹來牽車。❶微情無不到，連日廢我書。極知恩愛假，真者定何如？

好睡

好睡忙不得，亦須心太閑。静神妙入竅，聲色如仇删。以此悟好死，一往愁復還。勞人待數極，乃怨鬼伯難。

秋霽向巖寺簷下枕書卧偶爾造適樹義不得石刻題作：「古度索書，特爲作此法，詩亦近得，請印。」

乃如兹一時，造適大無賴。誠然不在遠，心亦無所會。萬端莫知來，未勞經意汰。眼底長春花，不憎亦不愛。

春堤

好言不欲盡，不遠無言時。春河動惠漣，引我行春堤。虚空滿風雲，飛啄真樞機。耳順亦何難，十年知命遲。

---

❶「車」，張本作「裾」。

游　燕

殘雪照高樹，夾道寒杈楂。星月帶夜色，涷洛開朝花。母念遊子寒，應計衣未加。兒身寒有時，母心寒無涯。

玉　河

孱孱玉河水，發自玉山趾。一段關橋下，一段宫牆裏。宫河照蛾眉，關河咽遊子。

丁酉二月十五日二首

世亂憐花朝，蹣跚宇文河。小呰俯春疇，古紅愁婀娜。酒間引微情，小語怨阿婆。鸜鵒選芳樹，翠羽凋蹉跎。❶老夫暗追憶，國難雙義娥。金鍾恥從革，折桂斤香科。各狗所從瞑，豈復舞婆娑。❷呼延之宋莊，目擊非傳訛。摘豆襭紅裙，投繯攀青柯。

北曲謾崝嶸，我好彈哀箏。直上空青裂，宛轉岭嶙登。傾得丈夫耳，喜無迂腐聲。大安好搬法，古雁飛冥冥。老桂與阿眼，在野雙儀型。花點亂絃索，危柱服先生。看看成絶響，寂寂誰傳情？儒生歎禮樂，積德百年興。歌妓亦氣運，大風須太平。文章光岳寶，粉黛山澤精。天地劇草昧，魑鬽嬌飄飃。佳人滯幽谷，弱柳流春鶯。老來易爲感，强酒偏不醒。砮石好

❶「羽」，戴本、張本作「衣」。

❷「婆娑」，戴本、張本、劉本、王本倒乙。

紅杏，七日又清明。

寺　外

參佛不入寺，寺西坐石頭。静趺見寂性，柏子香微流。一晌當一世，須陀洹不留。夕陽淡山麓，收視空應酎。

兩　嶺

消索兩嶺來，疏得松七箇。側根拏石舉，客影輕濤墮。小景亦可憐，誰能白眼錯？非關得少足，會從此閒過。

懷融苦酒薦至

極知酒猶兵，一日不可缺。老嬾想勝地，苦春得檀越。短阮委泥巾，荆筐連歲揭。香生新柳林，嬋娟酎娥月。麴米損財施，領略實兼法。惜我多迂愁，不能盃下没。長引睨山河，波瀾不自閼。倏忽千萬里，風帆溟海撥。康成八尺偉，一斛辨端發。袁曹官渡間，經義無所豁。魯皋乎奈何，儒生徒温克。印昔諳此方，大蘖倍常額。氣厚力自上，無待他醅醱。真苦通心膽，回甘與天洽。有威人乃畏，無毒物罔殺。領酒思美人，不飲還契濶。

土堂雜詩十首

嬾鬟紺轇轕，婉如不可畫。春心溯烟入，淒涼見之外。美人何時來？至不知所在。

高雲拂崖出，澹氣無空虛。吾生獨牽滯，流盼悲華鬚。伯鸞死有墓，乃傍要離墟。

衰柳翳秋堤，獨立觀灝氣。濱河勤畚鍤，❶哀此衣食計。誰謂管涔源，亦有朝宗志。

玉樹生庭階，菁葱自足喜。淝水捷書至，東山折屐齒。王家叔不癡，定解愛武子。

冬山静如睡，亦不廢秀美。樹外明一河，寒月與逶迤。幽人眠偶遲，獨賞其如此。

娟娟春柳外，春山與争姿。組之以春雲，句嬾不勝思。心目亦何極，收視而置之。

物性不可違，逡之妙于潛。鹵莽彼不服，我亦未能恬。牛餌稻不呵，亦復重其天。

不忍一世傷，老玄憐孔仁。甫田雜非種，一作「稗穜」。鮒入擾真人。乃今論倚伏，莽亦漢功臣。

讀書如觀化，今昨無所住。轉眼爲陳人，寸心誰當遇？無用而篤生，卓老惜長孺。❷

青紫檀欒中，妙有蟬蜕宫。翟子如飛鳶，磥砢消天風。王孫裸近道，矯世猶棘胸。

庚子二三月之間三首

豈非物外人，經綸爲誰瘁？細雨杏花下，今古得小憩。物皆有自然，顔色誰點綴？山河氣概間，轉更增嫵媚。游鳧溯前渠，春緑灩于醉。誘心如孩提，酣然冀一睡。

癡山得妙雲，隱峰亂鎮[illegible]。敧危度枋子，春態不可攬。蘭村杏花白，裂石桃花萏。山根

---

❶「濱河」，劉本、王本倒乙。

❷「長孺」，張本作「仲孺」。

班宿莽，無言獨心領。

秋冬無一詩，花鳥詎如許。一年快一年，感慨何勝語。天機之所觸，不選生如穭。花鳥情有無，木人作意阻。韉揵多所礙，於道亦齟齬。南山起春雲，東風吹小雨。綠漣動青巖，澹蕩鷗一羜。❶爾我無小大，逍遥皆容與。念人各有志，未償如責取。君章近孔徒，次都似老侶。難易歸所天，易地失蹷駏。無用不可測，未足抱奇舉。湟圍解樊生，烏桓敗田父。計癢儁一中，亂賊恨賈詡。鳳雛不雄飛，伏龍井絡拄。阮公無臧否，豎子歎廣武。莊陵真高尚，所際中興主。

蒼巖限韻

鐵崖苛草木，幽樹鏖貞幹。山樓敞夜扉，石縫一星爛。夢迴香客喧，無始方静玩。紛紛與白來，菉抹巖之半。

覽眉所顛倒宋書王鎮惡傳歎息有作

奇人非巨筆，千古少生氣。以此歎弱翰，厥任亦弘毅。細腰月露情，奈此雄虎氣。❷煌煌雲臺功，寶彩卿雲囋。不得龍門才，英雄受經緯。小子學編削，早知《左氏》味。《左氏》如古

❶「蕩」，張本作「淡」。

❷「雄」，張本、劉本作「虓」。

錦，終古五色熠。堂堂敘大戰，點綴波瀾沸。文章亦神物，虎豹所炳蔚。鄙夫飾固陋，迺云道不貴。皇猷久寂寞，鉛槧安彷彿。礠礴擬老腕，似足敵王愾。輪扁有不傳，夢花亦蔽芾。弧矢分已矣，黼黻當焉暨。每惜傳修期，露布名元魏。

枕舷

枕舷看秋雲，高情淡殺我。南榮向與偕，不知遺何所。轉頭心隨生，即復多不可。皇皇尋前緒，盈耳軋軋柁。

別峰菴

一綠齊山灌，巖竹沾沾特。嬋娟笑風泉，未免罣眼識。僧樓香所茶，頓忘琅玕惜。誰教秋海棠，崢嶸雲根溼。前眼復迻注，紅雪珊瑚滴。瞟諦樓上峰，紫帶佩水碧。❶冉冉青婀娜，我又愛蘿薜。流浪總無際，過去亦頗釋。偕憂來東海，慷慨絕不得。

麗家谷爲趙生作

小谷喜名麗，幽期誰與迦？夫妻抱甕來，風泉慰勞搰。堨堨敲石火，徐徐引蘭鬻。燒春甜雪消，瓦罍素雲雷。跫音閴希聲，幽田動香瞟。❷無人入睥睨，誰可共盃盂？雌雄雙酒龍，

❶「佩」，張本作「珮」。

❷「瞟」，張本作「瞟」。

佁儗蟠寒樾。玉蟻齊眉斟，白虹向衡没。潦倒酣鴛鴦，豈復酗蛩蹷！酕醄見太始，鏖糟駭猝疿。臼季自晋風，梁鴻尚漢月。齯齯伯倫家，不共夫子汩。舉盃謝時人，老姬種已坳。任情遞真君，禮法宮陳禊。同穴省荷鍤，醉死誓勿缶。

孔雀崖

孔雀崖之雲，作孔雀翎華。藤竹隨處有，蒨蒨茲覺佳。煩心頓地涼，悲意生梅槎。大石蔭空龕，木樨遲著花。

東海倒坐崖

闢窗出海雲，布被裹秋皓。夜半潮聲來，鼇抃郁洲倒。一鐙續日月，不寐照煩惱。佛事憑血性，望望田横島。不生不死閒，云何爲懷抱？

與右玄 右玄，陳姓，名謐，陽曲人。

老友唯玄十，知吾濁與清。一氊擁離石，心亦異吴澄。讀書寫細字，華髮饒神精。小函屢有詒，真義無葛藤。客歲吾離難，自信明夷貞。齒雪交羅干，未敢虚受名。愁我一朝溘，奇方撿秘經。君以香附子，三柰佐南星。庸醫不解旨，難其非參苓。樌械獨微喻，精製而深登。藥香滿槀藉，沈睡俄晨醒。念茲出處異，違心有同情。破寒絶鐵嶂，直上胡牀繩。侑來茲者何？陰岡殘雪凝。逶迤穀百里，❶蒼黑摩青冥。榛駁舉老赭，寒聲鳴甲兵。南睇氣爲壯，不憚孤侵星。有話敢與説，擬作懸河傾。奇字識無益，急謝侯芭生。皋比亦遊戲，元經續不勝。黄冠本寂寞，胡造深山覺。既見不可語，語即駭衆聽。當今之爾我，難乎其友朋！

始衰示眉仁

始衰學自解，一切遺不拾。所苦此心在，置之隨復縶。舟楫恣消摇，江山莫非泣。耳目竟何司，不覺老從入。飲食總無味，醒脾謝霜蔬。違心之應酬，夢迴冷汗湆。極知需藥餌，一孏不復急。本自才情人，遭際令獨立。天親多異趣，米鹽有未翕。今古不勝論，《傅史》勸自輯。分明詒汝曹，省如治命讋。文武各有數，識幹時難入。子衛侯昆陽，母弟乃被執。薄功在雲臺，隱痛與臺岌。《北史》惜修期，知人囿於習。念我弱冠年，命藝少舊襲。塾題試致身，滿臆河山疢。遂云割裂收，如作殘肢葺。不謂竟成讖，短綆艱自汲。抱策瞻閶闔，傴僂視戈鈒。吾宗南宋奇，一高至百十。閒關黄漠勞，那得不重挹？獵寓胡元書，傅姓幸稀屆。金河殺佐奴，無知直中卌。沍寒天地閉，箕尾光亦蟄。甲午朱衣繫，自分處士⿰歹立。死之有遺恨，不死亦羞澀。斜川紀游後，十餘年乃畢。自顧無道氣，褊中但填悒。一旦溘焉逝，諄告恐不

❶「穀」，原作「殻」，據張本改。

及。❶父亦多誤子，虞汲之兒集。

雪中過五峰道師留夜談

山靈若相召，適自長安來。紅菉不到眼，寒山生玉苔。王倪經四問，鮑照失多才，靜夜發微論，有身良可哀。

看巖柏度雲得

閑雲罥疏柏，去住都無心。撟首攬其妙，冷殺勞勞人。河渚霎鴛游，豈復坱寰塵？祇以情之篤，一偶亦苦因。晴霞籠花樹，蕩意山亭春。紛華聞卜子，書院歸西汾。玄心悟禮後，倩盼實先援。麥蝶若一作「及」。楓羽，情性無端倫。起滅有應否，莫不潛其根。丹炷守一命，大覺輪空門。還來理楖栗，❷千山休厭深。

半　刻

半刻得無夢，覺如初有眼。覽物不知深，觀道妙于淺。片席少勃谿，花林蔭書卷。

調饑七章

調饑厭轂氣，菊葉裹桑椹。甘苦俱到心，露濃回霜凜。顧彼丹榴花，灼灼傍寒井。

---

❶「恐」，原作「兒」，據張本、王本改。

❷「楖」，原作「榔」，據張本改。

何幽無草木，採摘鮮友朋。上黨亦有參，五臺亦有苓。何爲重獨往，幽獨難爲情。七歲悲生死，於今五十六。此生旦暮了，不暇悔悠忽。哀哉種益滋，誰能斷不續？服氣可以飽，餐志亦能饑。文章富肴醢，仁義調和之。山圖把芝草，哀哀在瑶池。遠期諒難得，即今得何好？立身聞聖言，撫心益用老。聊復學童蒙，離騷拾香草。掃地亦假浄，心乃爲清涼。中外有相待，耳目宜高爽。天下謾掃除，一室施吾牀。紫芝清真士，自處如羲軒。我心何獨褊，惡人門外喧。兒孫許詩酒，不容無微援。

偶借法字翻杜句答補巖

問詩看法妄，索解傍人癡。知此不知彼，一是還一非。情性配以氣，盛衰惟其時。滄溟發病語，慧業生詩歸。捉得竟陵訣，弄渠如小兒。

風有方圓否？水因搏擊高。偏才遇亂世，噴口成波濤。按著盛唐覓，突灑奴目逃。不論河岳氣，私各光谿豪。文人不相下，直不真文曹。針芥膠臭味，旗鼓權勁矛。擬議屬誰何，小技吾心勞。

費眼打油示少年

費眼又費心，讀書本無樂。蓼蟲不覺苦，業自幾時作？以兹爲名地，惟恐不宏博。穿窬復掩藏，不中冷眼噱。憐此襲取勞，其意亦不惡。無奈所與者，黠覺多輕薄。不能驢耳見，掘地小吆喝。若是老伽文，鈔點覆藏橐。財施亦福田，不如法施渥。未聞以名施，受名日墮落。

離婁閉其眼，盲瞽舞摸索。不知誰紿誰，萬古黑難覺。妻子見握卷，公然推坯璞。奴婢見作文，主人好才學。不如不識字，天全其五鑿。苕蒂透悟時，亦虧老鈍殼。此中實踐程，百巧不如拙。男兒生世間，何必此管搦！真名已如膩，達士求解脱。假名復何味，如蜜如乳酪？抵死不肯捨，何關於皮膜？莊語犯之怒，謔浪風耳邈。山斗相稱讚，傾倒逆與莫。此咎當誰任？嗚呼朋友庀。

李賓山效東野書壁

古舌老鶴寂，新簧春鸎娟。孰耳後牙後，于佛前僧前。峙流持不動，義利風難圓。片石獨勸芥，宿夕華嚴緣。

看灰稻

佳稻蕪惡葉，用灰以殺之。殺草不殺稻，灰之威愛奇。陰陽莽生意，良惡原兼滋。造化隨種性，人工須芟夷。君子少爲貴，宵人多其宜。内觀阿賴識，染净同樞機。心王即天吏，逸德無過差。百藥中灰力，一吐百病衰。積習一痛除，亦屬真宰威。安得援胥良，幡然無用師。

示弟姪

四十年前時，曾於東塾牆，楷書《百一詩》，冀爲真冷方。睥睨末如何，謾謾經滄桑。濯纓風耳巽，逢怒能意莊。鱗甲生庭荊，姑息融面霜。且圖將順美，不發在心兵。奄忽至今日，鴒原火猶張。老夫無比數，學力劣雁行。❶自居謂他山，似可發玉光。異性或少益，同氣看茫茫。不知是不屑，其别有肺腸。無咎恥一悔，復憶爲軒昂。撫孤轉歎息，宿留成清狂。來氣久染卑，往意當何强。頹茅畢草味，我本徒蒙莊。不欲弟姪輩，不登賢者堂。修名竟難立，甘孤宗祖望。怠忌兩痼疾，昌黎窺膏肓。

樓煩河橋上經行

云何於此水，不覺天爲親。樓煩橋上耳，裂石灘中音。豈非以習故，乃見臣子心？

天龍禪閣燒香

心香薰彌羅，四十萬里上。一片爇栴檀，諸天啟瑶幌。斤斧雖時窺，性氣不改亢。靈根蟠碧海，日月浴香浪。

---

❶「力」，張本作「行」。

霜紅龕集卷四

陽曲傅山青主

五言古

蓮甦從登岱岳謁聖林歸信手寫此教之

我十五歲時，家塾嚴書程。眼界局小院，焉得出門庭。今爾十五歲，獨此重小丁。老病岱宗覽，許爾隨之乘。先師小天下，亦於此焉登。登此不自振，虛俯齊魯青。嵯峨藏礌砢，疏松嫿霄冥。聊堪棲海鶴，小鳥傷短翎。培塿茂小草，但足藏蒼蠅。人松不人草，後凋已自徵。況松乎泰岱，結根萬仞嶒。奴人難攀援，神山蔭峥嶸。小書不屑讀，小文焉足營！凌雲顧八荒，浩氣琅天聲。瞻言聖域近，汶水龍奔騰。循循歸洙泗，春融曲阜城。宮牆蒲伏進，有嚴司寇型。紳圭赫喧下，想見夾谷盟。豎儒不此究，素位時中鳴。三字微管仲，動引喧經生。唐碑崇丈五，兩兩峙舟亭。檜北雄一碣，獨罹地震掏。有字駁難識，撫心領師靈。爾愛五鳳字，戈法奇一成。當其摸擬時，髫鬊遊西京。風期亦如此，日上極所能。聖宮以立命，泰山以危行。環顧熙攘者，嚷嚷争榮名。日子長樹葉，千秋信自轟。

作字示兒孫附跋。❶

作字先作人，人奇字自古。綱常叛周孔，筆墨不可補。誠懸有至論，筆力不專主。一臂加五指，乾卦六爻睹。誰爲用九者？心與擊是取。永真遡羲文，不易柳公語。未習魯公書，先觀魯公詁。平原氣在中，毛穎足吞虜。

貧道二十歲左右，於先世所傳晋、唐楷書法，無所不臨，而不能略肖。偶得趙子昂、香光詩墨蹟，愛其圓轉流麗，遂臨之，不數過，而遂欲亂真。此無他，即如人學正人君子，只覺觚稜難近，降而與匪人遊，神情不覺其日親日密，而無爾我者然也。行大薄其爲人，痛惡其書淺俗，如徐偃王之無骨，始復宗先人四五世所學之魯公而苦爲之。然腕雜矣，不能勁瘦挺拗如先人矣。比之匪人，不亦傷乎！不知董太史何所見，而遂稱孟頫爲「五百年中所無」。貧道乃今大解，乃今大不解。寫此詩仍用趙態，令兒孫輩知之，勿復犯此，是作人一著。然又須知趙却是用心於王右軍者，只緣學問不正，遂流軟美一途。心手之不可欺也如此，危哉，危哉！爾輩慎之！豪釐千里，何莫非然！寧拙毋巧，寧醜毋媚，寧支離毋輕滑，寧直率毋安排，足以回臨池既倒之狂瀾矣。

❶「附跋」，原無，據張本補。

趺雪起二章

久閉眼亦嬾，逃字如蒙童。孤山戲春色，淡墨誰能濃？守黑自陰符，知白真吾宗。

神顚參太始，浄義不可署。瓦鼎薰蘆芽，一縷亦無住。遥遥蘭村鐘，帶雪落高樹。

方　山 壽陽。

方山方如墉，埤堄列疏松。日莫俯諸山，蜿蜒盤紫龍。黑陰作老虎，❶嵾崣摇天風。般般亦佛子，山僧無過恟。長者載經至，七尺何其恭。

碑　夢

古碑到孤夢，斷文不可讀。茂字皦猷大，夢迴尚停睩。醳名臆蕁芔，是爲葵之蜀。炎漢在蠶叢，漢臣心焉屬？奉此向日丹，雲翳安能覆？公門雖云智，須請武侯卜。

青　羊　庵 菴蹲崛巉松林中，故名。後改「霜紅龕」，以秋季樹草葉色胥紅也。

心隱亦傷厚，況復肆其篋。多所不忍道，豈復勝篇章。流連鄭衛詩，使人不能狂。澹静陶處士，乃有《詠荆卿》。劍術惜其疏，舉杯飲欲忘。重籬不可解，頗異山谷黄。

---

❶「作」，張本、劉本作「坐」。

賤夫美一睡起宛潭至於濁醪有妙理而乙之

賤夫美一睡，一睡豈易美？❶方剛愿人臣，老來慚人子。皇天不解劍，仰卧切冷齒。高陽老狂生，邂逅惡苛禮。儒冠本溺器，不蓋戴圓恥。新室九祭酒，皆漢明經氏。中興一瘦羊，史册景星擬。惆悵六經澤，如斯而已矣。晦名早荒宴，看破此輩伎。不直一錢業，五十春秋以。以此憐游俠，膽識多豪舉。孟公鴟夷居，誠擾諷誦鄙。不知槐里兵，實和東郡起。豈不擾三輔，三輔尚誰枳？嘉威於此侯，大負滑稽睬。意中之俠腸，向背復不爾。泛濫詞人場，性情月露眯。吾宗清泉剛，樂府諛無俚。惟庸蜀一篇，名義媼君子。聲歌辱鱗彨，丹青掉狗尾。諸無忌憚兒，正自操觚喜。侯門頌仁義，倡和代殺改。何怪魏蛺蝶，南國島夷詆。薄言此小技，何益真人斐。半句不刺眼，珍重玄黄篚。風教存其中，豈敢遺葑菲。淼園者何人，寄詩簡自娩。編中三致意，東晋諸名士。豈伊秦有人，心肝未全死。痛攬《無衣》什，茫茫一河水。稚恭自有志，起疊壯孤矢。士稚實高才，❷河南略經紀。天意薄司馬，憂瘁折梗梓。獨憐老越石，智勇未愷悌。姬衛自北來，有用兩敵壘。不能朱訥忍，憒憒没安悔。昨到桑乾河，城問莫含址。一人非長城，忠義閃漢底。晋方言，謂落空曰「閃」。情滿詩慇懃，庭虚嘯洟涕。聞子

---

❶「豈」，原作「起」，據劉本改。

❷「稚」，劉本作「雅」。

好談兵，無乃陣圖紙。得意真能游，豈復責泥滓。敢揮彦先顧。扇，何忌令思毁。石奴功當成，次倫朱序。陷或使。反經多權奇，幽巖有知己。西方多若人，老夫念佛耳。念佛念佛念，人名。計行其有豸。永興護小慈，索顒磴磴侍。滎陽好奇捷，中原竟榛否。流連古今事，意何難可只。導引學神仙，傷此筋骨靡。生有不欲長，藥有不屑餌。靈丹來賊鄉，柳公弃如菌。方寸亦何褊，充類義爲謑。好我有祕方，詒之救衰餒。傳云多奇效，都堂常御此。又云甚犒功，服之得清祉。撫心不敢嘗，福薄久自揆。僭妄一刀圭，褫奪千神鬼。即如葵藿園，原不受蝙劙。名山多蘆草，儘得爲黃綺。但能學老續，業寓《春秋》旨。羯羝自石都，銅鍉自我里。亦能九十七，不聞儲菊杞。幡然顧心腸，又非木石比。此心誰可聞，私告六字母。先是感異夢，開士懇牖啟。六字屬熟持，既熟荷得去。瞿然撿金祕，咒名驚一視。是臣意中言，佛故隱躍指。以兹誓愚誠，禮誦餘生已。誦餘飲食外，口真樹綱似。無聊頗作詩，不諳古近體。操筆取懷抱，花月翻我悝。澒洞蕭槭來，莽蒼千萬里。極知生有涯，微情渺無涘。蕩蕩老嵺廓，脉脉消湖海。知所無奈何，大命安真宰。文武遞盆盎，仕宦等奴婢。器各受所容，志即榮厥委。神姦一哀章，孟佗多祕諝。氣類歆錦羊，天地厭簏簋。此事不得與，豈關一老侶？行行漸掃除，咄咄誠糠粃。局外洞倚伏，大冶毒張弛。誰何送酒來，甘苦都唯唯。缾罍無小大，列案撤書史。向衡少別腸，倦極那花晷。清客不可爲，繩牀倒昏蘻。一盞得一瞳，花眼明如洗。

淖馬周老來，鬬門殺棊駛。勝負總不計，定勝如神旅。又憶杜陵言，濁醪有妙理。

耐　貧

六極列貧弱，救貧還得强。世晚習氣賤，❶多令本業荒。日鋤一畝暇，晚飯六碗香。天與此骨力，豈是窳劣郎？顧彼驕强者，氣皆奴婢揚。一僕怨主貧，此亦小人常。憧憧晝夜計，若或登華堂。恐落甕城諺，乞兒空勞忙。❷少年轉更失，與此同伍儴。每見老及耄，亦多苟且望。胺臢置從來，喜勝園之唐。公侯略小節，豈皆法秦房。老杜贈人言，讀之不能忘。一請甘飢寒，不願飽煩傷。悞失將帥意，深慮投人倀。極知貧難耐，耐即醫貧方。翁健知天意，子强且地僵。❸薄薄舊田圃，耕耘真道場。

河　房

魏闕的的在，江湖何爲心？瘖瘵一河房，❹欲依嘉樹林。鷗鳥豈易狎，無生忍浮沈。西山白雲外，是吾崛嵎岑。何必故鄉遊，昔賢留佳音。

❶「晚」，張本作「亂」。
❷「空勞」，張本、劉本倒乙。
❸「僵」，張本作「壃」。
❹「瘖瘵」，張本倒乙。

病登西山縛倚爲轎椅本木名，今世以「坐子」爲「倚子」。義當從木，從倚而省。

縛倚作山輿，伊軋鳴䑘䖘。生肩不貫舁，跬步大小俤。舁者苦無狀，坐者心恒跳。遇難先代相，左右高低詔。山花多奇姿，秋雲杳高妙。兢莊如木神，不敢恣意眺。欹危入村落，儘供山嫗笑。不知笑何爲，老夫靈府燒。豈不負且乘，還來辱蘿蔦。久知有待煩，況待二賢顚。四大不自便，厭人安傻俅。極知其非情，罷紈未能饒。苟且盡如此，偷安至命譙。子威略用李，豈見薛荔誚。元瑜中晋風，秦山藥非療。遠情念謝艾，亦復板輿僄。知也真無涯，時志默相卲。石磴入緑天，頗覗精神超。高松鳴青禽，吾庵菉中窵。遂初一何難，殊未得其要。古今勞俯仰，誅茆意彌劭。

五言六句一人一首

王适冥於酒，深醉無一言。繪事老益妙，蒼潤欲樗仙。獨牀二十秋，一室壺盞千。陽曲。

不知平水人，謂吉生何如。吾意石艾驢，於焉德不孤。袁門於今日，乃有兩博徒。臨汾。

仗倆亂益妙，誰知其聰明。敬天不敢用，詩盡聊人情。❶西方之人兮，蘆鶩梁先生。陽曲。

覽息眉詩有作

道心希微閒，癡情復歷落。此自吾家詩，不屬襲古格。細吟五字中，頗與王儲邈。念我

❶「盡」，張本作「畫」。

四代來，文學代有作。然皆餘力及，未盡塊⿰土韋橐。❶從好負雄志，先祖園，名從好。彫蟲恥寄託。晨星見《慕隨》，集曰《慕隨堂》。先祖未曾有此名，《京山公傳》詳之。是否亦消索。以我所摭拾，不解何遺落。穆穆離垢翁，先君自號「離垢居士」。淡静青天鶴。松雪發警句，道要在幽窔。下漚亦多篇，先伯有園，名「下漚」。大都類講學。軒昂而風流，惠文大綽約。先叔祖御史公。峩峩獬廌冠，⿱罒叉⿱罒叉芙蓉鍔。冢君《無聲草》，御史公子、先伯，有《無聲草》。高視三象閣。讀書齋中閣名。離合任踈放，長須拈寥廓。孝廉於杜陵，御史仲子。顛倒霤簷濩。時復有短章，紫霧障春箔。同學嗤笑之，以爲無處摸。大謬無奈何，而今我與若。目論有公道，憐才不苛虐。一字半句間，冷眼明肫⿰月睪。寬法覬多遇，往往遇不著。暗商此道微，消渴難挹酌。亂世多妄人，萬丈自光爚。奴物共旗鼓，公然山斗卓。不知范陽美，燕趙擅芍藥。花林緯鳴鶯，翠袖嬌倚薄。頓詅牛腰卷，大發虎齒噱。罷酒忍嘔歈，側耳向寒鐸。是可巽規否，宏偏行已偔。李杜不作嚏，撫掌覥傖⿰革頁。孟生謝唯唯，緺眉費忖度。作者今人爾，不管人生瘼。我輩三自反，差免鮚鯀惡。不喜爲詩人，呻吟實由瘼。凝滯何難化，運氣中乖錯。一綫憑元氣，陰陽與盤礴。晦冥得奇句，溷然汗泊泊。時復能少閒，還復理摩削。自知愁是豎，自知詩是鵲。❷扁鵲。救急策非長，排遣

❶「塊」，張本作「瑰」。
❷「知」，張本作「覺」。

度今作。亦不博名高，閒書邃巖粤。江北盡白丁，南人習欺魄。誰能争勝負，又去多酬酢。丁亦何必黑，自信少彫鑿。當其所得意，豈望人解獲。近聞有評論，碎細響蒿爝。❶翻憐其識見，幾時得開拓？嚼肉有大腸，脂膩滿包絡。與之嘗橄欖，酸甜遥遥睢。昧心作好語，於我亦何樂。妙哉不惹妬，怡雲信牢落。

河　邊

白鳥歇新涼，微蜩引秋唱。朗月流柏端，河聲在崖上。若非所際爾，吾心豈不曠？

河　濱❷

河氣可窗白，生我心之虚。浄義不可舉，如讀高人書。一嬾臣槃考，十年君海隅。山林容此老，何微無蠉蠕。

鳳毛之集一僮愚頗近道問得所從來因篤戒僕❸

鳳毛花酒禪，大陵之别調。不無捩人眼，徽之以扢繚。小堂切城陰，是木不欲凋。緑煙常不晴，入門竟窅窱。一僮魋儗佁，拾之撫有纇。茶酒粗給力，惠者責其傛。初見我憐渠，似

---

❶「爝」，原作「僻」，據張本改。
❷「河濱」，張本作「河濱警寄」。
❸「僕」，張本作「樸」。

不知啼笑。幡然代渠憐，我之天機劇。瞠對相太始，有欲淺乎竅。人既勾喬禪，禪得僮髚虓。道氣可靜參，聰明皆不妙。世界習所薄，誰儻爾獨佛。再來勸勿酟，主僕意可釂。

夜氣四章

夜氣四端備，羞惡尤崚嶒。火土混沌中，金木寒光騰。睫閒有漏盡，牀上無尸腥。凍餓相戛拊，一志深鋐鏗。

明日九月節，霜氣流凄風。蒼鷹硜勁爪，駿馬摇疏鬉。老農舞連枷，瓶罍愁不充。萬類各有業，雲中鳴孤鴻。

生緣唯一齋，死緣唯一埋。終然負天地，生死何爲哉！鬼伯不發蒙，晨鐘摐心來。嬋媛孰告予，抱一聽其哀。

白日照强顏，朝氣亦纁黃。詩書包長恧，溝壑有不忘。儒生待堯舜，甕牖猥稻粱。孔甲抱秦恨，慨然死陳王。兩生豈不笑，亦各云行藏。

講學

神易非禮書，老生羣嚼糟。聖言偶及此，不敢離分豪。玄田妙畜義，天在山中包。何必不實有，多識亦塞茅。

劍須鋒者利，花亦樹之蕍。意氣吹萬有，高才欠一迂。無情並無性，不俠猶不儒。龍川似水火，其實知程朱。

老眼

老眼苦澀痛，每日强半閉。春風動支蘭，作嗽牽積氣。佝僂護右脇，轉變遂爲瞖。隱几忍頻伸，業性閑不去。舊書時一探，迴復《山海》異。塔院送錦函，《慈恩傳箋》至。不能待明發，瞬夕就陽諦。開卷起衰顔，正見秉彝貴。要兄趣長安，人王屬唐帝。即此一趨向，豈復猫狗薙。悲彼蔑戾人，妄謂佛無地。所以繙經表，傷昔所朝僞。未見法藏時，法眼琉璃吠。忽憶王景略，生死苻氏媚。茫然昧神州，公爲司馬祟。至今齷齪儒，動自羌猛置。老齒終年冷，《十六春秋》記。崔鴻祖草竊，類語串一致。以其奴見解，而爲僞點綴。苻猛與石賓，帖括如一事。客秋到頻陽，流寓聞一士。自居王佐才，自許不可世。不云我管樂，津津捫蝨忕。豈其面于方，欲鄉先達媲。雨中搗□歸，忍笑爲齒避。大虧裝和尚，兩言豁肝肺。今日腰痛減，輒復此游戲。再浸蕤仁湯，少救麻沙翳。

失題

文詞有帝業，不屑媚茲脩。擘頂放龍變，靁雲轟九州。蟲蟻編摩誇，老龍從不知。道人嗥嘐笑，惚恍原如茲。不文亦已矣，文須那伽似。鈔撮姹淹博，搬倉升勺取。又有掘穴人，❶升勺竊鼠倍。妻妾分顆粒，亦怙厥夫力。大小分如此，性稱其命役。蠅蚋聲耳耳，精物本星星。

❶「掘」，原作「握」，據劉本改。

幽田閉無術，半聾偏能聽。響竹起撲之，刹那不混人。殺生損佛性，佛性亦殺生。閒寫至此，投筆欲睡，而蠅混來，不覺爲王思之憤，遂度響竹。小言足喻大，聖人怒有憑。掃蕩蠢非類，誰曰非義仁！掃盡無一言，雄文静乾坤。三元八會書，龍鸞雲霞中。世人不能識，軒轅朗朗誦。

雪林讀左傳雪林，張姓，陽曲人，庠生。亂後爲僧。

雪林好腹赤，遇書無不讀。初爲行脚時，《左傳》擔頭束。回復施⿰口尃噍，嘉肴分段觸。卒業向我言，一字足以覆。我問字云何，曰禮是其目。擊節頷其慧，佛子真不俗。持是印瞿曇，斷不外道逐。尹生無文竅，作壞六經戮。哀哉奴鄙儒，不如吾老秃。蹇茶供大嚼，靈通毛孔馥。

讀杜詩偶書

杜老數太息，黎庶猶未康。此輩自芻狗，徒勞賢者忙。追憶甲申前，日夕盼鼕鞺。只今死不怨，熙熙寶慶楊。皮業自應爾，天地有大綱。小仁無所用，故林何必嘗。所悲數奔竄，奔竄復何妨？宴安不可懷，仰屋無文章。有恨賦不盡，頗異江生腸。

壬子年下過紅土道場懷雪林雪林別時正解則陽舊國一則

煙春媚暗年，東風拂南岡。雲情盜馨動，❶早欲栽花芒。老夫無客拜，雪徑來僧房。幽唄

❶「動」，劉本作「勤」。

不出谷，煖地憐陶堂。劈柑過律師，柑作蓮花香。齋牌隨大衆，潤益悉十方。不知雪林子，何處餫饠噇。草木縉舊都，不化舍闍嘗。今日真讓爾，奈何難一忘。

離石遘鄆羽脩見我用天瑞先生韻詒右玄詩輒原韻賡贈能押秦字無惡奇哉中且無論矣言爾何人爲復一詸託玄轉致兼復玄責

康樂之詩曰：本自江海人，豈好先名實，天子不得臣。有生同一駴，移是任大鈞。嬾散畢所受，無力清黄塵。殘編寄崛𡾊，松垣圮不垠。遠惟新亭集，江南仍舊春。嘗笑水心劍，獻于胡□汾。穹廬塞大鹵，唱和歎韻倫。美人自蘭陵，游戲葫蘆濱。見我萬山裹，跫然忘其嗔。冷眼對瑶席，孤静意自尊。私推一榻寒，有所不能淫。蠱上謬相詡，月脇鏤白元。六朝花柳市，簫雲馳天驎。心魂動秀色，頓解圚圂昬。知有白色河，渺漭出崐崘。百川受不溢，枓木懸風輪。深情亦瀟瑟，微言及韓秦。大荒可同逝，披髮騎騏麟。沆瀣堪漱齒，曇雯可膏脣。其如有身患，我輩情爲藩。老周百餘歲，趙遺俄來民。其或得噉珠，於彼癡龍獱。

讀虚舟先生詩

老氣壓全晋，此道人嫌傖。插花競雲鬟，美豔終女郎。曹家無靡語，何嘗少暉光？鮑謝自妮人，風氣南大江。可憐偏安習，琱組排天襄。頗怪元暉子，突兀驚莽蒼。「大江流日夜，客心悲未央。」十字徑欲霸，詞人誰敢當！

柳

柳氣又黄透，教人奈春何。年光訓廉耻，薪水勞巖阿。老病久自廢，一槃安所薖。伊吾絶萬里，壯士投身過。

失　題

寺園有桑椹，老僧許我喫。佳實在于顛，扶奚上樹摘。探著與老夫，不者衛鳥雀。壯夫耻彫龍，文士學刺繡。□□一箇家，天地放不彀。軒轅看昌黎，山斗須俯就。一代遜一代，文章日不真。儘其所知聞，衒之勢利人。七上八下才，五角六張奔。黄君五味在，不用酢益齗。不拘口□戒，芹苣芥皆可。新春嫩柳芽，有香無煙火。❶風乾當禦冬，緑韻磢齒瑳。山房三兩筯，蒸糯仙飯顆。

題慈節傳後

亂世死一婦，❷欻霎真微末。不死再脂粉，皤然有難活。習井待賢媛，蝴蝶潔如脱。書袋漫操觚，丹青莽鈔撮。乃令面目假，識者笑塗抹。大官省繁縟，餅師與攱敪。不爲渲雲鬟，束

---

❶「有」，劉本作「苦」。

❷「亂世」，劉本作「大地」。

帛聊髼髺。傳神正阿堵，豈復來疑喝。所以《有道碑》，中郎不媿汰。文章有廉恥，詞場亂可掇。❶

乙卯中秋同王珸王璟胡庭兒眉孫蓮蘇遊寍鄉柏宂

今秋何秋兮，乃從河之涯。物外三四人，帶情聊煙霞。灌薄得霜早，蒼翠紅紛拏。嫵媚頷南國，睥睨摘幽花。言言語語而，行行來柏宂。

翠柏嫿幽壑，細雨騰秋香。柏根轇轕鏬，雲根函一牕。老人忌清薄，朝暾散林光。俯批緑影入，石房殊不涼。坐久神氣和，貪書有蒙《莊》。林邱之所善，先令靜慧長。礌砢出蒨蒨，可以弄文章。

前宂多茂柏，後宂復松林。既無樵蘇擾，亦鮮腥葷尋。高步取微徑，香緑滴素襟。大石任坐卧，古蘚天花茵。何處能喪我，入林即外身。親知時一至，相戒獨晨昏。牕外有虎跡，牕中冥坐吟。彪炳此畏友，總勝奴文人。

蘆芽山徑想酒遺劇

緑來無雲樹，山溪淙緑中。老樹倒爲橋，緑毛僵古龍。遇壑起疑難，卜度將焉從？批林得微徑，愈覺獨往雄。一轉迷黝盩，峰桻争鬱濃。無第亦可畏，隨復慮有窮。天藍漏樹鏬，藥

❶「掇」，張本作「撥」。

苗穿雪紅。採藥嗡素雪，紅玉呵洞胸。冷豔駿花眼，神上青芙蓉。想酒勞犢鼻，焉得村醲醲。❶晴空映丹櫺，琥珀光瓌瓏。想極如活見，翻悔不專傭。楖栗雙瓻來，醉死林花叢。昨到北溝灘，南山筆閣嵸。我已喪灘外，不復戀老儂。瞻言藏酒者，六百里之東。蒿亭枕麴卧，有酒無山松。豈念蘆芽山，渴死僑黄翁。移志玩衆妙，鳥語林莨聰。嚶鳴皆有侶，益傷鮮我同。名山亦何限，禽向唯雙蹤。四子者安往，汾射留元風。糠粃至今在，佳氣窅鬱葱。林邱誠大善，雷電殷翁翁。天聲到巖岫，青緑凌霄翀。深情岐中岐，題詩不知終。

偶録五言古一章諄復圜賓不似詞人之作

生死即旦暮，男兒無故鄉。血丹中土碧，骨白高秋霜。德徽信碣碣，園觀豈茫茫。吟諷本無用，痛快空文章。魏闕何處熱，江湖心自涼。美人遲遲來，徒誦水中央。父子俄然别，君臣恐難忘。春陵漫蔥鬱，斟灌當誰望？浮沈三十年，何日不膽嘗？神孫遽武健，如意祝文昌。靖箒翼軫旗，天兵壯繆將。一杖生不扶，墓酹中興觴。數當撇捩盡，奈何乖義方。恭忝皇天玉，其諸有不茫。我死非允吾，《五噫》爾其遑。瘦態省經白，老牛矢執黄。據地吐盜食，咯咯爰旌吭。嗚然決於心，豈復容再商？秦風悵衣澤，楚騷悲沅湘。筆墨有前車，巖谷固厥藏。華甸陽馬死，麗藻争虎倀。老我目難瞑，子孫眉翻揚。變局忌傷性，暗喜仁能當。横流

---

❶「醲」，原作「醜」，據張本、劉本改。

有疏鑿，豈其終懷褢！

題自畫老柏

老心無所住，丹青莽蕭瑟。不知石苛木，不知木拏石。石頑木不材，冷勁兩相得。飛泉不呰相，憑凌故衝激。礌砢五色濺，輪囷一蛟軼。寒光競澎渤，轉更見氣力。擲筆蕩空胸，怒者不可覓。笑觀身外身，消遣又幾日。

遊樂平石馬寺

愛石即欲死，礌砢而扶疏。天華蒸太始，古菊千葉敷。采采日月菁，飢飡渴亦茶。心肝藉貞氣，物外保廉隅。何處雲根罅，不堪埋老夫？

斑璘石上華，青緑硃砂塗。沈吟計年代，豈非天地初。何有於商周，屑屑誇尊壺。文章落言句，真彩日受污。偃仰玩自然，齎色當其無。邱蓋炔筆硯，經緯省拮据。彫龍競藻繢，轉眼亦土苴。雲霞幻鸞鳳，神仙誰窺圖？

老檸頂石出，橒檑黑虯鱗。寒情拖靭骼，冰霜無枯榮。黃葉凍不落，風揺金石鳴。倚薄呞苦酒，衰顏紅稜稜。拏攫恧筋骨，腷臆勞呻吟。奇語瑑肝揭，不掃神州塵。終供勁卒笑，常談之老生。

寒月課兩孫讀左氏傳

西山凍玉牆，寒光明舊書。瓦罏焚柏丁，袖手不能舒。兩孫戒犯寒，聊復佔畢劬。《左氏》世所習，上口當賦芋。調饑是足飽，貧兒氣爲麤。誰知茅簷下，日厭大官廚。

不　想

不想寐有覺，何人傳天聲？嘉名自天命，神孫日用亨。宜樹意有無，胡爲撩魂停？謬命久自安，三獸示箕陵。庚辰秋，夢游箕子陵，有三獸守之。國難實原筮，大《易》凛神明。一得雉膏塞，再得盤桓貞。臣子心難灰，爻繇流連徵。雨復何所遇，信建誰亶膺？窮壑一老叟，諒非簡在明。摭拾快朝飽，車馬帶覆傾。田生抱奇策，聊復干營陵。地貨真可惜，蒇已非功名。聖人目望羊，大盜睡不醒。四海學廉隅，百姓爣榛荆。麻穤餵天馬，❶江外終小成。白頭待扶杖，一豁遺民情。

爲保德王君思作

東山有大膽，初不在淝水。當其入幕時，府主爲元子。可惜嘉賓兒，不與賭墅士。

來青軒遲月

樹氣渲石鬢，泉佩珊雲香。娟月上南峰，杏林飛夜霜。鄭虔荷氈至，支遁下繩牀。睇笑煩想像，森森成曉涼。

---

❶ 「穤」，原作「穤」，據文義改。

壯士

黄沙舞笳起，榆柳鳴楛枝。壯士夜不寐，撫劍傾深巵。貪醉乃益醒，瞠眼覿天儀。仰視參中伐，短縮當畏誰？拊髀復大笑，天遠安可知！人氣憚一鼓，委天亦何卑！不聞淝水捷，空中有鼓鼙。鷄鳴上馬去，鼻頭飛素霓。迴首天氣肅，旄頭爲之垂。

失題

明月熗中林，美人來遲暮。杯酒且獸酌，自諦安所遇？結詒豈無言，一水復難溯。藁葬非允禪，旁吾盜先顧。果蓏度浄命，德繳覺臨數。眼光落人間，魂氣任之駐。本非高尚人，形迹亂疑誣。若早十來年，猶能試露布。筆花遭夜合，萬物一俯覰。毒酒甘如飴，巨游真長慮。合浦漆癩酬，任憑當何訴。視息聽早晚，浮雲澹空素。

霜紅龕集卷五

陽曲傅山青主

五言古

讀老子

河上義未圓，使我爲經生。依面未能離，聊復如童蒙。行行進此技，屑金於眼中。伯陽老慈悲，縫掖多刑名。

薄禮階大亂，無禮當奈何？申商非道德，棘儒庸餘波。意□尊其名，少選是其時。飄風不崇朝，一宿蘧廬之。損之純厥儒，又損達農羲。同憂勞聖人，剥復因道師。平陽得蓋公，醋酒醉漢初。

效唐人樵人十詠複《斧》、《擔》二章。

樵　谿

蓊蓊雲不流，黑緑一溝谿。水石愆藤蔓，斫伐見日月。多少擔頭命，天植此生活。相戒有山神，無犯古崖柏。

樵　家

雲破茅簷出，雞聲在籬梢。賣柴帶醉歸，一覺紅日高。熇焠竈下歔，松柏香不消。顧瞻烟橑上，亦有春燕巢。

樵　傁

骨勁虎風嘯，膚老龍松鱗。春秋看斧柯，棫樸矜兒孫。肩背有天命，林廊無佚心。興亡不到擔，永言燧人民。

樵　子

神全不知險，敢上無徑崖。舉斧聽雉雊，放斧逐鹿孩。日夕懸爺心，認得歌聲來。除頑不算力，一背山花柴。

樵　徑

月黑一線白，林底林端縈。木心信石路，只覺芒鞵平。雲霧遮不斷，禽獸蹂不奔。侶伴任前後，不讓亦不争。

樵　斧

斫乾信手拔，斫濕時復留。荏苒有不斷，反責心手柔。蘸鋼大匠冶，磨礪高風秋。鐵心將入山，山中木髟愁。

一段不仁鐵，入山仁心流。荒厓足枯朽，誰忍方長謀。脱復毒蚺脊，亦可猛虎頭。高松不敢試，惡木見如仇。

樵　擔

乾濕久戮力，輕重不相猜。風雪軋軋動，步驟勻勻開。筋骨石中老，精神肩上來。多少脃弱中，嗟此堅貞材。

察理見直性，轉換何便娟。寒熱領恩義，切劘聳雙肩。杈枒勤掂播，爲誰挑火烟？挑得是男兒，❶放下真神仙。

樵　風

柴影照水面，船上生林藪。魚龍不相妬，風似吾家有。到岸理薪束，颼飀微在後。大帆打鼓者，尚在波心守。

樵　火

敲石引紅燄，望望集徒侶。空山種煖因，圍煬相笑語。手足暫舒展，豈得久偎聚？去去豎寒肩，遺燼不再睹。

樵　歌

一聲林表度，不知何者機。四體怨尤盡，渾消山谷淒。百鳥聽真籟，林靜和鳴低。擔頭

❶「兒」，張本作「子」。

寒花朵，不覺開蕤蕤。

喜故人白生兄弟出家得戒白生，交城人。

大怨不易和，翻頌善知識。借此天地根，消彼蛇虺黑。分明兩慧儒，先後逃歸墨。對爾懷雪林，大肚塞茶食。拉搭無威儀，遇書手不釋。幾時小道場，供養入流客。我挾我《老》、《莊》，《參同》當莫逆。晨鐘流荷葉，恩親爾願力。幸免《北山移》，聊復東林集。拔我毒龍嗔，兩塊清涼石。

病極待死戊午六月。❶

生既須篤摯，死亦要精神。性種帶至明，陰陽隨屈伸。誓以此願力，而不壞此身。世世生膝下，今生之二親。莫謂恩愛假，父母愛我真。佛謂恩難報，不必問諸人。

入涼暫爾醒快戊午。

秋陽朝便熱，病軀已不任。閉目壓驢背，筋骨自覺沈。南崕醒清涼，如夢入綠陰。灌薄蒙紫露，靜好壑壑深。性命知無益，忍死欲披襟。人生多憂患，情事復交侵。感此幾步幽，而況入深林。蟬聲忙不斷，高亮勝鳴禽。大化蒼翠閒，石傍冥寸心。何必勞喘息，促迫逆旅尋。

❶《病極待死》及其後《入涼暫爾醒快》、《不如》三篇，張本收入傅山子傅眉《我詩集》，附刻於乾隆十二年《霜紅龕集》後。

不　如戊午。

一兒五十歲，兩孫近弱冠。都是好身手，不能解憂患。促壓無所展，坐歎復坐歎。惟有心裏淚，儘多背上汗。不如楝樾子，❶筋骨甚能幹。

旅次燈下屬孫蓮蘇信手拈二十四韻倡令眉和

遨游情事異，❷莫概輕故鄉。道心入熼地，不消鬢上霜。快意期的的，耳目混茫茫。功業無丹青，花草羞文章。血性不時熱，不妄自謂涼。專滯固傷慧，散亂愚未央。以此爲往業，再來期不忘。夷吾能堅忍，喜距總勿望。氣運有贏縮，邪正亦何常。陰符既微露，可以見其昌。安排幸異夢，雀躍如雲將。上帝於今醒，久罷鈞天觴。人閒多庸醫，無膽習此方。亂後閉齒舌，❸畏其放光芒。當其逞辨才，顧忌有弗遑。恥昧明作明，離合黄馬黄。勝負虚要害，未開解批吭。巨伯妙漁利，弦高仍行商。伐樹赭君山，風波怒沅湘。無怪來狙擊，横暴氣不藏。河北風沙閒，至今猶倀倀。誰能獵螽魚，馳騁争飛揚。穆之裁袴褶，❹雖老堪一當。君看樹豹

❶「樾」，原作「樾」，據王本改。

❷此詩與篇目不符，係傅山子傅眉所和詩，誤作傅山原詩收入。參見山西省博物館藏鈔本。

❸「閉」，原作「無」，據張本、劉本、王本改。

❹「袴褶」，劉本作「袴㯠」。

尾，不減織七襄。

艾僑小極作時枕邊獨有《管子》。

極知病斯致，病劇還致斯。心在命爲外，神攝形聽遺。豈即見至理，聊復憐微詞。小枝有玄箸，巋士無實知。知虛合内外，安往非真其。晦媒潔府待，佳句無鑪錘。波瀾香古楮，玉隴通華倪。邂逅適然遇，弔詭誰與期？

老　趣孟邑作。

老趣深自領，弱喪將還鄉。天地既逸我，豈得反自忙？言語道斷絶，寤寐束吾裝。早起聞霜肅，曒曒明南岡。素雪籠紅樹，奇豔茲秋光。好語嬾一裁，茹之時復忘。即此省心法，不藥服食方。潞州紅酒來，聊復進一觴。憒憒待其至，負贅日已長。

枯木堂讀杜詩直隸崇文門外圓教寺。

詩王譬伽文，詞人亂佛子。雲山花鳥逢，眼耳心手以。高才一觸磕，直下道者是。好手擬中的，活語被參死。莊嚴非莊嚴，不似乃真似。可憐無寸心，得失傍故紙。非非法非法，一燈室則邇。

可　憐

可憐一往業，竟無蹔回心。翻令老夫痛，不在一生今。靈光能幾許，當得黑業侵。業業轉加黑，心心毒陰深。于彼未必螯，仁根焦輪煁。父母愛不及，鬼伯屯稠林。韓非亦道師，亡徵家國箴。曲士警一語，蓮花牙泥涔。頑冥塞幽田，奈何哉德音。受報永不覺，妄謂魔力任。太始清涼地，迷復無繇尋。每誦圭峰偈，結癰決一針。不知不可勝，瀆武勞兵戡。子孫習餘酷，密唼刀頭淫。❶奉之爲義方，誓矢同商參。哀哉道日遠，飽煐亦此斟。

遇虎有作

辛酉寅月初，三日黃風吼。坱圠御南岡，棘徑跋躐取。一松黑墓門，宿留蒼顏久。枒杈枯灌中，白額猙獰醜。咆猲叫欲撲，❷狺狺匑抖擻。何物玃獅兒，藏兹鬼伯藪？睥睨問虬須，❸愜是於菟咢。徐步踰北隴，迴顧想馮婦。嬰非單生色，咒無赤刀口。終年欲一見，新春能邂逅。漫語村少年，烏鎗叉棒走。須臾見皮肉，割剥衆人手。翻悔口不緘，豈非殺生垢？畢竟害人者，殺之未爲負。轟傳吾遇虎，訊慰勞朋友。❹驚詢遝彼時，何如心動否？迴想加諦憶，恐怖實未有。文章不彪炳，聲氣雌吱狃。攫搏亦自雄，吾終以爲狗。不則梁渠類，見之有兵咎。天君至今静，遽居告子後。先本無戒心，坦然亦其偶。人生所遭遇，非類未勝寇。

---

❶「密」，張本作「蜜」。

❷「咆」，原作「泡」，據張本、王本改。

❸「問」，原作「同」，據張本、劉本、王本改。

❹「慰」，原作「問」，據張本、王本改。

觸目難爲羣，何必在禽獸？一以無機予，瓜牙無地受。其得矜沈勇，❶浪詡膽如斗。徒然無忌憚，怕處鬼隨姤。山林多不若，櫛櫟不豫愀。

待死六章

老病不待説，鞅掌玩死趣。冰消水任流，成偶何虧故？作息淺淺看，勞旦而逸暮。

誰痛復誰覡，痛過覡何之？極知痛爲假，真覡爲提撕。鈍人無超詣，決潰癡迺夷。

生事都向外，惟死乃近裏。風卷浮雲去，蕩蕩千萬里。不見天愛雲，戀戀怨風駛。

一拜先師林，皇皇知弱喪。無窮繫表言，一臂竟誰抗？雞足待慈氏，未空壽者相。

生陳死又新，來輕往一勇。蒸變聽自然，知覡有不動。一雙明髀子，記著帶紅腫。

净名之園觀，莊生之卵彈。遷化無死生，嬾人獨泮渙。去去阿那含，不來阿羅漢。

題昌穀堂字率意所及多蔓言不責侖脊

晋王善書，自署「昌穀堂」。

一舞而見殺，有唐食馬報。歌工聲如雷，霹靂哀號罟。王鄭高才士，忍死戴紗帽。貴賤意懸絶，顛倒憒褢抱。不謂工書王，黝黐邀賊笑。❷不負臨宮池，《絳碑》就將造。府《寶賢堂

❶「其」，張本、王本作「豈」。

❷「黐」，原作「黐」，據張本改。

帖》，傳之摹自《絳帖》。❶始知北地王，衒技少可耀。不然何無俚，淒涕哭宗廟。朽才分溝斷，翻譽爲忠孝。❷有能即有濟，天授此墨妙。兒子習琵琶，指備身口道。所利有大小，得計則同調。宜乎略有能，惟嫌不治躍。戴紘不輕鼓，老迂昧竅導。❸雲林重寫人，❹防人或有肖。貧道簡金石，念茲仰高蹈。❺作字如作人，亦惡帶奴須。試看魯公書，心畫自孤傲。生死不可迴，豈爲亂逆要。老倪真倔彊，未但言論峭。糞船而燒香，不受張吴召。一作「老倪死爲元，耳食東南噪」。

七賢祠

趙宣子、韓厥、程嬰、公孫杵臼、鉏麑、靈輒、提彌明。忻州北門外。

疎柏糅高楸，哀陰古祠假。簡樸須七子，眉目先進野。宣孟顔不舒，受法無以寫。❻韓子矜而恭，意注舉我者。腷臆哉彌明，殺獒怨未解。桑餓釋菜色，報德果然也。還顧觸槐人，恬

---

❶「之」，張本作「云」。
❷「爲」，張本作「以」。
❸「導」，張本作「道」。
❹「雲」，原作「雪」，據張本改。
❺「仰」，張本作「是」。
❻「法」，張本作「泣」。

然嗔怨寡。公孫死既烈，豐温像安暇。爲事易已了，❶道腴自閑雅。肅容禮程公，癯慘神獨冶。❷保孤終下報，勞瘁量難舍。❸惻惻流離子，淚酹無盃斝。❹乾坤此何時，七尺未狗馬。龍髯不及攀，前星暗天下。亭毒三百年，寰海盡聾啞。草莽惟一死，死恐未瀟洒。仰天看怒雲，驚如義旗哆。

祠僧患風不能禮客既令其徒以筆硯請留題貧道怪其意曰聞名能詩許再復之因自歎有作

毛錐不殺賊，吟情附雙淚。男兒生何爲，壯業雕蟲蔽。悲壯浣花老，顛躓雍梁際。忠憤發金聲，誰識此公志？當年事如何？哥舒失險備。上皇樂游覽，八駿馭西轡。翠葆駐蠶叢，百靈擁仙帝。靈武正飛龍，四海仰新制。行在尚可達，不負閒關致。元勳推郭、李，河山破復易。口號記天誅，劍外喜收薊。哀哉生不辰，英雄遁何地？絶裾懲太真，棲棲尸饔計。知名不賣藥，月露遂成祟。投筆起呑聲，雄劍爲誰礪？老衲好客詩，❺七子知客意。

---

❶「事易」，張本倒乙。
❷「冶」，張本作「冷」。
❸「勞」，張本作「憂」。
❹「淚」，原作「泪」，據張本、王本改。
❺「衲」，張本作「僧」。

棗　下

兒童匝簒簒，共嬉枝上繁。引石打新紅，一中羣譁諠。野老扳樹哭，顆顆天地恩。飽德不知自，浪嚼味亦單。願言計根枝，滋培非一年。請觀棗下井，不改當時泉。

頓邨舊家作忻州頓邨。

老屋簷弱欐，中宵月漏亮。四壁翠莓衣，稱吾窮宅相。須眉負日月，凍餓死何悵？漢季一寒貧，無聊與友尚。華屋豈不宜，魂夢亦羞傍。匈奴何與漢，爲家恥大將。寒貧，東漢石林號也。

隣老攜酒過

亦解酒忘憂，盃盤不敢舉。隣老攜燒春，殷勤唁辛苦。辭謝無峻詞，但云偶病暑。糟瀣請自斟，意到不在酺。坐看梨面頳，顔開計禾黍。所慮惟飢寒，此外無艱阻。自憒善憔悴，何獨少樂土？人生亦無幾，盛衰自今古。況復師漆園，烏蟻從上下。委形付大冶，舜蹠同一腐。安用愁墜天，戚戚不歌舞？聊爾憑曾樓，一豁半年楚。四塞放眼底，忽復淚如雨。自悼誠小人，茂弘罵中汝。天高雲意閒，望望勞延竚。

過先居士舊墳在邑東山洪子峪，遷西山馬頭水三年矣。甲申八月。

禾黍摇悲風，高原日氣白。曖焉先子棲，❶哀敬不禁集。先人之所依，後人之所翼。故宫憫宗周，臣子同一德。嗚呼此性情，不共邱墟易。守墳父老存，延坐問消息。陶穴下豆粥，剥棗慰饑渴。相視益親厚，如對父之客。問我家何方，蕙畹亦難跡。湖海牀自高，無心起蓬蓽。❷悽悽隴首勞，未欲田舍覓。一亭蹲亂山，野菊香可摘。采之裹爲糧，將造山圖室。

七機巖孟縣藏山之口。

勞人尋幽山，青鞵破秋紫。❸蓦躋七機巖，丹黄鞠荆杞。美人化何之？杼柚空久矣。愁緒紛無端，鈞綜將相死。❹惜哉天孫堂，❺不棲甕牖子。富兒怙鑿舟，囊篋羶僊址。白霓嬰肩吾，豈任縢緘使。❻金銀氣不藏，胠探足自駛。村僮貪煖飽，比屋賁育起。如赴君父難，弱肉甘刀矢。我來相鍛鑪，兩人呻瘡疵。相視發浩嘆，何處無勇士？戰場問國殤，乃獨少如彼。

❶「曖」，張本作「暖」。

❷「心」，張本作「地」。

❸「秋」，張本作「幽」。

❹「鈞」，張本作「鈎」。

❺「孫」，張本作「絲」。

❻「縢」，張本作「滕」，王本作「藤」。

大盜容侯王，鈎竊仇無已。中原用劍戟，偷生亦可恥。向禽五岳游，漢郊妙無壘。

題陳十右玄買得韓雨公所藏管畫甲申。

名畫滿兵市，貪夫賫育搆。管紙淡無色，不顧慮難售。一士非新人，識自黍園舊。見之動金石，饑餓忘芻後。易歸意何得？似與園主遘。俗奴昧此義，真假滋呰詬。或復須賞識，感傷爲管瘦。手們心代驚，幸畫無情竇。願言爲畫謝，憐儂無地受。即使真有情，娉婷從少疢。藳砧嫁兩鞹，習見未爲垢。尚悔滅紅緑，令人不驁走。今歸故人笥，得無怨側陋。

願旱甲申五月。

雨浸人心熄，旱燒冀復然。燒之竟不熱，心臭腥寥天。願訴祝融帝，火龍揮三千。烈焰吐一世，燔此污邪原。大地見高明，菑畬種聖賢。皇天知好生，安用禽獸塡？烈哉伯益動，上帝俞其炎。桓宣記有年，孔子尚不然。

吾度夷齊心，不惡肥遺蛇。神州不生草，誰當有室家？采采首陽薇，豈能獨萌芽？樂哉無可食，早死心魂嘉。

石河村與郝子舊甫壽陽。

須眉覥人臣，瑣尾窺林藪。尤恨爲人子，宅親無安土。籃輿歷畏途，捍禦力不赴。❶鶩入

---

❶「赴」，原作「赳」，據張本及上下文改。

石河村，通家遘舊甫。老氣率真意，避居寓吾母。黃雞勸燒春，新穀舂數斗。墨突不買柴，稭稈足塌圃。❶ 飽我煖我者，薪米見朋友。飽煖吾老親，薪米過璚玖。事異閔仲叔，片肝逃腹口。飲德暗感歎，古人行處有。徐徐蘊藉出，筆硯精無垢。見之如老農，耒耜委南畝。野鶩意中翔，❷不禁柔鈍肘。流離潛荒野，文物安所取。少年多才用，子真黃玉偶。憶從黃玉案，見子七襄手。機杼天孫花，芳潔仙雪藕。視彼時髻髦，塗抹但畫狗。侘傺天步艱，月露且無受。青楊長玉林，百株匝垣牖。即此成小隱，風俗况涫厚。寒月到籬落，清光浸郫酒。沈緜何用愁，時郝病。醉死快邱首。北極望不真，涕淚日就老。蕭艾隨地榮，蕙蘭惡羶臭。彼其怕生促，君子嫌命久。

趙氏山池

風塵黯天地，遄走惡遺跡。符生志買山，百萬難于頔。棲棲向子平，因人問幽僻。俄游天水鄉，小壺一邱側，入門綠韻寒，塘組菱花碧。❸ 玎璫簷玉鳴，滴瀝哀箏擊。中喝緒如焚，❹

❶「足」，張本作「盡」。
❷「鶩」，疑當作「鶩」。
❸「菱」，張本作「凌」。
❹「喝」，張本作「渴」。

霜梨黄玉摘。造席見番繪，黑繒金代墨。篤哉一狻猊，降意馴羌笛。邂逅何太親，豈是好奇癖？中原一陸沈，羞見神州客。心魂安亂賊，毛髮猙獰逆。未如兹老番，鬖髿踏烏革。不必通詩書，尚存古顏色。撫心通畫情，凡物皆足役。猛獸可教戰，指顧妙組織。唐京亂羯虜，❶花門亦需力。所咎留不遺，浣老吟詠慼。爲問握機人，此事將焉極？日月果重明，豈愁聽觱篥？無端傷隱心，小悃終成泣。趙壁懸畫，一胡舞笛，指顧一狻猊。

見内子静君所繡大士經乙酉。

斷愛十四年，一身頗瀟洒。豈見繡陀羅，悲懷略牽惹。即使繡花鳥，木人情已寡。況爲《普門經》，同作佛事者。佛恩亦何在？在爾早死也。留我惟一心，從母逃窮野。不然爾尚存，患難未能舍。人生愛妻真，愛親逴逴假。焉知不分神，勞爾盡狗馬。使我免此嫌，偷生慈膝下。紺縧傳清涼，菩薩德難寫。

哭　雪

臭土三千丈，想雪如調飢。霳霸生一葉，惟恐風復吹。無端敲□霰，瑟瑟鳴珠璣。大器冰氏子，故人天上來。市井難放罷，選地山招提。老松玉虯立，著寒添瘦姿。折枝喜代塵，豎義理清辭。皓結發中楚，機動不自知。暗念姑射子，何必復來兹？忍以鮮潔藕，委作塵沙

❶「羯虜」，張本作「安史」。

泥。雪豈亦無奈，舍此莫可之。或圖田舍老，諛訟春扶犁。扶犁期一飽，飽死欲何爲？儘可

囓子卿，不必氊毛資。誰深屈原淚，玉米如京坻。

霜紅龕集卷六

陽曲傅山青主

七言古

長歌壽楊爾禎老友

上章攝提格，十月初旬十，是爲老友楊方生，行年五十之生日。僑黄適在晋水湄，依我昔年結社祭酒程仲食，❶相與買酒烹羊略爲介。果能不遠五十里，衝寒揭來赴野席。日夕强飲飲不酣，其中感遇傺侘之意，彼此不言各能悉。寒月惻惻泉錚錚，閉門相視明一燈。道人自顧形氣久蕭索，静睨長卿玄髯紫面何精神。吁嘻哉，鬨逢涒灘以來七年矣，凡在吾黨，三五金石，魄魂摧折誰欲生？爾獨何爲堅奈不即老，爾又不能日日割肥打酒追頑冥。獨吾算爾身中，大有不死理，天真渾淪，自足醉飽，無庸鳥申而熊經。日者薦紳子弟罹賊難，多少子忍死父弟背兄。楊家羣季有陷湯火者，爾一聞風勇猛奔入城。見賊自言我是楊家冢子某，有利有

❶「昔」，張本作「十」。

害吾當承。引頸受繫釋兩弟，陶然待死無忡怔。不知今日榜也明日殺，其心以爲兄不如是令弟死，死日何以見諸清白先僉兵？卒之黧黑囚辱六十日，不死而出，昆季食貧雍睦少怨憎。客歲九郎復爲里胥毒，引充鎗手隨胡營。爾又涕泣閒關左右走，委心荏苒於非其類，❶真至誠！九郎既歸，兄弟慰勞如夢寐，此時大親忘德無以鳴。凡此至情至性誰能爾，是爲吾儒還丹復命之元靈。痛念昔年吾亦有弟被賊苦，吾竄伏七亘山中，平定州之山。而爲怯肩縮頸寒龜俯。至今弟與弟幸各皆在，兄亦時一與兄邂逅共樽俎，我兄有靦豈敢同爾兄，天性厚薄懸絶天淵不可數。即使我有韓衆山圖藥，令爾嘗嘗當如土。是以少爾尚六年，精神筋力不得與爾争良楛。頃來吾弟依爾頻，爾拂塵甑飲之食之不厭勤。迺知愛其弟者愛人弟，源深不竭波皆仁。前日再飲汾河湑，三日三夜隣雞聞。吾敬吾愛知爾會不死，但須大口飲酒酣其純。吾雖名游方外未解事吐納，填胸膈臆崚嶒秋殺少復春。苦復登山臨水旦暮未溝壑，尚當竊爾太和餘靄醫吾三毒之一嗔。

長榆南崖之孤松

長榆南崖之孤松，蓬頭老仙躬曲穹。簡重不屑苦作峰，枯皮一片圈窳⿱穴庸。高緑重蓋低月宮，抽風繹雪心不容。老人物色三年久，望見欣然過回首。想琢一讚字岣嶁，離奇殺了松不

❶「類」，張本作「倫」。

有，向空一吷吹劍鈕。幾時無情如吾松，乾坤萬事無好醜。松在壽陽北、長榆河南崖，偃蓋無多枝，奇老如畫。松之身穿一孔，遠望之空明而正圓，奇爲古樹矣。

邂逅看續宗老禪和打拳歌

金陵老僧曹國裔，十八十九伏龍騎。大黄一挽三十鈞，先登能鼓大刀氣。殺賊爭功羞雷同，參戎偏壘銅骨致。猛念沙場殺鬼魂，菴摩羅果迷根蔕。剃頭勇仗金剛力，抖擻蓬毛霜掃地。朝山朝海四十年，静了於今七十歲。光頭矍鑠瘦不脩，腕膢翹捷古獼猴。曹凍頻婆順庵曰：曹凍頻婆，汾州府佳果也，别處無之。紫鵝卵，錚錚礪齒渣不留。老拳技擊筋魄壘，臂稍指鋌風颼颼。木劍到掌五步内，觀者不敢傾其頭。舞罷雙趺似無足，六虚匈子精靈收。老人見僧氣爲壯，❶羼提甲裏真龍象。綿筋弱骨假菩薩，波摩當佛爭迴向。毛道沈淪彌戾車，鷲嶺鈐鎚終不撞。願言拳頭大須彌，痛打衆生教淚垂。痛極乃知叫父母，方便托出蓮花泥。

石城讀居實詩淚下如雨率爾作

讀詩何故爾，莫測淚從來。吟者見真性，會家能不哀？酸甘黑白傍味色，眼睛齒舌皆奴才。荔枝絶似江珧柱，嚼之不見但爲咍。痛真不用棒，啼亦非關饑。持佛之佛陰盻霽，自聞其聞陰霽開。春風不使梅花笑，梅遇東風不及排。

❶「老」，張本作「道」。

題自畫山水

天下有山邈之精，不惡而嚴山之情。谷口一橋摧誕岸，峰迴虛亭遲曜形。直瀑飛流鳥絶道，描眉畫眼人難行。觚觚拐拐自有性，娉娉婷婷原不能。問此畫法古誰是，投筆大笑老眼瞠。法無法也畫亦爾，了去如幻何虧成！

迎春花 壬戌立春作。

僕皮迎春不作拏，長年誰復哥穀他？嚴寒落寞白雪里，稀疏開似黄梅花。主人春盤無彩勝，插向盤中春滿飣。影映村酒鵝兒茸，朶零水餅鸝嚛冰。凡花淺心向人輸，此花之心深更無。不向麗人雲鬢戴，不期墨客唫咏污。堅貞有恒正在此，命寒情熱亦奈死。不厠繁華嬌養羣，獨得我貴知希旨。❶

失題

龍腦膽脂藥何靈，合以曹老心之誠。一點陰翳不夾褋，持之醫陰胡不晴。空青自是眼仙餌，經無良手當加盲。提婆剜睛睛隨出，由來不假瑠璃成。每見孤立村市罷，雪林如戟無多營。斂容深揖不敢褻，虛監道童秋月暎。認得仁巖金篦叟，不欲大地人無明。

---

❶「旨」，原作「音」，據張本、劉本改。

劉連雲先生畫像讚

八十七歲豢龍氏，不驕不奢信素履。孝友任卹敦古始，有子永言思無已。請肖厥容獨樂擬，古堂今構樂何目。脱巾露頂樂在此，不寢而屏且禪喜。方衿大領方外禮，如意一鈎代拂子，廣長舌在如意底。評古論今隱在耳，豢龍火德薪傳旨。撥灰尋火火不死，你説没有只个[illegible]。

贈景陵韓先生

景陵先生面麻糜，期艾之口能滑稽。大盃小琖總不辭，一引浮白鬼神駭。叶如諧。宅相賈家三日羈，無有一日不詼諧。須也語也醜而奇，絶勝粉頩妖嬈姬。對君形骨忘支離，忽憶《九章》之「思美人兮，言不可結而詒」。

李賓山松歌

黄冠萬事已如掃，忽爾入林生舊惱。❶小松無數不成材，龍子龍孫盡麻稾。蓬顆蔓委不作氣，❷蕉顛苟具培塿保。❸保此枝條千百年，幾時鱗甲摩蒼天。安能含吐風雲作雷雨，❹不

❶「忽」，戴本作「鶱」。
❷「委」，戴本作「引」。
❸「顛」，戴本作「焦」。「具」，戴本作「且」。
❹「吐」，戴本作「蓄」。

如藿靡野草徒芊芊。❶春生秋死無關係，安於蹙踏人不憐。

❶「野」，戴本作「小」。

霜紅龕集卷七

陽曲傅山青主

五言律

義蜂

羣蜂失其主，❶浩蕩往來飛。苦螫撩人打，甘心得死歸。穿花紅乍落，入樹緑全腓。燒睫君臣淚，無從濕道衣。

庚午闈撤有懷卷自縊於奎光樓者詩以弔之

生平羞墮淚，爲爾不禁流。白眼甘長夜，青蠅弔暮秋。懸梁生有志，懷璧死難休。魂冷欄杆裏，依希王粲樓。

哭姪襄秀才

事了不相與，情來無奈何。公弘年不永，務仲理能多。雪候怕時簡，虹巢嬾再過。露絲

❶「其」，張本、劉本、王本作「共」。

新樣緑，獨少仲容酡。

病　征舊辛巳。

青外響孤鵠，緑中哀亂蟬。秋心滿天地，病客澹山川。開眼見村店，支頤問水泉。若能來野化，真足飽烏鳶。

盆　蕉

惱人蕉五葉，小染一簾秋。夜雨清旻過，幽田緑響留。美人雲不動，草聖筆禁抽。風至自搖曳，無情亦惹愁。

僦　陋「陋」，一作「破」，詩同。

壁榻懸山郭，一作「廟」。村房僦陋栖。蓬蒿仍舊逕，簡牘顧新奚。風雨不題鳳，槐榆長坐鸝。得無華屋士，爲一作「代」。我雪窮涕。

西　庵

禽向豈無句，神山祕不傳。蘆芽才一到，幽韻與誰言？亂澗鳴春雪，高松緑老天。西庵撿行李，心失北溝邊。

即事戲題

亂嚷吾書好，吾書好在那？點波人應儘，分數自知多。漢隷中郎想，唐真魯國科。相如頌布濩，老腕一擭摩。

雪夜同文伯子堅木公伯渾驢背偶成張刻題作《如夢》。

一段寒山夢，濛淞撥不開。樹魂皴淡黑，天影駻清霾。酒倦煙扶起，鐘來雪舞迴。暗香花未遠，冰友韻如梅。

小樓寒夜

昬黑暗人閒，龍鱗不可攀。疎鐘聞遠寺，小月上高山。白虎馱經去，青鳥取食還。有兒常懶惰，幽户待風關。

青羊菴

畢竟吾菴好，三年忙一來。七松盟舊矣，二友快相隨。宗子黄玉、程大伯酯。吾骨何方葬？吾魂猶當歸。先人塋已近，死後得依依。

子堅先生齋竹

小院賓春色，蕭蕭立此君。自憐低顧影，孤逸直捎雲。縱雨分清靄，驕風緯碧紋。緑笙吹别韻，青鳳遠來羣。

子堅書齋移得竹十一个

癖真何待醉，春雨就佳期。静立瀟湘水，瀾迴五六絲。緑瞞煙與隙，粉笑月偷姿。韻疎多不事，了得子猷癡。

程仲示周讀書寓中竹三十个

青青三十个，到是有程生。雨雪幾迴死，琅玕何能情？深根移不得，苦節爲誰貞？酒罷主人去，捎雲月倍明。

晋源逢示周

四年離國難，兩月再留連。瘦骨聊師席，空囊損客錢。烹葵邱嫂得，捧饌復哥圓。共是明雙眼，迴還晋一泉。

病發示眉仁

蕩蕩乾坤病，戔戔肺腑收。三山逃不得，百藥庋何投？速化終期盡，孤情死未休。奇文須暫發，風檄後生求。

歲月如兹過，往來驢背勞。書行忘甲乙，花晷貯低高。乞食真同亮，裁詩不可陶。黄鸝囀初夏，添得耳根忉。

河　漲

臺駘猶敢怒，雷電總無勞。平地浮槎起，獲頭五丈高。黄陵來裂石，白氣冒波濤。對面蘭村樹，希微只沼毛。

看　書

還是看書好，關門目也尊。無塵到銀海，有美一作「穫」。共唐園。藥餌村居省，秋心對雨言。鶉襤容易癢，不學猛奴捫。

示兩郎

傳家文武幹，元魏説修期。亦似男兒槩，終嫌志氣卑。高才生不偶，落魄死其宜。重念君臣義，春秋自一時。

村夜

凍月浸心白，煙霄萬石吹。彌天方睡熟，獨立一翁癡。道廣計誰合，情孤方自疑。柴桑了生事，未被輞川知。

書扇貽還陽道師

師今年戊子。整九十歲也。人多謂師無道術，師兀一足，腳脱脛，骨出。師静處用功，竟能肉下包骨，於今十三年矣。師素祈雨，多被三界尊神譴之，故遇此報。然足以見師本領矣。

吾師九十矣，談笑益精神。高閣蒲消日，深杯酒漾春。興亡從世局，忠孝自天真。眼見松喬在，朝菌尚不信。

虹巢二首

老杏一株如虹，作書齋。在省西北四十里藺村裂石廟前右側，汾河出峽之口。

虹巢不盈丈，卧看西山村。雲起雨隨響，松停濤細聞。書塵一再拂，情到偶成文。開士多徵字，新茶能見分。

汾水初出峽，遠心爲小欄。山花春暮豔，柳雪夏初寒。細盞對僧盡，孤雲旋自觀。飢來催晚食，苦菜緑堆盤。

問過虹巢主僧勸酒命題

虹巢久不過，屐履爲花登。誰好居詩客，相撩故酒僧。燒春深玉色，滌硯發金星。一筆山雲起，高松緑雨冥。

黄玉柳供茶

依樓新柳緑，韻士採充茶。玉隴歆春苦，杯雲墮碧芽。稱無酥酪味，澆此菜園佳。三盞煩能滌，滿一作「黄」。冠簪杏花。

西　村

西村帶河曲，十月停秋光。柳葎輕黄雨，蓮花老絳霜。村翁負朝旭，野鴨静寒塘。紅飯慰調惄，勸人新豆香。

秋　色

秋色净河渚，朝暾紅破檽。閑心臨字在，老眼抱孫明。空闊歸高雁，搥敲亂小鳴。頭陀詩適到，真率任吾評。

五臺八首

中　臺

中臺五六月，積雪在經厨。閒梵木魚瘦，齋鐘麥燕腴。霧雲堆冷絮，花草薦寒毹。信是清涼地，中煩獨不除。

北頂龍祠

斗柄那伽藏，連天海霧蒸。非人來水怪，諦影鬘香僧。❶潛德誰能豢？嗔心佛可盟。蓮花悲相好，身作毒龍曾。

萬年永舊社❷

甚處堪雙眼，佳人或一僧。壺蘆空玉豉，㮨栗猛金鐙。佛性儘多狗，駿神無復鷹。波崙多少淚，添結萬年冰。

清涼石

疎磬可林冷，雲根一片秋。無情薰不熱，有骨踏難柔。眼孔齊芥子，肘弓量石頭。堅貞見龍象，施利領吾游。

❶「諦」，原作「締」，據戴本、張本、劉本改。
❷「永」，張本、王本作「冰」。

滴淋嶺

顛哉一杖瘦，滑滑滴淋嶇。滴黯山玟紫，淋濃石樺菸。崖黏雲不起，溼斷鳥無餘。一羽深深度，花林抹兩鬚。

栴檀嶺

問渡栴檀海，招招甚處過？子臣癡一結，鐘板頓能磨。法許婞婀了，疑當抖擻多。金乘空萬有，何外富蘭那。

獅子窩

斜日澹金松，松林響玉淙。新蘭懽祝國，敗寺泣神宗。夢薄明鐙閣，雲沈黑夜鐘。裂天鳴一作「列天來」。佛子，擊搶一生龍。

北山寺

金碧燀獅子，名山敕署巍。蒲團孤一作「來」。黑撮，鈐椎一作「槌」。亂緇衣。薰一作「薰」。習何時盡，丹元觸著違。長旛工繡字，來往甚幡飛。一作「丙戌已龍飛」。

靜對西僧頓得

諸妄苦一遣，對師都若逋。容他原是我，有待亦非夫。世界甘同處，皈依浪遠圖。扳緣終不濟，啼佛淚何奴。

病間早起見西山

倏踈霜木表，淺黛睇嬋娟。朝氣忘衰暮，西山方妙年。境佳不全外，情至寓真緣。無礙正爾馨，辨才安所言。

題梁樂甫畫梁畫杜詩「湅泉依細石，晴雪落長松」。

「湅泉依細石，晴雪落長松。」髣髴素心老，微茫冷眼中。伯鸞風雨臼，蘆鷲水晶宫。若个琴書解，丹青亂長雄。

爲袁生小陸作陽曲人，國甥。

米方南社許，衣又北風掀。飲酒誰兄弟，朝陽共祖孫。面難生客掛，心向故人言。小雪天將雪，人堪再姓袁。

題九子故里洪洞郭新，字九子。

必社文空訂，誰堅赤石盟？九子一個死，兩變衆多能。詩骨憑人瘞，遊魂敢道窒。小碑題可惜，不是舊盟朋。

別 正 之

十朝留絳邑，明日別文生。千古汾申舊，三秋盂又訂。梨花鐙下紫，雪鬢眼中青。西夕棲烏亂，煩喧總不聽。梨花，酒名。

介山石乳泉

佛恩滋静者，石乳勅龍潭。菡萏瓊茄引，摩尼玉線甘。惠該功德八，清徹法身三。一勺醍醐足，那伽不許貪。

書胡季子詩稿後汾陽胡庭，字季子，先生門人。

風流胡季子，花筆起河西。豔選徐陵勝，奇添李賀淒。大巫爲氣盡，老腐但頭低。公子争裘馬，文章有駃騠。

碩公盆蓮碩公，曹偉字。

茂草暗雙眼，芳蓮明一莖。拔污青孑孑，承露紫峥峥。獨可心之苦，誰知一作「能」。目以清。似嫌千頃蕩，太惹棹歌聲。

芙蓉種無地，菡萏寓花盆。日月臨真臭，詩篇敢俗言。水仙孤對遠，岳象静觀尊。誰測耕泥藕，如龍蟄不宛。

蚪冉祠三首

耳食蚪冉者，人頭喜一當。有仇不敢殺，黑夜須昂藏。細故何勝記，君恩不可忘。南來憶古跡，國士署途傍。

吾冉能作佛，心手妙丁庖。想獲難奇中，鈍根徒自勞。菩提盜諱殺，痛快不容豪。斷得無明盡，蓮花可善刀。

無心不負者，匕首可勝鐫。冉客於今在，頭顱取孰先？揮戈中一快，代斲手何憐？已矣黄冠了，皇天重與擔。

借得居實驢善卧戲成

長耳眈高卧，秋山强被鞍。一鞭常没卹，一作「卹勿」。三步亦艱難。淺草盤旋視，平沙睥睨看。五星猶未聚，只見墮陳摶。

牛鼻虧能走，驢蹄許漫忙。藥奚分稍馬，❶山徑共相羊。訝醉何朝酒，如泥又夕陽。推攙還會起，幸不索匡牀。

禪巖蒲臺方外格二首

無情難頓至，幽意一亭分。緑霧上輕雨，黑巒頹重雲。秋心健孤往，水勇轟三軍。雄劍恥未舉，碧靈知有文。「靈」，一作「霄」。

半山氣肅穆，榛徑通荒宫。怨聽一丈石，礌砢孤章松。石莫測子雨，松奇多雄風。雲根對霜幹，一我愁龍鍾。一作「無窮」。

畦家砦限韻

蜿蟺林巒白，瓊龍皭石暝。空濛常霧雨，灌薄少青天。樹戛高巖寂，壺觴半日偏。有情

---

❶「分」，張本作「風」。

山未免，爲我淚嬋娟。

崔嵬砦限韻同居實

冷壁高禽絶，香岑小麝通。人忙虛惙慄，山静老沈雄。龍象張天眼，獮猴弄棘工。莫虞逢不若，魑魃入觀空。

太　行

紫盤天井上，青幕太行郛。風雨詩何壯，岡巒氣不奴。争韓來破趙，報楚去趨吴。臨老河山眼，蒼茫得酒壺。

葵老惠訪病不能晤期霜紅再理前約四首平定張三謨，字日葵，明大理寺卿。

處士孤村卧，先朝大老來。沈綿期一豁，秋氣重三台。土木闌干倚，星雲杖履迴。藏山寫惆悵，黯黮欲情一作「待青」。開。

伏枕悲臺閣，嘉猷鑒御屏。争詹峩豸直，議射翼龍靈。朝野漢廷尉，絲綸晉典型。聖恩何處憶，痛切有雷霆。

迴首雲霄慘，龍髯不及攀。錦裘少年熱，華髮老臣寒。瘦蹇馱分穩，幽山徑吝寬。杜鵑聲若起，松木恐難湌。

無奈還城市，相期只壑邱。涕洟三秀草，矍鑠一虛舟。簠簋忻時棄，藤蘿勉月留。黄冠疏藥裹，紅葉下書樓。

傷垂雲墮驢

此邦白意士，真个不多除。隱痛常私語，同心逕發予。杯盤誰不可，面目竟何如？撥置休深理，看雲忽墮驢。

哭范垂雲二首

吾軍亡一范，豈是甲兵期？古道誰相照，時文獨不魑。諸生惟得兩，❶先死孑餘奇。自解無知樂，泉臺怕有知。

死生誠旦暮，先後未須遥。語敢幾人盡，心枯一个凋。廉隅如不立，肝膈覺孤標。酒酹西郊草，榆關氣爲消。

也居許小樓避暑白石樓，前明隱士李鑌建。先生至曲沃，數寓此。

一命真如梗，三年不結廬。今來白水曲，借得小樓居。常偃方牀席，時攤短佛書。高雲與疏雨，青靄主情俱。《曲沃志》作「鎮日共樵漁」。

同居實樓寓數日

小樓才許借，一作「剛借得」。白禿可一作「喜」。來過。静對昂昂鶴，悲懷一作「聽」。究究羅。日飡恬鹽米，夜語淡星河。將子且潦倒，盂山鬼見阿。

❶「兩」，原作「雨」，據戴本、張本、王本改。

白鱸二首即居實白子。嗜酒，鼻鱸紅，又盡禿其髮，曰「白禿別業」。在平定州七亘中。

白鱸吟有會，不苦琢篇章。性嬾真成癖，才高簡見狂。秋深霜菜圃，雨寂浣花堂。筆硯共啼笑，妻兒少稻粱。

七亘巉巖徑，騎驢帶酒行。村翁常共賭，葉子不圖贏。本莫知愁死，人翻代慮生。尋常難可入，點漆一雙睛。

雪林二首雪林，張姓，陽曲庠生。亂後爲僧。

全不關蹊徑，靈根動與謀。知誰能出世，愛爾未僧流。榔杖涼孤雁，金圍遜斗牛。偏教重七夕，鉤慧入鍼樓。

獨我憐和尚，全渾酒共茶。安居看《左傳》，閣淚誦《南華》。者箇雖疼痛，終然勝木麻。赤城評得是，益覺此人佳。

徐某三首

袒腹荷包裹，挨頭仰瓦箱。詩餘雄北曲，鎗老怯南塘。白跖應羞伍，黃須那值當。非徒何割席，不作省移牀。歌北曲妙絶，胡敬德餞別玄奘一齣，真動人聽，大有萬人敵意。

薄薄三杯未，揚揚一弄前。逃生忘釁勇，駡死乞人憐。帖揞詩旋備，矜奇詫偶然。老僧聞見寂，失意枉猖顛。

使相猶吾黨，徐州走不傷。再來張儉跳，到處孔融望。喜道圖形搆，甘爲負義行。坦公真落得，如是解金剛。

寒日過濟宇見鈔左氏傳硃批細讀濟宇，汾陽人。

濟老六十四，霜鬚秉燭劬。富兒飢不顧，文字凍能書。唇黑啜餘墨，顏酡點古朱。小樓高鼓腹，日厭大官厨。

憶崔季通

「半枕夢不就，四郊雲亂生。」雪崖曰：十字，季通句也。季通亦袁山門人。誰云十字少，遂欲五言城。不作詩人態，居然静者鳴。亭皋看木葉，今古到吟情。

筆硯誰同調？尋常説泰雲。再來阿六好，餘外不三人。「絲玉文心細」，袁山先生評語。交游白眼顰。暗狂多不覺，七十老難磷。

危坐常終日，花房寂不扃。清齋留共飽，老戒不時叮。半月疏相見，寥天笑獨冥。一經紛後學，三傳失先生。

共短先生躁，誰知近死恬。道心原運任，持誦不情黏。少間云病妙，微嗎示我懕。反真果何處，老友再難添。

宛在二首

宛在明明家，盈盈不勝遐。緯林渺無路，港口任蘆花。微從古寺下，淺絶水仙斜。秋心獨有會，孤鷺停清沙。

户外潭真碧，樓前燭不紅。佳人愛幽静，老友吟玄風。石冷支機穩，秋明雲錦空。離觴高柳下，回首謝芙蓉。

無聊雜詩 己丑寓平定馬軍村，即事有拈。

無聊月云九，紅信託笻詢。百草靡五色，雙梨殷半村。秋光殊自豔，俗眼但知春。暫得喧卑辟，疎碪亦可聞。

藥嶺負秋色，石樓登告勞。黄冠非獨懶，白禿亦孤騷。豆秸偎煙盡，柴門閉日高。村翁問寒藥，茶果致胡桃。

隴首蒹摇雪，空波浴鷺鷥。人誰堪澹蕩，詩似許黄緇。句取渺無所，情生微不遲。憂思常萬里，即事得題羈。

火齊何曾解，冰臺偶爾藏。西隣分米白，東舍饋一作「摘」。梨黄。食乞眼前足，醫無肘後方。果然私捧腹，笑倒鵲山堂。州有鵲山，山有越人之祠。

上城下城古，嘉山嘉水邊。艾郡自秦漢，榆關亦趙燕。風流湮古昔，碑版習星壇。齷齪金元士，州人噪六賢。州有六賢堂，祀趙秉文、楊雲翼、元好問、王構、李治、吕思誠。

卸門支木榻，放月當一作「省」。煙燈。弧矢無窮怨，《楞嚴》不了僧。西河慙二義，曹偉、薛宗周。堂北炯孤星。甘作阿奴老，霜鬢已亂莖。振玉案：「二義」似謂王如金、薛宗周，舊注殆誤。

山水須人洗，人須眼界昂。先生譽酪美，後輩昧荼蘼。容邑劉因貴，懷州許魯彰。秋風三百里，榆社竟差强。

鏖糟何所用，天上等人閒。雲表無奇節，仙班亦靦顔。沈吟送白日，意氣動秋山。《老子》終年讀，和同不可攀。

奈病不修藥，憐秋常上樓。岡巒來鬬瘦，物色共分憂。紅葉翻飛下，黃花矍鑠頭。巖林無氣槩，王霸爲兒羞。

穭生豌豆好，客作瑟珠供。秋入齒牙菉，❶甜回霜露沖。野田隨興得，場圃謝争傭。香味空過眼，捃摭意不封。

玉米得未有，柴門杵臼瑩。玄苞渾秬黍，白粲小香秔。屈子淚無盡，陶家瓶可盈。友朋餘蕙畝，乞種勸深耕。「玉米」，一名「穀黍」，稃似黍，米則稷，蒸饃甘香，擬乞種，屬友人種之。

雲林白馬貴，花史黑驢閒。石逕時遭墜，青鞵暫得完。長鳴紅樹裏，緩蹀翠微間。生怕嫌吾俗，虛哦似有删。花史母君得危疾，余設醫愈之。每往來，皆以其所愛黑驢馱之，故引雲林白馬。

---

❶「齒」，原作「幽」，據張本、劉本、王本改。

苦酒高難問，圍棋低可媒。❶燈花殘局罷，香菊滿瓶開。志慚鏌鋣下，軍酣琥珀回。復仇愁殺我，敵國有新醅。數數贏得友人苦酒三五瓶。

山市肥濃絕，秋容澹薄厭。水沈通鼻鈍，花蜜獎脾廉。陶范家多米，脩齡食不甜。寒貧原有性，禄命那須占。

合絡出纖手，蚍蜉糝太妖。遜微白鳳髓，羹失錦羊臕。滑嫩難勝箸，晶瑩不忍挑。紅裙花戴雪，風味想如莜。晋人謂莜麥爲「蚍蜉」，麥葵之名也。又語云：緑襖紅裙帶白花。

三白舊名酒，一枝今野花。醉眸披病葉，蓬鬢閙昏鴉。絃急《隴頭水》，飲闌樓外笳。胡旋叮漫舞，緑怕小蠻靴。三白，連莊妓也，好著白花。

仳仳樂平縣，山環水抱之。鳳毛曾有種，喬公一鳳。龍象久無師。靈彩秘圖府，古文鐫戒碑。河關逢蕩子，獨不掉酸詞。樂平人士戒讀書文詞，鐫有戒碑。

城荒抔土砦，山逆太行枝。白氣沾澌急，縣城外沾水帶三面。紅燈苦酒支。西南瞻潞子，東北走湖兒。上黨中原脊，英雄今是誰？

地主尋天水，深秋頓小年。鵞黄過葛聖，羊白進羅賢。冷客開心接，春牀放足眠。圓林松嶺下，還許共逃禪。

❶「媒」，張本作「謀」。

此客防難惹，平原且瞭轢。邑中風俗樸，方外道流殽。潦倒蒙山笑，顛狂皋落嘲。與君試商議，謝絶到全交。

塵識即事

古佛圓光界，村翁褊石籬。堅文翻辨囿，薄酒寄言巵。萱樹支離字，膏蘇任命綦。不驚常一鷺，霜月在冰畦。

自青龍驛過靈泉寺一作《寺遠》。

寺遠吾儕僻，秋高獨逹盟。柏來花眼翠，霞上寸一作「老」。心明。浄界悲文藻，威河響甲兵。顳頊僧榻者，一作「借」。壁壘夢中一作「經」。行。

維遇早眠

嫋殺嬋娟月，林端十五圓。冰尊不救倦，葦泊只添眠。惜別秋燈灺，貪歡欠夢闐。燈花休結蕊，張祜惹情漣。

瀑　池

琥珀苦常煖，林塘冬不寒。聽泉遲白日，言浪許黄冠。柳未春三候，鷖交五夜闌。舊歡真可戀，折腳借鐺飡。

庚辰冬欲雪同先兄合龕待之烹茶忽復十五年矣前日欲雪憶一過❶

霹靂壓四壁，星星流素蟬。窗光疎瑩色，一作「引瑩」。硯露薄螺一作「凝」。鈿。鷺振一作「瘦骨」。遥分峻，鴻經急就仙。一作「茶香急借鮮」。不愁寒欲一作「即」。死，大雪是吾天。

載賡大雪是吾天四首

大雪是吾天，黄塵壓不顛。深簾餘斷竹，耐冷不裝緜。地未菩薩煖，牀非屬國氊。奇功想淮蔡，酥酒一樽偏。

大雪是吾天，冰壺夜懶眠。梅花孤嶼夢，柳絮小春園。凍雀擘椒顧，饑烏高樹顛。仁心領阿弟，減米撒簷前。

大雪是吾天，彌羅素焰然。同雲高惝怳，霎雁冷連翩。松竹静神起，漁樵野性全。好詩在眼底，慵鏤六朝篇。

大雪是吾天，圜扉凍玉煙。薑茶領辛苦，筆硯静卑喧。合眼開眼白，生心死心蠲。叮嚀休掃卻，參作太初禪。

我　想

我想真奇士，經綸難浪名。憐才有佛眼，文雅不書生。洱海微風彩，潦陽仗鉞聲。丹元

❶ 此題張本作「雪」，題名作注文。

留不去，夢寐顧中丞。

獄　祠　樹

獄中無樂意，鳥雀難一來。即此老椿樹，亦如生鐵材。高枝麗雲日，瘦幹能風霾。深夜鳴金石，堅貞似有儕。

木公居實獄祠中作伴三月矣病亟兩兄將行面之

皆違老母久，吾所不忍留。生死事只爾，友朋意何休？西河薄收麥，上艾云有秋。深以吾爲戒，承歡日日謀。

紀　夢

老子知無用，眉兒自審才。一枝鐵藕上，千葉蓮花開。自是心菡萏，全非意蘚苔。五千言面壁，只道閉關來。

祖炤大可惜，無端離崛嶇。未曾經女厄，儘好著僧衣。破寺何不可，長松亦莫非。拖將□尸去，流浪今焉歸？

咄咄箕陵夢，于今十八年。明夷丁此世，暗覌異前賢。荼苦甘三月，秋明淨一天。「朱衣」成罪案，《洪範》却無篇。

秋　夜

秋夜一燈涼，囹祠真道場。教兄趹病骨，聽弟轉金剛。佛事滿天性，文章對法王。寶蓮開鐵藕，兒夢亦非常。

山寺病中望村僑作

病還山寺可，生出獄門羞。便見從今日，知能度幾秋？有頭朝老母，無面對神州。冉冉真將老，殘編靦再抽。

感

感不勝憂樂，情微證弟兄。佛恩雙點化，天性共關生。老母自然喜，承顏相至誠。❶諸郎應此後，凍餒益親貞。

不　死

不死良無恥，還爭魑魅光。有情誰見識，無語獨肝腸。内典極知妙，諸心不可當。燒春掀盂盞，病葉入連邦。

李然周極可敬遭亂入山自墾窮壤而食十指磊砢如椎笨田父知義知時河西佳人也爲詩贈之云

孝弟力農畝，求兄之偶難。胼胝沙塞瘠，吟嘯隴雲寒。我荒即我土，誰帝復誰官！無終老田叟，遥用伐烏桓。

❶「相」，張本作「想」。

伯渾藥菴

王孫本慧根，深穎不多言。艸昧尸饔母，村嵐開藥軒。方勤翻古册，生恥向今尊。久睎亦無樂，微情發妙論。

眉兒觀風塞上來有詩

朔氣健遊子，新詩動乃翁。悲歌猶趙燕，聞見不彫蟲。潦海賫先志，神州痛此中。傷哉吾老矣，永矢作愚公。

樓夜四首

汝當未必信，情所自專專。不是噉名客，猜生形諜先。折衷向清夜，悔遯指蒼天。月澀勞人罷，心翻費力眠。

冀豁來樓上，情連到處深。亂愁齊一極，夜樹不分陰。浩蕩何斯願，誰明抱寸心？實沈難指正，矢月聽哀吟。

誰能怨不歎，雨夜强樓闌。側月敢驕滿，輕颸生性寒。苦揺林影薄，不信鵲巢難。物色今如此，牽憂豈一端。

悠悠聞道路，一吷上流丸。事産營家易，文章負荷難。神明生骨肉，丹彩受心肝。知子莫如父，吾何爲不歡？

再遊蒼巖限韻三首

亦是千尋壁，❶人龍佪宋纖。黄冠隨處好，❷赤闍不先占。騷賦才無盡，江山會與一作「興會」。添。一天秋色楚，空翠下湘簾。

山情常自苦，過去未能忘。❸善逝何時證，幽尋此日忙。樓欄老紫蜺，蔦帶女青霜。句縛巖之裏，還如郭注《莊》。

雙橋連束峽，再度亦經年。筆硯仍兒戲，仙書念子涓。山腰樓上客，玄首石旁賢。夢逐青蓮老，神遊八極埏。

雪　夜

密雲壓萬籟，蕭堂流一鐘。鬖髿石磴老，夢寐蘆芽松。静室封寒色，空觀信短笻。那容負苓者，戚戚憂黄農。

老　足

老足秋能健，朋遊崟亦豪。眼當孤閣放，身已百盃高。霜壁摇朱杞，風簷落白蒿。生平

---

❶「壁」，張本作「碧」。

❷「好」，戴本、張本作「可」。

❸「未」，戴本、張本作「不」。

望東海，一釣有連鼇。

懷融苦酒遠志忽漫六首

文彩珊瑚朽，沈緜琥珀憐。一尊傾紫海，高韻滿青天。俗美羊羔共，心回橄欖偏。繩牀賸半席，春夢抱瓻眠。

真欲朝瓻拜，心心領苦薌。❶吝同村客盡，分注小瓶藏。移席淩花豔，懷書濟月涼。尤宜酥一餅，投爲老親觴。

送老真須酒，掀盃還展書。神仙時有字，脉望豈無魚？經濟山林拙，浮沈日月虚。糟邱何處可，兵喻定非迂。

羣離誰白社，僧榻舉紅巵。豈是坐忘候，無聊上頓時。如來能度我，權實許偏師。一醉春寒覺，晨鐘掛老眉。

有仍苗裔好，嫵媚自安豐。却笑河梁霸，何如琥珀鍾。向衡桓發在，揮手幕翻工。百萬摴蒱得，推車付酒傭。

俄然翻杜句，觀酒向身慵。麴糵幾時辨，龍鍾今老翁。糟牀乾菊月，雪窖信春風。總不妨來再，勞勞奇字攻。

❶「領」，張本作「額」。

與邯鄲任尹四首

「今日任公子，滄浪罷釣竿。」起用李句。閒關留七尺，寤寐考三槃。念彼幽冥友，言曾慷慨歡。洪波亭上酒，一滴酹闌干。

自信無仙骨，黃粱夢嬾尋。一拳擎默默，連抃老墫墫。豈遇聞鷄侶，其如運甓勤。叢臺荒朔漠，戎服久纏身。❶

四七阿陵傳，元功在信都。如茲名將者，豈是爾先乎？實奪王郎據，虛聲子路俱。千秋臺不遠，河北氣猶麤。

老泥廉公語，終思用趙人。邯鄲好都會，厮養亦精神。却喜遊山左，還要過海濱。岱宗愁一攬，花眼決東秦。

草灣河

草灣三百里，濁浪去朝宗。智勇終形勢，威儀自肅恭。危檣看子裾，句似有誤字。特達撫臣衷。多少滄洲句，吟情轉不工。

與眉仁夜談

議論先生怪，文章上帝俞。渾淪誰達孝，封建亂經儒。禮置崇三恪，錢爭復五銖。子南

❶「戎」，原作「戌」，據張本、劉本改。

三十里，漢武近虚邪！

帝律須天定，皇玄不著書。即教咨稷契，亦得告唐虞。禮樂何多士，崇高盡獨夫！孔門羞五伯，一節有堪予。

何必許家第，乃云多閲人。長空看高翼，一去杳無痕。世廟私王號，尼山自聖尊。唐虞真道士，龍德脱其身。

定州道中定州，一作「長安」。

不逐長安俠，長安歲再征。旱一作「悍」。鶻平地起，危鵠薄雲聲。無復劉邦鼎，猶傳紀信城。霏霏官路柳，顛倒縱能生。

即　事

筆硯真罪業，未了筆硯情。兄弟連寒榻，秋冬共佛燈。戲禽因病歇，高鴈貼雲鳴。張仲於今在，思孝曰張仲，字孺子，先生内姪。還爲寫《孝經》。

聽道學者歸寓作❶

依經無古佛，頓悟有仙儒。故紙亦罔罟，癡人爲佃魚。甲兵談得似，羽扇執來殊。諸葛真名士，風流不煥姝。

❶「者」下，張本有「論」字。

霜紅龕集卷八

陽曲傅山青主

五言律

東池元夜

平定東池爲日葵先生別墅。

東池元夜月，故爲寓人青。樹影冰塘静，綃生淡墨娉。羣兒嬉火塔，一我立魚亭。紅葉松扉小，僧燈應未扃。

七亘老杏

厓邊紅瑟瑟，老杏嬾于開。悔不斧斤斷，醜隨時令催。衆憐春色一作「青意」。冷，獨敬傲枝一作「霜」。才。❶對酒不一作「亦」。成醉，原一作「知」。非狂藥媒。

東池得家信依右玄寄韻

紫土舊榆城，悲涼水木楹。畫蘭難畹地，戠字即瓜坑。池洑萍魚遠，花梢麻鵲輕。家書

---

❶「獨」，戴本作「吾」。

顛倒讀，有淚不知傾。

雨

可惜清明雨，濛濛及此都。誣教田舍老，真作旱雲蘇。羞客深垂笠，臨歧懶問途。春光難著眼，花柳不如無。

自　顧

自顧亦何隘，乾坤難我廬。星河炤雙淚，《騷》、《楚》異三閭。偃卧常蒙袂，何門可曳裾？壺觴愁不解，悔讀古今書。

賤　殺

賤殺柳顔厚，不知春屬誰。臨風弄新翠，倒影翳清池。意自能張緒，觀終不淡儀。快心須一劍，斫却看平夷。

夏五過黄玉黄玉之師賈生思卧黄玉具枕簟樓外請賈小憩予戲之曰是謂曬尸以尸師同聲賈性忌不吉語遽起不卧吾便便言據之有詩遺憒黄玉姓宗，諸生，在小東門住，家多藏書。賈生淑誼，漢臣也。

日夕直盼死，涕零弔屈時。哥舒誅既晚，魏勝起何其？枕簟高樓敞，河山決眥窺。此生無可用，偃仰曬吾尸。

悼古遺二首 汾陽曹良直，字古遺。

龍淵歸匣蚤，剸斷未成風。慨有籌邊志，長虛定遠功。胼胝殘邑調，痛哭夕郎封。未斂元龍氣，憎來田舍翁。

卜館寒氈破，袁山春座融。重貽朋友怨，羞與若纍同。髯戟無容治，官輕有樸忠。規容田晝填，一簡射狐雄。

曹子歷三縣，皆殘破，治有聲。壬午冬，選兵科，差堅清上谷。復命，稱旨。上疏，請閱九邊要塞，以長城自許。未幾卒。始終以豪氣不除，爲鄉里所忌。貧道有書遺曹子：「諫官當言天下第一事。」不月，曹子露章劾首輔，周延儒罷相。

聊以復祠僧二首 一作《七賢祠》。忻州。

身隱文焉用？山僧乃勸詩。顧瞻七子須，蕭索五城思。苦柏神壇暗，❶秋陰天意悲。此中題不得，羞殺壯夫爲。

老衲亦知否，七人不盡賢。鈞衡容逆賊，紳笏愧香煙。獨有雙忠烈，餘皆一節傳。李公碑贊好，斟酌敘當年。祠有公濂二《碑》、一《記》、七《贊》。

---

❶「苦柏」，張本倒乙。

悼赤城 朱霞字赤城，佳王孫。城破，投玄通觀前井死。

落落憶朱霞，天空芳草涯。少年知赴國，勇死痛遺家。清洌琳宫井，深沈《玉樹花》。衰翁將病母，誰與濟兵笳。

小樓

小樓秋暑歇，片席寐無聰。袖許高雲度，鞻艱尺土蹤。夢迴赤帝劍，書落白榆風。幾个陀羅樹，亭亭到眼中。

追悼曹子二首向與居實論曲沃閣部之師曹子若在必請纓誓死以信奇節必不容其觀望不前也因有此作❶

沃相滹沱望，參軍巾幗瞠。古遺若未死，雄志必先鳴。桃劍揮猿臂，曹長臂。妖欃怯虎旗。井陘單騎出，誰敢不駪征！

可惜一腔血，無由灑戰場。固關迴晋鄙，朱亥不從行。骨冷金臺雪，魂飛白簡霜。無衣賦雲表，哭訴一作「叫」。九頭閶。

早起高眺

朝霞紅枕簟，深樹碧須眉。雲過看能飽，情來淚是詩。周虓稽北日，許靖隔南時。不死

---

❶ 此題自「向與居實」以下，張本爲注文。

其何戀，高樓一客知。

園

園外誰家地，園翁不欲知。荒鋤無意荷，茂草懶情宜。老樹更風静，高鶯獨語遲。井蘭紅一點，露綻小戎葵。❶

龍門山逕中

貧道初方外，興亡著意拚。入山直是淺，孤徑獨能盤。却憶神仙術，如無一作「無如」。君父關。留侯自黄老，終始未忘韓。

中秋夜黄玉邀集其婦翁村齋擬早尋道者

館假清秋節，留因玉潤郎。把杯横踞榻，玩月不掀窗。豆煮和瀼露，瓜華落夜霜。冰厨明月罷，有約水雲鄉。

重九次又玄韻

落寞藏山客，凄清白露天。秋英餐待菊，桶草卧忘綿。酒黯離離黍，毛花種種顛。美人勞瘠寐，無意薛濤箋。

❶「戎」，張本作「茂」。

前韻懷居實期采菊不至時傳東國有義兵。

七亘强百里，離居黯別天。有花乖採摘，無病也沈綿。月共關山冷，一作「杳」。雲停霜樹顛。大東有鬻釜，❶早一作「爲」。寄測魚箋。

落葉到棋局

落葉到棋局，隳人勝負心。戰争由我罷，掃蕩滿前侵。猛釋當枰子，達一作「閑」。觀秋木林。一作「森」。神全唯一著，歡伯日相尋。一作「睡榻不妨深」。

巖宿夜大雷雨同白范二子枕上成

電刷夜崖墨，雷驅山閣奔。寒薄佛燈灺，夢來客枕逡。鬼神迷日月，猿狖矜風雲。誰憐石壁裏，吟詠泣詩臣。

生日示兒姪

往昔虞生短，如今覺命長。杯盤聽朋友，蟲鼠不家鄉。老母朝南拜，方將媿北强。❷兩兒休壽我，❸天地淚茫茫。

---

❶「有鬻釜」，張本作「鬻釜近」。
❷「媿」，張本作「謝」。
❸「兩兒」，張本作「兒郎」。

西河王子堅貽詩用韻

漢人丁漢刼，何必不身遭！哭國書難著，依親命苟逃。《雲臺圖》未出，陵瀨釣空高。華鬢消才盡，憑兒賦楚《騷》。

蒼巖方外格八首「仁」、「哥」限韻。

橋　樓

飛橋彩蜺徽，宜可度天妃。險亘愁崖弱，風欄冷玉肥。橋下有龍井。洞雲虚作楦，高樹老難幾。千尺蒼巖勢，憑觀反失嵬。

石　檀　溝

鐵根怪石湔，根嗔掀石顛。漏天明緑罅，危檻鈔紅延。密許幽禽語，陰謀《山鬼》篇。夕陽停不借，碧淚黯南乾。

説　經　臺

饒舌爲豚魚，婆心誰毁譽？多方不了病，一寂乃潰疽。頓上無階級，登峰不户廬。圖將天眼放，披棘一搴襦。

有所見前韻

老秃木敲魚，山林不受譽。清涼亂荊棘，酒肉養癰疽。洗此摩登咒，飛將瀑布廬。道林真白業，待著張刻作「看」。羼提枷。

再詠石檀

石檀拔石精，枝柯紐石繩。輪囷絡紫贔，鱗甲穿青鯪。軫軖骨不折，風霜神愈生。盤根礪吾劍，金鐵滿山鳴。

巖興

美人不可望，尋幽幽斷腸。山樓慘空翠，風雨昏斜陽。依膝有老母，遠心無故鄉。恨不如黄鵠，片時千里翔。

巖閣看雨

終日面嶙峋，相看忽不真。碎有石爲報，渾無雲可尋。僧房爨香濕，鳥坐林葉深。巖溜瀊天酒，令醉山中人。

贈武非弁

何必武非弁，生愁文是釵。蓬桑死星日，巾幗活塵埃。鸜鵒都知巧，鷹鸇亦有才。六朝生面少，兩韻景宗開。以上並甲申作。

喜雪峰開士住霎塔寺

可憐霎塔寺，破壞欲神叢。小劫隨陽厄，中興得雪峰。慈悲到艸木，風韻考圓通。樹下如來意，崖邊護小松。

有約攜尊過，長登圓炤樓。主賓删接待，鐘磬隔牆幽。想起一茶送，閒心半句酬。酒人應得度，驢面是津舟。

即事書雪峰春扇

城南可過者，雙塔舊伽藍。古佛寒雙膝，雪峰同一庵。最憐溼氣少，藏得藏經函。清淨法身佛，書連茶酒三。

壬午六月十五日至十九日即事成吟二十一首

雨色動朝霞，聽人盼歲華。哭來無日月，忘却計甌邪。春夏通衣褐，❶郊園已賣瓜。晨興一撟首，憎殺紫薇花。

紫薇如故意，偏是太藪蘅。彩霓臨風醉，胭脂著雨蘇。誰能吟禹錫，只解痛唐衢。❷䨴鵲連枝語，分離事想無。

殺角非佳興，❸悲來偶此逃。日長松檜静，榻穩夢魂勞。雙燕語何喜，一蟬聲未高。愁慵依富蝨，坐久足爬搔。

今夕成何夕，孤棲海子隄。歌來古柳外，鐘起夜雲西。淚眼生憎月，麻鞵不避泥。郊河

❶「褐」，張本作「葛」。
❷「唐」，張本作「吾」。
❸「殺角」，張本倒乙。

紅累子，哭殺再誰攜。去歲今夜，先兄攜具西郭，爲十九日是山生日也。

炤得愁無朶，空涼月一天。怕官非欠税，尋寺不逃禪。我有我身患，何求何處仙？茶瓜行遇集，只覺末人全。

怕聽朋兄弟，開尊李鷹槃。❶松欏誉慘淡，❷臺謝惹闌干。直説今年度，還堪往日歡。弘微況多病，收淚借蒲團。

水雲溝不見，日夕薰風遲。小出家三日，聊兹笻一持。月高岡紫色，椿老牡丹枝。洞主何須雅，文詞喜不知。

告母置兒飯，裁葱寸寸傷。仁兄不添麫，病弟豈能嘗？野寺鹽瓜足，生緣酒肉殤。暫蓬煩惱髮，三日乞僧糧。

堂上一聲磬，烏音徐起林。朝雲停樹末，❸病竹動詩心。❹兄去毆投道，儒癯難遽尋。崛巆庵小構，直可一生瘄。

---

❶「尊李鷹」，張本作「樽奈氏」。

❷「誉」，張本作「管」。

❸「末」，原作「未」，據張本改。

❹「竹」，張本作「輿」。

聞道龍堂裏，松花白蜜多。懸橋通鹿友，隨處有蜂窠。丹服防多惧，緑丸須此和。便當束青撮，秋色一捫蘿。

明日吾生日，囑兒不可提。我離母不拜，兒拜我生悽。兄弟壯年別，招提三日栖。日中糠一鉢，隨衆拜蒲黎。

上堂心淚下，舉磬告吾寃。母老一生善，兄仁不許存。鐙明悲觀相，雲暗小祇園。一日不捕蝨，私當拜佛恩。

拜佛心拜母，母恩拜不勝。痛將三子意，忽復兩兒承。白髮高堂健，緇衣小子能。短毛無可愛，羨殺禿温陵。

老栝渾身雪，梢雲幾樹冰。霜皮閑落地，香片可供僧。午夢一啼鳥，空堂不惹蠅。欲支多淚頰，坐斷小牀繩。

有甚不可死，無端復遇生。一尊違弟意，强飯慰慈情。菜素原非戒，腥葷不敢争。豈關何點慕，暑病與相盟。

三十六未老，一兄不肯長。時嘗家哭泣，生日野傍皇。日下吉祥寺，風淒艾納香。瞿曇能救苦，苦斷蘖禪腸。

一氈和一被，幾日不梳頭。身實北郊寄，❶人猜西崛求。教兒拾柏子，仰面選松樓。亦似逍遥者，原鴿意總留。❷

六月十九日，一時千萬端。顔含情未了，彌勒笑難看。不睹椎成鍔，無聊竹管摶。一書四十字，字字墨華酸。

門外一高人，家飯怕沾脣。日丐夜歸閣，飽歡飢孰嗔。除身皆長物，縱死不關親。自顧真齷齪，何如君意真。

老僧西塞將，正德元年生。殺虜曾君報，廬墳盡子情。徐徐數歲月，句句怕功名。説到熊經略，昂頭淚滿睛。

聽説能無怨，短長何太争。僧閑序今古，客自傷父兄。恩愛轉頭過，袈裟六帝更。茶庵日西夕，忙亂逩來行。

壬午舊作，木公藏藁。丙戌寒至精舍，出令再寫，欲附之《老僧衣社》之後。不得辭嬾，率爾復命。

---

❶「身」，張本作「我」。「寄」，張本作「外」。

❷「原鴿」，張本作「顔頷」。

峪　園各本均無，振玉據《平定州志》補。

城闕開西峪，爲園五十年。兵戈曾未到，花竹自相憐。徑曲生苔古，池寬受月圓。養痾移卧此，風雅憶前賢。

霜紅龕集卷九

陽曲傅山青主

五言律

江風

舵艤狂瀾紫，蘆憐斷岸青。東西好山色，出没綺窗櫺。鷗白真堪狎，鵝黄不待醒。雄奇驚睡眼，電攪大江明。

江月

可惜此江月，教吾今乃看。同舟無語得，獨坐有情難。賈客瞑檣穩，荒鷄覺夜闌。菰蘆人不見，寂寂好長干。

燕子磯看往來船態領之

北馬久無性，南船也不情。侁侁憑戰卒，❶泛泛信風撑。想著如饑惄，經過即厭生。長江

❶「侁侁」，張本作「倖倖」。

三百里，一作「山川游不得」。如夢到金陵。

金陵不懷古

甚是金陵古？詩一作「詞」。人亂有懷。自安三駕老，誰暇六朝哀？曾一作「共」。道齊黄拙，終虧馬阮才。肉髀愁不鼓，一作「笙歌聽不解」。傖父過秦淮。

連日與離石王吾玉汎論無題八首書示蓮蘇

物色高才攬，天機慧眼聞。三匡經霸國，一筆畫秋雲。來者誰云外，離其不可羣。四三同狙賦，朝暮自雄文。

掖縫腸似火，冠月眼如冰。睡穩花神護，愁醒酒步兵。性情恒不死，風韻妙觀生。天府無奴貨，穰穰小販争。

汎掃虚亭敞，❶瓌瓏寶髻風。葉雲流不翳，華月駛無空。懶許焚書舞，勤憐薄社封。詭驚連弔累，糟粕娉鏖功。❷

高秋枯塞草，乾慧刷詞場。亂湎吴姬酒，誰煎越婢湯？甕壚荒漢苑，圭竇駭秦房。不稱金華檄，能依日月光。

---

❶「亭」，張本作「高」。

❷「粕」，張本作「舊」，劉本作「泊」。

法眼還堪札，儒心盡可坑。開山無孔孟，擔版有朱程。牆壁文章大，虛空培塿矜。異端無垢老，得不上《傳燈》？

心腐神臯日，名爭鬼窟燐。澄湖誰道濇，橫擊頗知溱。老去龍恬淡，王前象比倫。紛紛白草鹿，一逐不揚塵。

春水升庵社，黃河牧老冰。書容抄撮悟，學復面牆憎。❶木佛丹霞燒，燭光腐草蒸。老夫不識字，瞪目古今聽。

蒙莊十萬霽，苦李五千甘。震旦三觀先，乾元六御天。人皆門吏賤，我獨鄙頑耽。宿學應難解，先儒欲二聃。末首刻本題作《鄙頑》。

畫雲蘭與楓仲謾題

老來無賴筆，蘭澤太顛狂。帶水連雲出，漫山駕嶺薌。精神全不肖，色取似非長。三盞醮新榨，回頭看莽蒼。

起用杜句戲作

本賣文爲涽，翻因字受窮。利他不道苦，自愧未能工。筆墨時常斷，瓶罌久已空。古來原載酒，舊例有楊雄。

❶「憎」，張本作「增」。

以我前言薦，爲君歲後辰。插花朝四喜，枯一作「拈」。樹暮三嗔。敗筆居奇貨，空鐺冷積塵。原非李北海，卦面爲他人。

鶩書有何好？此謬由諸君。作意見不見，制心聞不聞。所希在斗米，豈敢望鵝羣？自笑慳貪甚，吾能去幾分？

道人數數乞，供養得無心。戲論運斤少，辨才持鉢尋。一錢麨畏奪，薄片爪猶侵。勞業不能改，檀波徒爾慇。

秃穎忽然笑，何爲枉見投？畫沙非乞米，挫鋭不封侯。屋角殊多事，穿錐有怨尤。近來積貯者，幸甚及銀鈎。

秋徑十首庚戌秋，病，運餅輒信步無人之徑，率意口占破悶。

剩角分新黍，炊糜試老脾。香光先眼食，輭美不牙欺。半碗成朝飽，長笻即緩支。沙溪看秋雨，霎鴨坐漣漪。

翻覺霜鬚黸，于紅樹裏行。片時成少貴，彌篤坐多情。人得朝廷負，吾終草木生。道心窮莫在，髮指月冠横。

同被秋光染，淡濃還自斟。渠紅何得意，我白豈非心？想想雲烟亂，眈眈倚伏林。形容儘瀟灑，山月上方襟。

夥涉真高興，留侯太有情。篇章想不死，蜩螗定長生。劍術一人敵，盃中萬慮冥。悠然籬菊老，可不咏荆卿？

真離初不厭，不厭幾時離。父母迷華藏，顓頊小辟支。驪駒當席辱，白馬顧關知。不是吾花柳，從何見旖旎？

道眼霜林黠，臣心雲外癡。薦書春雪片，奴客朔風馳。可惜虚聲氣，如堪建鼓旗。奇文翻局好，莫解教渠爲。

不作懷人嘯，天稍獨冷吁。三秋雲教我，一淡物來初。設法加餐餅，盌愚不看書。老饞風味要，糟得石花魚。

微雲花雁背，惠度女紅牕。不惹嬋娟妬，原非黼黻章。停梭鸞舞鏡，顧影雁彫梁。❶夢裏誰儂似，娙妸掃興娘。

蕚緑飛宵練，騎龍下鵲橋。巧樓光滅没，重頬笑蚩招。瓜果伊誰乞，婆娑不合嬌。關窗眉譜鬬，娥月側顰霄。

子墨《養生主》，全休肯綮嘗。鸞嬌荀諷鏡，雉叫寄奴牀。各見當前快，都如背後涼。人間愁不入，百歲作奚囊。

❶「雁」，張本作「燕」。

兒輩賣藥城市俳諧杜工部詩五字起得十有二章

「生理何顏面」，柴胡骨相寒。爲人儲得藥，❶如我病差安。❷裹疊行雲過，浮沈走水看。下簾還自笑，❸詩興未須闌。

「詩是吾家事」，花香襍柳煙。豈堪廛市一作「市裏」。得，或可藥籠邊。世界瘡痍久，呻吟感興偏。人間一作「從容」。多腐婢，帝醉幾時痊？

「天意高難問」，人間小局謀。破愁書共架，勞倦酒尋樓。烈行曾商穖，康名正此羞。廣川千萬里，智勇一籠收。

「只益丹心苦」，黃連自蜀中。昔年騰附子，今日賤芎藭。霸略無昭烈，奴才但李雄。藥材還地道，天府遂成空。

「失學從兒嬾」，窮忙亂菟絲。似非豪傑事，聊代老夫爲。卦面人通侻，文心自詆謀。俟汾今合賣，時語是□□。

「安排用莊叜」，雞豕帝之言。草木誰胠篋，興亡與見垣。禁方須萬一，冷藥滿乾坤。若

---

❶「得」，張本作「好」。

❷「差」，張本作「良」。

❸「下簾還」，張本作「閉廛應」。

遇真人買，和籠價不論。

「斯文亦吾病」，羣藥儘教薰。躒躁誰摧恧，推陳即策勳。漫愁無國老，還得用將軍。江海除糟腐，山林老斲輪。

「眼前無俗物」，今日定何如？辛苦龍蛇意，和同薰蕕居。王孫迷草澤，老子任樵漁。薄暮能賒一作「歸擕」。酒，柴扉待月虛。

「文章憎命達」，遠志到于今。運氣從誰辨，君臣寄此心。涼州删獨滔，渤海愛黄芩。採摘春秋諳，深山一作「山中」。得失林。

「丸藥流鶯囀」，高情興會孤。奇方悲海上，❶老病㥁山圖。塞北多奔馬，江南想一作「少」。寄奴。❷殊功無反忌，兵法一作「奇正」。寓諸壺。

「幽意忽不愜」，幡然入會城。一作「負販行」。烏頭逃避命，巨勝薄榮名。草木時流攬，稀疏見友生。經方言十萬，可惜一君卿。

「水流心不競」，遷化道如斯。廉五加能減，貪三奈已遲。雍容還可學，折閲亦非虧。自有吾參朮，山雷玩朵頤。

---

❶「奇」，張本作「偏」。

❷「寄」，張本作「季」。

「浩蕩難倚賴」，錐刀試小才。不相違背處，隨在法華開。果識壺中定，蓮心藥上胎。鎮江鏰子好，會過一作「到」。那頭來。

爲李天生作十首

空同原姓李，河嶽又天生。律即三千首，鐘消十二聲。舊京才足賦，新廟頌難清。潦倒詞場裏，風雲萬古情。

筆硯竟何益，鬚眉略此豪！宮牆荆棘閉，甕牖老莊逃。杖策年誰富，雲臺日已高。云何令弱翰，光焰動神皋？

俗習相輕古，文心只未真。呌號原不雅，駘蕩自能春。水陸安成食，尋常醉飽人。旁觀如可惜，贈答覺吾貧。

以子覘文運，西京此一時。三峰來鳳彩，八水動龍漪。鼓吹風聲近，威儀日月知。中原勞黼黻，慰得老夫私。

北也非邢魏，南邪詎沈何。階平遲粉飾，草昧漫悲歌。物色才都小，天聲算尒那。豹囊餘寶墨，留待盾頭磨。

燕笑流風穆，鶯花醉露盤。由來高格調，發自好心肝。是語敢深信，凡交怪竭歡。令人懷抱盡，重覺此時難。余所見交於天生者，皆責望無已。而天生不難，爲之區畫不厭，不謂貧士乃爾。

雁門驚仲極，七日達河滎。藥局聞鷄打，❶人葠勒馬韁。爲兄難對爾，至性若相形。老弟常貧病，能無怨鶺鴒？

南山塞天地，不屑小峰巒。灌薄冥蒼翠，神仙謝羽翰。心原滂浩綽，膽豈大江寒。何事亭林老，朝西擬築壇？盗人向山云：「今日文章之事，當推天生爲宗主。」歷敘司此任者至牧齋。牧死，而江南無人勝此矣！

高才多諦諟，小技有依違。□□南風恨，黄王北地歸。山川偏是秀，百二得其威。方外純音聽，雌雄任是非。

汲汲傳經罷，翩翩紀傳工。《春秋》難續狗，十六穢崔鴻。地撫頻陽舊，人誰好時功？筆頭撩噫氣，賸有斛山風。頻陽、好時，皆富平地面。富平人傳斛山有裔孫得第，祭斛山墓，忽大風，晝晦，不成禮而散。

哭姪仁六首

不敢見羣從，尋時少一人。孩心易喜怒，別慧隱天真。何事先兄子，都無長命因？蠅頭鈔《路史》，花眼益知珍。

芍藥花開了，仁哥不見來。從兄紅淚濕，名士紫荊才。愛女茶供拜，惸兒病恕哀。龍鍾

❶「聞」，原作「開」，據張本改。

老叔叔，撫此奈安排。

癸卯百泉上，乙巳青柯坪。驢背幽心侍，鷄聲旅夢驚。寒詩疑好步，溺愛撫孤情。老馬知能學，傷哉不少停。

卅年風雨共，此姪比人親。父母先雙背，流連傍老身。❶忘吾粗飯儘，慰爾滿壺頻。小楷虞公法，重翻血滿巾。

自喜學吾字，人看亂老蒼。臨池天性好，把酒醉歌强。長處從何憶，俄然觸著傷。幾時詩注見，半刺啟予忘。十年前，吾曾見詩用「半刺」字，忘其事，爾曾告我「别駕通判」也。

憶爾《明妃曲》，清新正不多。纖纖片紙上，淺淺六朝哦。《换馬》兄豪俊，彫蟲弟沓拖。「門風」題扇贈，未覺石生訛。姪襄有《愛妾换馬》詩。上郡劉生贈爾詩有「門風」句。

石家莊精廬假寓書壁

初夏石家莊，幽分一榻涼。不知何所見，偏愛外于方。我本爲黄老，君家自伯陽。從兹署精舍，三字棐彝堂。

不夜庵

我命需人救，歌歌甚丈夫。一肩虚楖栗，兩足負團蒲。果夢菩薩教，名爲道士徒。青羊庵

❶「連」，張本作「離」。

改額，不夜小㡳𪏭。

即事口占爲友人勸酒

文章無實用，世界忌名高。守辱看蒼髮，攤書把濁醪。琴心彈不得，劍氣擬誰曹？打點東籬菊，餐英對楚《騷》。

題畫二首

世界猶牽補，丹青現羽毛。君臣存貴賤，朋友寄孤高。元氣其中具，天親無始包。當知性命者，莫浪看揮毫。

畫手看前輩，斯生近莫儔。古惟師道子，今止重章侯。衣帶折束穩，金青仔細鈎。美人若有在，筆上見風流。

溝外

溝外一團白，花將月共明。小窗難得夢，春鳥已先鳴。岸柳牽情遠，山烟著體輕。酒樽殊不厭，翻覺友朋生。

讀文昌化書

草昧侯須建，經綸才實難。迮來勞佛子，忠孝受天官。不是周張仲，焉能晋謝安？丹青神彩在，淝水八公山。

論文二首

倏忽來風雨，經綸不可尋。雲霞無尺度，海嶽信高深。甕牖駭椒目，繩床静大心。五車憐惠子，尚不似書蟫。

長江恬静練，峭壁起濃雲。萬籟知誰怒，希聲有自聞。高才空結構，浩氣與輪囷。無始文壇業，莊生策上勳。

夢回

明月上東岡，汾河憶土堂。金波林内外，玉淞曉微茫。裂石寒泉煮，陰崖野火鐺。中流集水鳥，五彩不鴛鴦。

齋

脱粟成齋粥，黄君壓碗頭。由來鉼鉢性，未得汗漫游。柳葉桃紅斂，蒲團月白流。一杯寬戒律，《漢韻》寓春秋。

顧影

壽無金石固，隘者復消磨。見酒即成醉，裁詩誰待歌？是人皆可活，獨我不能過。疾走將安適，涓梁奈影何。

道巾

混元參昔夢，蠱上畢今生。雪髮誰能染，雷巾適製成。盟心真赤閣，飲氣即《黄庭》。戴此看長往，真官報姓名。

自　笑一作《名山》。

名山都足底，幽夢曳神輪。哭笑疑憑鬼，逍遥擾不真。和蘭其實雅，邠槈久無嗔。翻頑迷性，幾何秋復春？

酬上郡李然周寄韻

秋雲忽西舉，其下有相知。肝膈亦何説，乾坤逕付詩。誰雄臨北海，老我醉東籬。秦晋一河水，《無衣》賦與期。

黨公子恂如寄詩扇依韻答二首

公子風流好，[1]珊龍見嶷岐。雖云鳳翔地，容易鳳毛奇。因以問雄雉，將無怕野狸。洛陽飛向後，何處作栖遲。

陳倉明霸績，石鼓舊周岐。此地文章士，盜徒月露奇。宫商勞白鳳，睇笑到文狸。三月鶯花亂，懷人一檄遲。

天機禪房見梅開

白髮今如是，不期又遇君。爲憐他日色，翻惜此時芬。新豔頻經冷，孤情未忍聞。山中

[1]「風流好」，張本作「好風流」。

春意別，常得共閒雲。

顧子寍人贈詩隨復報之如韻

好音無一字，文彩會賁巖。正選高松座，誰能小草鑱？天涯之子遇，真氣不吾緘。秘讀《朝陵記》，臣躬汗浹衫。

贈傅處士山　　顧炎武

爲問君王夢，何時到傅巖？臨風吹短笛，斸雪荷長鑱。老去肱頻折，愁深口自緘。相逢江上客，有淚濕青衫。

大音 文翔鳳，三水人。

大音彌一統，日出海隅間。著急援邢魏，陽浮敵謝顏。景陵自楚楚，風氣習珊珊。得不文三水，教人笑嚇蠻。

春雪

老眼明春雪，東山攬卧雲。敵泥氈屐曳，防滑薄冰循。净眄無人共，平林一鳥分。夕陽簷乳下，煮藥閉柴門。

老眼明春雪，騎驢問小松。擁培聊版築，安隱獨蓬鬆。鬣起虺隤馬，鱗森艾納龍。沈吟誦先句，樵斧逕斯容。

老眼明春雪，殘書一半行。鐃歌東漢闕，寂寞中興章。唐聚騎牛下，昆鏖猛獸創。呼兒聊補綴，衰意一飛揚。

老眼明春雪，高松又崛[illegible]。故山因煖席，夜氣與香飛。掃蕩誰傾耳，風塵伏素威。清涼初地勝，一杖截烟歸。

悼雪林

總是不濟事，柴頭亂毀形。吾之憐雪老，翻在太鍾情。坐下無眉目，詩中有性靈。少年論法器，只惜赤城生。

懷雪林書紅土溝道場碑側

的的吾憐汝，❶蚩蚩在有情。文中持當佛，《左傳》讀於僧。世界經黃葉，人倫重赤城。帶來好種性，常記慧蘭名。

未關人痛痒，休説我慈悲。得我開常住，教卿不害饑。鏵鑼供養劣，刀劍蹇茶奇。流泡同生死，去來有是非。

遊天龍

引坐北山閣，遲回南山臺。欄杆淡紅緑，窗户開崔嵬。高鳥翼爲短，長松枝作苔。迴看狂笑發，曾到上頭來。

❶「汝」，張本作「爾」。

悼王适字古弦，陽曲人。

真説當觴政，誰文似老生？雪天連半月，深夜必三更。窗外如無世，樽前只有鐙。消磨非瞎飲，白秃會渠評。

墨池

墨池生悔吝，藥皮混慈悲。子敬猶今在，真人到底疑。佳書須慧眼，俗病枉精思。投筆於今老，焚方亦既遲。

天龍山徑

雨餘見歸鳥，山紫知暮光。驢背危一客，雲根吐衆芒。柳疏緑香苦，❶桃静紅意涼。蘿月徵詩上，遥戀停靚妝。「停」，一作「浸」。❷

天龍禪院

山雪融復凍，松根帶水晶。貪兹人較少，喜歷冰之層。亭午一齋足，穿雲不借能。峪岈老閣在，半日兩回登。

黄冠坐佛閣，高哦諸葛一作「誦武侯」。書。性光是同異，情語消居諸。陣圖誰解爾，鐘響

---

❶「柳」，原脱，據張本、劉本補。

❷「浸」，原脱，據張本、劉本補。

獨傷予。收函看明月，❶瞿老非腐儒。

夜色林閒卷，朝光石上磴。別本作「嶝」。負暄共高鳥，炊飯憑老僧。此際通可死，諸緣似無争。青天容劣漢，黄蘗斫先生。

王惠濟宇行年六十四而無子生日謝客不得躬親洒掃遂發嘆作惡内子遥語之曰何太無氣何不作一詩自遣濟宇撫掌大笑口占七言三二十句完而洒掃畢嘆惡亦不知何時去也僑黄之人爲詩八句詒之

傳老悲弧旦，詩娘勸矢音。一篇吹爽籟，三疊舞仙琴。容易禪鸜舌，休焦委蜕心。微之許倡和，草莆足佳吟。「詩娘」，即事號之。「傳老」者，老晚好《左氏》，手録細讀，余前有詩矣。

讀　史

天地有腹疾，奴物生其中。神醫須武聖，掃蕩奏奇功。金虎亦垂象，寳鶏誰執雄。太和休妄頌，筆削笑王通。

丹崖浄土詩三首

石灘緑陰裏，高柳夾山泉。不住風花過，無人水鳥還。❷一作「喧」。風塵離現在，邱壑證

---

❶「明」，張本作「郎」。
❷「還」，張本作「毗」。

因緣。樵擔殊輕快，來時便息肩。

諸人莫見否，日月照西方。實相生三世，光明滿一牀。即於華藏界，取到酒杯傍。此處非君境，風流聞戒香。

風沙不可住，浄界住蓮花。那箇無時漢，來参長者家？醍醐非爆蠡，縫掖即袈裟。智寶修臺閣，中三守木叉。

崖　除

佛子新詩到，崖除句覺生。推敲更不得，恍惚現前情。不暇天機出，如關異熟成。風流才緒引，又欲野狐鳴。❶

隨　波

隨波因水是，絶渡豈橋非？窄窄通樵擔，娟娟閉石扉。❷欹危行藥去，緍暢看雲歸。戛戛河烟裏，花鴛一對飛。

絲　素

絲素憐光浄，初秋見白雲。聊爲回雁陣，豈復計鵝羣。字證辟支果，書空煩惱軍。隃麋

---

❶「狐」，原作「孤」，據張本、劉本改。

❷「閉」，張本、劉本作「閏」。

華幾笏，屋漏滿氤氳。

春　興

睡足徐徐覺，日高總未知。老人伏枕看，花影上簾遲。飯後道心在，溪前春水期。安排入柳路，花鳥不生疑。

頷柳子口鄭生大玄

伯陽吾愧汝，❶一飯不曾嘗。❷節苦甘溝壑，❸蒙亨小學堂。三人傷獨在，❹四廢寄情狂。❺手植芳椒老，❻辛紅滿夕陽。

失　題

綺語聞僧戒，多言奉□中。殆而勞吐鳳，何事必雕龍？阡陌高才廢，江山至性供。雲霞酣五色，枳椇半天風。

❶「伯陽」，張本作「汏泫」。
❷「曾」，張本作「輕」。
❸此句張本作「苦節終溝壑」。
❹「傷」，張本作「悲」。
❺「情」，張本作「清」。
❻「植」，張本作「種」。

介石山房爲孤伽士别

終年聞介石，此日見孤庵。「孤庵」，是吾玉名妓。老眼羞顔色，秋天暗蔚藍。東籬蓮一瓣，落日暈微酣。若个朱樓社，是日爲社日，適將行。今宵去燕喃。

失　題

若尒申屠踣，尊于九鼎淪。華宗傳伯儉，出水竟成仁。此非必以死責人。偶憶得此事，押「仁」字耳。長跽添年老，强顔紿計神。皇天遲一死，措弄好名人。「好」字上聲，讀「好」去聲亦得，然不如本音，惜其前日之嘉美聲稱也。傳詐死于河，不妨也。但不合又向熱鬧賣名之時輩競勝，可笑矣。

龐内施鞵漫爲四首嗚謝藎郎原云欲换字也

説與黄冠做，心防俗様分。繡煙鍼脚隱，香粉笏頭薰。髣髴女冠子，莊嚴老道君。香風休没盡，添個兖州雲。

嬾漫伸教度，慇懃製得來。何斯野老足，當彼美重臺。澤雉從容步，仙鳧戢翼回。煖深瓜逕曳，寒盡葛霜猜。

佳人心手密，老子步趨匀。繶礫相思意，純盤利建屯。雪辭東郭笑，塵謝《北山文》。休怕輕霑污，從來擇地論。

不借安卑賤，金閨錯意加。蹣跚即高閣，緩步作春車。報德循芳草，酬恩踏落花。態盈徒有襪，曳向橘翁誇。

想　甚

想甚晁盟見，兼無鷄澤書。春風到洺水，明月勞昭餘。詩句定何似，乾坤誰不如？鶯花所偏處，知爲喻山居。

可　信

可信爲蕭瑟，江關賤庾郎。口碑雄北索，書袋掉南唐。嘯月原非策，傳書豈肯降？含毫休自喜，封禪見文章。

悼伯陽丈四首

柳峪似谷口，姓還同子真。上京名不震，倫擬德彌尊。白日無朋友，黄泉有段孫。心期長夜合，抵掌論乾坤。段樵、孫綍，太原人。

溝壑平生矢，河山大帽孤。呻吟聊歲月，教授謝生徒。腐鑄完人範，愁彫老骨枯。廿年誰見齒？一杖不曾扶。

每過朝陽洞，殷傳好友聲。❶今來逢道士，不復説先生。爾我俱無用，存亡未免情。時齊遺俗繫，揖讓愀柴荆。

---

❶「友」，張本作「在」。

偶語汾東廟，俄然遂古今。且憐明禮義，遑怪陋知心。藥石聞鄰篴，沙灘見小琴。❶題碑吾死後，鐫字屬深深。雪崖曰：碑在汾峪口。

陰崖二首

愛睡久知僊，尋幽還不期。山陰微徑好，飯後數筇支。寡石黑終古，孤花黃一枝。如斯可憐者，老夫之眼癡！

自覺非道器，於塵多所緣。如何無人處，亦復有流連？逝水靜憑氣，高雲行不前。懸窗訪一作「空詢」。道士，坐此一作「對」。每忘言。

悼高宇一三首高名肖柴，邑南鄉人，明諸生。

只說高居士，蒙堂尚訬呪。揭來齎白意，當面試清差。生死要平素，然疑想不排。道場分衛日，痛減一人齋。

不作假名士，今成真古人。轉時心匪石，居處率能鶉。短杖休扶漢，長宵黯向晨。墳頭生草怒，遍野照愁燐。

不是譏兄腐，單憐野草情。難同鬼火熄，應學佛燈明。一點真丹性，三生業白靈。熟緣紅土梵，來聽誦經聲。腐草化爲螢，偶拈之。恐不知者謂譏刺其腐，居士實不腐也。

---

❶「沙」，張本作「河」。

笑慰兒孫

此死心舒極，兒孫切莫哀。晋人顔久覗，秦使弔方來。八九知天命，遷延愧自裁。東漢某仰藥云：「丈夫裁於心。」人間書絶筆，箕尾五雲開。

丈夫不想死，終是婦恒貞。獨徃當誰問，孤來過孰憑。「過」，如過關之過。龍蛇餘自蜕，烏蟻雜青蠅。潦倒看龔勝，休言昧養生。

辛酉冬寓石艾張植元培兄峪里花園壬戌三月旋里書扇謝之

長公與余善，今復識公孫。花竹緣溪水，亭池借小園。黄冠累月住，緑酒不時存。所喜仍荒徑，猶然若敝村。

秉燭

秉燭起長歎，奇人想斷腸。趙厮真足異，管婢亦非常。醉豈酒猶酒，老來狂更狂。斵輪餘一筆，何處發文章？

消夏

老人消老夏，新汲煮新茶。疏事專幽采，教詩痛腐沙。緑陰那矮坐，紫麥饗連枷。暗領唐園裏，今年厭水華。

老景信口四首

晚鬻成朝盫，「盫」，無考。疑「盦」之訛。「盦」音敕洽切，和五味以烹也，亦作「盦」。齏鹽薄薄和。一抄忘舌淡，兩熟省脾磨。打并熊羆恨，消停蟲鼠訛。老人無月計，今日又聊過。

卧柳真連榻，流雲即畫屏。後先來坐任，❶左右不心經。今古高聲瘂，朝廷塞耳聽。依然成聚散，曾未夢中停。

早起非真健，妍人卧不佳。空心微喫酒，不寐總讐茶。脆妬經霜棗，涼憐帶月瓜。開窗試眼鏡，破句入《楞伽》。

輭飽清于酒，高粱杏莚粥。此中空洞地，差少勃谿憂。日損蹣跚勁，時聽呼吸柔。無明少增長，薑煮菜根頭。

將　化

王孫猶贅語，速朽遂初心。忠孝隨根熟，文章何處尋？自信無生死，誠一作「真」。堪獨古今。化來殊苦樂，真一作「佛」。性不消沈。

---

❶「坐任」，張本倒乙。

霜紅龕集卷十

陽曲傅山青主

七言律

送中丞吳公諱甡，字鹿友，興化人。

表裏山河屬壯猷，馳驅無奈早簪投。❶九天麾蓋軍容使，時差内監監軍。十里蓮塘仙侶舟。虎帳牙旗問府主，雁門畫角動邊愁。尻尻墨綬應停解，共道澄清轡且收。

冠山雨中三章與兒輩問答賡喬莊簡公韵

空山雲雨不時來，亂響飛泉噴石隈。黑霧蒼茫俄頃過，青天金碧忽然開。百圍樹杪支孤榻，千里川光抱小臺。最愛蓮花佛座底，茙葵幽豔映蒿萊。

銅鐵輪王不見來，戾車如鬼占隅隈。波旬作佛文殊拜，石壁脩羅芥子開。孔雀總持安穩界，大雲像設妙高臺。菩提種子如嘉穀，鋤去神皋亂草萊。

❶「奈」，張本作「那」。

冠山雨過看山來，不肯晴雲戀緑隈。蹭蹬涼風無遠略，麻花老眼甚時開？文章黄鉞真雷電，❶封禪金繩撥向臺。大謬極恬邱壑命，爾曹念不似吴萊。❷

習仲出金玉遠至即事代簡

絳帳談經笑腐儒，雄州一馬刷眉鬚。飛函灝氣眸中冷，滿紙悲歌耳後嗚。伯況春秋甘自簡，仲連縱横漫須逋。白溝河上明秋月，任隔關山看未孤。

碩公五十生日座上胡子蜚限韻爲壽二首

滯留時異史公談，五十桑蓬未老男。架起圖書光赤緑，❸樓依日月舊雯曇。容耀大富由兄健，内潤多才得弟擔。三萬六千休怕醉，青青瓊樹掛輿籃。

藝卷雕龍天罷談，衣冠幾見晋州男。衡門并力培尼檜，花徑羞稱種鉢曇。出處河汾千古事，孝廉風節一肩擔。净明深處黄冠敬，❹采得靈芝贈一籃。

---

❶「黄」，原作「華」，據張本、劉本改。
❷「萊」，原作「來」，據張本、劉本改。
❸「架」，原作「駕」，據張本、劉本改。
❹「處」，張本作「起」。

壬寅冬孟集夜對居實有悲二首之一亦不令居實見也

擘蟹持杯得爾爲，深冬不管内經私。眉譆眼笑有何樂，花落鳥啼都是詩。暫許王戎來看弈，誰教殷仲尚論醫？承顏百歲吾賢足，丸藥方删打老兒。

感舊

雨花青閣浄春溪，❶絲繡瞿曇事竺西。風馬綺疏涼翡翠，片犀燕甲斷鵾鷄。煙籠博岫朝雲散，波簟湘蘭廣漢齊。畫展蓮臺無道子，船停螺筆粉痕啼。

棗園頭阻雨泥十里不得至晉祠見所期

爛泥春雨頓成秋，十里閒關不可謀。惟把仁顔勤杖拄，❷遂能義色盡燈篝。數聲非惡農夫起，一枕偷安客子羞。何處不堪當赤閣，老人今夜棗園頭。❸

朝陽洞

迴風舞不散憨雲，下上蘆花麥隴湮。鳥下寒巢尋柏子，人藏小洞剥榛仁。燒香搗藥渾無見，畫紙圍棋細有聞。道士方纔遺藥價，一作「買藥方纔遺有價」。還能沽酒醉山賓。

---

❶「青」，張本、劉本作「香」。

❷「惟」，張本、劉本作「誰」。

❸「老」，張本作「道」。

常樂院翠公奇師七十

七十臞容老比邱，瑜珈常樂讓堂頭。鷲恩紺殿莊嚴報，駘背朝陽自在搊。飯鉢不因徒竈熱，經錢聊代服田秋。若能翻向修羅窟，芥子從教願力投。

依韻贈別之作

段朝端按：此首似和閻古古先生。閻常参史閣部軍事，「庶常」謂忠正公第可程。

維揚兵氣黑氤氳，行在閒關舊史勤。逐鹿軍門迷杖策，彫蟲浪跡漫論文。寒原驕猲誰能狎，❶江國春鷗尚可羣。説起庶常兄閣部，離觴暗覺齒牙芬。

失　題

乾坤直合醉如泥，半醉商歌不肯低。七八于今無九四，角張得古浪東西。吴江楓落詞人誦，泗水亭空猛士啼。何處少年安夜卧，應教老臂作荒鷄。

神林介廟

青松白栝十里遶，梐青柢白祠堂幽。晋霸園陵迷草木，綿田香火動春秋。名更賣扇傳東海，身隱承顔肖故邱。還慮寒山太枯寂，婉容分到牡丹頭。寢宫院中有五色牡丹，變重台牡丹。

此老人介子廟詩也。❷廟在綿山介山之麓松林中，深穆静靄。塑工肖像，介母中龕，素

---

❶「寒」，劉本作「塞」。

❷「老」，張本作「道」。

髮淺黃面，南面，活□貞静，❶略帶閒莞。子推叉手左坐，承顔奉愉。右則子推之妹，恪和聽命。觀者惻然心動，❷潸然淚零矣。❸嗚呼，深感母子偕隱之事！苟非母賢子孝，豈得遂其遯志？身將隱矣，焉用文之？聖善慈誨，千古如覿。女記傳中多稱知興知敗之賢，而不甚及介母，亦未曾詳原其志耳。王光東海賣扇，是邪？非邪？一蛇羞之，死於中野。安所羞也？羞與苟得雨露者爲伍也。介子，介子，蛇邪？白居實卜築藥嶺之後峪，有詩云：「老親近厭斑衣舞，攜得子推入舊山。」大得此旨，諷詠難酤也。

詒南嶋居士

南嶋居士老還初，鑿翠裁雲起石廬。砂町亂耘金棗種，清河長漾米泔渠。□□收拾縱橫術，方丈兼藏吐納書。北去五臺無百里，維摩自昔近文殊。

酬　雪　九 雪崖曰：張湝字雪九，明季諸生，甲申後易僧衣。見盂縣舊《志》。

紇利陀耶痛轉蓬，未應陡説見諸空。師兄静矣語來輭，道弟茫然觸處叢。波崙想佛牛頭夢，夜夢開士爲焚牛頭旃檀。畢鉢尊耆象背中。瘦骨得無鷹馬喻，尚能青眼動支公。

---

❶「□」，張本作「乃」。

❷「惻」，原作「測」，據張本、劉本改。

❸「潸」，原作「潛」，據張本、劉本改。

和毛子霞韻

繞牀五木共誰呼，今日毛公不博徒。書裏神仙勞脈望，幕中吟咏且陬隅。黄冠北塞原無用，紫氣南來久欲誣。片石寒山何足論，還從江左問夷吾。

弱翰聊當一作「繡虎登壇」。奮臂呼，抱經不屑授生徒。盾頭露布飛千里，花底雲烟坐一隅。❶戎馬浮沈藏自固，曹劉摸索得非一作「語難」。誣。因人豪客紛紛是，脱穎毛生有故吾。

河邊二首

河邊不算是幽栖，一杖林巒日夕攜。甚悔去人難得遠，此心篤信未嘗迷。月從微雨來烟外，雲逐春風過雁西。寄興深微原有在，緣情吟咏不堪提。

吟咏淒涼愧壯夫，詩書酸楚合吾徒。盾頭磨墨才當見，筆上生花氣莫粗。殊慕穆之裁袴褶，何妨司隸混襜褕。人閒隱逸無多少，山澤如何肯納污？

虎窩 藥嶺虎窩在平定州南四十里。

愁心無那款寅堂，一衲冰凉也潰洸。嘯黑從教千石鐵，風紅早與半林霜。撩鬢一作「到門」。見避容題鳳，防怒誰能學豢鴦。小備齋糧終佛事，殘軀草昧久遺忘。

❶「坐」，原作「作」，據張本、劉本改。

朝聖廟從岱至魯，凡近體六章，書此寄懷。

草木宫牆自甲申，周經漢緯莽風塵。恭從封禪天齊下，敢道行歌泗水春。教外别傳今震旦，聞之大笑任東鄰。羣瞠異服何來老，方領黄冠拜聖人。

世俗寒温即不問，單問念珠持誦佛事何如。齎字雙塔院圓壁，造藏過江，專此致聲。諸所不及，亦不必及。十年前朝魯國先師廟八句附覽。

挽畢亮四

鷽鳩斥鷃欲誰何，水擊三千笑則那。帶血銅華丹嶂合，揮毫風雨黑雲多。山川明晦隨融結，西北文章任詆呵。始啟王侯安足道，❶才名十倍大名過。

老

老既易悲况極老，高原難問今猶高。不可解處不敢怨，無奈何笑無非騷。錯把英雄聽彼其，纔知時命謬吾曹。不直一錢蟲上事，誰服萬民謙三勞？

與某令君段朝端案：此詩當是被徵時與戴夢熊者。

知屬仁人不自由，病軀豈敢少淹留？民今病虐深紅日，私念衰翁已白頭。北闕五雲紛出岫，南嶠複劑遺高秋。此行若得生還里，汾水西巖老首邱。

---

❶「王」，劉本作「公」。

開關上陀羅山二首 忻州。以下十七首均甲申作。

東海西崑未得過，秋風吹客上陀羅。陸離雲粉凝青雪，❶菡萏巒蕤演石波。一撮緇一作「冠」。新書劍卷，一作「倦」。九原封舊涕洟多。桃源直處忘情士，處士多一作「未到忘」。情奈若何？

南峰落落不多松，濤冷新秋帶石洶。黃面瞿曇悲大地，白衣客子嘯長風。岡巒龍舞英雄巴，日月烏號夢寐中。千里神州無好聽，老僧雙耳妙能聾。

索居無筆偶折柳枝作書輒成奇字率意二首

方外中書不屑描，樓前高柳茂垂條。折來菀菀秋風葉，削去亭亭冷玉苕。世俗文書難點黼，軒轅道士可雲霄。若逢圯上黃翁帙，鳥篆蟲琱可一標。

腕拙臨池不會柔，❷鋒枝禿硬獨相求。公權骨力生來足，張緒風流老漸收。隸餓嚴家却蕭散，樹枯冬月突顛甹。插花舞女當嫌醜，乞米顏公青許留。

風聞葉潤蒼先生舉義

鐵脊銅肝杖不糜，山東留得好男兒。橐裝倡散天禎俸，鼓角高鳴日月悲。咳唾千夫來虎

---

❶「青」，劉本作「晴」。

❷「拙」，原作「掘」，據張本、劉本改。

豹，風雲萬里泣熊羆。山中不誦《無衣》賦，遥伏黄冠拜義旗。

藏山用喬白巖先生韻

藏山藏在九原東，神路雙松謖謖風。霧嶂幾層宫霍鮮，霜苔三色緑黄紅。當年難易人徒説，滿壁丹青畫不空。忠在晋家山亦敬，南方一笏面樓中。

甲申避地過起八兄山房令兒眉限韻率意寫尊垣諼門昆五字同又玄作孫起八，諱穎韓，盂縣人。其曾孫寯會，進士。

亂離重遇菊花尊，紅樹深深冪短垣。游岳有朋將學隱，枕流知己未能諼。《遂初》欲代興公賦，候客常留稚子門。直此藏山疎嬾得，風塵誰復謂他昆？

重傾黯黮舊芳尊，淚眼相瞠望帝垣。獨立自憐南國橘，偷生同爲北堂諼。四時容此長鮮菜，一室何須不鑿門。爾我久忘賓亦主，悲歌率爾弟酬昆。

漂泊秋風博一尊，乾坤何處可牆垣。八千里戍相思切，風傳鹿翁入燕，鹿翁實戍黔中。三百年恩未敢諼。漢鼎尚應興白水，唐京亦許用花門。讒言離亂生輸死，不共磐桓痛老昆。先兄逝三年矣！予避地筮《易》得《屯》之初，故用「磐桓」云。

高細水擕具河之干仇猶。

河干秋樹紫成陰，愁眼看如紅雨霪。浪跡無家隨主醉，布衣貫冷不經砧。文章合作山中豹，弧矢同羞帙裏蟫。東向欲掀增氣盞，滹沱胡馬壓雲涔。時傳有義兵至，實非也。

酬又玄學詩之作

式微羞學賦胡泥，❶和汝倡予二野黎。小器先盈蚯蚓竅，空羣老健騄驊蹄。軈軻但作天河石，雲錦能支織女機。蕭瑟子山吟興盡，頓如齧缺遇王倪。

月望起八兄生日時起八居憂同右玄限韻立成

北闕南橋哭不清，棘人生日出盂城。客來村舍白雲繞，秋在樹閒紅葉錚。花看延年籬放菊，詩期刻燭坐鳴鶯。叔鸞至性鏖糟外，涕淚闌刪一舉觥。

仇猶秋興

仇猶霜降雨淒淒，野客愁蕪酒不犂。國破敢尤童僕散，❷身存有待一作「偏得」。友朋提。蟬言守死一作「翻露」。悲萊畢，守道萊州畢公拱辰，著有《蟬雪厖言》。馬足衡文惜楚黎。學道黎志升，湖廣人。松老著寒青始覺，滿園紅葉作秋泥。

客盂盂有問予于右玄者右玄口占韻語復之阿好過情遂如韻自遣

楊雄擬我愧非倫，況復無才撰《美新》。什一嬾營須笑鬼，❸尋常守辱失錢神。生憎褚彦

---

❶「胡」，張本作「躬」。
❷「敢」，張本作「豈」。
❸「須」，張本、劉本作「虛」。

興齊國，喜得陶潛是晉人。❶ 破衲黃冠猶未死，還因鄉里問僧珍。

趙氏山池又賡右玄

幽人卜築自能偏，日醉山池作酒泉。老菊清存騷客飯，濃香俗殺令君筵。偶同二仲過三徑，暫得餘生度小年。自恨野鴻蜚未遠，❷孫嵩浪説餅師賢。

甲申守歲

三十八歲儘可死，棲棲不死復何言？徐生許下愁方寸，庚子江關黯一天。❸ 蒲坐小團消客夜，燭深寒淚下殘編。怕聞誰與聞鷄舞，戀著崇禎十七年。❹

掩淚山城看歲除，春正誰辨有王無？遠臣有歷談天度，處士無年紀帝圖。北塞那堪留景略，東遷豈必少夷吾。朝元白獸尊當殿，夢入南天建業都。

右玄貽生日用韻乙酉。

生時自是天朝閏，此閏傷心異國逢。一日偷生如逆旅，孤魂不召也朝宗。葛陂幾得成龍

---

❶「得」，張本作「道」。

❷「鴻」，原作「紅」，據張本改。

❸「庚」，原作「庚」，據劉本改。

❹「七」，原作「五」，據劉本改。

竹，苓服誰尋伏菟松？打點骨頭無頓處，楊孫隨處暴高峰。

乙酉十一月次右玄

天涯行在夢魂之，又見仇猶獻歲時。買酒未愁囊裏澀，典房纔得旅中資。飛灰不奉先朝主，拜節因於老母遲。説甚寢兵遵月令，同袍久矣罷王師。

霜紅龕集卷十一

陽曲傅山青主

排律

不解四十韻

不解吾何索，惟知彼自然。❶人人勞贈答，我我度周旋。小技分愁率，孤情獲野偏。由來方外者，當孰步趨焉。底事古人法，還於今我纏。幾爲勤學死，只少慧鐙傳。開眼吞丹篆，飛門噴彩箋。鍾嶸聲聞急，沈約齒牙嚬。心箭由前輩，評彈任後賢。凫鐘沙笵備，雁鼎玉鉉穿。學士誇千首，傖翁愛一錢。座能皋自擁，宗讓譎謀全。伎倆原堪紿，游揚漫作緣。鈔謄媚道地，風雅罪滔天。不顧前賢辱，難言此道擔。撮來佳故典，羅著匪人寘。博得才名播，淪教比興湮。性情連絶際，花月霧霾阡。粉額嬌滂浩，青揚蔽翠鈿。渾敦胡蹙踘，綽約莽鞦韆。顧影真飛燕，犫心不杜鵑。目成期旦暮，抹摖有時年。敢道都才盡，難逢勝解圓。威儀獅子座，

❶「惟」，張本作「微」。

唾弃野狐禪。別墅聊堂構，名家敢後先。龍文扛紙上，虎哺撥沙邊。吟咏消真氣，沈綿握老拳。徐閤嚴假借，跳盪蹇驢鞭。蜀李資嶔巇，縱横司馬編。三盃成嫚罵，八陳詡狂顛。東蹈鏗新律，雲中肆大篇。投誠人共笑，叵測我俱憐。盡戴三分帽，誰能八斗輇。驊騮羞阜上，倣儻不人前。藝苑藏韋叡，兵壇置鄭玄。魚鱗雲葉彈，鳥嘴雪花妍。觀化原無我，吟情未解懸。夏聲當變雅，秋耳不停蟬。樂府張黃鉞，奚囊許貨泉。風流誰採擇，隱約辨嬋娟。

吾玉説孤庵行徑代有此豔體 思孝曰：甯鄉王珸，字吾玉，邑明經。「孤菴」，臨縣名妓閻雪梅字也。初欲披剃爲尼，不克。後力蘄從良，事珸不三年，珸歿，自經以殉。嘗見先生手帖一紙云：「近聞孤菴死事，雅爲太息者累日。僑人五言長律一首，尚恨知此人不盡。又歎以彼聰慧志趣，生得其地，視古名媛、烈女奚異！」

夕照明山館，冰心抱水湄。花神夭措弄，腐貨肯成褫。睡覺千愁繞，皈依一念癡。團標尼也得，托鉢佛當知。撫此韶華日，還非破衲時。畫眉教姊妹，臨鏡暗參差。地步留微別，風流不久離。字曾零碎識，書許斷連窺。好運三年盼，情人旦暮期。了心無後悔，把滑爲渠私。蛺蝶俱飛過，鴛鴦獨立池。今宵同被錦，明日誓披緇。

贈西席甯鄉王吾玉紅友孤菴聽吾玉説若人再排斯怨二十六韻

感彼韶華苦，添予老病呻。看花難學士，擇木本純臣。只管雙眉蹙，能堪幾度春？黃鶯何賸友，白燕太無鄰。酒陣抛煙帶，桑筐惜帨巾。娉婷原要嫁，偃蹇獨乖姻。隔水分明岸，褰裳打畔津。叩門心突突，鋪簟鼻辛辛。各抱區區志，從旁嘖嘖論。幸依蒼髮母，差好黑錢神。梳洗無遲早，琵琶任嬾勤。見成胡答應，誰信不風塵？卜度皇天怨，乖方賤體嗔。顛投野鳥竅，靳給落花茵。形志常矛盾，妖嬈異笑顰。林風文不謝，突陣武非荀。想密幽成險，唫疏亂失真。悲愁誰爲解，買酒復家貧。使我木蘭似，從軍鐵甲身。彎弓不待見，解佩所心親。雌蜺雄山曲，孤鸞霸水濱。詩書憑怪性，雲雨卒成仁。粉黛消銀色，香蓮種浄因。茅庵回向撿，角枕闃横陳。不願長花命，還防累席珍。四方甯有事，一死送良人。

賦得深柳讀書堂限韻，與子弟遣暑。

結構當煙隙，檀欒抱緑虚。幽涼生不退，妙解入其徐。雲笈翻蟲葉，風絲拂蠹魚。王恭開卷在，張緒下帷初。倒影枝生肘，飛花雪映裾。折條雖未免，流涕鄙何如？兒女多情處，英雄奪氣餘。依依無此態，賴有古人書。

再賦前韻

四塞百城緑，空堂半榻虚。風煙連汲汲，月露共徐徐。螺篆磨囊貫，龍鱗竄魯魚。古今牽恨過，編削舊揚初。樊圃懲柔脆，梁園嬾曳裾。筆防眉葉似，文畏舞條如。環堵情無忝，屯軍力有餘。舜梧非僻事，感慨沈家書。

賣藥

衡尹傳湯液，疇箕不見書。想來明晦際，亦事鬼臾區。所以長沙老，相承《金匱》俱。既無嘗藥聖，誰是折肱儒？即不千緡也，其能一視歟？真人十六字，一半老夫除。

甲午獄祠除夜同難諸子有詩覽之作此

薪膽看寒盡，篇章動歲餘。梅花南國遠，松漠北風殊。東漢今何夕，西洋歷正除。獸樽誰殿上，犴穴獨天隅。棧閣柑仍到，屠酥酒謾醵。聯吟無櫝械，相示有璠璵。共逐騷人鹿，還招放士鵜。河中原鈒鏤，雪窖不籧篨。海上羝難牧，雲中雁絕殊。皈依知凱叔，薩埵得公于。上頓酣胡母，天台欲遂初。筆鋒羞結倔，髯戟老堪輿。屑屑瑚蟲嬾，眈眈繡虎瞿。私推衛許氣，豈作圈生噓？口不傾三峽，胸能黨八廚。兄弟言既好，生死復何如？冉冉悲將老，沾沾恨昨迂。溫嶠真孝子，徐庶竟名儒。玉米孤臣泣，金蘭異國喁。烏巾自小草，螾竅亦連茹。未解風雲壯，誰能月露姝？籌燈聊共汝，爆竹不關渠。寫罷投華筆，吟餘附燧珠。坐談原没用，樓賦又何須？詩即傳於世，人當安所臚。中州金字貴，況不肯輕予。

甲辰臘月眉歸自燕問訊有詩

逐逐聊詩賦，眈眈似米鹽。佯憨頭共禿，縱橫眼誰尖？不謂驪黃馬，真同痱瘤蟾。孤雲甯自躔，衆鳥冀爲詁。藿拾何難飽，葵傾有未厭。不覿天彗掃，徒見亂兵殲。好語才知在，深謀膽欲兼。泥塗奇舉動，隱忍盡韜鈐。戍榜雙翹楚，洞門一老淹。熱腸生屬望，冷面死蔪妗。斧喪重申巽，師行上六謙。氈裘甘久辱，孱鉅豈要廉。塞馬緣能馭，盧龍足載獫。怒鼃專待式，梢蝎共知跕。酒色非無忌，詩歌似有嫌。樊張巖下老，繞策夢中忺。

楓仲讀書閣初成居實適攜近作過就仲屬訂會山還自砥柱小紏趨息閣下伯渾亦從汾來略理契闊仲限八字

下驢皆舌在，躍馬孰頤鎖。不約丹楓閣，如張緑綺琴。白髗霜橘柚，紅酒蜜林檎。搔首還臺笠，嗔肝失老梫。掌中無利劍，詩版謾精錂。伯渾愁芳草，朱英綴苦葴。當爲勞物色，不敢自吾琛。穎令詞能下，鄉侯意可綝。

再用前韻詒楓仲

天機時舉似，皓首亟爲鎖。門久能蕭瑟，人真可破琴。昔年遺舊棗，❶我輩永來檎。飣餖紛時藻，評論辣古梫。腐腸灰汁淋，雲翳玉刀錂。煖地因巢熱，青藍妙染葴。虛繙二酉秘，坐擁百城琛。簡札原難用，儀同笑索綝。

聞塔院續燈造像還至上艾艾人士隨喜瞻禮留爲建刹次第行之即事走筆十六韻待募疏云

十年離塞北，五相自江南。本願宣文供，奇緣石艾湛。欲成多寶地，先搆小茶庵。佛事原資捨，人錢豈戲酣。婆夷何猛利，隴畝破慳貪。弓箭□衣展，桴榱盍髮簪。迦文凝妙好，壯穆肅伽藍。橫杵童真獨，剛金幻昧三。不惟希有福，亦以振無慚。齒刮皆珠彩，瓶儲盡米泔。履西如再□，窮北忽敷曇。祖意休饒舌，情花好自曇。涼棚雲不大，焰海露能甘。官道生

❶「昔年遺」，張本作「崇徵年」。

□□，勞人息亂餤。頻伽叢樹待，揵椎一聲㗦。旦暮容吾老，瑜迦爲爾談。

馬首方山游一章

聞道方山久，兹來一展俱。妙嚴欣我到，應供或爲噓。遶砌搜文石，巡崖覓古書。明師僧讓在，宋相翰林除。刻碣詒行實，題碑志隱圖。澄泉拔樹去，肥土出田租。婬僻容風虎，精靈亂水豬。虬窠森嶺畔，龍井秘山陬。華論藏樓杪，西經庋屋嶀。閲卷知人傑，觀詩憶象儔。憨公敦友道，印老尚賢初。宗社猶疇昔，門庭非舊都。求人旋得廢，問佛冀來蘇。艸野埋龍馬，山巖隱鴿鳩。羲皇時邈矣，稷后歲遐乎。若望重更替，無如蒴莠夫。山神聾瞽實，護法子虛諸。

石客五十生日書扇與飲十五韻

石客客於石，經營礧砢棲。徐知真扢捩，定不俗東西。妻子常離躲，饔餐自飽饑。裁巖通月牖，抱甕引花畦。顗矢阿翁意，天全赤子機。弟兄憐景色，笙笛擬壎篪。邱蓋如山穗，形容忽利犀。在人嫌近虐，於子未傷奇。不屑憑中潔，其餘許肆譏。聞來良可畏，繹去實非私。信此無瑕玉，尤他有玷圭。今朝觴未放，❶四世醉如泥。一日勝千日，希夷能自夷。❷ 雌黃當

---

❶「未」，張本作「莫」。

❷「能自夷」，張本作「忘九彝」。

快意，堅白不猜疑。老我還能聽，瀾翻星漢低。

崛𡾊新秋

清秋神澡涑，❶抱命見機牙。草木黃無數，雲煙白有涯。若其非積斂，何以發精華。惜靜真成嗇，貪幽望甚奢。慧心修別業，凈界即吾家。寶掌卧山鳥，香爐長菊花。不嫌持觸器，頗恨辱袈裟。世競星壇習，希求法念差。只緣龍象小，遂使夜干譁。

佳杏得紅字

佳杏故遲熟，六月顋方紅。歷落高枝末，深藏密葉中。愁重低垂雨，羞掀輕薄風。幸免野鳥啄，如植靈山峰。詎得金盤貯，不擇瓦缶供。酸酣意自永，誰當嘗此衷。

賦得佳杏故遲熟

連林皆爛紫，獨樹不同紅。小徑崢嶸處，荒園慘淡中。裂牙殊橘露，❷薰鼻比梅風。低嫩傳青雪，❸高稠亞碧峰。仙廬如可種，漢苑或堪供。苦實能酸至，幽人要折衷。隨喜帖壽毛書「佳杏故遲熟」限韻二首之一，即此詩也。張編前首入五古。霜記。

---

❶「涑」，張本作「練」。

❷「露」，張本作「霧」。

❸「嫩」，原作「嬾」，據張本改。

小樓太息

迫窄須眉苦，喧卑視聽奴。堂壇猶燕雀，粱稻竟鷄鳧。相去竟何若，生成夫豈徒。長歌翻憤懣，厭按學歡娛。遠望冀抒豁，邱陵滿眼紆。小樓難百尺，遠道負雙珠。脱復幾時到，將無有所須。然疑增反側，了更作崎嶇。睇眄薄天際，欄干立向隅。奇思成隱隱，迂闊抱區區。冰雪虧乾净，山川羡濯汙。物情齊肅穆，風力更睢盱。獨樹消沈静，冥鴻性氣殊。騫騰終羽翼，深洫守根株。臭味原區别，同仇知有無。飛揚紛意緒，焉用破愁蕪。薄酒還傾酌，春寒備不虞。塗窮誰屑屑，醉後許烏烏。鯇斷塗神隙，陽狂遊大瓠。乾坤容瓠落，時命謬泥塗。受道須才士，安能與腐儒？粃糠争亢鑢，糟粕執奇觚。即以文争長，當於誰並驅？籋雲除緑耳，切玉要昆吾。利器專剸斷，精權穩過都。駑駘憎伯樂，鈍鐵怨封胡。下士依籬落，鵾鵬倒齟齬。醯鷄熏白醭，璞鼠重乾枯。酸細憐蚯蚓，慆盈受蟪蛄。威靈瞠繡虎，絶技失飛鼯。筆陣雄兼并，詞場逐鄙夫。軍資開武庫，食取大官廚。紫電驚龍子，青霄舉鳳雛。翎梢覆日月，鱗甲掛江湖。噫氣同吹劍，塵瀛恥濫竽。心肝憑獨快，衆兆盡揶揄。老蝨隳重習，雕蟲有變渝。我人同性命，生死别精粗。結納羞趨下，將迎費據梧。五漿貪注射，一飯覬錙銖。不屑交殘客，于今少博徒。專專不可化，粲粲笑賢愚。筮仕何三易，靈占謝十巫。真人司號令，臣妾遞稱呼。壹氣非迎接，丹田足委輸。飛形窺出没，入水不沾濡。盛滿天量槩，陰陽嗇鍛鑪。泰初雖草綆，當不費桑弧。

天榮方丈清齋同白居實作。

僧臘方留客，春風一撞齋。調饑原懶動，見食即安排。寒具家常脱，攤煎恨少朕。渾忘貪發毒，不管大吾柴。總未安鐘版，公容打野貍。茶來匙不住，喫畢口隨揩。十二原無界，中前再免偕。出門齊捧腹，爾已上蓮階。

崑彝丈讀書房有梅花水仙坐卧依倚蜕眉有句曰水仙欹坐抱緑萼枕邊春會壽登七十遂屬眉寫梅花水仙介觴因題十二韻申祝而排水仙二句於中仍求醉中高興一和聆教

咄咄窮經士，翩翩老雅人。點書能仔細，遇酒益精神。著意褒衣潔，愍心素案塵。好茶防客到，乾果小籠陳。癡借書千卷，謙虚禮一身。聞根先絶利，記室舊無倫。風韻關强健，韶華效性真。水仙欹坐抱，緑萼枕邊春。興不龍離敗，詩方矍鑠振。有時佳句得，翻似少年新。即此尊生足，何須上藥因。行歌過百歲，歲歲飲君醋。

題書自笑八韻

郝舊甫持綾子索書，書已自顧，徑似正一家治鬼符一張，不覺失笑，遂有此作。雪崖曰：先生經罕山墮驢，止舊甫家。當時好事者演宋明處士墮驢圖，謂希夷與先生也。相傳舊甫乞書，先生因言素不工書，腰痛，筆禿，眼花，故斷續枒杈如此。余得手蹟，摹勒於五峰山。

擘原羅鶩拙，❶腰復墜驢疼。不謂中書管，❷猶如雍父舂。❸水光才一畫，花眼又霎彫。❹斷續團圞媾，❺枒杈艾納松。三盃忙上頓，一覺未療卭。❻回顧奔馳獸，旋駭竹木龍。爲憐痂是嗜，❼能苦菜爲傭。❽若作神符鎮，差消鬼市嵱。❾

老來幡然敬元錫丈爲作詩二十四韻元本回人

里閈同疇昔，何遥乎對門。乖離今老大，始惜不鄰村。硯北喧卑苦，河西拙養尊。閒從高阜望，輒領小儀屯。一敬貧無怨，還憐耄未昏。樞機冥易繫，感應信難喧。老健人誰訟，姱修物與幡。天方髭不翦，震旦髮羞髡。邱蓋番經閣，雲冠道士軒。散花兼亂石，深户啟朝暾。

---

❶「擘」，張本作「腕」。
❷「中書管」，張本作「管城重」。
❸「猶」，張本作「真」。「舂」，張本作「春」。
❹此句張本作「花陰又霍鄘」。
❺此句張本作「斷續擅欒構」。
❻「未」，張本作「不」。
❼「爲」，張本作「可」。「是」，張本作「有」。
❽「能苦」，張本作「只要」。
❾「嵱」，張本作「崆」。

十一年吾長，尋常杖那援。加餐牙不要，出好舌孤存。魚白薑椒膞，羊肥芍藥燔。釃茶無晝夜，糖飯帶饔飧。渴睡崑山曲，撑眉赤水論。推心甯殺伐，歎世厭柔温。氣盛還飛動，神王肯畜樊。黯顔知自惜，干謁笑人煩。桃柳籠春圃，琴書静故園。元哥酬隱德，晚子壯蟠根。旦暮占歸妹，宧光即抱孫。墹邊雛鳳鷇，落下小獅奔。戍削堅風骨，神仙授秘言。文康華蓋尺，容我上雲翻。

覽巖逕詩即事迴復連犿一百韻示眉並兩孫

昨年吾七十，五十汝今年。倚薄同衰老，陶情足管絃。先兄誰酹墓，爾我共吞酸。七日阿咸痛，今朝羣從闐。杯盤無手足，疇昔念周旋。家國哀哀鴈，行藏跕跕鳶。殘書終歲蝨，一字未逢仙。踊蹴微湖海，須眉暗涕漣。漢儀從漠漠，羽服信翩翩。道頷光塵妙，心參日月禪。異端辭不得，真諦共誰詮。自把孤舟柁，相將寶筏牽。竈觚垂畏避，薪膽待因緣。吐鳳聊庭過，雕蟲愧祖先。壯夫雄覽冀，神廟簡籌邊。抵掌遼甯諳，長才蹇顧憐。巢窺卬部搗，敵慮聿行延。倔志桑麻藝，横行矍鑠鞭。千金真數致，七策漫幾研。帛不邱園束，家非谿刻朘。三房南阮似，四部北門堅。死被時文縛，生教膂力綿。從軍弓矢看，負米斗升孱。肉食昏天造，狼提犯斗躔。庸奴招倈誤，才撫足高顛。憋懣書生臆，流離進熟篇。匡廬金齒戍，上谷井陘旋。紫極孤天淚，黄旗上任嬛。沓拖恣犬舐，慫恿塞羊羶。恥不殤於國，囚瀕死向圜。申公低耳屬，徐庶絶心懸。豈復期相見，從拚不兩全。良朋爲道地，耄母待終天。不辱顔徒强，行吟皆決穿。幽情春艸觸，好語白雲箋。折福其詩祟，餘生此蓺纏。吾師曾特誡，舉業恐分專。自誤兒休再，何當孫又然。登高三世頷，作賦老夫嗎。似此蒙天篤，知邀謬命偏。郕能兼富貴，只合蔚林泉。版繼荒巖築，花培鐵藕蓮。盤桓原笠久，高尚祖師宣。悔吝多池墨，方書亦詬玄。老來隨苦静，趺坐識前愆。嗔倚扶觀杖，貪空撲滿錢。裸將焉問繒，❶隨處可吾阡。且暮還花月，❷隣村亦野筵。鷽搶終是小，龍蟄奈何卷。風雨論三瓦，茅簷乞一椽。疏畦奚抱甕，小榨自排牑。薄酌千愁破，中山半刻眠。儒僧談綽綽，莊老腹便便。鮐背終無用，蚪須足仔肩。留連心匪石，憂患脇原骿。可憶西河夢，曾聞上帝傳。天謡將驗矣，簡在豈徒焉。艸野艱貞感，幾微小子譔。精神頻獻吉，血脈未迍邅。静夜何思想，高霄孰筳篿。招尋同大澤，邂逅仰非煙。的的興王兆，眈眈上甲迁。五雲龍鳳彩，夾日紫青旃。攀附非吾事，謳歌任爾賢。贊臺多易曄，封禪更難遷。頌莽誅崔發，尊秦謝魯連。諸生除糞土，六義沃胡祆。衍聖猶當議，經侯細與銓。中原廉恥復，夾雜杵碪捐。處所威鈇鉞，宫牆浄豆籩。耳才休洗滌，目望斬新鮮。重論功名輩，何多苟且沿？明王瞻紫氣，出仕恠青田。膝異隆中抱，情非圯上編。輒教銀漢棹，也帶蜜劉涎。習俗生難挺，沈淪溷美脡。戴迷奇渥臭，蘇轂屈平荃。可恨

❶「將」，劉本作「時」。

❷「且」，劉本作「旦」。

眉山裔，頻誇黑海船。閒評資一唾，疾惡不腃鋋。履忌鞾長脱，冠愁髮再鬈。蝤蠐黯領蔽，菡萏帳幂攘。才得□時調，無端老古悛。鬟容偷打辮，帽定有辭聯。格律翻天漢，神州會大湔。乾坤商出處，枘鑿審方圓。物外新鐃吹，山中舊管權。是非難勝地，忠孝不崩巔。歷歲疏松茂，傳家密柳玭。屠羊歸肆好，❶射隼器藏揵。大士吾宗有，心王浩劫蠲。奇文鳴劍匣，真誥訓珠淵。得見圓明佛，何殊方眼佺。一歡忘睚眦，百歲省丹鉛。烏鳥還餘哺，熊羆益老拳。西山終爽氣，北海息胝胼。我且龍鍾放，春來鶴興佡。❷戢淋真悶絶，奇險到跟前。吐藥馳壺口，穿雲響竹篗。雷轟一萬里，秦晉兩崖扇。載賦天聲下，同賡濟大川。

寒宵遣悶十八韻

只覺看書鈍，誰知飲酒佳。❸塵黄昏兩目，堅白痛三舀。抱膝聽寒月，降心對凍䅣。偶然逢本際，浸假失虛邪。❹自了馮河漢，何如煉石媧。旁觀黄楷窄，著想赤松夸。宿將多新室，中原即漢家。轉移原有會，僭竊豈無涯？百歲承堂健，三山謝海槎。兒郎消老悶，詩律頗才

❶「肆」，劉本作「市」。
❷「興」，劉本作「與」。
❸「誰」，張本作「焉」。
❹「浸」，張本作「侵」。

華。父子同匏繫，河山共落笳。聲歌殷草昧，亂世也璚麻。閶闔天門啟，文昌上將衙。詞場須罪問，郊廟選經葩。帝業清泠得，神仙大遯嘉。❶亂拖臨濟捧，誰挈浄名叉？不噬難爲嗑，强拈那得花？菩提連法器，門法此應加。

爲王庭唐詩爲王重自作古詩

蝸結丹崖老，鷦栖翠柏旁。柴門鐙火閉，村巷足音忙。遠道來千里，文翁第四郎。老人明耳目，夜色滿衣裳。喜笑林雲動，殷勤水月光。盈盤白粥進，下箸緑薤涼。澹薄知能恕，鮭蔬總不防。貧家難好餅，公子會須嘗。旋致王生意，將稱仲子齍。紫荆天市樹，鴻鴈海陵行。奇行無巖處，遨遊不故鄉。陶朱占地户，端木許門牆。德以任時好，名因得勢彰。安能釣溪刻，作意射糟糠。煙霧隨擴載，星河出橐裝。神農既久遠，虞夏已通商。斗僻離山國，朝宗狎海王。龍蛇紛變化，天地見圓方。都會趨三俗，牢盆試一匡。高才賦積雹，投筆鬻韭霜。千丈連船白，差强用谷量。智仁良不易，勞苦念非常。兄弟思同被，江山負半囊。言聞古者贈，謬責老夫當。佳句還能記，飛書莫謂忘。題詩衲罫滿，可縫墨華香。只是心肝别，全殊漫興長。深藏佯守里，諜輅到膺黄。即此真酥酪，而焉介酒漿。怡怡榮覆盛，比比鄂承祥。藥可休玄雪，瓜容却黛瓤。許芝同採摘，茅鶴並翺翔。不似人閒樂，何如兄弟强？天親全混沌，

❶「遯」，張本作「遡」。

傖父媿篇章。或發東公笑，原非李緒狂。穆雎推禮瀼，弔詭敢荒唐。好在宮髯問，于今道體康。遳時嚴議論，稱謂析微芒。湖静仍春雨，花濃定艸堂。風雲通興會，吟咏更飛揚。

雪峰嚣塵二句得未曾有驚喜叫絶爲綴十句敦進書字若詩兄

嚣塵中有地，忠孝外無天。知幢甫高豎，慧劍忽孤褰。鷙情何從來，恧熛臣子煙。沾沾此十字，急急焚餘篇。龍宫不愛寶，椰栗亦可穿。休載土苴貨，翻却珍珠船。

東野贈文應，十字亦可憐。齋性空轉急，學情深更專。拈以語圓璧，小技須復研。單選供佛句，剥葱同參禪。何物羶葷撰，可當雨華鮮。

宿雙塔院即事再與雪兄印之

不過雙塔院，便爾一年餘。遂去高樓走，因移東郭居。推遷時偶至，經歷夏之初。芍藥紅乾在，忍□青以徐。下門先索飯，據榻卧看書。情于慧細密，法廢形骸疎。殘藏按邊滿，新茶壺屢虚。紅燈照爾我，願力其何如。

雪峰惠蜀秫米得甘字遂有十二韻之贅詒之索和

老夫紅玉飯，二味高粱甘。❶冬夏不知厭，薄福惟此婪。佛子知我好，分衛盈一甑。熟煮全無澁，少濇唐園諳。回味妙一淡，終然勝腤臢。兩盌細⿰口尃⿰口集，閉眼禪喜參。脾神歆静德，馬

❶「二」，張本作「一」。

蹏息春嵐。濃臙亦何窮，無明噇彭三。真性所不需，滋味徒業含。輭飽同酒功，復少昏沈慙。反照尚嫌多，有待煩未戡。念彼飲露蟬，一脱安所欲。❶

奔字詶雪峰四十韻

喧卑鳴鏑過，渴睡井華濆。詩果阿羅漢，音威殺賊尊。如何好白日，一箇俊緇髡。唐詩僧某《出塞行》有「如何好白日」二句，最矜奇可喜。香蕈巢難出，蓮花引不歕。痒寒雙塔下，撇捩一峰騫。角力生無憚，觀音想被冤。慈悲舒惡舌，謾罵押奇奔。梵唄聊消遣，禪牀也僕煩。無明花筆怒，不覺戒刀掀。此輩原非類，如渠至正元。狝氏徒郡縣，狸德好乾坤。儘足譚婆煮，何堪孝感拳？屠誰燕市隱，戈待雍門掄。磔禦曾無血，烹來幾獲爰。推心忠不啻，離裹孝思言。恨不尸饔奉，隨爲出塞昆。甘於長蔑戾，悔此墮中原。絳帳中陰矢，穹廬種子□。❷尾搖争作媚，骨擲試看獖。只合繁華子，終難學正孫。心熸灰積劫，勢極會須飜。大質違行谿，天威逸德燔。豎儒無者个，方外乃之存。不見《慈恩傳》，頻爲世界論。帝王難假借，薛埵慎攀援。得得長安赴，明明正統叩。玄風追扇漸，僞歷總當屯。正見從如是，修辭詎不倫。一乘

❶「脱」，劉本作「蜕」。
❷「□」，劉本作「暖」。

無戲論，三昧有偏反。疾惡婆心在，❶風流謔浪軒。滿前花柳怨，淨界苦荼吞。一句能周利，千篇勇孟賁。天常和尚雨，地絶貫休根。大塊吹悲噫，焦原竝佛跟。公然風雅變，不帶吠陀痕。義動狻猊吼，雄驚獫猲魂。纔知遭震擊，正爾鬱絪緼。佛不顢頇共，吟開奮迅門。風雲鈴椎打，椰栗性情捫。口業微嫌快，惟心直不諼。「椎」，一作「鎚」。梵書讀如「地」，華言習如「錘」。互用之法，「錘」、「椎」正通，音「地」者，近「碓」也。

用雪峰奔字再廣疇昔問詩看法安之義三十韻❷

法有傳燈版，詩無獨覺問。❸當機難覓句，于道反爲尊。爾性何時見，吾情只下噴。風雲才任辨，物色命罷奔。坐備□朝上，樽催刻燭掀。非關公案熟，豈是憶魔喧？花鳥誰施棒，悲歌不擊拳。陳芳真淨土，老杜已泥洹。横豎州官火，飛騰補處捫。寸心無所得，千古又何根？自説筌蹏棄，人窺尺度藩。鏖糟纏是史，輭美合嫌村。摸擬徒形似，高深奈剥吞。草鞣錢不費，膏馥丐能飧。放逸還加警，清涼也紲袢。人之篇什眼，觸磕覺知元。會不勞尋伺，盲非故聾言。迴皇齊箇已，苦殺鈍乎根。祖席多推戴，詞場隘選掄。長江塵刹奉，京兆斗山恩。

❶「婆」，劉本作「媻」。

❷「問」，原作「門」，據張本改。

❸「問」，張本作「門」。

瘦脊前因冷，鑪錘此世温。聲聞島佛子，付屬洞王孫。昔果纔中晚，今誰敢弟昆？廬山劉軻癖，學究蔡京攓。不啻參禪歷，如何載籍繙。前塗求印可，先受捨休援。香色天花落，莊嚴帝網旛。此中非我作，來外愜如渾。山水思惟險，雲霞贈答軒。語言無道斷，鸚鵡踢洲翻。

題尺木禪師影堂壁韻依秦天章㫖辛酉首夏之吉

重過沁土一瞻依，莫扣阿師臆可思。尺木焉支天半傾，寸才安駕地全欹？東西落魄亡家狗，南北章皇失類麇。短髮已非豪傑志，長鬚何事丈夫爲？弔場形影無生有，轉面門楣正幻奇。覷破機關容著足，收回鉤綫縱便宜。歸趺拳石赧身死，垂訓聾癡悉自欺。明月清風遺恨在，千秋萬禩屬誰知？

霜紅龕集卷十二

陽曲傅山青主

五言絶句

古意二首

乾坤即有郎，不可郎無妾。請郎腰下劍，看妾頸上血。
郎有萬里行，不得隨郎去。郎若封侯歸，一盞酹儂墓。

題自畫竹與楓仲

一心有所甘，是節都不苦。寥寥種竹人，龍孫伏何所？

題自畫蘭與楓仲

幽德不修容，放意弄水石。香隣無藩籬，❶喜逃人採摘。

❶「隣」，王本作「憐」。

題徹上人扇

畫我白蓮花，換若紅蓮藕。妙法互權實，佛性各含有。❶

題酒人适畫

酒人瓶正罄，有客勸丹青。呵凍寫寒色，臙脂一滴醽。

題獨枝牡丹

太真含玉魚，朝倚沈香欄。繡領張家燕，青蓮應見酸。

題墨牡丹

何奉富貴容，得入高寒筆。君子無不可，亦四素之一。

梅

何必林和靖，幽情□不期。蘆溪人去已，寒韻寓瓊枝。

真正少而貴，知希亦何方。亦幸生北土，未極於濫觴。

失題

幾株老杏裏，山塞小茅亭。柳陰不密處，微露側峰青。

❶「含」，張本作「舍」。

霜紅龕集卷十三

陽曲傅山青主

七言絶句

黄壚

黄壚短阮偶來賓，領取松香細細醺。睡起緣天□□眼，❶南窗關住一峰雲。

紅葉樓

古人學富在一作「屬」。三冬，嬾病難將藥物攻。江泌惜陰乘月白，傅山一作「橘翁」。徹一作「長」。夜醉霜紅。

僧院芍藥

評唱松枝麈漫歌，老僧淺語示娑婆。一叢芍藥清涼地，開較城中日數多。

❶「緣」，劉本作「緑」。

足夢中句

除夜新開五色雲，飛仙欸乃玉樓聞。赤曇雯素衣霄漢，不是懷中疋錦文。

意中人行

玉蓮冠子渲雲層，雪⿰衤𢼸霞裙蘭氣生。❶淺黛暈矑矉不語，海棠花底弄哀箏。

怨詩行

春雲薄薄雨絲絲，偎著鑪香想別離。奩鏡鋪排怕梳洗，低低嘯學四聲兒。小鳥名，嘯聲堪聽。

河邊

沮洳河邊春澤灣，踏春女兒行步般。深紅帘尾輕搖雪，淺渲雲頭重度山。

臨街樓上

臨街樓上材官家，抹頞玄綃紫髻袤。❷白馬少年樓下過，闢窗滴瀝弄琵琶。

子夜三首

鳳嘴紅燈照錦屏，夜深軟語勸歡聽。憐歡恩愛因儂重，儂勸儂歡誦佛經。

---

❶「⿰衤𢼸」，疑當作「⿰衤⿰⿱山⿱一糸攵」。

❷「玄」，原作「元」，據張本改。

爲歡解黏解不成，誤將綺語結無明。小團祕密聞回向，並蒂蓮花願往生。
不肯編排打扮儂，鏡旁諜駕纛春風。道儂無復當憐處，恭喜儂歡天眼通。

宮詞二首

官家行幸祕書樓，親把縹緗幾部抽。黄絹斜封題御押，内宫捧出翰林讐。
影娥池上泛龍舟，簫鼓聲留高樹頭。怪得蟾光明似昨，算來此夜是中秋。

七夕

悵望天青漢水光，雲鬟風袖動微涼。要知無限相思意，不是人間空斷腸。

梅房

碎屑沈香不惹塵，水簾冰簟切相親。平分一榻羅浮夢，鞲扇摇來都是春。

小溝怨二首

風輕河柳淡黄蛾，淚拍無聲懊惱歌。草緑秦淮驪紫亂，幾家香閣試春羅。
布裙不是倚門妝，深雪寒爐下小窗。早解春風不作美，提筐抱甕有糟糠。

元日雪二首戊寅。

地寒愁是見花遲，素藹東風作細枝。沾脣畫閣屠酥酒，徹骨青氊池草思。
弟勸兄酬爲覺寒，輕瓊低舞近春盤。一年水旱應無準，明日新晴早起看。

新　月

晚臨銀漢爲誰顰，金縷迢迢度結璘。料得别來三五日，瑶臺新有畫眉人。

月　畫

月畫槐枝作老梅，離奇一筆拂窗開。解衣畫史三更醒，夢自羅浮香裏來。

亭亭怨七絶

芍藥乾嬌不會歌，亭亭低唱撥琵琶。著意調歡歡不采，傷心悔作小山花。

怨殺風魔道士誒，無情無禮脱歡鞵。共聞歡笑道歡喜，儂察聲音是惱來。

惱得儂歡不理論，催吹燈炧悄開門。儂才擬暮西山雨，歡已先朝南浦雲。

歡就要行儂好扯，恨無一語對儂呀。東牀會有憐香老，深抱雲娘打大家。

懊儂家住洳河傍，九曲河渠九曲腸。一曲恨郎遺我去，爲郎八曲計踉蹌。

也想援歡不分援，呪教風雨打前村。打轉郎來儂不禮，仰仰冀冀就儂温。

歡再來時儂行觴，不彈不唱顰青楊。但拈一句新語好，天壤之間有王郎。

僧房芭蕉平陸作。

僧房不許坐娉婷，鬖髿樓雲照眼青。斜月函窗修玉立，撩人怕是緑摩登。

青羊庵三首庵在崛㠑山南面松林中，又名「七松庵」。

芟蒼鑿翠一庵經，不爲瞿曇作客星。既是爲山平不得，我來添爾一峰青。❶

纓松絡柏絮團涼，紅葉樓頭雨氣香。山下村屯看不見，山南山北響淙淙。

幽花爛漫鬬春暉，庵主扶藜啟石扉。暵雪團團山蒼蔔，香風陣陣野薔薇。

元日齋中坐雪二首壬午。

新春新雪早開花，簾捲冰龕煮舊茶。片片飛環書架舞，一林文翰玉生芽。

一望西山玉立臞，春風小蕊佐屠酥。樹頭樹底娟娟舞，絕勝梅花一萬株。

程生二首

華髮程生吹洞簫，一聲兩聲不肯高。生怕陌頭好楊柳，明春三月嬾抽條。

月中流韻過南村，定有蓮華卷葉聞。應念龍鍾老簫史，吹來孤雁落行雲。

代尨尨贈程生二首

憑著鸝簧老不孥，輕輕唱亂鬢邊鴉。兒郎儘有秦淮曲，聒殺巫山夢越遐。

年少休言玉倚葭，一寒一暵惹人嗟。春秋多歷情能老，霜葉真紅二月花。

❶「峰」，張本作「顛」。

爲楊穉卿畫扇戲題二首❶

畫詩放肆臙支濃，幾筆離奇一朶紅。岡北蓮花不離眼，長條楊柳蕩春風。

垂楊攬定木蘭舟，遠採蓮花岡北頭。多少鴛鴦飛不到，一絲寒露踏深流。

好　客

好客頗同香火會，清談總是鷓鴣辭。不如枕上尋生計，午夢酣時花影移。

失　題

淵明賞菊千峰翠，張旭題詩一道煙。夢裏人聲囮去也，歸來依舊月當天。

失　題

風花霧柳怨分明，勉一攤書老眼瞪。無可奈何難字過，藞傞漫引杜先生。

社鼓龍王鬧野雩，殘書抛却杖還扶。愁無角牴酬花眼，誰好鏖槽俯竈觚。

綿羊生片美于酥，踏破神州園裏蔬。世界人俱羅教授，東垣何處賣葫蘆？

赤箭長牙大戟紅，射干鋒利不張弓。虎撐有待千金翼，甘草三分與衆工。

蘆芽秋雨白銀盤，香簟天花膩齒寒。回味自聞當漱口，不知瑶柱美何般。

藏孤山上好松華，别一蘑菇雋老牙。嫩脆葳蕤和露摘，椒油芍藥妙無樝。

---

❶「首」，張本作「章」。

篆籀龍蚪費守靈，三元入會妙先形。一庵去卓無人境，老至才知不識丁。

柏高純氣與天關，充塞虛空足不般。萬里雲霞渾實地，逍遥蜚遯在天山。

黄庭中人衣朱衣，丹竈微微火候幾。功到九還龍虎會，鈞天宫徵五雲飛。

子山遂有不能安，五字回還苦海瀾。此意從來誰解得，《懷沙》、《惜誦》久開端。

二月羊皮戀老頭，龍鍾看著杏花羞。夕陽山色深松好，布裹皴皮一衲休。

臨泉片甲委泥沙，猶帶難馴性莫拏。小憩每依簾下立，藥行認作紫梢花。

連朝好雨緑山川，拄杖欹危看種田。樹下一眠消午飯，摇樓打砘也神仙。

隄行二首

霜醉河灘草面領，西山一帶紫縈嵐。老人冷性耽秋豔，❶紅樹看看羃小庵。

金蕊三稜紫芥蘇，野葒黄菊粉慈姑。一張秋錦蓴無賴，帶水連隄五色鋪。

三道河二首

三道河邊春可憐，桃花一曲起紅煙。老夫不解先生樂，日日偷閑學少年。

燒春野老醉桃花，花底酡顔隱壽麻。黄鳥一聲紅夢醒，半鐺石壁碧雲茶。

❶「老」，張本作「道」。

崛㠗石磴

石磴嗚笳戛磬微，松風輕拂緑琴徽。芒鞵拾級穿雲鳥，一徑天西是崛㠗。

崔相

泃山無口𦍩如羊，歌舞黄囊自帝江。崔相卅年曾不道，聰明真不在文章。

聽吴歌

醉後參横舊晋墟，將軍明晦事何如？吴歌《子夜》隨人聽，獨自傷心《越絶書》。

崑山絃子水晶簾，花月春江槳漫摇。哀思縈迴清客夢，大風傖耳倩誰撩？

宿水

空中不會起波瀾，觱沸魂亭一沼酸。爲讀屈平《騷》不盡，汨羅江氾到心肝。

題龕

一夢箕陵自曲肱，離家萬事總如冰。龕中老母真吾佛，心擬龕前日月鐙。

口號十一首

江南江北亂詩人，六朝花柳不精神。盤龍父子無月露，縈攬萬衆亦風雲。

遺民胸中無半人，謝安王坦勞其存。有唐雲叟不識字，友誼區區屬李振。

太原人作太原僑，名士風流太寂寥。榆次頗諳有孫盛，昭餘不信産温嶠。

莊生原不是荒唐，只爲天才莫敢當。匠石有斤須得質，五車惠子亦多方。

有我讀書苦殺我，無我讀書喜殺書。褊心小膽自有分，公道終當屬老夫。
今古風流論不勝，門庭蕭索足深情。此時久已非東漢，猶喜區區黨錮名。
犯禁微登議刼樓，雲章琅篆駭凡眸。麗眉道士詒單紙，高尚真書鶩尾收。
高尚名歸義士羞，只緣人見彼王侯。鈎除巢許嚴陵老，隱逸真堪塞九州。
六朝人物景宗豪，競病詩驚瘦沈腰。口角若無曹植氣，筆端争似吕虔刀。
雲間兄弟自高才，道真聾老不聞雷。長柄胡蘆休怪問，何如不向洛中來？
晨鐘當地徹心凉，太白崔咸淚兩行。枕上冷醺三白酒，一天明月雪和霜。

題松上舞鶴

萬里雲霄忽倦飛，龍鱗偃蓋早知歸。風來隱隱陶弘景，❶静對軒軒丁令威。

晋祠雜詩五首

濛騰陰霧濕如泥，隴阪雷轟燥老脾。藥餌方書停越婢，春風花酒鬧吴姬。
瞿塘日日下驚濤，萬里春風打毷氉。華霧樊川清月暗，關心啼破小櫻桃。
穀雨西風日夜號，山河花柳壯鈐韜。老人不動旁觀火，秦策何妨作魯皋。
霧柳霾花老眼瞠，雲陶穩睡撥鷄鳴。晋祠三日無吟興，只憶觀瀾智勇生。

---

❶「弘」，原爲避清帝諱作「洪」，今回改。

茅亭自得陶公筆，盡日光芒動白虹。山澤不煩通地氣，片雲時起墨花中。

挽梁節婦五首

決絶芙蓉不避霜，倒飛紅影墮寒塘。❶玉欄千葉蓮花現，不是人閒粉黛香。

一歲孤兒早不提，寒泉乾浄緑淒淒。吹簫分外加憐惜，碧血生苔詎忍泥。

風雨陰森插白虹，菱花水底照雌龍。東京《五噫》梁家婦，就向要離塚傍封。

菱花碧血黯愁雲，泥裹金釵小鳳分。殘月不明孤雁叫，銀牀風雨倚湘君。

冰鱗雪甲五湖通，菩薩深□願力中。龍女抱珠高放下，争迎霜節入龍宫。

失　題

夏靡已作有窮靡，二國收餘復爲誰？□□恢功且休論，伯明讒子實天機。

豎拂揚眉罡已登，還思吟詠掇詩名。西方得録宗師棒，東國偏遥亢父亭。

借畫爲賓從絶句

泖湖詞客妙丹青，吹落礬頭幾片零。飄渺三林三十乘，留連點綴故人情。

村居雜詩十首

鄭重聞聞偈子賡，奈何荷葉捲多情。左來不是純音地，落得風聲雜水聲。

❶「塘」，張本作「牀」。

簾前五色好花屏，省得風憐萬里瞠。起二句，一作「繁華簾外四時榮，夾霧和煙不著名」。妙在色塵真不礙，秋毫能見作麽生。

老人曳杖出門去，❶布襪芒鞵不怕泥。行到前村石橋上，春冰映緑柳條齊。

草亭雙柳浄檀欒，秋雨沈綿緑影寒。村酒養和剛一盞，不知何物是鯢桓。

强獎村亭似畫圖，寂寥尋取興頭扶。陰晴不住煙嵐過，真个雲山湧坐隅。

檀欒水蓼能秋寒，病葉離披一翦殘。❷留得梢頭紅穗子，臙脂楊柳隔窗看。

芒履蓑衣去摘花，雪霜璀璨滿輕車。歸來莫帶愁顔入，紅樹林中有酒家。

饕餮蚩尤婉轉歌，顛三倒四眼横波。兒童不解霜紅語，❸書到先秦弔詭多。

從來老筆不降錢，不信於今會點鉛。提礶礶提紛衆妙，休教野鶩入雲煙。

無端筆硯業緣多，不敢胡塗説换鵞。這爲世情難決絶，鵞書終日替奔波。

---

❶「老」，張本作「道」。

❷「殘」，張本作「看」。

❸「紅」，張本作「翁」。

即事爲沙溝住持本空書綾❶

一擔秋黄結萬緣，從他口裏辨酸甜。擔頭空了輕輕放，切莫矜誇滿口鹽。雪崖曰：本空同十二人事禪師某，道成，各立禪宗。卓錫沙溝，以無字疏募。先生書其上，訂方外交。嘗以桑椹問先生。使者沿途食人，僅貽空擔，故有此作。末題本空要字，即與書之。

點污八首爲魏髯作。

點污冰絲杼軸寒，馬頭娘子怨傷殘。眼花手顫連朝守，合作三山杏橄丹。

榆莢連錢總不虚，乞教升斗好相於。誰家牆上遮塵土，讖業聊當守募疏。

籬頭篳觱凍裩襠，挨得春風過短牆。葛屨故人霜怕了，渭城嬾復逐兒郎。

天津橋上弄猢猻，弄罷深深各閉門。欻地杜鵑啼滴血，燕山真有未招魂。

傀儡提罷憶煙雲，香豆科芽想殺人。大鹵城中蒼鶻亂，磕瓜漫擊髯參軍。

北平不合姓當塗，十畝桑閒影遂孤。象揥誰能連鬢摘，黄童雖謔惹盧胡。

蒿艾叢生涸殺魚，蒺藜隨長不勝鋤。道人賣雨無符呪，濃蘸喻麋畫墨豬。

瘦硬通神且莫提，柔毫點黰任東西。憑誰挂面秋風刮，榤上家雞未下棲。

❶「本空」，張本無此二字。

高唐粉

高唐不是楚高唐，神女陽臺觸著忙。冰心繾綣紉千縷，束素迴環宋玉腸。

太華蓮

太華蓮開玉井寒，鳳皇啣入紫雲端。遞與蕊珠香案吏，玉膏浸著萬年看。

小瓶杏花

汎濫瑜伽半卷闌，一枝紅雪能春寒。老夫好色憐遲暮，摘向軍持閉眼看。

石城居士歸爲鐙下四章

邠坻新築石城居，樓櫓礨瓏睥睨虛。人道在家真佛子，我云出世得仙儒。

石城之中好讀書，故紙陳言一掃除。一片光明白地錦，前阿抽出後茶初。

石城詩興接時春，情緒千端怨也嗔。獨我不嫌薰染在，南州佛種此其真。

石城不是死崇墉，千葉蓮花雉堞雄。墨守金剛寶杵撤，水晶宫殿架其中。

賡石城偈

府南重唱也無妨，古佛今佛同道場。但令唱得親聲出，千葉芙渠一樣香。

沙城斷碑

夜半沙城月黯然，秋風猶是雁連翩。杜鵑不解相思死，血口空啼二月天。

贈守一道人四首

鍊汞燒鉛那得仙，人天小果種天緣。此行弱水乘風過，張果從能坐鐵船。

琱雲刻雪不如程，謫守荒壇拜斗經。小小揚州尋鶴跨，秋山休作步虛聲。

破衲芒鞵莽出門，回頭笑殺透山根。龍沙八百徐開籍，記得神清是道昆。

白榆根底漫敲魚，放向寒山散鼻車。收得銀花明是雪，纔知黄白本無書。

與郭太和

旅興春愁得索郎，花開花謝省人忙。澤村幾樹朝來看，肺肺都成醽醁光。

蘆芽 山在静樂縣北。

五月蘆芽積雪明，雪中紅葉靚嫈嫇。益憐無熱葡萄朶，肯傍繁華醉肉屏。

遊仙十首

靈芝不服服桃花，海策籌添金鼎沙。龍汁食來生羽翼，還從暑路集煙霞。

玉齒嘕然好好陶，西來金母獻蟠桃。咸池樂奏雲璈叠，高集崑崙海鶴毛。

醉挾青煙一道飛，神仙騎得白鸞歸。寶珠如卵纔吞罷，便入天門侍紫微。

太華峰頭玉女盆，仙人杖策向天捫。好風好雨齊天地，休理塵寰腐穽論。

珠庭上藥重玄根，九轉深深抱命門。異草有霜無假練，海東飛采獻三元。

洞中俄頃八千春，萬樹桃花且避秦。聞道秦人且道好，又移靈館避漁人。

明珠如日寶冠嵌，雲笈頻抽展玉函。太上垂芒人不解，只除彭祖共巫咸。

碧雲深處擁琅玕，半醉酣生銀海瀾。醒酒不須塵世鮓，滿盛玉豉水晶盤。

黑白形分混洞開，青黃二氣妙延胎。絳河僻處泥丸護，仙客陽平樹久栽。

九宮行氣自推移，至潤成丹妙適宜。一粒大還資寶籙，世人道美不教知。

離　石

春風吹入小黄河，煙艇流雲好棹歌。却嫋一絲衣帶紫，不推羶穢長青蘿。

石華鮮不到河西，詈謝江南石首虀。自是傖翁風味薄，吟詩記得豈其之？

無題二首

老來無事可相關，飯後支笻沙草閒。野鳥一雙紅蓼外，垂楊影裏看西山。

綠雲綠霧綠珊珊，冷浸幽人徹骨寒。嚼雪灘頭松樺下，一峰青插半天看。

盂邑北寺

楖㮚橫擔奈老何，賓山驢背又來過。耳根畢竟純音隔，字母于今解唱阿。

贈陳十二首

天漢乘流馬眥涯，瑾瑜玉液折椒花。神仙祕術誰能得，一盞青霞浸五加。

山長宮牆見百官，巖廊皋擁不知寒。閻浮金界桃蹊好，苜蓿承顔未覺酸。

無題六首

白草黄榆翳海棠，琵琶弸斷錦鵾腸。桑乾河上南看月，鸞鏡孤明雁背霜。

六么小令上琵琶，秋色輕輕放晚霞。沽得南隣新白墮，深斟輔屬海棠花。

芭蕉涼錦美人茵，緑上酥香小簟紋。打著鸚兒不教近，醒來要諗夢何人。

紅醉新晴夾竹桃，鸚哥小語唤春醪。緑楊倦得真無賴，拂住朱樓九曲橋。

姊妹花牆妒殺儂，爲誰憐惜恁春風？若教我是渠歡底，蜀錦鮮鮮爲作棚。

紅雲湛過小山西，愁得儂眉小黛低。一陣歸鴻風裏度，問曾帶得有青泥。

可惜

畫棟流雲冉冉低，孤飛野鶩度聲悽。詞人亂動王生感，可惜清新到老黎。

粕門

乾是詩王萬古尊，只虧好景不能言。渠憑顧國淩芳國，我到飛門即粕門。

青羊庵

紫雲青樹石屩麻，❶花插牽牛小膽觚。一縷沈煙縈白牖，先生正著養生書。

---

❶「屩」，原作「㢒」，據張本改。

盤礴

盤礴橫肱醉筆仙，一邱一壑畫家禪。蒲團參入王摩詰，石緑丹砂總不研。

尋花

尋花小極卧雲涼，争戰何由到石牀？錯被趾離娛老瞪，淮肥風鶴報斜陽。唐林曰：「瞪，无攷。瞢音磴，瞢瞢，新睡起貌。」雪崖曰：「趾離，夢神也。作瞢是，段帖本作瞢。」

談兵

談兵奇氣滿林風，槲葉深紅虎度踪。《老子》、《陰符》原不殺，錯教發塚悄珠空。

三疊

三疊《黄庭》不識心，玉巵娘子一絃琴。春風壿壿迴甜雪，休姹華生戲五禽。

書生

書生故紙萬重圍，暗喫椰子自大虧。好水好山來不得，耽耽漠漠落中隳。

奎壁

奎壁圖書府亦雄，青霜紫電犿飛龍。論兵自古惟儋史，恬淡全勝不敢中。

風塵

風塵自古英雄少，偏是陽春桃李早。知音不必覓鍾期，海嶠彈琴氣始老。

讀傳燈三首

逢之則喫時至行，此老真丹最上乘。飛錫不戡淮蔡賊，隱峰又讓李西平。

奴胎婢子學家翁，每見人來發癇風。一自龍山庵放火，南無古佛揩芙蓉。

浪破工夫費草鞵，隨風撒土昧幽街。十年問著盧都嘴，休怪孩兒打野梩。

讀金光明經

《金光明經》不可喧，金性水性常存存。夢中堅白無顛倒，豈作公孫同異論。

朝　陽　洞

不惜麻頭一百儋，雲陶沽酒撒春憨。霾花霧柳無心醉，剩水殘山慰眼饞。

月　下　梳　頭

菜圃花畦弄小鋤，燒春紅⿰酉贛荔奴湑。霜頭悶癢風新月，汎掃平陶棗木梳。唐林曰：「⿰酉贛，无攷。⿱贛酉音感，酒味淫也。」

樂平縣山遊二首

佛閣春寒興不勝，溪流洗耳帶松聲。秋容榔栗橫擔約，黑石紅林產一亭。

十日盤旋沾水邊，難消官餅野梩戀。龍鍾不卦方書面，單了寒雲石馬緣。

石　鏈

金翠光芒孔雀泗，石鏈無礙似空遊。憐渠未必知逃餌，敲得鍼鉤不忍投。

老　耳

老耳龍東緩步車，崑山簫鼓一塘黿。風霜禿筆還須酒，蔥蒜山房不貯茶。

中秋惆悵詩八首甲申。

掩淚强開酹月筵，少年不管雪人顛。歡貪天上瓊樓月，黯殺人間霜樹園。

共盼中秋夜不眠，亂離幾度看嬋娟。瓜樓紫暗冰盤側，只覺今宵月不圓。

霓裳招却一人魂，看月杯盤惹客顰。好似緱山七月七，笙仙舉手謝時人。

漉漉夫人拚不明，連朝陰雨爲誰晴。不知執麈無夷甫，浪把清光襯腕瓊。

五里相看萬里遐，關山明月唱誰家？微雲幾點臨杯酒，朵朵偏成芍藥花。

嫦娥嬌鬬木犀敷，香草隨抽不甚輸。艾納儘多迷疊有，一盤不備罵行胡。

酒家豪興別尋題，撥過伊人總不提。纔欲四更月上好，❶窗中醉鼾不能低。

水光蟾影落窗西，若有人窺到小籬。點漆凝脂相送久，參亭河淡一聲鷄。

供　鳥

寒烓分衛足鴉羞，我總機忘爾得鷗。鷄肋魚腸如意取，竊脂不欲學黃頭。

---

❶「上」，張本作「尚」。

甲申八月訪道師五峰龍池不遇時道師在馬首僞署次又玄韻

樓虚松露玉函封，雲舄非遥只邑中。大隱真能混清濁，令威何必在遼東！

坐想崑崙也一方，乾坤何處是吾鄉？逍遥戀酒非耽職，地自由他天自茫。

紅崖馬首舊提封，驀入綏山一眺中。太上忘情難可學，盆池石島浪西東。

乙酉歲除八絶句時連日夜雪。

鐙花黯黮不成眠，也逐同人守歲筵。僵骨抱雲拚穩睡，道人心上總無年。

强言物舊不如新，鬢點霜華泣故人。庾信滿天蕭瑟眼，霙華歷亂爲誰春。

餘生久矣一蜉蝣，不死朱衣爲白頭。滿目山臊驅不盡，何須爆竹震仇猶。

梅花春信隔天涯，冰霰敲窗響塞笳。帳底羔觴都有歲，山城烏哺獨無家。

白眼同雲一抹天，冠黄正好凍焦仙。❶無情今夜貪除酒，有約明朝不拜年。

老母兒孫秉燭言，明朝不是舊三元。客中楚楚供青爨，雪裏深深閉小門。

縱説今宵舊歲除，未應除得舊臣茶。摩雲即有迴陽雁，寄得南枝芳信無。

風角占年謝曉寒，陰晴於我兩無干。六朝豔句同誰賦，任有新雲不待看。

❶「仙」，張本作「先」。

寄家弟

不勝煩惱奈頭陀，輸斵丢開舊斧柯。彌勒龕前無施主，化教阿弟作檀波。

以上二十一首並在《甲申集》。

響雪

琤琤到耳帶哀聲，喜殺田翁盼歲登。白眼一同雲淚想，罘空素甲下天兵。首。

雪峰詩悼一如因之有作

風流來往兩僧伽，北酒南詩一對髗。酩酊無生如解脱，窮庨苦思黯咨嗟。

霜紅龕集卷十四

陽曲傅山青主

冷雲齋冰燈詩并序❶

《冰燈詩》，吾弟青主詩，紀冰燈也。弟生有寒骨，於世熱鬧事無問。春側側寒，輒立汾河冰上，指揮淩工，鑿千畝瑠璃田，供齋中燈具。即事成詩賦十有五首。詩不皆題「冰燈」，義莫不以冰燈起也。賦，古詩流也。統署曰《冰燈詩》。馮夷程材，鮫人司契，體物寓意，雲起雪飛。熱客有見之，讀不數行，當毛髮鬖髿起也。傅庚題。

初擬打冰作燈冰冰人手苦瘴瘃時勞以酒作打冰曲和冰人打冰

打冰打過旱西橋，斷續冲冲聲在霄。龜手莫愁無妙藥，郊關歷亂酒旗搖。

橋南橋北水精嵌，春色闌干亂入鑑。紺墮山眉螺子影，紅來花勝女郎衫。

---

❶「并」，原無，據張本補。

冰塊皆不假造作頽兀傾欹奇醜任性少可承藉思得古怪樹根鑿爲盆盂措之村中友人言家藏柳根幾塊梲杌無用正欲燒火許牽車取之乃有東友求枯樹根作冰燈座子絶句

枯柳盤根未即然，寒齋燈夜意相牽。冰心不受雕鏤巧，就著輪囷最可憐。

樹根至牙槎結倔蓋人以不材見棄者稍稍依曲就勢爲淺屑注水居吾冰其上枯寒合德真如方外良朋也代冰作詩曰喜木客來

木客來何暮，春明愁易乖。主人惡熱媚，風雪訪吾儕。念我寒於石，駭而醜可柴。炎涼詎同好，莫忘冷雲齋。

復戲爲木客酬

支離匠不顧，斤斧得逃殘。空有作酸性，實無挾炭肝。自吟賈島瘦，偏叶孟郊寒。青眼風塵少，其惟山斗韓。

冰燈成即事成咏四絶句

銀海迷離天水光，廣寒宫殿鬬明妝。玉壺一點琅玕淚，滴斷人間煙火腸。

龜甲玻瓈瑣子琳，玲瓏非鑿錦非紝。山僧上榻觀空眼，廉士投錢飲水心。

馮夷峻骨漾璵璠，雨色雲香鏡裏痕。緑舞紅歌無處著，一樽白墮酹清魂。

鑿得清光照古人，蠹編牀上白璘霦。遺忘對此頻能記，不媿前賢雪月貧。

集客賞之盤饌無羶葷家藏雙舊碗盛素果戎鹽酌以苦酒素性不飲者亦目送寒明屢引不辭矣笑屬客曰吾以藐姑仙子勸酒何似莫愁乎短句紀之

家客莫辭醉，鬚眉凍洛蔘。從教眼盡白，獨許面爲酡。鹽弄水晶影，果回嵰雪甘。蘗禪酒名。❶寒度世，方丈一同參。

北地寒寢所率用煤洞使流煙內入吾與冰氏盟不得少近薰灼木榻布被引氣自温僵卧瞪目猶自盼春寒也口占不寐

四壁寒光三十峰，美人無豔酒無濃。春宵不作桃源夢，到枕一聲霜外鐘。

予既有冰燈詩數首家子繇兄曰未足以盡冰燈之變而有賦才豈遂以寒澁蟄雕龍耶再成小賦復兄命兄曰是足以誂擊徐庾然吾恐六朝子墨怪子筆鋒太寒耳

憐淩精之高潔，學匠石之運斤。鑿欐欐兮積雪，列亭亭之玉人。流熠燿之青焰，澹明滅兮非煙。渺江妃之結佩，坫夜珠於蛟宮。❷若夫劖以俊風，射以素月，瑰文戢舂，璚光翊翊，繚繞淞枝，披紛霜葉。❸既連環而鱗次，乍雲截而練裂。縹緲嶔菡萏之峰兮，三成煌崑崙之邱。

❶「禪」，原作「襌」，據本卷《哭子詩三》「乾坤兩蘗禪」及其小字注改。

❷「坫」，張本、劉本作「拈」。

❸「紛」，張本作「棻」。

璚篠翳以便娟兮，飛蜿蜒之銀虬。宜陳之曲蜺之堂兮，照吸露之仙流。沃以白鳳之膏兮，炷用芳苡之苗。醉帝臺之鴛漿兮，森癯容以夷由。若乃燕姬趙女，黛碧鉛丹，芳醑微醺，踏月來觀。顧清影兮含笑，心欲前而畏寒。惜蘭膏之蕩風兮，奮玉手以遥遮。忽珠慄而釧冷，整衿帶以委蛇。顰青楊兮回睞，羞豔態之窐奈。

最後得冰屏子崇八尺廣厚能稱之承以青石池人十餘許挽索而後立裦兒叫奇曰真玉碑也久之燈影煥霍文理陰陽隱有奇字在焉尋拈玉碑之題

玉碑硉矹白虹低，變幻文章太乙藜。蟠篆龍書人不識，寒林霜夜鬼須啼。嵐波凹凸山河記，日月精魂姓字題。翻憶衡山螭虎跡，苦煩搜索祕昌黎。

水仙功德紀磨崖，天半寒雲一片來。切玉瓏鬆頑屓贔，偃波刻畫巧飴臺。犀然貝闕回科斗，龍捲金泥繡蘚苔。千古消沈鐫不盡，手捫心誦使人哀。

冰共五十許塊冷雲齋物色陳之餘者散集天井深夜白來瑩涵窗紙森森送翠響輕淨疑雪披衣問之正月與吾冰鬬光耳静對霜更贈答萬狀竟不能爲剖勝負也賦得冰燈月下看

石水驕春寒，紫夜玉光發。霜魄黏銀灣，冷映流雲滑。結璘妒光怪，星蹈高搴揭。漉漉五夫人，羽袖争摩扢。瓊林度素魂，相涵晶無樾。長天啟鹽笑，桂煙散寒嵜。

今歲元宵夜，青主柬我曰：「夜有寒冰筵。」余往，琳珉青熒，鸜鵒眼與蜻蜓翅翏泠相射。於時啜酒，但如啜茗，胸膈間有「蕊淵夜曉，火宅晨涼」八字，瑩徹不去。顧謂青主曰：

「『玉樓銀海』句詠此方切，居此者應服玄冰丸久矣。」明日投小詩數章紀盛，覺無煩熱氣也。越數日，青主出冰燈諸體詩示。讀之，寒光聳紫清而上，丹霞絳雪，結緑空青，無不錯落淋漓，視夜倍熠人青睛也。余强付之木，俾清奇之士遥入冷雲齋流睞焉。若曰此縷冰巧，爾斯輩將以詩窮。吾將爲彼賦襏襫行。梁雲輝。

余贈青主詩，有「善題《鸜鵒賦》，能解鷫鸘裘」句，此特其一班耳。昔長吉《貝宫夫人》詩云：「高懸銀榜照青山，清凉堪老鏡中鸞。秋肌稍覺玉衣寒，空光帖妥水如天。」❶似咏《冰燈詩》，亦似咏青主詩，奇，奇，奇！又題。❷

哭子詩

一

父哭子常事，奈兹八十身！吾猶遲浸假，爾遂反其真。患難頻頻共，沈緜暗暗因。顓頊都不訣，俯仰怕爲張刻作「最傷」。神。慧業資糧迮，瑜伽梵行兲。❸若言恩愛末，痛失此詞人。

❶「帖」，原作「阽」，據張本改。

❷「今歲」至「又題」兩段文字，爲梁雲輝跋文。

❸「兲」，張本作「一」。

二

情多不知道，豈有東門吳。覰覰無所怨，怨孫不天呼。轉眼見孫哭，又復憐其孤。胡然多此亭，花草教敷蕍。凡所胼胝者，何不隨之無！視緑如丹語，單單爲老夫。

三

吾詩惟爾解，爾句得吾憐。俯仰雙詞客，乾坤兩蘖禪。因苦酒，吾號「老蘖禪」，眉即自號「小蘖禪」。終年聞法佛，片刻死情緣。慟絶仁哥罷，於今剛十年。

四

元年戊辰降，十七丁甲申。苦楚張刻作「靡它」。四十年，矢死崇禎人。閒關相老夫，書史挾黄塵。侮辱兼恫脇，雜遝無疏親。死忍當排解，寢食安膽薪。患難飽荼蓼，艱貞抱精神。筋力外不惜，冰炭中含嗔。農圃食惟舊，花柳眼不新。冰天漫吟詠，熱淚澆笑嚬。嗚呼尺蠖屈，何處求其信？人閒何容易，培此草莽臣！哭忠。

五

爾能飽煖我，我不饑寒憂。自歎于老母，負米未仲由。亂離動轉徙，虧爾升斗謀。祖母不至餓，我每暗點頭。傷心甲午除，爾始解拘囚。黄昏奔西村，幾死固碾溝。敲門祖母見，不信是爾不。稍焉傾少米，菜向隣家求。❶明日是年下，稀粥寒燈篝。老母舉一匙，如我進庶羞。相守又六年，祖母將彌留。扶抱至揩拭，❷一切代我周。徑以孫爲子，竭力無豫猶。追憶我若死，爾實令伯流。吾行八十矣，❸哭泣早晚休。老骨本恃爾，爾乃不及收。哭孝。

六

異才真蓋代，異熟幾生還。❹底事因緣合，俄乖老我邊。無端雕虎棄，一念業龍堅。想到矜奇句，虯髯在目前。哭才。

七

爾志即我志，爾志唯吾知。知之無奈何，奈何以度之？爾賫我志去，爾志我何爲？本擬新小房，支羸聊一炷。風雨老父子，滋味相渴饑。典竈炒芍藥，一箸新鮮鼓。唐林曰：鼓，箸取物也，與鼓、欹別。小酒按糟醢，蜜果點茶匙。恬淡道書理，日暮言且巵。大志不必言，小志數亦奇。願力再來身，于何能相遲？亭子不敢過，過即頭爲低。哭志。

❶ 「向」，張本、劉本作「問」。
❷ 「至揩拭」，張本作「揩拭事」。
❸ 「吾行八十矣」，張本作「吾今行八十」。
❹ 「還」，張本作「遷」。

八

落雀翁票姚，從好翁堅重。瘦肩每自仔，扼腕期一中。不謂如此畢，黯慘巖築痛。去日如始至，僅于易簀用。所括凶危言，不得一以衆。表裏山河閒，倮蟲蠕蠕動。❶幾個好脊梁，不肯骫骳㑌。小試于場圃，陶甓礪甍䞭。造適似游戲，誰知非玩弄？餘情寄花藥，本爲老人供。花藥又春風，老人付一夢。歸鴻過花東，飲淚而目送。哭幹力。

九

法本法無法，吾家文所來。法家謂之野，不野胡爲哉！相襌不同形，惟其情與才。爾每論天機，❷不知所自偕。《平準》、《貨殖傳》，舉筆即縈迴。不韓亦不柳，連抃而安排。沈著武侯書，質實《大誥》該。明白《中原檄》，瑣屑《金華》咍。一掃書袋陋，大刀闊斧裁。號令自我發，文章自我開。豈有王霸業，潤色於輿臺。珥筆多長離，能當此氣摧？此氣頓已矣，❸奴撰仍塵埃。中原卷天風，一爐祖龍灰。哭文章。

❶「蠕蠕」，張本作「空自」。

❷「論」，張本作「云」。

❸「已」，張本作「焉」。

十

八歲賦《棗糜》，崛雪紅林思。十二虹巢中，《蓮葉兜鍪》奇。十八當乙酉，一年四賦爲。奇字落紙筆，❶匠心經緯之。宮商即不偕，傺侘臣子詞。每云我昔作，❷《蟣蠓》伯仲兼。❸嫌其太堆纍，❹捨去不再思。從張本。歸田登樓閒，一筆書不覊。豪悍擺藿蕊，風霜争淒其。疏略不彌縫，起止唯意隨。當其痛快時，傲然無成虧。常笑禰正平，未老氣早衰。蕭瑟賦《鸚鶗》，❺非復《摻撾》搥。樸拙嬾抽對，金碧謝馬鷄。寸鐵恣揮霍，光燄紛陸離。不欲眦高典，❻游戲擬飛馳。雕蟲夫亦壯，布濩竟無施。哭賦。

十一

十歲讀《左傳》，兼鈔十五《風》。❼詠史日一題，小紙雅雛叢。庶其得五字，無乃愧父功。

❶「落」，張本作「可」。
❷「昔作」，張本作「此技」。
❸「兼」，張本作「差」。
❹「嫌其」，張本作「既嫌」。
❺「賦鸚鶗」，張本作「鸚鶗賦」。
❻「欲」，張本作「假」。
❼「鈔」，張本作「誦」。

世父摩頂㗊，驚人哉此童！戲命爲《采蓮》，麗如《子夜》儂。「紅裾愛顔色」，❶笑倒曠林翁。郭九子見笑曰：「何徑似《采蓮》、《子夜》曲也！」不圖遭國變，挾筴竭轉蓬。頓失韶秀色，膈臆蒼莽洶。江山略奇氣，疏爽不事工。賊多身始輕，自擬周盤龍。中年漸冷淡，餘波綺麗從。筆性不枯槁，花月捎其穠。竹木一榜間，忽見紅芙蓉。高情隨所寄，道心多在中。本不用小技，與人爭長雄。渠伊有好勝，屑屑聲名封。或于《柴棘》篇，譏罵快臨衝。見之但大笑，彼其買賣傭。曾見出納時，❷十指顫如瘋。疼殺一蠅血，不值四字銅。吾詩如吾財，信手隨西東。興盡甑之墮，流水拳之空。❸今日一篇雨，明日一篇風。撥置不復理，緘縢不濟窮。刺譏徒勞心，何有于之蟲？老子味此言，信爾好心胸。偶得一半句，爾耳獨圓通。爾爲吾惠施，吾以爲莊蒙。一朝失所質，邱蓋歸深松。絶命《飲乳》篇，讀之不能終。老淚落篇上，非血而焦紅。哭詩。

十二

架上之載籍，多爾細批點。取舍不隨波，各各具手眼。逴逴破儒障，深處獨能淺。所謂不

❶「裾」，張本作「裙」。
❷「曾見出納時」，張本作「一再見出納」。
❸「興盡甑之墮，流水拳之空」句，張本在「明日一篇風」句下。

傳秘，觸磕總不遠。闊略省蘿莎，辨才捨不辨。人難爾乃易，人煩爾乃簡。豪傑于故紙，概不轂流覽。喃喃居博綜，都作運糞遣。及至隸事時，却又非寒儉。刻燭誹諧詩，稗官足遊衍。嗚呼大鹵人，皆居蒼頡先。痛爾非一家，❶山川氣色減。曬書見詮評，倉皇掩其卷。含淚語孫兒，手澤優然展。哭書。

十三

似與不似閒，即離三十年。青天萬里鵠，獨爾心手傳。章草自隸化，亦得張索源。璽法寄八分，漢碑斥戲研。小篆初茂美，嫌其太熟圓。《石鼓》及《嶧山》，領略醜中妍。❷追憶童穉時，即縮岣嶁鐫。黝黚日會通，卒成此技焉。傷哉疇昔勞，聊代老夫權。云不能執筆，疾革一日前。此筆真絶矣，硯池墨淚漣。❸哭字。

十四

磊砢不勝描，花鳥時一旦。老胸之邱壑，偏得爾筆寫。危峰閃濃雲，風濤半天灑。土塔牆上松，艾納榼檑搘。氣勢不可當，直欲透梁瓦。獅子一丈大，哮擥飛筆下。雄風震佛座，不

❶「痛」，張本作「悼」。

❷「妍」，原作「研」，據張本、劉本改。

❸「硯池墨淚漣」，張本作「墨淚硯池漣」。

吼百獸啞。總肖爾之詩，不顧人駭傻。揮霍所未快，❶丰稜所未瀉。精神抱丹青，寥天乘尻馬。經營幾大畫，慘淡還大冶。粉本應真圖，寂寞神州也。哭畫。

傅眉者，傅山之子也。五歲失母，張祖母貞髦君撫養之。七歲能小詩、小賦，讀《左氏傳》，日試一題，爲《詠史》五言一首。至十一二歲詩賦日麗，十七八則爲大賦。十七歲遭亂，東西馳逐，十年無家。甲午，山以飛語縲太原府獄，❷眉羈陽曲倉。倉中修定業。聞祖母病，飛神自倉門上檽中倒下，至西村看祖母畢，仍飛還附形。遂夢鐵藕開蓮華一枝，行事解。眉生平多異夢，辛卯僑西河，夢上帝召，造訓狐之謠。謠曰：「訓狐訓狐，滅汝有吾。鷄兔踏彈，笑殺母猪。是誰告汝？熒惑小姑。」又夢小紅天者，從太后行，在晉府前導二幡，幡一聯不全記，見下半有金字，云「太后之簪珥不留，有功者賞；上帝之衣冠是復，逆天者誅」，自負益大。廿四五至三十，學縱横，既而曰：「縱横不可常，權不自我。」❸遂講富强。終日讀《管子》、《商子》，每以古今成敗、倚伏要害、一日之微長自喻。取孫吴、穰苴、尉繚，檃括不過五六百言，曰《不多篇》。又復置之。讀《金剛經》，迴復亦撮義，純用本文二百餘

❶「揮霍」，張本作「指揮」。
❷「獄」，張本作「獄中」。
❸「學縱横」至「自我」十五字，張本作「講縱横富强之學」。

言，以自義申門法，曰依經即依之，曰離經即離之，曰不依不離，曰亦依亦離，唯所命之。凡所爲詩，古近體數十百首，皆不事吟風弄月之致，流漾篇中，如道、如禪、如逸人，即事拈出，有令人絶不可方物爲何等語者。或謂之野狐禪，眉亦自信其野狐也。凡詩文皆標一「我」字于上，不白其非野狐也。賦曰「我賦」，❶才似在盧次梗之上。嫌禰正平《鸚鵡賦》消索近氣餒，雲中王塤知其才，試令口占之，作《後鸚鵡》，❷即振筆一書，數十句文不加點，奇氣横溢，而無乞憐之辭。塤曰「止，止」，遂擲筆。亦不事輒收拾終篇也。

五十外，❸一切詩文皆置去不復理論，唯讀釋典。見「沙彌以供養不平等，故嗔心入龍宫，滅其龍而據其宫」事，曰「願力之可以一快如此哉」，遂發願力，累刼修行。先爲王霸，然後爲佛。卜之佛，佛許之，自此遂以生死爲一體。每見文士談文，暨争朱、陸之學者曰何如何如，即大笑之曰：「我若爲學憲時，當定此等文士同異。」見道學亂言經濟者，曰：「使我作宰相時，當以經濟試此輩。」以至于醫學者，亦曰：「使我得志，當考此等醫士。」書法，篆則李斯玉著，隸則《孔宙》、《宗聖侯》、梁鵠、鍾繇；楷、草、《急就》，則張芝、索靖、二王、歐、褚、

❶「賦曰」，張本作「三十以後作賦每曰」。
❷「後鸚鵡」，張本作「後鸚鵡賦」。
❸「五十」，張本作「至五十」。

李北海、魯公，皆無所不臨。畫則北宋，時放筆顛險，層巒瀑布，可驚可喜。圖印不大爲朱文，專爲白文。漢章甚精，尤妙于銅者，大得八分璽法之意。棊不專精，亦在第三品。天性近于禪，讀釋典輒如舊熟，每以《老》、《莊》與佛書參同。讀《左氏春秋》後，稍稍讀《公》、《穀》，爲時文用。史自司馬以下，皆細細評之，宋以下不好看也。山既集《傳史》，而即效班氏爲《傳氏九等表》附之。好議論，與人辨駁，如無强敵。稠人廣衆中執筆，横肆數百言，其長也。讀《莊子》有別解，亦自命曰「我莊子」。六書會通有妙理。五十六歲鬱鬱不得志，以積勞、憂恨成病。❶病卧牀且革，尚有詩數十首，❷代山題册子詩十餘首。裴松之稱張子房「青雲之士」，吾於糜道人亦然。古娱曰：「飛神」即醫經離魂之説。古人精誠所通，往往如是。余與先生七世孫龍鱗契，撿其遺書手蹟，猶存前書。此記次哭子諸詩，又有《哭膽識》、《哭經濟》二詩，缺《膽識》詩，僅存「謀猶過賈誼，膽識似荀攸」句。末書「題於糜道人之蜕館」，墨痕暗淡糊塗，蓋痛極語少倫次也。鼐記。

上谷詩册 振玉案：此册乃贋作，説詳《年譜》中。姑仍劉本坿此。

十九夜，夢觀王文成公、羅念菴先生修學文。王文通不記憶，羅文起句云：「君子之

❶「成病」下，張本有「病一歲而卒」句。

❷此句，張本作「尚有二十韻五言排律三首，雜體絶句數十首」。

學，忠信、廣順。忠信固成以自治，❶廣順亦所以自言。」「言」字模糊難辨，下二語又作「焉」字。此時竊恐「言」「嚴」字之誤，夢寐之間，固當如是哉！又三燕子墮落堂中西南隅，東西各一，目猶瞬然，身何直立；其北一，則目閉腹反矣，余視之惻然。少時，身轉目瞬，亦同二子。余私慶之，爲尚可救也，遂覺霜清月冷，露疑作「漏」。下四鼓矣。醒後念之不置，恐事關家庭，非幻境也。朱君之數，得無驗乎？因静觀入燕，遠至數年，語默妍媸，宛其在目，莫不各有自然天則。二君子殆將以良知甦我乎？抑思「忠信」兩字，結髮來不敢忽，至於「廣順」，未之能也。真切余病哉！近一僕忽恣肆，余惡其無禮，遂欲去之。口雖不言，而心實介蔕。因自誦曰：「小人哉！主翁之謂何？」故並及，以志余過，且可觸目驚心，黽勉「廣順」二字，庶幾文成之文不至遺忘，而三燕子亦瘳乎？❷上元甲子十二月二十日，記於保定撫署。

失　題

窮冬無所事，獨坐向圍爐。瞬目觀千古，離思翻百憂。堯舜闢草萊，三代繼前疇。暴秦一海宇，長城界北陬。漢高稱神武，白登遺厥羞。

---

❶「成」，劉本作「所」。

❷「瘳」，劉本作「少瘳」。

白日起長歎，中心有所思。彼美在西方，椒蘭雜蕙茝。亭亭翠羽蓋，皎皎赤虬符。青鸞白仙鶴，乳髓紫靈芝。我欲問遺之，道路修且阻。稽顙復再拜，日暮而踟躕。

上谷元旦

秉燭起長歎，吁嗟行路難。資糧惟麴蘖，禮樂看蹣跚。景物家家别，風光歲歲闌。此生須荷鍤，倒地即爲棺。

失題

垂髫聆教誨，末路隔遥岑。久矣悲南北，那堪復古今。百年幾聚首，四海一傷心。永齒隨鸞馭，茫茫何處尋？

俚言似天翁先生

朱君江右士，挾筴向幽燕。算術神應哭，祈禳病可痊。謙謙遵視履，□□道先賢。若寓成都市，誰云不是平。

自顧

自顧生何拙，螳螂致此身。孩提知動忍，白首尚浮沈。萬里河山眼，三元甲子心。看看春又至，寂寞遠山岑。

失題

仲冬寒氣至，草木何蕭索。游子悲故鄉，遠看衆山列。山色賁天文，山形威劍戟。天文洵可觀，劍戟亦可懔。故國有邱園，三徑饒松菊。二三田舍老，茅柴對突兀。誰能坐窮山，中心常鬱鬱。

燈下劇談和沈翁韻

簾外風聲柝，輕寒透短衣。新詩忺俊逸，故態歎癡肥。談劇杯多傾，燈殘意嬾歸。感君霎尺鯉，送我向南飛。「傾」字無仄聲，讀是集多讀仄聲，必有所本。觀此爲先生作無疑。霈記。

詞

世界恁無常，向長安賣藥方。鮮衣怒馬綠街帨，❶東家酒漿，西家米糧，風吹雨打何曾放？細推詳，銅錢總有，到底也狼當。

旅夢初回，寒聲競度，倈有虛簷明月。看看流光空過也，又是新春時節。白髮飄零，梅花影裏，關山愁絕。竄君此日朝金闕，土軺肥駬連卷碧，❷彤庭玉砌。須說下土凡臣，草茅賤士，一腔熱血。

燭影搖紅，連珠炮響，又是上元佳節。女女男男都到了天街上，挨挨簇簇，綠綠紅紅，踏

❶「綠」，劉本作「緣」。

❷「土」，劉本作「風」。

破一天明月。遥憶昔日繁華，幾年兵火，就裏怎生消息。玉宇瓊樓今夜望，敢也是人間鬧熱。❶試問著風風雨雨，幾時休歇？

失　題

冷署清霜旅夢涼，冰心殊覺愧秋陽。年垂耳順還聞過，學未知天豈自强？歲月已同籬菊老，精魂怕逐野蓬狂。可缺。

明道先生曰：堯夫解「他山之石，可以攻玉」，玉者，温潤之物，若兩玉相磨，必難成器。須是他山精厲，方可磨得出。譬如君子與小人處，則修省畏避，動心忍性，增益豫防，如此便道理出來。誠然，誠然，誠然！當置之坐右，時誦一過，則庶乎可拜二公下風哉！乙丑新正十一日識。

劉紹邠《傳》，先生享年八十餘歲。郭鉉《傳》、嵇曾筠《傳》，原本俱八十歲。李又絳《傳》、蔡璜《傳》，俱七十九歲。《傅氏宗圖》「落雀翁」下皆紀生辰、忌辰，先生生辰六月十二日，卒年未載。壽毛甲子二月初九日終，《陽曲志》言：「不久青主亦卒。」《甲子夏書示蓮書》有「自此絶筆」語，疑七十九歲爲近。《拾遺》收《上谷詩册》，遂成疑案。先生與魏環溪諸公書，惓惓以二孫失依爲慮，歲除何故遠遊，正月間寓保定？然京師三月不應即有弔文。此必後人臨摹，泥三元句而妄添年月者。先生七十九歲壽毛卒，張刻《與孫長公書》，署七十八，

❶「是」，劉本作「似」。

即此類也。觀「事關家庭」語，或甲寅歲作，亦未可知。且詩詞清新，無復聱牙詰屈，詢諸古娱，亦未詳静生所得之爲手蹟與鈔本也。附録《詩册》，以備再考。霈記。

霜紅龕集卷十五

陽曲傅山青主

傳

明户部主事汾陽胡公傳

傅山曰：余自甲申後寓西河，始因薛生宗周而友胡生款兄弟三人。當亂世，以少年布衣砥行立名閭巷間。每聞其論鄉國人士，輒歎息有明幾三百年，汾陽曾不出一名臣。余未嘗不矜奇其言之不疑疑也。及見翁《聊城行實》，乃知公以身教，故子弟之言行不苟同流俗如此。身修者，官未曾亂，然乎哉！後余過東昌，見耿道子論官於其鄉之賢者，亦最西河胡公云。

公諱遇春，字統三，又號冬生。汾州之汾陽人。少孤，以治舉子業，無他營，故獨貧。大母茹苦供筆研，爲諸生。天啟辛酉舉於鄉，崇禎戊辰成進士，選知聊城。聊之役最苦者，歲報大户充徵解，且水陸孔道，輶軒、舳艫絡繹，坐是破編民産十八九。公始建議設吏，代以贖鍰，侍器用。諸有賠累，則出於官，而供張亦咸辦。壬申，河大浸。公曰：「民之命也，官之事也。」不敢曰水之殉也。法之，身之，必退而後已。水既退，輟播琴，公曰：「民之命也，官之事也。」不敢曰賦之知也。身之，籲之，申之，三之必獲請而後已。於是乎，聊之民不死於沈畄，復不竄於荒歛。公親民之仁，隱諸職分，而不可博赫赫名者也。

既以才攝臨清州，孔有德叛兵屯州境。公既嚴固圉，賊無所得瑕。公不敢曰庖之代也，幸其去也，櫜之計也。顧州有兵，公以儒生鼓勇，請先導之，擊不備。賊逸去，選儒者或疑公用壯也。而聊相國朱延禧傑奴犯陰罪，匿相家，公不敢曰奴奥諸相也，遂與撓之，以捕得之，❶抵律。相國頷之，不能銜也。指揮德州滿某，狎一倡婦。❷倡多金，滿窺得，盜攫去。倡恚恚死，倡弟訟之。滿以賂賂當道，屬誣倡弟坐死。公不敢，曰：「倡，賤人也，必爲之直之。」凡此皆矢志爲名臣，行事略見諸爲知縣官如此。至於戒子，有書曰：「汝父半生半死人，斷不爲貪墨吏，與若輩馬牛，切勿學豪華兒嫪鄉間，敗吾志。」益知款兄弟言行，習公身教素也。

癸酉，以進士賢能吏與分校東省闈。時孔棘，凡進士官知縣者，即旦暮行取，類以知縣爲過客，遊戲縱恣怠謾，草菅民命，苟圖速化，公皆不忍爲。莅政凡六年，積勞憂瘁，遂慺慺善病。及考績報最，方擢一户部主事，即移病歸。既家居抱病，稍稍與搢紳姻親相往來，其間華

❶「以」，張本、劉本作「必」。

❷「一」，原作「以」，據張本改。

靡淡泊，機變蹇拙，衆寡强弱，施受之際亦多所不合。鬱鬱五六年，竟卒。後公成進士十年，而乃有曹給諫良直，亦奉君子教，矢爲名臣，亦不永早卒，何哉？豈汾陽真不利於欲爲名臣者哉！曹即公子款所樂與爲婚媾者，以其女妻其子。❶

公三子皆守公家法，不妄交游。❷長款，畏友薛生宗周，兄事薛。甲申以後，同棄諸生業，謀邁維棘，如身不即列於古之狷介賢人則病者。次庭，富才藻，詩凡百千首，當得意則盛唐大家，今人無其匹也。鄉之前輩，初以後生，頗輕抑之。余驚之，忘年。次同，研經窮理，隱於醫。余老病，時時從問方藥。皆汾陽異人，後必傳，余皆能知之，相與善。及余未死，先附公傳末，而稍稍論次之，非私也。

余寓汾時，見公所與同筆硯老諸生云：公嗜啖雞子。諸生時，每與同學生言：「吾得志後，當飽噉此，酬夙願。」既歸，閒過同學生，輒爲之下雞子佐酒，公欣然噉之。不聞因官後別有所嗜，飲食，細故也，久要不忘，其於貧賤交可知也。

---

❶「女妻」，原倒，據劉本乙正。

❷「妄」，原作「忘」，據劉本改。

明觀察楊公藚田先生傳

觀察楊公于國者，字元達，别號藚田。其先燕人，始祖澄，勇於公戰，國初因岐陽王文忠内附，授龍驤上騎都尉。靖難兵起，澄力拒之，謫戍晋之太原。其後遂爲太原人。數傳至濟，尚甯河康僖王孫，拜儀賓。濟生德，德生時顯，顯生公。幼穎拔，噪聲里閈。早孤，以萬曆丙午薦於鄉。而楊氏自德茂才以來，好清白，居徒四壁立，至不能舉饘粥。當是時，海内方重科目，他孝廉矜貴用事，奔交有司，公獨謐然，益自斂約。有干者，必謝卻之，故家日益貧。又屢躓公車，數遭内外喪，私念母夫人老，遂決謁選。戊午，授之東昌館陶令，迎母於官。

館陶舊稱沃壤，商旅所經，有户曹榷其地。既而，户曹逐天雄，而館陶之廛税如故，卒爲瘠邑。公至，力請報罷，館人頌之。三年，攝臨清州。適有議復漕河之道者，委公達觀。而故道半爲郡民築室其間，❶蕩析離居，必至震動。公力争其不可，遂寢。清人又頌之。五年，調金鄉。時妖民徐鴻儒亂魯，陷鄆，攻鉅野，烽火夜連金鄉。公至甫三日，又魯方承平久，人不知有兵，相率以絃誦爲樂。而金鄉又僻處西陲，凡關遼士馬、楨幹、芻茭之役，皆不及。聞作亂，皆駭伏潰竄，人人不自保。公力疾任事，完雉堞，設守望，謹牧圉，具糗糒，增器械，悤悤艸

❶「間」，原作「問」，據劉本改。

創，而皆力辦，揮涕登陴，誓與危城俱存亡。賊迄不敢窺金鄉，越竟而去。公且時遣健兒潛軍軍其後，攻其不意。賊繇是不得逞，以次平。金鄉又大頌之，語載周中丞永春《壬戌記事》中。既而估妖産八百餘金，可令有也，公卒請屬建垣，金鄉自是始有重墉。敘平妖功，公第一，然僅得轉東郡丞。

公在東二年，凡三視高唐、聊城、棠邑篆。最後鴻儒餘孽寇汶上，僉推公往，俘其渠魁，脅從罔治，而汶因安堵如無恙。❶汶之士民又大頌公國中，乞即真。卒請於朝，得以郡丞視汶事，蓋異數云。時神宗子瑞、惠、貴三王將之國，皆道汶，供張極繁。公率臨期取辦，端簡腰章，逆王境上，上有以結藩室之歡，而下不致有聲色之擾，汶人便之。

先皇帝戊辰改元，遷順天治中，❷攝行尹事。逢特恩，得爵其父母。明年，罹母朱太宜人之憂，徒跣奔歸。自居廬至免喪，躃踊畢至，鄉里推孝焉。起原官，轉刑部員外，遷正郎。是時，上方鋭意圖治，綜核名實。公數持大獄，多平反，上雖切責之，迄不易。出爲山左按察僉事，兵備山海關。關爲京師東户，所部三十有六，凡戰守、餽輓、簿書、期會之事，皆仰給公，自朝至於日暮，不遑暇食。

❶「因」，劉本作「固」。

❷「遷」，劉本無此字。

甲戌，宣雲警，關兵往援。公親起厲事，鼓行而西，士氣爲倍。丙子，漁陽又警，邏騎逼出關門，節鎮皆入衛。公以孤軍居守，一如在金鄉時，而辛苦過之，關賴以全。凡三年，遠人畏其威，關人懷其德，咸目公爲長城矣。廷議將俾公遂建牙於此，卒捍東土。會内員高起潛來視師，加總監，臨所屬以制師禮。公弗能下，引年，乞以疾去。高恚甚，抗疏上聞，欲中傷公。是時，遼右諸大臣方相率慰留，而高怒轉劇。直指楊知事已去，恐禍且不測。迻書鹾使者，以老疾入告。鹾疏有「勞深禦侮，例得投閒」之語，奪級待調。高猶憤然，再疏勒令公起。然上固悉遼事，知公賢無罪，而時方委心監帥，督責甚急，又重違其意，於是釋公不問，俾謝任以歸。

未幾，敘雲中、漁陽事，公與有勞，仍以原級詔用。而公竟堅卧不起，飲酒賦詩，落落自得，不干公府，猶其爲孝廉時也。辛巳，卒於家，貧不時葬。有詩若干卷，藏於家。六子皆安素業，能稱其清白吏家兒。長方生，讀書能文，有父風。

僑黄山曰：萬曆丙午，太原鄉舉凡十一人，惟兩人成進士，而並無赫赫聞，餘皆因資格頗爲州縣官，皆不甚顯。永平知府張公鳳奇死己巳難，恤身後。而公則敭歷縣府，以至於監司，有節鉞望，最知名。大約清苦强幹人也。彼屠士世甯者，從公齊魯間，見公一介不苟，稍以子孫計諭公，公笑謝之而已。官館陶時，陳宜人卒，終身不再室。公立身大概如此。古人所謂鄉先生者，非耶？可以風矣。

余未登先生之堂，長君方生爾楨與余游，屬傳先生。以太原一時文獻缺然，遂僭操觚，聊存大概，俾後之鉅公薄有采焉耳。憶三十年前，或有以畫册屬余題者，余頗爲離合體讖之。中有「魯國男子」一句，陳十又玄不測其爲孔北海語，而謂「魯國男子」是顔淵。大笑曰：「是謂回子耶？」蓋屬題者文生爲回回人也。而喜位置，右玄遂不爲隱。告之，其實於離合體未解也。因轉相告語，而先生頗聞之。爾楨與余言：「先生云，人以文事相屬，是雅相重，何輕薄爾爲！」余聞之，猛省謝過。自是，凡筆墨嘲誚之習，頓除於中。是余受先生藥石之益，實際有獲，然而未嘗與人言，藏之心者三十餘年矣。緣爾楨以此見屬，遂舉以告。即回回文生者，甲申以後，忽折節守道，知是非大義，廉隅退遜，老而彌勵。余每見之，敬之，未嘗不念其不念舊惡也。余自惟既能受先生不曾面命之教，而又能幡然改昔日所易之回，因謂嘉言善行，安所非吾輩之師友者哉！但粗心浮氣之人，無耳無肥，錮蔽其良，即使之從至聖先師游處，無奈伊何也！山老矣，竊自幸此中不至冥頑不靈，真有可以受鞭策地。奄其老矣，負笈擔簦之事，撫心自悼而已。

明李御史傳

戊子，石道人寓西河，有李御史之子隆勤懇見。問其籍，則原延之米脂人。道人爲之咋舌曰：「米脂而姓李，其亦何以解免於今之天下哉？」隆故吃，益跼蹐，曰：「隆，隆是其所以迺求先生之言，爲先御史以洒之。」

御史蓋名振聲，壬午添差巡湖北者。甲申，闖入晋時，實僞榜揭御史名，同江夏相賀逢聖受僞官。時賀已死，故爲此以動人。既一再聞清澗惠世揚、汾陽劉昇祚之言，迺知御史實死，未嘗受僞官也。惠，僞相，歸而語鄉人曰：「闖數謂賊黨，李御史之死值萬金。」劉，僞兵政府，歸，傳其言曰：「御史既被執，有僞官劉蘇者，説御史降，御史不屈。闖親御史爲同宗，御史辨其族里，揞御史入南陽，又且入關。御史有手筆詒逃營某，約以賊營情形聞。賊微得，遂令賊將谷永者手刃御史。」且曰：「是蓋劉蘇者之言也。」又三年，而商邱陳生明盛之言來，而御史之死大著。其言頗與劉異同，然御史確死。陳生以諸生陷賊營，以醫狎賊，是知御史死之日、之地。其言曰：「癸未正月，承天陷，闖得御史，即大兄御史。御史不應。闖書貽御史伺役、錦繡、金銀、服器，御史置不報。已復數會御史譏，御史亦爲醉，醉輒厲詞及賊。賊未及殺，移舟送御史襄陽，令右營劉體純者謹伺之。賊亦頗知不可奪。是後不復見御史。七月，會孫督師出關東討賊，賊甚憚督師。師傳御史有書通督師，賊且殺御史，移御史裕州臺署。一日，賊要御史出城，御史即上馬。出城南門，賊曰：『請下馬。』御史曰：『我顧知之。』下馬，東北西北向各九拜，謝天子及其祖宗，遂遇害。是在裕南門之西。數武間，有義者排馬牆掩之。是爲癸未九月廿八日未之時也。」隆聞之，間關迣叩陳，陳慨引隆至其所，果得御史骨歸。隆迣時，上郡李生成德實與偕，親見之。李介而能文，不妄語者。

御史先知郾城縣，云政亦有聲，後行取，特授湖北差。侃侃言，如欲有爲。夫人臣之事君，莫大于死。死矣，餘事不著，著其死事。

石道人曰：先是，聞五省督臣楊公維岳被賊執，求殺。賊亦知重之，不即殺，嘗羈縻之，卒不食死。迺又得一李御史死，誠亦難矣哉！使陳生死賊中，而其言不傳，則亦取諸其惠、劉之言，即不確始末，要非飾不死爲死。當惠、劉受僞官時，其心其口，當不欲天下復有一不賊之人也矣。而卒不能誣不賊者而賊之，天也。「莫見乎隱，莫顯乎微。」君子苟自盡焉，小人亦安所施厥污衊者邪！於劉、惠之傳御史之死，益信天地鬼神終不容小人之得志誣君子也。

嗚呼！劉無足論，惠重有難明。惠顧當世小人所指爲講學門户人也，蓋黨人自居賢者之流。夫羣小之於道學，實無時無事不欲媒孽其短，幸而有隙焉，乘而攻之以快。崔、魏時，道學門户之徒受慘毒死者殆盡。因受慘毒多死者，而門户之望益峻，小人欲一厠足焉不能。惠亦備受慘毒，獨不死。悠忽至甲申，失身爲闖僞相，何其能忍於彼而不能忍諸此！迺又知道李御史之死，亦何無恥甚哉！夫固使小人好媒孽之得而謫之曰：「彼門户顧如是。」是且以一世揚概之諸道學矣。肰惠辱道學，非道學皆惠。以予所聞，甲申之變，李公邦華死，倪公元璐死，馬公世奇死，孟公兆祥父子死，金公鉉死。晋自曹公于汴云亡，無真講學者矣！間有焉，或世揚者流耶？故無死者，獨有登其堂者一人，爲舉人桑拱陽。拱陽逃之山，病餓死。甲申以後，劉公宗周死，黄公道周死，左公懋第烈烈死，袁公繼咸縲不官死，金公聲死，艾舉人南英倡義勞瘁死。諸生則吳應箕死，劉城死，又陳公子龍死，楊舉人廷樞死，皆世所稱爲門户者，亦何死者衆也！不死而仕賊卒枉者，又獨無聞焉，何也？獨一世揚焉。如此，則道學果不足信哉？

吾亦嘗考諸門户學士大夫，行事率多執拗，無長才，不皆厭吾意。要之門户人未必皆賢，然賢者衆；非門户者未必皆不賢，而顧名思義者或寡焉。嗚呼，難言之！蓋棺而後論定，一華歆不足浼邴原、管甯，一世揚果足以浼諸道學先生者哉！學果可以不講者哉！道人既游方之外者，乃因御史之死多言哉！

都公傳略

未申冬春間，秦晉先後亂，河東西問絶，一時守禦死事臣事蹟皆無所聞。而開封都公實以才略官兵備榆林。太原門下士陳謐，皇皇詢訪公存亡，憂形於色，蓋知遇之義也。訪之於山曰：「子亦聞吾都先生存亡何如者耶？」山初無聞也，曰：「試言子之所見知都先生者，而爲子決之。」謐曰：「謐知先生居鄉有懿名。」山曰：「何以言之？」謐曰：「諸鄉大夫之所習爲者，先生有所不爲。人或以爲拗，故汲長孺之名歸焉。」山曰：「死矣。」謐又曰：「謐知先生之服官惟知有朝廷。」山曰：「何以言之？」謐曰：「先生居晉時，有某生者貧，爲先生舊人，先生愛之，嘗許作養之。生一事愬先生，先生正色曰：『諸生何得遽與此！』生曰：『小事。』先生曰：

『事無小，朝廷之法在焉，吾安敢以朝廷之法私吾舊士焉。』某生逡巡復進曰：『事惟小，故敢白。以其罪之誣，即微某言亦出如此，則罪當入耶？』先生曰：『事無小，即罪亦誠誣，即入非朝廷之法，出亦有朝廷之法，諸生何得輕與此！吾安得以朝廷之出入者而爲故舊士出之？其勿再言。』❶謐是以知先生服官知有朝廷也。」山曰：「死矣。」謐曰：「何以言之？」山曰：「戇，死；知有朝廷，死。」謐曰：「何以言之？」山曰：「一切全身保妻子之臣，直不知有朝廷，故無事饕富貴，有事却肩縮頭以逃。先生惟知有朝廷，故人之所爲，先生不爲；人所不爲，先生決爲之，則戇之名之所由歸乎！獨不聞先生之官，既轄矣，而廉平，而參政，而憲副，而參議乎？莫非以知有朝廷而戇也。戇斯忠，忠遇難斯死矣。其死也，何疑？」謐愕然曰：「然乎哉？然乎哉？」既而謐聞諸秦人曰：「賊之陷西安也，全秦郡衛皆風靡，獨榆林不下。榆林固多世將家，將家類多養敢戰士。先生倡議慫慂之，共與厲器械，嚴飭捍禦，登陴誓死，士卒莫不鼓氣向義，奉先生約束，憑城殺賊幾萬級。賊益憤，急攻戰，❷城破，士卒不降亦不逃，血戰三日夜，殺尸充逵巷，血爲渠，先生死之。」

先生名任，字弘若，癸丑進士。

---

❶「勿再」，張本倒乙。

❷「戰」，張本作「城」。

石道人曰：都公守戰以死，其詳秦人士當能道之，異日有良史，必能采而傳之。道人何足以贊公？陳生謚受公知，以公官晋久，欲晋人知公之不泯泯焉死，屬記之，存野乘，故略爲序述如此。然猶及聞先生官晋臬時，有兩偉事云。丙子歲，申頒藩國規儀。先是，晋藩權閹某煽横，輒假名目，欲箝制監司、郡縣官。時監司官多屈意與往來，公獨否。閹方恚之，會規儀：朔望，監司官當入朝王。藩閹約公往朝，公不往，藩閹皆難之。公據《會典》「朔望朝王惟都、布二司」，「祖宗之制，所以不及按察司者，正以其明刑肅紀。府有諸不法事，司具得而糾察之，故不令與二司同朝，防微杜漸之義也。何朝爲？」或云閹且以違朝廷制搆公，勸公朝。公曰：「朝廷之所有，我不敢無；朝廷之所無，我不敢有。」揭《會典》示之，卒不朝。閹亦憚公，無所搆。未幾，巡按御史某搆學使袁公，監司官不敢一顧袁公，公獨時過袁公館，與周旋之，卒以斯怒御史，坐計典鐫公職云。嗚呼，戇哉！又袁公赴部鞫，貧無贏資，公發槖裝三百金遺之，未嘗告人也。

巡撫蔡公傳

公名懋德，字維正，崑山人，即萬曆己未榜陳德也。既復姓蔡，以壬午某月巡撫山西。方先帝憂勞天下，凡撫臣陛辭，皆召對，問方略。召公，對曰：「臣至晋，當先令晋百姓有飯吃。」先帝頷之。至晋，不貪不擾，虚心好士，士沾沾負功名者亦歸之。署「求通民情，願聞己過」八字於牌，出則揭之以行，蓋新建自期也。

公名道學先生。先是官浙推官，以至歷多省監司，莫不講經濟學，庶幾一用之，有建樹。晋三立書院，祀晋先賢，實爲舊講堂，江陵時廢。南樂魏公允貞撫晋，表章修葺之，造士，士多得第。尋習爲故事，曰書院，提學官校士其中，於所謂「三立」者，不知其何如也。後幾四十年，而興化吴公甡撫晋，適宜春袁先生繼咸提晋學，復共大表章之，造士，士亦以帖括向往袁先生，多得第，於所謂「三立」者，不知其何如也。公至晋，即擬集晋士講學。會秋，隣兵入東郡，公奉旨移鎮固關一帶，防西踰。癸未四月，兵退，始還太原。飭集晋士講堂，館餼如袁山先生法。聘魏知州權中、韓舉人霖、桑舉人拱陽、申貢士某、賈生某、陳生某等講戰，講守，講火攻，講誠明道統，講財用，講防河，各有其説，而山東人李木虎講木虎。李木虎者，云公舊從游，老矣，喜談兵。大略云：以木版爲虎城，凡若干節，合之如衝車，中容百許人，機行之，可以攻城陷陣，而人不能攻之陷之。有司聞之，竊笑之，遂號其人爲「李木虎」。以是一時監司有司多迂公講學舉。公汲汲，約月三集：初集講聖諭六句，薦紳先生至鄉耆里老咸在焉；再集講經濟，凡國家大政雜務切時利害者，莫不諮辨之，期實效，而鄉耆不與；三集則課諸生制舉義。蓋因有司既迂公，諸生帖括外又多無所知，故未及之，以寓士心。

時闖賊已入秦，秦警孔急。士沾沾要功名者，益多陽浮歸之，如於所謂「立功」者旦暮焉而已也。秋九月，闖賊報窺河，公遂防河平陽。十二月，賊渡河，公還太原，飭守太原城。至甲申二月，賊攻太原。公既以巡按御史汪宗友劾，奉旨革職聽勘。新撫郭景昌至固關，聞闖破汾州，退不肯進，而闖部李建泰遁入清化。公督晉城守，亦頗殺賊有功。賊日衆，無援，標營小將張權開南門納賊，公經死三立書院。公中軍應時盛請侍公死而死之，別見或云存。先是，公檄甯武周總兵遇吉入太原，爲戰守計，而太原人士羣噪之，以爲周以邊兵入城，不可測。周至忻矣，公檄止之，乃還。

傅山曰：余晉人，故特傳公撫晉事。今世所行書云：「公聞賊從保德州過河，遂自平陽北還。」非也。賊實無從保德渡河事。賊既渡河入蒲，晉王恐，實以書速公歸。公亦以太原藩封會城，且第歸守之，圖後效，其情也。然既死矣，復何責，公之死，蓋古陳不占、杜之善之流也。即死三立書院中，公可謂不負講堂哉！余嘗公論：公撫晉，雖死，然無功。❶公有功，在爲江西提學時，首識揭某、萬某、曾某，皆公得意士。之數公者，節義文章，争光日月，公實先爲朝廷物色得之矣。本朝人才命脈係提學官，綦重如此。

明定遠將軍張公傳

甲申二月丁卯，太原失守，阜城樓協守定遠將軍張宏業自經死。傅子時寓嘉山，聞，頷之

❶「然」，張本、劉本作「寔」。

曰：賢哉，將軍！以爲鄉多稱士大夫，登朝廷科名、受爵禄者尚多，能死之，有奇節哉！既閒過西山舊庵，詢失城事，乃守城士大夫無死者，既有死，死搒掠幽縶耳。乃始益敬難將軍，哭之曰：賢哉將軍，是知辱之不可避矣。

聞城破，人奔潰，將軍麾下樓，❶入樓南一窩鋪。將軍有壻某從將軍，與將軍共理一繩，似欲與將軍經以死者。理移時，手戰，結繩梁間不著。將軍顧笑曰：「爾誤我事。」推壻出，閉門。壻窺窗中，見將軍徐解鞓帶、腰刀下，結繩梁間，踐壘石，引頸投繩，以手爪心前一再，死。將軍次子凝种語余：八日，攻城急，將軍更過舍早飯，飯且健。將軍内趙掩泣不能食，私謂婢子曰：「何不害怕，能多食也？」飯已，不一言爲家人，徑出。一婢子見啟嘗所御匱，取一青繩子袖之去云。趙是日亦自經死。

野史氏曰：將軍忻人，名宏業，字胤吾，死之年七十一。光禄卿文溪翁泮子也。翁古質廉静，爲鄉清白大臣。

明户部員外止庵戴先生傳

戴止庵先生者，太原之祁人，布政使光啟仲子，名運昌，字震存，以貴公子有名稱諸生間。

---

❶「麾」，張本、劉本作「徐」。

二十餘年不得第。泰昌改元，始拔入太學。天啟丁卯，蓋四十九歲矣，始以《易》舉於鄉。又十年，五十九歲而乃成崇禎丁丑進士。不襲寵爲豪華，不熱中仕進，天性專精堅韌人也。六十一歲謁選，知尉氏。尉氏，開封劇邑，前任則同年友曹生良直。曹少年負氣，喜功名。而先生繼之以矜貴，不博一時風裁，如少遜於曹。會許狂生酒玄，爲所親誣以焚劫，通許縣爲之私，抵以大盜。先生不平之，翻其案。許固銜之，竟無可柰何。知祥符，左懋泰者，險譎多陰計，同官皆憚之。諸生劉士奇父，心顛自經死，左既坐生大逆，行取吏部去。而先生逕白劉冤，釋之。或以吏部爲辭，不顧。夫然後知先生與曹皆山西人，無老少皆不畏强禦，而風裁乃大略相當如此。

時中州盜賊蠭起，無賴劉光祖、李全者煽亂，聚數千人。偵得之，率勇敢士擒斬之扶溝五虎廟，貸其醜。以才力調良鄉。畿輔最號難治，中官貴戚雜遝，干謁其常也。先生不露聲色，概謝絶之，不爲通。有犯則繩之以法。某貴妃中表奪民王某女，中官齊某家奴侵民田，皆抵罪如律。房山邏者誣良鄉富民馬古溪等通盜，實繁株連。先生力争畀大辟命，凡廿有七人。其陰德又如此。

以邊俸例陞户部員外郎。上書請罷練餉，報聞。會周延儒再入政府，陰爲馮銓道地。銓輸粟助邊，謀復銓冠帶，下部議。尚書傅公淑訓謀諸郎曰：「此政府意，不復，且有禍。」諸郎唯唯。先生徐曰：「即復之，異日亦有禍。」尚書悟，卒不與復。時良直已在諫垣，敢彈擊。聞先生阻逆案冠帶事，遂擊節，大相友善，而益敦聲氣焉。偶關請餉事，小不合，雅不能以同鄉同年直名具疏，慫恿同官某疏劾陳演，以及先生。先生下獄，而曹適中疫卒，某以誣戍。先生事白，得温旨出獄，國變矣。即歸里，入鹿臺山，不再入邑城，不與時官往來。凡禦侮弭釁者，子廷栻一任之。栻力學而明於古今是非，有心計，爲人在儒俠之間。鹿臺山者，去祁邑六七十里，荒瘠而多虎。先生創築小呰居之，墾山而田，歲頗有穫。山民因之，稍稍成聚。

先生大布衣，氈巾，騎小驘上下山逕，不仰人扶。春秋上邱隴，即大雨雪，不敢令兒孫一代。所御案椅，皆幼學時物。案隅稜磨就圓，而椅且穿，栻請易之，不許，曰：「吾安此。」晚與一孫寢。兩侍妾晨起，款門進湯水畢，去不再面。先生或早上呰牆周望，望見有虎侵牛犢，即遥呼呰下人，某山凹虎侵牛犢，向某處行。呰下人羣逐之，奪犢歸也。至八十九歲，精明無大疾而終。

傅山曰：戴先生晚成，官不大，又不久，跡三數行事，可不謂能厥官。然余傳先生，特取甲申以來居鹿臺二十三四年，風概有類漢管幼安也。先生同年友蒲坂楊公蕙芳亦不出，先先生數年卒。嗚呼！丁丑榜山西凡十九人，甲申以來，孝義張公元輔舉義死城頭外，出處之際，爲山西養廉恥者，一二人而已。先生初成名，即自號止庵，於今乃信。

太原三先生傳

太原搢紳先生，如山所親見，則獻明王先生嘉言、虛舟錢先生文蔚，皆非近代所易有。王先生昆仲八人，先生長，諸弟稱之爲老大。真樸嬾簡，好道，求燒煉之法，老而不厭。游宦二十餘年，貧不任辦美衣精食，然亦性不屑此。時有宦途人所餽書儀者，諸弟遇之輒棄去，不令至老大手，遥語老大：「是某人餽者，我適急用，老大寫報書與之，我荷去了也。」老大笑而頷之曰：「荷去，荷去。」如此其常。

山生平不登宦人之堂，敬先生風，以事拜先生。先生所居大房在橋頭，庭堂牕户不能得紙，風嗚嗚然。索客坐椅子，不得有成對者二張也。好圍棋，終日夜不倦，亦不用心，信手談耳。陳生謐言：「日過先生棋，索卓子，卓子殘毁不穩，唤小厮不來，自起繞地尋支高木瓦，支之定，對弈。食時，中出小米飯二碗，黄鹹菜二碟，過對謐云：『客待食則食些，我蓋不敢讓。』謐亦頗怪之，何遽爾爾？及看先生食甚香美，不介意，以是信先生之貧之真。」守西安，嫌郡之煩劇，苦求調簡，得寶慶，喜曰：「是中出丹砂。」未任，察罷。

傅山曰：王先生，晋人也。今之人何足以知之！頎樸厚而高眉秀目，鬚冉冉，得風如古道士。

錢先生與王先生丁酉同舉於鄉，以廣文復令百泉，二年餘，歸。歸之日，即焚冠帶，制棺木、斂衣，備而藏之，曰：「吾事了矣！從今以去，無一事可縈吾懷。」圍棋茶酒，吟風弄月，尋花訪竹。入夏則三月不見客，讀書鈔書。時時有詩，不屑屑嘔心，所得佳句，率粗徤淡率，極似老杜口占諸奇句。七十以後，益老益健，益率益淡，絶不爾恤也。八十，精明而没，所鈔書及詩集多散失矣，稍稍存。

傅山曰：先生癖潔。以縣令居家，而見任諸地方有司皆不知有先生，奇哉！山數數造，先生語山前輩人行事，山聆之，忘傀然也。先生語聲極高，竟日夜不漸低。不能飲而飲興豪舉，嗷笑勝後生。憶戊寅正月，先生治具，邀山輩集崇善寺，坐過半夜矣，先生神益王。次日，有詩示山輩曰：「誰謂錢生老，猶然一酒狂。」晚年自號「虚舟老人」。

太原老諸生梁檀者，先回回人。聰慧，人未曾有，工績事。年三十許，前後殫精臨模古人山水、人物、花鳥、蟲魚，無所不造微。即不屑細曲，一味大寫取意。然亦應人責，得意畫極少。字不合格，而孤潔秀峻，徑自標一宗，要無俗氣。象亦貧，❶舊居南關，小齋傍水，號蘆鶩齋，古書桐琴，獨寤歌也。三十四年閒，回向精奉其教主事，日夜懺悔，不敢散逸。山與同宿三五夜，以一牀子卧山，自卧地上一席。山聽之，終夜不睡，時時呵斥唤歎，如先生責讓幼學者。山聞之，起深敬省，如聞晨鐘，乃知其教之嚴浄，非異端也。今七十矣，而奉其教不衰，可

❶「象」，疑當作「家」。

不謂用力於仁者哉！

傅山曰：梁君居蘆鷟時，山恒以續事訪之，梁老輒歎曰：「有登天堂法不問，乃屑屑問此。」然謂山可與言，爲出其教青紙金書經，制度精浄，爲山講之。然大概講之，嚴克微細，頗近西洋天學。而復詳辨之，非西洋學也。西洋似頗叛道矣。山敬之，不敢議。齋壁掛青紙泥金畫一幅，法用小李，宫殿層複，指謂山曰：「此天堂圖也。」又畫果樹一幅，寓其教分布枝葉之相。顧壁間琴上，有鸛子結巢焦尾。山奇之，爲賦《鸛巢琴》一篇記之。出齋門而東，臨所謂蘆鷟溪者，青渺渺然，映帶乎消索門庭。山指顧曰：「梁伯鸞在其中哉！」遭亂後，避居西山一年，有即事詩畫手卷子，山未全見也。

聋道人傳

聋道人者，胡生瑾老而苦聾自號也。生好歛酒，能讀《書》，能讀《周禮》，能讀《左氏春秋》。鰥而就天水生讀書房讀書。於《左氏春秋》，老而彌篤，日一讀，如沙門課誦。天水生亦能歛，亦能讀書，老而好學，爲《尚書》，精研孔安國以來《尚書》學，亦時以《左氏傳》徵之生。生能揭示之，某公某年，原原委委，如出之磨隧，不爽一字。天水生亟服其記性之不可及也。又復時時閉門共歛，迸諸俗人不得入。昔人謂「左史記事，右史記言」，「事爲《春秋》，言爲《尚書》」。兩生者，會通左右史之書，即生聋也，以眼代耳。天水生以手代口，歛而讀，讀而歛，爲之優柔，爲之饜飫，爲之江海膏澤之。生何必不耸也！耸即聳，从聳省，生而聾曰耸。然生非生而聾者，耸當作从奄之省。奄以角聽，雲蒸龍變，天水者，雲也。

丹崖翁閒過天水生書房，問生：「若耸，於人之聲者語言固如無聞也，若自語言及讀書之聲音，聞否？」曰：「聞。」丹崖翁曰：「是可以徵聞性之未嘗滅也。聞人之聞，不如自聞其聞。」聾者善眎，吾嘗轉之曰：聾者善聽，蓋反聽自聞之義也。西書論慧，有聞所成慧，思所成慧，修所成慧。聞者依其文，如其説。思則亦依其文，不如其説。至於修而亦依文，亦不依文；亦如説，亦不如説。要之以聞爲人，聞不必輒耳恃。末衡本之譤充，譤充者，心也。即《左氏》一書，最初昌明者，劉歆也。歆仕新莽不疑，爲人臣而不知《春秋》之義，即耳不聾，心聾矣。晋續咸受教征南，既從事於越石矣，不幸而没於石勒，遂爲勒理法參軍。後至九十七歲而死。不知其耳之聾否，如何於所學《左氏春秋》，徑如生而聾者，乃所謂耸也。至宋人之所謂趨時附勢也者，所謂將文章作壞了也者，其人即不聾於事，而皆聾於文，亦可笑也，不足道也。胡生即不耸，皆當瑱之者也。

汾二子傳

薛子宗周，字文伯。王子如金，字子堅。皆汾之高才生。薛峻崖岸，肩稜稜如削，不苟言笑，高視迂步，而傭奴汾之人。王疏漫不立崖岸，工書，學詩歌，短小負氣，行多不掩言，而亦傭奴汾之人。汾俗繕楝梃，自搢紳以至諸生，皆習計子錢，惜費用。二子者，獨喜交游，豁達，恥瑣碎米鹽計，日費殆數倍過諸財虜家，而日益貧。汾之人皆笑之。

甲申國變，皆廢舉子業。出城屏居小村落。薛有田三四十畝，傭人勤耕穫。頗學天文，既置之，曰：「天道遠。」乃取古今兵家者言，以己意撮爲編，曰《兵法要略》二卷，時時揣摩之。王益頹縱，數遞過友家飲，輒半月廿日不歸舍。及歸舍，亦輒半月廿日不出，與内子焚香弈棋，閒搜史策中快事，讀之下酒，詩歌日益老。

己丑四月，大同兵以明旗號從西州入汾。薛以策干帥江某，勸急搗太原虛。江不能用。舊御史張懋爵適家居，兵擁之爲監軍。張傭奴，浮慕二子名，敦致戎幕。汾山鄉義勇少年千許人願投張部，張欲不收。少年又請自備馬匹器杖從之，張唯唯。張富於財，二子勸出橐中，大賞士鼓勇，張不肯，少年稍散去。遷延至五月，兵將北上太原。二子過雷家堡，曹舉人偉餞之。語間勸且辭張爲上。薛厲聲言：「極知事不無利鈍，但見我明旗號，尚觀望，非夫也。」曹語塞。薛徐顧王曰：「爾有老母，可不往。」王曰：「顧請之老母，老母許之，不敢絶裾也。」皆從張至晋祠。太原程生者，見二子，問兵事。二子曰：「我兵有必勝之道，恨此輩無制勝術耳。」乃提兵者不即抵太原，而清援從北來，屯赤橋、華塔間，兵保晋祠堡。清據西山，步卒亂，欲潰堡門出。入見二子者，拔刀砍卒，斥登埤守堡。清攻堡五日不下，會輓運不即到，馬乏草，遂結陣南遷汾州，步卒沿道狼藉死，二子不知所終。或傳王中兩箭，晋祠南城樓火發，見薛上投烈焰中。或又曰：未也。而汾之人皆益笑之。

丹崖子曰：余先與薛子游，畏其卓犖，喜西河有斯人。及袁先生三立講堂，二子咸在，至今蓋十五六年矣，而誼日親，相觀摩期許，頗不似今之爲朋友者。乃二子果能先我赴義死耶？未也？彼其無論矣。或誚之曰：儒行愛其死，以有待也，養其身以有爲也。然乎哉？然乎哉？乃又曰：鷙蟲攫搏不程勇，引重鼎不程力，往者不悔，來者不豫，何哉？余乃今愧二子。

鄙夫見此等事跡，輒畏觸忌諱言之。從古無不亡之國，國亡後有二三臣子，信其心志，無論成敗，即敵國亦敬而旌之矣。若疾之如仇，太祖何以夷齊譏誚危素也？余闞之廟，是誰建之？何鄙夫見之不廣也？繼起之賢斷不爾。

胡慈節母小傳

胡慈節母者，太谷胡生衍虞之母也。其母慈與節柰何？當闖賊之敗於燕，道太原而西，太谷之人城守，賊攻而屠之。母畏辱，遽欲雉經。侍兒十月者曰：「垣外有苦廢井，不如投之。即死，無苦，撞時不死。」母即襁兒而趨投井。會旱，井泥，得不没。賊過，睨苦，亂下石，中兒肩。母恐石再下中兒，身護兒，心祝曰：「既不没，天或不絶胡氏，願兒無啼。」兒以驚怖未蘇，果不啼。賊乃去。十月夜半裹殘餅、馬豆擲井中，未知母若兒之存否也。母知爲十月，仰謂曰：「與辱，甯饑，幸無再爲賊覺。」賊既退，姑李年老，以墜樓脱脛獲免。問諸十月，十月曰：「在井。」出之井，母不傷顛隕，兒亦無恙。而胡生之父顧不知所在也。族之長利其田廬，諷之再適。母不應，而讓之田廬。未厭，復貸於母。母有藏冠，冠，金也。質冠子錢家，與之貸，曰：「金不兒值也。」委曲周護二十餘年，畢成胡生衍虞爲今貢士。衍虞者，即其所擲投井兒也。胡生之父，或曰被害，或曰賊執而西也。其母至今若夫子之在而或歸，未亡人如非未亡人也，是其慈也者，是其節也者。母車姓，邑舊家子。

嗇廬子曰：婦人死忿易，死辱難。性陰欲得，簪珥小失常汍瀾。舊井無禽，身潔而孤全；田廬不愛，髻金不刓，其智夫！胡母良足傳。

帽花厨子傳 大垣，名台徵。

饞和尚告酒肉道人曰：「李大垣近又號爲帽花厨子矣。」道人頷之，爲作《帽花厨子傳》。傳曰：帽花厨子者，李生大垣也。生，石艾世家子，聊爲諸生。不沾沾諸生業，頗學詩。詩捻捉酸俊，如燒香飲茶鑾子，而性正饞，好自製肥濃，恣大嚼，復時飲酒。即有詩，要饞和尚删改之，亦輒爲煮肉釃酒。曾一再游燕，歸云：「長安絶無滋味，令我食不下咽。」知有燕食者，笑詆之。厨子言曰：「我欲爲伊尹代庖。」又曰：「我刀法可使陳平北面。」乃自製刀，刀縮，延衡如方鉞。刀成，集友釁之，有《釁刀詩》。紫銅罩籬一、杓一、圍裙一，都承盛之。友朋有醼集，要之，亦往。時常戴絨小團帽，綴玉花，攜都承。至即指揮釜鬵，結裙鼓刀如真。内子知之，時讓之。友人曰：「何不爲東方先生？」厨子曰：「可。」事畢，善刀而藏之，帶酒裹肉，歸遺細君。

酒肉道人曰：《南史》稱蕭琛解竈。其所解南味，非北地壯夫長葱大肉可知。帽花生所治燒羊，不用醬而芍藥。道人曾啖而美之，如非羊也。《吕覽·本味》：「滅腥、去臊、除羶，必以所勝。」於今益有味乎其言。

霜紅龕集卷十六

陽曲傅山青主

敘

兩漢書人姓名韻敘

先大夫爲古文，好班氏《漢書》。先居士乃獨好《檀》、《孟》。刻《檀》、《孟》，批點於家，以教愚兄弟。而仍復以先大夫手澤《漢書》授之塾。山幼不知讀也，後聽先子由兄誦鼂大夫言兵事，如欲解之，乃一略尋《鼂錯傳》，談兵事疏外，仍不知好也。尋又而演東方生《金門記》，❶歸而讀《東方朔傳》，頗好之矣。以是漸次卒業，回復讀之，始不能釋。見諸傳中附見諸人最有奇節高行，愈益好之矣。且同姓名，如安國武侯王陵著矣，而又有沛公至丹水，襄侯陵降之王陵；東陵侯召平著矣，而又有爲陳勝徇廣陵，與齊相者兩召平；彈冠之貢禹著矣，而

❶「而」，劉本、王本作「見」。

前有高祖時舉冬之貢禹；新莽著矣，而前有衛尉王莽；長孺韓安國著矣，而復有定襄太守韓安國；紅休侯劉歆著矣，而同時復有莽封祁烈伯奉顓頊後之劉歆之類，不一二數。因此而輯之，編以《洪武正韻》，名下略綴一半句，便參考焉。兒眉請曰：「范氏《東漢書》較班史顧遠矣。然中興大業，不可廢也。」遂亦編之。綴范詳於班書，蓋班書終無釋手之時，范書則取其記事而已。編成，示眉鈔之，曰：「何如？」眉曰：「是吾家讀書一法也。」然哉！韻以正，尊王制也。壬午八月書。

王二彌先生遺藁序

明太史王二彌先生遺藁，其孫恒以世誼請諸昭餘戴仲子遴而敘之，而梓之，藏於其家。戴仲復欲徵諸旁觀之方外，以方外之人論石渠、天禄著作，無論不當，即偶一當焉，亦非分。然一再睨之，皇皇焉憂天憫人，如有所受，影附而響應。以吾漆園家學觀之，殆所謂役人之役，適人之適者耶？而先生之弟，實出倪文正公門，機部楊先生又同門，最善。觀感艱貞，又得力於見石齋先生廷諍之時。此其氣味之所從來也。如此，又何必徵諸方外微人之言而後傳？惜也，先甲三年而物故，不得見三君子之死而從之。恒曰：「恒所以汲汲於斯集者，正欲後之人知先太史從正人君子之後，不敢徒以詞林著述媿邦家也。」嗚呼，賢子孫汲汲於其先人之名也如此！

恒有母，賢而早寡，得「家人之賁」。戴仲並爲之《傳》。

序郭九子曠林一枝

傅山曰：余讀九子詩，蓋傷儒生風節不傳而傳詩，詩爲士之窮云。露盤又告余：「九子詩，先有藐山先生評本，伯坦擬梓之南都，爲殷太峰給諫得而祕之矣。」予又傷九子生不得志，死而言乃爲貴人所重哉！知九子名，因重九子詩，九子風節可不以詩傳也。坎壈以儒生死，其期諸中者未見，無已，傳詩。

九子詩，從晚唐學者也。然氣調險峻，往往在孟郊、于濆閒。稍進而學六朝，以所性不能爲多俳麗，故小曲似之。後見當代鍾、❶譚詩，氣味與近，乃又爲鍾、譚格矣。然其志不惟不屑唐，六朝亦非所好。論詩必蒸蒸魏漢焉期，而詩卒不漢魏，不六朝，亦不醕唐，蓋工詩非其志也。故言若此，行不與焉，非不能也。

或曰：九子，狂者也，志多進取。予謂九子不但狂，蓋狷者也，實有所不爲。九子所知，不無富貴人。富貴人或欲資九子，九子輒艴焉以爲辱。特九子才，頹縱不修廉隅，以言陵鑠諸公卿，如茂秦、次楩焉者，以成其名何有！九子卒擇地蹈，擇言言，不屑苟爲周章聞人以戾

❶「後」，原作「復」，據劉本改。

名教，是有所不爲也，蓋狷者也。唯志狂，故言高而疏；狷，故潔而孤，而其言之體亦廉而不貪。嗚呼！士不得志于時，惟言可貪，而卒亦不貪。使不以儒生死風節，其惟以詩傳者耶？傷哉，風節往往不能以儒生傳也！無已，傳詩。

九子詩實不盡此，露盤所搜輯得此耳。予略爲删存之，然其失者多矣，故署曰《曠林一枝》。曠林者，九子讀書處也。

敘楓林一枝

楓仲髫年受知於袁袁山先生，許以氣節文章名世。丙子，吴中丞鹿友與袁師同志，拔晋才士三立書院課藝。楓仲聲噪社中，少所許可，獨虚心向余問字。余因其蚤慧，規勸之。甲申後，仲斂華就實，古道相勖，竟成歲寒之友矣。仲明季操選政，見賞於千子、君常、天如諸公。所著《半可集》本經、子、史、唐宋文而變化出焉，如風雨集而江波流也。惟詩未禦木，若有不敢自信者。

甲寅仲秋，訪楓仲，探奇，登丹楓閣，見余庚寅題壁詩，有「榆次孫盛」、「昭餘温嶠」之句，愴懷往事，宿殊亭不寐。次日蚤起，徘徊雙松下，忽天晦，大雪落樹，皆成鋒刃，怪特驚心。退而檢架上書遣悶，得《楓林草》殘編，讀一過。其中有佳處，亦有疵處，俱帶冰雪氣味，大概深於寄託，情至之語，自能感人。略加澄汰，存《晋詩》一種。楓仲遜謝，猶不敢自信也。

自袁師倡道太原，晋士咸勉勵文章氣節，因時取濟。忽忽三十年，風景不殊，師友云亡，憶昔從游之盛，邈不可得。余與楓仲，窮愁著書，浮沈人間。電光泡影，後歲知幾何？而僅以詩文自見，吾兩人有愧於袁門。

太原僑黄傅山，大雪偶書。

序西北之文

《西北之文》者，畢解元振姫之文也。解元資才十百倍過常人，誦經、史、子、集大部，至雜家者流，成誦足數百萬言，取精多而用物宏。其文沈鬱，不膚脆利口耳，讀者率佶倔之，以爲非文。解元卒，門人市王牛兆捷子澍謂「太原傅山者，或能通之」，無慮數十百餘篇，屬句讀於山。山因得而序論之，標之曰《西北之文》云。西北之者，以東南之人謂之西北之文也。東南之文，概主歐、❶曾，西北之文不歐、曾。夫不歐、曾者，非過歐、曾之言，蓋不及歐、曾之言也。説在乎漆園之論仁孝也。不周之風，不及清明之風，天地之氣勢使然，故亦自西北之不辨其非西北之文也。

解元既爲當世貴人，而但解元之者，山之知解元，知其爲壬午之解元已也。始，山讀解元

❶「主」，王本作「言」。

制舉十餘義，擊節大合；既讀發解場義，則大不合。解元既發解後，一年而國變，有明鄉試之典遂終。夫然後知氣運之事，解元不得而持之也。自是，解元歇歷四方。又三十年而一邂逅於太原，見解元跛騾襆被，如老農夫，不輒沾沾於文也。山偶論及《新唐書》之捻也，合；又及趙《宋史》之罷也，合。然皆一言半句也。又五六年而一再邂逅於燕郭招提。半日，論及江東一鉅公之文，又大合。在坐者皆左右顧，怪其如出一口何也。先是，見解元與周太守文，合；見解元序戴仲《墨選》，大合；又見解元序范進士《理學備考》，又大合。及是，稍稍申重之，皆合。於是見其全文，莫非前諸文之學之法。古文此法，概存諸《春秋》內、外《傳》，解元復謂之。而推方之陣，串插之密，傅會始終，陰伏發露，於天文、地理、象數、風角、五行，如梓慎、裨竈、伶鳩、史蘇、墨、卜楚邱以來，至於兩漢李尋、郎顗之倫，皆是寍形器，不象罔；寍諶杵，不弔詭；寍轇轕，不縹緲；卒之以寍信度，不信足。是未始出於非文也，非頡滑於堅白者流也。

解元之學，不知其於富平三箎何如？若當世有崔日用，則解元爲武平一；有祝欽明，解元則蔣欽緒；有歸崇敬，解元則黎幹，較然可知。以解元之學，論解元之文，頗似山醳《靈光》之亂之十字：磑磑即即，師象山則，崱也。巃之戴，❶娥之移，岃也。虧蔽景光，黝然愁人，嵫也。山之嵫猶水之嵫也。赴險攙捷，綜緯紛拏，嫿乎離婁，巏也。材令而匠能，資輔就共，城

❶「戴」，張本、劉本作「截」。

長安，宫未央，如以小山敺大山，無奔罷不及中隳之廢，乃所謂岑也，無所於孤高之義也。陰深岭嶙，無聲於聲，木極而金，肹蠁鏗鉱，沈沈仍仍，乃所謂崟，堅也，音也。栽蚤岅岈，底底業業，不騫不崩，❶㟧也。㟧猶菑也。欒拱輪菌，峰棒然疑，❷九疑繽其並迎，❸嶷也。鈎鬬繩尺，蟺蜿綢繆，首尾倫脊，出没屏翳，❹霧霧即序，其寵也，嵸也。不周之山、之風、之果，戾順行者也。人佶倔之，解元頡滑之，非劉鳳擬樊紹述，失清明之故，遂取笑於東南也。此西北不及歐、曾之大較也。

至於諸政之近覈者，實非山方之外所得而議者也。謔之近虐者，徧亦一端，爲方外之質者也。多方哉，解元也。解元爲東南之西北，而卒不得罪於東南者，文中數數於「理」之一字也。山去解元西北六七百里，則又解元之西北，尚多乎其理者也。故東南西北，解元以其文西北解元也；西北又東南，解元終不以其文東南解元也。

解元疾革，或勸解元要山逬藥解元，解元如菍蔥山重藥解元者，山終惜解元，山終惜

❶「崩」，張本作「峭」。

❷「棒」，張本作「捀」。

❸「繽」，張本作「紛」。

❹「没」，原作「汲」，據張本、劉本、王本改。

解元！

西北之西北老人傅山題。

丹楓閣鈔杜詩小敘

杜詩雋止此耶？不也，丹楓閣鈔止此耳。丹楓閣之雋杜詩止此耶？不也，其始讀而鈔者止此耳。然則此丹楓閣之讀杜詩初地耳。初地實與十地不遠，而存此者，存其用功於杜詩也。故牛頭見四祖一案，參説甚多，而吾獨取其不别下注脚者一案。曰：「牛頭未見四祖時，何故百鳥銜花？」曰：「未見四祖。」曰：「既見四祖時，百鳥何故不銜花？」曰：「既見四祖。」此鈔正百鳥銜花時事，若遂謫以不必百鳥銜花，則亦終無見四祖時。其初難知，百鳥驚飛去矣！

歷代文選敘

昭餘之戴，再世著本朝甲科。挺楓仲而古之癥視皮，公子目之，良所謂土炭酸鹹之病矣。復丁草昧，如不皇皇焉屑吴澄、虞集所屑。衺素所目，在古文詞五十種，凡七百餘篇。既丹黄之，而又時時流連之，抑何篤好於斯也！有所好，斯有所不好。昔人好典籍而雄自命，輒擬之以百城。吾嘗哈其俗而非倫，乃今信之。丈夫有所未足，而時若地且無所用，羣古今人文而擁之，顧有大林邱山之禮樂征伐在焉。鷄癰豖零時爲帝，長搶毛錐亦各爲帝。❶城奚止百，生殺予奪，叱咤風雲，秦始、隨堅，並六邦而混一南北，霸王之氣澎渤，六七寸弱翰之下，致足樂也。若向所及澄、集兩人，則顧棄其城而降於人之城者也。楓仲之城，自今當益富。辟土略地，高堞深隍，且戰且守之道，城中自有之。吾城外之民，良無辭以益戴氏之金湯矣。

鈔高士傳題辭

欠龕聶古高士玄軌，❷既亂，蕩矣草昒。屠維赤奮若閒，辟藥嶺之麓，䌷舊游，篚皇甫編，篤舅子仁逡書。既與論諸高蹟，人人殊才，知學術無所用測，要以黄老爲宗，被衣之流尚矣。次則高才不際，乾乾降志，辱身焉虞，不得已而居山風之上，亦云儒之蹇哉。然可以觀羞惡是非，不汲汲富貴、戚戚貧賤者所能濳夫之嗚。富貴，君子之宜，非所以爲君子；貧賤，小人之宜，非所以爲小人。尚其友，論其世，羲、農邈然，自堯、舜迄於今兹，其閒富富貴貴，富貧貧富，貴賤賤貴，瓌奇有志之士觀之較然，不以彼易此，是代有芳澤云。

編中收録，亦頗厖雜不一倫。以世讀之，人取一端。九十五人中，卒莫得而端倪之，是惟

❶「搶」，王本作「槍」。

❷「士」，原作「土」，據王本改。

黄石。黄石非人,高不足以當之。高也者,人域也,而未始非人。江上丈人、弦高、申屠蟠,皆英雄之情,磊砢不常,而一用於楚抱痛之子,一譎犒濟君國,一建義氣,緱玉得不死,又何其似不淡漠緩急也!毋亦英雄乃能高邪!不英不雄,耕鑿食息,或能俛鼀黽,口陳言,山林高不勝傳矣。然三人者,弦實商,似未忘貧。嗚呼!惟弦可不忘貧,非弦而商,商市井耳。求齒耕鑿,不許,許諸高。

斯傳也,終之以焦先。先蹤跡詭異,類道家成仙者流。其實漢人,不幸而遭際曹魏之世,其詭異乃足敬。然與先同時有寒貧者,皇甫獨遺之。何也?蓋寒貧不能爲弦高者矣!力不能弦,有弦心焉。寒貧豈心滋戚戚者!並令書其後補遺。

重刻釋迦成道記敘

劉霦曰:「此戊子所得,似非先生作。」

雪峰上人憫後學之失于正見,不知佛爲聖中之聖、天中之天,又恐以沙門之説諭,不若以文人之説諭之之爲確也,發意欲刻王勃所撰《釋迦如來成道記》。積久未就,而志固不移。以余嘗從事於儒而學佛者,虚而問之,且求爲敘。余曰:「敘則匪才,理則嘗究心焉。夫含靈之倫,轉于斯世也,莫不有性。乃性即佛性也。《涅槃》云:『一切衆生,皆有佛性。』又云:『有佛無佛,性相常往。』但凡夫妄相濃厚,外小執著太甚,以故雖有天真本然之性,億億萬刼而不證得。由是如來捨兜率,降王宫,十九出家,六年成道,種種説法,度脱衆生,無非欲天上人閒，遠離執著，捐舍妄想，復還大圓空寂之本性，如是而已。孰知去聖漸遠，習俗移人。譬如良醫之子，服美藥者病愈脱，若誤服毒藥，久患沈痾，乃有以身毁佛者，以言謗教者，以一引諸，甘爲淪落。其閒豈無荷擔如來，或爲如來所遺，多方教化，衍其緒論者乎？❶無如失心之士，毫無餐采，致使如來本迹，大明中天而不見；諸子著述，雲雷鼓震而不聞，蓋其迷也久矣。雖有欲抉昏蒙之目、拔滯溺之身者，亦將如之何哉？」

上人曰：「亦唯心焉而已。譬如君父，其病雖危極而不可療治，猶將求藥。無已，宛轉進之，而令其服。萬一服之而瘥，不愈于不服而斃乎！況人之根性不等，或有初見而喜者，或有久味而悦者，或有今世諷咏而後世發爲道種者，即以此爲《楞嚴》，即以此爲《圓覺》，即以此爲普雨，即以此爲大雷。安知王子安之不爲如來使乎？安知《成道記》之不爲《修多羅》乎？往昔如來爲半句偈，捨全身于夜叉，猶處處書寫，令人受持。何況此記備法王之大化，括正覺之始終，書而梓之，即不家諭户曉，俾縉紳先生不檢閲《大藏》，知如來有如是之降生，有如是之棄捨，有如是之開悟，説法利生，終歸涅槃，超出人天衆聖之上，不可思議，遠悱謗正法之愆，有漸染菩提之分，詎不藉此爲利濟歟？」

余曰：「此諸佛行助之喜也。但奔蜂不能化藿蠋，越鷄不能伏鵠卵。請全不德，别乞名

❶「衍其」，原爲空格，據劉本、王本補。

流。俾鎔金琢玉，日耀星明，闢皇路之蓁蕪，開世間之聾瞶，庶知建塔者殆爲人民計耳！使招提茂鬱，法相莊嚴，而一方之人民賴以安，四境之風土得以息。玉燭常調，夭札不作，何者非佛力之護佑，而保泰于無涯者哉！以是而募之十方，樂施焉爾，樂化焉爾，余亦樂疏焉爾！」

贈雪峰序 振玉案：此僞託，詳見《年譜》注。

雪峰嘗托鉢西河，募六七金，遂止。廉哉！而罄所獲，市《十三經注疏》，攜歸，同儕遂目爲「十三經和尚」。余過太原，雪公見示《拙庵集》，余贈句云：「拙義非詩訓，《毛詩》正復葩。由來情有種，不異樹生花。字句能烹鍊，篇章自整暇。都無勾棘處，拈著見《楞伽》。」同儕復目爲「詩僧」。無何，雪公走幽燕，踰齊魯，抵吳越，造《多羅藏》，竣事久矣。乙丑春暮，晤雪公于會城鎮遠門北郭護國蘭若，寶藏强半未曾裝潢，纍纍置案頭。詢知前所造寄供某寺，今所造方謀建閣爲頓放。所爲終老皈依，因依岌岌乎！一之，再之，三之，孳孳惟日不足，是大願力。

石道翁先生曰：修正覺者，當下便了。造經律論，不日不月。非其懶耶？張横渠汎濫二氏，了無究竟，讀《學》、《庸》、《魯論》，曰：「道在是矣！」從佛、老得解《楞伽》，所謂異熟。同儕知雪公哉！《十三經》與詩究竟不離僧與和尚，是大願力。勇猛懶惰，諸佛菩薩實自證明。

犂娃從石生序石生名峋。

小册子置硯北八九年，忘其所屬爲誰。石岸伯敦小册子寫否，始憶其爲岸伯物。岸伯有奇遇，嘗駐野人之家，輒爲書犂娃事云：犂娃方倚晋水之門，而其母不察其爲蓮蓮也。邂逅仇猶石生，信宿而定盟，卒從石生以歸。於時，諸老腐奴嘖嘖於石生之泥狎邪，而娃之何好餓死也。獨丹崖翁心肯之，唯恐其後爲弱娟之從袁生矣。而娃果能吞糠茹虀，宜於其室而孝於其姑。行於生共三年喪，勞瘁幾大病。石生圖爲延醫診之，娃曰：「手執他人不得矣。無已，要傳道士來診，道士是信我者。」老夫因爲一往診之，娃亦不爲下簾，端坐牀上，亦不甚矜持，而頰輔寒肅，如敷紺霜。老夫心俔之，微吾以至誠診之，其手鮮不爲虢州參軍之妻之手耶！

憶初許生時，微聞其語曰：「不愛健兒，不愛衙豪，單愛窮板子秀才。」奇哉！窮板子有何可愛，而獨能人棄我取乃爾？疇昔有之。劉婆惜曰：「爲你酸溜溜，意兒難割捨。」嚴蘂曰：「但得山花插滿頭，莫問奴歸處。」此皆愛窮板子之前茅也。或曰：「嚴於小唐之見惡於晦翁也，實同甫挑之云。」同甫有意嚴，而嚴實泥唐，遂以不識字嫁禍於晦翁，而嚴再受榜掠，卒不肯污唐一字。愛窮板子之志，堅貞百折如此。吾又疑：以窮板論之，唐，太守矣，而陳尚落落未偶，豈不百倍窮板於唐？蓋嚴實籍於官，而又先受唐知，即甚愛窮板，亦嫌於琵琶別船，故不能即得陳欽。是以在繫時，固不肯污唐，亦何嘗惡口曰「陳亮窮奴陷我」也？其愛窮板之志，固隱忍於中，無從白於陳。此亦同甫時命之謬，不當受此美麗堅貞之福耳，於嚴也何尤！

吾又想及鏖糟酸貨，三年得一遭科名，而自驕爲富貴人者，不僅斗量糠粃，而能受此物外窮板知遇者，三年中得幾何人？石生獨艱於彼而遇於此，天之報施窮板者，顧不奇且厚哉！石生之富，即富有四海，擁蛾眉皓齒千千萬萬，不得同年而語矣。

五六十年中，以吾所親見此輩最知名者，岫雲以從非其人，抑鬱而死；翠元從西河財虜，無異屠沽兒；弱娟從袁生，不得終其盟，令狹邪齒冷。甲申以來，金鐘、折桂，以無名而皆能從其所歸，徇國難。宋莊以不得從李郎，恨其假母，寃抑投環樹間。五臺𫏋𫏋，亦欲矢志張生，張既劣貨，不爲之周旋，而又爲爐奴破敗，不遂厥志，然嘗有言於其生母曰：「母生兒，如狗腹中生金獅子。」此言亦不薄自待，吾實憐之。每欲取常所親見，略爲風塵異人雜記，俾此輩不以不幸終湮没無聞。今老矣，復不堪事此，然非能忘犁娃之有志竟成，始終不變。推見至隱，爲淮海之毛惜惜不難也。輒草此，詒之石生，令讀之，長窮板子志氣。

「窮板子」三字，前此亦不聞之，❶始聞之娃。細繹之：「窮」不銅臭，「板」亦有廉隅，非頑滑無觚稜者可比，亦奇號也。仍欲大書「窮板軒」三字，顔石生回溝之居，何如？

❶「之」，劉本作「而」。

傅眉曰：讀丹崖翁書遺岸伯小册子已，則遶几狂叫，謂是一幅窮板子佳話。獨吾友岸伯將窮板子終其身，不及竟富貴，爲具眼英雄者一吐氣，以是爲犂姬惜。既而曰：信如斯言，是非真知愛窮板子秀才者。方犂姬與石生遇，信宿定盟，祇知世上有窮板子在，何曾著一富貴想在其心中、眼中？從來具眼英雄，莫如卓王孫女及執拂侍兒，以後來司馬長卿與李衛公，接踵青雲如一轍，假饒當日兩人不克以顯終，度兩女子意，必不肯趣心許、趣夜忘歸者。惟有窮板子窮到底，愛窮板子直愛到底，此一段識力，磊磊落落，真如當世卓犖丈夫。無論富貴貧賤，始終不爲那動，是爲犂姬。

《漢書》所載太原王逸人霸見令狐子伯貴，有愧容。其妻不知何氏女也，釋之曰：「子伯之貴，孰與君之高？奈何忘夙志而慚兒女子！」若是者，出處雖殊，而骨性庶逼近之。册中雜綴若弱娟、若岫雲輩，供風塵感慨則爾，豈足區區掛君家犂姬齒頰哉！近於山水援琴之暇，所遇雙鬟，見犂姬歸來，輒逢人津津道犂姬不少休。其津津道者，他不具，則道姬舉止大家，風期洒脱，酷似岸伯，生平不以彼易此。知言哉！是足補丹崖翁所未發，是又一愛窮板子秀才者意外知己。

嗟乎！窮板子骨性自在人間，而愛此者乃得諸婦人女子。婦人女子知愛窮板子秀才者，偏又出風塵中。誰非男子無鬚眉者，而愛之知之，一段識與力，或反出風塵女子下，何也？請附是言於丹崖翁小册子後，請以問窮板子，請以質諸愛窮板子秀才者。

敘靈感梓經

孝廉居士靈感梓經，既精乎其謦欬矣。以僑黃之人亦略與聞諸西方之言也，而屬申之以孟浪。僑黄之人顧嘗有笑於絳文生之復韓生之言也。絳韓生慫恿學西方事天之學，而疏其詞曰：「無論十惡不善，朝皈依而夕登天堂也。」文生遂得隙而乘之曰：「若爾，則我且縱酒説色，以至於殺人放火，極人閒不仁不義之事，恣欲濁之，樂而爲之，而且老病死矣，知不得朝夕延矣，然後合眼盟心曰：『我今皈依天主矣！』登時死而上天堂，豈不生死大便意！」❶故有受苦者，有救受苦者，有受救苦者。救苦者累刼修行，而後願力神。神也者，積之以誠也。受苦者，亦必夙昔兢業，而後呻吟真。真也者，亦積之以誠也。受救苦者不真，斯救苦者不神。不然，衆生羅如波門，難者何時何地無之，而絶不聞大士一一引手，則所謂大士者，亦聾瞎人也已。

孝廉家滈茂，❷讀書食德凡三世，成孝廉。而孝廉之爲孝廉，實以《春秋》名。僑黄之人之昦若弟，三四媚於孝廉家。僑黄之人，❸顧得數數從孝廉訂内外《傳》之微言，證經權之得失。嘗以是非雜叩諸孝廉之耳，孝廉顧不聾也；以黑白混陳於孝廉之目，孝廉顧不瞎也。竊嘗畏之曰：「春秋之士也。」乃闕逢涒灘以來，僑黄之人復嘗閒以是非耳孝廉，孝廉猶未聾也；以黑

❶「意」，王本作「意哉」。
❷「滈」，王本作「淳」。
❸「之人」，王本作「今」。

白目孝廉，孝廉猶未瞎也。乃愈益畏服之曰：「真春秋之士也矣！」嗚呼，即此不聾不瞎，而孝廉苦矣！孝廉之苦，孝廉之受救苦者也！

僑黄之人亦嘗學醫，以醫喻之：知所苦而苦之者，尚活人也，醫得而救之者也；不知所苦而樂之者，則既死之人也，醫安得而救之！大士即神醫，能見微於毫毛骨髓，安能爲人易已腐之心，續已斷之腸哉！況小慈者，大慈之賊，大士即能起死人而自神其術，亦決不肯妄一播弄伎倆，以市幻於不忠不孝、不仁不義之人，以絶生人受救苦之種者也。夫然後知孝廉不聾不瞎之苦，尤大士之耳而目之者也。大士之願之人爲大士也，❶久矣。然傭奴之人不能也。孝廉既明《春秋》，喜談節概，以其識力，勇猛精進，則孝廉即受苦者，即受救苦者，即救受苦者。以聞持佛之佛，不若自聞其聞，大士之期衆生者固如此。孝廉何不可爲大士？不然，僅低眉弄木榫，俗人之所稱爲善人，則亦怖死無生氣人，大士未必屑耳目者也。

僑黄之人尚多疑義於《春秋》，每喜援古今而論著之。待孝廉梓經佛事竟，一一致之孝廉耳目，以攷僑黄之人之耳聾也不，眼瞎也不，則僑黄之人之佛事也。孝廉能刑於家。孝廉有女季適僑黄之人之舅，一犂牛之子。子弱冠玉折，而女仰藥殉。全晉之人，顧感激而喜道之曰：「太原李孝廉之女也。」僑黄之人乃今知之，曰：「女，大士佛子也。」

❶「之人」，王本倒乙。

此太原李中馥鳳石緣妻病，禱大士。愈，梓經，而先生敘之如此。鳳石有幹濟才，明季乙亥、丙子，兩經虜變，偕袁袁山贊畫軍事，晋恃以無恐。鼎革後，杜門不出。宋企郊拘辱山右縉紳，獨鳳石不屈，彼亦不敢無禮。姜逆之亂，鄰邑俱陷，知縣郜煥元奉戰守方略，太原城獨全。著有《四書膚搔》、《詩經注疏》、《從好集》、《於陵子集》、《歷考》、《石鼓考》、《耳載》、《晋社約》、《本草目録》、《銀杏園文集》、《元釋兩藏撮要注解》等書。與青主、中宿貫徹三教真銓，時謂「晋中三隱」。霜記。

藏山記事序

巖壑須人，風煙借韻。性淡者翻多麗句，體遠者了更淡情。故露下芙蓉，月中楊柳，幽藻于今猶在；乃亭皐木葉，隴首秋雲，儁才正爾長存。風騷所宗，壁壘斯易，豈雲霞之屢變，補夙昔之金青。仍耳目之不移，錮未來之聞見。遂使林泉氣索，花鳥愁嚬。得賦《遂初》，誰如石老。圭組無復攖心，煙霞不時憩跡。幾分長者之鉢，齒雪流匙；不貪智伯之鐘，鬢霜度磬。冥搜祕豔，支筇粉節頻提；幽討聞和，曳屐香泥輕帶。神長獨往，性不偕來。提偏師于慈氏之峰，五言斗絶；築長城于温河之涘，一字難摇。舞櫂誰酬，秋水承橈于吟客；鑿輪寡和，峻坂反駕于風人。但有旗靡，良由標迴。今且懸崖結構，徘徊烈士之祠；潤道枝撑，經始藏孤之洞。一葉之聲，猶能接意；微蟲之響，儘足迎心。何況千山萬山，頤光高妙；加以十步五步，寄興淡微。丰格崚嶒，良奇文之奥府；綺思駘宕，發空谷之靈音。舍公其誰，茗柯有實；

喪吾之我，糠粃在前矣。

奉賀涵虚上人報恩圖經小序

古德開口問人，便道父母未生以前，作麽生會？貧道如今問人，只單問父母既生以後，作恁地解。只此一些，没人承當，無可奈何，再露消息。未生既生，總是渠事，都不置論。只要問以前以後，放父母在那邊？真正出家兒始能了此。不意涵虚比邱眼明手快，於佛法裏並不交涉，只報親恩。❶如此男子，甚爲希有。我學佛人，豈作誑語？合掌讚嘆，而作頌曰：「父母親切世尊疏，世尊謂二親最神；以法供養我生者，是則名爲報佛恩。」唐林曰：「麽」上疑有缺字。

❶「親」，劉本作「母」。

霜紅龕集卷十七

陽曲傅山青主

書後

題湯安人張氏死烈辭後張刻作「三復雪開士」。

文字直如此做，直樸不枝，可喜也。數年來見開士文筆頗多，此漸進自然矣，是學問大進處。清清割割，造此一道，不蔓不枝。先儒云：「只有可減，無可添。」與禪學「解黏」一般，詩亦當如此作。可取鹿門先生五言細讀，造就當世一詩僧不難也。此意雪林極解，有作時時請益。不真不淡處，即毁却，專向自己心地上作老實話。韻也可，出韻也可。黏連向背，都是方内人取第工夫。高格高調全不用也。

書張維遇志狀後

平定張生煜，不忍厥父維遇之不聞於鄉也，列其行，請居實誌墓，復欲老夫言。老夫學老莊者也，于世間諸仁義事，實薄道之。即强言之，亦不能工。不過于居實之誌喔喔耳，又惡用之？老夫以别眼看維遇，其敢死爲勝。狀誌皆云：以少不謹，致疾，名際而字遇。際遇若此，敢死于牀簀，與敢死于沙場等也。且道今世，縱酒悦色以期于死者，吾黨有幾人哉？

吾最喜噉州中河漏。每過州，知交輒爲設河漏，遂皆競精河漏之法。而吾嘗曰：「平定無河漏矣。」維遇亦吾一河漏檀越也。居東門，小亭藏古梅一株，高丈三四尺，傳爲百餘年物。初爲某百户家所藏，轉而至維遇家。歲寒時，著花高槙，❶不受俗物攀龥。又冬青一茇，❷亦不類常所見。摶摶濃茂，一老幹耳。復于根旁小分一枝，瘦縮並舉，枝頭葉皆以少爲貴，如劉松年畫松法。吾每於此噉河漏，輒多進一半碗，如梅、冬青之勸我也。無何，❸梅與冬青無故忽枯死，而維遇亦隨物故。異哉！

煜能讀書鈔書，皆始終筆畫精細不怠，是州中一後輩好學人也。即此，維遇有子。聞維遇者，尚煩友朋之言哉。

---

❶「槙」，原作「植」，據張本、劉本、王本改。

❷「茇」，張本作「薄」。

❸「無何」至篇末六十二字，張本無。

書承務君墓誌後

此字爲周公瑕客晋時請書之，刻亦精。先承務本俊男子，肖山此誌，多掉書袋，反失其生平。由前輩學古文詞者，只了得作誌文事，亦如帖掐營生，原不能洞識人之大槩。故百十誌文，徑如一篇，改頭换尾，只填其姓字子孫耳。可笑之甚！山向藏承務君詒參藩官雎陳一家書，字法森逸多奇氣。中有「爾做官只要體帖『公生明，廉生威』六字足矣」，書末又大書一行曰：「切忌乘怒責人。」先四祖時隨祖任，中又曰「四小子在彼不讀書，便送來，我一頓打死」等語。山擬橆作家傳書法，❶遭亂失之矣。附記于此，令子弟知。若此誌，良不足爲承務重也。

書郝異彦卷

郝異彦者，謂胥也。少年如越，音無問人。未死先一年六七月閒，忽持一卷，屬余寫其生平，無回護去。次年夏，偶中疫死。異哉！君子疾没世而名不稱，即異彦亦有焉。

異彦，陽曲岡上人，世史學使者家，積諳學政。至異彦，特聰敏，異於其祖、父，故名「異彦」。從師習時文業，十六七時，業且通，幾誤中酸腐惡。成諸生，定有識，不失轉更，卒以其

---

❶「橆」，劉本、王本作「撫」。

諝胥嗣先業。而自字「太素」，義有取于澹泊，如不欲因先世熟業來諸生熱騖。

甲申以後，學政大新，諸老史讓能，捧案登異彦掌故。異彦既聰敏，當秉牘諝，遂不肯，終無所用。然時移勢異，人不異，異彦獨異之。提學其提學，異彦底提學；弟子員其弟子員，異彦底弟子員；即異彦胥其胥，異彦亦底胥，能以其諝挾騺尾從陰康氏，爲婆羅門倒行。常人駭之，達者許之。因利乘便，高才捷足，不當如是邪！賀雞囁嚅辟咡，不言而蹊，灼灼華諸門牆，大素於是乎大鹽。異彦復能大度，不刻契責人，拔十得五，酣歌行樂，食客亦日數十人。

初亂後，諸無俚依之如小薛邑，厥類嫉之，日擬發厥陰。會有既空槖，籍曼名，群鬩于踁。厥類慫恿，擁使者投牒，日數十紙。既聲章著，人方睥睨異彦之劇之，異彦獨暇之，乃以其諝飛而之燕。既負燕，諸鬩及使者無如之何。復以其諝胥尚書部。有某尚書，亦以如幻三昧，塗負疲津梁，可其諝，寵異之。適尚書被搆，不得其媒孽原委，苦難縷析晉。而異彦又能其諝鉥誘之，攫得其對者章致尚書。❶尚書一夜辦之，遂得要領，不大敗。尚書益娓之。若此諝者，喻之小則櫻桃檄也，以大則如文季治璧，然皆急而黠。❷鏖糟聞之，非滎陽涣則靈昌鉥。堂任之，卒得力。

---

❶「致」，張本、劉本、王本作「政」。

❷「黠」，原作「點」，據張本、劉本、王本改。

無何，以謂得淮安外河主簿。時淮安守亦山西石樓人，諺所謂情懷者也。酉、戌間爲諸生，亦熱逐異彦。異彦亦依之，多有所侮借。而守又適與判搆，罣異彦詞中，被繫，當治。察禁，出一單袖中予異彦，教之訐判，判由是敗，而異彦亦解任。不歸里，由水路之燕，復以其謂與諸部胥往來。有越陶，亦以其謂圖胥。異彦又損行橐陰輔之，約分潤。食指繁，無俚，學畫美人鐙，薄佐薪水，而又以其謂爲不文，蘭名散人。多識燕山景秀，即郎吏有慕燕玉，率能致之，盡狎邪歡。謂至此，殆妙不可言矣。蓋異彦本晋人，久游燕，多狎越人，故徑欲越人。加久客，不無緩急，鞅掌太息。式蛺蝶之遨游東園，不屑竈下之脱，千日而始爲鴝掇，待其微，翩翩須翅，遷氣化蠭，逢有足甜，螫而採之，百穿洞房，造蜜爲頤，謂於是苛矣。

又七八年，倦遊歸岡上里。不諳寂寞，猶欲用所未足，游戲鎮帳。即未嘗荷戈持戟，聊復冀半涣行間，或解后稱快，寄「猶向寒雲試射聲」之意。無俚，益工繪事，由美人至花草、翎毛，復略倣山水平遠。謂而老山人矣。然仍有興與少年歌曲逢場，興時狂一塹參軍，復習不媿而忘人。雖崑山老倉鶻商咄夷之，似且可以得意自解頤，得大壽不死。然竟死。予傷其有不肯湮没之志，輒追書此，遺其子雲鵬。雲鵬亦能畫，畫更精妙於異彦，而爲人愔静，不能以繪事高自置，類有德者。以異彦家法論之，得此子，得此子。

予既書此，復追惜太素晚日貧乏。若尚不大貧，當此時大出橐，爲一丰力才能縣官，不足道也。以彼其風流俊黠，餙以文雅，焚香喫茶，買一進士及第何有！天下之才，應運而生，如太素謂者幾人？ 即太素得及第，猶今日大照上上缺。❶也。惜計不早及此。

書馮吶生詩後

晋雅晚近，盛於析城、高都。太原以北，大寥寥矣。賢橋梓以鴈門奇氣旗鼓中原。山中之人，久從人處讀琳瑯百十篇，相其中外，不可測度。私謂當有鏗鋐鈞部，用昭光岳。今乃得親炙公子風期，慨傾珠玉，使寒儉之夫眼眩心悸，得未曾有。衍迤大鹵，自應有斯人，有斯文。南華老仙論大巫小巫，固精乎其喻，而老夫常自謂爲衰巫，尚敢向壯巫手中傳葩哉！ 以年富力强之人，據五車三峽之勢，不知究竟當何底止？ 令我短氣短氣。

書易疑後

此西河胡公子季子、于野兄弟所爲《易》學也。義概自不愜《本義》而樹，季子自敘甚辨。藁無慮八九易，每易輒示老夫，謂老夫亦頗習《易》。老夫於此實不敢曰知，矧周知！ 聞廣成子治「屯」、「蒙」二卦之言，後但取經中最明顯不費探索者，獨得「地山謙」一卦而爲之。及讀

❶ 「缺」，王本作「四」。

公子之《易》，通析訓詁，研理崇文，老夫始知何鳳棲之學，❶非楊伯醜所測。從此西河有胡氏之《易》，卜山書院得未曾有。天挺兩公子以經學重西河，西河行有六種震動矣。因通論兩公子，蓋老夫畏友也。爲詩，畏其詩，不屑中晚；爲文，畏其文，不屑不韓不柳；❷爲醫，畏其醫，《内》、《難》諸方書，斤斤上口。論古今得失成敗，指掌嫿審，令老夫瞠乎其後。今爲經，先儒有不能解免者，矧瞶瞶之老夫乎？

然而尊紫陽之義者，行當仇兩公子。兩公子非倍紫陽者。喝佛罵祖，佛祖與之。學紫陽之學，當以兩公子爲適派。惜乎老夫此言，且無所可諭。若兩公子少得時行道，有一步不法紫陽，老夫不信也。復惜乎兩公子，天既窮之，令窮經矣。格心論道，豈或有時乎？大要有時，亦不足爲兩公子增重。若無之，兩公子以經儒傳世，爲清白郎官，振振流風，益知天之報施，在此不在彼。

書文賦後

我今讚歎，於彼陸生。作文利害，隨子之變。各人甘苦，各各自知。未聞得證，而不斷

---

❶「鳳棲」，王本倒乙。

❷「不韓不柳」，原作「爲韓爲柳」，據劉本、王本改。

臂。人喜亦喜，人悲亦悲。毫没交涉，謂獲至寶。蝨魚募緣，沿門乞討。原非豐生，無此文福。滿眼芳潤，其奈不漱。重淵有魚，子無鈎何。曾雲有翰，奈汝無繳。披者未得，而況未披。古今須臾，四海一瞬。課虚責有，叩寂求音。敢不按部，趨來就班。至意司契，離方遯圓。片言居要，其警安在？怵他我先，雖愛必捐。牢落無偶，非汝境界。無上甚深，不向汝道。竭情多悔，率意寡尤。兹物在我，汝其竭之。勠力非余，作何見解？空懷自惋，爲可憐愍。陸生陸生，莫爲人道。無耳根人，説亦不聞；無眼識者，見如不見。大法不私，上根不竊。規矩具在，能者得之。慙愧珍重，須下苦力。

書此賦了，復漫書此偈，以讚士衡。此陸生廿時作，已冥搜入微矣。我今須白，何曾夢見？然不敢襲故，以爲彌新，稍稍知恥，且爲來世下讀書種子耳。

書侯朝宗于忠肅公論後

侯生謂「英宗還而欲景帝讓位，此非于公所能也」，生之言是矣。謂「上皇之居南宫也，廷臣之不得已，天下之不得已，亦景帝之不得已也」，生之言是矣。謂于公「斷斷不逢君之欲，以取富貴」，生之言是矣。謂于公「不過其衝，不開其隙，是其心迹猶在趙中令之上」之言也，似是而非。謂「廢太子，立見濟，則于公力所能争，而公不争」，公似無以解免。至謂「詔草一傳，公亦唯唯署名，揣公之意，以爲發非我，我非秉鈞者，或天下之不我責也」，侯生之論非也。復以爲「公自念功蓋世而名震主，大權不可以一日不令在我，設一旦拂帝之意，吾將置身何所」，以區區楚國之葉公猶不屑爲此，而況于公？侯生之論，愈苛而愈非也。乃至于謂：「公之私意，以爲己之年僅卌餘，而帝復甚少，即一旦南宮告終，則天下又無意外之變，易儲所必不免，此時可以力争，以爲他日之地，而公不及料景帝之七年而崩。」何其舞文遂至于此！果如侯生之言，公即不能料七年之外，于景帝之病，亦非一日，公豈不能料其不起？始而易儲，以防猝然之禍，以之爲居功之地、自固之術也，侯生之言非也。復謂「自其不争易儲之心推之，則景帝升遐之後，不主南宮可知」。吾謂南宮既已辱國，豈可復辟！在當時之臣子自不敢爲此論，而古今社稷爲重之義則如此。不惟于公之心如此，即當時臣子之心亦皆如此。不幸而公死，而使國家有兄弟之變，叔姪之嫌，而公之見不及。缺。即其不請儲，必知儲之所在。缺。

書神宗御書後

追論朝事者，率謂天下之弊釀于萬曆間。此以膏粱公子待太平天子之言，其言意實大不敬。❶若爾，則見諸宸翰者，❷亦當如徐偃王耳。伏覩當日御書「海濶」五言十字，一字整于一

❶「言」，張本、劉本、王本無。
❷「見」，原無，據張本、劉本補。

字，一畫勁于一畫，威儀恂慄，無所不備。以前後四十餘年太平之福，曾不敢逸豫于筆墨之閒，其蝙蝠蠖濩之中，覽道德之精剛者，從可知矣。凡事上有好之，下有甚焉。當時以書法噪于縉紳者，莫過南董北米。董則清媚，米又肥靡，其爲顔柳足以先後書法者無之。所以董謂趙孟頫爲五百年來一人。以若見解習氣，仰視神宗玆製，不違咫尺，有汗流浹背已耳。有君無臣，豈筆墨閒亦有然者耶？言之於邑，不勝凌誶。臣山觀時茀戊午之又戊午三月也。

題慈恩寺三藏法師傳後

此河東王府藏，散失不全。此土納轉迦藍綱摭拾之，雙塔院圓壁募畹瑞緣，贖置塔院。擬補搆全之，願力未圓，且有待于時節。羅列龕前，旋旋細讀。至此高字函，欲鈔記所歷諸國名號，遂用朱筆細標格上。山借讀之，亦復有補標者。往因用朱筆批點五部中一小部，薄得譴責，似不應于經教加筆者。及觀崛㠗山藏中，亦有爲不知誰何僧朱點記注者。此卷中遇法師正眼，超出黑學，感歎泣下，不禁讚頌而深□之。❶此神州臣子心，即諸佛心也。因憶納轉藍一執殿僧，不知戒律宗教事，而至今上殿，拈香祝贊，只管依舊。山聞之，念南無佛。十六院中，一鐙不息。此名字有別記。

❶「□」，王本作「服」。

書山海經後

青羊菴主曰：貧道讀《山海經》得妙物焉。洵山之䍺，狀如羊而無口，不可殺也。可以殺者職有口也。無口則無死地。文章士不必輒著述持論，始爲有口，始鼓殺身之禍。居恒一言半句，皆爲宵人忌，❶皆是兵端。介母曰：「言，身之文也。」愚謂不但文，幾以身爲的而積人矢鏃者。❷袁叔都尉觀童恢，❸皆以喑而隱，得䍺之妙者也。嘗大書「䍺」字帖菴牖，爲磨兜鞬之訓。❹進而讀天山之帝曰帝江，狀如黄囊，是識歌舞妙至矣。貧道滑稽，作《囊道人傳》，援帝江之義取囊而已，未及黄也。黄，中也。中也者，天下之大本也。治天下者，泥中之義而不能四達用之，以爲聖人經世之言而已，是吾莊翁所謂緒餘，可以爲堯舜者也。老子曰：「盜爲腹，不爲口。」腹也者，中也，囊也。孔子亦曰：「幾事不密則害成。」以申括囊之謹。故囊者，

❶「忌」，張本作「所忌」。
❷「矢鏃者」，張本作「之鏃者也」，劉本作「鏃者」。
❸「袁叔都尉」，張本作「表叔都封」。
❹「鞬」，張本作「堅」。

天下之妙道也。然而自無口始，無口而後可囊，可不殺。❶夫既囊矣，而何以能舞？無口矣，而何以能歌？此中妙道，任手足以舞，任口以歌者，皆莫知也，惟無口而囊者知之。不能無口而不見殺者，❷幸而已矣。人不殺，造物者殺之矣。不能囊而歌舞，皆歌人之歌、舞人之舞者也，勞瘁而已矣。藍彩和之踏歌，能歌者也，吾知其能囊也。華佗之五禽戲，似知舞者矣，❸然非囊中之舞也。囊之時義至矣哉！然囊難能也，無口或可能也。

庵主曰：❹《山海經》不但物類奇瑰，即文字之古峻，皆後世文人不能擬肖。或曰：荒唐之言也。余曰：平實之理，無足駴，少所見多所怪，見橐駝言馬腫背，如此輩人，舉世皆是也。故《山海經》之義息矣。以《山海經》爲不可信者，《爾雅》亦不可信也。歷代史載方國出産，以爲真邪？妄邪？故通儒奇士而後可讀《山海經》。讀《山海經》已難其人矣，而況讀《莊子》者乎！以實爲誕矣，能以誕爲實乎？❺

❶「可不」，張本、劉本、王本倒乙。
❷「不見」，張本、劉本、王本作「未見」。
❸「似」，張本作「以」。
❹「庵主」，張本作「傅山」。
❺「實」，張本作「誕」。

不畏雷之物二，不畏霆之物一。《中次七經》：「半石之山，其上有草焉，生而秀，其高丈餘，赤葉赤華，華而不實，名曰嘉榮，服之者不霆。」傅山曰：不畏雷者，明著「畏」字，此獨無，傳説恐非。

不妬之物三，獸名類。菴主曰：類自爲牝牡，性乃不妒，請試省此妬根畢竟在何處。❶蘐草，其狀如葵，其味如葱，食之已勞。菴主曰：蘐草味如葱，可㛴。人告貧道，蘐草根子可作果食。遂握得削之，如冰玉，亦脆嫩可嚙，但味餘帶蒜臭，則廢不復采。若少加鹽醯爲菹，當雋於蒜耳。蘐草原名鹿葱。

庵主曰：冬夏有雪之山三：西，甲首之山；北，姑灌之山、空桑山。貧道寒骨所宜，冰魄欲迬。

不瘧之物二。首北號之山有木焉，其狀如楊，其實如棗而無核，其味酸甘，食之不瘧。《中次六經》：「陽華之山，❷其草多藷藇，多辛苦，其狀如櫹，其實如瓜，其味酸甘，食之已瘧。」「櫹」字即「楸」字。傅山曰：「櫹」，《説文》「長木貌」，山巧切，宋玉《九辨》「萷櫹椮之可哀」，从木肅，當即此字。然其音則如蕭。左思《吴都賦》：「櫹矗森萃。」《註》李善曰：「櫹矗，長直

❶「畢」，原作「必」，據王本改。

❷「陽」，原作「□」，據四部叢刊景明成化本《山海經傳》補。

貌，所六切。」義合《説文》，聲頗遠矣。大概皆聲之可轉者。若「楸」字，《説文》自有之，以山巧切轉平聲，如稍音矣。山巧切之入聲，即所六切。以「橚槮」之「橚」轉可諧修，亦不能至「楸」也。且楸，木也，草安如之？又曰：「實如瓜。」瓜至小如升，草本不勝也，須蔓生藉地，蔓生安得如楸？楸葉類桐而小，或其葉三歧，有類楸葉耳。《經》統曰「狀」，不曰「葉」，《註》所謂「楸」，難通也。

《海外北經》：「無腸之國在深目東，其爲人，長而無腸。」《注》：「所食之物直通過。」故傅子曰：此輩省却多少委曲。妙，妙！

太上三元保命經書識

無福之人，焉敢妄希賜福！回向痛省，但有罪可懺耳。苟心不昧，隨所觸感，冷水澆背。粗言淺義，莫非真詮。❶吾儕小人，正不須得此威稜警省。一切深文奥旨，自爲上根慧者設之，不得浮慕於彼，疑謗於此。

❶「詮」，原作「冷」，據王本改。

書金光明經分別三身品後

《三身品》，非謂無金，非謂無水，非謂無體，非謂無空，非謂無心，非謂無覺。真實妙義，破諸顢頇，謂西典一「空」字盡之，誤矣！

書金光明經後

庚申七月二十三日之夜，夢至一小梵。一白衣比邱，年有二十許，❶所説語言不多，亦不能記。忽於肩背披一黄色紈布之類，上有大字數行，亦不曾細辨爲何等文字。比邱但真真説「金光明經」四字，聽之最響。又云「教當如此」，亦不曾問如此爲何。圓璧忽然在旁，來憑案云：❷「收拾一静室，可寫此《金光明經》也。」山頷之。比邱又引山出，至小院窗下，指一小花盆，令看。中從土出大紅如硃砂色，不枝不葉，逕若蓮瓣，絫層而起，❸瓣邊少有黄色一緣。山

❶「二十」，王本作「三十」。
❷「案」，王本作「几」。
❸「絫層」，王本倒乙。

問何花，比邱曰：「吉祥花也。」遂寤。曰專從崇善後門方丈借此十卷，❶擬細讀之。昔曾涉獵一過，實未思維也。老矣，不知尚能歪好一寫否。

夢中看花後，又忽來一閹人，下馬云：「更可寫《藥師經》也。」

書金光明經懺悔品後

夢大河水，運動手足，求至彼岸。由於身心不退，覎則水岸皆無，不可謂之無心。心之徵於夢中者，實實如此。夢寐顛倒，而竟有不顛倒時，斷無認父母兄弟爲不知誰何翁媪朋儔之時。心之貞，於晝夜亦較然矣。山自遭變以來，浸浸四十年，所惡之人與衣服、言語、行事，未嘗少爲之嬰嬈將就、趔趄而從之，不欺之諗，亦頗自信。謂作夢時不能自主，直末夢時原無確不可拔之力耳。因讀是品，略記此中。

❶「善」，王本作「德」。

霜紅龕集卷十八

陽曲傅山青主

題 跋

補鐫寶賢堂帖跋

古人法書，至《淳化》大備。其後來摹勒，工拙固殊，大率皆本之《淳化》。逮至有明，則有肅藩之《淳化》，仍其舊名，卷次不少變更。周藩之《東書堂》、晋藩之《寶賢堂》，則稍有顛倒增益。今此三本並行人間。汴帖摹勒無丰采；肅帖豐肥濃態側出；晋帖圓秀遒媚，出周、肅上，二王鈎勒猶爲精妙，獨獻之《授衣》一帖，不及肅帖遠甚。然肅本此帖，亦不及汝刻也。

故老或傳，截取《絳帖》之石，而冒之以《寶賢》之名。往聞諸府中老尉言，取庫中分藩時所得《絳帖》，鈎之上石。按：《絳帖》始於潘師旦，或謂爲《潘駙馬帖》，蓋潘氏世居絳郡故也。單炳文考論最爲精密，曹士冕甚服其博，於其所謂「東庫本」下注謂：「潘所居石，分而爲二。其後絳州公庫得其半，於是補刻餘帖，是名『東庫本』。」由此言之，石在宋代已分爲二，晋藩又焉得載而取之？且《寶賢》卷次與《絳帖》差互，❶非《絳帖》之原石可知。單氏謂：「大令《復面帖》，『面』字右邊轉筆，在石空缺處。新《絳》無右邊轉筆，第七行行書『止』字，新《絳》作草書『心』字。」今《寶賢》「面」字不缺右轉，「止」字不作「心」字，鈎之《絳帖》之證一。曹氏言：「《宣示帖》『報』字右邊直畫向左鈎起，『夢』字下『夕』字微仰曲。」❷今《寶賢》鈎起仰曲皆與曹氏言合，鈎之《絳帖》之證二。又謂：「《宋儋帖》多燥筆。」今《寶賢》此帖猶有燥筆，鈎之《絳帖》之證三。且其自序亦言「取庫中《淯化》及《絳帖》鈎之」，謂鈎之《絳帖》者爲是。

石經亂不全，棧櫪糞壤，僅得七十餘塊。其廿餘塊，有得之東門人家水竇中者，吾向稱此不全本爲「竇本」。遲至汝翁令君來，烹鮮之暇，流覽感慨，於兵征、催科、鞅掌之間，興及銀鈎鐵畫，乃延晋水段生綷鈎補鐫勒五十三塊，而頗欲還其舊觀。迂人且以爲不急之務，非夫風流醖籍，孰能若此者乎！老來諸緣牽率，一切皆斷，惟水墨積習未除。❸復此勝舉，但有贊歎，全者不全，不全者全。時節因緣虧成之際，正自爾馨。但此工速成，當再因搨本而端睨修飾之，與「竇本」神彩不遠。即名「寶賢竇本」亦可。使曹氏見之，不知快當何如，定不作武岡

❶「卷」，原無，據王本補。
❷「夢」，王本作「茅」。
❸「除」，王本作「能頓除」。

新本觀也。「竇本」，余别有説，此不贅。

書補郭林宗碑陰

洪景伯《天下碑録》：此碑有二，一曰「郭有道碑」，蔡邕文並書，在太原平晋龍泉側；一曰「郭林宗碑」，在介休墓側。今所謂「龍泉」者，並其地而迷之。其墓側，但有元人真書謄其文耳。其《隸釋》及《集古》、《金石録》皆不列此文，唯引《水經注》有之，而作「建寍四年正月丁亥卒」，「哀悼」作「哀痛」，與今行文少異。每疑景伯在南渡後，不得收北碑有之，而歐、❶趙二《録》在北宋時亦不列此。何也？洪於《水經注》所列碑後云：「其碑今不毁者，什財一二。凡歐、趙《録》中所無者，世不復有之矣。」乃知此碑在南渡之前已不可得矣。而今乃有藏此碑者。吾從汾陽曹孝廉偉得一本，不知近代何人補書，前篆書頗可可，而碑字陋甚。至於「篤」、「鴻」、「焉」、「爲」、「庶」下皆作「火」，尤鄙陋可笑。不知□□公所賞識以爲漢碑者，❷又爲何本？或非吾所見者耶？

吾家世習漢隸，間嘗與息眉、孫蓮蘇各以其手法書一本，藏於家。會介人士磨石要書，老

---

❶ 「歐」，原作「毆」，據劉本、王本改。

❷ 「□□」，王本作「青螺」。

人不復能俯石上受苦，爰以家本令蓮蘇雙鈎，過之石上。石工粗鑿有畫，而屬離石王生良翼對本修之，豈敢唐突中郎，聊以補晋金石之缺爾。王生貌樸野不文，而實内慧，能文多解，兼能醫，運斤病字，良賴鍼砭。是舉也，董公正紳、朱翁敏清、張長公佩實慫恿之。吾樵擬《百石卒史》；眉得《泰山》、《太守》處多，亦間作梁鵠方嚴體；蓮蘇專寫《涫于長》，略得其疏拙之似。一本出自平定者，是眉别用梁鵠法，非家藏三本内者。僑黄老人傅山記。

傅眉曰：「今行中郎隸書，惟《汝帖》『定册帷幕』數字及《夏承碑》耳。家君此書，蓋斟酌于二者之閒。」

題宋元名人繪蹟❶

此册中多霬鳳黄孝廉家藏幅。孝廉之祖，有宦晋宫承奉者，❷故多得晋分藩時書畫。而孝廉又博學，精賞鑑，以文章從龍池先生遊，是以收藏精富，在嘉、隆間爲太原最。庚午、辛未之間，曾留貧道冰龕，頗細爲删存之。既而流轉好事俗人之手，轉供櫝檼。昭餘戴仲子，以世家郎不屑屑裘馬，好書愛畫，真有土炭酸鹹之癖於中，不受毒藥攻伐，復得而藏之，此顧物遇之數之常。然遭此喪亂，天下名人書畫，糞盦灰燼，不知凡幾。即幸而未壞，歸之市井腥羶之

❶「繪」，原作「會」，據劉本改。
❷「宦」，原作「官」，據劉本、王本改。

手，刼厄極矣！此册何幸，得歸然公子補厂，❶亦大良緣哉！亦大良緣哉！

其中「枯柳寒鴉」一章，則右玄得之甲申兵市中。「梧桐」、「美人」及毛女粗絹作「緑楊紅杏」三版，又係貧道冷眼物色於晉祠一財虜家，告之仲，仲遂賺而有之，附集中。其顛癡之趣，大似趙子固之於《蘭亭》佳書哉！翩翩千金，五花紫貂，腄貉囤子毛朝外。金鍐刀一鞘，銀鐺腰鞓，鉅胡琴，唱滿詞，「爛醉遼煙」，乜斜道番語，顧今日貴公子之得意腔調。何不以其富强精神，因利乘便，而獨迂疏好此，何其不解學合時宜也！

貧道僑西河，則薛子文伯、王子子堅與游，而西河之人謂薛、王被貧道從而廢。僑艾，則白子居實、范子垂雲與游，而艾之人亦謂白、范被貧道從而廢。今戴仲數數自昭餘來，徵書問字，則昭餘之人無亦謂仲被貧道從而廢耶！仲勸題此册，因感今世之從貧道游者，多招詬詈，仲若獨行獨斷，天下之奇人難得者，尚當歸仲，況紙上書畫哉！若書畫，則貧道亦好之而不精，如有以趙孟頫書畫要貧道鑑者，貧道固非張伯雨也。

與右玄書册

右玄從盂廟藥市致此素册，命書近詩。道人之詩，道人之性也，支離率易，不衷於法。右

❶「厂」，原作「广」，據劉本、王本改。

玄數謬賞之，謂「詩佳」。❶道人實不欲妄自位置，極自知醜劣不佳，則右玄之稱，幾於無目矣。要之，中瘕癖者，酸鹹土炭，本非正味，而嗜之不改者，病爲之也。不欲違意，爲書離亂中近體若干首復之。右玄習醫日精，必有攻瘕癖妙藥石，且勿服之，服之則臭詩。一旦糞棄之，好我不終，毋乃自涼其德耶？

跋忠孝傳家卷

孝符讀《禮》時，出先生一疏、一書，令山書之。孝符謬謂山字足以書此，❷不知鄙書於古人字學，未略夢見。既屬之矣，亦復勉終復之。若先生忠孝之門，學傳在人間，又不復單在此二篇，又豈需野書以行？孝符但欲藏此忠孝之蹟於家耳，故題之以「忠孝傳家」。孝符哀毁墓次，幾於滅性。天篤其誠，不至溘焉，非偶然也。一時人士，亦駭其過情。嗚呼！此何事也，而有過乎？試讀前書，知先生之所言，即知孝符之所行也。❸若論書此，須得端人正士手筆方稱。山頗放蕩無繩檢，且年來久不作楷，故手嬾腕疏爾爾。書此，不無點辱莊語典文，然

❶「詩」，原作「特」，據劉本、王本改。

❷「謂」，劉本作「爲」。

❸「也」，劉本、王本作「矣」。

孝符亦不以方内與責矣。

孝符，明大理寺卿日葵張公子。二篇謂《甲申辭聘疏》、《廬墓答梁廣文書》。平定州城東有《皇清首聘名臣日葵張公神道碑》。相傳張公應聘中途，忽曰：「何以見青主？」乃止。臨終託作墓言。先生使以「首聘名臣」題其碣，今觀《辭聘疏》，此説或是訛傳。霦記。

失　題 載《瀛海仙班帖》中。

「天下未定，智意爲先。智意雖有自然，然不可力强致也。此諸君讀書，盜當效吾等竭力博識，以待訪問，如博士探策講武，以求爵位耶？當務其急者。」孟光與郤正語此，時九十餘矣，尚以此望之世子，可謂不偷矣！而其語意，則因問讀書來，大概欲讀書以長智意耳。

廖元儉過宗德黿，欲與共詣諸葛思遠。德黿曰：「吾等年踰七十，所竊已過，但少一死耳，何求於少年，而屑屑造門耶？」思遠雖年少，恰是武侯賢公子，非紈絝襲寵輩比。而德黿爲此言，正是老漢愛惜廉恥處，非薄思遠也。況時思遠實平尚書事，若遇公事，有關國家利害，當與政府議之者，亦避而不逞耶？孝裕之不忘知計，忠也；德黿之不過思遠，矜也。合二老之言觀之，遠權貴以養廉，讀經傳以見事，不偷慕，不趨勢，總非錡老賣老之所能也。

題自臨蘭亭後

向見邢太僕家所樵《定武蘭亭》，一味齊整標致，較今諸所行《蘭亭》頗懸都鄙，比之唐臨絹本，則不無安勉之别矣。及見胡世安所得祕府十六種，第一卷即褚河南臨本，於今野本天淵絶也。始想《書評》「龍跳虎卧」之語，非無端造此景響虚譽，令人抹摋不得也。褚臨本已爾，不知右軍真蹟復當奈何？吾懸擬「龍跳」似之，尚恐「虎卧」不盡其變。丁巳六月八日，佛陶頗静，忽復書此一過。

題趙慶門先生像慶門，名士吉，字修之。

此吾萬曆乙未榜進士、水部郎、樂平趙慶門先生像也。癸未，曾見其謁郡守王公，冠帶皆舊敝，而騎一羸子，質直不文。因敬前輩之不事修飾，大都爾爾，今覩此影，又非老子所見時，蓋臣子遭變後矣。衣冠肅恭而敬穆，❶子孫拜禮之，不但如對音容，亦可並見天朝紳笏，臨民之制，儼然望畏。念之者。❷

❶「穆」，劉本作「□」。
❷「者」，劉本作「哉」。

題四以碣後雪崖曰：「以好色之情好德，以修名之法修身，以畏神之覺畏人，以救災之勇救過」，此先生爲九芝書也。九芝宰富平，嘗迎先生與顧亭林、李二曲於署中。李天生賦詩美之。

九芝郭丈令頻陽，葺斗室讀書，顔曰「慎廬」，爲此「四以」之言，矢諸外内。爲予歷訴生平艱難苦毒，至於二人終天飲泣舌卷，不可忍聽。因有所不敢，遂有所不爲；因有所不爲，益有所不敢。予爲之悲其志而書之。其在頻陽，最愛敬二曲李子，爲西京師表。尤服膺乎其謦欬之微，即爲官可知矣。

題抑甫畫抑甫，名新增。

此河東府將軍、宗室抑甫筆。抑甫于畫，實不濟事，而自置不常。若其子，讀書苦心，則宗室中絶無此人。與王中丞浦鶴、錢輝縣虚舟、楊僉憲定一、李司馬以仁輩結詩社苦吟，吟差勝于畫也。然多識字，以其能細讀《文選》諸賦也。甲申，兩子被殺，抑甫亦病死。

跋孔宙碑

「緩案急挑」、「長波鬱拂」八字，頗盡隸書之微。若「翹首揚尾」、「直刺邪掣」，又專指八分璽法，直邪全侶用刀矣，❶而勁筆亦爾。

題唐東巖書册東巖，名頤，字子觀。

此吾鄉唐東巖先生倅蘇時所得。先生好文墨，學古文詞，喜聱牙。著有文集，子孫式微，不能梓行也。貧道猶及見先生之子近巖老人，質實，無公子習。傳聞訪先大夫，來時每騎一驢，隨一粗厮。坐久，厮睡熟不能起，先生蹙之，令牽驢，不即應，笑而待其寤。先大夫喜道其盛德事。家藏吴中名士筆蹟頗多。其祖憲副公諱希介，《墓誌銘》是文徵仲小楷。此石見在晋城一人家，未毁也。

書成宏文後

仔細想來，便此技到絶頂，要他何用？文事武備，暗暗底吃了他没影子虧。要將此事算接孔孟之脈，真惡心殺！真惡心殺！

❶「全」，原作「仝」，據王本改。「刀」，原作「力」，據劉本、王本改。

題趙鳳白山水巨幅 趙名文徵，陽曲人。

此老友鳳白趙文徵畫，絶不用繩尺，爲丹青家蹊徑。磊砢峰巒，萬丈丹梯也。濁堂老人山題。

産于筆底，拔出嶔巇，落勢真奇構矣！若以此事法脈求之，鳳伯大笑，但高誦坡仙詩「作詩必是詩，定知非佳詩」以謝之。山又題。

題幼科證治準繩

姚甥持此，令老夫稍爲點定一二方，欲習之爲餬口資。既習此，實無省事之術。但細細讀諸論，再從老醫口授，自當明解。扁鵲以秦人之愛小兒，即爲小兒醫，慈和愷悌，便入藥王之室。慎無流於惡姿，如李謚也。

紀九圖吟跋

別中宿三年而見之，則鬚之黑者强半。余無所疑，但信其工之熟耳。及自言之，亦不知其屬工之熟與否，但曰：「行功過格至五十九歲之某月日夜，始覺是日無毫髮自欺處，翌日而鬚黑矣。」吾始肯之，仙道在是。不然，以造業作凶之心，而令白鬚再黑，盡世間人聞其術而行之，尚有白鬚人哉？趙忠毅贈道師還陽翁言似此，遂題之云爾。

忻州張天斗中宿，少有用世志，無書不讀。明季癸未，見知關中孫司馬，題校參謀，多所籌畫。未幾引退，人以爲見幾。順治甲午，同青主繫獄，散家財，置義田，建生壙於忻之南。自題墓碣《白芬銘》，曰：「芒鞵踏破莽煙堆，崑崙頂上玉屑飛。葫蘆顛倒乾坤術，華表悠悠説令威。」著《紫髯集》、《斗酒篇》、《客窗嘯》、《象緯成書》、《陽宅發微》、《地理六經》、《地理四書》、《塋元龜鑑》、《奇筌髓隱》、《知來集》、《窺中集》、《渾僧三夢》、《十年底事》、《遊洪紀略》諸書。《紀九圖吟》以天之九道、人之八脈合九而奠位於中也。自冬至八十一日，以及驚蟄之後、春分之前，陽長陰消，卦擬《大壯》。卦起於《復》，而圖位始於《坤》者，乃中氣寄位於《坤》也。初九在中，道行虚無，其卦在《坤》，其象取始，從中之祖。氣生水，氣通乎腎，一九在腎，道行任脈，其卦在《坎》，其象取基。坎水生木，氣通乎肝，三九在肝，道行督脈，其卦在《震》，其象取開。震木生火，氣通乎心，四九在心，道行衝脈，其卦在《離》，其象取明。離火生土，氣通乎脾，五九在脾，道行帶脈，其卦在《艮》，其象取比。艮土生金，氣通乎肺，六九在肺，道行陰蹻，其卦在《兑》，其象取貞。兑金少陰，反象合《巽》，氣通丹田。七九丹田，道行陽蹻，其卦在《巽》，其象取合。巽乃長女，位應乎《乾》，氣會於頭。八九在頭，道行陽維，其卦在《乾》，其象取會。乾濟坤而成泰，氣還於腹，九九在腹，道行陰維，其卦在《坤》，其象取元。九起於坤，而終返於坤。夫坤乃藏之始，數起於一，而窮於九。八十一數，九九盡矣。艮乃藏之終，卦始復初，其變極八，六十四卦，八八終矣。自《坤》起，九而始復，一日一卦，兩時一爻，順序排成。七九得《夬》，六十三日，七九告終。再進六爻，八九之始，卦偏爻完。兆乾躋壯，陽出於地，雷欲鳴天。待九體全，赫臨《震》位。自八九之二日，又有守雷候升之道焉。順序應機，以成《大壯》，氤氳景象，以達純乾。紀九煉神，凝神悟道，徧歷九宮，以圓行方，道自明矣。霦記。

跋丹楓閣記

楓仲因夢而有閣，因閣而有《記》。閣肖其夢，《記》肖其閣，誰實契之？總之皆夢。《記》成，復屬老夫書之。老夫顧能説夢者也。嘗論世閒極奇之人、之事、之物、之境、之變化，無過於夢，而文人之筆，即極幽眇幻霍，不能形容萬一。然文章妙境，亦若夢，則不可思議矣。楓仲實甚好文，老夫不能爲文，而能爲夢。時時與楓仲誦文，❶輒引入夢中。兩人蕿薹，隨復醒而忘之。我尚記憶一二，楓仲徑竟忘不留。❷此由我是説夢者也，楓仲聽夢者也。説夢，聽夢，大有徑庭哉！幸而楓仲忘之，若稍留於心，是老夫引楓仲向黑洞洞地，終無覺時矣。

題山人張中宿祖塋改向圖記

形家中宿，不華正倫。信道任運，退步非屯。無子遺妾，敢瀆媪尊。解兹義者，風水許論。後昆念之，匪私其身者耶？

---

❶「誦」，王本作「論」。

❷「徑竟」，王本作「遽坐」。

題三教廟

佛來自西方，客也，故中之。老子長於吾子，故左之。吾子，主也，故右之。雖然，他三人已經坐定了，我難道拉下來不成！

霜紅龕集卷十九

陽曲傅山青主

壽序　墓銘　哀辭

奉祝碩公曹先生六十歲序

舊鄉舉不復，今會亦不官者，則所謂無用人者也。乃於吾鄉聞三四人，見則碩公先生一人。曩與先生同筆硯於袁山之門，一時沾沾自喜士惟恐其穎之不露，而先生獨静、獨慎、寡言，吾私領之。又三年，而雋姚江潘皆生先生之門，皆生今亦不仕。再上春官，不報，而國變，迺遂閉門謝人事，讀書詠歌。先生教子弟研經以需。吾僑西河時，數數過先生譚，子弟行肴觴，有禮有法。時抱三奇小郎膝上，問小詩小書背誦之，拖習小郎，亦漸入大學。三子者彬彬焉，爲先生舉六十之觴，禮也。羣子弟友生亦皆喜曰：「先生六十矣。」從而觴之。夫此六十，譚何容易！以余所與游，今年登六十者蓋三人，其閒窮愁者窮愁，其可以不窮愁者，又多犯吾家「知止、知足」之戒，而子弟又不必皆賢。視先生之爲六十，則天人矣。此且無論，以當今之日，亦不絶人逃世，亦不應世之老孝廉而虚邪，❶而六十，豈復泛泛常時常人之六十者耶！

吾頗論先生之無用於斯世，不激不波，於所欲爲者爲之，❷於所不欲爲者不爲，於所爲不言其所爲，以求容於所不爲，亦不言其所不爲以自高。愈静愈慎，而内之芥蔕者幾消，外之乘芥蔕而隙者亦不不消。如江河三峽之長年，一切濟舟之具無所不備，而亦不沾沾其具，弄以示人。而正風旁風，迎潮隨潮，風波震蕩，一柁默操，愈静愈慎，愈變而愈不變，因而載者不知其在風波中，而讀書詠歌先王者亦不廢。子弟友生，知其如此，而後先生六十之觴足舉也。夫然後知静慎者，壽之本也。先生自有之，無庸復介。先生能飲，吾且介飲，介飲維何，我以其人。

蓋當今之世，偕之不能，而孤而無與，亦戚戚足以損年。迺綿麓温子者，先生同年友也，亦杜門十三四年。於今解頤一時，德星和氣，飲同人，不覺而醉，如入漢陳太邱家。吾嘗屬同人：此沍寒春谷也。今先生儼然六十矣！兩郎君富挾經術，舞花箠，頡頏西河名宿，士跅弛欲過之，皆能奉先生教，有而不居，猶安子弟行，不犯踏。是非先生之德鄰者耶！先生不孤

❶「亦」，劉本、王本作「一」。

❷「所」，原作「斯」，據劉本、王本改。

矣。可喜也，請一嚼。翼城二袁子圃於鄉，❶亦不應今世，閉門讀書教子弟，臭味與先生不謀而合。先生愈不孤矣。其一亦佀先生同年友者，晋昛之牓，何多隱德也！可喜也，請再嚼。吾迺今從南來，復得彭城古古先生，❷亦老孝廉，不應今世，汗漫去鄉國。舊善騎射，今斂而不試，時寄豪詩酒間，幾不可知。而天篤之，尚偃蹇浮沈於今茲。我方外之人，聞之起舞增氣，先生聞之，能不起舞增氣者耶！請三嚼。是氣也，蓋不可一世計矣。

祝榆關馮學師七十壽

平定舊游子張生福全曰：「絳昭武馮先生，七十而來治州學，清健如五十歲人。甫解氈，即損橐。小小理學官，米鹽臨大祭，兢業籩豆間。習竊者惕，習玩者革，殆有習楚望之夢者耶！弟子過，必款，談論彌日。會有公事，當醵斂，而又賻諸橐。弟子負感之，擬壽十月三日之生日。」要道人一言。既出兩郎君之述，臚厥席珍，理學、詩文以逮書法，無不足不朽者，又何有於七十！乃頷之，乃惟龍門有斯人。然道人荒唐謬悠之言，不足爲今世禮官一觶。而每有味乎管子之言：「人之生也，必以其歡。」夫歡莫歡於飲酒，飲酒莫歡於山水往來、賓主之

❶「子圃」，劉本、王本作「不圃」。

❷「得」下，劉本有「一」字。

閒。州故有冠山，山有吕思誠書院遺址；有嘉山流杯池，池則趙秉文之祠儼然在焉。吕思誠三爲祭酒，而以許衡爲法。衡，世所謂大有得於程朱而以道爲己任者也，即許衡可知。思誠爲蓿時，即知刻先聖像，今比屋事之者也。秉文，以其世之文衰弊，而取疏格者也。宫牆灑掃之暇，若載酒挈諸弟子山水之閒，冠山則以吕思誠爲主人，嘉山池則以趙秉文爲主人，觴詠倡和，一觴一日，以至百觴百日，千觴千日，登百年彈指耳，何有於斯七十耶！

既復見所註《孝經》，則君以之教人者，壽之不可量，乃在斯乎！乃在斯乎！故以一人言之，孝無終始；以世界言之，孝無古今。世界有變，而孝無變，歷代史册，孝子事蹟最多奇異，而至於地震山移，至孝子家，分而爲兩，過之既過，其家復合。天地鬼神之篤祜孝者，如此其周也，故孝者無死地也。以此教人，是與人爲孝者也，壽不可量也，惟此可進無算爵。

書扇壽文玄錫

先生原西極人。西極之學，與耶蘇同源，而流少異。今互争正陪，然大都以事天爲宗，日按儀禮天，即或有敗數，❶不禮天，受天罰五極，亦迯迯論。遵其教者奉行之，無論其心之藏諸人所不見者黑白何如，而儀飾諸外以對天者，率之詩句。詩句似此言訟過而讖悔之詞。玄錫

❶「數」，劉本、王本作「教」。

於其教，僅不食其所最忌不食者，而其餘不甚屑屑拘其教。人數責讓之，以爲昧於事天矣。不知玄錫之事天，不於其衆所匍伏之寺，而獨於其屋漏，儼然臨汝，無時不畏威懲。住此甲申以來，❶此方習周孔之人，熸焉者也。玄錫所謂君子存之者矣。此玄錫之不息於天，即天不息於玄錫者也。生日前一月偶小疾，人或爲虞，吾曰：是在《周易》「豫」之「萃」：「貞吉，恒不死。」先聖象曰：「中未亡也。」且歛八十之酒，九十吾又有九十之言。❷

此原書高麗一扇，詒之，頃遺扇，郎君能約略誦之，復以此紙令追書一過。不文之詞何足存？玄文爲「不於其寺，獨於其屋漏」一言，爲能道其心事，故丁甯之也。理學先生聞之，不知謂玄文是那家適脈，❸又是甚麽正眼。

姚缺庵墓銘

此缺庵姚先生之墓也。先生諱思虞，字元遜，號賡堯，又號缺庵。先世嘉定人，幾代祖某遷於青，而爲青人。弱冠以高才中鄉試，數奇，數不得志春官。一試蘭陽令，升丞臨洮，不赴，

❶「住」，劉本、王本作「往」。

❷「吾」，原作「五」，據劉本、王本改。

❸「脈」，劉本、王本作「派」。

解組還。會國變，有聘之再三，辭不應，禮也。六十有五歲，丁酉卒。郎君狀要方外之銘，其諸方外之人，不習諛墓，足銘先生也者。然聞之：先生則鄉之所謂狂人也。還山公曰：「先生好飲，好讀書，口無俗言。客有見之，與飲酒道古事，不可一一解。環郡數百里中，可與言者似不一二人，是其所以狂。」方外之人曰：飲酒讀書，狂哉！狂不可及，狀固有之。常畜酒百十甕，諳古今人物政事，孝夋任恤。諸所當備家乘者，須史才，則方以內任也。貧道獨銘其狂，銘曰：

人不識字，之乎足怪，而又篆籀。盆盎米鹽，沾沾諟諦，社稷美够。百斛龍文，誠多耳逆，臃腫病瘻。鳳吹鸞鳴，折枝草蟲，仰天而呴。玄堂寥寥，苞茱不來，聊飲其酎。一年百甕，勿與人事，柰何夫遘。飲酒讀書，九頭五龍，真冷以又。書對鴻蒙，酒見太始，性得其復。典墳期宮，❶純純常常，文胤其茂。

郭九子哀辭

庚辰夏，舍姪物故。余傷逝壹鬱，長日擁被睡昏昏然，不出門，亦不見客。中楚不時作，輒有句曰：「事了不相與，情來無柰何。」至十月，有淛人王某者來拜，予以其南士遠來，或有

❶「期」，劉本作「斯」。

奇聞可喜事，足發予悲悼者，勉答拜其寓。王龍鍾，語喃喃不了。問所從來，曰自武安。予即問：武安有郭九子，識之乎？王曰是擴申耶？八月閒故矣。予謂爲王別所識耳，再詰，始知之即屬九子。王老語含喉中，謂郭若擴，新爲申也。余驚劇曰：九子死耶？王曰：我見李瑞神弔於其家。瑞神蓋遂臣也。九子與友善，予即哭諸其寓。聞之此邦知九子者，俾哭九子焉。嗚呼！居實向爲予言：「客歲下第，九子、居實、文伯、木公，偕過榆關，游冠山。三子皆落莫無興致，委頓巖阿閒，告疲劮。九子獨引滿向衡，選古松題詠之。既而蹣跚石磴，直到冠山最高峰，踞大石狂笑，掀髯向下大叫，索酒飲，亦何壯哉！乃今忽然成古人，追感舊游，一痛一絶。」憶陸士衡之言，曰：「慘此世之無樂，詠在昔以爲言。」不禁淚淫淫承睞也。九子實有祖父母、父母及其妻五喪未舉，今九子又死焉。九子又無子，其誰了此者？其誰了此者？越十餘日，舍弟書至自京，云與露盤同儆，露盤實親蓋九子棺。述露盤之言曰：先是三月時寓京，忽心動想看九子，即束裝至武安看九子。九子喜露盤來，飲酒賦詩，談笑累日夜，豪氣不除也。露盤尋别九子歸，九子適小感癘下，露盤心計，當稍稍待其疾差去。已，九子疾益篤。九子時無故輒痛哭，又語露盤：我何善感傷也！語已，隨復哭。露盤勸慰之曰：子非戚戚人也，何爲乎？九子曰：然。乃强起，益飲酒作詩。越中秋，病大劇，露盤相不能起，乃與遂臣問先子後事。❶九子曰：無可言，以數棺累我遂臣、露盤，必竟歸吾邱隴事本志耳。❷露盤、遂臣許諾，九子返席没，八月二十二日也。達歲，文伯古遺書致余曰：「九子五喪，貧不能舉，吾輩可義賻之。河西士聞之皆樂爲，❸今且集數十金。彼中多士，有風之，當不後西河也。而聞之析城之上黨，露盤再聞之平水，同志多好義，爲九子了此不難矣。」余答書曰：「唯唯。九子有五喪，誠不可不舉。九子家實貧，然九子知交爲富貴人多，若一二富貴人肯捐橐中金助之，❹了此何有！使我輩此義行，必有儇佻少年，以錙銖穢物附諸其中，而嘐嘐自鳴『我好義，我能以金助郭九子喪』。使九子受若助，葬厥祖父母、父母，則九子得罪厥祖父母、父母，我輩亦得罪九子矣。」文伯古遺甚韙余言，姑已之。乃今九子之喪竟不能舉，以至於死。嗚呼！是無富貴人出橐中助九子者耶？其有助贈之，九子不受耶？抑交九子者徒慕九子名言詩文，未嘗以此切偲相讓而力贊之耶？亦九子志有所需，以此爲可徐徐者耶？向使余無

❶「先」，劉本作「九」。
❷「事」，劉本作「是」。
❸「河西」，劉本作「西河」。
❹「捐」，原作「損」，據劉本改。

異議，文伯古遺之説行，九子之喪或能舉，未可知也。九子没，而有好義九子者必於此。❶余知九子心，是有哀辭曰：

奄人生如飈塵兮，何時物之足需。刎兹所以自盡兮，豈他人之可遺。窳褲恐隣於墨兮，亦不聞葬竭家而爲儒。傷流寓屬魏土兮，志存諸羊舌之墟。元振没之已久兮，貴人子又無堯夫。豐美不得於陳遵兮，王丹復重下厥機杼。夫使九子而離此尤兮，亦友朋之罪也。騁浮藻以醻酢兮，封時名以自賈。既無力之可賻兮，又無言以相補。吾知若人自至性兮，欲白其情於天下。哀孝思之未著兮，恐媒勞而信寡。況媒孽之不必有兮，誰肯恕夫賢者。吁嗟可悲兮，❷瓌材之不信。憑心而不化兮，卒集戾於厥身。人將以爲口實兮，謂文章士爲不仁。嗚呼，九子！此心不可持以示兮，其泣下里而號天。有人諾以代襄兮，鬼神實聞要約之言。雖死者生而生者不悔兮，謂足慰重泉之棘人。

祭張日葵先正文各本均無，振玉據《平定州志》十二補。

嗚呼隱哉至性老，鄗上談經聞道早。敬以敷政廉不飽，建言議獄星日皜。嘉山碩果晋之

❶「義」，劉本作「議」。

❷「嗟」，原作「蹉」，據劉本改。

表，遭時不造槃難考，六十有五壽良少。嗚呼隱哉先正情，瀾之頹也拳石輕，一木焉支大厦傾。嘉山春花紅照人，嘉山娟月秋自明。先生一狀無處横，甲申六十已不生。蹇産歲月待河清，待之不清甘速死，死而後已鍵厥□。毅魂幽魄悲無已，松楸夜泣老卿士。亂世會葬人觀禮，禮易而哀公有子。焉焉矣矣知生死，誄詞無窮忌莫矢。靈之來兮鑒非彼，啟我後人誨古始。《志》但録韻文，而佚上半。不知尚有他本可據補否，以俟他日。

霜紅龕集卷二十

陽曲傅山青主

記

醉白堂記

竇生讀書之堂，顔以「醉白」者，醉白生居實也。白生潦倒自廢，棄於此邦。邦之人有飲之，皆欲公榮白生。竇生獨不公榮白生。生過輒飲，飲之惟恐不醉。竇生實能釀。邦舊有名苦酒，務酋多秘其法。竇生微之，而六物加精心焉，其釀遂獨擅於今。道人每過，未嘗不從白生後，數得領其芳烈。每一舉盞，未嘗不憶竇生爲夏后氏少康之裔。又念生名學周，姬周公不可學也，而安豐侯融實字周公，而儒生又不能學，柰何哉！然融雄據涼州時，實轄有酒泉一郡，竇生當坐擁百甕，自醉醉人，陶然自豪時，亦無異於周公之臨酒泉時耶！凡潦倒廢棄之貧士，不能常得酒，聞竇生之風，欲依之以爲醉鄉，幾何而不如坐安豐公哉！館後一臺，高樹數章，拂雲而涼，道人顧白生曰：「是可稱小涼州矣！」復慫恿爲作《小涼州詞》，以歌酒德云。

記李賓山

石道人寓盂時，即有木石之友三，云：一藏山請雨洞石龍，一學宫蜕殼仙槐，一則兹李賓山松樹子矣。松勝於耉，兹獨稚；松韻於疏，兹乃密。其穉而密也，❶娟修倚狎，如不自舉，亦不肯輒仆壓而生者。出土不起，任厥情之所指，螾蜓而紆行，❷頹縱遂性，不見戕於材，❸蓋松之隱者也。道人嘗蒲團於下，偃仰幽睞：蓬耶？麻耶？蘆荻葭苻耶？竹箭耶？藤耶？不松觀松也。❹松不松觀，❺觀解脱矣，松解脱矣。❻谷颸線度，無聲而聲，天塼土匏，而抽菁蔥百年翠管巢和之耶？時道人所選坐小麓，❼適甌窶而墳。如笙之匏，尋遲月來蟾，精碎漏

---

❶「其穉而密也」，劉本、王本無。
❷「蜓」，原作「蜒」，據張本、劉本改。
❸「戕」，張本作「戍」。
❹「不」，劉本作「不癡」，張本無。
❺「松不松觀」，張本無。
❻「觀解脱矣，松解脱矣」，張本二句互乙。
❼「時」，張本作「盖」。

白者，水耶？芒而金碧者，芹藻耶？移步轉眴，不能辨矚。魂亭浄瀋，極明極晦，極晦極明，極有極空，極空極有。道人失其坐李賓山松樹子下矣。洲耶？渚耶？其在水中央耶？又何不褰裳濡足也？亦醒亦夢，欲言無言，道人侘傺而多悲，斯則偶有造適於李賓山松樹子林中時也。

過數日，山之僧適塗茨其廠廊成，❶欲道人記之。因記一時侘傺而偶適於此小松者如此。❷山則唐李長者華嚴道場，❸今亦不奉長者。前殿三大士，殿前即其廊，廊殿後前梠接也。後殿一佛，佛堦砌左，玫瑰一本，❹色香殊勝，疑佛菩薩心樹也。道場之陰，斧劈石業，業立如屏。石罅拔疏柏十數章，❺小白浮圖出焉。石下滿井，澄渟弱丈，寺僧分潤，❻不少溢

❶「僧」，張本作「僧某」。「塗」，劉本、王本作「葺」。
❷「小」，張本無。
❸「唐」，張本無。
❹「本」，張本作「枝」。
❺「十數」，張本倒乙。
❻「寺僧」下，張本有「終年」二字。

竭。❶當一亭苦之，❷惜無作者。井前石町，又錯色玫瑰一叢，❸花色不一，開輒欲千蕊，❹近方言之所謂十姊妹花者矣。住者，游者，同未斷惡惡。松耶？柏耶？十姊妹耶？

狐大夫廟記

木橋門壕南道右狐大夫祠，蓋祠恭世子傅伯氏也，故湫隘。都會無別祠，有司祀典，輒此焉蒇，然無厥初。歲乙巳，暵，有禱之，應。居人始謀報功，略莊嚴之。有殿有寢，有垣有門。孱隨竟，即不沈沈，靈之來也，俞蠲穆也。西南百二十里，賓有狐山，❺山椒有祠，麓有墓，云大夫及二子墓咸在焉。山隸交城，❻似《山經》所謂狐岐山者也，故傳交城爲大夫故里云。《左氏傳》：懷公圉實殺大夫，以不召二子故。其言曰：「子能仕，父教之忠。」至今儼臨晋地，惠及蒸民者，忠之靈也。千百年來，非學士家不知有圉之名，而圉不能令大夫之祀至於今不絶，

---

❶「溢竭」，劉本、王本作「竭益」。
❷「當一亭苦」，張本作「定當一亭覆」。
❸「又」，張本無。
❹「欲」，劉本、王本無。
❺「賓」，劉本作「實」。
❻「隸」，劉本作「肆」。

其一時所謂君臣者，又何足道！方世子鬼見時，大夫告以神不歆非類，其芥蔕秦晋間耳。類與不類，歆與不歆，顧難歷言之。而地襲曰晋地，人襲曰晋人，舊都舊國，望之暢然，即仁人之於桑梓可知矣。

上蘭五龍祠場圃記

迮余讀書虹巢，數數過上蘭五龍祠。祠東南有余家地二畝，祠僧普烈請爲場圃，余許之。越二年，復過上蘭，普烈將築牆於此，嵌石其上，復請余記之。時普烈適新住城之報恩寺。寺，龍池先生像在焉。先生當日文士，死焉。亭樹非其有，贈答吟什非其有，子孫亦非其有。余約普烈供佛之餘，以香火供先生焉。烈能聽余，是余以二畝地爲龍池先生易香火也。❶奇奇！

雪崖曰：碑末題「岳丘既平，琮玉斯韞。考祥亡羊，題楨木折。有位無人，甫田圉隱。巨室工逸，七賢一遁」，蓋崇禎辛巳書也。龍池先生無考，《雜記》有王龍池道行者，或其人耶？

---

❶「香」，原作「湯」，據張本改。

平遥惠濟橋碑記

合亭岡、祠源兩水爲中都河，略平陶城東北，北西趨汾。❶夏秋山水怒漲，人不利涉，仍而津處，曰：「下木橋處實無橋。」❷邱里亦時時言橋之。往亦時有財施，❸採石材擬橋焉。闒茸撇捩，四舉四罷，卒不能橋，石材尋亦廢没。近數年中，始謀大作，募財鳩工，擬必橋之，而不知其必能橋與否。邑知言者不必橋之成，不必誰何可鳩也；必橋之成之，鳩必劉澤民。

澤民往爲少年之魁，任氣已諾。四十長齋，有所不爲，勇修人天福果。膩顔，氈帽高近尺，藍布大襖，青布齊肩，綿帶攥著韆，布襪，巋然古農。按氣不任而已諾，惟舊諾是役也，矢惡誓，瘁瘝人。有羣庶鳩，勢則百人之瓢，惜哉一錢之蜜，❹不無跋躐。夫劉來，稍絡繹引謝。於是權益專，指揮益無所齟齬。爰詢爰度，爰遴匠石。掘三十尺而弱及泉，杆而得厥剛而杆

❶「北西」，張本無。
❷「處」，張本無。
❸「時」，張本作「稍」。
❹「哉」，張本作「或」。

之，湮泉，泌瀹杵臼，❶乃土乃灰，乃粸爐磁，灑之，澮之，行堇行蠚，傞尺寸而鵝之。始也泥吸鵝，人笑之；既而鵝躍堅，人頷之。廣幾五十尺，縮二百尺有奇，而橋基成。乃鼻乃援，廣二十尺有奇，容兩牛車，間獨輪推車一，綽縮一百二十尺，而橋梁成。費無慮七千兩有奇。祠宇像設，茶檫庫廚，分用少半。準提三楹，則澤民服田之力獨考之。適余將游先師山，山深茂林，百餘里中，人畏爲倀。夫劉指揮鄉導，米鹽餱糧，無聲而辦。入山，犨奚見山木修直可枝，❷踴躍往折。乃解行李，出小斧與枽之。眎彼其鏖糟揖讓，一飯十起，而小大無用，有間矣，即綱紀橋事可知也。不知其人，請觀其橋。

是役也，面勢定向，實如温生毓桂指生事形家者言也。始終八九年，募緣茶湯供給，閱道人凡四，而劉演和、郭清甯兩人者，最涫篤無他，皆先勞瘁死。今收拾落成者，則侯道人沖麓。凡大事，唱首者不得享其成功，❸類如此哉！庶鳩賢勞，劉讓之，不獨居功，應貞諸邱里之言。❹

❶「杵臼」，張本作「疏濬」。

❷「枝」，張本作「杖」。

❸「唱首」，張本倒乙。

❹「貞」，張本作「徵」。

拙庵小記❶

拙庵者，雪峰和尚以古佛事親之庵也。其庵舊名「藏拙」，白子曰：「拙不必藏，藏即不拙。」和尚不飲酒，母老，能少飲，庵中蓄名釀以承顔。余與石道人時至，輒出所蓄以飲道人與余，不藏其和尚而畜酒也。和尚實能肅威儀，熟字母，攤藏中論，分小小部。亦頗喜讀經史，學小詩，或者疑其逃墨歸儒也。寒山、拾得乃復有詩之謂，何況資生事業，與實相不相違背，木人花鳥枯禪云乎哉！《楞嚴經》云：「譬如有客，寄宿旅亭，暫止便去，終不常住。」而掌亭人終無所去，不爲亭主。是庵也，非蘧廬寄宿之庵，安身立命之庵也。余嘗贈和尚詩曰：「出家何必廢田廬，無學仍看子史書。和尚有親將佛事，耆婆偕母入山居。」即以此爲和尚説偈。願和尚之始終拙而不藏。浄衣而持觸器，豈其容巧？巧則藏，藏則敗矣。

缺　題❷

雪峰和尚凡作詩，輒自署曰「拙庵」。白居實先生曰：「庵舊名『藏拙』，拙不必藏也。」拙

❶ 傅山，號「石道人」，據文中「余與石道人時至」語，疑此文非傅山所撰。

❷ 劉本題作「記」。

不必藏，亦不必見。杜工部曰：「用拙存吾道。」内有所守，而後外有所用，皆無心者也。藏與見，皆有心者也。有心則貌拙而實巧，巧則多營，多營則雖有所得，而失隨之，究之得不償失。守之云者，可以求，可以無求，弗求之矣。可以舟旋，可以無舟旋，弗舟旋之矣。可以思慮，可以無思慮，弗思慮之矣。和尚家風，壞色死灰以爲清浄。《易》曰：「無思也，無爲也，感而遂通天下之志。」則拙之道成矣。倘太覺寂寞時，即以小詩作慧業，解脱可也。

缺　題❶

秃翁之言曰：「拙不必藏。」畸人之言曰：「拙亦不必見。」傅壽毛之言曰：「性之拙處，是其真際，不必藏也。」詩又小技，果不必見，見則人皆笑之。畏人之笑，而不見之於人，則終無成就時矣。獨覺辟支，豈易圓滿，但不當爲摇頭之馬子侯耳。後魏《釋老志》之言曰：❷「漸積勝業，陶冶粗鄙，經無數形，澡鍊神明，乃證無生，而得佛道！」吾不以此言説法，而以此言論詩。苟能至此，性不必藏，詩可以見。見無所見，藏無所見，虚静通照，大巧若拙。拙豈易言哉？當自信心始矣！雪峰參。

❶ 劉本題作「記」。

❷ 「魏」，原作「魄」，據劉本改。

重修九閒橋記

九閒橋，傳云古城濠也。橋北小梵，云爲方山王府家佛堂，梵北即方山府，説其近之。住雖僧，亦當爲其出入王家便耶？九傳而爲今宗玉，葺而新之。凡補山門殿廊十八閒，像設有殊，惜不於橋加一欄。爲言之，玉曰：「我不愁跌死醉漢也。」蓋日攜酒喧顛橋上，實繁有人，玉厭之也。此邦尼院凡五六所，獨此頗不聞穢聲。吾又問徒有幾人，玉曰：「三兩个跛底瞎底。」嗚呼，犍矣！自云是工其紡績之功爲多。

荼毘羊記

方山門未闢時，陶竇窈窕，生客未蹤也。日衆經行，見羣狗子直竇嘷。睨之，壹羊規竇入，羣狗子格之，雖劇，不退轉。僧慈悲，揮狗子去，引羊入，羊如少安穩。謂逸諸牧。翌日，有尋羊來，云潘氏役，塗次大恐怖，幸生還，許賽羊關帝。明日且賽，忽逸出，迺至此，請牽羊。僧曰：「是羊逃死來道場，有放生，無殺生，請贖之。」役曰：「柰得罪關帝。」僧曰：「關帝在伽藍。」共禱而鬮之，擘赫蹏，寫一「殺」，一「不殺」。役鬮得「不殺」。僧衆念佛，役亦念佛，如是，顱留羊常住，去。於是羊得大安穩常住。芻豢月餘，一夜無故殂。大衆曰：❶「善來有緣。羊，佛子。」普請律衆，爲羊轉咒，荼毗附普同。

祈藥靈應記

甲子冬，先居士病傷寒十餘日，危證皆見，呃逆直視，循衣摸牀，發黄發瘢，醫來莫措。或傳南關文昌夫子靈異，舊人往往於廟中祈藥，輒應。先兄與弟止左右服事，山𨑳禱之。家攜淨水一壺，杯一个，至廟先叩住持。住持言：「昔誠有此，近數十年亦無來求者。子但傾水於杯，跪祝之，時時視杯中，若得黑藥，病愈遲；得紅藥，愈速。」山意雖誠，不能無疑。殿宇肅闇，山恐壺中或不潔，少帶塵埃，睇覷出，於日中注水，水無纖塵。然後入殿，措盃神几，禱求之。移二刻，起視，則盃面浮黑星十許粒，如米臍。山即驚怖，得未曾有。又祝禱之，移刻起視，則得朱藥三星，大小如前黑藥，浮游盃面，如硃砂粒，光圓神彩，不可思議。山駭喜，謝神惠畢，即酌之壺中，奔還。抵舍，會午昃，先居士卧榻在牖下，日光在囪，明充屋漏。山告禱祝及所得神餌靈異於老母兄弟。及以壺水注盃時，心驚手顫，唯恐或失。復自疑，或屬眼花眩惑者，且戰且注，見前丹、黑二藥如前分明浮轉，動心駭目。老母兄弟驚喜無喻，即灌先居士

❶「衆」，原作「則」，據張本、劉本改。

口，見兩藥皆入，幸無撒失。灌訖，少選，即扶倒就枕。隨聞息小齁齁，有酣睡聲。睡比晚，不煩劇，蓋已四五日夜不醒不睡矣。及夜分醒時，前諸危症盡除，再不少作。自是日就平泰也。奇哉！

山追記尊神靈異，書付弟子輩，無緩也。

霜紅龕集卷二十一

陽曲傅山青主

碑碣

天澤碑

律師天澤潤公，陝之蒲城人，出家蒲之佛田寺，得戒五台之蘊真和尚。崇禎十三年，游太原，既傳戒於太原城南之浄業庵，梵衆服其愷悌悲喜，遂推主庵事。不貪不惔，不暴不費，應卅年如一日，老而矍鑠。於無病時即修小白窣堵，種松樹子，以爲寂住冥龕。欲道人書此碑，及其生也一見之。道人顧心許之矣，然以道人説和尚家語，即微中，彼其其信？吾謂此土葹中，當分與思修土榻一半尺，思修實左右和尚、綱紀常住者也。今年和尚病，復敦前諾，遂爲書此數句，令和尚見之。和尚處分常住，精爽不亂，日飲麵茶兩盞，禮佛不懈，夜卧亦無呻吟疾苦聲，即化後可知矣。

續以偈子問之，令和尚將得去，薄了汝今生文字因緣也。偈曰：我今重問汝，汝當安所迮？庵中住不住，此塔能住否？汝之大福德，利益諸有情。而在於傳戒，使無諸覆藏。當其受戒時，不管戒前犯。至於戒後破，懺悔刹那間。爲下定慧種，生前既説戒，死後戒仍持。戒爲天地根，生死縛不定。當此呼吸際，莫於舊公案。鈔撮復湊泊，説諸無益語。生死將戒去，再來亦歡喜。還願與思修，世世共法會。

東十方窔補建白衣閣洞之碑

以煙火棚，爲清涼厦，潘始基也。維此木材，具有善根，斲未虧也。施磚者疇，因緣有盂，二萬坯也。維此陶甎，而有浄性，火不災也。其餘拮据，住持本善，致胼胝也。瓦礫盡化，平如手掌，成琉璃也。伽藍精構，若出迦葉，杖所指也。虚明三洞，不壞無縫，互援揹也。冬單結聚，煐墜證焉，緇侣依也。寶階左右，❶陟降有明，蓮閣躋也。白衣大士，悲眉連卷，像法宜也。瞻言鸎鴟，蘇雨之仁，覆雲之慈也。二親最神，汝知報恩，於汝兒也。❷孝子其匱，佛種其墜，末法危也。此之不明，不絶如綫，奚俱胝也。雖佛出世，亦無奈何，天理澌也。父子如此，所謂君臣，仁義比也。蒼天蒼天，大費鹽醬，刦灰迷也。刦灰之迷，小碣貞之，使我碑也。言

❶「寶」，劉本、王本作「寳」。

❷「於」，劉本、王本作「與」。

告大士，我非彦輪，非簡栖也。寒山片石，即不鳴吠，不索謑也。不索于中，大士洞誠，語可誰也。支提之闢，佛日佛月，肇丙子也。刹那今昔，昭陽單閼，歲在此也。

重修惠明寺舍利塔碑記

蓋聞究竟堅固，無間薰修。苟虧實因，安證真果。漏成無漏，視婇女如木人；情度有情，拒耶輸以華氎。祕密有在，爲諸天設法於胎中。❶神感無方，使羅睺受生於指上。❷始知三世諸佛，皆從此生。一切凡夫，悉趨於死。命隨染盡，道由浄成者也。是以圓滿十七地於羯羅藍身，具足萬億刧之阿賴耶識，不離本際，還攝威神。譬彼金剛，留斯舍利，豈若夫獨生獨死，見斷見常？臭盛革囊，朽遺骨聚。澄泉眩葡萄之朶，荷葉淫鳧鴈之音。鴻毛共輕，隕孔雀之智；草木同腐，折栴檀之薰。蒸沙入火濟成乾，惡露浸蓮華愈萎。陰貪五濁，神負二親者耶！故梵天争取，國土均分。刧盡收藏，龍宫起水晶之塔；報身鮮白，天上游珊瑚之林。世尊尚惜團泥，童子誰能補糞？盤頭珠在，過去妙心。寶掌錢流，現今快樂。五法利益，三

❶「設」，張本作「説」。
❷「睺」，原作「瞻」，據王本改。

繞吉祥，佛有成言，吾非誑語。掃猶若彼，❶一掌殊勝閻浮，塗復如何，造新不如修故矣。

兹晉陽古城，并州舊址，惠明練若，華藏浮圖。傳阿育八萬四千之一，在真丹一十有九之數。立白霓於懸甕，西通雪山；接紫光於泥連，東來沮洳。而此爲最，與地並雄。運遞先明，紀年正統。晉藩寙化，懿簡子侯。奉供僧田，爲善優於河間；檀施沃壤，斷疑篤於竟陵。刈自然之香稉，殖應食之麻豆。刼灰振古，無異三餐，以適莽蒼。樓炭斯今不持一鉢，更輕飛鳥。惟深贊歎，但有裵徊。邇者蒲阪無聞，榆社久隱，代東之琉璃弗現，霍南之鈴鐸猶鳴。慨及荒涼，興言頹廢。刼花麥秀，鷄雀憐憫於荆榛；祇樹黍離，獮猴悲慚於瓦礫。鴿於有醌，兔斯靡如，苾蒭本和，恥像教之陵夷，冀威光之復振。感乞毛於衆鳥，難施髀於化鷹。設有單複泔河，無然欣羡果汁。眼丁易拔，千金不煩；環枝羞摇，一粒無外。取之常住，割外命以先捐；還諸上方，賚聖財而非募。標立歸依之慧所，調鍊愛取之慳緣。無名而名，不膩防膩，亦所以省和蘭之怒，息盧至之貪。功愧懸帆，雖違於不修梵福之戒；誠甘拔草，似可以稍通法施之權也。薄劣下根，希求寶楯珠網；聰明貴種，游戲金園玉池。是二俱偕，惟一不共。莫作是想，還如實知。華年梵歷，經始落成。干同虢公龍伏之晨，支合菩薩馬游之次。大小閏暹百八七月，熱雨寒歷四十五時。竺譜太子習書之初，漢表共和行政之始。乃得翬飛精進，

❶「彼」，張本作「波」。

矢直莊嚴，浄界仍平，化城復覩焉耳。原夫寶頂，迨於露盤，肇基有隋，再興北宋。飛影咸平，斷乎景德，❶祥符賜詔，元豐勒碑。自福建子之邪因，金光閉於賢劫。豈天人師之正見，碧色惡夫僉壬。大音不完阿字，徒爾末法咸滅，遺經殆哉！文身字身，少義多義，秦羅什之音聲最重，唐玄奘之章奏尤工。斟酌中偏，良爲三乘，信解總持顯密，别傳六字真詮。思惟以我所得，惟可問之如來。蒿里昧無始之宗，不知其盡也；薤上隕光明之種，可不謂哀乎！羣鹿遂嬈仙人，哀鸞不動大覺。波旬之神通止此，悉達之降伏無他。果豔頻婆，無明最厚；莠退嘉穀，❷法忍宜先。不得語人，默祈示我。是亦近矣，制心奚待揣摩；其有私焉，離相豈容尋伺！誓願伐蒙覆闇，慧劍與油鉢共傳。振落無明，德鉼并鐵輪齊到。文章氣運，彌勒之樓閣鏗鏘。時節因緣，觀音之宫殿黼黻。騰聲乎至思結撰，室利慈仁；抖擻其正念中隳，韋馱加被。離語言而歡猶雀躍，勉鈔撮而悲代馬鳴。頭陀之琬琰非倫，象銘之泥鈞或應。硯田之法雲虚蔭，華筆之香雨空飛。知墮梁昭明斷經之愆，並懺庾子山綺語之罪。無俾言玷，有若貞珉矣。銘曰：

❶「平」，原作「手」，據張本改。
❷「嘉」，原作「喜」，據張本、劉本改。

凝蹇智入，緢熾慧偕。在我易去，非彼不來。❶染蜕朽蕝，浄融香液。百骸誰親，六陰奚在？真正父母，潤漬身樹。種性堅好，華情茂豫。界有十八，處分十二。總爲五藴，得非三際。勝識境大，劣資相微。三業和合，四大不違。❷順結貪染，生天尚礙。如幻非滅，童真不壞。蓮花國土，純男無女。決定信心，❸不疑實語。愛水淫溢，内火熱惱。不溺不焚，執金剛寶。前後中有，累刼費形。漏器連注，用成死生。如游園觀，菩薩則能。離命合性，有若未曾。離形無識，離識無智。離智無圓，永汩舍利。結最粗鄙，鍊殊精妙。般若陶冶，波羅紐要。

不爲大常住勖哉之碑 憶守丹之言，應典義之請。

粤若無我我所，貝葉之空；不同同之，漆園之大。支遁妙悟消摇，望洋雲翼；羅什精疏道德，怛化咒番。大量小量，圓唯慧海之珠；正因邪因，网饒大洪之舌。兜率一天，雖示界乎知足；無生三忍，壹奚取于自然。至于戒口難迴而讀經不輟，無方外方内，孰瞬若多消亡；太平

❶「彼」，原作「波」，據張本改。

❷「違」，原作「爲」，據張本、劉本改。

❸「決定」，張本作「夬靈」。

風告而勝地峰揮，何世出世間，同彌戾車悲仰！忠孝爲佛種道基，正定能喪身失命。慈悲諒捄焚拯溺，策薰非開國承家。薄言開堂接衆之場，亦有創業守成之道。一靖道旁，豈三年而篁舍；萬緣欲界，渾二氏而包荒。緣起守丹，海泛頻爲增上揶揄；因而起白，❶潮音獨獲普門示現。奚啻從東過西，顯頊印可；遂爾自南還北，願力精堅。❷薛邱兩派，惢不三心。誠蓮、守性、守丹。風雨壹誠，協成十力。奚暇金仙芍藥，但爲玉局芙蓉。蔬遺鼠壤，爲馬爲牛；塵任獅呑，無人無我。四十年中，荷利他求，遥庇紫雪之蔭；百千衆過，必恭敬止，亦免青城之黥。與人而己愈有，豈竊鈞術于詹何；物歸而主不知，敢翼杓人于畏壘。念兹雲水往來，龍蛇莫辨；當慮米鹽煙火，鼠雀易生。精修梵行，誰子誰妻；喫緊竇言，曰慈曰儉。金鞭火輪，式臨有儼；薄搏角盍，長物無餘。

嗚呼！道喪世，世喪道，陸沈黑業，森森胥紂絶六宮；恬敦知，知敦恬，尺寸黄庭，各各有無諍三昧。朝禮恪龍漢之年，撥置閻浮提甲子；谿谷祕牛關之化，和同静樂國衆生。❸不爲大故能成其大，大不勃磎；惟無私故能成其私，私非囊篋。上善若水，勖哉道衆！知常曰

---

❶「起」，王本作「知」。

❷「願」，劉本作「顯」。

❸「國」，劉本作「囯」。

明，道衆勖哉！

不爲大常住南四十餘里爲馬壁，一路經馱煤道，可厭。沁源界也。宿晋文祠，一夜爲壁蝨辨齋，眼不得合。早起粥罷，又西南四十許里，爲古巖。西坡劉潤卿趕來，一項人騎馬上前道。❶一小力肩一小擔，一驢載米麪餱糧。劉自騎一小騾。備午餐，無坐處，野店外一向陽避風，率爾中略踞噉之。畢，又二十許里，爲王陶小村落。村人見劉來，皆喜動顏色，樂爲周旋，蓋有自矣。是夜得煐炕，能補昨夜之苦。次早，有某生者，邀早飯，於一廟中打餅，其實可以不餅也。同來者，有不爲常住吕道人者，素嬌養人。兩日騎一驢，上下須人左右，驢又有所載。至此，竟夜不食草豆矣。吕遂留於王陶。自王陶七八里，即土嶺也，行人至此皆戒嚴，嶺南虎傷人無時。將至嶺，小村三五人家，曰松蘿村。村名甚佳。薄有賣村飯者。無房子，皆野插樹枝稍圍作小院落，不問而知其晝夜防虎也。嶺不陡，坡陀曼延，可騎驢度之。人行𣚃樹林，薄中雜以小松。深秋𣚃葉如金，落山徑最易迷人。嶺半得一野茶庵，一老僧襤褸遞茶。問之，則汾慶藩一中尉也。出家遺命於此。再四五里下嶺，爲砦子坪，有人家二三十餘，亦插籬賣村飯。自此而西南，連疊坡陀，無處無𣚃林，亦無處無虎也。二十里而爲古綿上，薄有川面，爲宋綿上縣也。有道觀，有介子推廟，有北宋碑，碑有王安石名。《壽陽

❶「馬上」，劉本作「馬土」。

縣志》：太安驛安定橋北，有傅山所立「明雨師還陽先生反真之墟」碑，署「聞道下士真山敬題」。還陽結廬五峰山，去太安驛二里許，山有龍池，亦名龍池山。霈記。

冠山婆碣

尾則魚而馬之頭，金則陰而載之牛。時乎！時乎！山則冠而阿㜷爲之謀。冠山實近州西南勝地，喬松章百數。歷落者，檫、駁、檀、欀。綴櫢檽一梵，是爲先賢詩書之館。梵典廢，士夫世尸之。山數尋奇梵，隤松青招也。寅卯閒，仇猶不知誰何一僧者來，毅圖舉之，無俚而薦薪焉，厥心後或有夫，其死之激而發心。無何，山焚，梵燔而松焦，疑其僧之怨祥，而州人如未始有冠也者。僧竟離之責。

又十三四年，而乃有婆之心。婆劉姓，歸李，李生台徵之族伯母也。嫠而好施。及冠山，載出家粟若干石。不足，載易地若干畝，載咨諸其西南之朋也，而得謀之于非類東北矣，遂喪朋而還。先後費五百餘金，果能大楹殿五，先像設、鼓鐘。少東，支室一區，小楹十有二，可栖僧，可待游者。案門小樓守望，而視遺松亦稍稍蘇。冠山乃利此牝馬之貞，而州人不及此者。蓋亦得坤之豫，智也。諸子要僑來，會大風，日西，戒虎嚴，關門。煬看弈，夜即所成支室卧，温而安。心念之：此婦之熱也，而衆因之，伯鸞齒冷哉！翌日，婆來，幅巾而靸屣。先禮佛，次禮僧，次禮客。慰僧之欲住持者曰：「師無愁，無忍饑守山理。」慰欲静室者曰：「師但揀静地，愛某處即于某處爲師静室。」又慰客曰：「不知來，不能備蔬菜，奈何！」山儼然其山也，而梵其梵也，而主人之語次曰：「亦不爲甚，見連年州中百姓窮，相公們不大發，人説或是冠山倒搨底過。」僑曰：「思深哉，漆室矣！」台徵旁弥睨之，微謂諸子曰：「若終日欺負老子，看老子家貨。」甕乎，其如得意之也；得意之乎，❶其如甕也！

四月在介休，書《有道碑》，用《涫于長碑》法。五月又來，作此。老病無俚，聊復消遣云爾。

净明院小碣

僑黄僑斯微院，主文達未老而衰，相見諸不甯於貫。而時時欲更張之，數請僑：「達擬新兹堂，當何像？」僑時欲寫《維摩净明經》，胸臆時時存「净明」兩字，曰：「可供維摩。」達即請僑書《維摩疏》，不諦計撤瓦頺垣，窾而軒之加深焉。如欲丐僑之疏，亦頗有應之。然達居恒不能越里，里亦不越能之。慮志慮志，不慮志慮志，良不可知哉！肉團之在禪豆也，不與畫於失權，不與聞於儼然，聚落遂不一。達之有無故，顧不引。達於是焉，終古登陁，未半而憂瘁以物故。渾居士哀厥意，稍爲彌縫落之，象設維摩、文殊室利，報初志也。檐援户疏，具而

❶「乎」，原無，據劉本補。

不文，蓋亦不及如達所廞，而達之徒志恒主之。恒，達一禦侮也。每靡達不振，有意振於達，而里之人亦若爲振之。蓋鳩那羅不庸諸不鳩羅。渾居士不鳩那羅，置之調御之道宜爾也。渾居士可與作佛。

霜紅龕集卷二十二

陽曲傅山青主

疏　引

老僧衣社疏七月十一日。❶

强人布施，老慳怒焉。洪養非人，造業斯重。我今發心，非塔非刹，亦非金薄，貼泥瞿曇。爰有老僧，百卅七歲。正德改元，丙寅以降，瞿鑠輕利，耆上耋下，絶不圪喃，佛法僧話。我見問道，笑握老拳，説是甚麽「一切不知，白日吃飯，黑夜睡覺，天不教死，惹人多羅」。葛衫曳靸，不結韈子，足手尉潤，又不凍黎。諸養生具，道無所需，一絲一錢，從來不愛。中欲有展，忽復失之，乃令廣海告老僧言：❷「老僧之葛，不能遇秋。適此居士，願製壞色，裹老僧體，實

❶「七月十一日」，張本作「舊壬午」。

❷「告老」，張本作「吾告」。

報佛恩。」老僧點頭，亦不煩嫋：「他要這等，將來我穿。不是老僧貪他挂搭，他亦不須當作功德。」廣海致辭，居士俯首。試問人見百歲人未？或有見者，我輩實無。得見老僧，真未曾有。衣值甚麽，因緣非常。私衣老僧，與慳恪等。令我同人，得見老僧，而不歡喜，衣老僧者，便當駡我，永爲外道。丐我連盟，❶作如是言。信佛法者，是爲好僧；疑佛法者，且爲敬老。劉本此下有「總勝妄費，打辦妖精。妖精采衣，還爲我殺」四句，一本無。

壬午夏四月，離先兄變。山不能即死，日夜共老母哭泣。老母慰山，山慰老母，隨復涕出，不能仰視。自此不敢出門，直怕見人家有兄弟偕行者。至六月十五日，賈漢臣來云：「晋長史范極慕兄，令弟致意。看兄在，即來拜兄，且要兄飲酒作詩。弟專先范公來。」嗚呼，是何言哉！此時而不以古仁人友弟之事，如謝宏微、何點真篤天性見語，乃欲令弟不服衰絰，見長史飲酒作詩，如快樂人行事。是漢臣以長史愛我則可，謂以我愛我則不可。然離此變而不能不飲酒者，嵇康、阮籍可也。蓋嵇、阮性本能飲，而天性篤厚，其飲皆哭也。非嵇、阮而平日之飲，非豪也，是幾升酒之數厄，適爲穢腸所盡。若值此慘而其飲，正非哭也，乃自樂耳，蓋樂其兄弟之死也矣。然嵇、阮實不曾有此事，想當然耳。

夫酒尚無論飲之佳否，但是有肚有腸子人，酒無足翼，不能飛去，設爲所得，任其饕餮，

❶「連」，張本作「蓮」。

而竊高陽之名，欺人曰：「我酒狂。」若令伯倫家荷鍤見之，必以鍤亂拍其頭矣。若夫詩是何事，詩人是何如人，何談之容易也，何欲執而見之容易也！我知嵇、阮性情而不能飲，然不敢曰「我能飲也」，況此時可以不須强飲也。詩則性情之音，平日有詩，此時亦有詩。我亦不敢曰「此時無詩情也」。蓋我以其詩代嵇、阮之酒者也。要之，非此中人不與言。無論此時不與言，即平時亦不與言。而漢臣欲吾見范之意實殷，似謂范顧饒足榮遇我者。我不敢當，直有逃去一著。遂偕居實、起八、公則遄逃至黄玉書房。書房在城之東北隅李氏園，黄玉治飯飯我，和淚致飽。大家戲謂：「今日之集，可謂殺角。」蓋以黄玉房選城宦如奕棋之局也。

抵暮，獨步歸。行復月上，立海子隄，四顧夜色淒楚。忽念去年春，離天行幾死，賴仁兄左右調護，得復苟延。弟病起而兄病，以憂瘁漸深矣。正於此日治具裝樏子中，出西郭河厓，酌酒屬弟曰：「深幸爾病起，有今日，故我扶病有餘歲矣。」奇之，即冒暑過庵見僧。僧光頭，披葛衣，曳僧鞵，不韈，舉手作揖，不似常奴才禿漢。坐久，不作語。山問：「和尚大壽，得何道理？」老和尚笑説：「有甚道理，白日也隨人喫飯，黑夜好睡覺。他不死，真没法。」問姓名，云：「也没名，也没姓。」問識字，云：「從來不做他。」語次，問生歷。頗頗説是陝西延安府人，生正德元年，嘉靖入繼大統，應募充直衛軍。性好騎好馬殺賊，以斬級官累至參將。得罪一个楊兵備，陷以法，幾死，得脱。自念於君無負，思報我親。適母没，負土作墳，廬墓終服，遂出家。無子，家資付一姪兒，時年四十五，正嘉靖二十九年也。既出家，雄心不得死。後來偏關萬軍門征高麗，尚光頭戴大帽，騎馬腰刀從軍。道高麗事極詳。往説邊塞安亂情形，輒感歎不置，又説多在遼東。因問：「老和尚好談邊事，又在遼東時多，熊廷弼經略遼東時，和尚在彼否？」和尚忽高聲説：「好个熊經略！」隨即叩頭下，半日不作聲。起視之，和尚淚下如雨不禁，葛衫襟泫然濕矣。問：「老和尚何爲哭熊經略？」即收淚小笑説：「殺他時，我適在京市見之，故哭。」問：「老和尚不能斷恩愛耶？」又小笑：「好容易底斷恩愛也，好容易底斷恩愛也！」日下，將下門，遂別去。過六七日，又同居實、起八、伯彭、垂雲、讓升過庵謁老和尚。茶頭云：「出去了。」尋至庵北百餘步，老和尚依槐樹下，坐一石頭，見出袖中巾取物與一乞士。近看之，則鍋底焦飯也。云「是我喫底鍋巴，分一半與貧子喫」。匆匆未及語，別去。

又過幾日，至七月初三日，約居實、起八至庵辦齋，供養老和尚。老和尚語次，道到山西四度。隆慶元年，在介休遇虜患，曾與一十三歲孩子共隱身糜穰中。萬曆九年，再一過此。直至崇禎九年，復到介休，見前共避糜穰中十三歲孩，鬢髮盡白，算來七十六七歲矣。彼初不相識，曾一問：「可憶朶韃子時，同在糜穰中戰栗，怕韃子按著乎？」其人記憶愕然，即垂淚下拜，問：「老師傅還在？老師傅還在？」隨屬他不要饒舌，去。今又來。古娛曰：此篇從首至「扶病」，另似一篇未完；「有餘歲矣」下乃衣社所附之記，而首尾俱闕。劉霱曰：以詩考之，似一篇；

而缺蝕者多，致文氣不屬。

五惜社疏

天龍精廬，舊鳴鈴槌，生香修誦，荷葉根通，芳草經行，蓮華梵種。細磬朝沈，慰行雲於宿岫；華鍾夕曳，息歸鳥於棲柯。亦云莊嚴淨剎，幽潔金宫者矣。

今兹鈴錫消音，鈸鉼歇偈。鐙炧瑠璃，荒殿信星榆流歷；煙餘瑪瑙，空庭遲月桂淹澄。瓔珞空青，尚存妙瀼；户牖積翠，有傷深情。笻節一攜，蒲團五惜。業當綺語，緣聽韻心，如是我觀；戀回麓抱，松青梧白，❶得未曾有。虚濤注壑，幽籟吟天。逭暑龍炎，安居蛟室。至於寒晨使氣，肅月凌雲，冷眼靜參，道心加勁。人無陶景，風弔子期。幾等惡樗，亂蘇叢檟，童于浸假，章復何年？豈若細蔓蘼英，可待春吹野火。我作是言，惜乎？不也。

又復松杪，壁嵌佛樓，巀嵲風扶，峆岈石迸。槐櫰星日，闌檻煙霧。游客目決，高鳥翼罷。白豪紺螺，化城寶所。皆連崖鏤相，鑿雲放光。碣記開皇，宫傳北齊。❷自妙非仁羿，安經勝境？情留昭琴，未忘成虧。丹霞錦裂，紫楯離巖；青雪雹霣，碧瓦落嶂。夢上樓臺，而夢既

❶「松青」，原倒，據張本乙正。

❷「北齊」，張本倒乙。

還矣，何一魂之留甍雕疏綺；現觀奇搆，而現其壞焉，須普天之盡木心石腸。我作是言，惜乎？不也。

又復閣左，黝然一泓，靉靆雲香，迷離雨色。靈深溧冽，人近鬖髟。敬歃一杯，恍通宿命。鮮肥蠙之爍石，有神龍焉抱珠。記瀍無人，聽經莫迪。那伽心遠，雷雹從征。巖焦孰沃，菩提華樹皆枯；澤竭誰憐，甘露楊枝漫灑。我作是言，惜乎？不也。

又復閣西小碣，磨巖含中。銘奥欲漢，隸瀍真唐。微黕星晨，長波瀾衍。急挑鷹擊，緩按鸞游。孟英《聖教》，方此神卑；太子《孝經》，擬茲骨減。遠裒彌勒同龕，高氏殘碑，釵痕無恙；近睹叔虞傍水，《昭陵》一記，龍蹟稱雄。斯爲片石寒山，況不驢鳴狗吠。良宜一广，護見千年。不然，翹起受風鷰尾，霻鉤僅存；輕抑浸蝕蠶頭，一絲殆盡。我作是言，惜乎？不也。

招提石砌，又復有華。薔薇叢條，芍藥本木；薝深露性，豔組消情。❶光惠頳楣，紫成金界；彩分紺殿，赤擬珠林。玻瓈精臺，映不空之寶樹；珊瑚妙蓋，繞勝苑之珍葩。有權有實，參同皆可蓮華；胡謝胡開，平等莫非優鉢。天女拈而倩笑，瞿叟受其色香。白胥抱蕊，阿鵜憐麗質幽閑；黃鳥嚶枝，舍利憫花心慘淡。竹報平安，昔日阿蘭曾爲佛事；花封瓦礫，今誰勤息一埽春堦。我作是言，惜乎？不也。

---

❶「組」，張本作「組」。

凡此情緣，總由愛欲。❶即以佛言：愛欲斷者，如四肢斷，無所用之。未知參佛精義，且作修山註疏。有發情緣，無論近遠。年期五歷，因五惜而爲名；人月一錢，以一星之易辦。静板齋鐘，略共堂衆；粗茶薄粥，亦及方游。要使晨昏梵放，白雲深處不無看松老僧；樵采工閒，紅藥欄蔫亦有澆華侍者。庶幾懸甕之西，靈鷲開青，重補酈生短注；會有逃塵之侣，庵羅業白，徐修遠公勝緣。若云此亦牽纏，且道魚鳥依依，孰如火宅；漫詫終非我有，從來馬牛竭竭，誰是家珍？必使境界墟蕪，是爲真空；不見《華嚴》鋪陳，亦自受用。自非大士，難語俗人。緗嵐紺池，樹下班荆未云寂寂；幽期深院，花邊不借行許遲遲。❷緇徒息意，任選團標；墨客會心，豈廢吟嘯？若妄言功德，欲以福利誘人；即點污山靈，遂使泥犁報我。一社遐心，永矢紫岫；十方韻佛，式臨緑蘿。

紅土溝道場閲藏修閣疏

既云「四十九年不曾道著一字」，却又説甚麽「你若能看，牛皮也穿」。古宿發此多羅願力，可是要諸禪和子穿牛皮也麽？笑殺个儋黄老子！何笑？正笑漆園自云「其於宗也，稠

❶「愛」，張本作「炁」。
❷「不」，張本作「石」。

直上遂」，却復稱「惠施多方，其書五車」，當以惠子爲質，謂可用爲郢人堊鼻之匠之斤。故吾讀《莊子》之「稠」，不作「稠徑」之「稠」。稠云也者，多也。也須向四十九年當道不著處試爲尋繹。道著是甚？不著處是甚？不著處且撥過，道著之聞聞見見也，煞宏大而闢，深閎而肆，或有向也未見底。我又多羅轉一話頭：好手不中的，也須有个的在，不中之好手才見。若没个的，向空亂射，則人皆羿耶？賈堅好手，正有以一射在擦脊歸腹，❶乃得賣弄也。僑黄老子又復大笑。何笑？自笑其古羅與古宿。

大王廟募緣引

菩薩謝姓，行居其季。神以忠證，嗔莫之制。唯龍觀之變化，遂真性之是寄。千里一曲，能使之逆流；萬里分源，乃導其澎濞。故楝樣者畏其威，經營者懷其惠。無小無大，微賤微貴。山國周圜，海王不費。太陰之候，誰能占驗？甲子之考，人皆不計。纖嗇食力，雍容有自。神見之喜，利獲萬倍。廟貌莊嚴，尚有未備，今諸居士，❷發心共濟。願風波之間，舮艫平穩；贏餘之傳，攟載莫滯。即三靈之同心，可以附於從祀；再《道藏》之修束，開瑯函《七笈》

❶「腹」，王本作「復」。

❷「今」，原作「令」，據王本改。

之聰慧。如此勝緣，誰不希覬？莫以三五而生恇退，能解此願，福當萬億。椽棧磚瓦，木植鱗次；金銀銅鐵，堅固營衛。諸凡功德，可以眼睇。非若誑欺之頭陀，施寶藏於無地也。

崛嵎古蘭募引

黛發河卣，松香春雨；紅留灌薄，葉醉秋霜。是爲晋景崛嵎紅葉者矣。古蘭就圮，雲客不來。緇侶同心，❶伽藍式許。尺楹片棧，都是祇慈；一粒半圓，莫非給意。石舫寒濤，艤而待憩；茶鐺煮雪，來者同參。

喜宗智寫經

諸居士持此册來云：「崇善佛子宗智要寫《金剛般若》。」善哉！善哉！是經所謂「一念浄信」，道人即承善根，爲書一通。是書也，不敢犿活一畫，甯鈍無利，❷甯拙無巧，甯樸無嫵。如老實漢走路，步步踏實，不左右顧，不跳躍趍。以宗智年少，須慮輕佻走滚。即大利根，亦切莫恃。直以鈍根自處，勤謹精進。長持此經，六祖直指見性也。且莫要狂説亂道，仍以沙

❶「同」，劉本作「回」。
❷「鈍」，原作「純」，據劉本、王本改。

彌自礪，久久豁然。驀忽崇善酒肉林中，聳出一少年龍象，驚天動地，仍屬宗智。滅度衆生，實無衆生得滅度者。一切寺中噇飯嚷酒材料，齊作蓮花九品。

西村三官募緣

西村濱河，多鳩郇羅。畊兴其畕，刈兴其禾。隣鈇在谷，誰扫其稟。竊人人怕，竊神奈何？神如三官，亦云赫矣。有廟一區，漸次噬[illegible]。而牆而門，瓴磚惟以。爰及於殿，檐楹宗梠。今日一檽，明日一巵。荂樀彫砌，公然其宇。欺神滅像，神徑不理。僅存漏棚，飄搖風雨。幸其一倒，亂攫而已。山也念之，迻像西寺，拆摭餘材，有待將來。有心無力，顧瞻裵徊。爰及戒僧，海山實偕。代山持疏，薄募法財。財不敢貪，計工所該。小閣三楹，先基其臺。惟極不堯，惟洞豈偯。渾堅樸素，惟神保固。山負苦業，不過旦暮。遥遥樂成，後人之務。即經始功，亦未必赴。始願不終，溘焉有負。惟海山者，足以託付。賢善士夫，惟其所助。一錢不薄，萬錢不庶。功德常言，不敢瀆布。了山之願，實荷滅度。

劣和尚募疏

劣和尚荷一募疏，動以福利功德，勸人建蘭修刹，真癡。人亦信其福利功德之果，而損厥槖，使建蘭修刹，冀儌望外，愈癡。貧道以爲：福利之説可以動貪妄俗漢，不足動風韻君子。

且如天龍佳山林，危閣寶宇，鬖翠立神。俗漢見之，尚當爲作者悔耗囊篋，不治田舍矣。韻士見之，魂夢不去，豈復欲尋福利於其中也？亦其區宇滄洲之興爾爾。其住持惜其叢圮，謀所以葺塈之，而難其人。貧道告之：「莫難，吾爲爾謀。爾且尋窮韻士，莫告富俗漢。韻士窮而快，俗物富而悋。但尋真謝靈運，莫求假孟顗。顗，呆物也，癡想作佛，而根鈍無趣如死人。靈運真有作佛根器，而又愛山水，不惜阿堵也。」和尚曰：「道士謂誰爲韻士？」道士曰：「有，有！我有所知。邑孝廉鳳石君，即窮而韻者也。再因其韻而轉問之，自有千百億萬韻士化身，來應我鳳石君也。吾所急者，大悲一閣，楹趄於基，基頽於沙霤，不先措之安，恐不復當陰雨矣。」吾爲鳳石君言之，鳳石君頷之矣。爲貞陽君言之，貞陽君喜之矣。然二君之力，皆不能如謝靈運之贍於資財。何也？二君皆貧也。

和尚聞其貧，即有難色。道士拍掌曰：「莫愁，惟二君貧，我始言之；若二君富，我安能言之而令從之？吾固已言之矣，韻士窮而快，快則不顧飢寒，不計因果，興之所至，不遺餘力應和尚矣。然後韻二君之所韻，由十而百，由百而千，不難以千百窮靈運，合而成一真富靈運也。和尚切莫再說一套建蘭修刹有功德利話頭，惹二君厭聽也。和尚亦莫自作福利功德觀，只待和尚先塈巖閣，次葺廊廡。功畢，即次第舉動十方堂，供養諸佛菩薩，以報佛恩，然後可稱和尚佛事。開皇碑石，本劣，❶文亦未足觀，然舊矣，斷不可等閑置之。即覓一佳石，過之，以存其蹟。景龍隸碑，嵌閣西巖，書法精工，人罕知之。貧道愛其爲唐隸典型，幸不全蝕風雨，尚半截可讀可摸，苦之以尺許之𠂆，❷皆韻功也。貧道亦無甚饒舌矣。」❸

募智慧緣

募智慧人雪峰比邱，來謂道人：「發願修造《多羅寶藏》。」道人頷之：是慧根種。以何義故，是慧根種？且問今兹名出家者：因字有句，爲復何句？因句有義，爲復何義？因義得了，爲復何了？不了形身，不了文身，長短高下，爲形身不？和合作語，是文身不？斯猶不了，而況一偈，乃至十偈、百千萬偈！令經律論，成大海藏。方圓去我，望洋而歎。如此幾時，得到彼岸！桐實生桐，桂種生桂，薰無猶花，蕿豈芳草！以之喻法，而亦猶是。愚非智根，慧是浄種。因此智慧，得大解脱。若捨文字，無復了義。如此功德，當共諸人。貪非已有，施始屬我。或以一函，或十百函，或多或少，隨緣得果。雪公所募，非紙非墨。居士所施，

❶「本」，原作「求」，據王本改。
❷「𠂆」，疑當作「厂」。厂，同簾，隱蔽物。
❸「無」，劉本、王本作「再無」。

是白是黑。黑白之業，非紙非墨。紙墨中閒，有智慧在。修慧根者，共此因緣。

雪峰造藏因書是語以勸以戒❶

我作是語，讚歎雪峰，❷謂道人慳，謂道人貪，謂道人嗔，謂道人癡，謂道人嬾，謂道人魔。黑學道士，聞增疑怖，謂復讚歎，爲是謗毀？以妙明論，法尚應舍，今乃愛惜，一字一句，不欲捐棄，❸是非慳耶？無我無人，佛亦不著，《修多羅藏》，收拾故紙，若失寶珠，是非貪耶？見諸一切，著袈裟者，不勤精進，而生悲怒，❹猛造經律，是非嗔耶？因戒得定，因定生慧，謂離文字，必無慧根，誓修多聞，是非癡耶？修正覺者，當下須了，造經律論，不日不月，期于畢命，是非嬾耶？作是語已，黑學謂言，諸可倒豎，謂魔事者，不止于疑，生大怖畏。魔事佛是，佛事魔非，舍魔事者，佛奚如如，雪峰解此，❺許汝造藏，若不具信，仍波旬業。

❶「是」，張本作「實」。
❷「峰」，張本、王本作「公」。
❸「捐」，原作「損」，據張本、劉本改。
❹「悲」，張本作「怨」。
❺「峰」，張本作「公」。

草草付

雪開士以太原之藏不全，其始意欲合晋府所藏宋藏三部，而成一部。其願不果。復欲搜城中殘藏而爲一部，又復不果。如此者三年。時節因緣，正不可强。今渡江而南，江山煙樹，莫非法眼。詩當大進，自不必言。若能于六朝花柳裹面，討一个真空實相，不妨多作幾首豔詩，擔在榔栗上，挐歸塞上，我便許你是第一造藏大和尚。若猶未也，江南山水截瞎了雪開士眼矣！此閒自有藏在，何必江南江山之助？助才助性，無才不足見性，江山正不助庸人也。爾愛造藏，我愛爾才。各説各端，于佛無礙。歸而印可，還我个本來雪峰。不許帶回一些貢高我慢，也不必將江南風景，掛在眉毛上，添了幾萬斤重，那便不必歸來。歸仍不歸，不止作門外漢，便是蔑戾車。蔑戾車，墮者墮，不墮者不墮。把鼻在汝，我不能隨雪開士于萬里外，❶不教敗露也。臨持鉢出門之際，丁丁盜盜，圪圪塔塔，一味老實，莫怪饒舌。一切珍重，但京口之酒，汝似無分，便問不得開士矣！若敢破戒，嘗一盞者，不枉江南走此一遭！此我之悟道處，不知開士復以何者爲悟也。若遇大德時，將南泉斬猫兒公案，爲我一問，我到底不能無

❶「隨」，原作「墮」，據劉本改。

疑也。囑！囑！❶

恭喜

恭喜雪峰，辨此大事，爲悟道耶？我亦不賀。爲得戒耶？我不賀伊。爲復何者？作此讚歎，爲造三藏，下智慧種。既下此種，人皆愛敬。釋迦證文，室利具辨，諸佛菩薩，無不博學。語言文字，謂不用者，皆爲誑語，爲負佛恩。悦心和尚，可謂有眼，如何覰眇得汝，便將衣鉢慨然付訖，不爲傳宗，不爲印可，單愛能文，遂爾循例，而亦不爲身後之名。眼前聞見，皆不笑語。如此授受，實爲希有。亦有衣鉢，爲人增重，亦有因人，爲衣鉢光。以今論之，是二正等。悦公衣鉢，以與雪公。雪公得之，還報悦心。兩个衲子，五雀六燕，儘有想此。衣鉢在我，若不得者，便生嗔恚。六祖得之，命尚如絲，何況衆人，保不憎嫉？我不要他，倒也省事，與出無心，得亦不異。恭喜恭喜，信手説偈。誰説此偈，傅大士裔。心王一銘，是我祖風。不敢搗鬼，如實敘次。此事纔了，便放下筆。

---

❶ 原手稿篇末有「弟傅眉草草付囑」七字，疑爲傅眉作。

藥嶺窊窊緣 俗語，謂最少爲「一窊窊」。

窈窕哉藥嶺，可作石艾秋紅一嶝也。往卅年前，即欲爲息心之士謀誅茅焉。❶審曲面勢，化多可造，❷神少所營。❸一邱曲折，緩徑躋攀。塞者菑之，陋者文之，鏖糟者删之，溝者橋之，翳者栞之，栞而得坪者亭之，不彀亭者削而欄之，散石巇岵嶵魋僯者采之，于亭于欄，不衫不履，性而夷俟之。梵中大石，孤聳一樓，樓中單肖瞿曇一尊，爲幽人不二主人。樓旁梵外，選境摶標，艸苦石牆，雜植山櫻、紫荊、杜梨、野薔蘼，籬之落之。有色有香，有傷而夔防。一鉼一盞，當有入而不出者耶？且道西方如來勝地，曰苑曰園，奚取于斯名？行僧文蔚，❹願力開山，貧道以此意喻之。若云莊嚴不是風韻，風韻不是莊嚴，都無是處。不爾，請齎此意向八達之衢養閒漢處，何物正殿，何物廊房，左海會，右閻王地面，❺誘怵人作人天福德，儘有鋪

---

❶「欲」，張本作「代」。「謀」，張本作「略謀」。「焉」，張本無。
❷「化」上，張本多一「見」字。
❸「神」上，張本多「前輩」二字。
❹「文蔚」，張本作「某」。
❺「面」，張本作「而」。

排，何必仳仳藥嶺之勞爲？

老實因緣東十方院募緣疏。

一切功德，譬如種果。有諸根本，方花方實。下此種子，乃得成就。以三乘論，自有差別。講不如律，律不如宗。以末法言，持誦第一。宗不可知，拳喝無憑。律徒威儀，方寸破戒。講亦葛藤，説他人語。有大總持，只是諷經。念滿萬徧，希求如意。老實福德，不可思議。我今發心，化諸檀那，誦五大部，是佛心印。不學諸人，作欺人業，聞鐘發醉，聞磬發醒。日日見功，無瞞人事。諸佛菩薩，及諸天衆，監臨此誠，擁護道場。保此修福諸善男子，同發妙因，證無生忍。❶

天龍山布施功德募引

布施功德，而有二種：一者法施，二者財施。法施得慧，財施得福。慧具勝見，福得受用。等無有二，是在施者。我今募緣，二者並須。法者高妙，受此者少；財施實落，得力者多。少難多易，一倍萬倍。爲佛莊嚴，紺殿琉璃。金欄寶楯，及蓮花座，以至錦幢，綉幡香蓋。

❶「因，證」，原倒，據王本乙正。

現在檀那，葡萄朶眼，並無瞞藏，欺誶十方。募者發願，施者求願。求者發願，如來即許；發者求願，注眼不動。二者合併，始我圓滿。誰得此福，施者得之；誰積此德，施者積之。佛地安在？在天龍山。修福德者，修此佛地。如來報感，如鼓有桴。❶利益慈護，不忘衆生。比邱口裏，總説不了，南無韋馱，三洲儼臨。

❶「桴」，劉本作「桲」。

北京大學《儒藏》編纂與研究中心 編

《儒藏》精華編選刊

霜紅龕集（下）

〔清〕傅山 撰
王薇 校點

北京大學出版社
PEKING UNIVERSITY PRESS

霜紅龕集卷二十三

陽曲傅山青主

書札一

寄胡子丹

尊太翁懿績，當得鉅公鋪敘之。承謬屬，亦以辱知妄諾。既揣知非分，遲遲數年。今年老，疾頓劇，一切勉强不去。復恐旦暮就溘，深負良朋求野之責。草成一藁，未足萬一之儗，然亦不敢不兢兢於三事之範，惜鑪錘不工耳。真行原册，敬致記室，幸恕疏漏。

寄陳又玄

涵虚持一人字到平水投人，紆道汾西見兄。既有所費，賫書，虞不穩妥，還奉謁，商其始終。知兄已離横席，不是來抽也，恐所投不遂，還就熱竈煮飯，不至半途而枵，此其大主意也。若府中有相識，加一順風之呼耳。非必欲然，防後策也。前字應達，不知濠梁之行的否？即行，當在何時，須令弟知。弟病暗劇，生平所期，都打炧心火矣。一息尚存，山林邱壑，遷延待終而已。苦無伴侣，獨我徬徨勞勞，奈何！若兄有游興，弟當擬力疾從之。但遇尺山寸水，少豁愁苦，一旦溘焉，略勞鍬鍤，了此一塲春夢，實其舊矢。行漸熱，舉動日難，或當待清秋耶？汾州之住果否？即爾，當在幾時到汾？涵虚未詳示之。虚則令郎常所經宿客也，故敢字與之。

寄示周程先生

飢後想見示周玉貌莫由而濟，生能遠到，庶幾似之，略慰舊懷矣。弟之中曲，不必面傾。示周，吾之道義友，自能信之。然成一騎虎神仙，人或謂其有逍遥之致，誰知其集蓼茹蘗也？兄攜笈館晋水，知出無奈一著，畢竟是本等生涯，面目肺肝，豈若時人之盡改也！令姪來，得近況，甚善。兼聞兩郎能讀書寫字，是足恰示周於流離之後耳。晋祠喬木雲湍，時一流覽，可歌可泣。章句訓詁之餘，當勤杖履耶！弟心活神死，天機無復鼓動。三年中集有小詩百首，急欲傾囊求教。拙口不能嫺妙語，動觸忌諱，不便郵寄。倘弟早晚死後，收録旌評，尚少不得示周簡重之言。此非迂語，如今何日何時不可死也！言之於邑，爾楨久違，示周可頻聚首否？亦吾意中識道理一友。面時，寄聲致懷。此際此情，書何能悉！

又

汾上之避，不必縷縷，吾兄當知其原。聞其事幸苟結，尚不至大決裂，頗爲偷安。不爾，恐汾上非容膝之區也。兒輩過晋水，渥沾德教，此固先生遇子弟之常，然吾兄所處何等寥落，數數經故人迣來乎！感悚無以爲喻。望前後北還，似又當出□後矣。❶言念聚首，何刻忘之。濟長兄被兒輩苦惱，日事禿筆煤墨，集書有數萬字矣，然精健不减昔，兄當爲老哥色喜也。□欲託交游，❷稍稍爲圖野鴛紅鸞之喜，略振岑寂。弟觀其興，殊有臧馬、伊吾之勇，可不謂壯哉！呵呵！

寄洪宇

斗粲二酉，乞士那能消受得起！既荷擅雅，不欲固辭，以孤六波羅德也。❸權託黄玉兄道意，面時再展，不盡。

---

❶「□」，王本作「月」。
❷「□」，劉本、王本作「一」。
❸「六」，劉本、王本作「第六」。

與胡崑彝

顔師古《急就章注》引《周禮》「宏人之官」。今查《周禮》無所謂「宏人之官」，❶師古豈别有所據耶？乞崑丈教示。

寄羹兄

久不作楷，承羹兄督復爾。棘手朽掔，行老顫不能自持，兼以器非犀利，未免有馬捕鼠之醜。若以楷求，開罪鍾、王，其何能逭！或遇草淺獸肥、手柔弓燥之際，無心而作，冀有可觀。然亦自解，其實技止此耳。

又

託胡子丹詒一函至州，即得答云：「酒旗復指大鹵也。」果爾，不以官之遷否爲定，經歷廳事，何不可坐步兵校尉也？高興見訪，濁論一晤，只愁吕徽之不堪修主人耳。蕭寺下榻可

❶「查」，張本作「□」。

可，未免清齋數日，當令酒道人作茶博士耶？❶□此示元夜之約安所來，❷弟無聞也。當且不出村門，此盼以待。來人匆匆索答，豈必濟？方在病家，當别不恭。草草致復，附厥起居。蜕眉亦在寓，會當領教。所聞藉藉，實過乎情。此醜須出後始定品藻耳。草復，都不寒温。酒道人。

與居實

六月倉皇一登北嶽，時實慁死在旦暮，唯恐今世之不得了一岳之緣。非汗漫，非消遣，實尋一死所，冀即横尸於大林邱山間，如翟生心事。山生孝不和嶠，死孝不王戎，而直慁人無父母了，便是無根草，有甚依倚？有甚趣味？再理會立身揚名事，亦是大忍心不仁之言。故今日死可也，明日死可也。秋後雖病劇，似尚有兩三月人世之分。間讀禮書，亦屬勉强，非其好也，不敢曰「此古人讀禮之時」也。❸直看出「樂正子五日不食而悔之」之註，大非本義。蓋悔，不悔五日不食，是悔平生未盡情於其母之言。不知先儒何所見，而的指爲悔五日之不食

❶「耶」，原作「邪」，據王本改。
❷「□」，王本作「然」。
❸「禮」，原作「書」，據劉本、王本改。

也？想此情事，豈不可笑？分明是樂正子餓得著急了之言。豈有此理，豈有此理！故其悔與臯魚意同，雖與人言，難與天親子弟言也。曾子曰：「先其不復者而施之。」而今已矣！而今已矣！

入冬大冷，又且不能遠尋死所。追憶舊友，不能忘情，恐一旦溘焉，負此宿心。擬爲曹古遺作一傳，而心緒荒亂，不知當如何捉筆。此亦非作文時，而義有不及，須之時日者。速求實兄寫一狀來，悉其平生，山試一鈔謄之，❶申此冥良之許。而聞兄又説欲爲袁先生尸祝山中，❷以今勢料之，那復能辨此堂構？或土陶亦可，此亦正經事。年來悠悠忽忽，并不知胼胝踐言。兄尚有此心否？若有時，亦須草成一小碣文，使山見之，或有所續於其陰，❸亦此生未了之一案也。山之精神志氣，一齊盡矣。時時候臘月三十日到來，粗結此不長進骨頭一局，餘都掃過不提矣。戴二哥向山取兄詩，選定五十首，近且知之矣。若成，定當先示山，山即寄記室。

❶「山」，原作「出」，據王本改。

❷「聞」，原作「間」，據王本改。

❸「續」，王本作「讚」。

寄長伯

明日，又玄老先有約，擕燒羊至村大嚼。奈負花觴何！若花尚不全被風姨侮弄，一二日内當自往一坐，酬此老春，不勞杯盤也。

寄上艾人

貧道與居實白子仳離六七月，急圖晤言。不但尋常契闊，所欲訊商者，皆亂世奔走之務。毐問路牽牛山，將取次造山房促膝。麻郎梗路，輒爾伏處，此中傺侘，縮地無術，先録近作四章代覿。半年來雜詩約有四五十首，面時盡呈，共當痛哭耳。州中舊稿，應爲收貯，不知此時安所穢暴。書策數部，想當無恙耶？便中欲置行笥，並及之。

寄于野

吾玉兄恙，聞之不真，近有字，云漸愈矣。昨所屬刻碑，可動手否？若刻完，須速寄一張也。别有所欲問，可不言而喻。凡所欲問，❶可示一字。弟老病，日就委頓，强支大難，日夕想

❶「問」，王本作「聞」。

見吾黨英妙快事而不可得，當奈何？便寄此聲。有《挽鸒丈》詩亦寄示之。

失題❶

前碑全無足存，只得一「鈍」字不失耳。無爲一字姑容一碑之理，求速磨之。且碑後原無落「蔡伯喈甫撰并書」之字，不知何故妄添此數字，大失漢碑之體。若傳之，遺笑海内，無了休矣。磨停當了，煩寄一聲，自有報也。切切。《祭心老文》，不必改攛，理學家正合如此，質有文也。並致意蒼翁先生、董翁先生。

失題

老人家是甚不待動，書兩三行，眵如膠矣。倒是那里有唱三倒腔的，和村老漢都坐在板橙上，聽甚麽「飛龍鬧勾欄」，消遣時光，倒還使的。姚大哥説，十九日請看唱，割肉二斤，燒餅煮茄，儘足受用。不知真个請不請？若到眼前無動静，便過紅土溝，喫盌大鍋粥也好。

---

❶「失題」下，王本有小字「寄介休縣紳化某」七字。

遺魏環溪

愚父子學《莊》、《列》，而一旦決癰潰疽矣。兩孫孱少，内外眷屬無可緩急者。羅叉外侮，寔繁有徒。特遺此書，求加護持。人心險毒，轉眼莫必。環翁知我爲我，使此兩孱少得安畎畝間，❶隔世拜惠，乃莊子所謂「死生同貫」者也。卅年前手書《曾子問》一卷，賫奉爲贄。弟山頓首。

遺孫長公

家門不幸，兩孫無依，内外徬徨，凌侮還來，不可堪受。念我故人，可屬依護。孱弱無能，傭書糊口，其間苦惱，自可晤陳。一切恩怨，非我泉下人所知矣。義氣舊游，定能羽翼。丈夫遨游，何必故鄉？即塹當邱首，亦須别有顔面。各人際遇，不可豫謀，而因人起事，實難冒俊。❷窮鳥入懷，定知懷之可入。翔而後集，此有成言。昆支敦厚老成，一一指示，俾此流離，不終倀倀。一段高義，會足千古也。篝燈草託，筆自此絶。

❶「兩」，原重文，據張本删。

❷「冒」，原作「昌」，據張本改。

遺李約齋

當世盛德忠厚，孰有如代郡李先生者哉！私心向往者，十餘年矣。愚父子怛焉長逝，特以兩孫爲託，孱弱無依，窮鳥不能不投長者之懷也。詒環翁一字，並求轉致。手寫《寓言》一册爲贄。弟山頓首。

遺書汝翁❶

家門不幸，兩孫失依，内外眷屬，無可緩急者。羅叉外侮，良繁有徒，羣凌遝至，實難支禦。愚父子一旦決癰潰疽，怛焉長逝矣。特遺此書，求加護持。義氣舊游，定能羽翼。然一切恩怨，非我泉下人所知。丈夫遨游，何必故鄉。各人際遇，不可豫謀。翔而後集，此有成言。念我汝翁，知我爲我，幸惠德教，一一指示。俾此流離孱弱，傭書糊口，得安甽畝，不終悵悵，則一段高誼，會足千古。山隔世拜惠，迺即莊子所謂「死生同貫」者也。篝燈草詒，筆自此絶。

張刻缺《汝翁書》。汝翁，陽曲縣令戴夢熊。初疑先生過慮，及見長房《上魏環溪書》「當日遇人不淑」，

❶「書」，王本無。

如是亦怪事也。附録於此。霈記。

曩者遠承致祭，尚未踵謝。今復蒙賜輓章，敬捧讀之，足垂不朽。不知先人何因緣，而得如許雅愛，榮施多矣！缺。且蒙不遐棄，念及蘇輩日用，薄田數畝，儘可充飢。無如惡里凌侮，恨不一步即離。然欲棄不能，守之不得，苦況種種，難以盡陳。第因壙事未襄，不獲已，暫與虎狼同居。正思求高明請教，但重服不便遠游。適值見招，安敢方命，少俟春和，即當匍伏台階，百拜展私，登龍請謁也。草草敬復。餘不敢噪魏老夫子暨胡先生。祈缺。

霜紅龕集卷二十四

陽曲傅山青主

書　札　二❶

與戴楓仲

兄古文辭可謂「風期日上」矣。救病不必輒子書，但細細領會《漢書》一部整俊處，一切冗沓之瘕，不覺盡消。此非弟無見之言，實所經繇，兄久之自知。如《外戚》一傳，尤瑣碎俏麗，不可再得。如此一種，切無輕過也。子書不無奇鶩可喜，但五六種以上，徑欲重復，明志見道，取節而已。兄所留心者，莫過紀傳之事爲急，故言兄專專於《史》、《漢》中求之。即《史》、《漢》兩書，千百年來，效之者不知凡幾百十家矣！而究之，皆鈔謄伎倆，其中變化之妙，全不曾有脱胎换骨手段。王荆公一見《表忠觀碑》，即云似《史記·諸侯年表》，此亦江蛯、荔枝之

❶「二」，原無，據全書體例補。

喻，若與呆人辨之，徑不知何處相似也。精熟之藝，日新日奇。良工心苦，斲輪之人自解。至於操縱如意，則西方《楞嚴》，東土《南華》，須滔滔上口者。請吾兄即構此二種，焚香細讀，日十許行，亦不必多，多無益也。久之，此二種又復可置。《浄名》、《楞伽》，損之又損，是老來歸宿，却又躐等不得。

老眼麻花，久不作畫，忽然手滑，馬捉老鼠，草學營邱、元暉、請菴，以至唐突宣廟數幅。急中會有彦雪新送洋中眼鏡，帶之從事，不覺尚成模樣也。他人肉眼莫測，吾兄慧珠，一見自能辨之耶！學營邱杏花，以燕脂娛暈，恐不禁刷。楊管巧手，尚須輕便加之意也。不知幾時尚當來省，略敘文事。不則弟能勉闈，或趨丹楓閣下，未可知也。若病不減，便又縮步耳。

《詩歸》再鈔，便非于唐詩起見，似于選《詩歸》者起見矣。不必諛，不必梗，商量發揮出手眼上之手眼，乃不罔此一番心力。若爾公之辨，單是尋著與人作駁耳。若不自己從他論注上開生面，又何必鈔？但此書行之既久，海内耳食衆矣，妄有譏評，爲鍾、譚不得，爲不鍾、譚不得，慎之哉！真正个中人，慧眼平心，可與何、李、王、李、鍾、譚共坐一堂之上，公公當當，做一樹義調御師，令各家伎倆一齊放下乃得。不然，任他辨才，總是偏見。作者有心，看者有心，作者有時，看者有時，變何易盡！論何勝騰！

元仲以貧不能出門，遂遲遲至今，始得來省。欲至昭餘乞米，所望不奢，三頭兩石即足。恐其往返費事，專令其甥往募，想此檀郀亦不至蹙眉也。且留元仲在紅土溝刻一小碣散悶，甥來即返。十月内定來，在松僑成此韵事矣。

麟郎嘉禮，久擬薄賀展忱。備一粗紬，專走一力恭奉。弟于月初中外邪，睡五六日，汗而後起，今始能健步如常，遂致過期，失儀良甚。寓中又無可使，謹付來伻代賁。極知菲薄，聊爲尊兄賞媒婆一具耳。不遣人而冒付盛使，真正草野粗疏。總之恃知，徑以兄使爲我使，或當相亮邪！右玄十哥適到，不及專候，屬弟致聲，不盡。

東南及中州云云，兄安所聞之乎？弟毫無所聞也。星變幾一月矣，此當不虚，但不知主何吉凶耳。李方容再報，還得細示所服藥是何藥物，服過幾劑了，又問近日之證何如，然後好復命也。

仁兄亮我否？豈有當此凋敝之世，而動以不情，干我親知？弟豈非人？凡舍弟指責于弟者，皆不敢逆意規之。此豈愛弟之道，實避眼下怨忿耳。故有無窮忠告，皆箝口不敢少攖，只得如其所屬而爲之。不謂仁兄輒爾展轉俯就，雲誼自不可言喻，而奈此顔甲不堪内對何！每讀《五行傳》：「聽之不從，是謂不謀，厥咎恒寒，厥極貧。」家弟當之矣。老兄無黄白仙術，不知當如何爲忠謀也。宣鑪看住一个，價只三兩，亦頗廉矣。到手即寄記室，以其主人有事，未得打發耳。

廿六日，天生有信至，云初二日陳祺翁有賫捧之役，天生偕而之燕。廿七日午後，遣兒速往雁門，遂不及約兄。算來兒跨劣蹇，得五日方達，似不及見天生矣。天生行又有書云：「五月中旬，候仁兄至代，盡此襟期。」會當有一往耶？兒七八日即返，再聞。《戰國策》原無許多批語，且看得亦太草率，不過理昔所閱者一過，無甚滋味。此書弟不甚喜讀，是以草草。价來，又一鈔謄，有草字不辨者，弟爲補書之矣。志詩須兒來時報命。薏米瓜乾情至，謝謝。詩藁亦須眉還，求陳三哥真謄一過寄上。《漢書》檢得便寄來。此中一部脱數葉，欲鈔補之耳。

程墨敘，初亦擬爲大選一鳴，再四想來，下筆便爲齟齬。畢竟方外之人，于此義徑庭之甚。門外漢妄猜妄論，不足爲大選重也，是以茹之。不然，豈難于一詅癡耶！《全家律》十本附還記室。此家讀法大可笑。連日火動，病甚，亦急欲造閤廬閒語，且看張髯上八洞結構，奈三兩日未能動履耳。

爲兄作畫一幅，金箋寫詩十幅，前高麗大字四幅，粗能復約，今並付伻到記室。雲游之傳安所得？此懷時時不忘，而俗務絡繹，不得了當，即有此舉，正須深秋潦落耳。此等事，唯吾兄可與商，當別有清教。姻事向曾瀝諸侍老，少須口劃。❶略可動持，不時上聞吉期矣。即煩以此言告之令兄姻丈可也。❷弟爲太史先生畫得《陽泉圖》四葉，並呈清教，看過即付之侍老。煩便中背紙一層，隨擬覓付紙四幅，欲做成册葉四板耳。另有字詒侍老，求轉致。老親一年

❶「口」，劉本、王本作「籌」。

❷「兄」，原作「足」，據王本改。

來病多，幸稍調全矣。前六七日，偶爾失足，卧牀呻苦甚重。❶正欲走力求兄台，先爲我問貴縣粗布六十疋，但尺頭長者。弟素無經幹之能，心膽荒亂，不得不謀之良友。盂中有少資斧，促忙取不到手，到即專奉，且先問之。幸而不至用此，别變可也。諸不敢言、不忍言者，但聞之兄台耳。

崑崙書到，弟以新慘，心緒不能即定。前後所寄來唐什，當須遲數日報命也。居實大無聊，近徑身入州，階下聽比糧矣，可笑。皆二郎輸之使然，令人愛莫助之，奈何！附聞。

承命，即用一紅柬代上，須信旅，無僮也。慎虚詩石章，少待兒眉勒就，便復報之。《三國志》到。前敘蕪蕪，豈敢邀過情之旌，聊復志一時納交之雅。且道古今文章家，有如此率易之構乎？留之案頭，或小不快時，取爲噴飯之柄可也。今日明日，適有南村俗業，一兩日歸，即復訓再敘之旨。

汾上佳人，唯一胡三哥，其情其才，無半个人知者，弟獨爲之俯首。此非以齒牙奬進自居。《緇衣》之好，誰實無之！直不耐奴俗物不安其不能知而亂噪，良可媸也。近有字詒弟，託敦中于兄，並其字聞之記室。

昨在陽城村，見平遥宋二股云：「虎須一年長一莖。」近打一虎，數其須，則一百三十五

❶「甚重」，原倒，據劉本、王本乙正。

莖。然則此虎仙矣！然歟？否歟？許惠虎須一莖挑牙也。

杜詩越看越輕弄手眼不得，不同他小集，不經多多少少人評論者。若急圖成書，恐遺後悔，慎重爲是。非顛倒數十百過不可，是以遲遲耳。曾妄以一時見解加之者，數日後又覺失言，往往如此。且從容何如？草復。

開春，手足齊欲疲極，艱於步履，却又躁不能恬。初聞丈有出門之意，今似不果。若前論尚未止，弟當候杖屨，略略於山水閒散悶也。

特信祝穎川，此舉甚善，但稍遲當不得于其日至矣。❶潞紬一隻，豈不少薄！然我輩布衣之禮，正不必勉爲褲套取厭。穎川，我輩人，正當不嗔過簡耶！天生本約臘半過祁，至今未來，猜令弟又病發，有不能脱然出門者。伯巖册子，屬寫者三年，今附丈所，若過平干時，可致之。覍盟，弟不爲作書，丈作書時，❷斥名「申穎」可耳。前字問家弟病，未及報，今已大起，在松僑淹廿日去也。附謝情至。

居實有字，專候近履。約過僑，爲謀生之理。大都日窮一日，來書云：「徑不得飽飯矣。」附聞。

---

❶「得」，原作「行」，據王本改。

❷「丈」，原作「文」，據劉本、王本改。

復雪開士

從來詩僧，但以句勝，不以篇勝也。盌隘盌澀，毋甘毋滑，至于盌花柳、毋瓶鉢，則脱胎換骨之法。以魔口説佛事，是大乘最上義。即古以詩名者，亦不多得。雪峰開士，苦心高興，終當有合。如「囂塵中有地，忠孝外無天」十字，何處突此奇特！若句句如此，便當一棒打死皎然、齊已輩矣。《華嚴》原有捨得三昧之義。人教捨某字某句，不若自己迴復，覺不穩處即勇捨却，如孟生之于破甑。久之，❶一切俗調塵氣，❷到不得庵摩羅果筆底矣！

再復❸

李洞之「小片當吟落，空香入定聞」，非僧詩，而氣味全似僧詩。雪峰學五言近體，但于此十字中想情、想境，擬而爲之，會能到也。韻脚只求愜當，押得穩處，即出韻，不妨爲好詩。若

❶ 「之」，原作「久」，據張本改。

❷ 「氣」，張本作「氛」。

❸ 此題張本作「再復雪開士」。

被韻拘，莽于韻中取一硬字押之，❶不顧妍媸，但稱叶韻，一字便可累一章矣。切忌之！切忌之！平處險押，險處平押，濃處淡押，淡處濃押，顛倒變幻，熟之自辨。

與曹秋岳書 振玉案：此僞託，詳《年譜》注。兹姑仍舊本坿存。

以七十四歲老病將死之人，謬充博學之薦，而地方官府即時起解，籃輿就道，出乖弄醜，累經部驗，今幸放免，復卧板昇歸。從此以後，活一月不可知，一年不可知。先生聞之，定當大笑，乃復有此蒲輪別樣。因便敬候興居，使知此況。來僧圓璧，其人頗解讀書。山出門時，其敦逼狼狽，不可告人，且病噎不食。璧爲煮粥、煎藥，將護之情，不能已已。乃妄聞山之病死燕市，復瓶鉢來看。見山生歸，欲復南游，募書册藏一部，以其便于展閲，欲下智慧根子。山感此至誼，聞此板即在貴府阿蘭若内，願先生憫此白學，爲之開緣。一册一函，莫非佛事，此似亦易爲力。紙筆貴賤，❷總難懸度，彼若至誠，或當如願。載歸之時，山若未死，當南向跪誦《金剛經》一卷，以當報恩。枯木堂力疾草此，求恕不恭。寒温套語，不敢作誑。秋翁先生菩薩。傅山頓首頓首。

---

❶「硬字」，張本倒乙。

❷「筆」，張本、王本作「墨」。

霜紅龕集卷二十五

陽曲傅山青主

家訓

訓子姪

眉、仁素日讀書，吾每嫌其駑鈍，無超越兼人之敏。間觀人有子弟讀書者，復駑鈍於爾眉、仁，吾乃復少恕爾。兩兒以中上之資，尚可與言讀書者。此時正是精神健旺之會，當不得專心致志三四年。記吾當二十上下時，讀《文選·京都》諸賦，先辨字，再點讀，三四上口，則略能成誦矣。戊辰會試卷出，先兄子由先生爲我點定五十三篇。❶吾與西席馬生較記性，❷日能多少。馬生亦自負高資，窮日之力，四五篇耳。吾櫛沐畢誦起，至早飯成喚食，則五十三

❶「先兄」，王本作「吾兄」。

❷「馬生」，王本作「馬先生」。文中「馬生」俱同此。

篇上口，不爽一字。馬生驚異，歎服如神。自後凡書無論古今，皆不經吾一目。然如此能記時，亦不過六七年耳。出三十則減五六，四十則減去八九，隨看隨忘，如隔世事矣。自恨以彼資性，不曾閉門十年讀經史，致今著述之志不能暢快。值今變亂，購書無復力量，間遇之，涉獵之耳。兼以憂抑倉皇，蒿目世變，强顔俯首爲蠹魚，終此天年。火藏燄騰，又恨呫嗶大壞人筋骨，彎强躍馬，嗚呼已矣！或勸我著述，著述須一副堅貞雄邁心力，始克縱横。我庾開府蕭瑟極矣！雖曰虞卿以窮愁著書，然虞卿之愁可以著書解者，我之愁，郭瑀之愁也，著述無時亦無地。❶或有遺編殘句，後之人誣以劉因輩賢我，我目幾時瞑也！

爾輩努力，自愛其資，讀書尚友，以待筆性老成、見識堅定之時，成吾著述之志不難也。除經書外，《史記》、《漢書》、《戰國策》、《左傳》、《國語》、《管子》、《騷》、賦，皆須細讀。其餘任其性之所喜者，略之而已。《廿一史》，吾已嘗言之矣：金、遼、元三《史》列之《載記》，不得作正史讀也。

文訓

貧道昔編《性史》，深論孝友之理，於古今常變多所發明。取二十一史應在《孝友傳》而不

❶ 「述」，王本作「書」。

入者，與在《孝友傳》而不足爲經者，兼以近代所聞見者，去取軒輊之。二年而藁幾完，遭亂失矣。間有其說存之故紙者，友人家或有一二條，亦一斑也。然皆反常之論，不存此書者，天也！

凡人養性作人，皆有一安身立命之所，即文章小技亦然。爾兩小子皆讀《左氏春秋》，其中犯教傷義大節目，一眼便知，不待講解也。至於文章之妙，大段大段，細曲細曲，鋪張組織，補緝波瀾。前人多少評論，總不能盡。爾小子若有眼色，讀之既久，自得悟入，別生機軸。依傍不依傍，熏習變化，全非我所得與爾拈出者。以後凡遇古人用此法、論此義者，莫要置之，皆須留心分晰。明經處到不甚難，以其是非邪正，顯然易見。而文心掂播遽諕，實鏖糟所難得窺測。爾們便將此書作一安身立命之所，作人、養性、學文，都向此中求之。每事相與辨論，所謂「奇文共欣賞，疑義相與析」也。

文者，情之動也；情者，文之機也。文乃性情之華，情動中而發於外。是故情深而文精，氣盛而化神，才摯而氣盈，❶氣取盛而才見奇。

文章未有高而不簡、簡而不摯者。

---

❶「盈」，王本作「盛」。

詩訓

杜詩不可測之才人，振古一老，亦不得但以詩讀，其中氣化精微，極文士心手之妙，常目在之。

韋公詩多清言。李肇《國史補》云：「韋性高潔，鮮食無欲，所居常焚香掃地而坐。」觀其《逢楊開府》詩，清静者固如此耶！公與陶公，皆知其不可奈何而安之者也。

謝道韞《登山》詩，如「氣象爾何物，遂令我屢遷」十字，今古詞人能有此幾句？唐之輞川翁、浣花老，往往得此妙境。偶見謝林風此首「氣象」二句，男子未必能道此句也。爾看之，可造詞入微。

輞川詩全不事鑪錘，純任天機。淡處、静處、高處、簡處、雄渾處，皆有不多之妙道情真語。人不能似者，以其一詩之心在無詩，而心平氣和，不罵人，不自己占地步，不傍剛尋事，不隱刺譏，不急急怨望，不騁辨才連犿。

造語却非一意雕琢，在理明義愜，天機適來，不刻而工。杜詩之「愜當久忘筌」最妙。「愜」當讀作上聲，楷雅切。

韻學訓❶

險韻在沈訂者能有多少！須取《玉篇》、《廣韻》、今行等韻諸書，擇其純雅有義不犯複者，盡限而押之濫熟，如人用上平前數韻者用之，亦是一種功夫學問。若做詩怕險韻，難道彼韻諸字可不識耶？險之相命，亦不識字人爲之耳。若一字不識人，展卷見「東」字亦險也。呵呵！眉、仁識此！眉、仁識此！

音學訓

讀書之聲死，説話之聲活，歌曲之聲牽就。凡字書曰音，曰反切，曰讀若，皆死法。天然之口音，不在其希微之間。至於呵呀開闔，順逆輕重，同聲異意，遠近聽别，全在此之口音，彼之耳音，會通無礙，始知聲音之妙之變，由於聲前、聲中、聲後，皆有然否、直宛、平側、枝遁之氣掂掇於中也。音切之書，焉能盡之？不過用其死法讀書可耳。

---

❶「韻學訓」，劉本作「韻學訓子侄」。

字訓

論畫：❶人物點睛，如能左右顧者，只是點得最正，即能爾。此固然，然亦須於左右觀視之物上用情。畫視難，畫聽尤難。寫字之妙，亦不過一正。然正不是板，不是死，只是古法。且説人手作字，定是左下右高，背面看之皆然，對面不慝。若要左右最平，除非寫時令左高右下，如勒横畫，信手畫去則一，加心要平則不一矣，難説此便是正耶！

作小楷，須用大力，柱筆著紙，如以千金鐵杖柱地。若謂小字無須重力，可以飄忽點綴而就，便於此技説夢。寫《黄庭》數千過，了用圓鋒筆、香象力，竭誠運腕，肩臂供筋骨之輸。久久從右天柱湧起，然後可語奇正之變。

小楷辵波不難，而勒落尤難，刻亦難之。此法書者、勒者，皆等閒置去。❷

寫字只在不放肆。一筆一畫，平平穩穩，結構得去，有甚行不得！静光好書法，收此武拔甫數紙，皆是兢業謹慎時作，惜乎死矣！❸ 静光頗學此筆法，而青於藍矣。水木之源，裝而

---

❶「論畫」，王本無此二字。

❷「去」，王本作「云」。

❸此句下，王本有「若當今日有此買賣，郡縣臺省有甚到不得，命窮人那裏説得起也」二十六字。

藏之，禮也。

寫字無奇巧，只有正拙。正極奇生，歸于大巧若拙已矣。不信時，但於落筆時先萌一意，我要使此爲何如一勢，❶及成字後，與意之結構全乖。亦可以知此中天倪，造作不得矣。手熟爲能，邇言道破。王鐸四十年前字極力造作，四十年後無意合拍，遂能大家。

晋自晋，六朝自六朝，唐自唐，宋自宋，元自元。好好筆法，近來被一家寫壞，晋不晋，六朝不六朝，唐不唐，宋元不宋元，尚㷰㷰姝姝，自以爲集大成。有眼者一見，便窺見室家之好。唐林曰：此爲董文敏説法。

予極不喜趙子昂。薄其人，遂惡其書。近細視之，亦未可厚非。熟媚綽約，自是賤態；潤秀圓轉，尚屬正脈，蓋自《蘭亭》内稍變而至此。與時高下，亦由氣運，不獨文章然也。

吾極知書法佳境，第始欲如此而不得如此者，心手紙筆，主客互有乖左之故也。期於如此而能如此者，工也；不期如此而能如此者，天也。一行有一行之天，一字有一字之天。神至而筆至，天也；筆不至而神至，天也。至與不至，莫非天也。吾復何言？蓋難言之。

❶「何如」，王本倒乙。

仕訓

仕不惟非其時不得輕出，即其時，亦不得輕出。君臣僚友，那得皆其人也！仕本憑一「志」字，志不得行，身隨以苟，苟豈可暫處哉！不得已而用氣，到用氣之時，於國事未必有濟，而身死矣！死但云酬君之當然者，于仕之義，却不過臨了一件耳。此中輕重經權，豈一輕生能了？吾嘗笑僧家動言「佛爲衆生」，似矣，却不知佛爲衆生，衆生全不爲佛，教佛獨自一个忙亂个整死，臨了，不知罵佛者尚有多多大少也！我此語近於沮、溺一流，背孔孟之教矣。當此時，奔逐干進，泊天地下皆不屑爲沮、溺矣，豈如此即皆孔孟耶？但囫圇略道之。爾輩顧素聞大義明矣，何必我口一一誅求！❶運氣當爾，若不達觀，真正憋殺幾个讀書求志之人。須知志即在讀書中尋之，不失爲門庭蕭瑟之風流也。

「仕」之一字，絶不可輕言。但看古來君臣之際，明良喜起，唐虞以後可再有幾个？無論不得君，即得君者，中閒忌嫉讒間，能保終始乎？若裴晋公之遇唐憲宗，亦萬一耳。

❶「我」，王本作「僕」。

佛經訓振玉案：第三條以下，與佛經無涉，姑仍其舊。

佛經，此家迴避不敢讀。間讀之，先早有个「闢異端」三字作難。與他耳耳戛戛去説不違背處，❶大有直捷妙諦。凡此家蒙籠不好問答處，彼皆粉碎説出。所以教人翻好去尋討，當下透徹，不騎兩頭馬也。爾底根地甚好，將來有个大好撒手下落，切不可作菩薩隔陰之昏也。隨論如何博學辨才，却是没用底，須向大《易》、《老子》尋个歸根復命處。

後生輩知尺木大士堂戒有「人無血色者不得入此」條。我教你們，又只説个「没耳性人不得在我側」。有血色無血色人，還看得出。若没耳性人，非久久磨擦，不知其人之有與無也。我把句有斤兩話告他，他一遍不愢，兩遍不愢，終年二年，以至數十年，只管没个省悟，左來是那幾句没長進話，只管圪嚼。只樣物件，真正是肉。❷我顛倒要拜他爲第一希有導師了。何以故？是我没耳性，不受他點化處。我底耳朵太虚了，要借他太實耳朵醫我也。好了，好了，我底耳朵三四月來大聾了，又不用他醫了。你們説話須大高聲，不然，你們又要説我没耳性了也。

---

❶ 「去説」，王本倒乙。

❷ 「是」，劉本、王本作「視」。

昔人教尋孔顔樂處，此句也是平地圪垛語。讀得書久，❶自有樂處，便與孔顔不遠。若白白去尋孔顔，孔顔與你个對面不見，豈不罔過了日子也。賴天地祖宗之澤，❷破書可讀，一切齷齪人事不到眼前心上，❸鈍資磨去，❹日知所亡，三間小屋之下，好不富貴也。自愛不自貴，自知不自見，聖經賢傳，古今載記，儘爾游衍，誰能禁之！

一生爲客不爲主，是我少時意見欲爾。故凡事頗能敝屣遺之，遂能一生無財帛之累。子弟亦須知我此意，師之可省經營煩惱。

凡過耳之言，觸之驚心者，皆吾之道師醫藥，即須刻之於心，不可忘之。至誠格天，當下即應，不須歲月。

無耳性人，不但諷勸著不解，即大罵詈亦不慭。只記得个誰罵我來，却不記罵得我是我那一樁短處。若於此有醒，罵我者是我大恩人。

❶「久」，王本作「多」。

❷「澤」下，王本有「當此亂世不饑不寒」八字。

❸「心上」下，王本有「只此享受，且道此邪，能得幾家幾人，有你過活否，切莫將此一段因緣看作等閑」三十一字。

❹「鈍」，原作「純」，據劉本、王本改。

名也者，響也；身也者，影也。能克己，乃能成己；能勝己，乃能成物。

有志氣無學問，至欲用學問時，往往被窮，始知志氣不可空抱。古今之興亡成敗，時事之堅瑕難易，𢢽明膽定而辨才，足以指畫前籌，始成得一佳士。

挺生之人，見解定有異於常人，非讀書講學之人所可至者。作文、作詩、講學，皆須造語。語旨而允，乃能傳，所謂「言之不文，不能行遠」也。

無至性之人，不知哀樂；有至性之人，哀樂皆傷之。有至性之人多妨於道，無至性之人又不可入道，所以道難。幽獨始有美人，澹泊乃見豪傑，熱鬧人畢竟俗氣。

自貴莫如忍辱，忍辱莫如遠人，遠人莫如親書。

小人不必羣聚，但兩人共處，即有異常之謀矣。可堪一笑。

「吉凶悔吝」四字，「吉」惟一耳。無卜筮而知之，順動而已。

不會要會，固難；會了要不會，尤難也。吾幾時得一概不會耶？

凡好詆毁人，於人無纖毫之損，而其奴氣自足，惹人賤厭。

事體無論大小邪正，有同一機局者。如隋楊廣之奪宗，唐太宗之誘裴寂，下而至於李道古之欲爲官，❶皆以賭博爲術，而其所謀各各不同。

❶「古」，原無，據王本補。

君子之名何由成？亦多虧不肖者以其下流之行襯起之耳。若人人有少廉隅愧悔，君子之名何自而歸？況居下流而惡皆歸之，君子遂爲好做。惜乎！無知之人不解此旨，以不肖自居，而以君子送人。

十六字格言

己未七月二十日書教兩孫。

静不可輕舉妄動。此全爲讀書地。街門不輕出。❶

淡消除世味利欲。❷

遠去人遠，無匪人之比。此有二義，又要往遠裏看，對近字求之。

藏一切小慧不可賣弄。

忍眷屬小嫌，外來侮禦，讀《孟子》「三自反」章自解。

樂此字難講，如般樂飲酒，非類羣嬉，豈可謂樂？此字只在閉門讀書裏面。❸讀《論語》首章自見。

❶「輕」，原作「輒」，據王本改。

❷「味」，原作「外」，據王本改。

❸「只」，王本作「自」。

默此字只要謹言。古人於此，❶多有成言矣。❷至于訐直惡口，排毀陰隱，不止自己不許犯之，即聞人言，掩耳急走。

謙一切有而不居，與驕傲反。吾説《易》謙卦有之。

重即「君子不重則不威」之重。氣岸崚嶒，不惡而嚴。

審大而出處，小而應接，慮可知難。至於日間言行，静夜自審，又是一義。前是求不失其可，後是又改革其非。

勤讀書勿怠，凡一義一字不知者，問人檢籍，不可一「且」字放在胸中。

儉一切飯食衣服，❸不飢不寒足矣。若有志，即飢寒在身，亦不得萌干求之意。

寬爲肚皮寬展，❹爲容受地窄，則自隘自蹙，損性致病。

安只是對「勉」字看。「勉」豈不是好字，但不可强不能爲能，不知爲知。此病中者最多。

蜕《荀子》「如蜕之脱」。君子學問，不時變化，如蟬蜕殼。若得少自錮，豈能長進！

---

❶「於」，原作「戒」，據王本改。
❷「多」，王本作「每」。
❸「飯」，王本作「飲」。
❹「爲」，王本作「謂」。

歸謂有所歸宿，不至無所著落，即博後之約。

偶列此十六字，教蓮蘇、蓮寶，悔令觸目，略有所警。載籍如此話，說不勝記。爾輩漸漸讀書尋義，自當遇之。魏收《枕中篇》最周匝，不可以人廢言。於《元魏書》中看之。❶

昔人云：「好學而無常家。」「家」似謂專家之家，如儒林《毛詩》、《孟》、《易》之類。我不作此解。家即家室之家。好學人那得死坐屋底！胸懷既因懷居卑劣，聞見遂不寬博。故能讀書人，亦當如行脚闍黎，瓶鉢團杖，尋山問水，既堅筋骨，亦暢心眼。若再遇師友，親之取之，大勝塞居不瀟灑也。底著滯淫，本非好事，不但圖功名人當戒，即學人亦當知其弊。

「學之所益者淺，體之所安者深。閑習禮度，不如式瞻儀型；諷味遺言，不如親承音旨。」吾嘗三復斯言，恒願兩郎之勤親正人，遇之莫覿面失也。

「明經取青紫」，此大俗話。苟能明經，則青紫又何足貴！修其天爵，而人爵從之。從，猶「從他」之「從」。有也可，不有也可。

「學也，禄在其中」，亦非死話。對「餒」字說，則禄猶食。有食則飽，故學可作食，使充于中。聖賢之澤，潤益臟腑，自然世閒滋味，聊復度命，何足貪婪者！幾本殘書，勤謹收拾在腹中，作濟生餱糧，真不虧人也。

❶「看」，王本作「有」。

「改」之一字，是學問人第一精進工夫，只是要日日自己去省察。如到晚上，把一日所言所行底想想，今日那一句話説得不是了，那一件事做得不是了，明日便再不説如此話，不做如此事了，便是漸漸都是向上熟境。若今日想，明日又犯，此等人活一百年也没个長進。喫緊底是小底往大裏改，短底往長裏改，窄底往寬裏改，躁底往静裏改，輕底往重裏改，虚底往實裏改，摇蕩底往堅固裏改，齷齪底往光明裏改，没耳性底往有耳性裏改。如此去讀書行事，只有益，決無損，久久自覺受用。

「直情徑行」四字甚好，只是入道使得，若是以之家國，全使不得。所以世上人受許許委曲，以此告諸後生，非陳萬年告咸之意。讀書法古，經久自知。將四字放在枷栗頭，爲破魔軍主帥，終來用著。

老人胸中有篇《文賦》，只是收拾不起來編寫，衰可知矣。然亦可以不弄此伎倆。童心宿業，有何不能捨去也。

「安静和平」，老人自圖待終之道不過此四字而已。兒孫所以養老者，亦惟此四字爲承顔上尊。若論文事，則儘許發揚蹈厲。

疏略之人，動輒失計。外來事端，不必色勝而心自取也，皆色勝而心自取也。色極不勝，心極不取，而見役于人，皆失之疏耳。古人藏身之固，無隙可窺，蓋籌之數十年中，常變之不期也。

文章詩賦，最厭底是个「嘽」字。嘽，緩也。俗語謂行事説話鬆沓不警曰「嘽」。本「灘」音，因《禮記》「嘽以緩之」句借用之耳。然俗語亦無正聲。或用「纏」字之去聲，最有義。凡束縛右轉欲緊者曰「纏」，平聲。左轉欲鬆者曰「纏」。去聲。即如打麪茶，先纏平。之，既纏去。之，聲是也。齒牙口舌手筆，丁當振動，自然無此病。若興會高簡之音，不在此例。若一篇之中得三兩句警策，則精神滿紙矣。❶

楷書不自篆、隸、八分來，即奴態不足觀矣。此意老索即得，看《急就》大了然。所謂篆、隸、八分，不但形相全在運筆轉折活潑處論之。俗字全用人力擺列，而天機自然之妙，竟以安頓失之。按他古篆、隸落筆，渾不知如何布置，若大散亂，而終不能代爲整理也。寫字不到變化處不見妙，然變化亦何可易到！不自正入，不能變出，此中饒有四頭八尾之道，復謂不愧而忘人，乃可與此。但能正入，自無婢賤野俗之氣。然筆不熟不靈，而又忌褻，熟則近於褻矣。志正體直，書法通於射也。陽元之射，❷而鍾老竟不知。此不褻之道也，不可不知。

吾八九歲即臨《元常》，不似。少長，如《黄庭》、《曹娥》、《樂毅論》、《東方讚》、《十三行洛

❶ 「滿紙矣」下，張本、王本有「警令人驚，策令人前。不能令人驚而前，則拖耳笨驢閑時拉磨而已。但費草料」三十字。

❷ 「陽元」，原倒，據王本乙正。

神》，下及《破邪論》，無所不臨，而無一近似者。最後寫魯公《家廟》，略得其支離。又溯而臨《争坐》，頗欲似之。又進而臨《蘭亭》，雖不得其神情，漸欲知此技之大概矣。老來不能作小楷，然於《黄庭》，日㕓其微，裁欲下筆，又復千里。平水盧某能爲《黄庭》法，最爲步趨之正。吾曾屬臨一扇，愛而藏之。其後盧以鄉舉從賊，爲義兵殺於薊州。其所書扇，不知失之何處，絶無思憶之時。字之不能深庇人也如此，後輩知之。

六十年來，曾見休寍黄朝聘上珍書札子扇頭，極大雅，不俗氣。予家曾藏其《十八羅漢讚》一卷，字徑寸餘，亦真亦行，不晋不唐，亦不宋元，而風韻高邁。於今南士習書者，罕有其比。然此君實不以書名，亦能詩，有學問，能飲酒終日夜，醖藉可喜，老而讀誦不輟，復忠厚温克，更無嶶之炎涼市井習，蓋前輩人也。是楚陳公志寰所學守嶶時得意門人。制義之精醋，最爲先輩，而奴生多笑其陳。予尚記其「勿欺也而犯之」及「柳下惠不卑污君」一段之藝，其體裁在歐陽杲、歸有光之閒。數奇不售，老而游晋，陳公適撫晋，羈此將年餘，去尚擬挾行卷求知。與先居士善。辛酉冬，復接得一函，有七言長歌一章，皆不似今詞場中瞎倒鬼也。前庚申至此，六十一年矣。因其字留胸中不能忘，遂記此。

大鹵城中治古文而讀古書者，前輩縉紳先生以至諸生，代有其人。嘉靖以前尚矣。嘉靖以後，以余所聞所見，可歷歷數之。然皆不欲以自表，故少所名稱。若至於余同時先後輩行，自制舉業外，而兼能用心古學者，則尚美牛先生與其弟子崔季通丈，皆熟精《春秋》內、外

《傳》，及《公羊》、《穀梁》者。趙鶴汀亦能雜覽多見，故其形諸言語，皆不俗俚。梁泰雲、王君範兩兄同時，以時文相摩厲，而于古學亦不廢。梁猶以其才力捃摭爲時文用，三十歲以後，不得意於場屋，始有意專致於斯，而死矣，惜哉！如崑彝丈，真今日跫然之音，豈不可喜，又妙就直諒之千一！丈日夕稽考，亦大鹵城四十年來未有之事。俗人以此等閒視之，老夫不時感歎者，深傷其讀書人少也！有所發明，願不吝教。振玉案：觀此條語氣，絶非家訓。編者誤闌入，爲坿正於此。

晉中名能書者，大前輩無論，以予所記而親見其筆者，則葉雲谷山人、張鳳舉翔、彭世隆輝宇。三人皆晉府人。老諸生則王道行洛南，廣文則李溥雲麓。此兩人最能真書，一筆一畫，端正可敬，不知者曰版也。宗室則新增、抑甫齊。梅峻、梅雲兄弟。❶二人以畫名，兼習書。諸生又有郭守謙、守訓，亦晉府人。謙猶正經，訓則惡騁矣。又宗室梅川，專寫米顛而不得顛之原本，頗熟而俗甚。老宗室有對陽者，❷步趣文待詔。字上七八寸者，徑欲逼真。此格傳之崔仲升、季通兩先生，而崔不肯以爲名。至今少年遂多以此爲事，然皆不踏實，積久稍成狂廓，❸則以爲是矣，

❶「雲」，張本作「容」。
❷「陽」，張本作「揚」。
❸「狂」，張本作「匡」。

故無一成就者。❶此實笨事，有何巧妙？專精下苦，久久自近古人矣。先伯星履先生，臨唐太宗，疏爽豪舉，以上諸人望之，則龍騰鳳舞，無所得其端倪也。惜乎其子不肖，不能收藏，於今構一二字不能得矣，惜哉！梁樂甫先生，字全不用古法，率性操觚，清真勁瘦，字如其詩，文如其人，品格在倪瓚之上三四倍，非人所知，別一天地也。

字與文不同者，字一筆不似古人，即不成字；文若爲古人作印板，尚得謂之文耶？❷此中機變，不可勝道，最難與俗士言。

字亦何與人事，政復恐其帶奴俗氣。若得無奴俗習，乃可與論風期日上耳，不惟字。

蘇讀書已有聞見，可語文事矣。賨亦不必遠求，只向蘇問之，便有進益。我家讀書種子，要在爾兩兄弟上責成。凡外事都莫與，與之徒亂讀書之意。世事精細殺，只成得个好俗人，我家不要也。血氣未定，一切喜怒不得任性，尤是急務。看此加敬，無作常言。

詩賦你都作將來了，可常讀陶先生詩。如「山氣日夕佳，飛鳥相與還。此中有真意，欲辯已忘言」。「此中」一作「此閒」，然不如「中」。「四體誠已疲，庶無異患干。盥濯息簷下，斗酒散襟顔。」「日入羣動息，歸鳥趨林鳴。嘯傲東軒下，聊復得此生。」其詩不使才，而句句皆高

❶「就」，張本作「家」。

❷「尚」，張本作「則尚」。

才；不見學，而無篇非學，學極博大。此等詩真足千古，須熟讀之。吾病至此，而猶諳諳與汝言詩者，因汝爲詩，欲汝爲詩，日引月長，❶以續吾家文種故也。

如爾得句「白鷺朝雲下，晴天疏柳中」十字，高情朗調，遂欲登盛唐之席。「白鷺」句更好，然一連讀下爲一意，不得作對偶格看。句偶神通，物色近遠。老夫每有此撰。此撰非至思之結，正不必究其來處。

吾家自教授翁以來，七八代皆讀書解爲文，至參議翁著。下至吾，奉離垢君教，不廢此業，然大半爲舉業拘係，不曾專力，至三十四五始務博綜。亂後無所爲，益放言自恣矣。爾父秉有異才，而我教之最嚴。自七八歲以後，風期日上，至十七八遂閎肆。既遭亂，患難奔馳，實無處無時不讀書作詩。淋灕感慨，見事風生，大有「見賊惟多身始輕」之膽之識，真横槊才也。所爲詩文，皆可以年譜之，實吾家異人。爾親見其縱筆直書，前無强敵之概者。于今已矣！爾頗有細才，亦能爲摩研鈔撮，吾家文種，全在爾一身承之。凡我與爾父所爲文詩，無論長章大篇、一言半句，爾須收拾無遺，爲山右傅氏之文獻可也。至于爾早承吾與爾父之教，亦慧而能文，吾數有問爾，爾能記憶，議論亦有先後，切不可自棄。殘編手澤，窮年探討，益當精進自得。粗茶淡飯，布衣茅屋度日，儘可打遣。如求田問舍，非爾之才，即當安命安分，不

❶「長」下，張本有「才士」二字。

可妄想。人無百年不死之人，所留在天地閒，可以增光岳之氣，表五行之靈者，只此文章耳。念之！念之！蒼頭小斯，供薪水之勞者，一人足也。「觀其户，寂若無人；披其帷，其人斯在。」吾願爾爲此等人也。爾頗好酒，切不可濫醉，内而生病，外而取辱，關係不小。記之！記之！「韜精日沈飲，誰知非荒宴！」爾解此意，便再無向爾謰謱者。吾自此絶筆可也。

爾兩人皆能讀書，❶蘇志高心細而氣脆，❷教之使純氣。寶頗疏快，而傲慢處多，當教之使知禮。諳諳言之，皆以隱德爲家法。勢利富貴，不可毫髮根於心。老到了，自知吾言。

訓之前後不可考。順庵本後數條作「甲子夏書示蓮蘇兩孫」。「皆能讀書」前有「再訓」二字。霦記。

---

❶ 「人」，王本作「孫」。

❷ 「蘇」，王本作「連蘇」。

霜紅龕集卷二十六

陽曲傅山青主

雜　文

失笑辭一

信手寫出，極知邋拙。老人野性，正得潦倒阿堵中。

天地幻無而有，有人；人幻無而有，有文。趹空亭而失笑，哇麈糟之奴論；何可之之自詡，衍祕訣于韓門。忽撟首乎高樹，攬青霄之片雲。巖巒樓閣，華鬘輪囷。爰詢屏翳，誰爲繽紛。且道此雲爲《邱》、《索》、《墳》、《典》之雲耶？抑先秦兩漢之雲耶？蓋太虛無印版，而䨴靄有才情。❶時非先秦兩漢矣，雲實無異于兩漢先秦；時非《典》、《墳》、《邱》、《索》矣，文不全乖于《邱》、《索》、《典》、《墳》。氤氳變化，無古無今。無摸擬之天使，圖彩本于皇神。何物

❶「䨴」，王本作「靈」。

主氣也？何物主理也？何物炤應也？何物法度也？即如《客難》偶成，《解嘲》繼起，《賓戲》、《釋疑》之類，亦復焉底！若以陳思《七啟》爲有所本，則枚生之《發》可謂無所師承，不知妄作而已。奴評婢譏，噂沓滿紙。嗚呼，奇書奧牒，盡灰秦燄！即《左氏春秋》，不爲宋儒尹焞之所焚，亦幸矣！

峥嶸乎，寥落哉，軒昂懿濞之高才之爲文也！其如黄河之水天上來，受萬川而澎湃，挾太灝之風雷，虬龍乎手，鴻鵠其眼，虚空以爲識，廣漢以爲膽。不憚震人使之聾，豈復窒奈瞻以變！赤曇索雯，❶瀰漫霄漢；染人丹青，不覺其黯。獅筋霹靂，象弦皆斷，此其倜儻豪雄之概也。至于風流駘儇，波瀾小溢，分支别派，或出而復入，或歧而他會。亦有希微瀺灂，沙沈澤匯，邁長往而不顧，乍迴復以縈帶。漢之潛也，江之沱也，瀆于汝也，洵于過也。筆舞漣漪，蟬蜒佗傺，意之縹緲，妙不多也。是義也，惟《太史公書》中往往遇之。

唐宋以來，諶杵邊幅，唱歎之微，寐不吪矣！若夫思極而濬，没焉如遯，尋莫測其所之，俄展轉而流映，微彰鄭重，一篇之中三致意者，蓋忠孝瓌偉之士，高深無徑，感時翫物，抑揚至性，猶流水之三見三伏，不覺其吐，不覺其吞者也。鳥飛準繩，向背縱横，謏充不變，頓挫反

❶「索」，劉本、王本作「素」。

經，唐林曰：「下疑有缺悮。」是所以之秦，❶似迷復而明從。❷馮臆獨往，特達㽕夆。可以風雲月霧，❸亦可以處女脱兔。方楊柳而芙蓉，忽鷹揚而虎怒。靡綺者嫌其判傖，❹拘腐者不知其所趨步。一線漂蓬，媘然於中。孤情稠遂，連豜西東。勁不可撓，撓之不濁；糅不可渾，渾之不清。殆如河濟，既入于海，乖蠻隔夷，回互萬里，而直造乎仙檻大逢者耶？投筆盧胡，伐塚無珠，文章滿世，黼黻臺輿。安取得鮉父之魚，❺已老子之歐歙？

失笑二

鬱單無量，無梯而攬厥輝，剛維無色，無綆而繘厥肥。是可以髣髴文心之極高極深，縹緲洞幽不可得，而方物之微也。其閒峙流光彩，飛走花樹，雲霞變幻，風雨晦冥。何莫非供給經緯之林，繚繞贈答之機？高才之人，固不必徧及而有，其及之輒生動而欲飛。乃有拘士，掉

❶「是所以之」，王本作「是取之以」。
❷「明」，劉本、王本作「朋」。
❸「霧」，劉本、王本作「露」。
❹「靡綺」，王本倒乙。
❺「取」，王本作「所」；「鮉」，劉本作「鮊」。

磬故紙，擬之而爲言，有本以爲期。是亦窮瑚鏤之工，亦爛組織之斐。❶有識者視之，如以金玉錦繡，厚賵璲乎枯骴，蓋徒敦篤其已能，而不知其文之夭死也。❷譬諸肖影之工師，傳分寸之形，無慮帝王卿士，以至於方外之羽客僧迦，衮冕黼黻，方襟披風，亦各具厥莊嚴，金碧駢羅，而不騰之色，無神之眼，相去不遠。帖紙不吪，强而指之，曰：「此爲誰何！」若其卦招於市者，初非肖其誰何，仍以爲不知誰何之人，追形容於登遐，有魄無魂，不中瞀湝。此無他，以其心手之際，近尸氣者多也。

藝文古志，奇伎浩汗，名存義祕，學士慨歎。今之昭迴雲日，《左》、《國》、《史》、《漢》而已。才人遠攬，神精冰炭，肸蠁香光，芍藥就將。殆梵書之所謂「異熟」，❸不知乎其所以醞釀。絪縕乎，其儲也；蓬輪乎，其與也；縱横乎，其扈也；鼓吹乎，其冶也。文章禮法之士，即而尋之，《左》、《國》、《史》、《漢》，風影逋也。馮至思以結撰者，冷然而輕舉；臆武仲之賦舞，亂何爲乎在馬？拚同於其所極，妙不覺夫遷化。本居鷰而鵠鶩，俄王良而造父。非馬也，其人也；何若忘也，其神也。乃可以讀書，乃可以論文也。推車蟬匷，真無垠也。谷虛塊噫，風不

---

❶「斐」，劉本作「裴」。

❷「夭」，原作「天」，據劉本、王本改。

❸「梵」，原作「焚」，據劉本、王本改。

陳也。

俄又笑夫讀《菟園賦》者，以不見刺譏於梁王，遂疑其出於臯而非乘。蓋本班書謂其俳倡，然《傳》亦云：衛夫人爲皇后，曾奉賦誡令終，❶但以其文不傳，總歸之以詆惎謾戲之名。自「勸百諷一」之言著，儒者執之，以論爲詩賦之經，究其疾之甚也。不但諷一勸百，不中其潰洸，須極其訐譎，徵色聲於千百世之下，乃始以爲文章。嗚呼！文章必如此而後快愉。宋獮猴面辱義雲、雄根之詩，不更勝於千首之經緯宮商耶！故紫陽效陳子昂者，取史策穢事，盡力揚播，蓋儒習也。工部之「不自誅褒妹」，豈阿諂於本朝？何飾非以寬假！至於《八哀》，歎舊懷賢，詮次不暇，淋漓鄭重，欲罷不能。❷石林老乃以「晉魏之前無過十韻」評彈芥蔕，擬删削而求愜。《詩》之篇章，果短精粹而長土苴乎？抑若《桑柔》居然在《雅》，以《閟宮》輕《清廟》，先師何不嫌其蘿莎，略無塗抹？

大抵詩文之妙，至於窮理明道，諸老先生似可以不勞講究，亦不失擁臯比之尊崇，受門牆之掃洒，豈不又省其玩物喪志、放心野馬？孔、顔樂處，静盌陶冶，何必欲與風人爲萋菲，向

❶「奉」，劉本、王本作「奏」。
❷「欲罷不能」，劉本、王本作「不能欲罷」。

文苑置侈哆？❶如《招魂》奇肆，前無所承。「湛湛江水上有楓，目極千里傷春心。」風流淡蕩情無窮，不見所謂靈囿靈臺，曲終奏《雅》，邀之三王而與夫禮樂，目中道德仁義之柴遂焚。大塊小沼，平澹亟與，景差頓如，直羸穆穆，登降台階。黠哉！景大夫能於千百世之前，逢迎千百世之後誠意正心之賢，令頤解而發咍。濡豔宋玉，罔念終狂，可謂徑情而拙媒，遂不能與差同爲聖賢之儕矣。奈何哉！唐林曰：「此章疑有闕悮。」

題矜隻亭

隻真隻，矜誰矜，一个雪峰有高興，惹教俗物白眼瞠。莫管他，只管撑，拏出巧思雲梯手，天心月脇儘縱横。

醫藥論略

藥性大綱，莫過於精讀經録，及歷代以來續入《本草》。至於用藥之微，又向《本草》中會通性、氣、味。走注關鍵之妙，猶輪扁之斲，不可與人言也。吾每推求後代名醫認藥之性、氣、味及用藥之法，皆各自有一話説。有使此藥貫者，有使彼藥貫者，從其貫者偏任之偏表見之，

❶「哆」，原作「峌」，據劉本改。

豈無合者？豈無未全合者？豈無乖者？❶豈無不大乖者？亦多坐有傅會自將之弊，不可不知其説，亦不可盡倚其説。且一藥而名醫争論，往往矛盾，故凡歪好胡混文章，子從他妄行，不過出醜惹笑。若醫藥之道，偶爾撞著一遭，即得意以爲聖人復出，不易吾言。留其説於人間，爲害不小。處一得意之方，亦須一味味千錘百鍊。「文章千古事，❷得失寸心知」，此道亦爾。鹵莽應接，正非醫王救濟本旨。

奴人害奴病，自有奴醫與奴藥，高爽者不能治。胡人害胡病，自有胡醫與胡藥，正經者不能治。妙人害妙病，自有妙醫與妙藥，粗俗者不能治。奴、胡二種人無貴賤，妙人不可多得，定在慧業中，投藥者亦須在慧業中求之。若但莽問之，雜愚醫工，安得其竅！故治病多不救者，非但藥之不對，亦多屬病者、醫者之人有天淵之隔也。何也？以高爽之醫治奴人，奴人不許；以正經之醫治胡人，胡人不許。所謂不許治者，不治也。吾於此經旨最有先事之驗。

贈鄭盌遠字説

古人之言曰：「字以表德。」又曰：「甫者，男子之美稱。」故於冠時，即錫以嘉名，輔以表

❶「乖」，原作「乘」，據王本改，下句同。

❷「千古事」，原作「自古難」，據王本改。

字。然古樸而今文，古藏而今露。折衷於古今之尚，而可以知表德之用矣。吾友鄭君以字之不文也，同人爲字之曰「寍遠」。寍之與安，人皆知之，若夫鄭君之雅志遠懷，人不知也。武侯之言曰「寍静足以致遠」，是可以字吾友矣。

贈太原段孔佳

書生段增，聰慧人也。偶來搨帖，安詳連忭，日益精進。即此喻之，亦學問事，不可以技觀也。字畫淺者，即爲墨深者，即不費兑那而真、朗、深，似好字矣。然深亦須深之正經，不則險陷，不可謂正經也。學問之妙，莫過於深。故曰極深研幾。若臨深之深，則宵人矣。即時文小技，亦曰深入而淺出之。增既學時文，猶當深求之，無爲臭烟煤刷却白心也。

閒過元仲任復亨，字元仲，平定人。

閒過元仲，門庭蕭索，蕘蕘金石聲流户外。元仲善琴，豈琴耶？聲時小斷，彈到無聲處耶？然不成操。披帷則顧戲斤，橅老夫所書石上。時午矣，問：「食乎？」笑曰：「無米。」「饑乎？」曰：「好此亦不甚饑也。」老夫笑曰：「此四□中以觸代段者也。」❶昔人云：心嬾手閒治

❶「□」，王本作「公」。

迂事。鐫字，迂矣，而忍饑鐫字，迂之迂也！或有人復迂其迂，爲任生之升斗監河侯，俾斤戲稍勁，少爲老夫劣書揩抹菜色，何如？此時任公子亦且無暇計鉤大魚也！

不寐寱語

舊家子弟，落魄無俚。忽而爲輿儓皁隸，口中尚喃喃作有所不屑聲，皆假話也。不想即其豫之鳴矣。一心向往於所仁義，夢寐依護，此即食食死事之道，不待學問而安之若命。充是心也，亦人之君子矣。賢者未免芥蔕，或過責之，真迂見也。

人生一遇合耳，當其所遇，豈暇問其可否？凶獰之狗，見人野溷，則賓賓然伺於其傍，必不蒙一嚙咬之念，❶以其人之能食我也。故論人者，當如此蒙求之，❷安往而不得安分知義之人？故以人望人，則賢者可知，此有來言；以狗望人，則賢者更無數可知者矣。明於理義，而陋於知人心，若能爾知心，自然是一大乘佛子，萬八四千，郙裹容得住也，豈不快活，如所教住，《金剛》了義，命之矣！動不爲利，不賤門隸，方内外之聖莫不然。褊心之刺，芥子著不得，況須彌哉！卅餘年所見所聞，實實如此，老夫始知今是昨非，逃斯詢厲，一切腐版不化，

❶「蒙」，劉本、王本作「設」。

❷「蒙」，劉本、王本作「設」。

所謂「一受來形，不亡待盡，人謂之不死定益」者也，「與物化者一不化」者也。斯不化也，是而非耶？好耶？賴耶？順受以終，益知諧來之業當爾。多多少少師友，耳提面命，不知取之，不知視之，悲哉！

讀南華經

莊子爲書，雖恢譎佚宕於六經外，譬猶天地日月，固有常經常運，而風雲開闔，鬼神變幻，要自不可闕。古今文士每奇之。顧其字面，自是周末時語，非復後世所能悉曉。

讀過《逍遥游》之人，自然是以大鵬自勉，斷斷不屑作蜩與鷽鳩，爲榆枋閒快活矣。一切世閒榮華富貴，那能看到眼裹？所以説金屑雖貴，著之眼中，何異砂石？奴俗齷齪意見，不知不覺，打掃乾浄，莫説看今人不上眼，即看古人上眼者有幾个？

讀管子

吾以《管子》、《莊子》、《列子》、《楞嚴》、《唯識》、《毗婆》諸論，約略參同，益知所謂儒者之不濟事也。釋氏説斷滅處，敢説个不斷滅。若儒家似專專斷滅處做工夫，却實實不能斷滅。「世路莫如人欲險，幾人到此誤平生。」如此指摘，何等嚴毅！學者概因一个「怕」字要遠他，所以士大夫不無手鬆脚脱時。若但能平常淡淡看去，鬼不向人不怕處作祟也。

雲笈九卷釋太上上皇民籍定真玉錄

父母鞠養，辛苦劬勞。而我長成，學術不深，無奇方異法，令父母長生不死，同得神仙。此期未克，供養又虧，爲此慚愧，不離心中云云。此中尚有「四媿」，獨此條仁惻動心。山未讀《雲笈》時，每作此念，儻得一種服食草木可以延年，先奉老親。而今已矣，而今已矣！不謂道經，先樹此義。

霜紅龕集卷二十七

陽曲傅山青主

雜著一

雲臺二十八將讚

鄧禹太傅、高密侯。

中興元佐，南陽鄧禹。二十四歲，封侯祚土。夫可不謂，英特振古。分麾選裨，獨爾不武。河東略定，入關氣沮。栒邑損威，宜陽還馬。何乃二十七，咸居其下？蓋白衣聖作，先萬物覩。杖策渡河，業啟高祖。訏謀知人，辰告彪虎，是以真人，帷幄獨許。夫顧不責其缺斯破斧，猗與！節義興朝，天秩敦五。雲臺首功，至孝其母。

馬　成中山太守、全椒侯。

守郟弃官，步追河北。揚武擊舒，溝壘困逼。武都西平，常山屯積。障塞代勞，烽堠四斥。武溪無功，全椒歸國。

吴　漢大司馬、廣平侯。

忘命漁陽，不屑米鹽。龍媒奇貨，儒生爲誰？望而見之，一檄還播。于是苗曾不備，謝躬不防，幽、鄴兩墮。質直少文之人，顧如是邪？所以鄧公知之，稱其勇鷙，諸將莫過。軍鋒所臨，如漳水、鄴西、河内、南陽、黄郵及五樓、銅馬、五幡衆矣，莫不應手而破。廣樂不利，千里一蹶，傷刴以卧。椎牛饗士，裹創而起，長驅争鬥。蘇茂、周建突走，而睢陽隨禍。再追五校於箕山、清河、長直、平原、五里，皆不遺餘力。獨于鬲縣，收守長而謝五姓，又以不戰下之，亦何頓挫！隴上少衂，郡甲不遺，貪攻之錯。閒關蠶叢，豈不終奏厥功？當其輕去廣都，江北江南，❶與劉尚分營，幾敗，乃公之作。迄今觀攬讓勅，遥遥觀火，然後知亶聰明，爲中興元后，真人一个。

❶ 上「江」字，原作「京」，據張本改。

王　梁河南尹、阜城侯。

狐奴守令，廣阿從龍。闗守天井，帝曰梁功。便宜違命，惜才維宗。赤眉五校，終奏膚庸。肥、汶獨拔，鬵棄杜同。水利非長，穀渠費工。

賈　復左將軍、膠東侯。

好學賈生，羽山樹纛。策干漢中，河北持牘。破而後食，勇見擊犢。敵輕五校，真定創篤。强鄙有尹，慨往率服。帝念深入，方面重屬。帝欲偃戈，儒學敦復。

陳　俊瑯琊太守、祝阿侯。

陳俊之來，亦自劉嘉。前賊勑壁，五校無家。四縣三城，枯振朽拉。金門白馬，武陽亦麽。太山大郡，連兵實多。非俊莫定，吴公不誇。步叛不知，俊在瑯琊。

耿　弇建威大將軍、好畤侯。

北道主人，連率即弇。說況發騎，眼明才覃。盧意憮憮，阿來冉冉。温明首策，慫恿非

□。❶元氏安次，軍鋒烈燄。無終土垠，赤幟睒睒。弘降岑遁，望都營导。富平獲索，不足當掩。平齊料奇，荀梁豈覩，有志竟成，大言不忝。唐林曰：㝵，傾覆也。导，㝵之譌。㝵，貶本字。

杜　茂驃騎大將軍、參蘧侯。

中堅從征，苦陘侯於！三郡降獲，五校多渠。晉陽廣武，屯田備胡。敗入樓煩，轉車運驢。斷縑縱殺，脩削改遽。

寇　恂執金吾、雍奴侯。

上谷功曹，中興之俊。刼使復況，漁陽約奮。河内得守，洛陽大震。輦車驪駕，咸比蕭運。賈卒殺人，戮之以狥。賈也悻悻，決疑報忿。視賈如廉，自居以藺。第一之招，又復不巽。皇甫遽斬，膽落高峻。

傅　俊積弩將軍、昆陽侯。

遥遥巖裔，亭長迎軍。京密能破，邯鄲遄奔。恊岑破秦，維揚侯旬。言念弟族，昆陽

❶「□」，張本作「讕」。

孤身。

岑　彭征南大將軍、舞陽侯。

惜哉！首破荆門，長驅武陽，公孫大驚，是何神也？無習步騎，成都也。❶移軍枸邑，一著争先，行巡不意，而北地諸豪咸畔隗來歸者，逸勞殊也。自此進義渠也。降青山胡也，賈瞿也。薁鞬日逐斯也。上郡安定，循來甸也。行守天水，攻落門未拔。嗚呼，將軍痡也！史稱其與諸將相逢，輒引車避道，是何儒也。道人曰：功名之際，争變不測，防微杜漸之道，顧不當如此甚深慮而遠圖邪！妙哉乎！最初勸帝結納曹詡父子，肯綮中虚，遂得龍飛河北，尤二十八將之功之所無也。

王　霸上谷太守、淮陽侯。

不樂吏職，西學長安。獨識真人，永從不還。滹沱神冰，一言爲堅。知兵愛士，獨任有桓。不救捕虜，乘弊視覦。拮据上谷，二十餘年。

❶ 此篇内容與《臧宫》、《馮異》篇相互混淆錯亂，各本相同，皆沿張本之訛。「成都也」至文末應移入《馮異》篇「上林之」句下。

朱　祐建義大將軍、鬲侯。

護軍親幸，相表日角。淯陽見獲，降鄧復託。黎邱惡言，儒學方略。定城遺功，辭鬲不諾。主人輟講，白蜜合藥。

任　光信都太守、阿陵侯。

誰殺任光？光禄止之。阿陵當侯，誰能死之？堅守信都，尉令以之。孤城待帝，帝來喜之。頭力有兵，帝欲倚之。光曰不可，募恣使之。作檄權辭，力頭侈之。堂陽夜短，天聲起之。邯鄲能拔，信都始之。

祭　遵征虜將軍、潁陽侯。

富家孝儉，結客殺吏。柔而不撓，舍中兒治。口弩流血，柏華鑾敝。滿、豐二張，讖璽不濟。上隴功成，黄門樂沸。從戎雅歌，博士請謚。

李　忠豫章太守、中水侯。

好禮李忠，新博屬長。更始都尉，真人向往。攻屬無掠，驪繡獨賞。寵弟從軍，殺之實莽。不敢内顧，豈不壯慷！母也幸全，於天有戕。丹陽乃又汲汲禮講。

景　丹驃騎大將軍、櫟陽侯。

率調副貳，丹因況成。北州大將，來共功名。突騎追奔，縱殤從横。錦衣歸鄉，侯即櫟陽。壯士病瘧，弘農起强。

萬　修右將軍、槐里侯。

槐里誰侯？萬修君游。功令信都，任李佐猶。邯鄲與破，南陽早休。豈不責志，實命不由。

蓋　延虎牙大將軍、安平侯。

虎牙蓋延，漁陽護軍。睢陽再克，是爲厥勳。苟非天命，永亦王孫。驪萌叵測，破舟壞津。❶油然沛廟，心傷漢臣。

---

❶「壞」，原作「壤」，據劉本、王本改。

邳　彤太常、靈壽侯。

信都邳彤，豈非莽之？和成卒正，真人來止，不再瞻顧，舉城以應。薊還失軍，雖得二郡，西還不競。歌吟思漢，幾不終日，二郡足令。煌煌雲臺，功豈在多！一言決勝，靈壽錫爵。親屬在焉，無乃天幸！

銚　期衛尉、安成侯。

八尺二寸，穎川一異。真人用真，召以志義。誰閉薊門？一蹕辟易。攝幘滅郎，河北高説。降馬逸犢，安成一位。威信在鄴，李熊失弟。

劉　植驍騎將軍、昌成侯。

昌成劉植，兄弟義力。説揚何辭，揚乃肯抑？漆里擊筑，❶邯鄲平克。即封昌成，開門之德。

---

❶「筑」，原作「笻」，據劉本、王本改。

耿　純東郡太守、東光侯。

鉅鹿大姓，爰有耿純。説軼受節，有志風雲。邯鄲一謁，宗族廬焚。鄗中憚折，射犬賊奔，鷹揚静致，兵馬無聞。四歲東郡，民靖厥文。九千歸化，再來耿君。

臧　宫城門校尉、朗陵侯。

投身下江，雲龍便假。沮酈協祭，獨狥江夏。梁濟不難荆門。荆門之事，❶一任征南，帝灼臣也。鄧讓守文，一書詒之。七郡乃心，金蘭誰知，會風雲也。先此下隴，殿拒東歸，子弟生全，勇之仁也。伐木開道，直圍黎邱，三年九萬，零丁秦也。母質前隊，豈念其爲，長秋起居，太夫人也！嗚呼岑君，伯升實存，留以報弟。朱鮪不論，雖曰舉大事者，不忌小怨，兄弟之仇，不反兵，又胡以云也！

---

❶「荆門之事」以下，與《岑彭》、《馮異》篇相互混淆，各本皆沿張本之譌，事見《後漢書》岑彭等傳。「荆門之事」至文末應移入《岑彭》篇「無習步騎」句下。

堅　鐔左曹、合肥侯。

主簿偏將，大搶無壘。間得洛東，武庫降鮪。走董拒鄧，蔬菜不餒。三創全衆，合肥報美。

馮　異征西大將軍、夏陽侯。

大樹將軍，方以郡掾監五縣拒漢兵時，其無可奈何乎？及獲於巾車，乃曰：「一夫之用，不足爲强弱。老母在焉，請歸據五城以報。」豈不學無術之夫！初，破鉄脛、降闔頓，偏將軍之餘耳。書詒李軼，軼不争鋒，乃得北攻天井，南下成皋以東，而聖人以毒，故露軼書，見刺於朱。何不顧將軍之於義，幸也！三輔擾亂，若非將軍「始雖垂翅回溪，終能奮翼黽池」，不幾乎⿱若⿰若若傞乎司徒！關中至陳倉，割據者十有二枝。雖皆非勁敵，維時道路隔絶。黃金一斤，易豆五升。美哉乎！上林之力寡。❶鋸限轉車，駱越弭野，涪上平曲，降平虜瓦。矯制取濟，七百其馬。延褫元降，恢首折也。高會吴公，成都城下。伊吾有志，黃石詔椵。

❶「力寡」至文末，應移入《臧宫》篇「不難荆門」句下。

馬　武捕虜將軍、陽虚侯。

緑林子張，更始侍郎。真人叢臺，漁谷許將。勞饗酣前，殿後廣陽。成楚别下，桃城走龐。精騎下隴，甲戟孔揚。浩亹郙川，美敗敗羗。嗜酒闊達，縱樂御旁。

劉　隆驃騎將軍、慎侯。

是爲舉義劉禮之子。雲臺四七，宗臣一耳。射犬扳龍，禍及妻子。平舒守南，軍印解止。史牘有書，坐徵壄理。中興不私，帝治如此。交趾副勳，侯慎慎矢。

歷代名臣像贊

王　右　軍

羲之字逸少，系郎邪。年十三，見周顗，奇之。郄鑒遣門生問壻從父導，導令偏觀子弟，子弟聞之，皆矜持。羲之獨於東床，坦腹食，如不聞。郄以女妻之。起家秘書郎，參庾亮征西軍，遷長史。召侍中、吏部尚書，不就。受護國將軍，❶辭。頃受護軍，以爲右軍將軍、内史。

❶「受」，劉本、王本作「授」。

與王述不能，會述爲揚州，恥屬述，稱病歸。誓墓不出，放情山水間。先未受會稽時，詒書殷浩，請使關、蜀、巴、隴，宣天子威德，不遂所志。既與浩及謝公安論征伐、賦役事，亹亹君國，蓋有晋忠孝名賢也，而至今徒以書法傳。

陶靖節

陶淵明，字元亮，侃曾孫。高才，嗜酒。薄令彭澤，賦《歸去來》。晋亡，以先世功勳大臣，恥復事人，更名潛。著文示志，率澹磊而情。集有夷齊、箕子《贊》、《詠荆卿詩》也。

文中子

仇璋曰：「類，頹如也，重而亢。目，燦如也，澈而不瞬。❶口，敦如也，闞而不張。鳳頸龜背，須垂至腰，參如也。」他可不論，惟須不可以短誑爲長，此影大不然，何也？

杜淹作通《世家》「開皇四年之疑當作「子」。始生」，既又曰：「開皇九年，文中子十歲。」以始生四年推之，是年甲辰，以九年十歲，則生當屬周靖帝大象二年庚子矣。《元經》隋大業十二年，係以李淵義寧元年。子於是年卒，歲在丁丑，注云卅八歲，與庚子合。乃闕朗事中亦曰

❶「澈」，原作「激」，據劉本、王本改。

開皇四年生文中子，先丙午二載爾。然則通卒，年卅四歲耳。注「八」字謌矣。《世家》「九年十歲」，亦與四年始生之言爽。

虞文懿公

餘姚人，字伯施，仕唐，終弘文館學士。先封永興縣公。太宗稱其五絶：一德行，二忠直，三博學，四文詞，五書翰。

魏鄭公

徵對二郎曰：「守成難。」二郎亦曰：「貞觀以前，從定天下，間關草昧，玄齡也。貞觀之後，納忠諫，正朕違，爲國家長利，徵而已。」史稱貌不過中人，有志膽，不言，其如老嫗也。漢蔡嫗，真嫗。唐鄭嫗，獨倔强勝似男子者。然自今觀之，良古怪矣。隋亂，詭爲道士，既而事密，事建德，又事建成，乃始至二郎。擇木而棲，烏何容易！世多稱其「十漸」，然複而繁，顧不如姚崇之先相而白三郎之「十事」也。

杜文懿公

隋高孝基稱如晦曰：「君當爲棟梁用，願保令德。」補滏陽尉，棄去。入唐而參秦王府軍。

房公以「王佐」稱於二郎，留府，從戎。每議事，房始謀而公決之。共房理政，爲吏部領選，賢不肖皆得職，至今房杜並稱也。

房文昭公

玄齡字喬，臨淄人。李二郎徇渭北，杖策謁軍門，行佐。建成變，功第一。爲宰相幾廿年，史稱「夙夜勤彊」。任公竭節，是非難；無娼忌，聞人善若己有之，斯難矣。朱衣山曰：公於開皇混一時，即謂堅無功德，周近親妄誅殺，攘神器，其亡可跬須之也。爲興唐名輔，豈偶然哉？豈偶然哉！

李衛公

史稱藥師姿須魁秀，又嘗所云：「丈夫遭遇，要當以功名取富貴，何至作章句儒！」乃今遺相，不無腐氣，何耶？其大功，則江陵、丹陽、突厥、吐谷渾，皆是也。龍門稱之曰：「惠而斷矣。」世多黜稱小説家記與張美人偕入太原，遇虯髯客事。道學先生多不言之，以其從游文中也，而《告西嶽碑》版雄傑駭人，顧至今在也。文中若見之，其謂之何？以其言與行求之，相之腐，非真的也。以告變而幾死於李淵老傭者再。天下事無二郎時，何不可！何不可！英雄無命，往往然，可嘆哉！然二郎救藥師得，救文静不得，老傭仗兒子爲皇帝，私氣不除，殊悵人腸矣。

狄梁公

梁公，吾太原人。至今城南狄村，傳公故里。公忠勳，在有唐多微用。而宋祁《新書》殊略不録，乃知《舊書》之不可廢也。公薨五年，而五龍夾日之功成。使公若在，武三思安所貽慼於桓彥範、柬之五王哉！裴炎廢中宗，吾終不以爲非。公眷眷復廬陵，豈不知其不足與有爲者？要之正名而已，爲唐不爲中宗矣。既爲唐矣，焉得不爲中宗耶？當時若有告公者曰：「中宗既廢矣，再生立之，亦無補於有唐。還之宫中，徑立相王爲天子，使以帝兄終天年。武韋之禍，不弭而靖。公能行之否耶？」公定不允。然公在，三思無生理，無用是也。若以此事告五王，五王且以爲反矣。而此事至今惟可語公。

陸宣公

宣公之言，亹亹於德宗，顧未用十之二三。然不死，亦幸矣。至如竇參、吴通玄交構時，德宗又何其明矣！終不能不移於裴延齡，而陽城之諫，僅得貶忠州，卒死於貶所。且道以推誠爲致禍之由之主，而能容一數諫之臣哉？至今言奏議，則尊宣公，亦以其言之不甚取人主震怒耳。以《孝經》賜於公異，廢棄終身。公異之孝與否不可知，而其事出自公，不謂之傷德耶？其聞德宗喜公異露布之語而銜之。果爾，是何心哉？若其因李懷光之言，而即雄强之，使不得有辭於李西平之移屯。吾於宣公生平，以此一節爲有用之才。

韓文公

北斗泰山，起衰八代，人無間然，知公彪以文，論諸道兵不堪用。佐晋公時，入汴説韓弘協力；廷凑之變，慨然入鎮，數語動悍藩，復使命。可僅目以文章士乎？膚論之士，輒與楊雄並稱，殊非倫。即公亦每稱雄，何也？世之人不知文章生於氣節，見名雕蟲者多敗行，至以爲文行爲兩，不知彼其之所謂文，非其文也。

白文公

僑黄之人讀昌黎文公之文，而想見其人巖巖毅毅之不可奪也。讀晋陽文公之文，而未嘗想其爲巖巖毅毅不可奪之人也。而其争河東王鍔之加平章，諫吐突承璀之監軍，奇氣危言，未遜韓先生也。河朔再亂，言兵多將衆，費侈無功，請澤潞、魏博、定、滄四節度，各出兵三千隸光顔，還晋公招討使，悉太原兵西壓境，乘隙趨利，又何其精於談兵制勝似韓先生之論取淮蔡也！然性頗似淡於韓，故得以優游香山，醉吟而物化。

裴晉公

公被傷時，騶王義護之，斷手，而公得陸溝中。誦公䑯䑵之功，義何忠也！救晉公，義亦當傳，况公若胡生之觥三酌，而鐵縶横於𢇛上。吾爲公敬之快之，嘗不忘。

朱衣道士崖略亂，晉公五十三歲而相於元和十年己未，一相而淮、蔡平，即用其策，禽師道。立穆公，則用寢疏，故不得奏顯功，史臣能言之矣。七十六歲，以功名終，謚文忠。身關有唐安危廿年，類郭令公，是不可無年譜。前相五年而爲員外郎，知制誥，已四十九歲矣。史稱擢進士於貞元初，其時當不及廿五六歲。中頗歷官，未知龍鍾相戲之異在何時。《傳》云：「貌𩴾中人。」皆類語可笑。憶龍鍾之語，其相定有異於常人者，乃今髣髴面深紫色，舒頟遠如龍，齒雙燦脣外，頭骨髬嶔岑紗帽中，帽乃𡾰而前，如不宜於頭者。奇古無倫，俗客醜之。

霜紅龕集卷二十八

陽曲傅山青主

雜著二

傳史

鈔史中諸傳成編，有所可否，輒略論之，蓋甲申以後事也。其義則曰：他姓吾且不暇論，聊論諸傅。傅，吾宗也。不敢以厥宗有私好惡焉，猶言法近始也，遺之後昆。倘有讀書識字者讀之，可以出，可以處矣耳。君子之於天下，出處其大者也，是曰傅之家治可也。然所鈔人，若於中否者無論，即可者，亦未盡爲吾意中人。夫意中之人云何可言？忠孝節義，經術文章，功名智勇，載籍備之矣。人惟其才，才惟其遇，故有幸而無所遇，有幸而有所遇，有幸而有大遇；有不幸而無所遇，有不幸而有所遇，有不幸而有大遇。幸而無所遇者，太平之民，一身易善也；幸而有所遇，一官之知易效也；幸而有所大遇，登庸熙載，天工惟寅也；不幸而無所遇，龍蛇之蟄，存身之教而已矣；不幸而有所遇，反經合道，間關撥亂，毋淪胥以溺，岌岌乎難哉！其旦暮遇之也，不幸而有所大遇，則非人遇之，天遇之也。天遇之者，如無所逃，不得已而承之，如何言之也？聖人之言曰：「先天弗違，後天奉時。」渾淪如有未盡言。非未盡言，聖人不謂後世之僞遇於天者，如此其日奴也，如此其日鄙也。蕩奴鄙而光大神明之，天實需才，才不易生。家有其治，治有其學，學篤其才，唯天命之。故説之遇高宗，亦天也。吾師莊先生之言曰：「傅説得之，以相武丁，奄有天下。乘東維，騎箕尾，而比於列星。」説，星精也，天尚小遇之耳。天欲中興商，故小遇説，鈔始《説命》，誌傅之始自天也。

《説命上》

《説命中》

《説命下》

傅山曰：傅氏，或曰本姬姓之後。古有大繇，出自黄帝，封於傅邑，因爲氏。又曰：夏封之虞、虢之閒，商時有傅氏，居巖旁，號傅巖，武丁得説于此。又曰：武丁既得説，始以其傅巖姓之，是有顛軨阪，即説板築之所，今屬陜州。河北是有傅説之祠，古北虞也，地多傅姓。自是凡傅皆祖説。或曰傅本陶唐氏後，陶唐氏，亦姬姓也。周惠王十三年，神降莘，内史過請使太宰，以祝史率貍姓，奉犧牲、玉帛往獻焉。太宰乃帥傅氏以往。傅氏，貍姓也，實丹朱之後。晋有傅餘頠者，撰《複姓録》，亦云：傅餘本出自説。由是言之，傅宗之非一也。《漢・功臣表》有貰齊侯合傅胡害，以越將從破羽，不知其姓所從來，後亦不再有複姓合傅者。

《左傳》二傅：

傅瑕

傅傁

傅山曰：《春秋》僅二傅。瑕，亂人矣。傁，殆深士。齊侯伐衛，傅摯右，申驅者，則申鮮虞之子也。傁後二百五十餘年，六國趙孝成王時，有武垣令傅豹。又後二十年，有趙將傅抵。皆無大事蹟。

西漢諸傅：

傅寬

傅介子

傅喜

傅道人曰：陽陵，漢初十八侯之一，際會風雲，因利靈金，弧矢不虛，自一時矣。今世多知義陽以刺樓蘭一節。以山論之，其先斬匈奴使于龜茲有名，刺樓蘭乃詐局，不無損漢威德，不如裴行儉矣。然終定龜茲，不致亂，無亦權略勝哉！高武守道不阿，竟一儒者，嗚呼！外戚中乃有稚游。❶

❶「稚」，原作「推」，據《漢書》卷八十二改。

東漢諸傅

傅俊

傅毅

傅山曰：毅與班固齊名，俱在竇憲幕。固竟以《漢書》炳日星，毅遂遠遜光焰，抑早卒故也。今所行詩賦箴銘，亦寥寥去固遠甚，毋亦其才遜然。然固終以怙憲勢死，爲今古文人之戒；而毅亦以先卒，無敗名。三復《迪志》，當僅毖于固。至于毅誅齊王，絶不似誅伯升。後者山則庸之矣。

傅育

傅山曰：育之在武威，食禄數十年，秩俸盡贍給知友，妻子不免操井臼。肅宗下詔追褒之，封其子毅爲明進侯，七百户。毅與武仲同名，是東漢同時有兩傅毅也。

傅燮

傅道人曰：南容事君之義，吾無間然，蓋兩漢傅氏第一流人。子幹年十三，即知爲「率勵義徒，輔有道以濟天下」之言，豈不謂奇俊！謂終當有出人意表事，惜乎卒不出，老瞞籠絡，使我不大快。我其褊哉？然有公論可喜。玄德取蜀時，趙戩謂玄德拙于用兵，殆不濟。幹曰：「備寬仁有度，能得人死力。諸葛亮達治知變，正而有謀，而爲之相。關、張勇而有義，皆萬人敵，而爲之將。以備之略，三傑佑之，何爲不濟？」此皆當時蔽于瞞者所不能言，吾故取之，仍許其爲漢人，附爕後。爕不僅死封疆士，早能不畏權閹，抗疏嗚趙忠，卒不肯屈意以要私賞，名節先之矣！是尤爲東漢名流。夫東漢閹豎之禍，亦云棘矣。乃傅氏復有汝南公明，不屑妻唐衡之女。公明公明，又何人？豈不加於文若一等！

三國諸傅：

傅嘏

傅巽

傅彤

傅士仁

傅嬰

傅道人曰：不問蘭石所仕何時何人，而但觀其行事，豈不居然名臣！公悌有環瑋博達知人名，亦由當時奴人習尊老瞞，而先勸劉琮降之，遂博此稱。操征荊州時，尚奉共主命，猶可言也。瞞死而眷眷勸進，奴態不盡，乃有彤、僉，堂堂橋梓，事得其地，死得其義。哀哉，盛乎！故有彤、僉父子，微士仁降奴。無論嘏、巽，莫非罪人也！嬰雖因婦人徐氏成事，而知義有膽，亦傅氏佳人也。貧道愛之。

晉諸傅：

傅玄

傅咸

傅祗

傅宣

傅暢　暢亦能文，藝文載《雉賦》。

傅道士曰：休奕父子，皆以建論著于本朝，皆爲司隸校尉，而性亦剛直相肖，自是傅氏有風骨人。獨長虞當昏惠時，先後輔政，則楊駿、司馬亮亦能容之，可異也。然其父子自盡，亦盡乎是。子莊漫爲趙王倫侍中，而孟津主盟，徵兵四方，勃然而起，復有生氣。惜乎老瘁無所建立，賫誠以死。若休奕父子，以彼剛貞，有一當此，則遂當有成耶？是不然。其剛腸疾惡，自是糾繩之才，用兵非所長可知。暢遂甘心臣石虜，置乃翁臨終之書不省，豈故以爲亂命哉！且無論其不臣，而不子極矣！有晋之傅，寥寥如此。而珍以博士争齊王攸之就國，當時亦以爲難。純以博士議廟祀，謂惠、懷、愍當别立廟，有見。議司馬越招魂葬事，無甚關係。乃有傅詢爲劉元海之黄門侍郎。傅武爲劉曜討虜，曜敗汾東，而以其馬授曜，曜免。傅彪爲石勒中大夫，撰《大將軍起居注》，不諳世里，皆齷齪苟圖，人皆惡其姓傅。記之辱筆，欲後世知其辱也，正不得不記。又薄幸有西涼之傅穎，爲張駿假道於蜀，通表晋京。會李特難之，不果。其短於詞令不待言，然名在張涼，庶幾亦非敗類，知至至之無小。

南宋諸傅：

傳亮

傳弘之

傳道人曰：弘之少何豪直，殺鎮惡一節，則奴當死。若鎮惡不死，佛佛亦不猖獗。王修但殺田子，而不殺弘之，乃令佛佛殺之，天也。崔浩聞之，喜可知矣。

《晋書》曰暢子詠歸晋，《南史》、《宋書》曰「洪」，《晋書》、《南史》曰歆之殺石綏。《宋書》曰「韶」。

傳隆

傳道人曰：伯祚蓋元嘉中通儒。大明時，議安陸王所生母廟祭事，則有博士傅郁。郁，經生也。

傳乾愛

傳道士曰：乾愛始終宋人。

傳靈越

傳道人曰：靈越既得見母，又毒殺乾愛，而南歸之事畢矣，故無所不可。然既魏矣，以其母之在宋也，不忍不宋。吾從而宋之，予其子而已矣。

南齊傳：

傳琰

傅道人曰：僧佑於凶劭時令山陰，劭以爲徐湛之黨，見害。宋别有冀州治中傅琰，清河人，靈越之叔，與季珪同名。

梁諸傅：

傅昭

傅映

傅山曰：茂遠兄弟，班白友睦，深傷余情。先兄見棄後，余感而修《性史》一書，即取徽遠迎老兄一事附之，未嘗不下心淚。若夫兄弟皆歷宋、齊、梁三代，當時人士習之矣。

傅岐

傅山曰：蕭梁三傅，獨景平最有用人。其料貞陽之款以疑侯景，可謂智士。《南史》傅岐之言曰：「侯景以窮義，棄之不祥，且百戰之餘，甯肯束手受縶？」然知于料齊而不知于制景。

陳

傅縡

傅子曰：學佛法者類怕死，於諸事模棱禮拜而已。宜事獄中之書，正其《論》中所謂「直心行之」，「無所忌憚，無所苞藏」。若奴人視之，憫不畏死矣。近日黄元公既僧矣，强起而官之。知其僧也，欲放之使去，元公駡之，致殺。奴人曰：墮落也。

傅子曰：真佛子補處矣，是難言，是難言！宜事之死，豈足擬元公？既隨孫瑒陳矣，然亦元公所不廢，終心口如一，不委曲貪生，可取也。

北魏諸傳：

傅永

傅僑山曰：永，蓋本宋人也，卒元魏熙平之元年，八十有三，計之，是生於宋文帝十一年之甲戌。魏皇興以來，三十有三歲矣，以功名著。北五十年，而前三十年之在南也，何所爲哉？記稱年二十餘始發憤，涉獵經史。其未發憤時，正丁元嘉。元嘉於南稱盛時，豈獨以拳勇廢，南朝何嘗不用拳勇也！及參道固軍敗，而遂乃心北，經史虛矣。且曰：「慕杜預、王肅。」夫征南本非吴人，肅抱父兄之恨，不得已而爲楚胥，其情事，豈人人可得擬哉？即曰士君子向背，亦惟治亂，當時南北反復，人習其常。宋元嘉後日亂，而魏太和實稱大治。人無志意已耳，少有志意，不必讀書，心匪石也。高歡何人？乃知江南蕭衍老公專事衣冠禮樂，中原士大夫望之，以爲正朔所在。每論此等事勢，正令人益敬有宋李顯忠父子。

傅豎眼

傅道人曰：豎眼爲魏盡力，於蜀頗鞠躬閒關也。以當時世界論之，敬紹圖據南鄭，有何不可？惜非其才，且與妾兄圖之，宜其敗也。從來有大志舉事，斷無與妻妾兄弟共事者。其事不成，豎眼恥之至死，勢也。若其有成，則豎眼之功名亦老奴耳。

北齊：

傅伏

傅山曰：傅伏死不如叱干苟生、田闟敬宣，生不如高保甯，惜哉！北魏、齊、周之際，亦儘有豪傑士，吾每爲之歎息，丁彼其時。

唐諸傅：

傅奕

傅山曰：習儒家者，多喜言奕以羚羊角碎佛牙事，遂謂能辟佛法。吾嘗笑之，真作佛者，即真佛牙亦不持，况金剛石？此不足援也。奕謂「佛法無君臣父子」，皆未嘗讀内典膚臆語。貧道以爲，佛本訓覺，震旦《大學》之「明德」，以至於「誠明」、「明誠」之性之教謂何？達摩既入，而後有見性成佛之傳，不知衣領之珠，先自有之。陸象山先生所謂：「東海西海、千百世上下，聖人出而此心、此理同也。」何必蒲團榔栗而後可，能掄刀上陣，亦得見之，故殺人漢不礙此事。號讀書者，特昧之，亦象山所謂：「與溺於利欲人言猶易，與溺於意見之人言却難。」近尺木大士，以彼血性才氣，學佛者眎之，種種罪業，去此大事不知幾千萬里，猛力放下，五年而了。起奕問之，是胡是華？是佛是儒？此段大事是誰有？是誰無？

即以其教論之，沙門原有四等：第一勝道沙門，二説道沙門，三活道沙門，四污道沙門。世儒之辟，正可施之下三等。若欲辟第一義，豈其辟佛，實辟自性。即蕭瑀侫佛耳，何足語此？瑀區區事權，苦譖房、杜，私忌不平，請爲桑門。既許之矣，又曰「自度不能爲」，棲棲柔腸，嫉妬荏苒，尚不如奕之倔彊至死也。瑀謂地獄正爲奕設，吾謂亦爲瑀輩設，貪毒無明，薰入火塗久矣。祖師牀前用此等齷齪男子何爲？唐復有佞佛宰相杜鴻漸，既不敢責讓崔旰，捧首自蜀歸，飯千僧以爲報，不知長亂遺禍，家國生民受害不小。而臨死令僧剃頂，衣僧衣，爲浮屠法葬，謂是可以報佛矣哉！小慈者，大慈之賊。近而一身，遠而家國，斬鋼截鐵，勢有同然。出家有出家之佛，在家有在家之佛，受命職官有受命職官之佛，臨戎遇賊有臨戎遇賊之佛。無我無人，無衆生，無壽者，如所教住。恢恢大哉，《金剛》義乎！

有宋有碧落道人慧蘭者，建炎末，逆虜犯淮，執之見酋長，酋長曰：「聞我名否？」曰：「我所聞者，惟大宋天子之名。」酋恚，令以鎚擊之，鎚至輒斷壞。酋驚異，延幕下，敬事之。經旬，索薪自焚。五台真寶，以心許宋皇帝死，即不肯墮回口罪，而死於金虜。真學佛者，固皆如是。能如是，徑可當下承當矣。蓋以能無畏也。吾論及此，而益不能不重皈依黄元公也。

傅仁均

傅良弼

傅山曰：奇哉，河北賊穴中，有吾宗使君，可喜可喜！不知可及武俊時，一會賈先生林否？

傅游藝

傅山曰：有是妖孽哉！既爲曌賜姓武矣，是爲武游藝。

僑公又曰：游藝自是張易之一流，不然何以驟得老武婆寵遇乃爾？《新書》列之《姦臣傳》，此非「姦詭」之「姦」，正爲「姦淫」之「姦」耳。

宋諸傳：

傅思讓❶

傅潛

傅求

傅堯俞

傅山曰：嗚呼！國家事無大小，不過情理。公私、私公，消息而用之。顧有無甚關係，而足以平心弭禍，此類是也。有君子者出，其以爲挾數任數兩端之技耶！若無知度大臣處之，其餘可不問，是何言也！我朝無母后臨朝之事，而光、熹之間立相君子，亦忠亦公，惜乎其不胥爲堯俞也。而宰相又無魏公，故正人多中慘禍。無亦其時勢大異於此者耶？

傅楫

傅霖

傅山曰：不然，兩先生皆不可致之人。而傅先生猶奇其得道而仙乎？乖崖奇士，與先生

❶「讓」，原作「議」，據王本及清武英殿刻本《宋史》本傳改。

同學非偶然也。

傅察

傅山曰：不知先生父母爲誰，種此一兩鐵刴，爲有宋生色。舊史但稱其爲堯俞從孫，是欲以堯俞重公晦耶？公晦實重堯俞矣。遼、金兩虜書，各有其國禮志，皆載受宋使朝賀，❶及雜拜跪舞蹈之儀，覽之短氣。當時中國不振，姦妖主和，使衣冠士夫屈膝醜虜，❷習以爲常。碌碌庸奴無足言，即天子者，苟圖富貴視肉耳，亦何足惜！可惜以學士名賢，往往充此奴役，豈《春秋》魯、衛、齊、楚、秦、晋兄弟婚媾之所謂與國例哉！不知消折多少忠義志氣，尚欲以不辱君命之例論之，可笑，使老夫千古牙痒！故王倫、宇文虚中亦以使事死金虜中，不可謂之忠義。富弼、歐陽修、苗正、洪皓、方信孺輩，吾皆不難其所與争議，而獨計臣使對虜，其情事當奈何？真西山既受命北，而會虜變，不終事而還，不可謂非先生犢鼻幸也。堯俞使遼治平時，傅卞使遼建炎時，傅雱爲通問使使金滔熙中，傅洪又使金，皆無所聞。至此則傅氏使虜者，蓋五人矣，而公晦遂成奇節。朱弁使金歸，述上北方所聞見，死節臣十餘人中，有傅偉文焉，又先宗中一忠義士也！即不諳諸行事，挹厥二名，偉亦偉，文亦文，足與公晦並傳。

❶「使」，原作「史」，據劉本、王本改。
❷「醜虜」，王本作「虜廷」。

傅伯成

傅山曰：景初大概諫諍自任。李璧之謫，景初亦以誅侂胄與有功爲争，過矣。璧傾側士，不足言也。

傅伯壽

有宋傅家四人：

四傅者，傅慶、傅翼、傅檜、傅高也。

傅山曰：四人以功論之，豈不微末？其心則皆知有宋者也。皆知有宋，則皆知有中國者也。皆知有中國，則皆可以爲人。可以爲人，則姓誰即爲誰家之人。而姓傅，故録之爲傅家之人。嗚呼！金、元犯宋時，乃有四人，焉得不曰「傅家四人」？初有傅選者，爲兩河忠義民兵首領。王彦爲都統制，保共城西山，時兩河忠義響應，而選與孟德、劉澤、焦文通等實附之。衆十餘萬，緜亘數百里，皆受彦約束。紹興十年，金虜渝盟入侵，高宗手札與岳鄂王從便措置。鄂王命牛皋等經略東西京、汝、潁、陳、鄭、曹、光、蔡諸郡。而皋與選戰金虜於京西，於黄河上，皆捷，豈不亦似一人哉！及讀岳珂《辨誣》曰：「姚政、龎榮、傅選之流，以阿附而並沐累遷之寵。」則選固與殺武穆者耶？惜哉！選不得爲人矣，故削之。而獨人慶、人翼、人檜、人高，高最間關奇士矣，故其後有明潁國公。

傅桂兒《五代史》作「柱兒」，《遼史》作「桂兒」。

居士曰：以遼入石汴，虜攻虜耳，不必論。此時有桂兒在遼，遼桂兒也，豈其姓傅？

金：

傅慎微

居士曰：此復何論？是完顏慎微耳。唐重守京兆，時經制副使傅亮以精鋭奪門降金，亦目曰「完顏亮」也。

元：

傅立

居士曰：使爾不獻此書，忽必烈何必便覓殺爾？立自似打卦人，不足責。

傅巖起

傅佐

居士曰：傅佐與孛羅帖木兒俱罪，殺觳塗奴，自當死。今襄陵有傅巖起及張翥墓誌，以爲古蹟，喜載之，可笑。若是人者，安足爲鄉邦重輕也！

明：

潁國公傅友德

傅山曰：國初書但言潁公暴卒，皆不言死何所。今太原汾河西營村有傅國公墳，巍然一塚，塚四隅白楊大蔽數十丈，塚前一小碣，高三尺許，書太祖御製贊公平蜀傅一廖二之文，然其字鄙野瑣細，不足觀。又頗似其子孫不欲没先人大功，私録其文以表於得罪後者。太原有傅姓賣酒家名某者，自言傅國公後，河西墳即其先墳。每爲人言之，人亦不甚究其本末。今亦零丁存一二人耳，而世又無差役，何也？

《潁國公譜》後云：「公之子某，從正學學，靖難後，遂奔晋。」晋恭王妃，公女也。蓋公之子依晋王而死於晋者之墳耳。後裔無知，遂謂爲公墳也。然靖難之舉，在晋恭王既薨之後，公子奔來時，當晋□時，❶傅妃亦薨矣，不知當時何能容留，不見稽察也。

《傅史》世傳《敘》一篇，查傅氏遺書，有順庵本尚完善，而壽毛《九等表》遺矣。諸人各載本傳，兹不録。⿱雨毛記。

---

❶「□」，王本作「定王」。

霜紅龕集卷二十九

陽曲傅山青主

雜　著　三

因人私記❶

崇禎九年四月初，袁先生録科試甫畢，先生諱繼咸，字臨侯，江西袁州府宜春人。天啟甲子、乙丑聯捷進士，以御史外遷山西提學僉事。而巡按御史張孫振來。松江盧州府人。袁先生語山曰：「張古岳是來，其不無意於我乎？」是時温體仁當國也。孫振三日謁廟講書畢，謂袁先生曰：「兩學諸生，通不會講書如此。」袁先生曰：「此皆代講者。舊規惟本道講書，始皆本生講之。然好秀才多不肯出來代講。」張少作色曰：「貴道有欽件數案，至今未結，何逡巡也？」袁先生曰：「有之，皆前道張時事，山亦受知張公。待下官申來，詳到本道，本道自轉之矣。」詞色殊不和，各罷去。

❶ 此文全篇雖與劉本、王本多有不同，但史事記述清晰完整，故不一一出校。

袁先生語山曰：「果然張古岳相尋我矣。」

孫振遂出巡，袁先生課全晋諸生三立書院。録科高等者，取二百五十餘人。先生於書院修《三立名賢傳》，謂諸生曰：「此我他日謗書也。」課法：每月大會三，皆至書院，日有饌，午後文完飲酒，各從其知爲群。小會六，皆在各寓中。寓多在崇善寺。每生日用米麪菜錢，取足於學租，皆豐厚有餘用。不時至崇善寺講藝，即新寺。有病者，親至其寓所，與藥餌調養之。

至七月末，孫振自平陽歸，復謁文廟講書。講畢即起，忽一絳州老生姓孫名有守者，闖然上堂，跪告孫振曰：「生員孫有守，頗得書旨，願在太宗師上領教。」孫振遂復坐，令講。講久之，孫振向先生曰：「此生大會講，兩學無此人。」厚賞之，問：「爾録科耶？」對曰：「在此候考遺，尚未録名也。」孫振即屬袁先生曰：「貴道可與一名入場。」先生曰：「試過文字，好即録之。」孫振起行，兩司各散去。先生獨留，復坐明倫堂，呼孫生上，大駡之曰：「太原、陽曲兩學，少你一老劣生講學耶！」回道衙即考，考畢大抹其卷，批不通者無數，與六等，貼考院牆示諸生。由是與孫振顯然搆矣。

先是，七月間巡撫吴公甡字鹿友，後入閣。來，晋人士感頌袁先生教義，特疏薦袁先生，引例學臣稱職，得陞京堂。而是年當大計，孫振會吴公，欲重申之。吴公亦知孫振意，曰：「是可坐浮躁耳。」八月科畢，孫振遂先大計，露章劾之，而款則取之陽曲知縣李雲鴻、通許人，齷齪小人也。太原府推官袁楷、山東東昌府聊城人。太原府同知蔡如蘅，貴州人。大半皆前道張公宏襟事。鄠縣人。袁楷歸依吴公，稱門下士。蔡黠士，一二款皆微事。獨李雲鴻阿意孫振，風影挪借十餘款，惟恐不多不毒，謂按臣參一提學何有。

孫振疏既上，十月中得旨：「著山西撫臣械送來京勘問。」遂羈侯先生三立書院中。山時左右之。李雲鴻偵伺甚密，先生燈下爲十一字，小字。辨牘，口占，山書之，令侯主簿巡綽窗外。諸生有問望者，出入甚難，有入者，即以其名字密報孫振。主簿，楚人。適代巡捕撫院，門下諸生忿忿，鳴之吴公。吴公傳入，立杖三十，逐之，諸生大快。時諸生梁雲輝爲吴撫台聘西席，諸生有所鳴於吴公，梁從中贊成之。梁生，省城人。山與汾州府諸生薛宗周字文伯。倡伏闕訟先生冤。山移書四府諸同筆硯生，令陸續來京。

十月二十日，山與宗周隨先生行，留家兄庚字子由，府廪生。在家催促諸後來者。時平定生白孕彩，❶聞風從平定州先入京矣。後山許來者，有陽曲李開馨、王志曾，太原府學宗生新甄。適乙亥拔貢坐監者未散，山與宗周沿路尋問之。出固關，即遇介休史詒。詒云：「離家近矣，去當復來。」然山亦謂詒不足爲輕重者，亦不苦要之。至伏城驛，遇襄陵秦植。植與山先有分，實平水制藝名士也。山與宗周買酒就其寓，與之言上疏事，慨然勇往，云：「弟在都中即

❶「白」，原作「曰」，據劉本、王本改。

聞兩兄此意，弟即欲同貢者先拜一疏，而王錫公再三阻之，弟是以來歸也。適相隨者是一舍親老中官，明早即令獨坐騾轎回家，弟與兩兄明早即同北上也。」植能大飲不醉，大口厚脣而長。山與宗周大叫：「爾參，植之字。我輩人也！」寒夜飲至三鼓，歸寓喜而不寐。宗周謂山曰：「即爾參脣吻，亦非常人，是當貴。」稱之不置口。候鷄鳴，即往呼之，上征鞍耳。山與宗周纔起，將往呼之，忽一人叩門云：「秦相公多拜，家中有事，不能上京矣。謂二位相公先行，渠當續赶來也。」山大笑，宗周且行且罵：「秦植是何物名士？即其口脣正如猪耳！」遂以此皆呼植爲「秦猪」。

山與宗周、程某入京，僑琉璃廠伏魔祠，就太原府諸生張凝种之寓。凝种亦以此公義，先山等來。又四日，新甄乃來。而實依丁時學天心爲主人。時學本紹興人，爲順天籍，家於京師賓子街。時以諸生保舉矣。時學之兄天行乾學，袁先生甲子鄉試之座師也。天啟四年甲子科。以首犯崔、魏事死，得廕一子。時學有手眼人，一時人士多向往之。

十月末，先生入刑部獄。山與宗周拜諸拔貢在京者，會同上疏，皆無異詞，而實王予珪一人主張之。一見予珪，予珪即問曾見爾參否？山語伏城驛相遇云云，予珪云：「可恨，是我欲與同人先拜一疏，而彼苦撓之，不行，遂去，彼尚敢爾造話耶！待其來質白之！」予珪囑山疏草稿，山屬時學修飾合式，列諸名百餘人，揭帖共一百三人。則山與予珪爲本頭，投通政司。

時通政無使，參議爲袁鯨。鯨，楚人，與孫振善。故指疏中不合式者數字，令改寫再封。而以副本密致孫振矣。隔數日再投，再駁，數日又投之，鯨大怒，指諸生皆頂名不實，是爲欺君之罪，當誰任之！山與予珪進而言：「生等草野，不知大體則有之，至於欺君則豈敢，請一一唱名問之。有頂替者，生等甘罪。」鯨見敢承任，又駁一字，曰：「再來與你封進。」隔日又投，鯨恐嚇之曰：「本與爾上，但上本後要人人在。若皇上怒，爾輩無悔！」山進曰：「大宗師不用如此爲生等慮。本上之後，皇上若問貢生，予珪敢承之；問生員，山敢承之。」鯨不言。會冬至，又託以禁封不上。臘月中，大家正議於襄陵會館，秦植闖入。予珪望見，迎詰之，曰：「是爾欲拜疏，我阻爾耶？」連連質之，植無語。山刻揭帖未出。是科陽曲舉人王志旦，前云李開馨、王志曾者與偕來。志旦即李雲鴻門生，來即語諸人曰：來時親辭孫振，孫振屬云：「到京不可與某某共事，知某某妄舉上本，本院已與厰衛有字，令拿治之矣。」某某者，指山也。諸人既列名疏中者，慌懼不知所爲，咸相驚恫，欲散去。凝种、新甄密僱脚先行，清源丁卯拔貢生王象極者，山西科畢即奔北闈試。是年北闈改期九月。静樂縣貢生袁九緒亦在京，聞山等來上疏，皆勇於列名，既而恐怖，求去其名。象極尤在諸拔貢中先撓散之，與孕彩同寓，孕彩怒，大駡一夜，快甚，都去其名。會試舉人漸到汾州府，曹良直古遺又慫恿諸同年上疏，而解元衛周祚畏愞不敢。適芑山張自烈爾公從江西來看袁先生，良直、宗周屬自烈慫恿，而良直從中周旋之。

疏且上，通政又難之。

山等出揭帖，亂投在京各大小衙門。河南掌道則浙人宋賢，屢投不接，山等抱揭日候其出，忽遇之長安街西，馬頗快，山等飛赶，兩人先攏其馬，不令行。宋驚問何人？欲何爲？山從後定喘，與言：「山西通省諸生爲袁學道訟冤，各衙門都有揭矣。候宗師半月不得見，今始遇宗師，慌忙失禮，得罪！直求接揭帖一覽之，終借重宗師主持公義也。」遂接揭，❶於馬上看之。當時人傳：賢有言，爲孫振同御史，袒之。山等因孫振廠衛之語，每日儒巾青衣，隨童僕多抱揭帖數十百本，凡遇老小中官，穿倚撒白靴，廠衛緝訪之人，即與一册，而告其故。皆瑣細問之，殊不鷹鸇可畏也。不謂揭帖不知是廠、是衛、是中官，徑達御前矣。忽上傳：「舊例本先進御，然後揭帖公行。近來有本未進御而揭帖公行者，有無通政壅蔽之情？今後不得先行揭帖。」丁時學語山曰：「諸兄揭帖濟事矣。」然後舉人本乘而上之，通政不得似前阻之矣。」但閣中揭帖甚難，山等候月餘，不得見。孫振在山西，欲甘心於山不得，又一疏特參山弟止以威之。弟名止，字行可。會臘月吳公甡糾孫振贓私，疏上，部議未復，時閣下票擬：復命日究。而都察院僉都薛公國觀時無左都，薛公掌堂印也。自陳任罪差御史不職，一疏得旨，即於公疏批：錦衣

❶「揭」下，劉本多一「去」字。

衛差得當官旗，前往山西，拏械張孫振來京究問。此是丁丑正月十五後事也。❶差使包姓，忘其名。二月中，拏孫振到京，下刑部獄。因及先五城兵馬司監，有瘦死者、病者、乞食於監中者，山等稍稍義分米粥供給之，而刑部不問。山等每夜往朝房門外，候閣老投揭，數日候不得。一日，天尚冷，山等在象房南栅欄外煬火，而從西遠遠有喝道上來，云温閣老來矣。山等約向西如牆而跪，不得令彼徑過之。時天未明，衣巾壅塞長安門栅左者尚百餘人，見温轎來，亂嚷。温下轎，向長安門東向立，南朝房中三閣老出，迎揖之。一黄公，士俊，廣東人。秀長白皙，甚和易。一賀公，逢聖，江夏人，豐頤而笑。一張公。志發，淄川人，頗厖大多鬚而面紫，獨在後立。諸生又亂嚷，挨擠而前。黄公先問曰：「是何人？爲何事？」衆又亂語不辨。温徐徐曰：「不須亂説，著一二人前來語之。」山趨而前曰：「生員等是山西通省諸生爲學道訟冤者。」山等有本投通政，通政四五次阻隔之，不得上。因投揭帖，在京大小衙門皆有之矣。獨候大宗師兩三月不得見，專在此候投揭。」黄公從旁微語：「此他山西諸生師生之公義也。」温曰：「朝廷自有處分，諸生呶呶，意欲何爲？」山曰：「袁學道之被誣，上有朝廷聖明，下有大宗師主持公道，前月生等五上銀臺，銀臺五駁之，不以封進。異日昭雪不待言，生等急急請者，爲山西干連無辜之人百餘人，皆散寄諸五城刑部監中，已有死者，有瘐而待死者，有乞食監中者。只懇大宗

❶「是」，原作「事」，據各本改。

師與刑部一言，令早問一日，則此無辜者尚有生還之日。方今陽春布令，是大宗師調元贊化之第一仁政，生員等還有疏伏闕也，總望大宗師主持公道。」温領之云：「知道了。」黄公云：「朝廷自有鑒裁，諸生不必復上瀆，但静聽處分。行即與刑部言之也。」令接揭來。諸生群起而投之，接者亦不知是何人。揭帖從後亂下，撲閣老面。長班接得一本與温，温接一本與黄公，舉火把，且入朝門且看。山等各散去。丁時學隨得密信，語山曰：「温既看揭了，語黄公：張御簿。」❶山非參疏中人，以事係山西太原府，山皆能言之，且因疏中家弟有名也。

二月中，山西通知孫振既拿矣，平陽諸生盧傳第乃來。傳第是周鍾門人，與予珪同習制舉於金壇。鍾有書貽袁先生，先生留銜齋讀書者。山責之曰：「與平陽公書在十月杪，如何今始來也！」傳第曰：「固聞有公書至洪洞，晋露盤按之不郵，且有洶洶之言恐諸同人，是以約諸同人不起，至今乃獨來望先生也。」又數日，洪洞貢士晋承露以考職來。承露即前露盤也。山頗以盧語質承露。承露云：「有此言，然非弟。久之自明，弟不辨也。」又一二日，洪洞諸生郭新自武安縣來。新即九子也，與露盤莫逆，皆見先生於獄中，留十餘日去。

三月初，蒲州癸酉舉人韓垍來訪山，山適不在寓中。先臘月間，家兄有字來云：「韓心知垍字。會試從省中過，大房帝賚兄往拜之，不見。當時垍在省中與愚兄弟修年誼，潦倒似好友。且有

❶「簿」下，王本有「史此番亦少孟浪矣」八字。

許多恐嚇之言，云弟妄舉，與巡按作敵，今已如何，傅氏兄弟豈復敢與一面耶？」山既聞此語，因遂不復答拜。日忽到手帕衚衕，見垍。垍一見，問訊修前好，贊論甚，且拉至僻處，低語云：「兄知弟何如人，恨早中一科，不得與兄共此義事。弟亦山西人，不得遊袁先生之門，實可恥。有家相公貽袁先生一書，無人轉致，須兄致之，並引弟入室，一見先生之面，慰弟仰止之意。家相公書中，亦亹亹申弟意矣。」山因問：「過省時，曾見愚兄弟否？」垍笑曰：「實不曾見。是玄平宋老師問弟曰：『見傅家兄弟未？』弟曰：『尚未。』宋玄平即權時，爲山西守道。宋老師曰『快莫要見，案上寫兄名字，曰此人妄入京上疏，與巡按作敵，怎了得！兄速上公車，不必見之惹禍』云云。弟因匆匆來京，不暇見崑玉也。適來尋兄，多日不見，昨岩拜之。」即出韓閣老書一函，約山明日同往獄中見之。次日如約。山先入，道垍意，先生曰：「此人胡爲乎來？」許見之。垍見稱門生，致向往之誠。既去，先生始告山：「渠弟拔貢韓莊，曾有一揭帖與我，揭兄在都中不謹事。予知其無，亦不欲令兄見。今因垍來，始告兄，可笑也。」出示之，細字數百言，皆數山輕薄罵人云云。後復再見垍，略道及家兄書中語，云：「此何自來？皆我弟猪奴才語也。」垍素罵莊爲猪奴才，莊肥短而黑。因付之一笑而别。山時心少閑，時有《喻都小賦》一篇。因登游西山，半月餘未至獄中候先生，歸而聞刑部問理有日矣。

四月初，問於都城隍廟問之。設公案二坐於神座前。❶公案後各設屏一，每屏北折二扇於神案前，特不蔽神貌，儼然臨之。緊帖屏後，各設長案三四張，皆廠衛緝訪人，各五六人先來，置紙筆長案上，聽審辭。屏前刑部掾書之，屏後廠衛人聽而記之。每款細開，各報本衙門問官。東則刑部員外董承嗣，山東人。西則刑部主司熊經。江西人。山生巾青衣，立於司官旁。係太原府事，即前辨之。問至舍弟止，止不到，先生曰：「傅山即其胞兄，可問之。」山前對。司官見山前，頷之曰：「罷了。」亦不問所以然。至教官，姓薛，孫振參疏中名與此械到教官名不對。使獄中問孫振，孫振回云：「薛某即薛某也。」教官痛哭，大言孫振欺君無禮，一至於此。奈教官皓首窮經，選得寒官，到任三月，即硬捏，可憐七十餘歲，待瘐獄中。遂大叫：「聖明皇帝！城隍尊神！」而又大哭。廠衛人於屏後擲筆掩淚矣。問及陽曲縣一事，是李雲鴻臨入京時，以鉗印空頭手本投送孫振，不知孫振誣填何事封呈御覽者。先生曰：「此須李雲鴻來面質。」司官問：「李雲鴻是誰？在何處？」先生曰：「李雲鴻是陽曲縣知縣，現今朝覲在此。」司官即寫一提牌云：「即拿李雲鴻來對審。」時雲鴻實圖行取，不曾提來。亦不知當時何以不到之故。竟審一日不了，後日又審。李雲鴻使一高姓者本晉撫書吏，在京周旋於李。連尋山，云某某請說話。山問先生：「雲鴻使人來要見山，山可往否？」先生曰：「第往見之。」山遂往。

---

❶「座」，原作「坐」，據劉本改。

雲鴻寓西臭河。雲鴻一見之，爲不情寒温，執禮甚恭。坐定，告山曰：「知張古岳否？」山曰：「不知。」雲鴻笑作河南聲曰：「連日只嗑口水兒了。」既而曰：「請兄來，懇在袁老大人上一言。袁老大人培植某一場，今幸在行取之列。前有刑部一提，恐害某行取。萬懇轉致袁老大人，始終培植，再不語及雲鴻，免刑部提問，感佩高厚豈能言。」山即以此事告之先生。先生笑問曰：「王志旦在否？」渠要説此，當令渠門生王志旦在此説之。渠告之渠門生去，而特以此事囑兄者，脇兄也，使我不得不依耳。事已大白，即因兄來，饒此奴可也。」遂不再提。雲鴻後僅得一刑部主事，既而夤緣别徑，得御史。先生初亦不甚大難，後雲鴻及空頭手本下部，乃從獄中撿得孫振私囑雲鴻以手本關白學道者數書，亦封呈御覽。中一册是送録科洪洞生員宋某者，宋是科中式矣，先生獨去此册，云：「此生新中，若呈御覽，恐遂壞其科名耳。」先生於患難時忠厚作人之意如此。再審一日餘，事皆誣，遂大白。部爰書上，先生得賜還。

閏四月末，山辭先生歸。隨得旨，先生以原官起爲湖廣武昌道。山五月抵里，先生有書來，請邀往武昌一覽黄鶴之勝。山謝以違老母久，不能去也。既武昌府王孫某刻馬世奇素修太史所著《山右二義士記》謂山與薛宗周也。寄來。山讀之，愧汗浹背，蓋山辭先生行後，先生以此始末屬馬太史記之，而楚王孫梓行之，擬山裴瑜、魏邵，實過情也。時學於國門立留社，皆當時詞客贈山等古近體數十篇，時學集爲一册，時學，字天心，爲霍州知州。兄乾學，字天行，順天宛平人，萬曆己未進士，翰林院檢討，江西主考。而以馬太史素修《記》冠於端。

秋，慈波桂公一章督山西學。歲試畢，發落日先唱山名，動鼓樂，且以花紅旌山之行，云：「事師行義如子，當求之古人。府學原舉有行優科二人，本道格不行，謂行義尚有過於子者乎？故特旌子，令諸生知千古師生之義。」山愧沮不知所來，長跪大言曰：「即此一事，是山西通省公義，幸而天子聖明，前道宗師事得白，山不過從衆奔走，所謂因人成事者也。豈敢貪公義以樹私名！宗師必欲以此謬旌，而山以此謬當，山不得以此自待，亦非宗師所以待山之意。花紅纔及生身，生必裂冠褫衿而後已。」桂公頗作色，已之。歸，因草記始末，題曰《因人私記》，不敢粉飾一字，欺人要名。一時人情反復，炎涼向背，瑣屑笑人，不勝載亦不載也。❶

辨誣公揭

山西通省司府州縣生貢傅山、盧傳第、周培詵、薛宗周、李凱、劉美、胡來貢、樊嶷、荆光國、韓莊、崔嗣達、程康莊、張璞、董緒、楊永甯等謹揭，爲學臣清介見糾，禁繫已久，乞主持讞案，以存公道，以服士心事：

❶ 正文下，王本另有《附記》一篇。

竊維提學官師嚴道尊，爲朝廷興賢能，飭風化，故命特予專勅，比行衡文而外，無復與有司事，非若他錢穀之催科、獄訟之出入，得上下其手，魚肉民閒者也。其人公若私，諸生知之；明若昧，諸生知之；貪若廉，亦惟諸生知之。有其薦剡之，而諸生不知其孅者，阿好也；有其敗誣之，而諸生不知其惡者，則其爲譌言勿問之矣。嗚呼，敗誣而至於漵鄉之袁，真國是之又一變矣！❶袁教漵鄉幾三年，下車先以天下名教是非爲誨導，歲科再試，盡瘁積勞，往來盜賊戎馬間，苦心摩研，士往往售知。一時貴介子不得與寒素較贏絀，强禦之不畏，或其罪耳。若夫自處，則方面憲臣，蕭然一苜蓿廣文也。孤身涖任四千里外，蒼頭一人，胥徒闃寂，無所假威，行户工匠悉宴如。有臣若此，良可質之天地鬼神，見諒兒童走卒，信及豚魚矣。乃獨不容於一冠惠文者，載鬼張弧，嗟嗟太甚已。先是，諸生具奏銀臺，三上三阻。公車士再懇陳情，❷得奉明旨，諸生但手額聖明，静聽廷尉之平，不敢再爲瀆陳。然以身親見聞者，平心言之，當亦任是非名教者所樂聞也。

其所參疏，一則曰「庇劣」。漵鄉人士，椎魯朴拙，海内共諒。無大奸宄，有則覺察之，輕降重革題參，風紀霜肅，概見前之公揭中。再則曰「肆婪」。嗟乎！曾謂袁也而貪吏乎！諸

---

❶「真」，原作「鎮」，據張本改。

❷「陳情」，原倒，據張本乙正。

細事可不言，即開書院作養一舉，首以俸餘葺先賢三立祠，而進諸生於其内，朝夕勸課，蔬食菜羹與諸生共之，不取給於官府，不擾及於百姓。有貪吏若此者乎！敝鄉災盜洊臻，諸生顛連實甚，賴袁先後振恤，不遺餘力，學租常平而外，皆捐自本道。舉寒生之涸轍待斃者，保全實多，良所謂師保而父母者也。有貪吏若此者乎！甲戌、乙亥再見邊警，袁分守南城，傾捐俸入，修城濬濠，教造火炮。公家府庫不動分毫，而折衝告備，有貪吏若此者乎！且此皆袁之忠貞自矢，而清畏人知者。方今聖祖痛責苞苴，宵旰思清節之臣，以勵風教。清節如此，而復饕飱坐之，諸生誠不知其於黜陟之典何如也！

萋菲多詞，單款狼藉，寃引無辜，衆實有口。一當庭質，黑白較然。固無待諸生擾擾長安。顧奉教君子，鈞衡千古，于是非淑慝之閒，不能不重有辭耳。且株蔓寒生窮民，或鬻隴畝，或鬻妻子，顛連千里，幽蔽五城。其閒羸者、疾者、凍者、餓者，呻吟籲痛，不忍見聞，此尤仁人君子所急圖矜恤者也。伏乞大宗師主持國是，昭雪孤臣，上爲朝廷勸清介之風，下爲人士慰師表之望，一時羅織平民，亦得早圖生還。三晋幸甚！天下萬世幸甚！爲此具揭上揭。崇禎十年三月日。

霜紅龕集卷三十

陽曲傅山青主

雜著四❶

杜遇餘論

既謂之「遇」，不必貪多。此老每於才名之間，必三致意焉。吾雖遇之，以此未必遇也。庶幾遇之，凡人家圈者，❷此以單點點之。但炤有黑圈者，再鈔一本來，好略加一二批語。良以此公詩何不可選？若欲見博，自有全集在。

譬如以杜爲迦文佛，人想要做杜，斷無鈔襲杜字句而能爲杜者。即如僧，學得經文中偈言，即可爲佛耶？凡所内之領會，外之見聞，機緣之觸磕，莫非佛，莫非杜，莫非可以作佛作

---

❶「四」，原作「五」，本卷實爲作者《雜著》第四部分。

❷「圈」，原作「卷」，據劉本、王本改。

杜者。靠學問不得，無學問不得。無知見不得，靠知見不得。如《楞嚴》之狂魔，由於凌率超越，而此中之狂魔，全非超越之病，與不劣易知足魔同耳。法本法無法，法尚應捨，何況非法？非法非非法，如此知，如此見，如此信解，不生法相。一切詩文之妙，與求作佛者界境最相似。

高手畫畫，作寫意人，無眼鼻，而神情舉止生動可愛。寫影人從爾莊點刻畫，便有幾分死人氣矣。詩文之妙亦爾。若一七八尺體面大漢，但看其背後，豈不偉然！掉過臉來，糢糢糊糊，眼不成眼，鼻不成鼻，則拙塑匠一泥人耳！微七八尺，即十丈何爲！

韓文公五言，極力鍛鍊，誦之易見其義。杜先生五言，全不是鍛鍊，放手寫去，粗樸蕭散，極有令人不著意處，而卻難盡見其義。然予人神解，不在字句中。此處正是才之所關，文公必不能也。

曾有人謂我曰：「君詩不合古法。」我曰：「我亦不曾作詩，亦不知古法。即使知之，亦不用。」嗚呼，古是個甚！若如此言，杜老是頭一個不知法《三百篇》底。看宋葉氏論《八哀詩》，真令人噴飯。吾嘗謂，古文古詩之不可測處，❶囫圇教宋儒胡亂鬧壞也。❷然本不可壞，解者

❶「詩」，原作「書」，據劉本、王本改。
❷「亂」，劉本、王本作「嚷」。

至今在，終不隨不解者瞎圪塔去。近來覺得畢竟是劉須溪、楊用修、鍾伯敬們好些，他原慧，他原慧，董潯陽亦不甚差。

風雲雷電，林薄晦冥，驚駭膈臆。蓮蘇問：「文章家有此氣象否？」余曰：「《史記》中尋之，時有之也。至於杜工部五言、七言古中，正自多爾。」眉曰：「五言排律中尤多。」余頷之。文記事體，不得全無面目；詩寫胸臆閒事，得以叱咤斜拏耳。然此亦僅見之工部，他詞客皆不能也。七言古中，晚唐如盧仝、馬異，亦自命雄奇矣，卻如風雲晦冥處，其所以然處，不無撐拳努肚之意，而本非天地陰陽之轇轕也。若有老先生見吾此説，又要摘我説詩不得性情之正。吾亦知之，吾亦知之，此因論文章中有此一要氣勢耳，豈專云詩？俱當爾耶！

具隻眼人説，杜工部不會點景。我説：爾錯擡舉他了，他會那個來？只不會點景？我老盲摸揣，只覺好，却又醒不得；聽著又有説不好底，我又醒不得。奈何，奈何！

句有專學老杜者，却未必合。有不學老杜，愜合。此是何故？只是才情氣味在字句橅擬之外。而内之所懷，外之所遇，直下拈出者便是。此義不但與外人説不得，即裏邊之外人愈説不得。

霜紅龕集卷三十一

陽曲傅山青主

讀經史

學解

理本从玉，而玉之精者無理；學本義覺，而學之鄙者無覺。蓋覺以見而覺，而世儒之學無見，無見而學，則瞽者之登泰山、泛東海，非不聞高深也，聞其高深，則人高之深之也。故訓覺之爲效，似矣，而始終乎人拾級而卑之。至於效先覺而效，始不至於日卑。其所謂先覺者，非占嗶訓詁、可以爲童子師而先之也，乃孟子稱伊尹爲先覺。其言曰：「予天民之先覺者，將以斯道覺斯民也。」樂堯舜之道，學也；而就湯伐夏以救民，則其覺也。覺桀之當誅，覺湯之可佐，故幡然曰：「使是君爲堯舜之君。」堯舜湯也。堯舜湯者，殺桀乃所以爲堯舜也。是覺也，誰能效之？誰敢效之？不能效之而文之曰「非其時也」。其時矣，而不敢效之，曰「吾聊樂堯舜之道」，世儒之所謂學也。病老子者曰「絶學」。老子之所謂「絶」者，絶河之絶也。學如江河，絶而過之，不沈没於學也，覺也；不沈没於效也，覺也。

荀子非子思、子輿氏也，曰：「略法先生而不知其統，猶然而材劇志大，聞見博雜，案往舊造説，謂之五行。甚僻違而無類，幽隱而無説，閉約而無解，案飾其詞而祇敬之，曰此真先君子之言也。子思唱之，孟軻和之，世俗之溝猶瞀儒，嚾嚾然不知其所非也。遂受而傳之，以爲仲尼、子游爲兹厚於後世。」荀以此非思、孟則不可，而後世之奴儒，實中其非也。其所謂「案往舊造説」，然也；「僻違」、「幽隱」，則儒無此才也，「閉約不解」則誠然也。奴儒尊其奴師之説，閉之不能拓，結之不能觿，其所謂不解者，如結襀也，如縢篋也。至於「才劇志大」，猶不然。本無才也，本無志也，安得其劇大？本無聞見也，安得博雜也？「溝猶瞀儒」者，所謂在溝渠中，而猶猶然自以爲大，蓋瞎而儒也。寫奴儒也肖之，然而不可語於思、孟也。思孔氏喪出母，而思則令子上不喪出母，其著也。子思之母死於衛，而子思亦以「有禮無財，有財無時」言之，其義猶乎道隆从隆，道污从污，而以其爲母也，難乎直情行之，故支吾其詞。若子上之母，則思可徑行者也，故不令白喪之。其於先君之言行何如也？孟子則於共主在上之時，汲汲焉以王道倡於諸侯，特時非桀於湯之時耳。若周末之王有桀，則孟子必爲伊尹，以相湯爲事矣。故當時自齊、晉狎盟之時，如管仲五霸，不過相其君，以尊周攘夷爲名，蓋亦以其上非桀也。上若桀，❶則桓、文得孟子而相之，亦可以湯矣。故孟子不屑於霸，而上又非桀，傳食諸侯，以明王道。志可以爲大，材亦可以爲劇，而云造舊説爲五行，則大謬也。孟子之學而覺者也，覺伊尹之覺者也，無其時也。其言曰「武王好勇，公劉好貨，大王好色」，其於孔子之言又何如也？

後世之奴儒，生而擁皋比以自尊，死而圖从祀以盜名，其所謂聞見，毫無聞見也，安有所覺也？不見而覺幾之微，固難語諸腐奴也。❷若見而覺，尚知痛癢者也；見而不覺，則風痺死尸也。至於不自覺而覺其所覺，以我之君不如其君也，君尤可以義之合否異也。以我親不如其可親，而願爲之子也，子之不孝於親而欲親他人，亦或有之。以我之妻妻於我，不如爲其妻也，既妻我而或得妻若我，❸亦可以爲狎妮之私，快妻而因以自快，可以詑恐鄉黨宗族也。

禮解

人有父死而哀毁廬墓、幾至於滅性者，而孝之名歸焉。鄰遂有其母死而亦效其哀毁，以

---

❶「上若」，原倒，據王本乙正。
❷「奴」，王本作「儒」。
❸「或」，王本作「復」。

幾滅性。蓋知孝之爲美名，而惟恐不似其喪父之人，人亦羣孝之如其喪父之人。及問其母，則其父之再娶，而即以其女婦若繼母，而實婦之母，視其父如婦翁者也。不知其哀毁之何所能致也。故非其孝而孝之，孝喪世，世亦喪孝。猶非其忠而忠之，忠喪世，世亦喪忠。非其親而親之，曰「禮也」，非禮也；而不親之，「非禮也」，禮也。非其君而君之，曰「禮也」，非禮也；而有不君之，「非禮也」，禮也。夫世儒之所謂禮者，治世之衣冠，而亂世之瘡也。不知劀刮其根，而以膏藥塗之，又厚塗之，曰「治瘡之禮也」，不柄亢鉅以定民之耳目，❶而脂韋跪拜以貪其利禄，曰「治世之禮當如是」。禮喪世，世喪禮，禮與世交相喪也。❷悲夫！

仁義知信之文，以文論之，無從金者。獨禮有以金而爲鑈，言乎其能鑈。鑈，聲也，來改之反，俗謂捖而來之，而翦除之曰「鑈」。從其聲，其義之必不苟與存，且轉而爲裂之釐也。聲者，皆取乎剺。剺也者，釐而正之，然後爲禮也。故君，禮也；不君，鑈也。知鑈而後知禮，而後復天地之節也。習跪拜進退而苟圖利禄者，又膏藥之靨也，不欲以爲瘡，相與蔽其無血而已。

❶「定」，原作「足」，據王本改。

❷「喪」，原作「畏」，據王本改。

无妄解

袁彦伯贊麗統士元曰：「綢繆哲后，无妄惟時。」註引《易》：「无妄之行，窮之災也。」此註與本文最不關涉。《易》「无妄」兩字，以「物與无妄」看，本兩好字。❶自《象傳》「无妄之往，天命不祐，行矣哉」，翻令人不知「无妄」爲何義矣。所以鄭註如彼。後世因而曰「无妄之世」，則「无妄」公然兩賴字。其「匪正有眚」者，乃不利有所往。若正而往，何不利之有？「无妄之往，天命不祐，行矣哉」，愚謂：无妄之往，❷天命再不爲祐，天下再有可行之時已耶？此云「无妄維時」，亦自難解，不知單説時爲无妄之時耶？抑謂无妄惟其時之所當爾即爾耶？以下「三昭霸基」言之，則是時取劉璋之蜀，取之非妄也。註引「窮之災」，全謂无妄不宜有所行也。❸殺楊懷、高沛而造成都，妄耶？非妄耶？以此證「元亨利貞，其匪正有眚，不利有攸往」，全相倍也。初爻「无妄往吉」，象：「得志也。」是本此无妄之德以往，自然得志而吉也。六三「无妄之災，或繫之牛」四語，頗似對璋。璋爲邑人，而昭烈爲行人，象之「行人得牛，邑人災」，徑全

❶「好」，王本作「妙」。
❷「妄」上，劉本有「若」字。
❸「所」，原作「心」，據劉本改。

爲此舉謀，亦可笑也。「无妄之行，窮之災」，若以「我往彼亡」之義解之則近，若但如本文，則「无妄」是一步行不得時矣。益知義之深微，必不可以其辭死指之。「觀變玩占」四字，亦不全指所得之辭爲占。占是爲何事，當何時，遇何變，内外貞悔，人我幾宜，兼有之也。

鄭康成解「无妄」：「猶无望。」大失經義。或因《春申君傳》朱英之言「无望」，而《國策》作「无妄」，本義謂不期而得，即《策》之寫「无妄」，仍是无望之義。如《彖詞》「无妄之往」，豈以「无妄」爲不正之義耶？蓋承上文「其匪正有眚」之義來，謂挾此匪正之眚，而當此无妄元亨利貞之時，想要往何處去？幹其事耶？即欲妄行，天命終不祐也。昭烈之行，既已爲天之所祐，其行似匪正者，然漢尚當有四十年之餘烈，於璋似不正者，天實以正命之，故云「无妄」。鄭康成之解之謬，不必疑也。

蠱上解

《蠱》上：「不事王侯。」惟巢、許、卞、務，下而子陵、牛牢足以當之。王侯皆真正崇高，聖賢不事，乃爲高尚。其餘所謂王侯者，非王侯而不事之，正平等耳，何高尚之有？苟圖衣食之人，看其所事者爲王侯，自命爲攀龍附鳳之人，故便以高尚無用之名遺人，其實以用世之才自命耳。

講遊夏問孝二章甲午十月。

日無疆有所感，而問子游、子夏「問孝」二章。

傅山曰：諦觀「不敬何別」、「色難曾是」諸義，則「啜菽飲水盡其懽，斯之謂孝」之道益明。不則天下之窮乏子弟皆不孝人矣。坐作拜跽，不足語敬。愉色婉容，斯可語色。參觀於《孝經》：「故親生之膝下，以養父母曰嚴。」文王觀人中色，弗聽之言。而人子之真敬、真色，鼎烹瓦缶，皆所不關。《四十二章經》，佛告出家沙門之言也，《鞞僧》章終之以「凡人事、天地、鬼神，不如事其二親，二親最神也」，精乎哉言！論親而至於神，則人有見神明不儼然恭謹者乎？故「家人」《易》曰：「家人有嚴君焉，父母之謂也。」天恩之厚，天威之懍，夙夜匪懈，念茲在茲，是以人子有視膳問安、晨省昏定之儀，云禮也。禮多則不親，猶之乎亢踞乎。禮者也，❶天而晴霽，人色舒和；天而風雷，人色斂肅。其作敬之色者，顧即其作和之色者也。謂畏而有不愛，愛而有不畏，則驕惰之子果皆真能愛其親者邪？文王日寢門三，聖人則亦爲人子觀美耳矣。故畏而知愛，愛而知畏，事親之義備矣。蹍市足，謝以驁，兄則撫慰，大親已矣。郭象曰：「明恕素足也。」然亦無有謂親恕我，而故數數蹍親足其可者，諸有小過于親者，恃愛不

❶「者也」，原倒，據劉本、王本乙正。

自懲，一習即至于十百千偏以爲常矣。不知高天厚地，何時何事不容宥我，而憒憒不自知也。

閔子之孝，聖人稱「人不閒於父母之言」，故孝子必致親無難言。不止難言，期無難色、難意，而充類至義之盡，至於親不作難夢，而真誠通於神明矣。「幹父之蠱」、「幹母之蠱」不同其訓，又聖人衷度于父母之情之欵之當有異宜者，而人子可有蠱心於其父母乎？竊嘗論之，頌虞舜之孝者，輒曰「父頑母嚚」，舜聞之，當何如痛心也！以舜視其父母，皆聖父聖母，故號泣怨慕。而孟子善爲發之：「不得乎親，不可以爲人；不順乎親，不可以爲子。」而謂舜有頑嚚父母之心可乎？故人子決不可有不是父母之見，微有父母不是之見，而諸任情放肆，敢于得罪者，其心以爲我之是也。隱而無犯，對事君者之微辭耳。若夫孝子，不惟無犯，亦復無隱。隱也者，有過其親之心者也。幾諫之道，見志不從，又敬不違，勞而不怨。「又敬」也者，亦云父母不從之時，易於憤懣，忘其初諫之誠，故申之曰「又」也。而《莊子》方外之書，其言曰「至仁無親」，不知者駭之矣。而迺曰：「此非過孝之言，不及孝之言也。」此即所謂元氣渾淪，孝在其中之旨。蓋在中者，無孝之名之時也。故又微其説曰：「忘親難。忘親易，使親忘我難。」夫子有是非於其親，則不能忘親矣。親受是非於其子，則亦不能忘我矣。夫忘也者，真也。父母之于子，未有不真者也；而子之于父母，容有不真者矣。故色真、敬真，唐園親腹，親樂；鼎養親腹，親樂。色不真、敬不真，唐園親腹，親不樂；鼎養親腹，親不樂。

又嘗論之：立身揚名，顯親於後世，顧云孝也，而不若及事其親之時，服勞甘瀡、愉色婉容之爲真孝之真，可以得其親之歡心也。嗚呼！人不思及承顔之時，冀得親之一歡一笑，而但期博一身後之名於其親也，推是心也，則必有賊其親之心者矣！是以孟子求舜之心，至于竊負而逃，遵海濱而處終身，訢然樂而忘天下，則舜誠無樂得其壽位名禄之心也。太真非不孝子也，而李卓老之論出，有不能爲太真釋者，太真之心亦有不能自爲釋者。故不得已而徐庶其人也，周媿其人也。何也？其後無可悔也。臯魚之泣，悔而已矣。夫人之于人也，不可遺一悔之端，而人子之於親，可遺一悔之端乎！《復》之初曰：「不遠復，無祇悔。元吉。」是未嘗言孝也，而可取之以言孝。何也？復也者，仁也，天地之心也，即父母之心也，即人子之於父母之心也。夫人子自有知識以後，未有無過於其親者。有未嘗弗知，知之未嘗復行，尚何悔之有！是復也，不宜頻，頻則不勝其悔，且復有不及悔者矣。無疆，讀《易》者也。遂及于《易》之《復》。復則未有不愛者也，復則未有不敬者也。

「敬」字，从茍从攴，茍从芉，有「虔」、「丮」兩音；攴即「攴作教刑」之攴。芉，知跪乳者，而又加以攴，敬義自著。即「養」字，古文本从羊从攴而爲羧。羊其聲，加攴成義，亦去敬之義不遠。若以今隸書訓，但云「羊，畜肉之美厚者」，以是肉食之，則可謂能養其親者矣，敬不敬無論矣。以是知古字之有不可廢者。

色，从人从卩，原不單指紅白喜怒之見于顔面者，故色須通體觀之。即面眉文飾和靄，而手足肢體不能安詳中道，違心之氣立見，是可欺父母者乎？所以謂之難也。即父母不覶，兄弟行輩覩之；行輩不覩，而僕役愬之；即人皆不及愬，而自意愬之。夫至于自意愬之，而難之爲難益著。難易之難，與患難之難一字，何也？由難之者而去，即入于難。故人當作贋色之時，當下已造乖戾之難矣。是色施諸人，已非誠道，況父母乎！事親之道，在于反身之誠。色之難于誠也。事親者不可不讀《心地觀經》。「養子方知父母恩」，是七字真誥。嘗謂人于子之安和時尚不愬，若當子有疾病之時，呼天籲地，魂夢怔忡，而父母之苦極矣。若于此際能一遡照，此身之承父母明禱默祈，不知凡幾十百千苦矣。所以有「父母惟其疾之悳」之訓。無疆一郎前中寒，病困數日，悳形于色，言之情深，此益知父母之恩之際也。無疆性善，又嚴于庭訓者，豈復不知此者？而山及此，山私痛山童時數得怪異之證，驚憂吾親不可勝道，迄今立身揚名者何在？而猶復令八十老親當如此驚憂。即老母知義，山敢曰憂親之憂乎？事有不得已，責有不得辭，情有不可道，人子之性之遇，亦有幸不幸哉！

故讀史至于金元，而簡編乏興矣。及乎《孝友傳》，真情至性，實繁有人，迺知此段天性，無間污隆，常變而不可息。金元時之孝弟，與漢唐時之孝弟者，同一心也。他事有不可爲，而此事無不可爲；他事有欲爲而不得自盡，此事無欲爲之而不得自盡也。當此窮時，薄具米鹽，關門幽巷，日夕承顏。餘暇讀書，兼復小修藥物，以備老人調補之需。門外龍争虎鬭，驢舞猴翻，塞耳閉目，不見不聞，亦可以爲孝子矣。吾儕勗之。霦按：此時先生在獄。

五代史

《五代史》，歐公極其筆力鋪敘之，波瀾瀠迴處亦可觀。然有習套，不自知湔滌。數章之中，往往相似。即令人易窺盡底蘊，此亦氣運主之。吾擬薄删削冗靡，而於稱謂不當者，❶盡深塗易之以正名。歐公數數言五代亂極矣，而刑亂用重典之義未盡。其人其事，本不足係正史，彼時又無真正天子可以因而予奪者，執筆之士，幾乎帝矣。帝則奉天討伐，撥亂反正。歐公正未充類至義之盡也。諸所云某太祖、某帝、某宗，盡宜削去，而先立一例，著明後皆書名，理也。五十三載之中，凡在史册中有廉恥者不多見，有則當大立傳贊。如《一行傳》，取義極不可少。惜乎人皆平平，無甚奇節高行，足發一時憤懣者。王彦章粗莽俗漢，亦僅死事耳，特立「死節」之目，全未推敲於所事所死者爲誰也。五代梁爲唐賊，其人之所欲誅夷者，當不難見，而歐公以節予之，不知何以異於死事諸人也？裴約、劉仁瞻，其立心知義，却有足取於鐵鎗者，然出處皆不足論。昔人所謂臣亦擇君，原不僅區區禍福之計。名可言，言可行，永終無弊。《歸妹》之象，仕進之箴也。

❶「而」，原作「面」，據劉本、王本改。

一行傳

《五代·一行傳》，鄭遨與李振善，振爲唐賊明著，而遨不論潔身何居，豈但一不仕而即可與潔耶？遨雖不受振援，振竄而遨復視之，何親於賊爾爾？即初未敗露，或有一節足欺，❶因與之厚，而既較然賊矣，尚齪齪脩舊誼，何其不知大義也！若遨果知義，唐昭宗弑後，有力當因其厚而來也。一盃酒閒亦可數其罪而殺之，不難也。無已，則絶之可也。當時人見千里迷晾，益高其行者，❷聾瞽人耳。歐公此處亦恕過未深覈也。李振可惜爲抱真孫，尤當爲抱真殺之者。然遨非殺人才，絶之則無可議矣。此事在郭先生瑀做，一合也。

李絳傳

讀《李絳傳》，當唐憲宗時，直言無避，可謂賢相。一牽募兵赴蜀，不防宦者楊叔元之泄憤起釁，倉卒遇害。方知當局之人，寍可不必必，不可必不必。不經一事，不長一智。募兵安可不先爲之地哉？即萬斷叔元何補！張鎰之不計李楚琳，同此疏略。劉鄩何足言，然而一步

---

❶「欺」，原作「期」，據劉本、王本改。

❷「者」，劉本、王本作「皆」。

一計，不可不用其密策。張惟孝材幹實不可測，當其時不肯遂致其身者，非過也。

書宋史内

一切文武病只在多言。言者名根，本無實濟。而大言取名，儘却自己一個不值錢底物件買弄，拗斫猶可言，❶又不知人有實濟，亂言之以沮其用。奴才往往然。而奴才者多又更相推激，以爭勝負，天下事難言矣！偶讀《宋史》，暗痛當時之不可爲，而一二有廉恥之士，又未必中用。奈何哉！奈何哉！天不生聖人矣，落得奴才混帳！所謂奴才者，小人之黨也。不幸而君子有一種「奴君子」，教人指摘不得。

❶ 「拗」，原作「㑿」，據王本改。

霜紅龕集卷三十二

陽曲傅山青主

讀子一《老子》、《莊子》。

老子十三章解

驚寵若驚辱，可以言申之，則申之以得失。身貴，若身大患，則不必以言申之，不申貴而但申大患。大患者，有身也。既有身矣，而身復有貴，患之患者也。聖人不得已，而貴有天下，天下神器不可爲也。不可爲而不可不爲，所謂神而不可不爲者，天也。不自貴而此則貴之，重也。不以身輕爲之，不屑屑多事。貴以爲重，則愛以爲惜也，不搰搰焉勞也。不屑屑多事，則身可以爲天下之所寄，而身亦可以寄於天下；不搰搰勞，則身可以爲天下之所託，而身亦可以託於天下。寄託，聖人之所不得已也，所以身大患之道也。「貴以」、「愛以」之義，散見於五千文，而欲取天下而爲之，吾見其甚不可爲，則其著者矣。故行隨响吹，强羸載隳，皆惑之。甚也，奢也，泰也，則去之，去其爲之心也。甚，虞其不如堯舜也；奢，虞其制度之狹小；

而泰，惟恐其否也。若夫儒家所謂服御宮室，驕盈侈費之甚奢泰也。聖人去之久矣，道者不慮也。

老子二十一章解

著矣哉，「的」之指，而卒不可的而擬之。而如可因之持之，一不化者也。醳容，以「大德能容」，文之詁於《雅》也，非《老》義也。《老》義，形容而已。分其得於道者，而形以造。形所從者，非穭也，從道來也。道合「首」、「止」爲文，人之頂踵之義也。物也，而有非物者傳焉。非物之物，道之爲物也。恍惚象物，象似之矣，而不可得而確之。以窈冥之精非假，而或然或不然者，自初有一人以至于今，傳之不息，以至于有我之身者，其何物也耶？此道也傳之於父，父受之於祖，祖受之於曾高父，溯而上之，徹於天。天，大父也。自大父而傳之，不知歷幾何父而有我，我又爲父矣，故曰「衆」也。閱也者，歷也，非視也。其惚也，恍也，从心，从火，心亦倒火也，皆陽也，母不得而與之。《莊子》：「可以爲衆甫父。」甫即父，[illegible]即父，从用，父之用也。《徐無鬼》之末曰：「頡滑有實，古今不代。」夫頡魁然其爲顱，而骨之本諸水也，其亦揚搉之罪也乎？「[illegible]」，古文「心」。

寵辱若驚節

蘇注「貴身如貴大患」，説得不圓。「只炤寵辱」句曰「身貴如身大患」，則得之矣。

大道廢節

原説得是渾淪未破時事。

絶聖棄智節

世間底事，好看在文，壞事在文。及至壞事了，收拾又在文。文不可以偏辭惡也。文也，人而乂者也。「乂」即「五」字也。五之從㐅、横㐅，皆謂之五。曰十數中之一，从一至三皆不交，唯至於乂，謂東西南北之氣，皆交於中也。十又五之重者也，乂邪十，十正乂，以十加四則成米，八方備矣。四正四隅，皆交於中，如輪如轉，中之交處不可舉，而名之曰一也，二也矣。所謂中宫八，加中九矣。並不見十之名，故十藏於五，而九以運之。

一、三、五、七、九，天數之中，五；二、四、六、八、十，地數之中，六。天五地六，合成十一。五臟之數，皆以中之土。臟，運之交也。河洛之圖書，變化百出不窮，皆中於五。五，土也；土，十一也。

自古及今其名不去

「名」字，即首章「名可名，非常名」之名。

希言自然節

此篇從無妙解，以其看「同」不得耳。蘇注「不幸而失」，解大非義。「失」字本不易解，而皆撈摸説之，如何可解。

静爲躁君句

老莊聖人，非以静爲勝，故静也。萬物不撓於心，故静。此是聖人學問成就後之言。若初學人，還須知静之勝處，不則荒蕩無主，轉更日見其失耳。

道常無名章

公之它破句讀之曰：「道之常無者，名朴也。雖小天下，不敢臣。」謂看得天下雖小，亦不敢有臣之心。臣之則亢，守朴以待萬物之自賓而已。若自大自尊，則天與地不相合矣。故下文即曰「天地相合」云云。如注「不敢臣道」亦説得去，但無甚滋味。「始制有名」，制，即制度之制，謂治天下者初立法制，則一切名從之而起，正是與無名之朴相反。無者有之，朴者散之，而有天下者之名，於是始尊。聖人念斯名也，非本初所有也，亦「既有」而已。「既」如「既而」之「既」，與常無名之初遠矣，正是「名可名，非常名」之「名」也。不可語於天矣。天，法道者也。此處仍當云「侯王將知之」，不云「侯王」，而但云「天」者，王原法天也。「亦將知之」，謂知名之不可以臣天下而不敢驕亢，如天道之下濟，豈復有危殆不安之事！下之「川谷江海」，仍足前義而已。但「亦將」字面下得躍如，不徑曰「知」而曰「將知」，猶曰其未必知也。後世之據崇高者，只知其名之既立，尊而可以常有。天下者，非一人之天下，天下之天下也。「知不知，上；不知知，病。」夫惟病之，是以不病，不病即不殆也。夫之「將知」，正是「知不知」耶！偶因河上不快，輒多斯言。尚有別言，穿之鑿之，再闡。

「無名朴」即後三十一章「無名之朴」也。曰：「化而欲作，吾將鎮之以無名之朴。無名之朴，亦將不欲。」此之「亦將」即「亦將知之」之「亦將」也。謂以無名之朴鎮民，尚是有意補救之意，并此無名之朴亦將不欲有之，不欲則還，道常無爲矣。故前「亦將知」，此「亦將不欲」，並知之而無矣。

上士聞道節

山於此章，恰要以下士爲得道之人。何也？「勤行」者，崇有者也。「若存亡」者，參之於有無之閒者也。「大笑」者，無可行矣，何處勤之？有無了矣，又何若？故但大笑，歌歌解頤，原來如此。下十二言，皆下士不「勤」。不「存亡」之用，故「若昧」至於「若偷」，「無隅」至於「無形」。下士之不以上自見自貴者，知之水，處衆人之所惡，而不争者也。

夷道若類節

直是平易，不自異於人也。《荀子·解蔽篇》「處一危之，其榮滿側，養一之微，榮矣而未知」，可以爲此句影子。吾謂此解頗的。

道生之德蓄之物形之勢成之節

生者屮於土，蓄者玄於田，形者开以彡，成者丁與戊。生之，蓄之，長之，育之，亭之，毒之，養之，覆之。八字中，惟「亭」、「毒」兩字最要緊。「毒」字最好，最有義。其中有禁而不犯之義，又有苦而使堅之義。王輔嗣注：「亭，謂品其形；毒，謂成其植。」總是模糊擬度。吕註作「成之」、「熟之」，非是。

治人事天莫若嗇節

人不能早自愛惜，以易竭之精氣，儘著耗散，及至衰朽怕死時，却急急求服食之藥，以濟其危。不知自己精氣原是最勝大藥，早不耗散，服而用之，凡外來風寒濕暑，陰陽之患，皆能勝之。此但淺淺者，所謂最易知、最易行，而人不肯耳。

治大國若烹小鮮句

不多事瑣碎也。

以道莅天下其鬼不神句

莅，臨之而不翻也。反此，則以術翻播天下矣。法令滋而姦宄多，使人斯鬼矣。以人之鬼，感鬼之鬼，鬼始得大作禍福於人而神矣。

非其鬼不神其神不傷人句

何以見其鬼之不神也？就其不能傷人處見之。「非其鬼不神」下云「其神不傷人」，非又以「神」字對「鬼」字，此「神」字如《封禪書》「小鬼之神」者之神。總之，足「若烹小鮮」之義，簡重不苛，人安鬼安而已。鬼神之義，如《秦誓》地天通之義。

非其神不傷人聖人亦不傷人句

非其鬼之神不傷人，由於聖人亦不傷人。若聖人傷人，則人將逃其傷而乞靈於鬼矣。

夫兩不相傷故德交歸焉句

兩不相傷，語氣似乎謂鬼之神不傷人，聖人亦不傷人，故曰「兩」耳。但「相」字似多。又似謂鬼與聖人爲相者，然義實無此。不相傷，畢竟是鬼與聖人皆相於人也爲得。「德交歸焉」句，河上解恰好。云：「兩不相傷，人得治於陽，鬼得治於陰，人得全其性命，鬼神保其精神。故德交歸焉。」但「保其精神」字未穩，當云「鬼得靖其微顯」可矣。

江海所以能爲百谷王節

欲上人，又似欲人在上也。欲，先，義同。不必看作我欲上人、先人也，亦不妨。「下處上」二句，謂雖實在上、在前，❶而心實不敢上之、前之，亦通。

聖人果何樂乎上人、先人而欲之？不得已而上作之君，先作之師。上之者，欲其人之安

---

❶「謂雖」，原倒，據張本、王本、劉本乙正。

於下也；先之者，欲其人之從於後也。若處上而人重之，則民難戴；處前而民害之，則民不利，皆非天所以作君、作師之心。下之、後之，爲民也，非自爲也。不然，則以虚嘴甜舌、卑躬劬勞、哄著做帝王，幾時是下場頭。

若不細推樂求不厭之義，則是聖人以鄉原之法騙帝王之位耳。民若無樂推不厭之主，則「時日曷喪」而亂矣。故以樂推驗聖人之在宥耳。

和大怨節

此章並不須向深而文説，只就怨上説去。「恩怨雙忘」，是句最混帳話，不則除是佛許道此。不則是私恩私怨，遇公道處，不得行其私，謂之妄干。此實實説向怨上。怨毒之於人甚矣，必不能和，和是勉强胡錮之舉耳，其心果能服乎？如甘盜、凌統一節言之，甘是兩陳不得不然者，而統能忘之乎？仲謀過於調和，統不能忘也。聖人執契之説，只是論屈直，且如以君子以一公義殺一小人，小人也要怨，其屈終在小人。天必竟是與君子也，聖人只得炤天行法。

莊子天地篇泰初有無無無段解

陰陽交泰之初，何所有乎？有無而已，別無所有。然無而有者，無可得而名。確乎其有一。「二之所起，有一而未形」，不可聞，不可見。然萬物之生者，皆由得此一以生，是之謂德。溯此德者，則我得之父母，父母又得之祖父母。進而求之，則不知何人之父母之父母，❶得之天地之始爲人之時，而延之於我之身。生生世世，業識識業，日遠於德。故循性而修之，以反於得以生之德。德之至者，一切有爲之法，皆消融於烏有。幾幾乎並未形之一，亦不可得而名之。所謂德至，至則同於泰初之無有矣。損之又損，以求至乎其真之實功也。郭注「無不能生物」，昧於始矣。《老子》曰：「天地萬物生於有，有生於無。」此段是莊生實有下手處，昔人混混説去。

泰、太異乎？不異也。天爲一大，太爲大一。一即「天一生水」之一。一，水也，氣也。泰上从大，下从水，水即一也。中加廾而爲泰，《老子》所謂「抱一」也。廾有反廾之義，不敢失其一也。於「太」之不用艸者，有天人之分耳。

明乎泰之義，否字則不待釋矣。否上之一，即泰下之一，否則亢而止之上，所謂下不來也。加之以口，愈言愈遠，❷與太反矣。「多言數窮，不如守中」。窮極不反，所以否也。夫亦愈知一矣。

---

❶「之父母之父母」，王本不重。

❷「遠」，王本無。

「未形」者，有一不熄，未然而行。「且然」者，謂之命根。此命原動而不停。若停其動者，即生物矣。

「同乃虛，虛乃大。」合喙而鳴，喙鳴仍合，喙合處如天與地沓合處，❶不可見而有不斷於其中者。緡之貫錢、緡之釣淵，無智若愚，不明若昬昬也者，百姓日用而不知之妙也，有夜行之道矣！

莊子徐無鬼篇末一段解

傳云：❷注者卜度不中之，公之佗又卜度之而不能盡，而回復其所謂「大陰解之」，而不得其解於「大陰」。又曰：解之似不解，卒之以知之似不知，而於所謂大目、大均、大方、大信、大定，不再及之。蓋大定即所謂知之似不知者耶？而炤似乎其目也，樞似乎其均也，信則有實不代而又不臚之，而終焉曰：「闔不亦問是已？」是信也。崖之不可以有無，微乎其體之大方而無隅者乎？體者，性之踐也。踐之也者，有不踐也。所以盡之有天，而始之有彼，仍乎其大一之知而已耶！金則排而揀之，文則沫而濺之，連抃而及之、不及之，不及之、及之。鄙儒

❶「天與」，王本倒乙。

❷「傳」，據上下文疑當作「傅」。

小拘之文，必揭揭弟之以爲倫，以爲脊，讀此而迷，不知所繹，曰是文之無法度者也。夫深世故而淺天行者，吾莊子而已矣！吾之也者，私也；能公諸人，故不得不私也。私者，天也。

莊子天下篇泠汰於物段解

「泠汰」二字，即有「選則不徧」之義，又似物原有泠者，謂其才之薄而不可大用者。有汰者，謂其才之奓而可侈用者。亦任其物之自泠自汰也。

椎，❶鎚也；拍，打也。「輐」聲如丸，「斷」聲如摶。又如宛，如湍。總是去圭角之意、之聲，所以下文即「與物宛轉」一句。後又云「常反人不見觀，❷不免於鯇斷」，謂常有與人相反者，當爲人所著眼，而卒不見觀於人。由不免輐斷，以去圭角也。「鯇」即「輐」字少訛，傳寫以「車」作「魚」，中之「田」字易混耳，義無差互也。

❶「椎」上，王本有《天下篇椎拍宛斷解》標題。
❷「常」上，王本有《天下篇常反人三句解》標題。

霜紅龕集卷三十三

陽曲傅山青主

讀子二《淮南存雋》。

原道訓

「柝」字，文曰：「柝八極。」注：「音托，開也。」傅山曰：《説文》：「判也。」本作「榉」，今爲「擊柝」之「柝」矣。「擊欜」之「欜」，原作從橐。

「芄」，文曰：「禽獸有芄。」注：「蓐也。」無音。傅山曰：《説文》：「蘭莞也，從草，丸聲。」《詩》「芄蘭之支」，《毛傳》：「草也。」

「强勝不若己者。至于若己者而同。柔勝出于己者，其力不可量。」傅山曰：本之《列子·黄帝》。

「其子爲光，其孫爲水。」傅山曰：「子光孫水」句奇妙。

「通而不變，静之至也。」傅山曰：「通而不變」四字妙，若變而不通，難矣。

「玄伏」，❶文曰：「履危行險，無忘玄伏。」注曰：「玄伏，道也。」傅山曰：「伏」字、「仗」字易混，不知此字的爲何字。

「鈞射鸕鷀之爲樂乎。」❷傅山曰：「射」只可加之鳥耳，上一「鈞」字無著，或有脱字。

「滔郎」，音朗。文曰：「耳聽滔郎奇麗《激》、《抮》之音。」注：「激，揚；抮，轉。皆曲名也。」傅山曰：郎，《玉篇》從力。注：「魯當切，强力也。」剆字從刀，力可切，擊也。亦不知此爲勆？爲剆？又似朗字，而高不解。又曰：「新而不剆。」注：「剆，明也。」逕似朗字矣。

「滾灖」，❸音倘校。文曰：「霜雪滾灖。」注：「霜雪貌。」傅山曰：水從靡聲而音校，大乖。疑是「攱」字之訛耳。《玉篇》：「又彼切，流也。」

眭音桂，䁝音營。文曰：「眭然能視，䁝然能聽。」傅山曰：眭，平聲，此音「桂」。䁝音同「僚」，腸脂也，而此音「營」。《玉篇》有「覮」字，于并切。注：「覮然能聽。」「䁝」或即「覮」之訛。《廣韻》有「䁝」字，下從目，惑也。既言能聽，似當從耳，不見「𦗍」字。

---

❶ 「伏」，王本作「仗」。

❷ 「射」，原作「謝」，據王本及四部叢刊景鈔北宋本《淮南鴻烈解》（以下簡稱四部叢刊本《淮南鴻烈解》）改。

❸ 「滾」，原作「瀼」，據劉本、王本及四部叢刊本《淮南鴻烈解》改。下「滾」同。

「共工與高辛争爲帝。」注：「共工以水行霸于伏羲、神農閒，高辛，帝嚳。」傅山曰：羲、農之閒，去嚳尚遠，不知何據與嚳争也？《本經訓》云：「舜之時，共工振滔洪水，以薄空桑。」注：「共工，水官名，柏有之後。振，動；滔，蕩也。欲壅防百川，滔高堙卑，以害天下也。空桑，魯地名。」《兵略》篇：「顓頊常與共工争矣。」注又曰：「共工與顓頊争爲帝。」

「連嶁列埒。」「嶁」音「摟」。文曰：「終身運枯形于連嶁列埒之門。」注：「運，行；枯，病也。連嶁，猶『離嶁』也，委曲之貌。列埒，不平均也。」傅山曰：此段本曰病狂者，而語意似謂偏廢不能行者之態，何也？

「形閉中距。」傅山曰：四字寫務外迷性之人可憐。

俶真訓

「揚擢」，❶文曰：「物豈可謂無大揚擢乎？」注：擢，音鎬。「揚擢，無慮大數名也」。傅山曰：句法似用《莊子·徐無鬼》篇：「則可不謂有大揚擢乎？」篇末小字注：「揚，舉也。擢，引也。舉而引之，陳其趣也。」郭注則曰：「擢而揚之，有大限也。」吕注曰：「揚謂□其幽，❷擢謂

❶ 「揚擢」，原作「楊㩳」，據王本及四部叢刊本《淮南鴻烈解》改。下各處「揚擢」及「擢」同。

❷ 「□」，王本作「抉」。

扶其實也。」循本：「揚者，舉揚也。搉者，反覆手也。當舉物對答，以手反覆指陳之也。」其説與「可不謂有」四字義不相炤顧。高注：「大數名也。」郭其取「大數名」之義，而云「大限」也。然以揚搉古今之語考之，似舉揚核實之義爲長，而于本文之義不合。《淮南》之文曰：「若藏天下于天下，則無所遁其形矣。物豈可謂無大揚搉乎？」《莊子》之文曰：「其間之也，不可以有崖而不可無崖。頡滑有實，古今不代，而不可以虧，則可不謂有大揚搉乎，缺不亦缺是已文缺。」皆提撫不定、不勝翻騰其解也。

「攙搶」，注：「攙搶，彗孛也。杓，北斗柄第七星。」傅山曰：攙搶是妖星，而斗柄如何與並？言其爲害也。

「跂躍」、「撢」、「掞」、「挺」、「挏」、「摸蘇」。傅山曰：「跂躍」，不過謂扳援奔競耳。「齟齬不正」，非也。跂躍之人，豈有齟齬不合之處！「撢」即「探」，「掞」猶剡之快利。「挺」是硬入，「挏」即「挏馬酒」之「挏」。大概謂奔競之人，或偵探鑽刺，或徑進與之骨董之意。「蘇」讀索，聲之自然，即「𢯱」，是「蘇」之開口者。下文有「挺挏萬物」，恰是説道妙矣，與此不同。

「嫳」，音跋。傅山曰：音跋，聲遠。

「天鈞」，傅山曰：以天鈞爲北極，不知何本。

「臺簡」，注：「簡，大也。」傅山曰：愚意作「高」字亦通。劉熙《釋名》：「臺，持也。築土堅高，能自勝持也。」

「揣丸變化。」傅山曰：此不當如常讀「揣擿」之「揣」，當讀如「摶」。

「羸」、「瘉」、「蝸」、「晥」。傅山曰：「瘉」，似「蝓」字之訛，「晥」字不解。

「景柱」，傅山曰：不解是何語何義。後《繆稱》篇曰：「列子學壺子，觀景柱而知持後矣。」注：「先有形而後有影。」若鴻濛則無形也。

「襲九窾，重九熱。」傅山曰：音義俱不解。

「嫥捖」，傅山曰：「專」即「摶」義。

「慲鮭離跂。」注：「鮭，徯徑之徯也。」傅山曰：《玉篇》：「胡瓦切，角貌。」「慲」，《玉篇》：「莫蘭切，忘也。」與此義乖。

「消搖撣捎仁義禮樂。」注：「言未能行仁義禮樂。」傅山曰：《莊子》「逍遥」本即「消搖」。此言「未能行仁義」，乖，似形容仁義禮樂者之非自然也。

「不免于儡。」注：「音雷，謂身不見用，儡儡然也。」傅山曰：身不見用，如何謂之儡儡然？

天文訓

「四維，東北報德，西南背陽，東南常羊，西北號通。」❶傅山曰：二「陽」字必有一訛，注言

---

❶「號」，王本及四部叢刊本《淮南鴻烈解》作「蹏」。下同。

「號始通之」，亦不可解。

「㶣」，❶文曰：「苋封㶣。」注：「苋，蔣草也。生水上，相連特大如薄者曰封。❷㶣音染。」傅山曰：「薄」字疑。「㶣」音「染」者，即「䕼」，音「然」，從難省。而作染音，❸又異耳。《説文》「㶣，忍善切」，即近染也。

「朏」，文曰：「日登于扶桑，是謂朏明。」注：「將明也，音窟。」傅山曰：月三日生明之朏，本音斐。《廣韻》：「去聲，隊韻，日向曙色也，音如配。」《玉篇》日部有「昢」字，音滂佩切，向晴也。是從日者正。《説文》「朏」字，普乃切，又拶尾切，絶無近窟音者。作「窟」音者，《玉篇》肉部之「朏」字，臀也。《廣韻》月韻有之，與《玉篇》同。又曰：「一作䐑。」然則此「朏」字當從日，即《廣韻》去聲收之作「朏」者，亦日之小訛耳。

「斗指巳，巳則生已定也。」無注。傅山曰：此「巳」字即「已」。《説文》：「巳，已也。陽氣已出，陰氣已藏。」《律曆志》：「已藏于巳。」上音以，下音似。毛氏曰：「陽氣終于巳。」故又爲

❶「㶣」，原作「漢」，據王本及四部叢刊本《淮南鴻烈解》改。
❷「特」，原作「持」，據王本及四部叢刊本《淮南鴻烈解》改。
❸「音」，原作「者」，據王本及四部叢刊本《淮南鴻烈解》改。

終「已」字。《史記》：「已者言陽氣之已盡也。」是「辰巳」之「已」皆可讀爲「已然」之「已」也。❶

「太陰歲徙辰。」❷傅山曰：太陰不言所以謂之太陰者爲何？又曰「太陰所居爲厭日，厭日不可以舉百事」。又曰「太陰、小歲、星、日、辰五神皆合。其日有雲氣風雨，國君當之。天神之貴者，莫貴於青龍。或曰天一，或曰太陰。太陰所居，不可背，而可鄉」。前有「斗杓爲小歲」之言矣，獨不及何者爲太陰。《史記》曰：「太陰在卯穰。」注：「歲後二辰爲太陰。」不知「歲後二辰」何説。此又曰青龍、天一爲太陰，不知是一是二。

墜形訓

「崑崙琁樹。」琁音窮。傅山曰：「琁」當作「瓊」，即瓊，亦渠營切，與「窮」字全遠。東、庚二韻不大分別，在漢亦爾。「琁」本「璿」字，音如旋。《説文》「琁」字注：「瓊或從旋。」臣鉉等曰：「今與璿同。」讀《説文》而知高注音有本也，但輕重間異。

「直夢」，傅山曰：注都如夢。

---

❶ 末「已」字，原作「以」，據王本及四部叢刊本《淮南鴻烈解》改。

❷ 「徙」，原作「徒」，據王本及四部叢刊本《淮南鴻烈解》改。

「無角者，膏而無前；有角者，指而無後。」注：「膏，豕、熊、猿之類。❶無前，肥從前起也；指牛、羊、麋之屬。無後，肥從後起也。」傅山曰：「指」是「脂」之訛。肥从前後起之義，❷不解。

「肅慎」，文曰：「凡海外卅六國，自西北至西南方，❸有修股民、天民、肅慎民。」傅山曰：若以邪與肅慎爲鄰之言論之，肅慎自是東方之國，非西方也。

「窔生海人。」注：「窔音演。窔，人之先人。」傅山曰：窔，從穴，從友，音演，不知何取。此段文最奇，惜無注。

「水圓折者有珠，方折者有玉。」注：「圓折者，陽也。珠，陰中之陽。方折者，陰也。玉，陽中之陰。」傅山曰：愚嘗正《管子·侈靡》篇「玉，陰中之陽」爲「陽中之陰」，得此注，益信無妄。❹

---

❶「類」，王本作「屬」。按，此注四部叢刊本《淮南鴻烈解》作：「膏，豕也，熊猨之屬。」

❷「从」，原作「以」，據王本及四部叢刊本《淮南鴻烈解》原文改。

❸「至」，原作「自」，據王本及四部叢刊本《淮南鴻烈解》原文改。

❹「無」，王本作「非」。

時則訓

「萁」，文：「孟春爨萁燧火。」注：「取萁木燧火炊之，音該。」傅山曰：萁，豆稭也。此木不知的爲何木。

「通精」，傅山曰：「通精」不知是何等疾，醫書有「通睛」。

「官少内」，傅山曰：《印譜》有「少内」兩字。

覽冥訓

「魯陽公戰酣。」傅山曰：「戰酣」謂戰之酣也。「合樂」何謂？❶「合」字當訛。

「燕雀佼之。」注：「佼，或作『詨』，音交。」傅山曰：《説文》：「佼，好也。」本作「姣」，從女。《廣韻》：「佼，女字也。」《小補》：「又古肴切，又胡茅切，又古孝切，又胡教切。詨，古教切，叫呼也。又胡教、許教二切，又平聲，虚交切。」

「西姥折勝。」注：「西王母折其頭上所戴勝，爲時無法度。」傅山曰：西母亦何與人閒事？亦爾憒弁耶！

---

❶「謂」，原作「理」，據王本及文義改。

「黄神嘯吟。」注：「黄帝之神，傷道之衰。」傅山曰：黄神解爲黄帝之神，❶亦無義。「瀷」，文：「受瀷而無源者。」注：「雨濆疾流者，音敕。」傅山曰：《管子》：「泉踰瀷而不盡，薄承瀷而不滿。」注：「瀷，湊漏之流也。」《説文》：「瀷水出密縣。」與「瀷」同。《玉篇》本《説文》。《廣韻》：「瀷，水。」

「羿請不死之藥。」傅山曰：淮南本好神仙，而此云「不死之藥所由生」，爲之著述者，亦有義哉！

精神訓

「肺」、「腎」、「肝」、「膽」。傅山曰：肺金肝木，此獨謂「肺木肝金」。❷

「膽雲」，文曰：「膽爲雲。」注：「膽，金也。金石，雲之所出，故爲雲。」傅山曰：膽亦木府，此謂爲金。膽雲，字穎。

「子求病傴僂，脊管高于頂。腸下迫頤，兩髀在上，燭營指天。」注：「燭，陰華也。營，其竅也。上指天也。燭營，讀曰括撮。」傅山曰：解全不解。此本《莊子・大宗師》篇語也。「子輿

---

❶ 上「神」字，原作「帝」，據劉本、王本及文義改。

❷ 「木」，劉本、王本作「火」。按，據四部叢刊本《淮南鴻烈解》注云：「肺，火也。」「肝，木也。」

有病，曲僂發背。上有五管，頤隱于齊。肩高于頂，句贅指天。」「句贅，頂椎也。句猶節也。椎骨二十四節。贅，言其形如贅瘤也。」此「燭營」讀如括撮，聲義俱不知何本。

「得莯越下。」注：「莯，蔭也。」傅山曰：「莯」字音與薅同。而此義則「息休」之「休」，音亦當休矣。從草從木，不礙其爲「休蔭」之休也。「越」即「樾」去木耳。

「噲然得卧。」文曰：❶「修夜之寍，非直一噲之樂也。」傅山曰：噲樂，不注其意。《説文》：「噲，咽也。讀若快。一曰嚵噲也。」嚵噲之義不解。而「嚵」字注曰：「小啐也。」「啐」字注曰：「小歓也。」然則「嚵噲」是得酒而小咽之也。从毚，❷與讒同，是嚵於酒也。此謂不得卧而一卧之，猶不得飲而一飲之也。《詩》「噲噲其正」，注：「噲噲，猶快快。」此「噲然」即「快然」耳。

「終身爲悲人。」傅山曰：五字説得昧道之人可憐。

本經訓

「逮至衰世」，「鑽燧取火」。傅山曰：燧皇之世已衰耶？

---

❶「文」，原作「又」，據劉本及上下文義改。

❷「从」，原作「以」，據劉本、王本及文義改。

「專室」，注：「專持小室也。」傅山曰：「專持」兩字不解，「持」或「特」訛，猶獨也。❶

「充忍」，文曰：「德多歸焉，而莫之充忍也。」傅山曰：大概即《大宗師》篇「澤及萬世而不爲仁」之意。

「滔窕」，文曰：「小而行大，則滔窕而不親。」注：「不滿密也。」傅山曰：今忻州鄉語謂寬大有餘皆「超滔」，亦此滔窕之義。

「雕琢之飾。」傅山曰：注文義不甚通。

「經冗。」傅山曰：注文義又不通。「冗」字又無音，或音如「冗雜」之「冗」耶？當乳勇切矣。

「鼓橐吹埵。」注：「埵，銅橐口鐵筒，埵入火中吹火也。」傅山曰：注義又棘。

主術訓

「皋陶瘖而爲大理。」注：「音因。」傅山曰：「瘖」字本當音「音」，而以「因」音之，是真、侵可合之證。

「徽」，文曰：「鄒忌一徽，而威王終夕悲感于憂。」注：「徽，鶩彈也。音纕。」《說文》：「徽，

❶「也」，王本作「耶」。

衺幅也。一曰三糾繩也。」陸機《文賦》：「猶絃么而徽急。」李善引《淮南子》：「鼓琴循絃謂之徽」，五臣曰：「調也。」《樂書》作「暉」，云：「琴之爲樂，絃合聲以作主，暉分律以配臣。古暉十有三象，十二月及閏也。」音線，又異。

「蝨首」，注：「猶微細也。」傅山曰：蝨首，謂蚊子頭，猶蠅頭之頭。

「斡舟」，注：「音擭。」傅山曰：「斡」徑作「幹」，又古緩切，轉也，運也。古緩切與「幹」字通矣。音擭，近于烏括切。❶

「主道員者，運轉而無端。」傅山曰：此「員」字即「云」字。

「據除而觀井底。」「除」字不注。傅山曰：《説文》：「除，堂陛也。」

「以奈何爲寶。」傅山曰：妙語。

「問瞽師曰：白素何如？曰：縞然。曰：黑何若？曰：黫然。援白黑而示之，則不處焉。」傅山曰：「處」字不注，似謂白黑在前，而不能的指孰黑孰白也。「梁邱據」亦作「梁邱處」，據，持也，義亦可通。但豦、處自别，可見古人亦有傳訛點書之弊。

「國之所以存者至悖矣。」傅山曰：此段文義本自平正明白，唯中「治國上使不得與焉」一句，疑似之間頗費卜度。注曰「使不得與亡傷之危，是上術也」，殊悶悶。

❶「烏」，原作「鳥」，據王本及文義改。

繆稱訓

「《易》曰：即鹿無虞。」注，傅山曰：解別，而文義又棘。

「侏儒瞽師，人之困懟者也，人主以備樂。是故，聖人制其剟材，無所不用矣。」傅山曰：《玉篇》：「懟，直類切，怨也；徒對切，愚也。」與「憝」同。《法言》「楚惇羣策」，注：「廢也。」此當從廢意。

「剟材」，音拙。傅山曰：解皆不快。《說文》：「刊也。」《廣韻》：「擊也。」《增韻》：「劃也。」《齊俗》篇曰：「及其已用之，則壤土草蒭而已。」又音剟。

「詔」，文曰：「可以形勢接，而不可以炤詔。」又曰：「目之精者，可以消澤，而不可以昭詔。」傅山曰：前「詔」下無解，後注曰：「昭，道；詔，誡也。不可以教導戒人。」《說文》：「詔，誡也。」徐曰：「今言誡詔，是也。」《增韻》：「告也。」《齊俗》篇：「日月之所炤詔。」

「叫呼」，文曰：「俱之叫呼也，在家老則爲恩厚，其在責人則生争鬬。」傅山曰：平平語，説得入情如此。

「蹗」字，文曰：「人之憂喜，非爲蹗蹗焉往生也。」注：「音鹿。」傅山曰：《玉篇》：「力谷、力玉二切，行也。」與前「甘甘之蹠」混，而音大遼。

「始乎叔季，歸乎伯孟。」❶傅山曰：始叔季而歸伯孟，謂人從小漸漸至長老，皆不得瞞昧於人。

「夷聲陽」，文曰：「艾陵之戰也，夫差曰：夷聲陽，句吴其庶乎？」注：「夫差與齊戰于艾陵，夷謂吴。陽，告也。句吴，夷語，不正，言吴加句也。」傅山曰：三字不解。「告」字或是「吉」字耶？猶軍中聽聲，其律皆陽。此與上申喜事總結之曰：「同是聲，而取位焉異，有諸情也。」

「忣於不己知者，❷不自知也。」注：「音鶴，急也。」傅山曰：忣即急字，急及在心上。此在心旁耳。鶴，《玉篇》音字列切，與「忣」音又不同。

「伸」，文曰：「容貌顔色。理詘伸倨，侚知情僞矣。」傅山曰：「伸」字下不真，不知是「僂」是「叟」，而小字「音戈」。無論爲僂，爲傁，皆與戈聲遠。「理詘伸倨」四字不注其義，若以「伸」字連「倨」，則是任氣而傲。翻繹上之「理詘」，則是細密而詘，理短者當自詘，而反僂然而傲。若分作兩樣看，則謂或是細密詘退，或是僂抨倨傲，畢竟是僂。霜按：今本作「理詘傀倨」。

「其謝之也，猶未之莫與？」注：「莫，勉之也。」傅山曰：侔莫，强也。凡勞而相勉，若云努

❶「伯孟」，原倒，據王本及四部叢刊本《淮南鴻烈解》乙正。
❷「於」，原作「字」，據王本及四部叢刊本《淮南鴻烈解》改。

力者，謂之侔莫。

「孝已」，文、注。傅山曰：文義亦簡棘不透。

齊俗訓

「跐踦」，注：「跐，偶也。踦，適也。跐，音此。」傅山曰：《説文》：「踦，一足也。」《廣雅》：「脛也。」《廣韻》：「脚跛也。」《方言》：「梁、楚之閒，物體不具者謂之踦。」《魯語》「踦跂畢行」，跰蹇也。皆邱奇切，又上聲，□綺切；❶去聲，□冀切。❷ 一曰立倚也。

道應訓

「惠孟四累。」注：「此上凡四事，皆累於世。」傅山曰：刺不入，擊不中，上而又有不敢刺，不敢擊，上而又有本無擊刺二意，❸上而又有丈夫、女子皆欲愛利之。凡四層數，而此獨爲上，故曰「四累」之上。乃曰「皆累于世」，何也？

---

❶ 「□」，王本作「居」。

❷ 「□」，劉本、王本作「舉」。

❸ 「上而」，原倒，據王本及上下文義乙正。

「知者藏書。」傅山曰：「知者藏書」四字，是掂播問頭語，只不曾□□字耳。❶本《韓非子》。

「大司馬捶鉤者。」注：「捶，鍛銀擊也。鉤，釣鉤也。」傅山曰：「銀擊」二字疑。

「薦賢」，注：「薦，先也。」傅山曰：此「夫子」是孔子謂顏淵爲夫子也。「薦」解爲「先」字，于文義猶曰「夫子先賢」，猶言先我而賢也耶？此段與《莊子》小異。

《老子》：「知不知，尚；不知知，病。」傅山曰：文義最明。《淮南子》乃于蹇叔之勸無襲鄭，弦高之勞師而懾三帥，先軫之敗秦師于殽，禽三帥歸下總引之曰：「知不知，尚；不知知，病。」其以三帥之千里襲人，爲不知之知耶？「知不知」句則無所貼，其以蹇叔爲知者耶？概謂蹇叔是知兵者，而不與知；三帥是不知兵者，而使之知之義耶？要之細細配合，不得不過影響其言而已。

「去彼取此」本「五色」章，承「聖人爲腹不爲目」來，而《淮南》則于巫馬期覩子賤之化，得魚而釋之者，曰：「季子不欲人取小魚也。」巫馬期以告孔子曰：「使人闇行，❷若有嚴刑在其

❶「□□」，劉本、王本作「著虛」。
❷「使」，原作「彼」，據劉本、王本及四部叢刊本《淮南鴻烈解》改。

側者。」孔子曰：「邱嘗問之以治，❶言曰：『誠于此者刑于彼。』故《老子》曰：『去彼取此。』」此所謂彼此者，不知何所貼配也。

「筦子梟飛而維繩者。」傅山曰：此語本《管子·宙合》篇「鳥飛准繩」也。而「鳥」作「梟」，「准」作「維」，解又非其本義。《筦子》即《管子》也，注不引。

氾論訓

「椝蒦」，注：「矩，方也。蒦，度法也。音約。」傅山曰：約音又異。

「紿」字。文曰：「出百死而紿一生。」注：「紿，至也，音代。」傅山曰：紿，《說文》：「絲勞即紿。一曰纏也。」❷有隊、蒸二韻，皆取絲勞之義。《漢書》「紿」字獨異。此又曰「至也」，于文義亦不切。

「黄衰微。」文曰：「楚王懼而失體，黄衰微舉足蹵其體，恭王乃覺，怒其失禮，奮體而起。」傅山曰：「失體」字亦雋，謂懼而不能行動，如遺失其身矣。注有「衰讀維，微讀抆」六字，不解。

❶「問」，原作「聞」，據王本及四部叢刊本《淮南鴻烈解》改。

❷「一曰纏也」，今中華書局本《說文解字》無，但見於四庫全書本《集韻》、《類篇》所引《說文》。

「𣎆蓋」，文曰：「蘇秦靻蹻𣎆蓋。」注：「𣎆，籯囊也。蓋，布蓋也。」傅山曰：「靻」字見前。𣎆囊、布蓋，「𣎆」字亦可作𣎆弊之囊。

「屬臾之貌。」注：「謹也。」傅山曰：《説文》：「屬，連也。」「束縛拌拙，從申從乙。」合而解之，義最著也。

「段干木，晉國之大駔也。」注：「驕怚，一曰市儈也，音祚。」傅山曰：不作子朗切，讀聲原可轉而通之。

「明月之珠，不然無纇。」注：「纇，盤若絲之結纇也。」傅山曰：「盤」字不解。霏按：今本「盤」作「磐」。

「薛燭庸子見若狐甲于劍，而利鈍識矣。」傅山曰：「若狐甲」三字不解其義。「狐」字或是「抓」字耶？定是「抓」字。《主術》篇有「抓」字。

「無鹽令」，傅山曰：齊威王烹之者。人皆習烹阿之言，而此曰「無鹽」。

「隊階之卒，❶皆不能前遂斬首之功。」傅山曰：「隊階」無注，似謂擺隊于階下之卒也。

「橉」，文曰：「枕户橉而卧者，鬼神蹠其首。」注：「橉音藺。」傅山曰：《説山訓》：「牛車絶轔。」《説林訓》：「亡馬不發户轔。」注曰：「轔，户限也。楚人謂之轔，音隣。」此「橉」即「轔」，

❶「卒」，原作「率」，據四部叢刊本《淮南鴻烈解》改。

音又兩音，何也？

「加轅」，文曰：「僦載者，救一車之任，極一牛之力，爲軸之折也。有加轅軸其上以爲造，不知軸轅之趣軸折也。楚王佩玦而逐兔，爲走而破其玦也。因佩兩玦，以爲之豫。兩玦相觸，破乃逾疾。」傅山曰：「造」字、「豫」字皆不注，「僦」音甏。「僦」本字「就」，賃也。「蹴」與「甏」同，才六切、子六二切，與「僦」音義皆遠。上曰「加轅軸」，下曰「不知軸轅之趣軸折」，文義似謂于轅閒又加一軸，本欲其原軸之壯也，不知加軸于轅，于原軸無益，而又重加焉耳。

詮言訓

「强勝不若己者，至于與同則格。柔勝出于己者，其力不可度。」傅山曰：即《原道訓》中語，而「與同則格」之句快于前。

「厭文搔法。」注：「厭，持也。搔，勞也。」傅山曰：「厭」以「持」字解，則當作「擪」矣。舞文之人，以文爲食，而求厭足也。

「有以欲治而亂者，未有以守常而失者也。」傅山曰：《氾論訓》曰：「苟利於民，不必法古。苟周於事，不必循舊。」又與此反。

「故治未固于不亂，而事爲治者必危。」傅山曰：注「治不亂之道，尚未牢固也」，句拙而義亦通。

「欲爲善者必生事，事生則釋公而就私，貨數而任己。」傅山曰：是智數爲貨而私之也。

「重爲善若重爲非，而幾于道矣。」傅山曰：與《主術》篇「重爲惠」句義同。

「公孫龍粲于辭而貿名。」注：「公孫龍以白馬非馬、冰不寒、火不熱爲論，故曰貿也。」傅山曰：《莊子》載惠施之言，惟有「火不熱」，而無「冰不寒」之句，非公孫龍之言也。愚常怪有「火不熱」之論，而不及「冰不寒」，似欠缺。後因有傅會之論，曰「祇可謂火不熱，而不可謂冰不寒」，亦屬解書依經之見。讀此注，乃知古原有是説，即不必惠施，不妨于公孫龍有之也。

「一人之力，以圍强敵，必不堪也。」傅山曰：「圍」字似訛，恐是「圉」字流耳。霦按：今本作「禦强敵」。

「聖人勝心，衆人勝欲。」注：「心者，欲之所生也。聖人止欲，故勝其心，而以百姓爲心也。」傅山曰：「衆人勝」句自明，而注曰「心欲之而能勝止也」。若能勝止其欲，尚爲衆人耶？

「見其文者蔽其質，無須臾忘爲質者，必困于性。」注：「常思爲質，不修自然，則性困也。」傅山曰：句拙甚，大概謂質不可爲。爲之者，是有所造作加上也，即是文之過者。

「理而爲受名，名興則道行，道行則人無位矣。」注：「理，事理情欲也。」傅山曰：此句承上「天地無予故無奪，日月無德故無怨」，則此「理」字，是自能其治術者名歸之，名歸而自以爲道行矣，以爲道行則人皆不安其位，謂多事之擾民也。「名」字顧非好字，此「道」字亦非好字。

「善博者，不欲牟，不恐不勝。平心定意，捉得其齊。」傅山曰：「牟」字注不解。牟，大也，侵也；又過也，進也；又倍勝曰「牟」。《招魂》曰：「成梟而牟，呼五白。」以之解「不欲牟」之義最好。韋懷文大得此微，《南史》：「邵陽之役，昌義甚德韋叡，請曹景宗與叡會，因設錢二十萬，賭之。景宗擲得雉，叡徐得盧，遽取一子反之，曰『異事』，遂作塞。景宗時與羣帥争先取之，捷。叡獨居後，其不尚勝，率多如此。」是「博不欲牟」一証，妙事。

「行成獸。」注：「謂古禮執羔麋鹿，取其跪乳，羣而不黨。」傅山曰：此解恐不然。承上文「中規」、「中矩」來，則「獸」字恐即「内」字之義，謂其足蹟不亂耳。

「日月廋而無溉于志。」注：「廋，隱也。溉，灌也。已自隱藏，不以他欲灌其志也。」傅山曰：意同「遯世無悶」。「廋」不知爲「廋」爲「庾」耶？皆可。「溉」字或即「慨」之訛。

「作始簡者，終本必調。」傅山曰：「調」字不注，文義即法涼敝貪之意，而「調」字不知如何用。

「詩之失僻，樂之失刺，禮之失責。」傅山曰：解「樂之失刺」，引《鹿鳴》云云，不知何所取義。

「聖人接物，千變萬軫。」傅山曰：前作「袗」者，又从車。

「大寒地拆冰凝，火弗爲衰其暑。大熱鑠石流金，火弗爲益其烈。」傅山曰：無注，大概承上文「有不化而應化者」。

兵略訓

「詘伸不獲五度。」注：「獲，誤也。五度，五行。」傅山曰：五度似承上文天地、日月、四時、雷霆、八風五者而來，此不云何者爲五，而但云「五行」，何也？「獲」讀爲「誤」，六聲而已。

「斥闉要遮。」注：「斥，候也。闉，塞也。」傅山曰：斥亦拓也。

「捷捽招抒。」注：「捽音族。」傅山曰：族，平輕重迴甚，而作一音，北音自來耶？

「勝亡全亡。」文曰：「此軍之大資也，❶而勝亡焉。」又曰：「此戰之助也，而全亡焉。」傅山曰：注不解。其下文則曰：「良將之所以必勝者，恒有不原之智，不道之道，難以衆同也。」似謂勝敵全軍之道，别有妙運耳。

「剡㮰筡，奮儋钁。」注：「㮰音孅，筡音屠，儋音詹，钁音矍。剡，鋭也；钁，斫也。」傅山曰：筡，《説文》：「折竹笢也。」《爾雅》：「簢，筡中。」注云：「言其中空。竹類。」《説文》：「笢，竹膚也。」音武盡切，音如泯。钁，《説文》：「大鉏也。」《爾雅》：「斫謂之鐯。」注云：「钁也。」以鉏注钁，義始明。而斫亦《爾雅》之文，不甚快者，以「斫」有用力斫伐一義，不專爲器之名也。

❶「大」，原作「本」，據劉本、王本及四部叢刊本《淮南鴻烈解》改。

「猶猶與與。」傅山曰：無注，大概謂敵之踈縱可乘處耳。

「推其揞揞。」注：「揞揞，欲卧也。音安。」傅山曰：「揞」當音諳，而音安，輕重又乖也。然「摇」字旁有作「𡍬」者，「㑒」亦近「𡍬」，即作「摇摇」亦通。而「揞」字注「欲卧」，斷非「揞揞」矣。

「彼不吾應，獨盡其調。」注：「言我之盡調以待敵也。」傅山曰：「盡調」是何語？調猶調弄耳。

「彼持後節，與之推移。」注：「彼謂敵。持後節，敵在後，使先已。」傅山曰：文義與本文不合，彼持後節，謂敵不肯先動，而我與之推移也。敵不肯先，我且與之推移已耳，不得爲所致也。

「精若轉左，陷其右陂。」傅山曰：「精」字不注，似謂彼兵之精者。

「人不及步鋗。」注：「音喧。」傅山曰：喧，《説文》：「許元切。」鋗，《廣韻》：「史玄切。銅銚也。」此義理旋轉耳。

「深哉暆暆。」注：「音帚。」傅山曰：《廣韻》有韵之「暆」，从日不从目。《玉篇》「暆」字又只由切，平上兩聲皆可讀也。目與日易混耳。暆，明也，日光也。

「典凝如冬。」注：「典，常。凝，正也。常正于冬也。」傅山曰：典，常。凝，不動。而曰「常正于冬」是何義？

「不嚂于辨。」注：「音罜。」傅山曰：《玉篇》：嚂，音力，貪也。前十一篇則又音藍。

「不推于方。」傅山曰：四字亦須細解。「方」似「方法」之「方」，「推」如「推尊」之「推」，「方」是「可欺以其方」之「方」。

説山訓

「不小學，不大迷，不小慧，不大愚。」傅山曰：精語。

「人莫鑑于沫雨。」注：「沫雨，雨潦上覆瓫也。或作流潦。」傅山曰：沫之从未者，當如沫。❶《説文》：「洒面也。」沫之从末者，《説文》「水出蜀西激外，東南入江」，而沫亦水名。《詩》「沫之鄉矣」，是也。《漢書》「沫流赭」，李奇音「靧」，又與「沬」同音矣。此「沫」字似當音沫，所謂「涎沫」也。❷《小補》兩字皆引未沫，云已也，則沫沬混矣。

「罪當死者肥澤。」注：「計決，心無外思。一説治當死者，罪已定，無憂，故肥澤也。」傅山曰：「治」之義乖。

「善射者發不失的，善於射矣，而不善所射。善釣者無所失，善於釣矣，而不善所釣。故有所善，則不善矣。」注：「所射者死，故曰不善。所釣者魚也，于魚不善也。」傅山曰：注義自

❶ 「當如沫」，劉本作「當如昧」。

❷ 「涎」，原作「涏」，據劉本及文義改。

好，然以《老子》「知美之爲美，斯惡矣」解之亦可。

「少言者，猶不脂之户也。」注：「言其不鳴。一曰不脂之户難開閉，亦喻人少言語也。」傅山曰：人而能爲不脂之户，誰能測也？

「我詖亂。」傅山曰：「我」字有疑，「詖亂」兩字不解。

「騏驥一日千里，其出致釋駕而僵。」傅山曰：「出致」無注，似乎謂多求其力，出于所可至之地爲僵矣。然已千里矣，尚多責耶？後有小馬非大馬之類之語，則此「出致」又似不在騏驥上用意者，或謂千里是其力量可致者，已致之矣，又致出而前。

「員呈」，傅山曰：「員」字猶言「官員」之「員」，謂不彀一人之程課也。

「謂學不暇者，雖暇亦不能學矣。」傅山曰：誠然，學者念兹。

「人有昆弟相分者無量，而衆稱義焉。」傅山曰：注解「無量」字呆。

「弊箄甑瓾，在袇茵之上，雖貧者不搏。」傅山曰：袇，音然。《博雅》：「褘、袇，蔽膝也。」一曰衣下襈，皆與「茵」字不合。此似指鋪陳之褥而言。

說林訓

「桅」，文曰：「中流遺其劍，遽契其舟桅。」注：「契，刻也。桅，船弦扳也。音氾。」傅山曰：「氾」音不知爲「凡」之音也，爲「似」之音也？而與从桅者皆貌。《玉篇》有「桅」子，音語鬼切，懸也。即以船之桅竿解之，亦當从木，不從才。桅，《説文》：「黄木可染。」唯《廣韻》灰韻中亦收之，曰「船小檣竿也」。而上聲收之，曰過委切。義同《説文》。氾，从㔾，與「危」之「㔾」近，或「危」漸漸訛成「氾」矣。霜按：今本亦有作「桅」者。

「蝍蛆」，傅山曰：蝍且甘帶，則蜈蚣也。而曰「蟋蟀」，大異。

「瓦鉒者全，金鉒者跛，玉鉒者發。」注：「鉒者提馬，雒家謂之投翩。」傅山曰：《莊子》「瓦巧金昏」之言明快。此「跛」、「發」字，皆不如彼雋也。注又作「柱」。鉒，《博雅》「置也」，義與此遠。然以「主」，可通用也。「雒」當用「博」，此用「雒」，不知何説，似有義。「投翩」兩字亦新永，而不知所從來。

「内爲之掘。」傅山曰：《莊子》：「外重者内拙。」此作「掘」，或字小訛耳。而注曰「掘，不安詳也」，似原不同「拙」字。

「所極同也。」傅山曰：《淮南子》妙用「極」字。

「蛉窮」，注：「蝱蜒，入耳之蟲也。」傅山曰：「蝱」當是「蚰」。

「絑」，傅山曰：即「韤」字，亦作「靺」、「妺」、「袜」、「帓」。《釋名》：「末也，在脚末。」《説文》：「足衣也。」

「佳人不同體，美人不同面，而皆説于目。」傅山曰：佳、美不同，注混看過矣。

「蝯蚖之捷來乍。」傅山曰：「乍」即「措」，當讀如措。而注解曰：「乍，暫疾，以其操捷來使疾擊而取之。」又異前文矣。

「窐」，文曰：「靨䩉在頰則好，在顙則醜。」注：「靨䩉者，頰上窐也。窐者在顙，似槷，可醜。」傅山曰：窐，胡圭、古攜二切，甑孔也。亦作「𤮐」，《廣韻》列「齊」。「槷」字當作「瘢」。

「抽簪招燐，有何爲驚。」注：「燐，血精，似野火。招之，應聲而至。以簪招則不至，故曰何驚。」傅山曰：簪招燐不至，不知何義。

「刺我行者，欲與我交；訾我貨者，欲與我市。」傅山曰：此過爲揣度之辭，不盡然也。訾貨欲市則市井之常。

「交畫不暢。」注：「暢，達。不得達至也。交，止也。」傅山曰：文義得注而晦如此，《人間》篇亦有此句。

「批伔」，注：「批，擊也。伔，推擊其要也。伔音沉。」傅山曰：「批冗」不待注而訛作「伔」，「伔」又訛而爲「伔」，「伔」又音沈，文字之訛豈止魯魚亥豕哉！即從人之伔，有强倢之義，于此亦非所宜。又偶也，亦非義。

「㠩」，文曰：「狂者傷人莫之怨，嬰兒詈老莫之疾，賊心㠩。」注：「賊，害也。㠩音忙。」傅山曰：不解其義。以文求之，「㠩」下當有一「也」字，始結上二句爲句。言其無賊害之心。豈是「忘」字耶！字書無「㠩」，當是「亡」字下有一語助字，而訛从山矣。

人間訓

「使知所爲是者，事必可行，則天下無不達之塗矣。」傅山曰：是而不可行，往往然。深于世故之言。

「聖人之思脩，愚人之思叕。」注：「短也。音哲。」傅山曰：叕，音本如拙，而曰哲，可見「哲」、「拙」古同音也。

「非其事者勿仞也。」傅山曰：《説文》：「伸臂一尋八尺，從人，刃聲。」《小爾雅》：「四尺。」包咸、鄭玄皆謂七尺，應劭：「五尺六寸。」此處用「仞」字徑是「任」字之義。

「交畫不暢，連環不解。」注：「暢，申也。」傅山曰：「交畫」二句，《説文》篇有之，解曰「不得達至」。此又謂「暢」爲「申」，又不解。

「狂譎」，注：「東海上人，畊田而食，讓不受禄，太公以爲飾虚亂民而誅。」傅山曰：老姜幹了只等个胡事。

「物無不可奈何，有人無奈何。」傅山曰：此與前「以奈何爲寶」反。

修務訓

「曼頰」，注：「細理也。」傅山曰：文曰「曼頰皓齒」，而但曰「細理」，不著頰上。《詩》「孔蔓且碩」，《毛傳》：「長也。」《箋》云：「脩也，又澤也。」

「嗟朕哆嗚。」注：「音權、葵、夸，皆醜貌。」傅山曰：《廣韻》作「臛朕，醜貌」，從卷從雚者，可互用其聲。故從女之婘、嬳同聲，皆曰美貌也。哆，《説文》：「典可切。」《玉篇》：「昌紀、尺馬二切。」《廣韻》：「脣下垂貌。」此字聲有七八聲，而此又音夸。嗚字，《玉篇》、《廣韻》皆「不正」也，而音同。缺。

「秋蘗被風。」傅山曰：好語，形容舞者。

泰族訓

「高宗諒闇，三年不言。一言聲然動天下。」傅山曰：即「聲然」兩字，亦惟古文有之。今但作「音聲」之「聲」，字樣呆，讀而不知聲之有形容也。

「静莫恬淡，訟謬胸中。」注：「訟，容也。謬，静也。」傅山曰：訟爲争訟解，而不知有容義，如頌之從頁類也。繆静之「繆」即穆也。

「毛蒸理泄。」傅山曰：《靈樞經·營衛生命》篇中有此四字。《管子·内業》篇：「得道之人，理丞而屯泄。」注：「謂凑理丞達，屯聚泄散。」丞即蒸。「毛」與「屯」易混，然「毛」字明而淺，「屯」字細雋矣。「丞」無下「灬」，則但以「承」解，則「凝丞」之「丞」，佐也，承也。定當是「蒸」字，不蒸不泄。

「鄧上之德。」傅山曰：「鄧，國名」，于義遠。「隥」字，《説文》：「仰也，從阜，登聲。」或用此字。而從邑從阜，左右因俗文訛耳。霦按：今本即作「仰」。

「節用之本，在于不性。」傅山曰：「不」字似訛矣。若扭而解之，在于不任性，以爲侈靡耳。霦按：今本作「反性」。

「人欲知遠近而不能，教之以金目則快射。」注：「金目，深目，所以望遠近射準也。」傅山曰：以深目解金目，不解。

「濊」，文：「所樹不足以爲利，而所生足以爲濊。」傅山曰：濊，呼外切。《説文》：「水多貌。」此則因樹來義，當與穢同矣。「穢」又作「薉」。

要略

「嬴垀」，文曰：「俶真者，窮逐終始之化，嬴垀有無之情。」注：「嬴，繞匝也。垀，靡煩也。音乎。」傅山曰：《玉篇》土部有「垀」字：「火烏切，埒垀也。」

「時則操捨開塞，各有龍忌。」注：「中國以鬼神之日忌，北胡南越皆謂之請龍。」傅山曰：「請龍」不知爲何語。

「箴縷縩繳之閒，攕揳唲齵之郄。」傅山曰：以文字審之，當有二「于」字于「之」字之上。

「縩」字，《廣韻》去聲，縩音如蔡，解「綷縩，紈素聲」；入聲，「縩，七曷切，穀屬」。出《淮南子》。此不從蔡，從祭，其實一也。「⿰糸煞」從「煞」，即俗「殺」字。《玉篇》、《廣韻》文「⿰糸煞」字俱不見，《廣韻》「去聲」十六「怪」中有「⿰衤殺」字，所拜切，衣裄縫也，恐即此字。

「曮晲」，傅山曰：不音不注。《玉篇》：「曮，魚險切，日行也。」《廣韻》同。晲，《玉篇》：「牛禮切，日映也。」然則謂早晚之時也。

「説捍摶囷。」注：「摶，圓也。囷，芼也。」傅山曰：四字合而讀之，不解。《詩》注：「芼，搴也。」捍格不入者謂之，輪囷⿰車習轕者摶之。

「《人閒》鑽脈得失之跡。」傅山曰：不注其義，大概似推求經絡之義耳。鑽即入其竅，脈即尋其理。

「庶後世使知舉措取捨之宜適。」傅山曰：不云「庶使後世知」，而云「庶後世使知」，古人之拙拗處類如此。

「宴煬至和。」傅山曰：「宴煬」兩字亦好。

「伏羲爲之六十四變，周室增以六爻。」傅山曰：此句尚不能解。

「壇卷連漫。」傅山曰：「壇卷」即「蟺蜷」。連，拳；漫，衍。

「挾日月而不烑。」注：「挾，至也。」傅山曰：「挾」解「至」亦迂。

「儲與扈冶。」注：「儲與猶攝業也。扈冶，廣大也。」傅山曰：前《俶真》篇中有此句。「攝業」不的爲何義，又近芍藥耶？

「眕挈」，文：「棄其眕挈，斟其淑静。」注：「楚人謂澤濁爲眕挈。」傅山曰：澤濁爲眕挈，不解。

《淮南》一書，往往以四字爲句讀，如「儲與扈冶」之類，此便開後世文章口氣矣。如三字、五字與一字，幾不成句。三古樸法，東漢以後全無矣。

《主術》篇曰：「有道之主，滅想去意。清虚以待，不伐之言，不奪之事。循名責實，使有司任而弗詔，責而弗教。以不知爲道，以奈何爲寶。如此則百官之事，各有所守矣。」注：「道貴無形，無形不可奈何。」《人間》篇曰：「夫臨河而釣，日入而不能得一鯈魚者，非江河魚不食也，所以餌之者，非其欲也。至良工執竿，投而擐脣吻者，能以其所欲而釣者也。夫物無不可奈何，有人無奈何，鉛之與丹異類殊色，而可以爲丹者，得其數也。故繁稱文辭，無益于説，審其所由而已矣。」前之所謂「奈何爲寶」，上則云「以不知爲道」，義以莊生之「不務知之，所無奈何」，而無「無」字耳。注有曰「無形不可奈何」，蓋以本文之義，以任人而不自任，使臣無所窺見其主之意，近于爲術者矣。解失本文之義，後之所謂「有人無奈何」者，猶言物皆可奈何他，而有人不去奈何他耳。若人去奈何他，則物無奈何人，定爲人所奈何，無用之矣。注則曰：「事有人才所不及，無奈之何。」又于「有人」下添一無能之義，以應「良工必事魚」之説也。前後兩「奈何」義皆淺，前「以不知爲道」二句，是不瑣細與知之義；後物不可奈何，亦就眼前日用可治之物言之耳。天地事物之理，原有一不可奈何之處，聖人不知不能也。

霜紅龕集卷三十四

陽曲傅山青主

讀　子　三《百泉帖》。

癸卯四月，將過百泉訪鍾元孫先生。途次攜得舊録子書一册，再略流覽，一批行間。復少爲解釋，記所會心，不必其中也。隨手草録爾爾。

禮　字別本但作「祖」爲正。

《亢倉子・全道篇》：「大亂之本，禮乎堯舜之閒，其終存乎千代之後，必有人與相食者矣。」格上小字：❶「禮，以加切。」《方言》：「取也。南楚之閒，凡以物溝污中爲禮。」此切似遠于偏旁，或訛也。若「以加」，則當讀如「牙」矣，非聲。《用道篇》：「昔者桀信天與其禮，四海已不勤于道，天奪其國以授殷。紂亦信天與其禮，四海已不龔于道，天奪其國以授周。」不知

❶「格上小字」，劉本、王本無。

義同否，當再搆善本考訂。

蜕　字

《亢倉子·全道篇》：「蜕地之謂水，蜕水之謂氣，蜕氣之謂虚，蜕虚之謂道。」吾師乎，蜕猶脱也。

讀　字或是「瀆」。

《亢倉子·賢道篇》：「時之陽兮信義昌，時之默兮信義伏。陽與默，昌與伏，汨吾無誰私兮，羗忽不知其讀。」「讀」字用之此處，不知當作何義，豈有訛耶？

亢倉子妙語

《用道篇》：「知而辨之謂之識，知而不辨謂之道。識以理人，道以安人。」讀者皆草草過，吾獨愛之。

鬼谷子要語

《權篇》：「古人有言曰：口可以食，不可以言。」《反應》篇：「故知之始，已自知，而後知人也。」

尹文子情語

《大道·下》篇:「貧則怨人,賤則怨時,而莫有自怨者。此人情之大趣也。然則不可以此是人情之大趣而一概非之。亦有可矜者焉,不可不察也。」平心讀之,亦有禹、稷溺饑之義,君子當致思焉。

鄧析子四句不解

「楚之不泝流,陳之不束麾,長盧之不士,吕子之蒙耻。」

公孫龍白馬論

似無用之言,吾不欲徒以言之辨奇之,其中有寄旨焉。

「白馬非馬」,❶可乎?曰:可。曰:何哉?問難。曰:應。馬者,所以命形也;白者,所以命色也。命色者非命形也,故曰「白馬非馬」。曰:難。有白馬,不可謂無馬也。不可謂無馬者,非馬耶?有白馬爲有馬,白之,非馬,何也?曰:應。求馬,黄未與馬爲白,合馬與白,

❶ 此篇引文與原書多有不同,不一一出校。

復名白馬。是相與以不相與爲名，未可。故曰白馬非馬，未可。曰：應反問。以「有白馬爲非馬」，此句是申言「白馬非馬」本義耳。此「非」字似「有」字。謂有白馬爲有黄馬，可乎？曰：難反應。未可。曰：正應。以有馬爲異有黄馬，是異黄馬于馬也。異黄馬于馬，是以黄馬爲非馬。以黄馬爲非馬，而以白馬爲有馬，此飛者入池而棺椁異處，此天下之悖言亂辭也。此二句可惜太直率無味，徑删之。曰：此「曰」字是與上文一人口氣，非又設一難問之人也。有白馬不可謂無馬者，離白之謂也。不離者，有白馬不可謂有馬也。故所以爲有馬者，獨以馬爲有馬耳，非有白馬爲有馬。故其爲有馬也，不可以謂馬馬也。以白馬爲有馬，不可命爲某馬、某馬也。曰：白者不定所白，忘之而可也。白馬者言白，定所白也。若所謂白馬，不死執其色之白者而忘之，尚有馬在也。今所言白馬，皆執著于白，定爲白馬。定所白者，定以白爲所也，猶釋氏「能所」之「所」。外既定之爲白，而內又添一白之之人，其所白也，不但非黄、非黑，亦未必是白也。定所白者，非白也。此句尤深，謂執著于見白之人非白。馬者，無去取于色，故黄、黑皆所以應。白馬者，有去取于色，黄、黑馬皆所以色去，故唯白馬獨可以應耳。無去者非有去也，故曰「白馬非馬」。黄、黑之無去，非白馬之有去也。有去之白馬，非無去之黄、黑馬也。「無去」二句，文義須連上文「無去取于色」兩句看之。于「去」字下添一「取」字，無去取者，非有去取者也。「無去取」是渾指馬言，「有去取」是偏指白馬言。

若以此義作求才繹之，大有會通。白、黄、黑皆馬，皆可乘，故識馬者去其白而可已。其義病在一「白」字，必于不黄、不黑，而馬之道狹矣。

指物論

物莫非指，而指非指。是主意。天下無指，難。物無可以謂物。自已辨得甚精。非指者天下，而物可謂指乎？指也者，天下之所無也；物也者，天下之所有也。以天下之所有，爲天下之所無，未可。天下無指，而物不可謂指也。此二句又似承上文「未可」，以足其意。與「未可」是一義。不可謂指者，若與上文連來作一義，上「也」字要作「耶」字讀。非指也。非指者，物莫非指也。天下無指而物不可謂指者，非有非指也。正義。非有非指者，物莫非指也。物莫非指者，而指非指也。天下無指者，難。生於物之各有名，不爲指也。不爲指而謂之指，是兼不爲指。以有不爲指之無不爲指，未可。且指者，天下之所兼。天下無指者，物不可謂無指也。正義。不可謂無指者，前云「不可謂指者，非有非指也」。此又云「不可謂無指者，非有非指也」，又深一層。非有非指也。非有非指者，物莫非指。指非非指也，指與物，非指也。末句「奚待」正是此義。使天下無物指，誰徑謂非指？天下無物，誰徑謂指？天下有指無物指，誰徑謂非指？徑謂無物非指？且夫指固自爲非指，奚待於物而乃與爲指？

豈不回復幽杳！本是無用之辨，然不能釋者，顧讀之者之不無用其言也。旨趣空深，全似《楞嚴》。

通變論

曰：二有一乎？曰：二無一。曰：二有右乎？曰：二無右。曰：二有左乎？曰：二無左。曰：右可謂二乎？曰：不可。曰：左可爲二乎？曰：不可。曰：左與右可謂二乎？曰：可。曰：謂變非不變可乎？曰：可。曰：右有與，可謂變乎？曰：可。曰：變隻？曰：右。曰：右苟變，安可謂右？苟不變，安可謂變？曰：二苟無右又無左，二者左與右奈何？羊合牛非馬，牛合羊非鷄。曰：何哉？曰：羊與牛唯異。羊有齒，牛無齒，而羊之非羊也，牛之非牛也，未可。是不俱有，而或類焉。羊有角，牛有角，牛之而羊也，羊之而牛也，未可。是俱有，而類之不同也。羊牛有角，馬無角；馬有尾，牛羊無尾，故曰羊合牛非馬也。非馬者，無馬也。無馬者，羊不二，牛不二，而羊牛二。是而羊、而牛非馬，可也。若舉而以是，猶類之不同，若左右，猶是舉。牛羊有毛，鷄有羽。謂鷄足一，數足二；二而一，故三。謂牛羊足一，數足四；四而一，故五。牛羊足五，鷄足三，故牛合羊非鷄。非有以非鷄也，與馬以鷄，寍馬。材不材，其無以類，審矣。舉是亂名，是謂狂舉。曰：他辯？曰：青以白非黄，白以青非碧。曰：何哉？曰：青白不相與而相與，反對也；不相鄰而相鄰，不害其方也。不害其方者，反而對，各當其所，若左右不驪。故一于青不可，一于白不可，惡乎其有黄矣哉？黄其正矣，是正舉也。其有君臣之于國焉，故强壽矣。而且青驪乎白，而白不勝也。白足之勝矣而不勝，是木賊金也。木賊金者碧，碧則非正舉矣。青白不相與而相與，不相勝則兩明也。爭而明，其色碧也，與其碧寍黃。前云「與馬以鷄寍馬」，此云「與碧寍黃」，以碧貼雞，以黃貼馬。黃，其馬也，其與類乎？碧，其雞也，其與暴乎？暴則君臣爭而兩明也。兩明者，昏不明，非正舉也。非正舉者，名實無當，驪色章焉。故曰兩明也。兩明而道喪，其無有以正焉。下篇末句「天下故獨而正」是此篇總結。

末不得不淺，而泄其餘事于君臣，聊復自證。法王、人王必正而尊，尊而無偶。其碧也、驪也，皆非正。非正則不尊不獨，何以正天下？似術非術，似爭非爭。

「通變」兩名，明取《易·繫》「化而裁之，推而行之」二義以命篇者。始曰「無一」，終曰「兩明而道喪，無有以正」，其義則前之「一」即後之「兩」之對，然則此「一」即老氏「得一」之「一」，是所貴者在「一」。而開口作問辭曰「二有一乎」？曰「二無一」，是就知有顯然之二，而不知有用二之一，卒出一黃于青白之間，猶以青白喻二，而黃喻一耳。又何不可以「不偏之謂中」之語譬此乎？但「中」字爲囫圇理學家所霸，安肯少以其義分之于諸子乎？而其才高意幽，又不能使儒家者如讀其所謂布帛菽粟之文，一眼而句讀而大義可了。鄙儒概以公孫龍輩之言置之、詈之以自尊，其實不敢惹耳。然此子著精闡微，亦不屑屑於儒家者之許我可也。然此猶有可以句讀者，至《堅白》後篇之文，變化縹緲，恍惚若神，著者離焉離，讀者離焉離。呵呵！千百年下，公孫龍乃遇我濁翁。翁命屬水，蓋不清之水也。老龍得此一泓濁水，而鯇桓之，老龍樂矣。

堅白論

義實與《齊物》同，剥處似刑名、法家，而歸宿則非刑名、非法，還似道家者言。

「堅白石三」，可乎？總是自己難自己，不必看作兩人説。難到無處走底境界，自有一種開通明白受用。曰：不可。曰：一可乎？曰：可。曰：何哉？曰：無堅得白，無堅但得白，似謂「白」要連「石」説，猶「白石」。又似「堅白」兩字拆不得，無堅但白也要説「堅白」。其舉也二；「舉」字對「廢」字看，稍明。無白得堅，無白但得堅，也要連石説，猶「堅石」。又似謂無白得堅，也要連説「堅白」。其舉也二。曰：得其所白，此「所」字似非語詞「所」字，暗謂「石」字，石爲白堅之所也。離了石，無處著白堅矣。故曰「之石」、「之于然」。不可謂無白；得其所堅，不可謂無堅。而之石也之于然也。此「于」字猶「爲」字。又似與上「而」字同。非三也。曰：視不得其所堅，此就色上見白説，故曰「眎」，但可見色之白。而得其所白者，無堅也；拊不得其所白，此就質之重處説，故曰「拊」，但知其質之堅。而得其所堅者，無白也。曰天下無白，不可以眎石；天下無堅，不可以謂石。堅白石不相外，藏三可乎？曰：有自藏也，非藏爲藏也。曰：其白也，其堅也，「其」指石。而石必得以相盛盈，其自藏奈何！若説白是爾白也，堅是爾堅也，石必自多，其白、堅以爲氣勢，而驕滿之矣。莫非自露處，那得云「自藏」。曰：得其白，得其堅，見與不見離。不見離，一一不相盈，故離。離也者，藏也。就與石争之人言，若説我得其白，得其堅，則白、堅不在石上矣。是我見白、見堅、不見石，則見與不見離，有所不見者是離。其如見堅離白、見白離堅、離堅留白、離白留堅，爾即奪其白、堅而有之矣。石初不援堅、白以自多也，故爾得而離之。究竟不相外者在石上。所謂離者，乃其藏也。得見白其白，得見堅其堅，見其白則不見堅矣。所見之白，所不見之堅，實相附離也。所不見之堅，離在一偏，即當與所見之一争盈矣。而卒不相盈，故能相附離。能相附離，自然藏于中。猶言石能藏堅、白也。堅字亦然，省。曰：石之白，石之堅，見與不見，二與三，若廣修而相盈也。其非舉乎？若不理前之「其白」、「其堅」及「得白」、「得堅」之論，但曰「石之白」、「石之堅」，似可以破「一之」之説。然而見白時不見堅，見堅時不見白，見堅、白時又不見石，則見與不見，又有二與三矣。益欲廣長其辨，與石相盈，石不用自舉，而爾自舉其一之，非三矣。若炤初起「曰」字，一難一答，曰「石之堅」一段，却又是「堅白石三」之主意，謂有石、有堅、有白，見此不見彼，分明是有二與三，若横竪相多，其舉之三，非乎？曰：物白焉，不定其所白；物堅焉，不定其所堅。不定者兼，惡乎甚石也？不定其爲堅、爲白，兼堅、白而有。「惡乎甚」，猶何物最甚，似謂物之白與堅者，尚無一定之所，而最合堅、白而牢者，石而已。「甚」字又恐是「其」字。曰：循石，非彼無石；非石，無所取乎全用莊生文法。白。似脱一「堅」字。石不相離者，説是一底。固乎然，其無已。曰：于石，一也；此又謂三者，自開一步。堅白，二也，而在於石。故有知焉，有不知焉；有見焉，有不見焉。知、見各是一半。故知與不知相與離，見與不見相與藏。若但寬看知、見兩字，不必再索矣，若細窮知、見兩字，尚有深義。是説藏，而藏者還是三底主意。藏故，孰謂之不離？藏久而熟，熟則忘，本附離而不覺其附離，遂謂之不離矣。曰：目不能堅，手不能白，又破非三。不可謂無任，此「任」字似是「堅」字之訛。不可謂無白。其異任也，其無以代也。堅、白域於石，堅、白爲石所域。惡乎離？非曰：堅未與石爲堅，而物兼；未與爲堅，才曰堅，則不必輒與石爲堅而成一物矣。强以未與爲堅者而堅之，必以其非堅者爲堅。何也？有堅之物也，物猶意也。而堅必堅。自堅者言之而必堅。其不堅，此「堅」字可句。石物而堅，此「堅」字亦可句。天下未有若堅，「石物而堅」是平空以一物爲堅而堅之，是石非其堅之物。而堅藏。白固不能自白，惡能白石物乎？如是之堅者，且又藏其白與堅等，其所謂白，未必真白也，自以爲白耳。是不能自己見其是非黑白，尚焉能白所石之物乎？「石物」即上「石物而堅」之「石物」也。若白者必白，則不白物而白焉。黃、黑與之然。石其無有，惡取堅白石乎？故離也。離也者，因是。力與知果，不若因是。故堅、白、石三者相離而有之。知其爲相附離而有者，則亦因是而白之，而堅之，而石之，何必爭其爲白也、爲堅也、爲石也？不爭而因之，則知力俱無是處。且猶白以目以火見，而火不見；則火與目不見，而神見；神不見，而見離。初看以「神不見而見」爲句，再三看亦可以「而見離」爲句。又是《莊子》文。堅以手，「堅以手」三字對前「白以目」。而手以捶，是捶與手知而不知，對上「不見而見」之義而變其文，所以爲古文。而神與不知。神乎！是之謂離焉離也者，「離焉離也者」是一句，謂離而不離也。天下故獨而正。

末句「離焉離也者，天下故獨而正」，通篇大旨可見。篇中「離」字作去聲，讀如「附離」之「離」。末路精義不遠，髣髴得之，可喜也。

此之堅，非善閉無關揵而不可開之堅。白，非知白守黑之白。所謂堅者，易脆也。所謂白者，易染也。由于其人之諶杵如石者，隨所著見，知而不化，于以内身、外世皆不可，費却多少攻守，而卒歸於石，亦惡有？又進之于神之不見不知、離而非離者，獨而已矣。謂不離于堅、不離于白、不離于石也。

《公孫龍》四篇是一義。其中精義大有與《老》、《莊》合者，但其文又一種堅奥連環，不知莊生當時非公孫龍何故。

鬼谷子中經

《中經》，謂振窮趨急，施之能言、厚德之人。救物勢，❶窮者不忘恩也。能言者，儔善博惠，施德者，依道；而救拘執者，養使小人。蓋士，當世異時，或當因免闐坑，「闐」字，字書無，或是「闐」字。或當伐害能言，或當破德爲雄，或當抑拘成罪，或當戚戚自善，或當敗敗自立。故道貴制人，不貴制於人也。制人者握權，制於人者失命。是以見形爲容，象體爲貌，此形、體，似指人之形體，非自之形體。聞聲和音，解仇鬭郄，綴去卻語，攝心守義。《本經》記事者記道數，其變要在《持樞》、《中經》。見形爲容、象體爲貌者，謂爻奇。爲之生也，可以影響、形容、象貌而得之也。有守之人，此一種人便不須抬架。目不視非，耳不聽邪，言必詩書，行不僻淫，以道爲形，以德爲容，貌莊色温，不可象貌而得也。如是，隱情塞郄而去之。伎倆無所用之，可見鬼谷學

❶「勢」，明正統道藏本作「執」。

術專於用小人耳。聞聲和音，謂聲氣不同，則恩愛不接，故商、角不二，徵、羽不相配。能爲四聲主者，其惟宫乎！故音不和則悲，是以聲散、傷、醜、害者，言必逆于耳也。「傷」似謂把其可醜之事，「害」如疾害之害。「散、傷、醜、害」四字作四義解：散，支離；傷，利訕；醜，惡詆；害，忮疾。雖有美行盛譽，不可比目合翼以相須也。此乃氣不合、音不調者也。解仇，謂解羸細之仇。鬬郄者，鬬强也。此一段只是挑釁，教人盡力鬬之，我得而乘之耳。「郄」字當作「谻」字讀則明，謂鬬而使之谻。既鬬，此段似釋「破德爲雄」。謂勝者高其功，盛其勢；弱者哀其負，傷其卑，污其名，恥其宗。故勝者鬬其功勢，苟進而不知退；弱者聞哀其負，見其傷，則强大力倍而死是也。郄無極大，禦無極大，則皆可脅而并。刺客之智，全不念我并之，而又有并我者。綴去者，謂綴己之繫言，使有餘思也。故接貞信者，稱其行，厲其志，言可爲可復，會之期喜，以他人之庶，引驗以結往，明疑疑而去之。卻語者，察伺短也。故言多必有數短之處，識其短驗之，動以忌諱，示以時禁，然後結以安其心，收語蓋藏而卻之，無見己之所不能于多方之人。奸至此極矣。攝心者，此段是鄒衍之流。謂逢好學伎術者，則爲之稱遠方驗之，驚以奇怪，人繫其心于己。効之于人，驗去亂其前，吾吾，謂人所執之我見也。歸誠於己。遭淫酒色者，爲之術音樂動之，以爲必死，生日少之憂，喜以目所不見之事，終可以勸漫瀾之命，使有復會。此段不知是慫恿耶？移其心志耶？守義者，此「義」字，只是「宜」字，謂以人之所宜者爲主，不相拗捩。謂守以人義，探心在内以合者也。探心，深得其主也。「深」字即作「探」字亦可。從外制內，事有繫由而隨之也。故小人比人，小人於人，無可否獻替之義，以水濟水，一味背正道而用之，不顧家國也，故下文云云。至於「轉危爲安、救亡使存」，可見《中經》之言，似傾危之術，而實欲匡救危危之主，其精神全在亂世、亂君上用之。故初言「有守之人」一段，是不須用《中經》之言者也。然而此等人不可得，是以有此揣摩捭闔之苦。則左道而用之，至能敗家奪國，非賢智不能守家以義，不能守國以道。聖人所貴道微妙者，誠以其可以轉危爲安、救亡使存也。

文之古奧質摯不待言，而肝腸却淺細傾險，有聖賢之徒所不屑觀者。

鶡冠子

《天權》篇：「鳥乘隨隨，駒蜚垂𨎮。」陸注曰：「𨎮」或作「軟」。語不可解。讀至此而界之不能過。強以上下之文解之，猶言鳥之乘高也，隨隨然。「駒」，字書無。猶「佝」乎？「駒」字從「隨隨」生來，委委隨隨而佝曲飛之，以下視而不迷於轍。蜚即飛，垂，下也，亦曰邊垂之垂。𨎮，字書無。聊讀如「耿」，猶言燭照之瞖乎？从車，則有轍跡之可見者也。不知即「轍」之訛耶？上云：「理之所居謂之地，神之所形謂之天。知天，故能一舉而四致，並起而獨成。」其即黃鵠一舉再舉，知山川紆曲、天地圓方之喻耶？下文又曰：「善計者非以求利，將以明數；善戰者非以求勝，將以明勝。」大概不欲蔽蒙高塞，而欲灼知遠見之義，登九天而知九地已耳。

莊子

「故其與萬物接也，至無而供其求，時騁而要其宿，大小，長短，修遠。」注：「大小六字，則云皆恣而任之，會其所極而已。」愚謂：六字中長、修、遠三字意複，略爲疏之：從上文看來，則當云「大者小之」，《老子》「合抱之木，生於毫末」是也。「長者短之」，《老子》「千里之行，始於足下」是也。但修、遠二字，又不與大小、長短同，又少括翻上義。修以遠之，爲積功累行、任重道遠耶？

「苟有其實，人與之名而不受，再受其殃。」注：「有實，故不以毀譽經心也。」「一毀一譽，若受之於心，則名實俱累，斯所以再受其殃也。」注義非不高，愚看來，本文不爾。如士成綺，既謂爲不仁之矣，我即受其不仁之名，不爲强辨。若有不仁之實，而又不欲受其名，鬼神將禍之矣，故曰「再受其殃」。

「吾服也，恒服。吾非以服有服。」注：「服者，容行之謂也。不以毀譽自殃，故能不變其容。」又：「有爲爲之，則不服恒服。」注亦説得去。愚謂，「服」猶「服罪」之「服」，謂既説我有不仁之罪矣，吾即服其罪，常常服此一不仁之罪，可也。吾不以罪而逃其罪，使罪上有罪也。「有」作「又」字亦可。

「抱甕假修混沌。」郭注與本文義似左。

太公任之言曰：「道流而不明居，得行而不名處。純純常常，乃比於狂。」郭注「道流至不明」：句。「昧然而自行也。」自「居得行而不明處」句。注：「彼皆居然自得此行耳，非由名而後處之。」句讀皆拙。愚謂「道流而不明居句，得行而不名處句」，謂道本不息，如川之流，本非居於明，令人得指而爲表的者。若聖人得而行之，即行其不明之道，豈得標一名而處於其下，令衆人耳而目之？義極淺，句極分明。不知何所見而以「居」字屬下句，注又硬出「居然」之字也。以明自居，占名自處，郵得令人相安？明，即上文「修身以明污」之名。才欲明污，則惟恐其名之不歸我矣。下文「至人不聞」，即不用名也。至於不亂羣行，妙矣！

「出怒不怒」，猶云人有怒氣，若發出了，則裏面遂無怒氣。可見怒从不怒中生出也。「出爲無爲」，謂人有所欲爲，既爲後，則裏面仍是無爲之心，空空然耳。可見爲是从無爲中生出也。所以下文説「欲静則平氣，欲神則順心，有爲也，欲當則緣於不得已」。平其氣，自然無怒；緣不得已，自然有爲也。皆當。辛鈃《文子》有「怒出於不怒」二句。

《養生主》曰：「躊躇滿志。」注：「逸足容豫自得之謂。」《田子方》篇「躊躇四顧」，注：「無可無不可。」解又少異於前。

管　子

《宙合》注極可笑。

「春采生，秋采蓏，夏處陰，冬處陽。」此言聖人之動静、開闔、詘信、浧儒、取與之必因於時也。時則動，不時則静，是以古之士有意而未可陽也。故愁其治言，含愁而藏之也。賢人之處亂世也，知道之不可行，則沈抑以辟罰，静默以侔免。辟之，猶夏之就清，冬之就温焉。❶可以無及於寒暑之菑矣，非爲畏死而不忠也。夫强言以爲僇，而功澤不加，進傷爲人君嚴之義，退害爲人臣者之生，其爲不利彌甚。故退身不舍端，修業不息版，以待清明。故微子不與於紂之難，而封於宋，以爲殷主。先祖不滅，後世不絶。故曰：「大賢之德長。」管仲主意是不死，故往往情見乎辭。

傅山曰：《説文》無「浧」字，《廣韻》：「浧，以整切。」釋曰：「泥也。」於此義疏，「動静」以下兩兩相對，浧對儒。儒有緩義，則浧必取急疾矣。若如泥解，則浧、儒同義，不相反也。豈其「逞」之訛耶？豈即楚之「郢」耶？郢楚而儒，則魯正可反對也。楊升菴《六書索隱》曰：「浧即澄。」澄則清矣，非泥義也。對儒言，則浧取澄義，儒當取濁義。而儒若本濡，俱从水旁，則浧既澄，濡當濡滯之濡，近於泥濫。可强解之，然竟作儒，不似訛者，奈何？䨲

按：今本亦有作「濡」者。

「毒而無怒，此言止忿速濟没法也。怨而無言，言不可不慎也。言不周密，反傷其身。欲

---

❶「焉」，原作「馬」，據王本及文義改。

而無謀，言謀不可以泄，謀泄菑極。夫行忿速遂，没法賊發，言輕謀泄，菑必及於身。故曰：毒而無怒，怨而無言，欲而無謀。」傅山曰：止忿，藏殺機也。没法，泅法也，潛行水底之術也。若不止其忿而顯以行之，欲速成其功，則彼既知覺，則所謂没法者。我不及發，而賊反先發矣。

「凡心之刑，自充自盈，自生自成。其所以失之，必以憂、樂、喜、怒、欲、利，能去憂、樂、喜、怒、欲、利，心乃反濟。」傅山曰：反濟，謂向隨六賊，渺無所止。猛舍六賊，則本體不遠，如還登岸，所謂反濟也。

「彼心之情，利安以寍。勿煩勿亂，和乃自成。折折乎如在於側，忽忽乎如將不得，渺渺乎如窮無極。此稽不遠，日用其德。」傅山曰：恍兮，忽兮！

「凡道無所，善心安愛，心静氣理，道乃可止。」傅山曰：房注：「言道無他善，惟愛心安也。」是于「善」字爲句，而又倒「安愛」爲「愛安」。愚謂當以「所」字爲句，言道本無所在，而學道者當善其心而安於愛。蓋安土敦仁之教也。雖云大道不惟無惡，並善亦無之，然既爲有心之人矣，易流於惡。但能不忘繼之者善之初，是道母生生之原也。

「定心在中，耳目聰明。四枝堅固，可以爲精舍。精也者，氣之精者也，氣道乃生。」傅山曰：氣不道，則死矣。

「形不正，德不來，中不静，心不治。正形攝德，天仁地義，則淫然而自至。」傅山曰：

注：「言欲正形攝德，但能則天之仁，法地之義，則德淫然自至。」非也。蓋言能正形攝德，則天之仁、地之義自淫然而至，是由外制内之工。然形亦何容易正？坐如泥塑，人心定不邪耳？

「敬除其舍，精將自來。精想思之，寧念治之，嚴容畏敬，精將至定。」傅山曰：申正形攝德之義。

「飽則疾動，飢則廣思，老則長慮。飽不疾動，氣不通於四末，飢不廣思，飽而不廢。老不長慮，困乃遬竭。」傅山曰：疾動、廣思，真足以救飽救飢，惟長慮似不能救老者，奈何乎爲言？近死之心，無使復陽，慮矣而非長，朝聞夕死，長往相羊矣。

「大心而敢，寬氣而廣，其形安而不移，能守一而弃萬苛。見利不誘，見害不愳，寬舒而仁，獨樂其身，是謂雲氣意行似天。」妙語！妙語！注曰：「能調其氣，故比於雲。意之行氣，似天之布雲也。」傅山曰：雲氣行天，去其意而可矣。

「凡人之生也，必以其歡，憂、悲、喜、怒，道乃無處。」傅山曰：歡非喜耶？喜著而歡虛。

「得道之人，理丞而屯泄。」注曰：「腠理丞達，屯聚泄散也。」傅山曰：「丞」猶「烝」也，火氣上行也。

管　子❶

吾以《管子》、《莊子》、《列子》、《楞嚴》、《唯識》、《毗婆》諸論，約略參同，益知所謂儒者之不濟事也。釋氏説斷滅處，敢説過不斷滅。若儒家似專專斷滅處做工夫，却實實不能斷滅。「世路莫如人欲險，幾人到此誤平生。」如此指摘，何等嚴毅！學者概因一个「怕」字要遠他。所以士大夫不無手鬆脚脱時，若但能平常淡淡看去，鬼不向人不怕處作祟也。

❶ 此篇已見卷二十六，重複。

霜紅龕集卷三十五

陽曲傅山青主

讀子四《百泉帖》。

墨子大取篇釋奥義奇文，後世以其不可解而置之。因其文而録之，《道藏》中亦有此。

天之愛人也，薄於聖人之愛人也；其利人也，厚於聖人之利人也；鼓萬物，而不與聖人同憂。大人之愛小人也，薄於小人之愛大人也；其利小人也，厚於小人之利大人也。大人，有德有位者，治人者也。小人，百姓也，治於人者也。百姓依護大人以爲生，故愛大人也。然此就大人能爲人依護者言耳，其常也。若草芥、寇讎，則後世之大人矣，小人焉能愛之！以臧爲其親也而愛之，非愛其親也；以臧爲其利也而利之，非利其親也。臧，即對「獲」之「臧」。臧本非親也，以之爲親而愛之、利之，特愛利臧也，不可謂愛利其親也。若墨子之學，愛無差等，則愛利臧與愛利親無異。又似謂非愛利其親我，而我爲愛利之也。以樂爲利其子，而爲其子欲之，愛其子也；以樂爲利其子，而爲其子求之，非利其子也。且如愛子者，於諸所謂可樂、可利之業，如廣田、廣宅，爲其子欲有，是樂而利之，固愛子之常也。若不令子勤劬自力爲之，而爲之張角以求之，是所謂「牛馬人」也。則子終爲温飽惰窳之人。其利之，適所以害之矣。於所體之中，而權輕重之謂權。權非謂是也；非非謂非也。權，正也。斷指以存暛，「暛」，疑「腕」之訛。利之中取大，害之中取小也。害之中取小，子「子」字衍。非取害也，取利也。其所取者，人之所執也。因愛利之，有似是而非者，求其所謂是非者，有權焉。權，不過當其輕重而已。輕輕而重重則是，輕重而重輕則非。權而求其非者，爲是也；求其非非者，爲非也。爲，去聲，如此。若平聲，則權非謂欲其是也，而於非非，畢竟斷之爲非也。非非再狎，猶此不是，必不是也。❶權所以正是非，非所以正輕重也。輕重且不彼權於外，❷即就其身體權之，輕重有較然者。如指、腕是也。指、腕俱不可斷，而斷指是害之小者，存腕則利之大者，取而存者腕，腕爲人之所用，以爲執者。遇盜人，而斷指以免身，利也；其遇盜人，害也。文義當先云遇盜，害也；而斷指免身，利也。此却先言利，後言害。斷指與斷腕，利於天下相若，無擇也。爲愛利天下者，斷指與斷腕一也。謂指不可惜，腕亦不可惜也。死生利若一，無擇也。殺一人以存天下，非殺一人以利天下也；殺己以存天下，是殺己以利天下。殺人存天下，必竟是殺人，不如殺己以利天下。於事爲之中，而權輕重之謂求。求爲之，非也。害之取小，求爲義，非爲義也。求其最不傷於義者而爲之，求義之所爲者，尚非而未盡是也。即如害之中取小不取大，義也。然尚有所惜，尚非義也。故必須不顧

❶「必」，王本作「彼」。

❷「彼」，王本作「必」。

害之大者，使盡愛天下之義。苟可以利天下，斷腕可也，死可也。爲㬥人語天之爲，是也；而性爲㬥人歌天之爲，非也。諸陳執既有所爲，而我爲之陳執，執之所爲，因吾所爲也。若陳執既有所爲，而我爲之陳執，陳執因吾所爲也。暴，猶「自暴」、「暴殄」之「暴」。自暴惰窳，無所事事之人，與之言天生、天殺之道，則是；若任性暴殄，而爲歌詠天下之所爲人，亦當如是。不勤不苦，則非也。暴又如殘忍之人自爲而不爲人，如不肯拔一毛者，皆可通。㬥人爲我似指爲我之楊朱，拔一毛以利天下不爲者說。爲天之，以人非爲是也，暴人爲殘暴自暴之人，爲我而假之天道自然生殺，何容我爲彼而爲之？是不畏人非，以人之所非爲是。凡殘暴自爲之鄙夫，人必羣非之，而爲我之暴人不顧。而性不可正而正之。利之中取大，非不得已也；害之中取小，不得已也。此種性原不可正，而欲正之，則無奈何與之，擇其不得已之取而已。謂暴人并害之小者，亦不肯取之以利人，利取大，害取小，即存腕、斷指之說。所未有而取焉，是利之中取大也；若作興利，皆未有而取者，是利之中取大。於所既有而棄焉，是害之中取小也。既苦作而有之，而又棄之，當於害之中取小。此以下語意，暗逗不厚葬。義可厚，厚之；可厚，厚生者。義可薄，薄之。可薄，薄死者。謂儉列德行。不妄費爲儉，有次第爲列，是爲有德於人者之行也。君上、老長、親戚，此皆所厚也。即以生人論之，如君上、長者、親戚皆所當厚，不得不厚之。爲長幼，不爲幼。而厚施於下者，如長之於幼，爲長養其幼，不自爲幼以待長養於人也。薄親厚，厚親薄，薄親至薄不至義，世之於親，厚者過厚，薄者過薄，我則不然，於薄親也厚之，於厚親也薄之，即所謂薄親用其至於人之薄者耳，不至於取其爲義之私也。厚親不稱行而顧行。厚親，人皆稱其厚而行於厚，不肯顧其行於薄者而均之；我則不稱其厚以行，而顧薄者以行也。仍是「薄厚」、「厚薄」之義也。其義即含厚葬誨盜，正見薄親之厚。而儒之所爲，乃厚親之薄。爲天下厚禹，爲禹也；爲天下厚愛禹，乃爲禹之愛人也。厚禹之加於天下，而厚禹不加於天下。若惡盜之爲加於天下，而惡盜不加於天下。愛人不外己，己在所愛之中。己在所愛，愛加於己。倫列之愛，己愛人也。聖人惡疾病，不惡危難。正體不動，欲人之利也，非惡人之愛也。聖人不爲其室臧之，故在於臧。聖人不得爲子之事。聖人之法，死亡親，爲天下也。厚親，分也。以死亡之體渴利興，渴利興，如《管子》移葬以爲貧民之利者。有厚薄而無倫列之興利，爲己。語經，語經也。且如禹之無胈無毛，是愛天下之人也。如此爲天下，而遂不敢薄禹之所爲，爲禹當如此。至於爲天下而厚愛禹者，乃爲禹之愛天下之人也。此是要效禹愛人之意，故下文即云徒知厚禹之加愛於天下，而所以爲厚禹者，不肯自己去爲之以加於天下，却是惡傷人之盜加害於天下，而又惡傷人之盜不加于天下者。謂不肯盡心盡力以爲愛人之事，徒有其意而無其實，是愛人而不肯外己。外，猶舍也，除己在外也。不肯外己，己先在所愛之中。己既在所愛，愛己之意必較人而倍之，先之，等倫列之曰，將愛己以愛人也，非聖人之愛人也。聖人則不自愛以愛人，但惡自有疾病不能去愛人，不惡外之有危難也。即有危難，聖人不辭其苦，正其體以濟之，其中略不摇動，只欲人之有利而無害也，初不惡人之愛我也。何也？我利人，人必愛我，不必回護之，如彼爲天者之不欲有使人愛我之名也，然聖人實不爲使人之愛我而始愛之，如上棟、下宇之室，所以使人無風雨之患也，而時臧之，善之，初不爲其室而臧之，故察於室之如何而臧，豈望室之感而臧彼而臧我也？蓋室以居生人，惟恐其不盡善如大壯耳。至於居死人者，有異於此。故聖人竟有不得爲人子之事之時。何也？不厚葬也。所以聖人之法，有死亡親者，不侈靡於葬，所以爲天下惜財也。故厚親，是分之所當爲也；至於死亡之體而就之以爲興利之資，而如渴以爲之，定天子、諸侯、大夫棺槨、衣襲之類，有分别而無謂分别，其葬似有厚薄，而以死人興利之心無厚薄也。倫列之，以爲語經。語經曰，譏儒者之語，不足爲經也。非白馬焉，執駒焉。即如無用之言「白馬非馬」，而又於此執駒。駒豈非馬也？執駒，猶所謂定駒也。説求之，舞説，非也。漁大之，舞大，非也。以説求利，而隨其説，以爲非求利也。漁網大，其利也，而隨舞其大，非其大求也。三物必具，然後足以生。臧之愛己，非爲害己之人也。厚不愛己，愛無厚薄，舉己非賢也。鷄、犬、豚三物，所以養生也。必具之而後可以爲生。其於三物也，必愛之，爲其有利於己也。至於臧之用力於己，是愛己之人，非害己之人也。愛之當更厚於三物矣，故厚之當外己。不舍己，而不論於當厚薄，先舉己而自愛之，不可謂賢也。義，利；不義，害。志功爲辨。有有於秦馬，有有於馬也，智來者之馬也。義者，宜也。宜利不宜害。興利之事，須實有功，不得徒以志爲有利於人也。且如馬，以秦馬而良者，而人有之，是實有其有於馬之才也。何也？馬非自從秦來也，是其人之智力來之馬也。功也，非徒有有馬之志也。愛衆衆世，與愛寡寡世相若，兼愛之有相若。愛尚世與愛後世，一若今之世人也。鬼，非人也；兄之鬼，兄也。推其愛人之實，愛衆與愛寡相若。若但能愛寡而不能愛衆，不可謂愛也。世謂衆之在此世，我俱愛之，不見多與寡之在此世，我愛之不見少，用心力一也。謂愛寡是盡我一世之力，而愛衆亦盡我一世之力，仁以爲己任，死而後已也。然但愛及生人耳，若愛及死者，如愛尚世已往之人，如愛見今之人，則後世我不及見之人，亦當愛如我同時之人矣。而用愛者，爲其人也。至於鬼，則非人矣。鬼既不可謂人，而死兄亦鬼矣，乃尚兄兄而人之，何也？天下之利驩，聖人有愛而無利。天下之愛利者皆驩然，以聖有愛人而無利天下之心。俔曰：俔，譬喻也，於此無當。如磬義，開口語辭合。之言也，乃客之言也。天下無人子，墨子之言也。俔曰以下，似墨子設爲儒者，非墨之言。俔其言曰：是言也，非經語可以爲主者，乃一偏之辭之客言也。其言非正也，使天下愛無差等，而薄葬其親，無人子之情者，是墨子之言也。猶在不得已而欲之，非欲之也。不知我墨家者，正尤察其不得已者而欲之，即上所言害之小者，謂薄葬是不得已，而弭盜是取利之大者。非殺臧也，焉殺盜？非殺盜也。殺，減也，衰殺之殺。葬，臧，厚葬所以誨盜。若不衰殺其臧，焉能衰殺其盜？非衰息盜之法也明矣。

凡學愛人，小圜之圜，與大圜之圜同方。圜字不解，似謂笣而之圜以盛穀者。小圜與大圜盛穀雖有多寡之異，然以養人之用則同。故學愛人，各盡其所愛之量，以愛人同方法也。至尺之不至也，與不至鍾之至不異。其不至同者，遠近之謂也。如由寸而至于尺，由升斗而至于鍾，其度量無小大，而求至于分劑則一也。此「至」字，與前「至薄不至義」之「至」同，謂至於也，到也，致之必到其地也。「不至鍾之至」，「至」上似脱一「不」字，與上「尺之不至」同。謂尺不至尺，鍾不至鍾，或遠或近也。是璜也，是玉也。是其爲璜者，是其以玉爲之也。若石，則不可爲之璜矣。意楹非意木也，意楹非意木，意是其可以爲楹之木，非但木之，而若但木之，則角宋皆木也，不可爲楹也。意指之人也，非意人也。意可指使之人，非但人也，意用其人而有所獲也。乃意禽也。志功不可以相從也。意人乃實意禽也。意僅可曰志，不可以爲功。必得楹、得禽而後可云功也。志與功不可相從，而得以志爲功也。故志是志，功是功，當辨也。利人也，爲其人也；富人，非爲其此下似當有一「鬼」字。也。聖人之利人也，實爲其人之生也。而人欲富之，非欲爲其鬼而富之也。人有爲也，以富人；富人也，治人有爲鬼焉。生人之有爲也，本以富生人。富生人而治人者，乃有爲鬼者。何也？申厚葬之爲鬼非爲人也。「非爲其」，「其」字當作「鬼」字。爲賞譽利一人，非爲賞譽利人也。亦不至無貴於人。至親之一利，未爲孝也。亦不至於智，不爲己之利於親也。智是之世之有盜也，盡愛是世。智是室之有盜也，不盡是室也。智其一人之盜也，不盡是二人。雖其一人之盜，苟不智其所在，盡惡其弱也。儒家治厚葬，以利其得一孝名耳。是爲稱賞名譽以利一人，非爲以賞利實有利於衆人也。充其要譽之心，即不爲此厚葬以求於人，亦不至別無可貴於人之事。即欲因此博一孝名以利心，則名而已矣。尚得爲真孝乎！不孝且勿論，而以厚葬誨盜且亦不智，是不見己之有利於親處也。諸聖人所先爲人，欲名實。名實，不必苟是實也，白敗是石也，盡其白，同是石也。惟大不與大同，是有便謂焉也。以形貌命者，必智是之某也，焉智某也？不可以形貌命者，惟不智是之某也，智某可也。聖人所爲人於名實之閒，欲名之有實也。若但曰名實，徒有其名，而不必誠是其實，則白敗是石也。白敗不知何物，當時或有此名。可見當時諸子多持堅白石之論，故此及之，以辨名實。若但以白爲石，如物之壞而敗者，如白䃺、白徽之皆可謂之石矣。即以大言之，如大馬非大牛也。若去實而不分辨之，但曰大，如何是大也？是有大形者即謂之大焉也，不論其爲大某大某也。「焉」在此處作了語，是盡其辭也。故物之以形貌命者，必知是物爲某物，則盡其辭而名之曰「焉智某也」。若其不可以形貌命者，知之不真，不能的確知是物爲某物也，但智某之可也，不得盡其辭曰「焉智某也」。此「焉」如漢碑「焉焉矣矣」，終辭也，決辭也。「焉智某」，「焉」開口即用之，似當作「安」字、「惡」字之例，而語氣承上，便謂焉也，來不得作安、惡義也。諸以居運命者，苟人於其中者，皆是也。去之，因非也。諸以居運命者，若鄉里、齊荊者皆是。諸以形貌命者，若山邱、室廟者皆是也。智與意異。重同、具同、連同、同類之同、同名之同、邱同、鮒同、是之同、然之同、同根之同。有非之異，有不然之異，有其異也，爲其同也，爲其同也異。一曰乃是而然，二曰乃是而不然，三曰遷，四曰强。子深其深，淺其淺，益其益，尊其尊，察次山比，因至優指，復次察聲端名，因請復正。夫辭惡者，人右以其請得焉；諸所遭執而欲惡生者，人不必以其請得焉。聖人之拊，句。瀆也。句。「瀆」字，字書不見。「拊」與「撫」同。此非「拊擊」之「拊」，蓋「拊循」之「拊」，猶拊循也。从賈从水。水，平也。稱物平施，如物之貴賤之價也，不容私心輕重之，下文「仁而無利愛」是也。仁而無利愛。利愛生於慮。昔者之慮也，非今日之慮也；昔者之愛人也，非今之愛人也。愛獲之愛人也，生於慮獲之利，非慮臧之利也；而愛臧之愛人也，乃愛獲之愛人也。去其愛，而天下利弗能去也。昔之知牆，非今日之知牆也。突出「如牆」兩字，❶奇幻而樸。牆所以障護也，又堵禦不可過也。貴爲天子，其利人不厚於正。夫二子事親，或遇熟，或遇凶，其親也相若。非彼其行益也，非加也。外執無能厚吾利者，籍臧也，死而天下害吾。特養臧也萬倍，吾愛臧也不加厚。居運，猶出移在此在彼也。凡以居運名者，皆實實有人於其中者。如居齊曰齊人，而去之荊，則不得謂齊人矣之類也。即如山之非邱，室之非廟，實在斯名在，不得曰邱即山，廟即室也。的二

❶「如」，據上下文義當作「知」。

知之智，彷彿度之意，不同也。同而不同之閒，不勝言之。而重則有金之、鐵之重，重同而金、鐵異，器其有飲具、食具之類，「具」或是「貝」字之訛。錦有異者亦通。連如「連衡」之「連」，外連而内各有心也。連又鉛錫之名，然上有「重」矣。此不必復作錫解也。又四里爲連，十里爲鄉，亦可解去。同類之同，如熊、羆，鳳、凰，類同而名不同。名同如鼠璞，名同而實異。邱同而有崑、敦。鮒同而有鯽、鰤。同是同，然是然，有異同，根同而枝葉異。非與是異，不然與然異，非非即是不然矣。而非與不然又微異，因有異也，而欲同之，其爲同之也，又不能渾同，而各有其私，同者又異。《楞嚴》「因彼所異，因異立同」之語，可互明此旨。其同異之中，略分四種辨之。其一曰乃是而然。乃，猶若也，又猶那个也。猶云是其是而然之。二曰是不然而不然之。然與不然，不欲苟異者也。三曰遷，則就人之意多，猶因其然然之。因其不然不然之。又既然之，而時復不然之；既不然而又時復然之，無定見也。四曰强，則執己之意多，猶本然之而强不然之，本不然而强然之。四者之中，各有深淺、尊益。尊者，撙也。益者，溢也。深其深，而不爲之淺；淺其淺，而不爲之深。益其益，而不爲之撙；撙其撙，而不爲之益。詳察之，第次之，山止而不移，比櫛而不紊。因而至裕乎其指，歷多而見定。於是又詳察其聲，端定其名，使聲名之閒不相假借。因其請謁而復正其名，使不得請而有所利焉。如有所惡而不欲，而欲辭以脱者，有人爲右而用力，遂以其請得辭其惡，此人之私爲用力者也。若諸所遭於天而有欲、有惡生於其中者，非人之所能爲也，則不必以其請得焉。所謂正也，不受其請也。故聖人之於人拊濆而無私利一人、私愛一人之心。拊，撫也；濆，平也。凡利愛一人之私，皆生於計慮而有得心。即以計慮言之，古人非無慮也，非今之慮也；古人之愛人也，非今之愛人也。何也？古公而今私也。如以臧、獲二種論之，臧主畊，獲主織，獲，人也；臧，人也。愛獲、愛臧，同一愛人之心也。愛獲之愛，生於慮獲之織之利，與愛臧之畊之利有不同。謂愛獲時，且只利其織耳；而至於愛臧之畊之時，仍是愛獲之織之愛人者也。但其私心，愛臧之畊時，即不顧愛獲，愛獲之織時，又不顧愛臧。其愛之之私，有在有不在，而畊之利，於愛獲時去之矣，織之利，於愛臧時去之矣。去其私愛而愛無不在，利亦無不在，故曰：天下之利弗能去也，如牆也者，人所依以爲庇者也。聖人知爲人之牆，而非爲一人之牆也。又非於人有時牆，有時不牆也。今日之智，則愛此人時牆此，愛彼人時牆彼，非若聖人公普之牆，故所以利人者偏矣。貴爲天子而利人者，莫貴於正，正猶反偏爲正之正。取諸民者有定，不横征以病之。正如牆之可以爲蔽禦，又可以堵界而不過，故正之厚於人也，爲拊濆，爲知堵，取之有度，愛之不偏。長人之異，短人之同，其貌同者也，故同。長人與短人異於長短也。而長人之耳目口鼻，短人所同也。謂同有人貌，故謂之同也。指之人也，與首之人也異。若作「人之指與人之首也異」，毫無味矣。指之人與首之人，謂指上底人與首上底人，意遂奥遠無窮，古文之非今文爾爾。如《象王經》之「鼻之象、耳之象」，然彼却又作「象底鼻、象底耳」，直而不畜。人之體，非一貌者也，故異。將劍與挺劍異。劍，以形貌命者也。其形不一，故異。楊木之木，與桃木之木也同。諸非以舉量數命者，敗之，盡是也。人之指不可謂首，首不可謂指，是指與首不可同也。謂人之體非一貌，指體非首貌，首體非指貌，故異。如將而奉劍，挺而拔劍異者，謂將有將貌，挺有挺貌，不一形也，故異。若不論其形貌，而但以一名混之，如楊木爲木，桃木亦爲木。故一人指非一人也；是一人之指，乃是一人也。方之一面，非方也。方木之面，方木，比以故生，以理長，以類行也者。立辭而不明於其所上，忘也。今人非道無所行，惟有强股肱而不明於道，其困也，可立而待也。後辨，以類行者也。立辭而不明於其類，則必困矣。故浸淫之詞，其類在於鼓栗。指當無用時，豎一人之指，但可謂之指，非一人也。若以一人之指指東是之爲東，指西是之爲西，乃是一人矣。謂指有用處，爲人也，方者，如東西南北之方。若方其東而不方其三方，未爲方也，如木之有面，而匠石方之，則必比其以宿根之故而生，以文理而長之，以其類而行之。如桃根生桃，楊根生楊，所以正辭出令也，若立辭而不明其所上。上，猶貴尚也。忘，猶芒也。心芒然無知也。如人行路之有故道，若不循故道而行，所謂如匪行邁謀，是用不集於道，雖股肱之强，亦至於困而已矣。然墨學正在股肱之勤强也，而此又似不徒以股肱之强爲事，則所援禹之股無胈、脛無毛者，皆有道於其中。謂其行之勤，不徒以其不類之辨而强令於人也。先行而後辨，以其類行之也。以下則言立辭之不知類者。浸，漬；淫，溢。栗，謂戰栗。已戰栗矣，而又鼓之，是益其栗。鼓，所以鼓勇也，非鼓栗也，鼓栗則已甚也。聖人也，爲天下也，其類在於追迷，或壽或卒。聖人爲天下，必於見其功。如追迷子者，必獲而歸之，或壽或卒，無半途而返之理。其利天下也，指名，其類在礜石。聖人之利天下也，不爲名，爲名之無益於己也。若利天下而指以爲名，與贊美石頭何異！一日而百萬生，愛不加厚，其類在惡害。一日而有百萬生人，若不愛爲萬而推之，而單爲一二人，是不加厚。其類在惡害，謂惡害之加於一人者，即當惡害之及於萬人者矣，當皆除之也。愛二世有厚薄，而愛二世相若，其類在蛇文。愛子孫當有厚薄也。而愛孫與愛子同一愛心，其類順而有理。蛇，順也，委迤也。文，禮之節也。《儀禮·鄉射》：「幅長如笴，龍首，其中蛇交，韋當。」蛇，亦委蛇之義，非龍外又有蛇也。愛之相若，擇而殺其一人，其類在阬下之鼠。謂如有二人，而我俱愛之。力有不能並者，聊擇而殺其一人，留一而愛之，而愛乃專而篤。如在阬下之鼠，無所得倉廩而竊之，相囑之以圖苟存者耳。又鼠者，憂也。憂思過計，如鼠之在阬下，無復高明、高大之義也。小仁與大仁，行厚相若，其類在申。仁無小大，皆行之以厚。申，堅也，身也，信也。必以身堅行其仁以成物，如萬物至申而成也。又，水土生於申，水土無論大小，皆人所依以爲生者也，故曰「類在申」。凡興利除害也，其類在漏雍。興利除害，如有所漏者，而雍之，謂塞其源也。厚親不稱行而類行，其類在江上。厚親之道，不稱量輕重而行之，但以其同類者。即如江上之於舟，無大小輕重，同爲浮之。非不爲己之可學也，其類在獵走。爲己不爲人，楊子之學也。非不可學以私己，正如獵走獸者之私心，心欲苟獲以自養耳，故不學之也。愛人非爲譽也，其類在逆旅。愛人非要譽取名也，如逆旅之待過客，令客安耳。愛人之親，若愛其親，其類在官。愛無差等，而愛人之親與愛自親無異，如有職官之人，不得背公爲私也。兼愛相若，一愛相若。一愛相若，其類在死也。「兼愛」愛分，「一愛」愛專，我之於人，無彼此皆愛，與無二愛之專「一愛」同意也。人皆有生，而我皆以「一愛」愛之，除無生者我不愛之。其類如人莫不有死，而我莫不有愛。謂於人定愛之也，矢死以「一愛」愛人，死而後已也。

一本：「以樂爲利其子」六句，此是墨教勤劬本義。「於所體之中而權輕重之謂權」四句，所體似因上「子」字生出，猶言一體。子者，我之所體也。而於其中審其愛之輕重，是謂權。其非愛者，謂所以求其是愛也。愛有似是而非者，畢竟非愛者，故斷之以非非爲非也，權求其正愛而已。非非，猶言如何非，如何非。「死生利若一」二句，生以利天下與死以利天下若一，則生亦可不惜也。「殺己以存天下」二句，此事佛典中有之。「爲暴人語天之爲」十一句，天之所爲，春生、夏長、秋收、冬藏而已。若不教之以人爲之事，但性著所爲，暴殄無惜，一味歌天之所爲，則非也。何也？天愛人，不能使人坐而得衣食也。即如諸器物，皆不徒爲是，因我得以除之，執之而爲之。自暴惰窳之人，自以爲我何不任天，而必欲以人事自苦者，不是也。「執之所爲」上似脱一「文」字。陳執，又似謂身體之有臂指，是天設之使有所執作之物，而外之可以執者，皆因此能執者而爲之。「説求之舞」二句，以説求利，而隨舞文以説，非求利也。以漁罔大其利，又舞文以爲不大求也。「大圜」，「圜」字不解。然天爲大圜，謂人爲小圜耶？包也，容也。人之愛人，與天之愛人同。「意楹非意木也」六句，人心想一楹柱，非想木也。然楹是木之作成者也。是想楹之木也，謂其可以爲屋之用也。楹雖是木成，而未成楹時必竟是木，非楹也。即如想指使之人，非徒想人，意欲有所獲，乃所以想得其禽也。若不至於得禽，而徒想其人，無益也。猶愛人者，必實實有愛人之功始可，若但有其志，于人何益？所以志是志，功是功，須辨之，不可謂志即功也。「智是之世之有盜也」九句，所謂智者，是知世之有盜也。若愛之，使「倉廩實而知榮辱」，故盡愛于一世之人，使食其力，而弭盜必也。智者又知是室之有盜也，不盡空其室以厚死者也。若竭其室以葬，室中之人知之，必盡力以刼之。如盜本一人，而今知其葬中無所有而盡，則其力之欲盡之，不盡不已，是二人盜之矣。何也？謂雖是一人爲盜，苟不知其葬之所在，原盡無所有，但恨其力之弱而不能盡取之耳。「二子事親」十二句，如二子事親，年適有熟、有凶之不同，其親之愛之也，不因其熟而加親，不因其凶而減親。親之愛子之心，一也。非以爲彼之行爲有益于我也，非故加于我也。外以遇諸天者，而執以行之，無能心于其間，以爲私厚于我之利者。如今之厚葬者，是藉天下之藏，以爲死人之藏，隨爲所盜，而天下仍害吾而不得有其藏。「特」字當作「待」。吾待養于臧之力者萬倍，而我之愛臧也，初不加厚，徒有愛臧之名耳。「楊木之木」四句，楊木、桃木，木之名同。而所以爲楊、爲桃者，異也。當其成時，名歸之；當其敗時，名無所著矣。諸器，以量受度數舉而名之者，惟成之則是，敗之則非矣。若非以量數舉而名之者，即敗之，亦是也。如桃木之敗，仍曰桃木，楊木之敗，仍曰楊木，謂其木之有用而木之，不因其爲桃與楊也。「其類在江上」句。江水之所及，自上而下，無所撿擇而均有沾潤也。《道藏·墨子》「江上」之下，有一「井」字。

「智某可也」，「智某」與上「是之某」義有深淺。上文多一「之」字，下文去「之」字；上文是實指之詞，下文是想象之詞。「焉知」之「焉」又與上「便謂焉也」之「焉」同義。子書之用字法之妙如此。

「類行」，前作「顧行」，既因「顧」字解之。此作「類行」，又順「類」字以解之，義似長於「顧」字者。又翻爲解上之以「類」字者，當云於親之當厚者，亦不稱其當厚之義而行之，但以同爲人，類而行之，是愛無差等之義也。又帀於「顧」之義矣。

「籍藏也，死而天下害吾。特養臧也萬倍，吾愛臧也不加厚。」此句最不可解。「藏」與「臧」字易混，愚謂皆是「藏」字，藏即葬也。「厚吾利者，籍藏也」；謂厚爲吾之利者，籍天下之物而藏之以爲利耶，終爲天下刼盜之，死而天下仍以此害吾。初意謂此藏是我所藏也，故厚籍之以爲愛，而所以專用力以養於藏者萬倍，終必爲盜之。則吾之自愛其藏者，實不加厚，不如薄藏之爲厚我也。如此解之則通，與本義不倍，但上下文義難於關生，只段段讀之可也。又似謂「吾特以利而養臧也萬倍，原其愛臧之心，實不加厚」三句，當在上「乃愛獲之愛人也」句下，錯之於此。

文本難盡通，逐字逐句爲之積累而疏之，以求其通，可謂用心於無用矣。然亦必不必之見，不爾，則心留而不去爾，斯置之矣。非爾，亦有留之，暫爾留之，非欲之留，與博奕然。

霜紅龕集卷三十六

陽曲傅山青主

雜記一

「裒」字從臼，「臼」，音匊，兩手相向也。從衣。臼加衣，即《詩》「薄言襭之」之義。蓋取人之多，益己之寡，即好問、好察邇言，所以爲謙也。舊注與卦名何與？

「澤上有水，節。」舊注：「其容有限。」一切器容皆有限，皆可以爲節乎？況澤上有水，非澤中有水也。

吉凶悔吝，生乎動者，於人事無限關係，打發在卜筮上去，有何緊要？

吉凶者，失得之象；❶悔吝者，憂虞之象，承《繫辭》「明吉凶」而言。變化者，進退之象；剛柔者，晝夜之象，承「剛柔生變化」而言。六爻之動、三極之道，是摠括，文義最明白。

---

❶「失得」，王本倒乙。

「艮」爲震，❶見李資州《易解》。「兑」爲雨，見麻衣道人《正易心法》。蓋一陽動於内爲雷，發洩到外面便是霆；一陰盤旋于下爲風，薰蒸到上面便是雨。不然聖人説八卦却遺了一角，成甚道理？

《太叔于田》注曰：「段以不義得衆，而民愛之，不親不暱。」左氏言之詳矣。所稱者，驅田獵而已。此與「副笄六珈」之稱宣姜者何異？爲刺不爲美無疑也。

《鄭風》二十一篇，十五爲「淫奔」詩。當緣「鄭聲淫」一語之泥，不知詩初非聲也。若取六經中韻語，譜入琵琶、阮咸而使梨園歌唱，將遂得爲雅樂乎？

「道高一尺，魔高一丈。」解得魔昴在道中，慧劍便有幾分快處。

「儒者釋耒耜而學不驗之語」，誠然哉！

薛文清公云「許魯齋無時不以致其君堯舜爲心」，此語極可笑。「學者當謹察象占」，此語極没要緊。其君何君也，象占何用也？

吾極喜近日柏山和尚一「猜」字。

可惜一本好《大學》，折得亂騰騰地！

近日讀王龍谿先生書，不惟於陽明先生「良知」頗有理會，正當注《易》，覺與舊日隨文銓

❶「震」，劉本作「霆」。

義者，亦稍稍有頭腦。因思看書，灑脱一番，長進一番。若只在注脚中討分曉，此之謂「鑽故紙」，此之謂「蠹魚」。

「義襲」二字，乃沿襲之謂。隨事求識解，不曾曉得率性之道，故曰：「告子未嘗知義，以其外之也。」王龍谿云，貨殖只是作得義襲工夫。區區在貧富上證解，恐非聖人語意。其集義也如何？必有事而勿正。何謂必有事？心勿忘是也。何謂勿忘？勿助長是也。陽明先生曰：「俺這裏工夫只在必有事。」

李太白對皇帝只如對常人，作官只如作秀才，纔成得狂者。

關壯繆、郭汾陽是聖人種子，只是没學問。張留侯、諸葛武侯是聖人苗子，只是不曾挍根見底。

吾極不喜王子明大處遷就也。遷就，便不是率性之道。「伯夷不降其志」，此語甚好。歐陽文忠公《宰相世系表》、《兵志》極好，乃只稱其《五代史》，何也？

「人皆苦炎熱，我愛夏日長。」「薰風自南來，殿閣生微涼。」規諷深婉，所謂言之者無罪。蘇長公續之，贅矣。

漢唐以後，仙佛代不乏人，儒者絶無聖人。此何以故？不可不究其源。

爲學先當立志，修身先當知恥。

老人與少時心情絶不相同。除了讀書静坐，如何過得日子？極知此是暮氣，然隨緣隨盡，聽其自然。若更勉强向世味上濃一番，恐添一層罪過。

楊子雲《太玄經》，邵康節以爲是，吾不得而知之也。朱文公以爲非，吾不得而知之也。然而康節以數言數，文公以理衡數也。

《老》簡於《莊》，《孔》簡於《孟》，簡者其至乎？然而佛則愈繁也。

《詩》三百，誦詩三百，皆舉全經言也。似乎春秋時學官所藏，❶已止有此數。而曰孔子删《詩》，其然乎？

楊升菴曰：「布帛菽粟，但陳陳相因而不可用耳。誰能奉此爲蓍龜也者？」又曰：「倒有索子，只是無錢可穿。」余恐索子亦腐敗，不任穿錢耳。

李念齋有言：「東林好以理勝人。」性理中宋儒諸議論，無非此病。

今之解「隱居以求其志，行義以達其道」，都如作夢，須參其夢者何境，與一切夢者何境也。

「申、韓説得不好，却踏著實地；王介甫説得較好，卻踏不著實地。所以王不成王，伯不成伯」，此語極有斤兩。余謂介甫《上仁宗皇帝書》，句句是把持紛更，儒者偏要諱其「姦」字，何也？

❶「官」，劉本作「宫」。

宋人議論多而成功少，必有病根，學者不得容易抹過。今之談者云：「二氏只成得己，不足成物。」無論是隔韡搔痒語，便「只成得己」，有何不妙？而煩以爲異而闢之也？

「先帝知臣謹慎」，只此便是翼翼小心。「澹泊明志，寍静致遠」，只此便是廓清本體。「正其誼不謀其利，明其道不計其功」，是句正經好語。胡致堂一引用，便有許多不妙。韓、柳、歐、蘇，文章妙矣，然終覺閑話多。王、唐、瞿、薛，文章妙矣，然只覺惟有格套而已。

邪來煩惱至，正來煩惱除。邪正不兩立，清浄至無餘。

明王道，闢異端，是道學家門面，却自己只作得義襲工夫。非陽明先生直指本源，千古殊缺覺察。

今所行五經四書注，一代之王制，非千古之道統也，注疏泛濫矣！其精處非後儒所及，不可不知。

庾開府詩，字字真，字字怨。説者乃曰：「詩要從容爾雅。」夫《小弁》、屈原，何時何地也？而概責之以從容爾雅，可謂全無心肝矣。

羅念庵曰：「良知不是現成的。」可爲大海波浪轉下一注脚。近之講「六爻皆無妄」者，可謂認賊作子者矣。

北宋宰相，李文靖爲首，韓魏公其次，其餘不免落道學窠臼。

邵康節師弟源流出麻衣道人。儒者不敢非康節，而敢於非《正易心法》，真是非安在？

讀書不可貪多，只於一種裏鑽研窮究，打得破時，便處處皆融。此與戰陣、參禪總是一様。若能如此，無不可用。若但亂取，東西齊撞，殊不中用。不唯不得力，且累筆性。此不是不教讀書之説，是戒讀而不精者之語。知此，則許言博也。翫物喪志之言，亦是一般。

一雙空靈眼睛，不唯不許今人瞞過，並不許古人瞞過。看古人行事，有全是底，有全非底，有先是後非底，有先非後是底，有似是而非、似非而是底。至十百是中之一非，十百非中之一是，了然於前，我取其是而去其非。其中更有執拗之君子，惡其人，即其人之是亦硬指爲非。喜承順之君子，❶愛其人，即其人之非亦私泥爲是。千變萬狀，不勝辨別。但使我之心不受私弊，光明洞達，隨時隨事，觸著便了。原不待討論而得，無奈平素講究不明，主宰不定，一切妄聽妄説、無師無友、混帳糊塗、强牙賴嘴，想要只等算个人物，在世上熊頭虎腦，但令識者含碜䵱䵷而已。

讀理書，尤著不得一依傍之義。大悟底人，先後一揆，雖勢易局新，不礙大同。若奴人，不曾究得人心空靈法界，單單靠定前人一半句註脚，説「我是有本之學」，正是咬齫人脚後跟

❶「承順」，劉本倒乙。

底貨，大是死狗扶不上牆也。

童子讀書，人皆謂之學生。長而好讀書，人稱羨之，則曰「學者」。老夫每道：寍可老作學生，不可少作學者。生不可量，者則者矣。者者，著也。著始者，無所著者，渠不者，人之爲人，豈可自者而令人者之而已。「者」上本「𠂹」，古旅，旅聲。果爾，旅則不得者之矣。好學而無常家，當復何者？無所住而生其心，「者」字於何安頓乎？子夏曰「日知其所亡」，似生；「月無忘其所能」，近者。禮後之悟，生矣，者能欲捨矣。凡涵詠已知、敦篤已能，皆者也。抱柱洗浴，把纜放船，命根到底斷不得。者之病，病魔、病佛等。者不者，而者佛非佛，者魔非魔，不者魔非佛，不者佛亦非魔。見的真正，拏三道三是，拏三道四，拏五道十者，無不是。遇知音者，不向拏，向道上尋伺，對面大笑，只瞞了瞎漢。老子此段話頭，學者且用不著。若有向上志氣，勿作驚怖在。

先父背上有結痏數處，每洗面時，以手摸著，則淚下如雨。山小時問之，云：「此爺爺教我讀書鞭朴之恩也，今不得矣。」輒大痛。子孫知此痛在那裏。偶論及某饑寒，眉從傍曰：「此輩却非饑寒累了我，正是我翻累了饑寒。」此語大可讀，饑寒真是恩。

匄貸決不可謾爲，此中往往作負責也。果奇才遠略，不無少因，亦得知己豪士通之。若本無經紀，而妄需人引手，打算將來，不如忍饑乾淨。始而乞憐，終而怨尤，喪氣丟人，千萬劣狀，不可勝寫。若我可以通諸人者，絕當抹去此念，與人而或負，亦不得以負我責之，並不許藏諸心。

舍兄弟不親，天下其誰親之！誰知天下即有不欲其兄弟相親之人。賈詡，亂人也，而寄語袁氏兄弟曰：「兄弟不能相容，而能容國士乎？」且看詡爲何如人，乃知以此等語揶揄不肖。有兄弟者念之！

天子求言，而無受諫之地，詎納諫亦是名根。莊子曰：「爲善無近名。」此語不得胡盧提過。

「重巘增石，簡積頵砡。兀嵔狋鬌，傾昊倚伏。庨窌巧老，港洞坑谷。嶰壑澮峴，峪窖巖寝。運裛穿洝，岡連嶺屬。林簫蔓荊，森槮作樸。」「鬌」本作「鬌」，非。鬌，《玉篇》「肥也」，于此義遠。《注》云「嵬峻之貌」，何取于肥也？當作「鬌鬌」之「鬌」。「昊」類「昃」，「傾」下似當「昃」矣，即作「昊」，義如「垂天」更永。「嶰」，《注》引《爾雅》：「小山別大山，嶰。」然《爾雅》實「鮮」字，不作山旁解也。鮮，猶少也。即「嶰」亦通作「解」，不从山。《律曆志》：「取竹之解谷。」孟康曰：「解，脱也。一曰谷名，崑崙北谷。」《注》又曰「兩山夾澗」，似矣。《説文·山部》無「嶰」字。《廣成頌》「谷底幽嶰」，不知引《爾雅》「嶰」何義？想李善時《爾雅》如此耶？然引李巡曰：「大山少，故曰鮮。」巡在景純之前，本如此，而善《注》又何所據？《玉篇》有「嶰」字，但曰「山名」，不及《爾雅》別鮮之義。

天下虛心人莫過我，憐才人亦莫過我，而謬膺一好罵人之名，冤乎哉！即使我真好罵人，在人亦當自反。罵不中耶？是仰面唾天。若罵中耶，何不取以自省，以我爲一藥味，何如？況我又知佛教中「説一破戒比邱過者，如出佛身血」。此等工夫，少能自檢，不知於人我之間，培多少忠厚、和平之德，何利於妄口誣賢而爲之？訐以爲直，聖賢大惡，童而習之矣。

《墨莊漫録》云：「近時士大夫不行佛之心，而行佛之迹，皆是談慈悲而行若蜂蠆者，望無上菩提，吾未之信。梁武帝之奉佛也，可謂篤矣。若捨身爲寺奴，宗廟供麪牲，乃築浮山墟，灌壽春。欲取中原，一夕而殺數萬人，其心豈佛也哉！」如此論，乃真奴婆嫣之見。所以今之奴人往往道太祖慘毒，而置之不論，不知太祖佛子也。若説不殺人始是佛子，除是人不可殺，佛子自然不殺。《孟子》「殺一不辜」之言，亦不得囫圇説之。一不辜不可殺，而萬辜自可殺之！天吏逸德，亦有令人怨不及處，「革」之時，大矣哉！人不幸而遭爲聖人殺之之時，無可奈何。直不狠聖人所惡而殺之之事耳。

今人讀《秋聲賦》，皆以「歐陽子」爲句，「方夜讀書」爲句。偶有問者曰：「歐陽子方是何人？」皆掩口啞之。及讀别傳，歐陽永叔亦字子方，乃知向人之問雖憒憒，而啞者政未了了也。

霜紅龕集卷三十七

陽曲傅山青主

雜記　二

司馬温公出不張蓋。伊川曰：「市人不識，有未便者。」公曰：「某惟求人不識耳。」此言真有意味，真人品，真受用，不可與務外之人道也。有人稱吾鄉一先生曰：「天下何人不識君！」先生應聲曰：「若天下人盡識，再成得人否？」余時在側，心竊喜之。歷年嘗舉以示人。不意今日復得此語，故書之，以見千載高明，所見略同。伊川此語想當早年，不然，何見之不廣也。

閻王差鬼使勾人，皆是猙獰醜漢，所以人人懼怕。若令西子、毛嬙作鬼使，則人人怕不得死矣。死，一也，而憂喜不同。此之謂隨境轉移，故曰無常，堪爲大地衆生一笑。

勸君莫逞才，才露爲薄輕；❶勸君莫用智，智與詐爲隣。

---

❶「薄輕」，王本倒乙。

「九重仙詔，休教丹鳳銜來；一片野心，已被白雲留住。」如此胸襟，安得不作神僊！「優游之所勿久戀，得意之地勿再往。」真名言哉！真吾師哉！于此可知，神仙即在人事中。

後人但令不斷書種、爲鄉黨善人足矣。此吾終日求之而不得者。

鼻之下曰人中。自此而上，耳、目、鼻皆偶；自此而下，口與二陰皆奇，合成一泰卦也。余因而廣之：人中之後，爲督，爲諸陽之會；人中之前，爲任，爲諸陰之海。偶竅開陽位，奇竅開陰位，陽之用在陰，陰之用在陽也。故耳、目、鼻主精、氣、神，爲五臟之用；口、二陰主傳送出入，爲六腑之用。陽奇，故耳、目、鼻聚于一；陰偶，故大小二便與口分于二。五臟屬陰，而精氣神無形，乃爲先天之陽，自内而出；六腑屬陽，而水穀有形，乃後天之陰，自外而入。觀先後陰陽之用，而水火互藏之妙昭昭矣。醫家之術，神仙之道，天地之運，思過半矣。陰盛則引陽，陽盛則引陰。陰陽相引爲欠，故人將死則欠也。一點陰氣不盡，不得爲仙；一點陽氣不盡，不得爲鬼。故陽升者，神從鼻出；陰降者，神從二便出。觀其所出，而人之善惡可知已。善爲陽，善至于無能名，是堯舜之重陽也。惡爲陰，惡至于衆惡歸，是桀紂之重陰也。莊子曰：「爲善無近名，爲惡無近刑。緣督以爲經。」是陽也，是中也，是道路之經也。至矣，盡矣，天人之理無餘蘊矣！

餐霞吸露，本自尋常事，只是要在塵世做此，餐半日霞，吸半夜露，吾見其餓而死矣。高霞潔露，天地清虛華潤，以待真人者也。奴俗之人不信，自是正經，而臭心穢腸，或起妄念，冀一從事於斯者有之。正當飛劍斬之，以杜不肖希僊之業。顔魯公之爲真官，理也；而李林甫如小説家，亦幾有仙言，何不衷爾爾。

梅子真避王莽而去，如此奇特丈夫，何必輒飛天上始仙之，即吴市門實十洲三島矣。楊子雲與梅先生同時，豈不略聞見其風耶？因念人之高卑、脩穢，相去之遼若此。

雪林近讀《左傳》了，告余曰：「『禮』之一字，足蓋《左傳》一部。」貧道聞而驚服之。此子進矣！凡妄人略見内典一二則，❶便放肆，有高出三界意，又焉知先王之所謂「禮」者哉！「禮」之一字，可以爲城郭，可以爲甲胄，退守進戰，莫非此物。向日貧道有讀《左傳》偈子云：「死不在寇需事賊，趙鞅、陳逆皆吾師。」蓋斷章耳。

嘗讀謝道韞《論語贊論》，寥落數語，高簡玄別，大破經生章句障礙蒙眼，竟似非素所常習之《論語》。不可不謂孔門一女功臣。

韓屯李先生，初極許孝義張元輔有志行。後聞張與虜官不絶遝來，張再見之，即謝不見。此近日極有分數人也。

「桓赫曰：『刻畫之道，鼻莫如大，目莫如小。鼻大可小，小不可大也。目小可大，大不可

❶「凡妄人」，王本作「凡人」。

小也。』舉事亦然。爲其可復者也，則事寡悔矣。」

衛人嫁其子而教之曰：「必私積聚。爲人婦而出，常也；其成居，幸也。」其子因私積聚。其姑以爲多私而出之。其子所以自反者，倍其所以嫁。其子不自罪於教子非也，而自知其益。當今人臣之處官者，皆是類也。

天生丈人來自燕，告余有誹諧嘲李、杜、馮、葉看選舉詩賦不當者，七言八句，惟「葉公懵懂遭龍嚇，馮婦癡騃被虎顛」二句，巧毒可笑。天生每爲人誦之。或謂天生：「爾亦取中者，何誦此爲？」天生曰：「此詩兒實有可誦處也。」

又説輕薄子以如今兩起排勝之事作對曰：「博學宏詞，清歌妙舞。」吾頗謂不然。博學宏詞焉敢與清歌妙舞者作偶？果有一班青陽繁華子，❶引商雜羽落梁塵，驚鴻游龍迴豔雪，真足令人死而不悔，復安知所謂學文詞者？博殺宏殺，在渠肚裏，先令我看不得，聽不得，想要送半盃酒不能也。

客冬卧病慈明庵，聞樂春園有嘲薦舉會集者，云：「從此長安傳盛事，盃盤狼籍醉巢由。」口雖樸毒，然實不中。博學宏詞者，原不曾以巢由自命，一時際遇，各欲了此筆硯之緣，所謂用其末足也。若無學無才之人，幸而免出一時之醜，遂成巢由耶！所謂我輩，只是知分安

❶「陽」，劉本作「楊」。

命，受一半年無處告訴之苦。既受過了，迴看受得苦在何處，只是又披了一層羼提鎧甲矣。

韓魏公説到小人忘恩處，如道尋常語。此等襟度，正非勉强而能，但是君子自然爾也。

韓康伯休賣藥不二價，其中斷無盈贏，即買三百賣亦三百之道，只是不能擇人而賣，若遇俗惡買之，豈不辱吾藥物？所以處亂世無事可做，只一事可做：喫了獨參湯，燒沈香，讀古書。如此餓死，殊不怨尤也。

萊公既逐死，家無遺文。嘉祐中，始得奏章一紙，曰「臣奉聖旨擘畫河北事」云云。❶萊公此疏，無復一毫文飾。才士本領，定不葛藤。使別人爲之，不知如何安排也。

「丈夫不能苦戰百里，賞罰由己，奈何居人下！」此唐末亂人孫儒之言，似有志氣，實無本領。不知其主意欲何爲，故終以亂死。凡有此志者，須先自審本領。

我於《左傳》薄有所得，却非明經家言，只是醒的文章之妙。朱晦庵謂是「趨炎坿勢」之書，不知何爲而爲此言？尹焞説：「只有六經，如《左傳》，便把文章做壞了也。」真令人噴飯！尹焞醒得文章是个甚來！

矮人觀場，人好亦好。瞎子隨笑，所笑不差。山漢啗柑子，直罵酸辣，還是率性好惡，而

❶ 「奉」，原作「奏」，據王本改。「聖」，王本無。

隨人誇美，咬牙捩舌，死作知味之狀，❶若斯極矣。❷不知柑子自有不中吃者，山漢未必不罵中也。但説柑子即不罵而争啖之，酸辣莫辨，混沌鑿矣。然柑子即酸辣不甜，亦不借山漢誇美而榮也。戴安道之子仲若「雙柑沽酒聽黄鸝」，❸真喫柑子人也。

白果本自佳果，高淡香潔，諸果罕能匹之。吾曾勸一山秀才啖之，曰：「不相干絲毫。」真率不僞，白果相安也。

又一山貢士，寒夜來吾書房，適無甚與啖。偶有蜜餞橘子勸茶。滿嚼一大口，半日不能咽，語我曰：「不入，不入。」既而曰：「滿口辛。」與喫白果人徑似一个人。然我皆敬之爲至誠君子也。細想「不相干絲毫」與「不入」兩語，慧心人描寫此事，必不能似其七字之神。每一愁悶憶之，輒噱發不已，少抒鬱鬱，又似一味藥物也。

排難解紛，濟人利物，是大丈夫本分事。凡創業之人，須有樊雲本領。❹

唐末之亂，麻煩極矣。且如王重榮、楊行密各傳，忙得老宋撾黄道黑，不倫不脊，少手没

---

❶「死」，王本作「强」。
❷「若」，原作「苦」，據王本改。
❸「沽」，王本作「斗」。
❹「樊」，王本作「範」，按：「範」即「范」，姓。

臂，不知該打那里線索。教看者尋不出个皂白，一片胡塗帳。

扶桑國喪親，七日不食；祖父母，五日不食；兄弟、伯叔、姑、姊妹，三日不食。孰謂夷狄無禮法哉！此俗與周、孔之教何異！

春字元作「旾」而加草，則人不識矣。其字最韻，而字从之者無多義味。即有之，解話亦不盡藴。如偆字但曰富，賰曰多財，瑃曰玉名，鬊曰亂髮，箺曰竹名，膥曰肥，媋曰女字，惷曰心動，蠢曰愚又不遜，⿰馬春曰駿馬，踳曰舛，⿰春攵曰亂，睶曰大目，鰆曰魚名。堾同踳，⿰口春曰吹。其中若膥、⿰春攵、堾、⿰馬春、睶，未免辱春字。而⿰馬春又以踳轉注見義者。若⿰春攵之爲亂，尤無義矣。鬊字妙理微情，可用詠歎美髮如雲，而但云髮亂，大孤厥旨。此字別無所見，以見之《喪禮》，故難以用之於他耳。惷之心動亦有女懷春，妙字不必以淫心斥之。蠢者，春日之蟲蠕蠕動也。瑃則玉光温潤，所謂「藍田日暖玉生煙」是也。睶亦可用美人矑睩，而僅曰大目，即今多睜大眼人，有何春之足觀也！睍睆可解睶字，而恰有鶞爲春鳥，好音而舍利，則睶央當加之鶞鳥。睶、鶞兩字作睍睆、黄鸝之詠，極稱吾意。必有酉旁春之「醕」，而字書絕無。然有⿰酉屯字，是⿰酉屯即醕也。《書》杶幹即椿，則⿰酉屯即醕，可旁通矣。而⿰酉屯但曰純，未免爲純義籠統蒙之。凡酒以春名者極多，而酒引人勝地豁然禦凓，俗所謂裹著綿，解⿰酉屯字絕的。❶ 然則膥即肫肫之仁，亦就萬卉覓

❶「字」，原作「之」，據劉本、王本改。

曲引申之生意而生之，宋儒「稔至」之訓，殊未能致。若膪可通肫，可曰肥，肥其仁耶？亦大難爲瘦漢，皆不良之人矣。

《周禮·艸人》：「輕爂用犬。」《音義》：「爂，孚炤反。」李：「婦堯反。」《正義》曰：「爂、脃聲相近。」如《音義》，則皆作票、爂字矣。本文見作爂，與「爂」字大異。「爂」、「脃」相近，明非「票」字也。「票」、「脃」如何得近？《廣雅》：「僄，輕也，从票从人。」自是票聲又一字，非此輕爂之輕也。細想「爂」是「爨」字之省，「爨」與「脃」聲近矣。爨，《説文》：「齊謂之炊。爨，臼象執甑，冂爲竈口，廾推林内火。」徐曰：「取其近火謂之爨，❶取其氣上謂之炊。」然則爨亦可謂輕者。竈有火灰，皆輕揚不重也。方知填此音時全不曾辨。本文票、爂之異，而冒冒焉，以爂爲爂，何漏也！繹票、脃相近之聲，不可得。偶思𦥯上與爨同，下仍火字，則分明爨字省文耳。不敢曰是，或足正此音義之失，亦快事耶！爨又作「熶」，从最。最，祖外切，外作今口清音，與脃正近。脃，粗外切，與祖外切毫釐之别。然臎即脃，臎有絶音，綿蕞之蕞，一作綿蕝。則絶、最可通矣。故「爂」與「脃」相近，正此類也。

彦，男子之美稱，籠箭語也。但看其本文：從文，所以别鄙野也；從厂，所以别委靡也；從彡，所以别非婦人面孔也。

---

❶「近」，四部叢刊本《説文解字繫傳》作「進」。

「聖」字，從耳，何也？難於聽也。從口，何也？難於言也。從壬，挺出地上，非常類也。耳難於聽，而目不難於明乎？耳根之圓通，非大聖不能，故尼師六十而造耳順之地。言滿天下無口過，亦非大聖不能，非先王之法言不敢言，言而世爲天下法，豈易言哉！故俗儒之學，所謂口耳三寸之間也。聖人則口、耳、壬出地上，絶非猶夫人之口耳者。若耳有所聽，口有所不道，亦非常人。

「肥」字可厭。東漢有肥頭少卿，元魏有閭大肥、長孫肥，不知何取？閭大肥本蠕蠕人，不足論，其義不過如驢大肥耳。看高閭本名高驢可見。

俗駡齷齪不出氣人曰「窩囊」。窩，言其不離窩，無四方遠大之志也；囊，言其知有囊橐，包包裹裹，無光明取舍之度也。亦可作「膿」，「膿」是多肉而無骨也。大概人無光明遠大之志，則言語行事無所不窩囊也。而好衣好飯，不過圖飽煖之人，與猪狗無異。

帛、帛，上正下通。延登張氏謂：「從鳥、從人、從己。監本作帛，誤。」「帛」字今不行。按《説文》尼部：「帛」，从鳥，尼聲。尼，讀若殊。無从人、从己之説。或誤以「尼」爲「几」、爲「己」也。「尼」有類乎「乃」，故楷書作「乃」。

《文選》任彦昇《彈曹景宗》文「退師延頸」，戍名也。若不知爲戍名，但云退師引領而望耳。

任彦祖《爲范彦雲讓吏部封侯表》「乃祖玄平」，❶任字玄平。自稱其祖，加一「乃」字。今世俗人自稱其兄弟曰「是我親乃兄」、「親乃弟」云云，亦可笑。若飾其過者，當引此「乃」字爲證耶！

韓康伯註《繫辭》：「在理則昧，造形則悟，顔子之分也，失之於幾。故有不善，得之於二。不遠而復，故知之未嘗復行也。」「二」字對「幾」字，似謂理與形影之閒耶？任彦昇《王文憲集序》「踐得二之機」，只掉顔氏庶幾耳。

曹子桓謂，陳孔璋章表殊健，微爲繁富。吾謂大爲繁冗。《選》中兩檄，皆有蓋聞帽子一段，蓋頭可厭。若輕薄，便當徽之爲陳蓋聞矣。

班固《賓戲》曰：「《説難》既遒，其身乃囚。」註：「應劭曰：『遒，好也。』」曹子桓《與吴質書》：「公幹有逸氣，但未遒耳。」《篇韻》從母下「遒」下：「迫也，盡也，健也。」又有「迺」字：「固也，終也，追也，盡也，迫也，忽也。」當即「遒」字耳。又邪母下「遒」字：「逡遒，縣名，在淮南。」遒從酋，當以酋見義。酋，長也。《説文》「繹酒也」，《禮》有「大酋」，長酒官也。《方言》：「久熟曰酋。」酋又從酉，酉，飽也，考也，就也。酒從酉得義。

范曄書：「第五倫舉孝廉，補淮陽醫士長，後從王朝京師。」不知當時醫士長何官。實實

---

❶「任彦祖」，王本作「任彦昇」。「范彦雲」，王本作「范雲」。

以知醫者爲之乎？　則第五公舉孝廉者，或亦知醫耶？　若不必知醫，而但爲醫士之長，以管轄之也耶？　如今之五官，皆有良醫，以知醫者充之，即不必高醫，亦胡亂鈔方、習方書者。

任彦昇《爲蕭揚州薦士表》：「物色關下，委裘河上。」註引關令尹事。晏子曰：「治天下若委裘用賢。委裘之實，桓公禮管仲，而趙襄子禮王登，此之謂委裘。」然委裘謂用賢，不曾解委裘之義。

《說文》最不可解者，入聲之富部。單收一「皀」字，曰：「從富省，亡聲。」以文求之，無一筆從富者。而列之此部，如□，如□，如□，略無關涉。

《干禄字書》入聲屋韻「宍肉」云：「上俗下正。」按：古「肉」作「□」，故楷作「宍」，非從宀、從六也。飛土逐宍之歌，尚作此字。《說文》□象形，楷當如何寫？　右脚恐難屈向外也。

廉恥：「广」下能兼，自然廉。「恥」則耳上生心耳。

《老子》：「善人，不善人之師；不善人，善人之資。不貴其師，不愛其資，雖知大迷，是爲要妙。」濁翁曰：師自貴之，則不肯爲人，資而愛之，則爲人而紛。不自尊爲師，不屑屑惠資，彼雖有資知，莫測聖人之爲。絶聖棄知，民利百倍。

不貴師即不尚賢，使民不争。不愛資，不仁，以百姓爲芻狗。不善人知聖人亦愛我，而舞其知以欺聖人矣。聖人不使其得用知，而彼則迷瞢無所爲伎倆矣。此章頗難徑讀，「不貴」上加一「若」字，義則淺而明，于「雖知」二句牾。

愚謂同父容得朱晦翁，而晦翁不能容同父。近日講論行徑，絶有類此者。故前章及之。覽眉《道人悼王瑨吾玉》五言一章，真窺見杜工部堂奥。然其似處正在不似。此無他，本乎性情識力。前因有種，遂能爾爾。若立意學彼，字擬句議，則瞠乎後，吾父子嘗私論此事。有明三百年來，不知當誰屬。

講學者羣攻陽明，謂近於禪。而陽明之徒不理爲高也，真足憋殺攻者。若與饒舌争其是非，仍是自信不篤，自居異端矣。近有袒陽明而力斥攻者之陋，真陽明亦不必輒許可，陽明不護短望救也。

張綸《林泉隨筆》：《禮記·曾子問》：「吾聞諸老聃。」馮氏曰：「老聃，古壽考者之稱。」石梁王氏曰：「此老聃非作五千言者。」本朝宋太史曰：「老子，周柱下史李耳，字伯陽，一字聃。聃謂耳漫無輪也。壽一百六十餘歲，周平王二十四年以書授關尹喜，再八年入春秋。孔子則生於魯襄公廿二年，上距老子授書關尹已一百卌年。」按此説，則孔子適周之時，聃猶未死也。莊周宗其道，言必稱之。《家語》所記，又與《史記》合，豈欺後世哉！朱子雖嘗疑有兩老聃，而終亦自以爲不然。注《禮》者直述之可也，乃曲爲之回護，而其實終有不可得而掩者矣。奴書生眼裏著不得一个人，自謂尊崇聖道，益自見其狹小耳。那能不令我盧胡也。

《曾子問》曰：「君之喪既至引至不俟子。」傅山曰：此節非情。癸巳冬，教眉、仁爲小楷書此，于今十二年矣。眼花廢書，來近二年。客冬右臂作痛，不敢提筆，又七八月矣。偶簡敝篚，自攬字無足存，然寫時敬謹之意固在行間。兒輩知之。甲辰四月廿一日。

「家」但以字觀之，❶「宀」下之「豕」，何異於「宀」下之「牛」？而人習以牢爲不祥，❷以家爲安宅，亦大不智矣。故有志之士，在家不得灑脱，❸想到天命人事終有一掃興。開交之時自然澹泠，不乃甚濃熱。❹在此世界却又不能絶人逃世，作自了漢，只把堯舜看天下底襟懷拏出來，一切恩愛嗜欲，米鹽盆盎，俱不值一錢，只是當爲者爲之而已。❺

《頭陀寺碑》：「行不捨之檀，而施治羣有。」注：「心愛衆生而行捨，則憎愛非爲真捨。故大士之捨，見不施之捨。及于衆生，斯爲不捨。以兹而施，故羣有皆治。」此義與吾解《老子》「不愛其資」同。

風作閉户，大悶。開卤偶看至此。因昨日書《老子》及此書之證，昧見「不貴其師」，乃正是法施之義。「師不自貴」則施不爲檀，猶之乎「滅度無量衆生，而無衆生實滅度者」。聖人不

---

❶「家」，原注「缺」，據王本及文義補。
❷「祥」，原注「缺」，據王本及文義補。
❸「不」，原注「缺」，據王本補。
❹「熱」，原注「缺」，據王本補。
❺「者爲之而已」，原注「缺」，據王本補。

仁也。

兄弟者，左右手也。譬人將鬬而斷其右手，曰「我必勝若」。如是者可乎？夫弃兄弟而不親，天下其誰親之？屬有讒人，反構其閒，以求一朝之利，願塞耳勿聽也。

處士之心，怕多一番麻煩，不自在耳。

楷書不知篆、隸之變，任寫到妙境，終是俗格。鍾、王之不可測處，全得自阿堵。老夫實看破地，工夫不能純至耳，故不能得心應手。若其偶合，亦有不減古人之分釐處。及其篆、隸得意，真足吁駭，覺古籀、真、行、草、隸本無差别。

「羣凶彌宇宙，此物在風塵」，謂張山人彪也。誰能當得「此物」兩字！

《張湯傳》：「李文與湯有隙，爲御史中丞，薦數從中文事有可以傷湯者，不能爲地。」蘇林曰：「薦，仍也。」師古曰：「薦、數義同。」「數數在中，其有文書事可用傷湯者，不爲作道地也。」《酷吏・田延年傳》：「霍將軍召問延年，欲爲道地。」師古曰：「爲之開通道路，使有安全之地也。」前「能」字須解作「肯」字乃得。

《田延年傳》：霍光曰：「謝大夫曉大司農，通往就獄，得公議之。」師古曰：「曉者，告白義指也。通者，從公家通理也。光忿其拒諱，故不佑之。」愚謂「通」字在「往就獄」上而解作「從公家通理」，文隔難通也。上下擬議之，似「且往就獄，而我一人不能專主此事，當得從公議之」，語氣不了絶，而忿恨必殺之意顯然。「通」字又可解作「通融」之「通」，猶言權且入獄。若云「往就獄，得通公議之」，則注便是矣。又似凡在事者，一概通往就獄。

《漢書·貨殖傳·宣曲任氏傳》：「富人奢侈，而任氏折節爲力田畜。人争取賤賈，任氏獨取貴善，富者數世。」注：「師古曰：『折節力田，務於本業，先公後私，率道閭里，故云善富。』」愚謂善於居富也。又似他人富皆以惡，而此獨以善。又似「獨取貴善」句，注：「師古曰：『言其買之物，不計貴賤，唯在良美也。』」則「貴善」是用貴價而取美善之物。下云「富者數世」亦通。

《北史》「權武字武弄」，「弄」字作字用，亦怪。以「妙」字爲名者，西涼有奮節將軍康妙。

言語正到快意時，便截然能忍默得；意氣正到發揚時，便翕然能收斂得；忿怒嗜欲正到沸騰時，便廓然能消化得。非天下大勇者不能，張公藝《百忍圖》亦是此意。

昨日新，前日陳；昨日陳，今日新；此時新，轉眼陳。大善知識，無陳無新。口頭有轉軸，一轂三十輻。山之𡸁窌巧老，水之窊隆詭戾，收在長笛鏓硐，一氣吹出都是。

山鬼之伎倆有限，老僧之不聞不見無窮者，不聞不見，却是從聞來、見來穿過去底。不然顚頇，待渠山鬼弄你个七顛八倒，敗陣而逃，没處安身躲死也。

險莫險於談論，危莫危於弄筆，恥莫恥於妄作，慚莫慚於無學。寡言則途坦，焚硯則心安。知恥不殆，知慚長進。慚恥交生，不墮危險。

《小宛》詩注：「壹，專壹也。」《説文》有「壹部」。而「壺部」中「壼」字則曰「从凶」，不得泄，凶也，音同云。引《易》「天地壹壺」，壹壺即氤氲矣。「壹」字亦當在壺部中。迺「壹部」單收「懿」字，又不及引《易》，何也？「終風且曀」，「曀曀其陰」，皆取陰蔽不晴明之義。「饐」之中溼，「噎」之飯窒，義皆因之。昏人終日中酒，猶俗云「連陰醉」也。《説文》从壺，从吉。古文如《詛楚》，則「壺」不見从吉。上从大，亦取蓋覆義。吉，从士，从口，曰美善也。壺中美善中口，自然屬酒，亦可傅會爲訓者也。

陸先生羽非汲汲仕進人，以不知書爲憂，是何意？寫其傳，令仁參看。

先生來歷最奇，不得讀書而匿爲優人，奇。不得意痛哭，正其來歷事。臨没定大奇，人無傳者耳。但「終鮮兄弟」之語，却似醋儒家者言，桑苎何勞爾？

寫字忌作寬褊之形。即本等寬褊如西、而、四、皿之類，亦徑神行之，令不覺爲寬褊乃妙。然此亦非專責之令窄長也。河東王孫抑甫，學褚河南行書，專以窄長爲訣，亦弄死蛇手段也。

《管子·輕重戊》篇：「虙戲作，造六峜以迎陰陽，作九九之數以合天道，而天下化之。」「峜」注無音，升庵音如「計」，不知是否？

真、行無過《蘭亭》，再下則《聖教序》，兩者都無善本。若必求善本而後臨池，此道不幾乎息耶！近來學書家多從事《聖教》，然皆婢作夫人。《聖教》比之《蘭亭》，已是轅下之駒，而況屋下架屋，重儓之奴。趙子昂善抹索得此意，然楷中多行，殊不知《蘭亭》行中多楷也。即《蘭亭》一記，世之膾炙，定武第一。以余視之，無過唐臨絹本。此可爲知者言，難與門外人語。

若以大乘論之，子敬尚不足學，何況其他！開米顛一流，子敬之罪；開今日一流，米家之罪。是非作者之罪，是學者之過也。有志者斷不墮此惡道。此余之妄談，然亦見許有膽有識之同人，不敢强人之同我也。

吾家現今三世習書，真、行外，吾之《急就》，眉之小篆，皆成絶藝。蓮和尚能世其業矣，其秀韻又偏擅於天賦，臨王更早於吾父子也。至於漢隸一法，三世皆能造奥，每祕而不肯見諸人，妙在人不知此法之醜拙古樸也。吾幼習唐隸，稍變其肥扁，又似非蔡、李之類。既一宗漢法，迴視昔書，真足唾弃。眉得《蕩陰令》、梁鵠方勁璽法，蓮和尚則獨得《湣于長碑》之妙，而參之《百石卒史》、《孔宙》，雖帶森秀，其實無一筆唐氣雜之於中，信足自娱，難與人言也。吾嘗戒之，不許亂爲作書，辱此法也。

霜紅龕集卷三十八

陽曲傅山青主

雜記三

柳公權，字誠懸。妙道之權無輕重，莫不至誠。懸而□之於人，天下莫測之用，直一「誠」字。宋人講「誠」，死誠也。其中變變化化，純一無妄之道，豈腐儒執著所得窺度！故孟子曰：「執中無權，猶執一也。」不然，執中豈非好字面耶？執兩用中，已□之誠懸也。

凡養漢婆娘，未必都是淫婦，只是面柔耳柔，則人敢狎而調之矣。百丈之崖，但有陵夷迤徑，莫不可登。一仞之石，嶄焉如削，欲躍而上也，難矣！包孝肅笑比河清，不惟自嚴，而愛人以德之意，亦寓於中。人不至以不情擾託人，德全矣。即人不知自愛，亦因此而知儆，而知愛矣。吾謂一切竿牘之階，輭情陛之也。

貧道嘗擬作蕚棚，爲春郊尋芳集客之具，意中結構殊精妙。每歲華期，扶老慈，攜子弟，圖數日承顔於風輕雲淡之野，即事令羣季睹花事，❶記室隨習聲律，擷漱芳潤，以爲游藝之益。後乃要詞壇昆弟，載酒限韻，以紀一年春游之勝。於今已矣！襤縷黄冠，且圖敲木魚，持瘻瓢，沿門叫化十方茶飯，以養吾老慈矣。風味似大相懸異，究竟宜然，未是落魄耶！通侻殊自佳，悲憤塞天地。饑餓痺瘃，不分於凡。

貧道岑寂中，每耽讀《刺客》、《游俠傳》，便喜動顔色，略有生氣矣。亂離之世，才一起念，圖便安受用，便是大糊塗。且莫説耿耿之中，有所不忘，欲得而甘心者，諸事有所不暇矣。只説要一个身輕，先貪戀受用不得。

新會白崖山御舟白鷴哀鳴墮海事，❷令人痛激。吾常道及，便淚出也。至情至性，何必在人，禽鳥尚矣！

東漢蓋元固，燉煌君子，吾意中每不能忘，如同時好友梁鵠爲沙州刺史時，欲殺從事蘇正和，訪之於蓋。蓋素與正和有隙，或勸可乘此以報。蓋曰：「乘人之危，不仁。」乃諫鵠而止。正和造謝，蓋不見，曰：「吾爲梁使君謀耳，非爲蘇郎也。」即此一事，君子可不稔記之，以明遇此例之義者。而抗揖董卓，人猶難之。不知能爲待蘇之事，必能抗董。非彼難而此易，亦非

❶「睹」，原作「賭」，據王本改。

❷「會」，原作「念」，據王本改。

彼易而此難。

白敏中，居易從弟也。王起典文衡時，欲舉敏中第一。嫌其與賀拔惎爲友，密令所知喻意，令絶之。既而賀造門，左右紿以他往。敏中躍出，見賀曰：「吾可以一第負素交耶？我不得首舉。」此事自黠者視之，自嗤其癡。作人不可不知，推此等心，自然能爲高允不負翟黑子之事矣。

「幽人自是多清興，昨日看花今又來」二句，甚閑逸可玩，先大夫《看牡丹》詩也，梓之《慕隨堂集》中。

宵人自己覺靈慧，動輒覓得人便意。君子以其便意者爲不屑而與之，宵人便以爲君子墮其計。

人經終年不聞一高明之言乎？不衣、不食可也，不聆高論不可。此甚難言。不衣食是凍餓死，不聆高論，腌臢腐臭死矣！豈無人撥此論。即聞高論，而無衣食，亦不終免凍餓而死！說到此間，果然使人無辭哉！呵呵大笑，滿口嚼肉，滿口呑酒，徧身羅綺，真个賢於滿案書史。楊名遠勸人喫劣肉，曰：「紿在肚裏是細絲。」明言哉！明言哉！伯夷、叔齊、爰旌目之流，餓死鬼耳。焦先、孫登、陳無已，凍死鬼耳。我悟了，多承教誨。楊名遠，蒲州人，貢士而膨，常穿松江草鞵，戴馬尾九華巾，念時文不輟口，不知何處記得一句「十年今始得肯相饒」，往往用之，說是曉得《紅拂曲》。初謂天下没許多解人，既而謂没幾个解人，終謂没一个解人，而今竟道没半个解人矣！此話太易。天下大矣，或有之，吾不見也，然聞之矣。以其所聞，喜而公聞之，人人以爲不必然之事憋人。我意中之人，亦當如我所云，没半个解人也。有我人不知，猶之乎有人我不知也。然終少，此中多詐，美人兮予懷，如何！如何！

唐子西《硯銘》，可當一卷小道書讀。長生久視非難，難一静耳。静而壽，不死不生，不生不死。

凡事天勝，天不可欺，人純天矣。不習於人，而自欺以天，天懸空造不得也。人者，天之便也，勤而引之，天不深也。寫字一道，即具是倪，積月累歲自知之。

混目冒躁之士者，曰粗豪。粗非豪也，果豪矣，必不粗也。且道卯君之豪中，書者喜其粗耶？亦屬其鋭而長耶？如以粗緝羊牛毛，如指、如臂、如腹何難？豈不中用哉！何必兔脊、狸背、鼠鬚之選也！

局面大而精氣英者，伊何人哉！天下之事，以粗而敗者往往，焉有真英雄而粗疏者！粗之一字，不學無術之人自喜之稱也。然而且有瑣屑自便之夫，借之爲欺人之具矣。

不拘甚事，只不要奴。奴了，隨他巧妙雕鑽，爲狗爲鼠已耳。

貧道嘗笑聖人謂人爲「萬物之靈」，又曰「五行之秀氣也」。不然哉，人焉敢與萬物較靈也！最庬最毒者人。蛇、蠆、狐、蜮，虎、狼、猪、狗，鴟梟、鵂鶹，諸齷齪鄙委、陰細蠢竊之類，人中莫不有，而獨無蜂蟻。君臣天秩，顛沛必伸。戴圓履方者，誰知有君父之當死也！故吾謂蜂蟻、烏鴉，五行之秀氣也，萬物之靈也。

《大招》：「鮮蠵甘鷄和楚酪，醢豚苦狗膾苴蓴，吴酸蒿蔞不沾薄。」酪、蓴、薄，韻自叶。王逸注「蓴」音「博」，蘘荷也，見《本草》。《説文》「蒚苴」，司馬《上林賦》作「搏苴」，音與「芭蕉」相近。陶隱居曰：「《本草》『白蘘荷』，而今呼赤者爲『蘘荷』，白者爲『覆苴』。」《大招》之「苴蓴」，即「搏苴」，即「蘘荷」，而「蓴」字與「蓴」字易混。近有人注《大招》者，於「蓴」下音「純」，蓋誤認爲季鷹之「蓴」，可笑。

「物相雜故曰文」，只此六字，可盡「文」義，非一先生之言所得熯㛒。

伐塚之雄，每以所得經奇自喜，究竟糟粕而已。《典論》「文人相輕」之言，只不真文人耳。果爾，孟堅、仲武，工部、供奉當干戈日尋，尚能相安同世耶！

漢隸之不可思議處，只是硬拙。初無布置等當之意，凡偏傍左右，寬窄疏密，信手行去，一派天機。今所行《聖林梁鵠碑》如墼模中物，絶無風味，不知爲誰翻橅者，可厭之甚。

山谷曰：「四民皆坐世業。士大夫子弟能知忠孝信友，斯可矣。然不可令讀書種子斷絶，有才氣者出，便當名世矣。」裴晋公訓子曰：「凡吾輩但可令文種無絶，然其閒有成功，能致身萬乘之相，則天也。」

名世不必作相，相亦未必名世。誠能令書種不絶，緜緜經史，培植聖賢根蒂，耕食鑿飲，饒足自貴，却是天地閒一種不可限量苗稼。

不知其於人有損無損，而知於其身萬無益者，不仁不義之口；不知其於人有益無益，而知其於身萬無損者，過忠過厚之心。

慧忠和尚云：「但脱情見，其道自明。」明之爲言，信也。如禁蛇人，信其呪力、藥力，以蛇綰弄，揣懷袖中無難。未知呪、藥力者，怖駭棄去。

不知篆、籀從來而講字、學書法，皆寐也。適發明者一笑。

「一雀入官倉，所食寍損幾。祇慮往覆頻，官倉終害爾。魚網不在天，鳥羅不張水，飲啄要自然，可以空城裏。」東野。三復「祇慮往復頻，官倉終害爾」十字，古人回翔之意，無時不謹乃爾。

《還金記》行世久矣。其中「戎以貝而爲賊」句，賊本从「則」、从「戈」，則聲。俗作賊，遂通謂貝戎賊矣。然「則」本亦从貝，傳毁「則」爲「賊」，於「則」而加戈焉，即毁「則」義也。不同聲而同義，義亦可通，即不合六書，於義固無害也。趙公用俗言以戲爲文，良無不可。見貝而興戎心，無論親疏皆有之。讀書之人猶不免焉，而獨歸之跖、蹻之倫，冤矣。愚嘗論蹻非跖等，蓋尉佗之流，處不得不爾之勢，尚不失爲勇敢丈夫，豈得以跖同之！且道古來當可以爲蹻之時，而不敢、不能爲蹻者往往，蹻亦何容易爲！苟有蹻焉，且賊夫不敢爲蹻者而殺之矣。

《大司徒》註：「孝于父母爲孝，善于兄弟爲友。」疏：「善父母爲孝，善兄弟爲友。」《祭義》云：「孝者，先意承志，諭父母於道，國人稱之，曰：『幸哉，有子若此！』如此美行，乃所爲父母兄弟所善。」余嘗讀此，頗知時文攝魂之妙。❶亡友范垂雲解之，但「乃所爲父母兄弟所善」句，尚拙拗未盡其情。似當作「乃所爲父母兄弟之善」，猶言父母之不背于道者，于此乎取之耳。

「干越」，今俗本《荀子》徑作「於越」，疑「於」、「于」聲近，傳寫遂作「于」，又訛爲「干」。然《路史》有「於越」，又有「干越」，曰「越之别」。《漢書》、《荀子》、《吕覽》明作「干」，昭云是餘干，今隸饒溪之餘汗，杜佑謂勾踐之西界，所謂「干越」。《淮南子》云：淮人有變，必先守餘干者。韻作刊，❷爲盂者，非。杜逌以爲亏，云於越，因杜以於爲發語爾。《漢書》云南方越名，誤。

《漢・貨殖志》：「金、銀、銅、連、錫。」李奇曰：「連，錫别名也。」師古曰：「下句有錫矣，此『連』即《説文》『鏈』字，銅屬也。」吾謂「連」音近「鉛」，恐黑錫之名耳。

態叶時字頗遠。又曰「南風之時」，叶「吾民之財」。則時字似可讀如時儕切者，叶態近之矣。然不知財叶時自可如才辭切，非時叶財也。《離騷》：「忳鬱悒余侘傺兮，吾獨窮困乎此時也！寧溘死以流亡兮，余不忍爲此態也！」

---

❶「魂」，劉本、王本作「魄」。

❷「刊」，劉本、王本作「邗」。

《老子》「涣若冰釋」注：音水貫切。「水」字或差。若不差，則音如今洗涮之「涮」。「水」字或是「冰」字，則從泮矣。《吕覽》「涣其羣」竟作「文其羣」解。

「罵」有寫作「駡」，爲馬上兩口，義較从网者顯。《篇海》有馬旁一口，爲「馿」，亦音罵。

《曲禮》「前有摯獸，則載貔貅」。《音義》：「貔，婢支反。徐，扶夷反。孔安國云：貔，執夷，虎屬。」《爾疋》：「貔，白狐。」郭注：「一名執夷。」陸《詩疏》同，非反切也。《牧誓》注：「貔，執夷。」亦無「反」字。

《春官・典同》十二聲中，「微聲韽」，注：「韽，讀如飛鉗涅韽之韽。」「薄聲甄」，注：「讀爲甄燿之甄。」《疏》云「韽爲飛鉆」云云者，「謂《鬼谷子》有《飛鉆》、《揣》、《摩》之篇，皆言縱横辨説之術。《飛鉆》者，言察是非語，飛而鉗持之。《揣》《摩》者，云揣人主之情，而摩近之。云韽聲小不成也者，飛鉗涅韽，使之不語，此雖聲韽，亦是聲小不成也」。「云『甄讀從甄燿之甄』者，從《春秋緯・甄燿度》之篇名。云甄猶掉也，雖微薄則聲掉，由薄故也。」今行《鬼谷子》有《飛鉆》篇、《揣》、《摩》篇，了不見有「涅韽」字。

《説文》：「鯈，直由切，魚名也。」《左傳》：楚庸有鯈邑，晋、鄭之閒有地名「鯈」，燕姞之祖伯鯈，皆音直由切。東漢有樊鯈、劉鯈，又音條。劉鯈之「鯈」又作「儵」。儵，音本同條。

《江鄰幾雜志》：宋子京判國子監，進《禮記》石經本，并請邵必不疑同上殿以備顧問。無何，上問古文如何，必對曰：「古文大篆，於六體義訓不通，今人淺學，逐一字之中，偏傍上下，雜用古文，遂致乖亂。」又問林氏小説，必云：「亦有長義，亦有好怪處。」上一一問之，對曰：「許慎《説文》：『歸』字，從𠂤，❶從止，從帚，從𠂤爲聲。❷林氏云，從追於聲爲近，此長於許矣。『哭』字，從吅，從獄省文，林乃曰象犬嗥者，怪也。」傅眉曰：「今《説文》『歸』字在止部，女嫁也。從止，從婦省，𠂤聲，舉尾切，不言從帚也。『哭』字如所説。」

「德」字，古文迂用。《國策》「趙武靈胡服」篇：「事成功立，然後德可見也。」此處用一「德」字似迂，然不迂。漢《古文苑》蔡中郎《協和婚賦》「惟休和之盛代，男女德乎年齒」，又迂得妙。

姓名者，名姓者，姓姓者，唐《名初譜》曰：「彭名之後，以名爲姓。」《漢書·食貨志》有姓偉，《律曆志》有射姓，❸《儒林》有丁姓。「射姓以前名少姓」，可對以「彭名之後姓其名」。

趙高曰「管事二十餘年」，「管」字從來。笑今俗皆云「管事」者，不知爲《史記》之文。

《無極山碑》有「終南之敦物」，蓋以敦物爲終南所産，與松篠同科。今經史多作「惇物」，注云「山之名也」。

❶「𠂤」，劉本、王本作「堆」。
❷「𠂤」，劉本、王本作「堆」。
❸「律曆」，原倒，據文義乙正。

與人之「乞」，當作去聲。求人之「乞」，當入聲也。總用一氣，吹以與人，則去之，匄以爲己，則入之也。

《儀禮・少牢》「勿没」，注：「爲其分散也。」《特牲》注「亦勿没」，釋云：「謂四面皆向中央割之，不絕中央少許，謂之勿没也。」又《特牲》「離肺」注「亦不提心，謂之舉肺」，釋云：「謂『亦』，《少儀》云『牛羊之肺離而不提心』，鄭注云『提猶絕也，不絕中央少許者』是也。」然則「離」與「勿没」是一義。

《韻會小補》：「《漢・外戚傳》：甚相忌妒曰『對食』，有相噬之意。」《漢書注》：「應劭曰：宫人自相與爲夫婦曰『對食』，甚相忌妒也。」甚明白，非以其相忌妒謂之對食也。又添有相吞噬之義，何居？

苗。《廣韻》「屋韻」有「苗」，文與此無别，音同畜。又他歷、徒歷二切，則音如笛矣。解：蓨也。下云：蓨音挑。《集韻》云：蓧也。是蓨、蓧同一字，讀如條也。則苗入蓧非苗平蓧。今作曲者多作苗平條而不作苗入條，是苗、苗字混之久矣。

經子之争亦末矣。只因儒者知六經之名，遂以爲子不如經之尊，習見之鄙可見。即以字求之，「經」本「巠」字，「一」即天，「巛」則川。《説文》「巠，水脈也」，而加「工」焉。又分「二」爲天地，「丨」以貫之。「子」則「一」、「了」而已。古「子」字作「𢀈」。巠、子皆从「巛」者，何也？

「巛」即川者，水也。巛則無不流行之理。訓詁者以「𡿺」上之「巛」爲髮形，亦淺矣。人，水也，子之从巛者，正謂得巛之一而爲人也。與「巠」之从「巛」者同文。即不然，从孩稚之語，故喃喃。孔子、《孟子》不稱爲孔經、孟經，而必曰孔子、《孟子》者，可見有子而後有作經者也。豈不皆發一笑。

檜，柏葉松身，不識栝者，謂即檜。《書注》：「馬融曰：白栝。」是今晋地自有栝樹，鬣似松而皮白，所謂白松也。柏葉松身之檜，與此迥殊。

《齊侯鎛鍾銘》：「其萬福純魯。」古魯、旅通。旅，衆也。或欲其福之厚多耶？即以「魯鈍」之義解之。魯鈍豈不是福？《子虛賦》「蓮藕觚盧」，張晏曰：「觚盧，扈魯也。」不解是何義。

頃過共城，見孫鍾元先生真誠謙和，令人諸意全消也。其家門雍穆，有禮有法，吾敬之愛之。不知者以爲世法模棱之意居多，其中實有一大把柄。人以隱稱之，非也。理學家法，一味版拗，先生則不然，專講作用。故於嘉興之魏、潞河之李、南昌之鄒、桐城之左，均敬愛之無異同焉。❶此等學問，亦大難向腐漢講矣。而張于度頗嫌先生少近羅莎，亦其所處之勢不同，

❶「敬愛」，王本倒乙。

有不得不然者耶？然其説亦不可盡廢，旁觀者不無冷然。❶

讀書不必貪多，只要於身心有實落受用處，時時理會。如宋儒語録，不勝尋討，須細細涵詠之。近代薛文清語録最好，若能領畧得一句兩句，便不是從前不痛不痒人矣。

元仲隸任姓事，憶任元受事母盡孝一則，真誠至性，與邴根矩言同。人子自然之極，不但魏公許之，即子桓亦不得讐也。此等情事，原不得少舟旋于中。《管子》曰：「使君親之，察同索屬故也。」一時就君用臣之言耳。而既云「禮義，人君之神也」，「親戚之愛，性也」，語氣亦自分明。又云「使君不安者，屬際也」。意取用屬于君，不徒際也。若屬際則君不安，似謂不屬而際也，當屬而際也。好諛之君，聞之當喜，吾終不謂然。義合天合，自有分别，立言者不得不爾。必竟忠是忠、孝是孝，求忠臣于孝子之門，語自深婉。卓老責趙苞、温嶠之論，天理之至。

元仲每患貧，輒曰：「吾任家不聞出富饒人。」即如任棠，豈不有隱居之名。龐參訪之，先以水一盂置户屏前，龐思其微意，久之曰「欲吾清也」，其窮可知矣。貧道謂君家囂，定楊粤之亂，秦亡，遂築關隘，守南海，有如此窮漢耶！宣曲之任先，爲狄道倉吏，獨以窖倉粟致巨富，漢主重之。亦可以少慰元仲之心矣。至於阿陵侯，炳然雲臺，豈有食侯邑而尚不得富饒者？

❶「不無」，王本倒乙。

猶足自喜。若有唐之濤，不第工詩，李隲爲免郡役，恐當時富虜未必能以財爲地道免役，貧又大勝矣。明初任原、序兄弟從學於趙汸，原不受其習，而歷功至將軍，不囿于方，奇士也，何必富饒！平徭通政公良弼，歷官卌年，琴書而已。元仲家世善琴，不可不知此公。且云遠祖某公以琴授七品散官，後有憲副公能琴，亦清貧，幾不被子孫。豈琴之不富人故耶？如此，則元仲當燒琴更張矣。

《莊子》：「指窮於爲薪火傳也，不知其盡也。」此義實多門，但就養生上説，猶言以薪喻身，以火喻命，爲身是命之所依，凡所以養身者，無所不至，惟恐其養有不至而喪命者，即似恐爲薪之備，而火忽然息也之義。指猶意也，意窮極于爲薪者，爲火因此而傳也，却不知膏煎之義，所以養身之備，而有速其盡者矣，即有生必先無離形，形不離而生亡者有之矣之意。此又一解也。然内典之義，則又謂火之傳異薪，猶神之傳異形。前薪非後薪，則知指窮之淵妙；前形非後形，則悟情數之感深。惑者見形朽于一生，便謂神情共喪，猶睹火窮于一木，便謂終期都盡，可乎？不知其盡，謂不見其盡也。郭注語煩而晦。

《德充符》曰：「彼且擇日而登假，人則從是也。」注：「以不失會爲擇耳。斯人無擇也，任其天而時動者也。故假借之人，由此而最之耳。」是「假」音「賈」矣。《大宗師》：「若然者，登高不慄，入水不濡，入火不熱，是知之能登假於道也如此。」注：「言夫知之登至於道者，若此之遠也。」是「假」如「格」音矣。前則假借，後則假格；前義則登與假不相屬，後則登與假相屬，自相矛盾也。

關尹曰「在己無居，形物自著」，妙語。與《金剛》了義「心不住法，而行布施，如人有目，光明炤見種種色」同義。

《廣韻》：「鑁，邱亮切。」陳桓子名若是。《左傳》陳桓子則名無宇矣。《篇海》「鑁」字下曰：「陳桓公子名。」《史・世家》：「陳桓公鮑之太子名免。免之弟三：曰躍，曰林，曰杵臼。」無名「鑁」者。

《玉篇》：「晅，音同互。」《梁書》：「良吏伏晅。」又有祖晅者，見拘於元延明，爲延明作欹器，刻漏銘，而爲江革所罵者。《晋書・閻鼎傳》有中書令李晅。《音義》：況晚、古鄧二反。《廣韻》「阮韻」中：晅，況晚切，日氣也，又古鄧切。《正韻》作晅，从火，从亘，不从互。

「冊」字，《玉篇》「冂部」有「𠕁」字，音琮，𠕁孔也。文與「冊」字類，解「𠕁孔」，不知何物。《南齊書》有「扁粣」字，可見「粣」即「粽」字。若「𠕁」是「冊」字，形雖相似，而中間一畫有橫穿出、不穿出之分。若篆書「冊」、「𠕋」又如此，中間二畫皆不穿出。鐘鼎有「卌」文，亦音作「冊」，不知的確是「𠕋」字未？俗寫「冊」者，又有并作二「朋」之形，亦與「𠕋」不同，是又因「𠕁」而分一「冂」爲二「朋」也，可見非从「冂」字矣。「冂」音坰，但不知《南史》之「粣」的確从「𠕁」耶？从音粽之「𠕁」耶？《廣韻》「冬韻」中不列「𠕁」。

魯臧武仲名紇，孔子之父鄹人紇，皆音恨發反，而世人多呼爲核。唐小說：蕭穎士輕薄，有同人誤呼武仲名者，因曰：「汝紇字也不識。」或以爲「瞎字也不識」，誤矣。按《説文》「紇」字：「从糸，乞聲，下没切。」《廣韻》在十一没「麧」字下亦下没切，又胡結切。《玉篇》：户結、下没二切。

《廣韻》：「絎，胡孟切，刺縫也。」《史記・韓安國傳》：「即欲以侘鄙縣。」《注》：「徐廣曰：侘，一作絎。音寒孟反。《漢書》作謣，音火亞反。」侘，習侘傺失志之義，于此不合。如旁从虖，从雩，二字原易溷，火亞切，則當从虖，不當从雩。然二字《説文》皆無之。

《墨子》「⿰養隹」字，字書無之。細觀上文爲「⿰養隹其指」，指食脯曰「騷之」，又曰「欲而騷」。下則「脯」與「指」皆用「⿰養隹」字，豈「⿰養隹」是「騷」之譌耶？「養」略似「蚤」，「馬」上似「隹」，又左右易之，遂至此耶？

子美謂：「十日一山，五日一水。」東坡謂：「兔起鶻落，急追所見。」二者於畫遲速何迥耶？域中羽毛鱗介，尺澤層巒，嘉卉朽蘀，皆各有性情。以我接彼，性情相浹，恒得諸渺莽惝恍間。中有不得，迅筆含毫，均爲藉徑，觀者自豁然胸次。缺斯技也，進乎道矣！

高齊時，所謂「促律忽塔」，想亦用蕎麥爲之。孟俗以此麪漏作蝌蚪，作湯噉，虚鬆如無物，亦食中妙品也。

《説文》最不可解者，「凡」字曰「从二」，不知所謂「二」者何在？

缺若已之反爲巳，則修己之己，音正是此辰巳之巳，《晋・天文志》「熒惑逆行成鈎巳，鈎巳有芒角，如鋒刃」。已無音，不知當何讀。

六，地之數也。一是水，土下皆水。水是氣，所以能載十，故从十、从一而爲土。土涇者，以一在下也。其聲叶五。十即乂之正寫者。若十下無一，則乾燥不生矣。生之从土，以此也。❶

「一生二，二生三，三生萬物。」此數句反翻不勝計。吾嘗謂，一生二，似一又生一，是二；二又生一，是三。若云「一生二」是二，「二生三」則五矣。

自一至三皆不交，至五則交。乂即上四畫，第一、第二不交，第三、第四交之。

角之合口讀則如局。今俗村人無讀作訖岳切者，皆衢玉切之「局」，不待讀如禄聲，而始可證《盤中詩》也，即「誰謂雀無角，何以穿我屋」是也。

《南齊》：東昏侯佞幸有徐道櫄。《魏書·高允傳》：崔浩令史有閔湛、郄櫄，性巧佞，爲浩信待。《李訢傳》有范櫄。皆小人。《魏書》又有魏靈櫄。振玉案：「櫄」即「標」之別字。

《廣韻》：儘，不慧也。又「儘儘辨快」，出《音譜》。《三國志·王平傳》「端坐竟日，儘無武將之體」，與此解不同。

《管子·小問》篇。傅山曰：學者讀此，可以立身，可以禦侮，可以成德，可以濟物。小子

❶「以」，劉本、王本作「有」。

玩之，茲實也，免脱也。謂脱然變化而出也。忠信甲胄，禮義干櫓，内甲卷城，兵刃之道也。

至於成而由由然利犿，茲實而圓，脱殼而出，不柴不滯，君子之德也。

得少爲足，于問學則小器，于歆食爲上智。

名者洩氣之罅，智者逃之；機者不測之變，静者見之。

霜紅龕集卷三十九

陽曲傅山青主

雜記四

《説文》：「呰，不思稱意也。」《管子》、《齊語》「呰相其質」。注：「呰，量也。」《蓋寬饒傳》「用不呰之軀」，《貨殖傳》「家亦不呰」，皆謂呰，量可比也。然今率用爲「呰毁」之「疵」。《少儀》「不呰重器」，註「思也」，即解爲疵毁，亦可。輕薄之人，凡見人家有所珍重之器，輒彈駁之，其常也。「毋呰衣服、成器」亦然。故不許呰也。《莊子》「外合而内不呰」，注不解。然與「合」字對，是「不合」之義矣，别無可引以爲解。《戰國策》：「趙王封孟嘗君以武城。❶孟嘗君報舍人以爲武城吏。曰：呰然使王悟而知文。」注引「不思稱意」之語，是亦可用證「不呰」爲「不合」之義。《王莽傳》：「翼平連率田况奏郡國呰民不實。」師古曰：「舉百姓呰財，不以實數。」《禮記·檀弓》九卷：「子游答有子曰：子之所刺於禮者，亦非禮之呰也。」注：「呰，病

---

❶ 「封」，原作「對」，據劉本、王本改。

害也。」

《左傳》「華不注山」，注云：「華不注，山名。」「不」字本無音。近人皆以「拊」音讀之，❶云自「萼不韡韡」來。而「萼不」之「不」，毛傳不解。是舊亦無「拊」音，皆作發語詞也。自鄭箋曰「不，當作拊」，始有此音。即墨又有「不其山」，不知「不其」之亦不當讀如「拊」耶？❷只因一「華」字而改之，亦似有義。若「不」字原無補弗切之聲，不知漢人名如雋不疑、直不疑之流，亦當讀爲「拊疑」耶？即《唐棣》一詩下，即有「不如友生」之「不」，亦當讀爲「拊如友生」耶？《國語》「三周華不注之山」，注：「華，齊地。不注，山名。」則「華」與「不」又不連讀。而帖「華」作「拊」讀，益見其無知也。

《周禮·秋官》：「壺涿氏掌除水蟲。」注：「水蟲，狐蜮之屬。」亦不解命官爲壺涿之義。而後世遂謂人之胡塗者，本此「壺涿蟲」來。此「蟲」字是「壺涿氏」之所除者，且謂是其毒物害人者，故設此官以除之。與人瞶悶者何關？升庵好爲此等説，爲人之耳食，自居博洽者輒祖之，其實不通。

《管子·法禁》篇：「莫敢超等踰官、漁利蘇功。」注：「飾詐以釣君利，謂之漁利。因少構

❶ 本篇諸「拊」字，劉本、王本作「柎」。
❷ 「亦不」，劉本、王本倒乙。

多，謂之蘇功。蘇，生息也。」山謂：蘇與漁對，猶樵蘇之蘇，謂取也。

《西京雜記》：「漢人有秋胡，翟公欲妻之以女。人謂其先娶婦，失禮而死，遂罷。」此非魯之秋胡也。

《十月之交》：「豔妻煽方處。」鄭以爲非褒姒，厲王后也。疏引申侯曰：「剡者配姬以遠賢。」「剡」對「姬」，是姓。豔、剡，古今字耳。

《商子》：「周軍之勝，華軍之勝，長平之勝，秦所亡民者幾何？」❶長平之勝，在昭王四十七年，去孝公凡百年，如何商子言之？豈先有長平耶？

《澠水燕談》：秦武公作羽陽宫，有羽陽瓦，篆四字曰：「羽陽千歲。」《史記·秦紀》武公立廿年，不言羽陽宫事。「武公元年伐彭戲氏，至於華山下，居平陽封宫。」《正義》曰：「宫在岐州平陽城内。」

《唐詩紀事》「程賀事蹟」曰：「崔亞典眉州，賀爲廳僕。崔見其風味不常，問曰：『爾讀書乎？』曰：『薄涉文藝。』崔指一物命詠之，雅有意旨。因命歸，稱於諸公間，凡廿五舉及第。」廳僕，當即門子類也。

《史·周勃世家》：「以將軍從高帝，擊反韓王信於代，降下霍人。」《正義》：「霍，晋地。」

---

❶「秦」，原作「素」，據劉本、王本及四部叢刊三編景明本《商子》改。

按：「霍」當作「葰」。《地理志》：霍人縣，屬太原郡。《括地志》云：「葰人故城在代州繁畤縣，漢葰人縣也。」《樊噲傳》作「霍人」，其音亦同。今行《史記·樊噲傳》及《漢書》皆作「霍人」不作「靃」也。《說文》：「泒水，出雁門葰人戍夫山，東北入海。从水，瓜聲，古胡切。」

《燕策》：「蘇代爲燕説奉陽於趙。望諸相中山也，使趙。趙刼之，求地。望諸復關爲土。」注：「與樂毅同號。」

《商子·更法》篇：「孝公平畫，公孫鞅、甘就、杜摯三大夫御於君。」《國策》：「秦攻邯鄲，軍吏三心，王稽、杜摯以反。」在昭王時。孝公至昭王八十餘年，别有摯耶？猶未老也？

魏收《看柳上鵲》詩末句曰：「何得離婁意，傍人但未聽。」用「離婁」字不解何義。古詩「雕文□異類，❶離婁自相聯」，是刻鏤意矣。《舊唐書·樂志》：「致笛離婁。」

今所謂「山樝」者，與梨大别，想來今之兔頭梨。梨之類是古來謂「樝」也。

禽下从禸，獸跡也，不知何時而遂爲飛禽所專。

《荀子》：「望其壙睪怒。」「睪」，音澤，又音皐。解都如「澤」。《說文》「臯」字在夲部，曰：「氣臯白之進也。从白，从夲。《禮》，祝曰臯，登歌曰奏。故臯奏皆从夲。《周禮》曰：『詔來鼓臯舞。』臯，告之也。古勞切。」「夲」，「士刀切，从大，从十，猶言兼十人也」。進，趣也。今習

❶「□」，王本作「各」。

作臯。其實半即夲之傳寫小異而訛也。《春秋繁露》「皋蘇釋勞」。「臯」又作「⿱艹咎」，故「皋陶」又作「咎繇」。

《月令》：孟秋「審斷決獄」，「斷，丁亂反。蔡：徒管反」。《正義序》引爲義疏者，二戴、王、鄭外有十一家，無蔡姓者。《月令》篇名下：「蔡伯喈、王肅云周公所作。」蓋伯喈耶？

斜，《説文》：「杼也，从斗，余聲，讀若茶，似嗟切。」茶與似嗟切殊遠。草部：「荼，同都切。徐鉉曰：即今之茶字。」然則讀若「荼」，許氏當時之聲也。似嗟切，徐氏後來之聲也。徐音雖似今《廣韻》之音，仍無不正之義。《急就章》：「板柞所産谷口斜。」❶與家、蟇爲韻，是古亦有似嗟切之讀，師古無音也。《公孫賀傳》：「朱安世曰：斜谷之木，不足爲我械。」注：「音弋奢反。」《洪武韻》在遮韻邪、耶下兩收。《玉篇》：「徐嗟切，杼也，散也，不正也。」「杼」即今之「梭」也，榆次人讀聲如似嗟切。

焯音罕，即辣米菜也。洪舜俞《老圃賦》：「焯有拂士之風。」林洪《山家清供》云：「朱文公飲後，輒以焯菜供蔬品。」

「拾」字有兩音。「決拾」之「拾」，《鄉射》「納射器」中有「拾」，如本音。又「司射猶挾乘矢，以命三耦，各與其偶讓取弓矢，拾」。注：「拾，其劫反，更也，言遞取弓矢，見威儀也。」似謂一

❶「柞」，原作「□」，據王本及四部叢刊續編景明鈔本《急就篇》改。

遞一个取，不是一人連取也。《左傳》「不狎鄙」，亦遞也。又音涉。《曲禮》上二卷：「拾級聚足。」注：「拾，涉也。級，等也。聚足，謂每階先舉一足，而後足併之，不得後過前也。」❶

《三國・傳嘏傳》：❷「寄命洪流，以徼乾没。」《注》引《漢書・張湯傳》：「湯始爲小吏，乾没。」服虔曰：「乾没，射成敗也。」如淳曰：「得利爲乾，失利爲没。」「臣松之以虔直以乾没爲射成敗，而不説乾没之義，於理猶爲未暢。淳以得利爲乾，又不可了。愚謂，乾宜讀爲乾燥之乾。蓋偶有所徼射，不計乾燥之與沈没而爲之。」今《漢書注》：「如淳曰：豫居物以待之，得利爲乾，失利爲没。」❸蓋因有「與長安富賈田甲、漁翁之屬交私」之語，淳遂解爲徵貴、徵賤，❹若范蠡之積居與時逐，子貢之發貯鬻財曹、魯之閒也。師古亦不解其義，但云「乾音干」耳，或亦從松之義耶？愚謂，裴義亦所未盡，意謂湯爲小吏，❺知官府輕重民閒事，可爲道地田漁之屬。爲之關白而徼幸乾没其賄賂也。乾，燥也；没，沈也。言於乾燥之地沈没取物也，猶言

---

❶「得」，原無，據劉本、王本及阮元刻十三經注疏本《禮記注疏》改。

❷「傳」，原作「傅」，據劉本、王本改。

❸「失」，原作「射」，據王本及上下文義、清乾隆武英殿刻本《漢書》改。

❹「解」，原作「改」，據王本及上下文義改。

❺「意」，原作「音」，據王本及上下文義改。

陸沈云耳，亦通。今諺謂不應得而得者爲乾，入水取物爲没，猶言白取也。湯爲小吏，從中射其成敗，成則乾得，敗則没失，得屬諸湯，敗屬之人。湯立於乾燥無事之地，❶而不管人之沈没也，亦可。以上下文繹之，乾没猶儌幸也，亦可。或謂「没」猶「昧」也，不問成敗，惟在必得，而乾昧没之也，亦可。當時自有此語，觀《傳》所引語氣可知。況《傳》言湯舞智御人、爲小吏，則乾没。及列九卿，則收接天下名士大夫，乾没亦其揣摩、舞智之一節。總之，謂乾浄没入於我也。

《漢書》翼奉上封事：「北方之情，好也。好行貪狼，申子主之。東方之情，怒也。怒行陰賊，❷亥卯主之。貪狼必待陰賊而後動，陰賊必待貪狼而後用。二陰並行，是以王者忌子卯也。《禮經》避之，《春秋》諱焉。」李奇曰：「北方陰也，卯又陰賊，故爲二陰。王者忌之，不舉樂。《春秋》、《禮記》説皆同。」張晏曰：「子刑卯，卯刑子，相刑之日，故以爲忌。而曰夏以乙卯亡，殷以甲子亡，不推湯、武以興，❸此説非也。」師古曰：「儒者以爲夏、殷亡日，大失之矣。」《説文》「女」部：「婁，即移切。婦人小物也。《詩》云：屢舞婁婁。渠績切，讀若跂，婦人

❶「無」，原作「没」，據王本及上下文義改。

❷「行」，原作「主」，據王本及清乾隆武英殿本刻《漢書》改。

❸「以」，原作「之」，據劉本、王本及清乾隆武英殿本刻《漢書》改。

小物也。」不知「婦人小物」爲何義。跂，巨支切，平聲。而「妓」曰讀若「跂」，切以渠績之入聲，何也？今《詩》無「妓妓」句。

《説文》注：「吴，姓也，郡也，一曰大言也。从矢，从口，五呼切。徐鍇曰：大言，故矢口以出聲。《詩》曰：不吴不揚。今寫詩者改吴作吴，又音化，其謬甚矣。」《廣韻·禡韻》有「吴」字，注：「大口語，本胡快切，今習如化。」《説文》注：合、會，善言也。籀文作「譮」，今《詩》「不吴」逕音語，語與化遠甚。

《荀子》：「空石之中有人焉，其名曰『觙』，其爲人也善射。」注不音。「觙」字何音？字書無此字。

《史記·自敘》：「漢平中國，而他能集楊越以保南藩，納⿰田貢職，作《南越列傳》第五十三。」「⿰田貢」字從田，有理。

《史記》褚先生補白字《建元以來侯者年表》：「富民侯田千秋，家在長陵，以故高廟寢郎上書諫孝武曰：『子弄父兵，罪當笞。父子之怒，自古有之。蚩尤畔父，黄帝涉江。』上書至意，拜大鴻臚。」《漢書·田千秋傳》無此語，《表》亦無之。蚩尤豈黄帝之子耶！

《井卦》「亦未繘井」注：「綆也。」《説文》亦然。於「亦未而羸」之義未盡。《説文》「矞」字注曰：「以錐有所穿也。一曰滿有所出也。」从糸，从矞。須取「滿有所出」之義始得。不然，但曰汲水之索而已，於「汔至未出」之義何居？

「黴」字。《説文·黑部》「黴」字注曰：「黄白而黑也。」又曰：「短黑，讀若以芥爲齏，曰芥荃也。初刮切。」「荃」字注曰：「芥脃也，此緣切。」「脃」字注曰：「小耎易斷也，此芮切。」荃與初刮切遠甚，不知當時的是何聲。

吴才老《韻補》「一東韻」：「江，沽紅切。」引晋謡：「五馬浮渡江，一馬化爲龍。」又曰：「阿童復阿童，銜刀浮渡江。」「四江」下曰：「古通陽，或轉入東。」按「雙」字从雔，《玉篇》「雔」又「除光切」，則「雙」之聲全從此切生出。以切「江」字，則全是今讀矣。《玉篇》顧野王却在唐前。❶

諺語「早看東南，晚看西北」，見《内經·五運行大論》。岐伯曰：「《太始天元册》文：丹天之氣經於牛女戊分，黅天之氣經於心尾己分，蒼天之氣經於危室柳鬼，素天之氣經於亢氐昴畢，玄天之氣經於張翼女胃。所謂戊、己分者，奎壁角軫則天地之門户也。」注：「戊土屬乾，己土屬巽。《遁甲經》曰：六戊爲天門，六己爲地户。」晨昏占雨，以西北、東南義取者。雨爲土用，溼氣生天，故此占焉。

《史·表》：「酇文終侯蕭何。」《索隱》曰：「音贊，縣名，屬沛。」《漢·表》師古曰：「音贊。」按，《史·世家》注：「文穎：音贊。瓚曰：今南陽酇縣也。孫檢曰：有二縣，音字多亂。屬沛

---

❶ 「唐前」，原倒，據劉本、王本乙正。

郡者音嵯，屬南陽者音讚。《茂陵書》，蕭何國在南陽，宜呼讚。」然則今人讀若嵯者，皆不細讀史之人也。《索隱》音是，郡非。此詳於《漢書·高帝紀》十一年注，顔師古辨之甚詳，蓋因班固《泗水亭碑》何與酇叶故爾，今人亦不知本於《泗水亭碑》也。或謂因「凌煙閣上數酇侯」一語耳。《泗水亭碑》見漢《古文苑》。

宋均性寬，不喜文法。嘗言：「吏能弘厚，雖貪污放縱，猶無所傷。至於苛察之人，雖或廉清，而巧黠刻削，毒加百姓。」此亦就當時矯激已甚而發，然實有至理。貪污之人，豈全無所傷？但當論其性之厚薄。

《韻補》之誤，非才老原書。「五支」「備」字下「貧悲切」，引《成相篇》「妻以二女任以事。大人哉舜，南面而立，萬物備」，「哉，牋西切」。本文前有「堯不德，舜不辭」兩句，不以事、備叶，而云「哉，牋西切」，大誣。況「大人哉舜」是一句，本篇類以第四句，另作四字一句，爲攬上振下之文。若以「哉」字作句，而「舜」字連下讀，此與「堂堂乎，張京兆之誣」何異？若不用「辭」字作證，❶但以事、備相叶，❷亦無庸取中間不成文之「哉」字也。

又「陽」韻「身」字下引荀卿《成相篇》曰：「天乙湯論舉當身，讓卞隨舉平光，道古聖賢基

---

❶ 「證」，原作「誣」，據王本改。

❷ 「但」，王本作「單」。

必張。」於「身」作句，不通。凡《成相篇》首二句，皆三字一句，此「天乙湯」句，「論舉當」句，「身讓」連下至「光」字一句。若云「天乙湯論舉當身」成何文理？《九章·惜誦》：「怨情之不信兮，故重著以自明。矯兹媚以私處兮，願□惠而遠身。」❶凡《離騷》，「明」皆讀如「盲」，叶「身」，是其一證。乃引《成相》破句，此定非才老原書矣。

艱、朁，《騷經》：「長太息以掩涕兮，哀民生之多艱。余雖好修姱以鞿羈兮，謇朝誶而夕替。」才老《韻補》「真」韻，「朁」字列「潛」下，才淫切，引此四句。艱音勤，「朁」與「潛」傍之「朁」迥遠，而援與同切。吾不謂然，然又不能强讀若「朁」字。或傳寫之訛，下文「既朁余以蕙纕」，文義分明，絶非訛者。又「月」韻「朁」字引潘岳《西征賦》「升曲沃而惆悵，惜兆亂而見朁。枝末大而本披，都偶國而禍結」。朁，他結切。又「質」韻「朁」字下，他吉切，引張衡《東京賦》：「忿姦慝之干命，怨皇統之見朁。登聖皇於天階，章漢祚之有秩。」若《九章·懷沙》：「撫情效志兮，俛屈以自抑。刓方以爲圓兮，常度未朁。」則「抑」讀作去聲，而「朁」乃其本音。若「抑」作本聲，則「朁」乃他吉切矣。

張平子碑銘：「焉所不學，亦何不師？盈科而逝，成章乃達。」文義顯明，絶非訛舛。而「達」之叶「師」，不知古作何聲也。

---

❶「□」，王本作「曾」。

《賈捐之傳》：楊興曰：「顯鼎貴。」注：「如湻曰：鼎音釘，言方且欲貴矣。師古曰：方且是也。」又《賈誼傳》「天子春秋鼎盛」，《匡衡傳》「匡鼎來」，皆同義。但「釘」字亦有平、去二聲，不知當讀作何聲。即以「新」字解「鼎」字，於「鼎貴」、「鼎盛」通，於「鼎來」則不通矣。《匡衡傳》：「無説《詩》，匡鼎來。」服虔曰：「鼎，猶言當也。若言匡且來也。」應劭曰：「鼎，方也。」張晏曰：「衡少時字鼎長。」《西京雜記》亦云鼎是衡字。「乃易字稚圭。世所傳衡與貢禹書，上言『衡敬報』，下言『匡鼎白』，知是字也。」師古曰：「服、應二説是也。」《匡衡傳》注又無如湻「釘」音。

《呂覽·慎人》篇：「舜登爲天子，賢士歸之，萬民譽之。丈夫女子，振振殷殷，無不戴説。」高注：「振振殷殷，衆友之盛。」《廣韻》「先」韻「⿰車身」字下引《呂覽》曰：「天子⿰車身⿰車身敐敐，莫不戴説。」「真」韻「敐」字下引《呂覽》「敐敐，動而喜貌」。「敐」又列「軫」韻中，音如軫。以字文偏傍考之，振即敐，以「扌」與「攴」兩字互用，❶如「捄」與「救」，皆一字也。⿰車身，其「殷」字之少異耶？抑訛耶？然「㐆」字本反「身」，而「⿰車身」旁有正「身」字，❷似「㐆」之反，❸而「車」旁在

❶「以」，王本作「蓋」。
❷「身」，劉本作「㐆」。
❸「㐆」，劉本作「身」。

左，與「殳」在右大乖。想古有此體。「殷」，古與「依」同。以身從車，亦有「依」義。但《廣韻》音作徒年切，與「殷」聲遠甚。且《呂覽》本云「丈夫女子」云云，文義最著，而《廣韻》注曰「天子𨊻𨊻」，則不通矣。蓋因呂文有「女子」字，而「天」與「女」遂溷，徑因上有「登爲天子」之文，遂截略書之爾爾。當以呂文爲正。

《漢・律曆志》：「姑洗，辜絜之也。」注：「孟康曰：辜，必也，言必絜之也。」「辜」除罪義外，別無他用。十一月爲辜，不知其義。《説文》女字部「嫴」注：「保任也。」從木之「橭」，山榆也。《周禮・秋官》：「壺涿氏掌除水蟲。」「若欲殺其神，則以牡橭午貫象齒而沈之，則其神爲陵。」注：「故書橭爲梓，杜子春云：梓當爲橭，橭讀爲枯，❶枯，榆木名。書或爲樗。」音義：「枯，劉音沽，杜讀爲枯，劉亦音枯。案：如杜義，則音姑，山榆也。」《説文》無「橭」字，有「枯」字。注：「槀也。《夏書》曰：唯箘輅枯。木名也。」今《書經》作「楛」，音户。從金則僕枯之矢。《廣韻》有「篺」字，注：「被也。」不知孟氏「必」義何本。《周禮・大宗伯》：「以疈辜祭四方百物。」《秋官・犬人》：「凡幾珥沈辜，用駹可也。」

「盛氣顛實揚休。」注：「顛讀爲闐，揚讀爲陽。盛，身中之氣，使之填滿。其息若陽氣之體物也。」《正義》曰：「顛，塞也。實，滿也。揚，陽也。休，養也。言軍士宜怒其氣，塞滿身

❶「讀」，原作「爲」，據阮刻十三經注疏本《周禮注疏》改。

中，使氣息出外咆勃，如盛陽之氣，生養萬物也。」愚謂，盛氣塞滿則然矣。揚休，則外示從容暇整，不得露章遑劇迫之象。《爾雅》之「休」字三見，《釋詁》曰：「睢睢、皇皇、藐藐、穆穆、休嘉、珍禕、懿鑠，美也。」又曰：「棲遲、憩休、苦𢄼、齂呬，息也。」《釋訓》：「瞿瞿、休休，儉也。」注：「良士休休樂道之心，皆良士節儉也。」若會通之，皆可也。《尚書》「休休焉」，《傳》曰：「樂善也。」鄭注：「寬容貌。」何休注《公羊》云：「美大之貌。」統而言之，內盛氣而外安舒，❶不虛憍，不危劇，故下復綴之以玉色，色不變也。不然，上已有色，容肅厲矣，而復玉之何也？玉色全承上文「揚休」來，整密不亂，是其休之證也。《正義》云「軍士」，愚謂不必說及士，此等氣色全在主帥，所爲長子者也，那得人人而以此責之？

《左傳》僖十五年韓之戰。晉惠公曰：「一夫不可狃，況國乎！」杜注：「狃，忕也。言辟秦則使忕來。」忕，時世反，《廣韻》：習也。狃，又狎也。總之一義。不如《說文》「狃」曰「犬之驕也」最明。言我若避秦，使秦大心而來，如驕犬之噬人也。不可狃，猶今諺語所謂「不可慣了他」也。忕、慣、狎、習、狃，總是一義。

《楚語》「靈王爲章華之臺」節，伍舉曰：「私欲弘侈，則德義鮮少，德義不行，則邇者騷離，而遠者距違。」注：「騷，愁也。離，畔也。」與「離騷」兩字顛倒用之，想當時楚國好用此語耶？

---

❶「盛氣」，劉本倒乙。

鞅掌，《莊子》凡再見。《庚桑》篇曰：「擁腫之與居，❶鞅掌之爲使。」郭注：「鞅掌，自得也。」吕惠卿曰「拘執」。《在宥》篇：「鴻濛曰：遊者鞅掌，以觀無妄。」郭不及矣，而惠卿仍曰「拘係貌」。愚不謂無拘係何以觀無妄也。弱侯小字曰：「鞅掌，紛汩缺數之矣。」然而囫圇不快。

《高帝紀》：「常從王媪、武負貰酒。」師古曰：「貰，賒也。」李登、吕忱並式制反。而今之説者謂與「射」同，乃引地名「射陽」，其字作「貰」以爲證驗。此説非也。假令地名爲射，自是假借，亦猶鮦陽音紂蓮，勺音酌。當時所呼，別有意義，豈得即定其字以爲正音乎！《爾疋》「鱧」注：「鮦也，與鱣同，又鰹。大者鮦，小者鮵，皆謂鮦也。音同。」《西漢·地理志》：汝南郡有鮦陽。應劭曰：「在鮦水之陽也。」孟康曰：「鮦，音紂紅反。」《東漢·郡國志》：「汝南有鮦陽侯國。」注：「《皇覽》曰：縣有葛陂城。」❷鮦有紂音，《説文》：直隴切。

鎡基，賈逵曰：「鎒也。」《吕氏春秋》曰：「耨，六寸，所以間稼。」❸《説文》禾部無「耨」字，木部有「槈」。又作「鎒」，注：「鎒器也。」《廣韻》「鎒」，引《説文》，又引《纂文》曰：「耨如鏟，柄

---

❶「居」，原作「否」，據王本及四部叢刊景明世德堂本《南華真經》改。

❷「葛」，原作「萬」，據劉本、王本及百衲本景宋紹熙刻《後漢書》改。

❸「間」，原作「開」，據王本及四部叢刊景明刊本《吕氏春秋》改。

長三寸，刃廣二寸，以刺地除草。」《左傳》「冀缺耨」，注：「鋤也。」《正義》曰：「《世本》云：『垂作耨。』《釋器》云：『鉰劚謂之定。』李巡曰：『鋤也。』《廣雅》云：『定謂之槈。』《呂氏春秋》云：『耨柄尺，此其度也。其耨六寸，所以間稼也。』高誘注曰：『耨，耘苗也。六寸所以入苗間也。』《釋名》云：『耨，鉏嫗媷禾也。』」「嫗媷」兩字亦雋。《月令》注：「何胤曰：鎡基，今即鋤。」❶

《莊子・逍遥遊》：「大有徑庭。」郭注不解。羅勉道《循本》曰：「逕，門前路也；庭，堂外地也。」亦不音「庭」何讀。宋高文虎《蓼花洲閒録》曰：「逕庭出《莊子》。庭音他定切，言激過也。」《呂覽》十卷：「魯季孫有喪，孔子往弔之。入門而左，從客也。主人以璵璠收。孔子徑庭而趨，歷級而上，曰以寶玉收，譬之猶暴骸中原也。徑庭、歷級，非禮也。雖然，以救患也。」王充《論衡》：「魯人將以璵璠斂，孔子聞之，徑庭麗級而諫。❷夫徑庭非禮也，孔子爲救患也。」徑庭又如此用。《呂覽》作「歷級而上」，麗級，歷級。振玉案：此下有奪文。

六朝詩多用「度前」二字。顧野王《豔歌行》：「莫笑人來最落後，能使君恩得度前。」梁簡文帝《雜詠》：「被空瞑數覺，寒重夜風吹。羅帷非海水，那得度前知。」傅縡《雜曲》：「人今投

---

❶「今即」，王本倒乙。

❷「諫」，原作「見」，據王本及四部叢刊景通津草堂本《論衡》改。

寵要須堅，會使歲寒恒度前。」江總《宛轉歌》：「翠眉結恨不復開，寶鬟迎秋度前亂。」

錞于，本樂器，如小鐘而有舌，所以和鼓。《説文》無「錞」字。去聲有「鐔」字，音如對，曰：「戈矛柄下銅鐏也。」平聲則「鐜」字，云：「下乖也。」鐔似鐜之省耳，而解却異。《廣韻》「真」韻「鐔」曰：「樂器，所以和鼓也。去聲。」又列「鐓」字，曰：「矛下銅也。」而下復有「錞」，曰「上同」，則金旁之「𦎫」之字混之久矣。《正韻》平聲真韻只作「錞」字，不曰當从𦎫也。《山海經》二卷：「騩山，是錞于西海。」三卷：「敦題之山，無草木，多金玉，是錞于北海。」四卷：「竹山，錞于江。」五卷：「嬰梁之山，上多蒼玉，錞于玄石。」注：「蒼玉，依黑石而生也。或曰：錞于，樂器名，形似椎頭。」前「敦題山」下無注。若依後解，亦謂其山根依北海耳。此處説「錞于，樂器」，似無關者。看文義皆當作「鐔」字之去聲，所謂「戈矛之鐏」之義爲正。前「騩山」下注云：「鐔，猶隄埻也。章閏反。」而「埻」字則《説文》、《玉篇》、《廣韻》字書全不見，當是「埻」字。埻，之久、之閏二切，猶堤也。埻又射的，見《周禮》。

《莊子·德充》篇：「常季曰：彼爲己，以其知得其心，以其心得其常心，物何爲最之哉？」以其知十三字是參禪了後語。《郭注》「最」爲「就」，不妥。只作「殿最」之「最」於本文稱。

《莊子·應帝王》篇：「因以爲弟靡。」注：「弟音頽。」《説文》「弟」字在「人部」，曰：「從人，從弓，多嘯切。」即如今「弔問」之「弔」，不知何所本，讀作頽也。若因「靡」字而曰頽耶？即解作弔，❶貼上文「先生死矣」，亦可説去。《齊物論》「其名爲弔詭」，❷則逕作「弔」，上不從リ。豈當時弟、弔實有別耶？《列子》作「茅靡」，似矣。

《左傳》昭三十五年：「繾綣從公，無通內外。」《大雅》：「無縱詭隨，以謹繾綣。」注謂：「小人之固結其君者也。」毛傳曰：「反覆也。」愚謂去來也，繾從遣。《説文》曰：「𠳋，縱也。」遣又从𠳋。𠳋从臾，從自，音如遣，而意則曰「商小塊也」。不知「商」復何義？商從辛、冏，似有椎破意。

「風自火出，家人。」注：「交相成熾。」但言風火之義，於家人殊無關。愚謂此卦當以二四兩陰爻，❸釋「利女貞」之義，而二又內卦之主爻，曰「中主饋」。蓋凡立家之道，先以舉火之道爲主，若能無非無儀，惟酒食是議，是舉火處得其女之貞矣。一家之風化自此起，「關雎」、「荇菜」之義皆如此。大象之「言配離，行配巽」，君子之以言行齊家，而使家人知言行莫不有物有恒，則牝雞必無鳴晨之怪而干預外政者也。

《賈誼傳》：「今民賣僮者，爲之繡衣、絲履偏諸緣，內之閑中。」服虔曰：「加牙條以作履

❶「作」，王本作「則」。

❷「爲」，王本作「曰」。

❸「二」，原作「三」，據王本及上下文義改。

緣。」師古曰：「偏諸，若今之織成以爲要襻及褾領者。古謂之車馬裙，其象爲乘車及騎馬之象也。」又曰：「白縠之表，薄紈之裏，緁以偏諸。」晉灼曰：「以偏諸緁著衣也。」師古曰：「緁音妾，謂以偏緶著之也。❶緶音步千反。」❷前「偏諸」在「絲履」下，似以偏諸緣絲履也。故服虔曰「加牙條以作履緣」。後之「緁以偏諸」，似緁之於白縠之衣者。《説文》：「緶，縫也。」

《史記·荀卿傳》：「荀卿嫉濁世之政，亡國亂君相屬，不遂大道，而營於巫祝，信機祥，鄙儒小拘，如莊周等又滑稽亂俗。」若「鄙儒」屬上文來，謂信機祥者多是鄙野之儒，狹小拘禁忌者。若連下文，則又似鄙薄儒術之小而拘者，如莊周等，是謂莊周等鄙儒家者言也。

《晉語》「范宣子與和大夫争田」節：❸「今既無事矣，而非龢，注：非，恨也。於是加寵，將何治爲？」注：晉加寵於子，將何所爲治。詳繹上文來，歷引隨武、范文，受隨、范，受郇、櫟，而至於「今吾子嗣位，于朝無姦行，于國無邪民，無四方之患、外内之憂」云云。言今既無事可因，而立功邀寵矣。若非争和之事，于此時而得加寵焉，則再因何事而治，❹而爲功名以邀寵，如隨、

❶「緶」，原作「鞭」，據王本及清乾隆武英殿刻本《漢書》改。
❷「緶」，原作「緁」，據王本及清乾隆武英殿刻本《漢書》改。
❸「和」，原作「田」，據劉本及士禮居叢書景宋本《國語韋氏解》改。
❹「而」，王本作「之」。

范、郇、櫟之受也！「非輪」句，當連下讀至「加寵」始爲一句。如注解亦正，但以「非」字爲恨意而句之，未得也。

《後漢書·徐登傳》：「趙炳嘗臨水求渡，船人不知之，炳乃張蓋坐其中，長嘯呼風，亂流而濟。」注：「和猶許也。俗本作『知』者誤也。」和，有應意、禮意，猶今人言不答禮也，不應和也。

《説文》舛部有「舝」字，曰：「軸頭鍵。」中從舛，禼之省。禼部則曰：「聲同契，私列切。」契從㓞，恪八切。㓞從丰，古拜切，讀若介。」「轄」字從丰，而舛則與丰遠矣。若取聲則苦計切之「契」，與私列切之「禼」亦遠。然今讀「稷契」之「契」皆私列切，無讀苦計之音。舝音近㓞，而今俗謂凡物之鬆而加緊者，曰加一契屑子，不曰加一禼子也。禼，蟲屬，于舝無干。若「契約」之「契」，義則近矣。且舝一加鐵屑契耳，而「契約」之「契」則苦計切，如雷楔、栗楔皆讀如屑，不曰契也。絜矩之「絜」亦從㓞而讀如挈，近轄矣。「契」亦有通「挈」之聲之義。

霜紅龕集卷四十

陽曲傅山青主

雜記五

晉中前輩書法，皆以骨氣勝。故動近魯公，然多不傳。太原習此伎者，獨吾家代代不絶，至老夫最劣，以雜臨不專故也。平水近時得晉、唐餘風者，猗頓何中丞肖山公、稷梁大參承齊公，然亦行不遠者。先輩不以此事見長，而人亦不以此事長之。論及此，令人愧恧歎息。

萬京兆仰山公，寫《急就章》亦娟潔。吾及見其題沈青門花卉，書一「嶝」字，僅半指大。一筆一畫，烟視媚行。以書法論，如初學耳。然亦足徵於筆墨閒，慎謹不敢縱恣。是其德也。

王太守獻明公，寫《聖教》、《蘭亭》最熟，而疎爽遒勁，後人不及亦不知。曾見扇頭作蠅頭小楷，徑類《黄庭》。其弟名士式于臨《曹娥》酷肖，至於寸半大真行，有意無意之閒，大有二郗高致。但嬾不肯作。視我輩書，豈止夫人之於婢也。

王龍池道行，以能大書名，實無足觀也。唯與錢絅之先生作「毋不敬」三字，尺三四寸大，支離可愛。以其作字時，無作字意在中。絅之又其後輩，故能不束縛耳。

舊見猛參將標告示，日子初六，奇奥不可言。嘗心擬之：如才有字時，又見學童初寫仿時，都不成字，中而忽出奇古，令人不可合，亦不可拆，顛到疎密，不可思議。才知我輩作字，卑陋捏捉，❶安足語字中之天！此天不可有意遇之，或大醉後，無筆無紙復無字，當或遇之。世傳右軍見大令擬右軍書，看之云：「昨真大醉。」此特掃大令興語耳。然亦須能書人醉後爲之。若不能書者，醉後豈能役使鍾、王輩到臂指乎！既能書矣，又何必醉？正以未得酒之味時。寫字時作一字想，便不能遠耳。

「生不謝寶慶楊，❷死不怨秦州張」，❸兩言天理昭著，勝多少圪喃講學也。當時東南人士方倡明節義，以宋儒之明白衣鉢，爲元糊塗用之，可憐。至今尚姹其爲某先生之裔，真令人齒冷。凡講學皆剩義，天挺英傑，不待呫畢爲學，❹不必闡究爲講，明白俊偉，自然出人頭地。最易見者而難之，又要去尋之，若爾尋去，亦未必便尋得著。吾嘗謂「講」之一字，正堪向鏖糟奴貨用之。止因先聖「學之不講」一句，遂開此一門，以講爲學。不知此句實具奥義，謂徒學而

❶「陋」，劉本作「鄙」。
❷「楊」，劉本、王本作「揚」。
❸「秦」，劉本、王本作「泰」。
❹「呫」，王本作「佔」。

不知講者。如仲由之於孔悝，徒知食食死事之學，而不講食誰之食、死誰之事也。推此一節，即知學徑有誤人時。出於人之庸昧，所以要下一「講」字。《説文》解「冓」字，鄙陋特甚。吾爲釋之，大有快處。泥許説者，又且以我爲背許不經。而我能自信，時與子孫論之，但用我義。《韻會小補》一書，豈不有些學問？其中大謬者，亦不可一二數。吾不欲以薄識誶察之。至於「矢」下又韻苦結切，引《集韻》「左仄也」，甚背。矢、夭之左右側，自有正義，與「矢」字無纖毫瓜葛。即以《説文解字》之「鏑括羽之形」粗論之，矢頭豈敢側左側右耶！

太原人語多不正，最鄙陋嫺人。吾少時聽人語，不過百人中一二人耳，今盡爾矣。如「酒」爲「九」，「九」爲「酒」；「見」爲「箭」，「箭」爲「見」之類，不可勝與辨。有僧學「等」韻切法，讀「等」字最熟，而舌不能分之，是知其學切法時未得變，得其鄙陋之音，非切法之鄙陋，是鄙陋切法也。此等錮弊，再没法救之，❶與文士之弊一也。

太原汾州讀「風」爲「分」，最爲鄙也。或有人善之曰：「風」本以「凡」得聲，當爲「分」也。此就人之鄙音，以見其六書之學，此亦不勝於辨。如「矜」字，从「今」得聲耶？何不列「今」部中，而在「庚」韻也？「茸」字从耳，平聲，亦但當爲「人」，何詎讀爲「戎」耶？不知風亦聲，矜亦聲，戎亦聲，此正聲之妙。若江爲艱，皇爲還，芒爲瞞，郎爲藍，又何足笑也！

❶「没」，原作「設」，據劉本、王本改。

吾有夙緣，每夢見僧伽，則無甚煩惱之觸。雪峰圓璧，既發心募緣造《大藏》，云當深秋自河洛南。吾在頻陽淹月餘，霪災不略斷。至九月九日，忽夢見雪峰笑而來曰：「《藏》未得，且造一尊佛相來。」吾顧見一小尊佛相，❶不滿尺許，在窗牖閒。醒則雨猶如注。私謂今當晴，至午忽然晴，遂再不作雨矣。及過祁，見楓仲，云雪峰言九月定南也。而廿七日抵村，僑知雪峰已來至雙塔，于九月三日發自燕，計我夢時似適近平定矣。十月初來言：遭地震，被壓于慈明菴牀隙，不至受榻擊死。豈非佛緣脱得此一劫度耶！

行次朝邑，將渡河，人亂云：河水大甚，不得過去。夜夢一僧與我一扇，寫五言八句一詩，皆蟲書不可辨。而首句則忽然變正書且真，五字爲：「觀子慈悲意。」早起赴河干，水頗灩灩，瀰漫而略無風浪，上船頃刻即過，迴意扇夢，亦非偶然也。

墨子罷不肖、執有命之説，甚足以鞭策惰窳，而吾謂：此輩猥嬾處，則委之有命，至於妄想日夜亂起，即不説命矣。吾眼見親疎内外，以罷不肖而飢寒怨尤者比比，略不肯少悔前非，改步立作，仍復以無厭之欲冀望于人。苟非富而豪者，安能快厥所求？覊藏秖視，亦徒有其意耳。杜工部「一請甘飢寒」五字，常目在之，又何妨于惰窳耶？

《蘇州與村老對飲》：「鬢眉雪色猶嗜酒，言辭淯朴古人風。鄉村年少生離別，見語先朝如

❶「尊」，劉本、王本作「金」。

夢中。」《寄劉尊師》：「世間荏苒縈此身，長望碧山到無因。白鶴裴回看不去，遥知下有清都人。」亦是信口率意，讀之不覺其俚，直有其高。後人爲之，幾何不至鼓兒詞！

「郡齊何用酒如泉，飲德先時已醉眠。若無門人推禮分，戴崇争得及彭宣！」宣見險而止，自一謹勑士。崇豈弟多知，與禹狎褻伎樂，若無爲莽言一節，遂令人莫測其爲何如人矣。然爲莽言尚在「可欺以其方」之時，是後再不見崇言行之究竟。後世會當以與禹爲狎褻，定爲莽言之品耶？名士受人之欺，此亦常事，幾何有一遠覽于經生中者！崇受于禹者《易》，于今之談《易》者，正復爾爾。

頃在頻陽，聞莆城米黼之將拜訪李中孚。既到門，忽不入，遂行。或問之，曰：「聞渠是陽明之學。」李問天生米不入之故，天生云云，李即曰：「天生，我如何爲陽明之學？」天生於中孚爲宗弟行，即曰：「大哥如何不是陽明之學？」我聞之俱不解，不知説甚。正由我不曾講學辨朱陸買賣，是以聞此等説如夢。

三復《湻于長碑》而悟篆、隸、楷一法。先存不得一結構配合之意，有意結構配合，心手離而字真遁矣。其中不合六書、《説文》者多，亦知漢時即有通俗書法，文義遠矣。書法不可思議也。「辔」字从心，亦可意會，沃若在手，一須心御耶？

《古史考》曰：「伏羲作卦，始有筮。其後殷巫咸善占筮。」則筮自伏羲始矣。聖人之智，非不足以立事也，而人之於事，不容無心，以故是非吉凶，有時而謬。爰取信於無心之物爾。

《泰》之六五：「帝乙歸妹，以祉元吉。」王解就小象中「以行願也」，取「行願」兩字加於「以祉」之上，幾於不通。朱義但用福祉之意，❶「祉而得元吉也」，猶之乎囫圇語，亦無「以」字語情。愚意當以「祉」字尋到「帝乙歸妹」之中，庶幾尚有微義可文，不然無味之甚。

「咸」字爲「皆」字，蔽感而未嘗有心。咸之妙也，未有心而有口，何也？口在戌下，口亦不用。故咸上騰口，不足以感人矣。

文章亦有李廣、程不識兩種，看才之大小耳。

子貢一出，而存魯、亂齊、彊晉、破吴而霸越。士家類以爲決非子貢事，謂其類儀、秦縱橫之口，非聖門所屑爲。老子以爲斷爲子貢事。當時若不出此，則父母之邦眼見其禍，尚安顧他！且齊何必不亂，晉何必不强，吴何必不破，越何必不霸也？弱魯無他可恃，子貢以一口舌存之。事類從橫，亦何害於仁義？蘇文忠指其事皆不然，齊之伐魯也，爲悼公之怒，本於季姬而不自田恒。吴之伐齊，爲怒悼公之反覆，不關子貢事則然矣。然古來事之或傳或不傳，安得但據其傳者而遂不信其不傳者！此皆末論。吾獨謂先聖門下，不可少此一弟子。雖以爲戰國囂矢，而濟事之快，亦足見聖門之才。若遭道學處此，則必須麻煩何物方伯連率矣。人徒見戰國之日亂於從橫之士，而不知無從橫之士之日亂尤甚於戰國也。嗚呼，復何

❶「意」，劉本作「義」。

言！故論古人須破門面，不破門面而一味顢頇責之，期於事之不濟而已。故盜不由此而敗，不可不由此而成。士君子之於節義自處，當如此耳。若濟人家國事，不在此論。乙卯夏日，因蓮、蘇讀此傳，復爲申之。後之人又當誚吾教後學以非聖之書耶！時乎，時乎！聖人之戰則勝，不從横者皆能之乎？能則真不勞爲此矣。

「人生許與分，亦在顧眄閒。」世上豈無若輩！然不如漸與日深者，不失之輕浮誤信也。若夫真正豪傑，一言半語，性命同之，何方爾爾！但恐一真一假，便有單複，且諸生輕却幾篇時文，無所與交，可知時文中有幾个像樣底人也！

三日不讀《老子》，不覺舌本㢦。疇昔但習其語，五十以後，細註《老子》，而覺前輩精於此學者，徒費多少舌頭，舌頭終是㢦底。何故？正坐猜度，玄牝不著耳。

吾自二十歲外以來，交游頗多。亦儘有意氣傾倒之人，漸漸覺其無甚益我處。庚午，楊城張公子履旋赴鄉試來會城，司徒公寄與扇子一柄，一詩戒之。首句曰「交友休從意氣生」，吾初疑其不然。人無意氣，亦何足與交也？後來漸漸知所謂意氣者，皆假爲名士之弊，坐此敗露者實繁。始知前輩皆實實歷過，才以此等句教子弟也。朋友之難，莫説顯爲賴人者不可誤與，即頗好名之人，亦不可造次認帳。相稱相譽之中最多累人，人不防也。此事亦是曾經與此輩交，而受其稱譽攀援之累者始知之。所以獨行之士，看著孤陋，其養德遠辱之妙，真不可測。故認得一人，添得一累，少年當知之。

史之一字，掩却杜先生，遂用記事之法讀其詩。老夫不知史，仍以詩讀其詩。世出世間，無所不有。「水流心不競，雲在意俱遲」，何其閒遠，如高僧妙悟。而「人非西喻蜀，興在北坑趙」，又天吏逸德也。奇哉！

《呂氏春秋·尊師》，徑不減王褒《僮約》，可笑。

文章小技，於道未尊。況兹書寫，於道何有！吾家爲此者，一連六七代矣。然皆不爲人役，至我始苦應接。俗物每逼面書，以爲得真，其實對人作者，無一可觀。且先有忿懣于中，大違心手造適之妙，真正外人郇得知也。然此中亦有不傳之祕。强作解人，又輒云能辨吾父子書法，吾猶爲之掩口。大概以墨重筆放、滿黑椏杈者爲父，以墨輕筆韶、行閒明孅者爲子。每聞其論，正詅癡耳。三二年來，代吾筆者實多出姪仁，人輒云真我書。人但知子不知姪，往往爲吾省勞。悲哉！仁徑捨我去一年矣。每受屬撫筆，酸然痛心，如何贖此小阮也？乙卯五月偶記。

七月初九日夜大風，偶得睡，夢老古來，甚稱張斌。吾笑應之曰：「王景略已自不足道，何復斌之可喜！」古亦點頭。因爲極論載記本之崔鴻《十六國春秋》，其事顧不足盡信，即其文筆，亦一糟套可厭也。古默然。

知伯陽亦頗有小著幾葉，吾曾見之。餘無甚關係，而詩類宋人者，須精定之。三五首不爲少也。所書有《孫段二子行實》及《祭西野文》一篇，不可不有。急往問之，諸人士輓詩並鈔來一看，當並刻而行之。

《南陽活人書》一百一問，非不精細，吾亦不無二三則疑之，來星海多所撥辨。唯太陰腹痛一條，桂枝、芍藥加大黃湯，最得長沙奧旨，不可思議耶！

醫，猶兵也。古兵法陳圖無不當究，亦無不當變。運用之妙，在乎一心。妙於兵者，即妙於醫矣。總之，非不學問人所可妄談。

先曾祖之結婣王府也，迫於勢。即因騎過中尉之門，中尉數數見之，一旦擁而入，莽插戴之，王府選中婿，即與簪花掛紅，謂之插戴。不令出，遂聞之於府主，而請爲儀賓矣。既贅於府，隨其黨朝王，畫卯米鹽，牽制不得自由。甚恨之。稍長，遂廢讀書業，郎青君亦無可奈何，聽之而已。復聽娶妾，始得娶殷太宜人，而生先大夫兄弟三人。先高祖妣王尚居忻州，先大夫之生也，王聞而奔會城，抱先大夫歸忻，顧乳撫養之。每晨汲水井上，輒以裙束先大夫於胸襟前，先居士每道先大夫念兹，輒泣下沾襟，思有報之，不遂。曰：「我脱墮井，願兒隨我去。」不欲落他人手也。當時情勢如此。先祖既貴後，諸舅尚挾宗室勢力，不命坐不得坐，至先御史祖則與抗衡，不甚修甥舅之意。諸舅亦稍凌遲遜謝矣。先曾祖考終遺筆，有「子孫再敢與王府接親者，以不孝論，族人鳴鼓攻之」，凜凜在子孫耳目間也，豈無所爲懲哉！豈無所爲懲哉！至先叔諱譔。徑以其子從周。尚晉穆王之女，裕王之妹。先伯、先父痛阻之不得，而終犯先曾祖遺命，誠不知其孝與否也。當王女出府時，不知受中官、宮人多少麀糟苦惱，而先叔安之，異哉！

王女出府後，先伯待其拜祠堂，三日不來。先伯即上裕王書，書辭甚偉。裕王，賢王也，隨遣兩中官督之謁祠堂。時伯叔四門，王亦遣逐門拜諸公姑。先伯云：「王女亦不必逐門拜也。」拜祠堂畢，先伯叔四人在庭，令總拜之。先伯母及叔孀同在内樓下，亦令總拜，皆立受四拜。然後如民閒新婦，各送拜禮，請新婦喫飯也。王女亦甚樂於往諸公姑家，往來不拏般作勢，而中官、宮人故爲尊貴之耳。

賈漢臣以壁經名陽邑之膠，即寢食千丈鵓鴿之堂亦帀。四旬餘，而博一豆腐湯鄉舉不能。客歲丁酉八月，集深郭，漢臣大抵掌，述闈事，文滿志。道人曰：「若中，吾作文賀若。」漢臣曰：「可。」且曰：「文須以『老没廉恥』四字爲主，而極力形容之。」道人曰可。既而又月餘，日不見漢臣面，問之，人曰：「不中，害氣也。」惡以談害？猶中而受之也，不自在，輒曰害。吾謂無此氣則仍有廉恥，壽命遂不可知矣。又再月而當貢，貢人士多鄙之。吾謂貢真天貢也，何鄉貢之足攖得失？何也？夫以昔諸生汲汲於今鄉舉，不必得鄉舉；以昔鄉舉汲汲於今進士，不必成進士。爲昔廩生，於今苟非病死，必不致不貢，然後知貢真天之所篤。故世界有變，而貢不變。貢幾金剛不壞身耶，故曰天也。若漢臣，則又天之天，篤之篤。何也？漢臣宿昔有與之爲對者，曰奔之，穿之。遲八日而穿之得之矣。故在十一、十二月之閒。漢臣與穿之者，如欲相得而甘心者焉。卒之穿之，吃抗拒足揚之虧，而漢臣公然工乎貝矣，喜而告吾曰：「我咬脱襘子矣。」曾記二十年前，漢臣告吾曰：「在考試場中，四聞打換郎之小鑼。我此時不如此打换郎也。」而今咬脱襘子，再不打换郎之欣羡，喜可知矣。且無論他，即如今月十五夜，渾村烟火之勝，火樹作城，流星冲霄，炮打襄陽，震天震地，二龍戲珠，九龍取水，李存孝打虎。碙子火大於盌化藩强半，裝藥三斗許，花起十丈，高過渠邊老柳，豈不陽邑十二都城裏城外之第一正月十五也者！壤壤瞠目幾萬人，有幾諸生敢不以歲考爲兢兢而一來看者乎？餘人無論，即如九府黨郎，漢臣平日舌端勁敵，今日那得暢然作無拘無束人？亦少不得嚼咀糟粕時文，且顧不得來攙。漢臣如游老蘭婆之女之元元家之精神矣，不亦樂乎！不亦樂乎！人生大快意當前，若此而已矣！漢臣遠大之志，似不屑屑於飽噉丁腸者。挾所抱者而際非常，總不可知，亦非吾之所知。漢臣又發弘誓大願，要吾方外社有僑仇猶之宫衣，羣演傳奇三日而賀貢，豫請看。阿六者，則貧道所謂「櫻桃繞出玉蘭花」者，阿描則細水君也。度秀容之罡風，其實不在梅白山節藻棁臺之下矣。而有玉靈公子者，七歲而幻鄭恒爲寸木馬尸巾之畫，大解人頤，是貧道小友，可列諸神童之科者也。能不使漢臣捧腹大笑曰：「有是哉！」道人之賞鑑寄寓頓如斯，請浮大白，令雜耍灝不服老，而繼之以加官進禄，惟命。

江陵汰生儒之議曰：「黌宫育才之地，非濟貧養老之所。」至言哉！使此議恒行，世界那得頓爾。

《頤》之剥曰：「舍爾靈龜，觀我朶頤。」不言吉凶，喝得人冷汗浹背。學人解得此爻，尚有非道之覬覦耶！「餓死事小，失節事大。」如此真有餓不殺底一个養法。

此「朶」字全爲下卦，爲震。震，動也。頤之朶者，正屬一爻。

犽有夷、銀、權、支四音。「兀婁犽𦦨」之「犽」，《選》注：「助緇切。」其聲近支、差之閒，本解大怒貌，即今謂犬之犽牙也。

修名之人，醜態不勝千百萬狀，隨一舉動，隨有無數窟壠。忠厚者尚不揚扢，少輕薄者，描寫惟恐不工矣。其人尚不覺，沾沾自喜，愈益自鳴，亦無奈何。實大聲洪，苟有實矣，不愁無聞。南無虛空藏菩薩宗門下事，亦不可不留心，但不得會瞎話瞞蔽。若自已有見地了，饒他奇奇怪怪，却是糟粕。何則？我又有一種張眉竪拂作用，所以者个事套他不得。案可翻，不可襲。即有襲者，語言之際，顛倒亦復不同。從來不知瞎唱瞎打，出了多少笑話，造了多少黑業，到如今日勝一日。

宋人之文，動千百言，蘿莎冗長，看著便厭。靈心慧舌，只有東坡。昨偶讀曾子固《戰國策》、《説苑》兩敘，謫子政自信不篤，真笑殺人，全不看子政敘中文義，而要自占地步。宋人往往挾此等伎爲得意，那可與之言文章之道！文章誠小技，可憐終日在裏邊盤桓，終日説夢。

復因此語而笑曾子固，則亦不可。夫言豈一端而已，言固各有當也。

《説文》：「洨水出常山石邑井陘，東南入于泜。从水，交聲。沛國有洨縣，下交切。」《廣韻》：「水名，又縣名。」《漢書·地理志》：「沛郡屬有洨。」注：「侯國垓下，高祖破項羽。莽曰育成。」應劭曰：「洨水所出，南入淮。」師古曰：「洨音肴。」《漢書・王子侯表》：「洨夷侯周舍，趙敬肅王子，孝武征和元年封。」據水名，則是有出井陘入泜一、出洨縣入淮二洨也。縣爲郙國，一耳。今欒城縣南有牌坊曰古洨，當是《說文》之所云出井陘入泜者耶？但今泜水在其西北。《東漢・郡國志》：「豫州沛國：洨有垓下聚。」《主父偃傳》：「洨孔車。」

《三國志》：「韓國魁頭露紛如炅兵。」無注，不知「炅兵」之義。「炅」字，漢有城陽太守炅，橫死，四子避難，一姓炅，一姓桂，一姓吞，一姓炔，皆音如桂。不知此「炅」復何如？「吞」，《升菴外集》讀如天，晋人有吞景屋，王鳳洲讀如桂，依漢人之避難者。然吞、桂聲大遠，實是吞自吞，吞自吞也。

「雖云常謝客，太寂亦思人。月性閒階滿，秋聲半夜真。歌連鄉夢了，坐歷久寒頻。如此森森栢，微喧恕好賓。」起得自然，收得完足。且莫說七言律難得周到，即五言律，八句中郵得句句教人待看也。但是一氣寫來，連綿不斷者便可喜，不必句句較矣。

「黃帝上天時，鼎湖原在兹。七十二玉女，化作黃金芝。」「玉殿不勝秋，金點石樓冷，誰是相憐人，牽帷弔孤影。」以上兩詩，皆出小說。小說詩儘有佳者。不獨詩，小傳亦有不滅《史》、《漢》者，但未經拈出，可惜！然衰老非所急也。

《庚桑楚》篇：「動以不得已之謂德，動無非我之謂治，名相反而實相應也。」若以申商之學看，「動無非我」之語，則權不下移耳。此「不得已」之「已」字，當讀作人己之己，與下「無非我」正相反。「不得已」謂不我私，「無非我」謂不逐人。若向裏説，則猶云任彼自然處，是「不得已」，非我無所取，是「無非我」處。

「黄帝七輔：風后受金法，天老受籙，五聖受道級，知命受糾俗，窺紀受變復，地典受州絡，力墨受準斥。」宋約曰：「金法，言能決理、定是非也。籙，天教命。級，次序也。糾，正也。有禍變能補，復也。絡，維絡也。準斥，凡事也。力墨或作力牧。」傅山曰：四時皆有風，而秋風司落，故曰法耶？級，後世曰階。道考造箭，天爵也。今世民間多有五聖廟，莫知所神，當即此。黄輔宜黄老者，流馨之嚴瞻内課矣。天籙無章，理鏤於心，迄今昭之，五德攸秉。唯知帝命爲任繩，衆日月星紀爲垂目，治窺爲敬之，逆順爲德。州絡，猶後職方也。《山海經》：「九邸以水絡之。」準者，平也，從水從隼。隼擊無失，而水亘水。斥從斤加之，是有墨道焉。墨不可素，然道濂矣。

「阿羅波遮郫邏陀婆嗏沙和多液吒迦娑麽伽他闍簸馱奢呿乂哆若施婆車摩火嗟伽他拏頗哥醯遮吒茶」四十二字，古德云表四十二位。吾謂亦不盡爾。若有悟證脗合，亦可參同，可恨疏文蘿莎，不能明快，若能入得一字，亦有真實受用。

梵書「娑婆」，華言能忍。設不能忍，郫得有靦？今兹至於「無生法忍」，則昧不知爲何等忍矣。「知一切法無我，得成於忍。」忍如忍痛、忍癢之忍，一味抵皮賴臉，不知爲著何來，不知爲著何來。

「無生法忍」之解不一。《維摩詰經》：「逮無所得，不起法忍。」什曰：「有識以來，未嘗見法。于今始得，能信能受。忍不恐怖，安住不動，故名爲忍。」《經》復云：「五百長者子，皆無無生法忍。」肇曰：「無生忍同上不起生忍，法忍即慧性耳。見法無生，心智寂滅，堪受不退，故名無生法忍也。」《楞嚴》第一卷：「爾時世尊開示阿難及諸大衆，欲令心入無生法忍。」解者曰：「無生忍者，即楞嚴大定，即如幻三昧也。」❶謂證此則于三界内外，併不見有少法生，有少法滅，於二法當體如一，而忍可於心，言不能表。又曰：「凡親證實受無生之理，惟自知之，向人極力形容不出，故曰忍。」解《楞伽》者又不同，《大藏一覽·忍辱品》中引「法」字函第六卷云：「無生法忍，謂令煩惱畢竟不生，及觀諸法畢竟不起。」《商主問經》有此一條，較詳，然亦不了了。

《雜阿含》十二卷所謂「有事，故是事有；❷是事有，故是事起」十三字，句讀頗不易點。其義猶謂：原有者个，故者个事因而有之；既者个事有了，便不易止，故者个事只管起。

讀《瑜伽論》「聲聞往人家」一段，不當觸所不當觸，不當坐所不當坐，不當食所不當食，不當受所不當受。豈但出家子當爾，士君子以至鄉黨自好者，何人不當爾耶。

❶「昧」，原作「味」，據上下文義改。
❷「是」，原重文，據《大正新修大藏經》本《雜阿含經》删。

霜紅龕集附録一

山陽丁寶銓輯

傳　事略　祭文

石道人别傳

戴廷栻

石道人真山者，還陽真人之弟子也。父離垢先生，母貞髦君，孕十二月而生道人。先是，道人從叔某託朝海比邱造旃檀香佛，佛至，所費過贏，中悔。離垢先生告貞髦君，貞髦君出所積簪珥資百金，請事佛，即夢佛指一臞老修爲比邱曰：「以是子汝。」及生道人時，見所指比邱來，俄而龍起所居屋極，雷電大雨，道人生而雨止。生復不啼，離垢先生出卜，遇瞽比邱，告之故。瞽比邱言：「但向彼道，既來何必不啼！」如所言，果啼。

三歲時，離垢先生偶誦《心經》句，問道人，道人不覺應聲誦其下句。六歲見離垢先生買黄精，云服之不死，輒出入取噉，不肯復穀食，强之，乃復穀食。七歲使就小學，凡所授書，傾注如宿通者。十五補太青先生小試博士弟子員。因小病，取讀《神僧傳》，慨然神通非難致事。二十試高等，廪餼。以舉子業不足習，遂讀《十三經》，讀諸子，諸史至《宋史》而止，因肆力諸方外書。會袁山袁公提晉學，見道人藝，以爲是子忠孝人，置第一，延於三立書院。時晉國士三百餘人，以道人爲祭酒，而道人讀方外書如故。袁公坐某御史誣逮，道人伏闕疏辨，以奇計出公，終不告公故。馬太史君常爲作《義士傳》，比之裴瑜、魏邵。袁公補官泰州，約道人游，道人方服柏葉辟穀，不答公書。撫軍蔡公怡雲修三立書院故事，復以道人爲祭酒。道人雖期集，不肯衣紳衣講學，書院人怪道人。道人善病，受道還陽真人。真人蓋神宗朝雨師賜以印劍紫衣者，其神異見高邑趙忠毅公傳。

歲壬午，道人夢上帝議刼，給道人單，字不可識，單尾識「高尚」字，且賜黄冠衲頭。心知無功名分，遂製冠衲如夢中賜者。放榜罷，百三十歲長壽比丘賀道人。道人曰：「比丘誣矣。吾不中式。」比丘曰：「不中故賀。」道人頷之，取所製冠衲服之。甲申之變，竟服之不脱，爲真道士。道人傳姓，字仁仲，一字公他，一字青主，今年六十七歲矣。

戴廷栻曰：道人世家子，時潔時穢以逃於人，而畏人稱其家世。人或以節義稱道人，道人不受，曰：「我方外人，不知節義。」道人習舉子業，則讀方外書。及爲道人，乃復乙儒書而讀之。道人喜游，每游諸山水勝刹，至其門不肯入，顰眉謂同游者，是有閣、有廊、有池及花樹，是左右向。果閣、廊、池、花樹、左右向如所度。蓋近於宿命通矣。道人猶自謂聞道而苦於情重，豈真於情有未忘耶？吾惡足以知之？傳其出家慧根乃如此。

傅徵君傳

戴夢熊

徵君傅山，字青主，一字公他，别號石道人，世爲山西之忻州人。祖霖，登明嘉靖壬戌進士，歷官少參。父之謨，以明經碩彦衣被學徒。山，其仲子也。少參通籍後寓居太原，因隸籍陽曲云。

山生而穎異，讀書十行並下，過目輒成誦，少參極鍾愛。迨長，學益該博，凡古今典籍，諸子百家，靡不淹貫。工詩賦，善古文詞，臨池神似二王，晋之人重焉。且精繪事，每搦管寫意，各極其妙。又以餘力學岐黄術，擅醫之名徧山右，罔弗知者。方山年十四，即受知於文太青先生。十六饒於庠，爲督學袁袁山先生深所器重。時先生檄取晋士數十人，俾讀書三立書院，山與焉。後袁爲直指誣奏下詔獄，山以諸生詣闕訟冤，海内因是無不知有傅山其人矣。迨袁誣既白，出督九江，屢遣使召山，山終不往。甲申歲，賊李自成犯闕，懷宗殉國，山遂棄置青衿爲黄冠侶。時而遨游平定、祁、汾之間，不則坐深山閲釋典，户外事弗問也。性至孝，居母貞髦君喪，卧苫枕由，飲粥不茹蔬者百日。友愛諸季，先人遺産爲其弟蕩費殆盡，無怒也。及弟殁，遺孤尚幼，山撫之不翅己子。年三十餘失偶，絃不再續。

康熙戊午，舉博學鴻詞，屢辭弗獲，抵都門，復以老病懇辭，未就試乃歸。後授中書職銜。山不欲違厥初志，避居遠村，惟以醫術活人。登門求方者户常滿。貴賤一視之，從不見有倦容。里黨媚戚有緩急，視其力而竭其心。與人言依於忠孝，謀事要於誠義，雖足跡不入城市，而達官士夫、騷人墨客欽其名者，率紆道求見，冀得一面以爲榮焉。所著有《性史》、《十三經字匾》等書行於世。

戴子曰：余始至并州，即聞有石道人云，後詗之其人，乃知即爲青主先生。豈今世之士哉！當其懇辭徵辟，余具籃輿欵段，力爲勸駕。先生黽勉就道，而終以疾辭。尚志高風，介然如石，石道人之名，信然乎！信然乎！在昔周黨、王霸、劉茂、王烈，名垂漢史，今先生似之，太原何高士之多也！況其託迹山林，俗吏罕識其面，而顧獨不鄙夷。余憶應召之後，以長箋見寄，纍纍數百言，慮其衰老不復能把握也。惓惓之意，溢於言表，亦何幸哉！蓋先生之品固不待文而傳，抑余雖不文，其待先生而傳也耶！

徵君傳先生傳

大陵郭　鋐

徵君初名鼎臣，後改山，青主其字也。明季充太原諸生，食廩餼。累世仕宦，青主無膏粱習。奇才絶世，酷嗜學，博極羣書，時稱「學海」。爲文豪放，與時眼多不合。詩詞皆慷慨蒼涼之調，不作軟媚語。最善臨池，草楷篆隸，俱造絶頂，筆如鐵畫，不摹古，不逢時，隨筆所至，或正或側，或巨或細，或斷或續，無不蒼勁自異。畫更古雅絶倫。一生重氣節，以聖賢自命。其元配張氏早卒，終身不再婚。爲文宗袁公繼咸所深器重。繼咸被御史張孫振誣劾，青主出萬餘金，糾通省諸生詣闕代白，卒脱繼咸，罪孫振。

甲申之變，明没，清朝鼎新，青主棄數千金腴産，令族分取，獨挈其子眉隱於城東松莊，棄員不應試出仕，令眉亦勿習舉子業，肆力於古文詩歌，並古今法書，其學其書與阿父埒。青主戴道巾，衣朱衣，自名朱衣道人，師事還陽道人，遨游山水，任其所往。或劾其與南朝明赧帝通，下獄嚴訊。青主受刑，不少屈，唯呼關夫子泣。勘官憐其義，代解，乃得出。嗣後康熙戊午年間，詔舉博學鴻詞，當事六科李宗孔、劉佩先諸公。以青主名薦，奉旨徵聘。青主辭不就，督撫遣吏迫就道。至都中，上欲授職，青主七日不食，復佯瘋將絶，都諫魏象樞拜疏代懇賜骸骨歸。尋卒，年八十歲。所著有《晋人詩》、《兩漢人名韻》、《兩漢地名韻》、《左傳人名韻》、《地名韻》、《傳家帖》、《霜紅龕文集》、諸《傳奇》，更著奇書，藏其稿於山中。

傅徵君傳

嵇曾筠

傅先生名山，字青主，一字公他，陽曲人。祖霖，官山東遼海參議。父之謨，明經授徒，號離垢先生。

山生而穎異，讀書十行并下，過目輒能成誦。年十四，督學文太青拔入庠。繼文者，袁臨侯先生繼咸也。一見深器之，准食餼，檄取讀書三立書院，時時以道學相期許，山益發憤下帷。袁每云：「山文誠佳，恨未脱山林氣耳。」崇禎丙子，繼咸爲直指張孫振誣詆下獄，山徒步走千里外，伏闕訟冤。孫振怒，大索山。山敝衣藍縷，轉徙自匿，百折不回，繼咸冤得白。當是時，山義聲聞天下，後繼咸官南方，數召山，山終不往。

山性至孝，父之謨病篤，朝夕稽顙於神，願以身代。旬日父愈，人謂孝通神明，不異黔婁云。執親喪哀毁特甚，苫塊水飲，不茹蔬果。友愛諸季，先人遺産，弟蕩費强半，終身無怨色。弟殁，撫遺孤過於己子。失偶時年二十七，子眉甫五齡，旁無妾媵，誓不復娶。於里黨姻戚，竭力賙其緩急。爲人分别有讓，恭儉下人，與人言依於忠孝，謀事要於誠實。蓋其敦厚彝倫，根本自然，非有强也。嘗葎衣草履，傲游於平定、祁、汾間，所至有墨痕筆跡。工詩賦，善古文詞，臨池得二王神理。該博古今典籍，百家諸子，靡不淹貫。大叩大鳴，小叩小鳴，復自託繪事，寫意曲盡其妙。精岐黄術，邃於脈理，而時通以儒義，不拘拘於叔和、丹溪之言。踵門求醫者户常滿，貴賤一視之。家故饒，至是漸益窶，安貧樂道，泊如也。屋舍田園多爲細人竊據，概置不問。

康熙戊午，詔舉博學宏詞，廷臣交章薦山，山以老病辭，不得入都。卧病旅邸，滿漢王公九卿、賢士大夫，逮馬醫夏畦、市井細民莫不重山行義，就見者羅溢其門，子眉送迎常不及。山但敧倚榻上，言衰老不可爲禮，諸貴人益以此重山，弗之怪也。明年三月吏部驗病入告，奉旨：「傅山文學素著，念其年邁，特授内閣中書，著地方官存問。」遂放歸。歸愈淡泊，自甘僻居遠邨，不入城府。然欽其名者益衆，率紆道往見。冀得一面爲榮。又六年，卒。遠近會葬者數千百人。其所著有《性史》、《十三經字區》、《周易偶釋》、《周禮音辨條》、《春秋人名韻》、《地名韻》、《兩漢人名韻》等書。

嵇禮齋曰：昔者嘗怪先生值堯舜之世，篤志高尚，懇辭徵辟，何其果也。及讀《漢史》，見周黨、王霸之爲人，乃知士各有志，先生蓋有道而隱者也。彼誠見夫有明末季，上下交征利，卒滅亡於寇盜之手，固已心寄夫長林豐草矣，寍復以青紫爲榮邪！

傅先生山傳

劉紹攽

先生姓傅氏，名山，又名真山，字青主，又字僑山，山西陽曲人。明諸生。與孫傅庭同學。勝國末，學使者以廉直忤當事，被逮繫獄，先生詣闕訟冤，事白，義聲動天下。歸謝人事，坐一室，左右圖書，徜徉其中，終年不出，亦不事生産。家素饒，以此中落。四方賢士大夫，足相錯於其門，或遺之錢，則怫然怒，必力絶之。雖疏水不繼，而嘯詠自如。康熙十八年，詔舉博學鴻詞，大臣連章薦，辭不就。當事必欲致之，檄邑長踵門促上道，不得已，行。比廷試有日，稱病卧牀蓐，不與試。例不授官。然上特重先生，命賜秩。部擬正字，上薄之，特與内閣中書以歸。自大中丞以下，咸造廬請謁，握手言歡，而先生自稱曰「民」。冬夏著一布衣，帽以氈，或曰：「君非舍人乎？」不應也。好爲詩歌，行世者特其一二，尚有數十卷藏於家。善丹青，蕭散多古意。書法宗王右軍，得其神似，趙秋谷推爲當代第一。時人寶貴，得片紙争相購。先生亦自愛惜，不易爲人寫，不得已，多爲狂草，非所好也。惟太原段帖，乃其得意之筆。母喪，貴官致賻，作數行謝。貴者喜曰：「此一字千金也，吾求之三年矣。」其寶重如此。性厭紛華，交偏天下，而避居僻壤。時與村農野叟登東皋，坐樹下話桑麻。或有疾病，稍出其技，輒應手效。一婦妬，疑夫外遇，忽患腹痛，展轉地上。其夫求先生，令持敝瓦缶置婦榻前，搗千杵，服之立止。一老人痰湧喉閉，氣不得出入，其家具棺待殮，先生診之，曰不死，令搗蒜汁灌之，吐痰數升而甦。凡沈疴，遇先生無不瘳。用藥不依方書，多意爲之，每以一二味取驗。有苦勞瘵者，教之胎息，不三月而愈。年八十餘卒，無能傳其術。至今晉人稱先生皆曰「仙醫」。子壽髦亦精書法。

九畹子曰：余嘗令晉陽，見先生碑版好爲佛語，而故老往往述先生高風，流連不能去諸懷。後至陽曲游，南十方院尤多遺蹟。士人云，先生終歲卧此讀佛書。嗚呼，其信然耶！抑有所託而逃耶！

陽曲傅先生事略

全祖望

朱衣道人者，陽曲傅山先生也。初字青竹，尋改字青主，或別署曰公之佗，亦曰石道人，又字嗇廬。家世以學行，師表晉中。

先生六歲啖黃精，不樂穀食，强之，乃復食。少讀書，過目成誦。性任俠，見天下且喪亂，諸號爲薦紳先生者，多腐惡不足道，憤之，乃堅苦持氣節，不肯少與時媕婀。提學袁公繼咸爲巡按張孫振所誣，孫振故奄黨也，先生約同學曹良直等詣匭使，三上書訟之，不得達，乃伏闕陳情。時撫軍吴公甡亦直袁，竟得雪，而先生以是名聞天下。馬文忠世奇爲作傳，以爲裴瑜、魏劭復出。已而曹公任在兵科，貽之書曰：「諫官當言天下第一等事，以不負故人之期。」曹公瞿然，即疏劾首輔宜興及駱錦衣養性，直聲大振。

先生少長晋中，得其山川雄深之氣，思以濟世自見，而不屑爲空言。蔡忠襄撫晋時，寇已亟，講學於三立書院，亦及軍政、軍器之屬。先生往聽之，曰：「迂哉！蔡公之言，非可以起而行者也。」甲申，夢天帝賜之黄冠，乃衣朱衣，居土穴以養母。次年，袁公自九江羈於燕邸，以難中詩貽先生，曰：「晋士惟門下知我最深。蓋棺不遠，斷不敢負知己，使異日羞稱友生也。」先生得書慟哭曰：「公乎，山亦安敢負公哉！」甲午，以連染遭刑戮，抗詞不屈，絶粒九日，幾死。門人有以奇計救之者，得免。然先生深自咤恨，以爲不如速死之爲愈。而其仰視天、俯畫地者，並未嘗一日止。凡如是者二十年。天下大定，自是始以黄冠自放，稍稍出土穴，與客接。然間有問學者，則曰：「老夫學莊、列者也。於此間諸仁義事實羞道之，即强言之，亦不工。」又雅不喜歐公以後之文，曰：「是所謂江南之文也。」平定張際者，亦逸民也，以不謹得疾死。先生撫尸哭之曰：「今日之醑酒婦人以求必死者，有幾人哉！嗚乎，張生是與沙場之痛等也！」又自歎曰：「彎强躍駿之骨而以佔畢朽之，是則理吾血千年而碧不可滅者矣！」或强以宋諸儒之學問，則曰：「必不得已，吾取同甫先生。」工書，自大小篆隸以下無不精，兼工畫。嘗自論其書曰：「弱冠學晋唐人楷法，皆不能肖。一得趙松雪、香光墨蹟，愛其圓轉流麗，稍臨之，遂亂真矣。」既乃愧之曰：「是如學正人君子，每覺觚稜難近，降與匪人游，不覺其日親。松雪曷嘗不學右軍，而結果淺俗至類駒王之無骨，心術壞而手隨之也。」於是復學顔太師。因語人：「學書之法，寍拙毋巧，寍醜毋媚，寍支離毋輕滑，寍直率毋安排。」君子以爲先生非止於書也。先生既絶世事，而家傳故有禁方，乃資以自活。

其子曰眉，字壽毛，能養志。每日樵於山中，置書擔上，休擔則取書讀之。中州有吏部郎者，故名士，訪先生，問郎君安在？先生曰：「少需之，且至矣。」俄有負薪而歸者，先生呼曰：「孺子來前肅客。」吏部頗驚。抵暮，先生令伴客寢，則與敘中州之文獻，滔滔不置。吏部或不能盡知也。詰朝，謝先生曰：「吾甚慚於郎君。」先生故喜苦酒，自稱「老蘗禪」，眉乃自稱曰「小蘗禪」。每出游，眉與子共挽車。暮宿逆旅，仍篝燈課讀經史、《騷》、《選》諸書，詰旦必成誦始行，否則予杖。故先生之家學，大河以北莫能窺其藩者。嘗批歐公《集古録》，曰：「吾今乃知此老真不讀書也。」

戊午天子有大科之命，給事中李宗孔、劉沛先以先生薦。時先生年七十有四，稱疾固辭。有司不可，令役夫舁其牀以行。既至京師三十里，以死拒不入城。益都馮公首過之，公卿畢至，先生卧牀，不具迎送禮。蔚州魏公乃以其老病上聞。詔免試，許放還山。時徵士中報罷而年老者，恩賜以官。益都密請以先生與杜徵君紫峰，雖皆未豫試，然人望也，特加中書舍人以寵之。益都謂先生曰：「恩命出自格外，雖病，其爲我强入一謝。」先生不可。益都令其賓客百輩説之，遂稱疾篤。乃强使人舁以入，望見午門，淚涔涔下。益都强掖之使謝，則仆於地。蔚州進曰：「止，止，是即謝矣。」次日遽歸，大學士以下皆出城送之。先生歎曰：「自今以還，其脱然無累哉！」既而又曰：「後世或妄以劉因輩賢我，且死不瞑目矣！」聞者咋舌。及卒，以朱衣黄冠殮。著述之僅傳者，曰《霜紅龕集》十二卷，眉之詩亦附焉。眉詩名《我詩集》，同邑人張君刻之宜興。

先生嘗走平定山中，爲人視疾，失足墮崩崖，僕夫驚哭曰：死矣！先生旁皇四顧，見有風峪甚深，中通天光，一百二十六石柱林立，則高齊所書佛經也。摩挲視之，終日而出，欣然忘食，蓋其嗜奇如此。惟顧亭林之稱先生，曰「蕭然物外，自得天機」，予則以爲是特先生晚年之蹤跡，而尚非其真性所在。卓爾堪曰「青主蓋時時懷翟義之志者」，可謂知先生者矣。

吾友周君景柱守太原，以先生之行述請，乃作《事略》一篇致之，使上之史館云。

傅山傳

《忻州志》

傅山字青主，别號石道人。霖之孫，明經之謨之子。幼穎異，讀書十行並下，古今典籍，諸子百家，靡不淹貫。尤長於詩古文詞，字法得二王之妙，兼工繪事，邃脈理，性至孝友。年十六爲諸生，受知於學使袁袁山先生。後袁爲直指誣奏，詔下獄。山乃赴闕伸冤，天下義之。甲申之變，遂棄青衿，游行大江以南，數年而返。焚其著作，日以醫道活人，神奇變化，洩《素問》之祕。嘗習静於州之文昌祠，迨康熙戊午，舉博學鴻詞，以老病懇辭，復授中書職銜，不受。海内士大夫至晋者，咸慕其丰采，冀得一面以爲榮。有購得其書畫者，片紙隻字，珍若拱璧焉。從祀三立祠。子眉，博聞强識，亦奇士也。

案先生世籍忻州，母貞耄君陳氏，娶亦陳氏，皆州之陳村名族。先生雖生於陽曲，而徜徉寄跡恒在於忻，不忘本也。昔王績本龍門人，其五世祖自太原往，至績則親族幾盡，而後之脩太原郡志者，猶録《東皋子傳》，况忻爲先生桑梓往來之地，其田賦猶存乎，舊志偶遺，今急登諸《人物》，以樹忠烈之望云。

《陽曲縣志》卷十五《文徵上》。

徵君事實

徵君諱山，字青主，號公佗，世爲山西太原人。六世祖天錫，以《春秋》明經爲臨泉王府教授，始徙居太原忻州。曾祖朝宣，寍化王府儀賓、承務郎，正德十五年寓居太原。祖霖，登明嘉靖壬戌科進士，歷官山東遼海參議、朝議大夫。父之謨，明經，養親不仕，號離垢先生。徵君年十四受知督學文太青先生。諱翔鳳，陝西三永縣人，官至光禄卿。十六食餼，爲督學袁臨侯先生器重，檄取讀書三立書院。甲申遭亂，棄青衿，游方外，號石道人。康熙二十三年六月十二日卒，享壽七十九歲。徵君性至孝，天啟甲子，父病劇，醫藥罔效，徵君躬禱順城關文昌廟，蒙帝君賜藥紅黑十粒，灌之即愈，載《祈藥靈應記》。其後，父没，哀毁骨立，内外感動。至順治辛丑，居母喪，卧苫枕塊，不茹蔬者百日。及葬，四方來會送數千餘人。

祭傅青主先生文

康熙二十四年乙丑三月辛酉朔，魏象樞、陳廷敬、蔣宏道、田喜霽、馮雲驌、王公維、梁欽構、任之琦、楊嘉、李振藻、張茂生、龎太棫、白静修、韓銓、高聯璧、狄蔚起、趙驄、李若沆、周世俊、□學誠、李旭升謹以清酌庶饈香楮之儀，致奠於青翁傅老先生之靈，曰：

慨古風之綿邈兮，競縈志於風塵。幽谷閴其無人兮，孰避世而全真！惟先生振其芳躅兮，追往古之逸民。穎質秉自童年兮，邁終賈而稱神。長則博通羣籍兮，悉瑯環宛委之遺文。不矜才任俠而自雄兮，祇束修無玷佩幽蘭以自紉。入棘闈而應制兮，未嘗不志在乎經綸。奈封侯之無骨兮，兼奇語之驚人。主司目迷五色兮，逢夜光寶璐而生嗔。遂寄情於米芾雲山、李冰篆籀，甘晦迹而自淪。視軒冕如錙銖兮，席道德爲可珍。雄皋比而談經兮，若象山之論道於鹿洞，文中之講學於龍門。至聖朝張八綱以求賢兮，下徵聘之蒲輪。伏北闕而獻賦兮，皆海内文學之彬彬。先生獨高尚其志兮，結巢許以爲鄰。叩九閽而入兮，稱疾高卧於荒闉。詔許歸山兮，惟徜徉于姑射之嶺，大河之瀕。研精味道兮，焕霜筆於秋雯。旁通于竺書、道笈兮，要以闡正學而息羣紛。教養子孫欣欣于谷口兮，幾忘食其糲而衣其鶉。謂仁德之必壽兮，延修齡於大椿。詎意月犯少微兮，竟傳巖之逢屯。儒林慟失其師表兮，四方聞訃而含顰。古來富貴磨滅兮，惟三立爲不湮。中郎椽筆，碑無慚于有道；光禄鴻章，誄克稱于徵君。嗟金石之可泐，惟兹清風峻節，閲千載其常新。樞等誼關桑梓，情切親仁。藉白茅而陳席，薦絜酒之微忱。歌楚些而招魂兮，冀靈其降鑒而來臨。尚饗。

又

青主先生從都門放歸而卒，大陵郭鉉弔之以文曰：

嗚呼，先生豈山林之人哉！方明社既屋，興朝之鼎新也。當日縉紳，咸思攀龍附鳳，以邀一日之榮。而先生以布衣重節義如邱山，輕富貴若浮雲，獨託身方外，避世以全其真。如松如筠，爲清徵士；不冠不履，爲明逸民。首陽之薇可並採，商山之芝可偕吟。取義舍生，希慷慨於枋得；鄭崑瓚曰：先生的是謝疊山後身。安貧樂道，勝徵聘於劉因。故雲籬山屏，天帷地席，先生宅也；攜琴策蹇，揮麈杖鳩，先生游也；晨露摘花，澗泉啜茗，先生飲也；山美採盤，水鮮釣饌，先生飯也；清風入帷，明月在牖，先生友也；學追姚姒，文逮莊列，先生業也；義薄雲霄，忠貫月日，先生德也；氣塞天地，名滿宇宙，先生壽也。嗚乎！誰敘長樂老，誰構《美新》文？明代養士三百餘載，獨先生爲中流砥柱，庶名教藉以常伸。僅目爲楚國狂士、漢陰丈人，未免擬不於其倫！

霜紅龕集附録二

山陽丁寶銓輯

諸家寄贈輓悼懷仰詩什

宜春袁繼咸袁山

鐵城寄傅青主附札二首。

獨子同憂患，於今乃别離。乾坤留古道，生死見心知。貫械還餘草，傳燈不以詩。悠悠千載業，努力慰相思。

江州求死不得，至今只得爲其從容者。聞黄冠入山養母，甚善甚善。此時不可一步出山也。有詩一册，付曲沃錫珽，屬致門下藏之山中矣。可到未？乙酉冬季。劉霏曰：錫珽即衛周祚。

前詩到未？若未到，門下不可往取，可屬西河曹孝廉碩公緩頰取之，必藏之門下。所目今著《經觀》、《史觀》二書，《經觀》薄就矣，《史觀》尚未竟，不知能終竟此業否。晋士惟門下知我甚深，不遠蓋棺，斷不敢負門下之知，使異日羞稱袁繼咸爲友生也。丙戌秋初。

獄中和青主 忻州張天斗

自入并州獄，何曾窺夜天！徒憐秋色好，忍負月華圓。夢遠驚魂斷，更長飲恨偏。勞勞人不寐，囚火對愁眠。

喜青主出獄 太原李中馥鳳石

浩氣如虹貫碧空，一從家破走西東。離鄉不欲干親友，到處相逢可主翁。自勘已無半字活，廷平猶有幾分公。只今留得英雄骨，早晚持箠學伴鐘。

寄呈青翁先生兼博郢和丙辰三月。 范陽杜樾君異

論交白首幾津梁，天半霞紅古晋陽。詭到衣冠庸愛癖，杯于歌笑任疑狂。啄非鶚鷟不爲鳳，和止鶴陰俱鷇凰。閒氣古今誰目我？良嗣壽毛。傳家露布是文章。

奉贈青翁先生兼博郢和己未三月。 杜樾

有懷逾廿載，俠骨竟何如？鸞嘯峰頭近，科書病榻餘。修蒲從道路，小草詎扶疏。祇看幾日柴車發，頗遭官長欺。名成辭翰藻，品著易嶔崎。豈有黄州耗，而來白足疑。西僧傳宫雲裏，經年掩佛廬。

奉贈徵君傅青主先生二首 騈邑馮溥

異耗來看。金鞭填鳳闕，争怪覓支頤。

僧廬高卧穩，令節客情孤。祝噎遲鳩杖，乞言尚帝都。寢興惟子問，湯藥倩人扶。慚愧

平津閣，留賓事有無。

大隱樂林泉，鶴鳴徹九天。上庠虞氏典，稽古漢庭賢。孤潔留高義，淒涼動世憐。衰遲吾未去，惆悵詠斯篇。

奉送徵君傅青主先生還里二首。

函谷青牛得縶無，徒瞻紫氣滿皇都。雍中簴業遲更老，殿上夔龍問楷模。誰識承匡仍絳縣，多應金粟待文殊。于今好倩丹青筆，爲寫淵明栗里圖。

病緣豈藉世情醫，高詠難堪繼五噫。歲儉欲留香積供，文成不讓漆園奇。星能犯座還稱客，雲可怡人自有詩。驢背春風歸去穩，外臣箕潁拜恩時。

戊午暮秋呈徵君傅老先生　崑山葉奕苞九來

一代崇名節，全家學隱淪。無求冥寵辱，達識任亨屯。原憲曾非病，顔淵竟樂貧。韋編嚴筆削，版築蘊經綸。生入襄陽傳，居同潁水濱。早宜束帛賁，爭上薦剡陳。公府能敦迫，朝廷合討論。令懸優老禮，□遺乞歸人。時中堂學士諸老皆以先生爲念。何事羈方朔，猶遲放季真。麈揮秖樹月，扇幛鳳城塵。畫卷勤攤背，用龔明之事。含飴笑露齗。蘧廬空世網，逆旅敘天倫。市滿韓康藥，秋殘張翰蓴。許誰牀下拜，拂我座中春。去應前星客，來偕率土臣。不才慚附驥，既見憶山榛。

乙未暮春再酬徵君傅老先生

不緣公欲去，吾意決塵掄。鬢向名場改，心知骨相屯。本難趨俗好，何必歎家貧。來豈貪紆綬，歸惟把釣綸。避喧非小築，祓禊遠陽濱。愁入張衡賦，情違令伯陳。乾坤容客放，風雨并誰論？躑躅淹經歲，棲遲邁至人。鬚眉還太古，譚笑總天真。歌豔春初雪，衣緇陌上塵。觀空門限足，祝噎餔沾齗。縱壑悠然逝，時部議上，皇上許公同杜公樾引疾。沖霄自絶倫。乍聞脂革轄，轉令憶鱸蓴。道路榮歸客，鶯花綣暮春。聖朝全一老，公論得羣臣。無以酬佳句，重歌山有榛。

贈傅青主先生

汾州朱之俊起滄

雲客不慣城市步，要入千峰萬峰住。嘯聲散作滿林風，鶴語時墜青天露。乘興偶來汾水側，挈壺懷刺人争識。一見開懷勝所聞，樽前頓長青松色。星冠鶴氅何歲始，云經離亂纔爾爾。書著一部晋春秋，詩紀三年新甲子。滿腔肝膽不盡吐，霜夕哦成月卓午。兒問題詩贈阿誰？太原高士傅青主。

訪傅青主于松莊

沛縣閻爾梅古古

狼孟西南大鹵平，汾川直逼太原城。山中有客能逃世，海内無人敢好名。金石編年藏緑匭，漁樵結伴采黄精。晋陽松栝深秋老，禿筆煩君畫幾莖。原注：狼孟，一作「狼盂」，在太原北，俗名黄頭寨。

游崇善寺贈傅公他

寶玉之人尋古物，飛雲鴻雁兩相撲。茫茫四海似無聲，且把長歌代痛哭。百萬峰頭一聲嘯，西風吹動黃花竅。小五臺邊望松莊，處士行藏難可料。

席上呈傅徵君　富平李因篤天生

江海英風老漸疏，菊松高枕送居諸。野航慣載看山屐，春帖曾無乞米書。燦燦紫芝存古調，番番黃髮長明車。兔爰中谷遥迴首，蝴蝶莊生各有初。

得傅徵君信

河汾文獻未全空，蠱上乾初有是公。不卜同舟瞻郭泰，徒知中論擬王通。芳期虛訊春來鳥，劇飲猶傳雪後鴻。他日華門相候處，下車應拜採桑翁。

同傅徵君公他劉明經輿甫米侍御輔之陳公子端伯家刺史舅飲崇善寺十首之一。

傅老耽高尚，臨池早入微。僧廛盈翰墨，壁粉有光輝。帝夢還能否？仙源諒不違。興移杯物遽，原圃竟先歸。

尚友齋詠梅是傅徵君所植者

莫莫高山樹，移盆入畫圖。白雲皆自得，玄豹一相呼。濯雪心恒苦，懷春興不孤。無言酬令德，一氣慰潛夫。

傅徵君書至知六茹先生在太原即遣相迎

忽有勞人信，并州已歲除。傳魚春不達，立馬意何如。作客關山迴，臨邊節序疏。眼穿圖好晤，歧路莫躊躇。

贈傅處士山

崑山顧炎武寧人

爲問明王夢，何時到傅巖。臨風吹短笛，劚雪荷長鑱。老去肱頻折，愁深口自緘。相逢江上客，有淚濕青衫。

又酬傅處士次韻

清切頻吹越石笳，窮愁猶駕阮生車。時當漢臘遺臣祭，義激韓讎舊相家。陵闕生哀回夕照，河山垂淚發春花。相將便是天涯侶，不用虛乘犯斗槎。

愁聽關塞偏吹笳，不見中原有戰車。三户已亡熊繹國，一成猶啟少康家。蒼龍日暮還行雨，老樹春深更著花。待得漢庭明詔近，五湖同覓釣魚槎。

寄問傅處士土堂山中

向平嘗讀《易》，亦復愛名山。早跨青牛出，昏騎白鹿還。太行之西一遺老，楚國兩龔秦四皓。春來洞口見桃花，儻許相隨拾芝草。

懷太原傅青渚

永年申涵光鳧盟

曾約溪村訪釣竿，數年設榻待君歡。亂離苦憶良朋少，衰病應愁遠道難。晉國山川容白髮，中原天地此黄冠。幸將卷帙傳高跡，日向晴窗展畫看。

懷傅青主　檇李曹溶秋岳

分作三年别，歸禽乃倦飛。敝廬違朔雪，舉眼盼林扉。飲酒無年少，藏山屬布衣。俠腸今在否，大德本知希。

又

西河阻絶雁悠悠，頗訝蒲輪入帝州。仙仗一辭丹鳳闕，歸裝兼藉赤松游。身依五藥常多病，世愛三蒼轉自愁。寄語龍池簪筆者，特書須表擊奸秋。傅于崇禎中，以諸生爲學使袁繼咸訟冤，張孫振因而罷職。

留别傅青主

擬扣松莊日一卮，斷笳哀角已如斯。九州不乏悲秋士，萬古當傳送别詩。石泑塞前留淚遠，鷗香江杪入羣遲。許攜梵册淩塵去，鵲尾爐煙對汝時。青主以所書《金剛經》贈我。

送傅青主恭謁孔林

笠日辭三晋，初無劍佩裝。北穿河柳細，東眺岱雲長。身隱非縫掖，心儀特瓣香。此生歸聖域，我道本康莊。講席潢流外，絃歌戍館傍。琮璜尊禮器，竹漆麗天章。閱世猶鳴鐸，懸圖豈閉房。麟文開五色，檜質飽千霜。拜起秋方静，徘徊鬢已蒼。山川留著述，龍蠖悟行藏。獨聽珠琴響，深沾俎豆光。伊余曾薦藻，不學愧升堂。擬獲相知素，粗傳避俗方。客途重判袂，愁緒轉茫茫。

答傅青主惠寫荷竹兼懷戴楓仲 濟南王士禛阮亭

眼中突見篔簹谷，露壓煙啼萬竿竹。下有亭亭菡萏花，大似淩波倦膏沐。煙墨淋漓元氣足，老筆縱横破邊幅。卧游真對兩詩翁，晉祠流水如碧玉。

送周令樹遷太原守兼懷傅處士 秀水朱彝尊竹垞

五馬西歸日，銅符領晉陽。川臨滦涫近，山轉崛㠑長。童子争驂篠，邦人尚詠棠。憑君尋傅叟，暇即過松莊。

過大鹵訪傅青主先生時已移居緬然有懷即書此寄意四首 河中吴雯天章

松莊煙樹十年餘，寺路相逢笑下驢。今日重來渾不見，白雲深處又移居。

發願文成道力該，檀波羅蜜興悠哉。人間始見瑯琊筆，争買蕺山扇子來。先生近發願，以筆墨作檀施之助，人争購之。

仗㑩當時豈蝨魚，閒情燈火夜窗虚。年來萬事如流水，不復潛夫更著書。先生小記云：向猶復蝨魚仗㑩，不忘一文一字之奇，今惟朝夕作金粟園現相耳。

京洛無端迫客塵，也知瓔珞是前身。幾時得遂東林約，金粟園中兩道人。

過介休郭有道祠見傅公他隸書中郎舊詠歎美不已紀以詩

繫馬古槐下，槐花石堂偏。誰書有道碑，古法蛟龍纏。其文中郎舊，書亦堪比肩。嗟哉濁堂老，縱横照秋煙。鴻都蹟久蕪，帷幕留殘鑴。夏承誰呵護，靈光猶巋然。巍巍九疑頌，託跡於神仙。此碑妙接武，絶響續千年。梁鵠鄙不爲，頡籀或後先。我來重歎息，典型欣目前。坐卧欲三日，苦被塵累牽。上馬再回首，孤鵬方高騫。

秋日同葉九來徐勝力馮圃芝訪傅青主先生

秉彝有同好，言尋高世士。騎驢出國門，笑語斜陽裹。郭外風景殊，蘆花冒秋水。竟到野僧家，喜值於陵子。吟呻驚老病，語弱不勝齒。聞言頷耆舊，拭目辨鄉里。竹竈藥火温，梧井菊泉駛。庭前虚一琴，牀下閒雙履。羔雁空招邀，兒孫看坐起。太息各無言，歸塗暮煙紫。

松村訪傅青主先生

潁川劉體仁公勇

城外好風日，騎驢投谷口。雙塔出深松，歷村翻在後。既涉石子溪，乃望巖閒牖。柴門過樵牧，試問在家否。野色照鬚眉，下堦笑執手。生平良内愧，出言猶色忸。淚睫述家門，呼兒具杯酒。汎愛答夙心，所言皆師友。移情縱談諧，遂忘風塵久。日暮徒依依，中心亦何有？

其　二

朱鳳在丹霄，網羅安所施。鷙鳥可憐蟲，擊搏遭縶覊。既作韝上養，低摧復何辭。劍翮霜風高，側腦望丹霄。

其　三

成童承家學，裁狂復裁狷。鄉里稱長者，白頭足永歎。中年一結綬，歸來歲未半。卜居鄰嘯臺，躬耕躅憂患。仕籍禁流寓，跡逐伐檀散。鹿車還入門，薄俗安可玩。男兒一失路，此身付運轉。不憂身後名，所憂慧命斷。

其　四

入隊託詭時，口腹還累人。乞米擇仁租，就我平生親。攬綏增遠興，草木近蕭晨。所不負行役，傾懷拜逸民。

其　五

庭階似太古，鳥雀静不喧。眷此臺上酌，更延邱中言。皋橋潛著書，於今無一存。歲月亦何駛，編摩寄所敦。微雨侵秋光，煙火靄前原。傾壺還別去，悵望掩柴門。

游金粟園逢耕方位思青主先生繼至

香臺聳城阿，被砌多芳草。策杖淩飛梯，懷抱使人好。君自金閶彦，如何事幽討。勝地洽隱淪，游眺出飛鳥。逍遥霞外踪，刹那塵緣掃。

季通青主位思小陸約游吉祥寺

路轉何年寺，松杉壓雁堂。犬迎繫馬客，僧炷午鐘香。野日明殘碣，饑烏瞰寶牀。幽期來近遠，敷座獨相羊。時予先至。

其　二

高卧松花落，依然獨往心。聯翩集短褐，登眺起長吟。世外藏名晚，杯中弔古深。半酣顧童子，更爲取囊琴。

其　三

鐘鼓嚴城接，刼灰如未經。引泉山半圃，甃石栝閒亭。畫黯菩提壁，有元人畫大士像。光分舍利瓶。舍利如黍粒，貯玻璃瓶。昔止五，今化爲八。不因游汗漫，深殿妙香扃。

其　四

今日一尊酒，幽人許共持。探奇存好事，步屧見襟期。老眼空燕筑，長鑱託晋祠。放歌愁不樂，渺渺動予思。

其　五

亭午聞山響，牆頭螺髻重。僧雛行牧牸，樵子報分蜂。艾衲沿莎擷，胡麻就石供。宗雷匡阜後，何地養疏慵。

將至太原有懷青主先生

驅車谿路曛，曲折近青雲。恐採遥峰藥，鸞聲不可聞。黄冠酬歲月，朱鳥薦芳芬。末俗生何晚，能無幸識君。

與比隣孫侍御慎傅隱君青主

澤州陳廷敬午庭

西山出屋角，峰色共東家。牆上頻過酒，籬邊數見花。嶺雲連歲晚，鄉樹極天涯。汾水相思處，殘陽幾度斜。

雙塔寺雅集詩

吴江潘　耒遂初

出太原郡城東南行可七八里，有寺曰永祚，雙塔巍然，捎雲礙日，見之四十里外，浮浮若旌幢焉。其下爲松莊，傅隱君青主所居也。隱居藴質含章，知白守黑，遯世無悶，與天爲徒。太守延津計百周君標拔塵之概，結人外之契，歲之初吉，率子若聟，屏騶從，挈壺觴，躬造於廬。爰眺爰游，來集精舍。維時晴雪停岡，寒冰承霤，相與圍爐命酒，講論道德。元本山川，攀軌依風，不知日之既夕。夫潛龍以不見成德，居士以高尚著節，然鑿坏踰垣，君子以爲過峻。夫惟通人，貞不絶俗，隱君之謂矣。若乃親詘干旌，以信韋布，斯禮也不絶如綫，賴使君存之。弗書弗詠，後將何觀！爰述短章，用志良覿：

黄農世已遥，上士潛巖谷。滓蔑非我區，蟬蜕身不辱。王侯尚其風，就見紆軫轂。豈爲衡茅榮，于焉激頽俗。蜉蝣競朝光，世路傷局促。軒裳各自媚，誰遑問幽獨。渺矣中州彦，振衣步高躅。降此五馬尊，巾車造白屋。彼美肥遯賢，孤霞不可掬。感激禮意勤，欣然裹巾幞。是節春始萌，雲氣漲林麓。寺門風泠泠，浮圖鬱雙矗。茗酒浄松筠，鬚眉照冰玉。俯仰同所懷，斟酌幽趣足。僕本丘園人，澤雉隨飲啄。欣逢式廬美，未覺塵網束。汾水清粼粼，可以飲黃犢。何當卜南鄰，休駕從所欲。

寄傅青主隱居　邯鄲趙　堪秋水

高致聞吾友，山中自結廬。看雲移短杖，醉月抱奇書。白髮閒相得，黃冠老自如。塵纓慚未浣，肯許近階除。

四憶詩并序，四首之一。

《四憶》之作，懷賢也。人豪間出，雖進退不同，各有真氣，以光垂裳之化。宜君、太原、富平皆舊游，惟蔚州未識耳。四君子文章事業、孤忠讜論，皆足炳耀一朝，輝映千古。余客紫琅，雨窗漫興，用誌敘仰云：

隻箭飛書古仲連，違時王屋卧寒煙。山中自煉長生藥，闕下誰登啟事箋。白刃蹈胸臣節苦，黃冠歸里主恩全。松莊霜月千秋白，雙眼乾坤願執鞭。傅聘君山。

賦贈青主先生　李大春

海嶽尊所聞，吾師鄭廣文。黃農徵道合，律歷取材分。鶴徑盤高步，松窗鑠夕曛。客情愁未達，迢遞晉陽雲。

細軟憐新草，暄和戀野晴。偶從麋鹿侶，頓暢薜蘿情。布被容山叟，牛衣接上卿。自然成獨往，愁絕世人名。

迷路從誰問，高蹤歎不勝。心同春水汎，愁逐亂雲增。暖腹須山粟，扶身杖老藤。還符衰颯病，一叩佛圖澄。

己未二月初謁青翁先生　李瑞徵

西方有真人，耳食亦云久。靈蘭揀素書，浩蕩掃二酉。至道本無名，於君亦奚有。五運有終窮，萬物爲芻狗。未能了太乙，何以度陽九。泛然見時流，争名在記醜。區區冀傳薪，無乃類敝帚。此義持贈人，笑者已掩口。信心不自堅，洪鐘叩傅叟。

送傅青主先生歸里　三韓孫　川昆支

先生與余家有世好，戊午，舉博學宏詞，病不欲應試。旋歸里，余送至都門外。臨別執手哽咽，愴然不忍言別。賦此誌感。

春色皇都盛，蕭然物外身。難禁雙眼淚，不染一絲塵。側席勞明主，還山老逸民。蒲輪從此去，書札莫辭頻。

詩奉傅青主先生　戴夢熊

聖代求賢側席勞，安車禮秩並詞曹。七徵勉自趨丹陛，八法何人鬬彩毫。藜閣攤書卿月爛，桐江放艇客星高。君身自昔充仙骨，誰復營心數二豪。

小詩奉賀傅徵君　錢悦民

西村主人世莫偶，門栽松菊延好友。桂子蘭孫个个奇，稱觴戲彩相趨走。問君樂賓何所有？香醪百甕君知否？共趁春風醉黄耇。

謁傅青主先生

王方穀

我聞青主翁，千仞青谿主。偶爾城市游，如狎海鷗伍。揭來返舊林，日出遂幽尋。怡顔對松菊，斗酒愜孤斟。量腹進芝术，何心辨鴻乙。遠比榮啟期，同符作者七。我行叩茅齋，籬邊秋色佳。願言展良覿，知君有好懷。

太原傅先生病卧燕京其友戴君不遠千里來視之余高戴君之義亦知先生能擇友也賦詩紀其事

宜興儲方慶廣期

千里慰良友，多君扶杖來。修期何善病，次仲自懷才。佛寺藏身穩，金門獻策乖。果然方外樂，結契少嫌猜。

輓青主傅徵君兼悼壽毛處士二律

蔚州魏象樞環溪

勉報徵書未受官，籃輿歸去病將殘。消磨歲月詩千首，寄託身名藥一丸。學術竟埋真太史，銘旌還寫老儒冠。少微星隕今無憾，疏草糢糊不忍看。余曾疏其老病狀，上聞，焚草。

著書芸閣渺難窺，況失孫郎帳下兒。八十年光含淚老，二三孫子應門癡。晨昏無計供饘粥，風雨何人校闕疑。副在名山終不朽，太原高士有遺碑。青主著作甚富，長子壽毛先亡，二孫尚幼，慮失遺稿，故次篇及之。

輓石道人

上谷魏一鼇

義俠當年髮指冠，龍髯難挽壯心寒。爛衣清節郭文舉，皂帽高風管幼安。甲子詩編雙眼白，坎離鼎練寸心丹。歸時好憶來時路，認取龍華舊講壇。

輓石道人二首

燕山陳 禧藹公

石室文星落，吾曹失羽儀。道心真隱士，俠氣烈男兒。謂昔年救白袁學道冤。穴井應藏史，呼天不憖遺。姑蘇流寓友，好結九京知。謂顧盗人。

滾滾皆清要，惟公固采榮。百年誰不死，千載爾猶生。調度方山峻，風流晋水清。太原有遺老，今日始成名。

輓青翁先生偕子壽毛居士

釋圓壁

駕鶴驂龍路不迷，青羊石榻半塗泥。錦箋碧字連春草，玉箸黄花蝕夏霓。客省車旋人歎息，上方夜卧月清淒。即今冷落西村道，拭淚招魂賦楚兮。

四十年來風雨期，濡毫染淚共淋漓。閉門省對青雲客，策杖曾賡白雪詩。不夜庵更傷昔日，濁翁字易感今時。文章父子同班馬，青史誰將姓氏遺。青主一號濁堂主人。

輓公佗先生

甄 昭

撒手蒼龍背上行，刼灰獨辨女媧靈。先生已去同孤竹，不羡遼陽化鶴丁。

哭青翁先生　　管有度

十載聞聲未識韓，鬚眉猶幸炙長安。扶鳩莫挽雙龍□，揮麈時騰孤鳳韓。天地有情容白髮，山河無福駐黄冠。衹餘石室遺文在，萬卷淒涼不忍看。

哭青主先生　　王　贄

翠壁丹崖處士宫，龍蛇歲厭竟相逢。大還自了幽棲志，片語猶分造化功。天設山河供冷眼，人從樵牧識高風。西來莫訝無佳氣，踏跛煙霞少此翁。

憶傅青主先生　　高拱宿

朱衣道士矗青霞，古佛談經雨散花。文字獨燒丹竈訣，綱常全載白牛車。波崙有痛成公案，老子非常莫世家。聞道香風貞體化，氤氳一氣滿天涯。

經傅公佗先生丹崖舊居　　戴廷栻

昨從河上去，今從河上還。家童笑相語，又過裂石山。大山小山松柏齊，千聲萬聲鳥雀啼。攬衣起舞夕露下，三更月出丹崖西。

題傅青主先生讀書故址　　失　名

蕭寺蕭齋户對扃，石頭聚處夜談經。照藜何獨漢劉向，揮鋤差同魏管寍。不有高標辭紫詔，焉能剩技寫《黄庭》。一聲長嘯人歸去，雲樹蒼蒼冷畫屏。

訪傅青主先生霜紅龕

張耀先

碓磴巉巘一徑攀，屐踪平處得松關。白雲秋老巖前卧，紅葉霜深檻外環。注就金經歸上界，名留石室表塵寰。撫松仰止人如在，風動寒濤韻滿山。

題傅青主畫册十幅

蒲城屈　復悔翁

煙渺渺，樹青青，亭臺參差春水平。何處有此好湖山，我欲移家住西泠。

百年心，風轉燭；百年身，風落木。行盡江南千萬程，無數青山帶茅屋。偶窺清浄源，寒日照幽谷。

辛苦結茅不結隣，數株古木當柴門。日暮空山有風雨，天寒幽徑長蘭蓀。魂夢周旋天下士，至今寂寞無人至。斷壁萬仞高嵯峨，白雲青雲常滿地。

片石宿孤雲，叢竹深曉露。見此清暉泠人心，涼風更落瓊枝樹。

空中一點兩點山，門外東流西流水。但聽聲喧亂石高，不知家在深樹裏。此間習静何沈沈，我欲從之天萬里。

東風吹雨香，心知紅塵外。靈境不易尋，苔痕相縈帶。記得霸橋煙水寒，蓮花遥壓終南山。一天春色浮空翠，雲樹蒼茫人未還。

風雨忽來天昏黑，柴扉松徑淡無跡。此時中有不眠客，神龍自逐雷電飛。誰能轉移南山石？

花意欲明山欲春，春風吹水水成紋。遥看背山臨水處，兩个茅亭兩幽人。問君何事淡如此，搔首空中鸞鶴羣。

山不必高萬仞，樹不必成深林。遥遥一嶺碧，落落幾株陰。聊足蔽風雨，茅亭猶至今。寸心清影應無改，高樓花發春誰待。

太行鬱爲天下脊，望見黄河導積石。蘆花飛雪晋祠邊，尚想銀河挂帆席。靈秀何年鍾太原，徵君一出乾坤闢。餘黑十幅落人閒，萬里山川歸咫尺。

戴廷栻楓仲

題石道人畫米家山色

漠漠平沙路，蒼茫隔遠天。如何華不注，驅向北窗前。

銅山孫運錦心仿

題傅青主爲閻古翁畫松

嗚呼，鳳陵！四十萬樹悲一炬，冬青枝冷啼秋雨。一木難支大厦傾，三蘖空傷奈何許。列朝養士三百年，故國喬木餘蒼煙。是誰寫此猶龍照，支離貌古其天全。半死半生僵復起，真氣淋漓猶滿紙。天荒地老不受大夫封，祇疑霜風謖謖清人耳。吁嗟乎！所南畫蘭長露根，清閟畫山不著人。是人是畫兩寫真，乾坤正氣奕有神。水墨淡渲復重皴，中有淩寒不凋之勁節，歷刼不壞之金身，我今讀畫懷先民。

霜紅龕集附録三

山陽丁寶銓輯

本集諸刻本序例

霜紅龕詩鈔序

歲己未，予客上黨，即聞陽曲傅青主徵君名，其詩文未之見也。丙戌冬初，復作太原之游，得與稼莊廣文爲莫逆交。賞奇之下，始悉徵君少以道學自勵，其學問淵深淹洽，不可涯涘。嘗應鴻博之薦，抵京抱病，不能赴試，公卿入告，特授内閣中書歸里，蓋一時人望也。生平著作甚富，惜散佚不可多得。今搜獲《霜紅龕詩稿》若干，遂相與採而輯之。徵君詩之爲詩，不必襲前人之迹，而自有所以爲詩者也。《葩經》四言，温厚和平；《離騷》、《九章》，愴惻濃至；東西二《京》，神奇渾樸；建安諸子，雄偉高華；六朝排偶，靡綺精工；三唐律調，清圓朗秀。徵君兼裒總挈，集厥大成，詣絶窮微，超乎彼岸，以自成一家言。驟讀之，覺光怪陸離，令人魂驚魄動，然究非好僻以乖正軌也。爲審其宗旨，觀其體裁，諷其音節，洵足使好學深思者別有會心焉。且徵君於老年超然世外，兼尚仙釋，以故詩古文詞，吐雲光霞彩於篇章，寄棒影喝聲於硯管，不啻五城十二樓，縹緲虚中，亦不啻象王尊嚴，高踞獅座。要其義理，究與聖賢纖毫不爽。然後歎真道學，斯有此真風雅矣！倘因其鳥篆龍紋，不易測識，别生議論，則何惑乎「《孝經》不經，《爾雅》不雅」之有所謂也耶！是爲序。乾隆三十二年前七月七夕池州石埭蘇爾詒薇谷撰。

霜紅龕詩略敘

余嘗問詩於公他先生，先生曰：「我非詩人。」余疑之，而竊讀其詩，支離神勝，而不得其解。缺然太息，先生豈欺我哉？先生非詩人也。無何，而復聞先生之言曰：「詩無才則不高，不博則不典，無氣則不厚，無力則不雄，不藻綵則不豔，不老則不淡，不淡則不遠，無性則不真，無情則不風流。無理則倍，重理則腐，無格則野，變化則神。神非内非外，非離非合。」余聞之，疑固在也。急取先生之詩讀之。橫口之所言，時高時典，時雄時厚，時老時豔，時淡時遠，至性至情，純乎風流，而未嘗無格。遇使我得，遇使我失，晦明之間，雲蒸龍變。美人滿堂而目成者，知其神之所在。先生殆欺我哉？先生真非詩人耶？遂私信其詩，取其所得見者若干首，梓而藏之，以爲晋人之詩。先生聞之曰：「我非詩人也，何戴晋人之不吷然也？」余聞之，疑猶在也。順治丙申秋七月昭餘戴廷栻楓仲氏書於崇蘭老柏下。

霜紅龕詩鈔跋❶

往予晤陽曲張思孝先生，叩以所藏《霜紅龕詩》。蹙然曰：「青主詩無手稿，聞喜家直甫蒐羅彙輯幾備，而未及梓，客游江右，卒於旅邸，遂復散失。予嘗於山龕石室、藥囊梵篋、黄冠之廬見其殘編剩幅，即手録之不遺。丙寅客海陵，力梓之，以公世。板垂成，而同事者多所猜忌，遂燬其板。青主詩文之不傳，或有不知其所以然者耶？予亦深爲惋惜。質以予所見青主之詩，特人人之所及見者耳。」迨予刻是選既成，思孝復言：「順治間，戴楓仲先生刻有《晋四人詩》，四人者，青主與其子壽毛、胡季子庭、白居實孕彩也。青主詩僅數十首耳。今其板亦不可得矣。而其《序》與《例》僅存其草。《凡例》一條云：『四人雖共事吟詠，而皆不自重其篇章，隨得隨棄，家無藏稿。且會心有地，造適無時，或書之於崖石木葉之間，人既難見，見亦不辨。閒有好事者，録而藏之，復多賢形進盡之譌，是以搜集甚難。及搆得一章、兩章，問之四人，而四人者政復不記爲誰作，又奚問其時與地耶？故不以年次，但以類從』云云。」夫楓仲與青主生同時，而其刻青主詩，尚苦其搜集之難。況佚亡至再，今又百餘年後耶？予以其《序》與《例》可修《霜紅詩話》一則，故附録而跋之如此。乾隆丁亥重九前五日東敬劉贊書。

❶ 此題原無，據乾隆三十二年刻本補。

霜紅龕集原序

霜紅龕者，陽曲傅青主先生居也。先生著詩古文辭不下數千首，兵燹之餘，多散佚，十無一存。聞喜張直甫蒐羅彙輯，幾於大備，貯之一囊，攜以自隨，將付梓而未逮。一日客游江右，卒於旅邸。或探其囊，先生詩文遂復散失。張君思孝，其肄業弟也。每言及之，輒深致歎惜。因復勤爲搜訪，亦以一囊自隨。凡山龕石室、藥囊梵篋、黄冠之廬，見其殘編剩幅，即手録之不遺。十數年，略得其十之六七。丙寅客居海陵，欲開雕以公諸世。曰平陽先生已一失矣，吾不可以再失。祁邑梁尊甫助之資，刊得詩歌九卷，騷賦二卷，雜文一卷。顔曰《霜紅龕集》。又刊《我詩集》六卷，則先生子壽毛居士作也。竊惟傅先生以黄冠賣藥市中，而名聞天下。其書法圖畫，皆超絶古今，世人咸知寶貴之。獨詩古文辭，尚爲名山之藏，訖六七十年，無發其扃者。予嘗客山右，訪霜紅故居，已荒落不可復識。而遇人談及傅先生，輒皆肅然起敬。又聞先生卒後數月，或遇之於太行山頂，扶杖游行，與人相問答如生平。蓋先生蹣跚世外，通於神仙解脱之術。故其詩文亦古奧奇詭，如雷鳴鳥跡，不易測識。而林棲谷寓，家室飄摇，其爲煙埋雨泐，朽蠹於山砠磵壑之閒者，何可勝道！平陽先生將梓行之而不果，今思孝克繼其志，散而復聚，蓋凡好學深思、心知其義者，莫不幸其猶存而惜其不存者尚多也！然文章苟可壽世，卒不磨滅，類如斯矣！思孝師事予舅氏晝山先生，嘗遵遺命爲編刊其《存研樓文集》，神疲力耗弗恤也。今復繼平陽之志，克成此書，蓋其篤師友之誼，不以死生易志者如此，不特爲傅氏之功臣已也。乾隆十二年丁卯春二月清明日陽羨後學瞿源洙謹序。

霜紅龕集序

吴郡李　果譔

《霜紅龕集》十二卷，《我詩集》六卷，爲太原傅青主先生及其子壽髦作也。先生六葉傳經，皆以文學著稱。先生當滄桑之變，深隱不出，即患難奔走，無處無時不讀書。其詩古奥，文出入於諸子，蓋蓄經史百家之腴而爲之，意在沈鬱，絶去枝蔓，不爲膚媚輭弱，往往造語精深，孤行獨詣，無所依傍。其交友皆氣節士：同縣朱赤城、王古弦、文玄錫、胡崑彝、汾陽曹良直、平定白居實、崑山顧寍人、僧雪林。歲甲申，赤城投井死。雪林本諸生，張姓，棄爲僧。而良直則以兵科疏請閲九邊要塞，劾首輔周延儒，先卒。先生避地入盂縣。又善行楷，嘗言楷書不自篆隸入，則奴態不足觀。初學趙松雪書，薄其人，後乃學顔魯公書。索居無筆，折柳枝作書，輒成奇字，好事者争乞之。愛長榆河南崖之古松，輒跨馬吟詠其下。雅好作山水、松柏、蘭竹，其畫無法可法，以意爲之，天機灑然。先生又明於醫，間客游，壽髦驅車從。壽髦賣藥市上，其幼歲嘗隸《左傳》事，爲詠史詩。十八爲文賦，有奇氣。遭鼎革，東西馳逐，先生以飛語下太原獄。壽髦亦羈陽曲倉，念其大母病，夢時時歸省，既又夢鐵蓮開花，而先生事解。壽髦讀《春秋左傳》、《管》、《商》、《孫》、《吴》、《穰苴》、《尉繚子》，明古今成敗，倚伏利害。與人辨論，如對强敵，稠人中操筆，數百言立就。亦能作書，爲章草。寫懸崖、曲澗、花木、魚鳥、獅子，特大如丈許者。他篆刻、金石、文字，皆能之。先生卒年七十八，壽髦則以病先卒，年五十六。先生傷之甚。有孫曰蓮、蘇，承家學。先生同縣張君思孝，搜輯其父子詩文遺藁，來江南，出資刻之。間有助之者，書以成。先是，康熙戊午詔舉博學宏詞，科臣合疏以先生應，州縣敦促就道。至京，而魏敏果公爲代奏，遂賜歸。予又聞先生弱冠讀《文選》，《三都》、《兩京賦》，三過即成誦。其客馬生偶抽架上戊辰會試卷五十三篇以試，先生櫛沐畢讀至食頃，則背誦不遺一字。凡書秩皆如之，不多讀也，而其著作遂以名。浮山錢氏謂作文於聖賢之理、古今得失之數無所獨見，惟依傍經傳，規橅前人，其理與法僅無悖於常説，即海内負盛名，要不足傳。先生詩古文直攄己見，不必求合古人，而神自高逸，若離若合，獨持所是，自足不朽也。思孝工文亦謹飭淹雅士，嘗修《山西通志》，又編刻其師宜興儲編修《六雅文集》，皆積累館穀資爲之。先生有《管子》及《老莊列解》、《漢書補註》、《春秋》、《漢書地名》《姓名韻》，方俟謀刻，遂書之以爲序。

又

陽曲傅青主先生山，前代遺民也。節義著闕庭，文章播寓縣，麟麟炳炳，在人耳目閒。入國朝諱姓名，爲黄冠，令其子壽髦牽一車，過都歷塊，賣藥於市以自給，不隨不激，翛然方外也。康熙十七年，詔舉博學宏詞之士，合六科諸公以先生薦，固辭不赴。有司尅日促上道，不得已，一至京師，值司寇魏公代奏懇欵，得俞旨放還。則先生志節皦然，不渝終始，在遯之六五，固且貞矣。先生工篆隸諸書，往往見碑版。且喜畫山水、古松、蘭竹以自寓。獨詩古文辭最妙，而散佚不多存者。

後聞喜張君直甫好事蒐輯，將以成集，而旋歿客邸，稾復失，徵文者每多遺憾。歷數十年至今，乃得先生同縣張君思孝，不忍其文之湮没，重爲搜訪焉。思孝尚義輕資，不惜煩費，凡山巔、水涯、僧廬、道院，有寸縑片石，必手摹力購而後已。復於傅氏後裔之僅存者悉搜之。久之，得詩歌、騷賦、雜文共十二卷，顔之曰《霜紅龕集》。龕乃先生讀書處，故即以名之，並集先生令子壽髦所著《我詩》六卷附於後。悉傾頻年館穀，走吴門，覓善手，鐫諸梨棗，以行遠而傳後焉。嗚呼！此一舉也，爲人之所不爲，而存鄉邦文獻之遺，篤吾道師承之誼，豈不偉歟！百世而後，先生之文章傳，則先生之節義并傳，可謂曠世知己！而慕效者于斯，興起者于斯，正人心，貞風教，所關非細，當不僅有功作者已也。于是贅數語於簡端。

時乾隆十二年歲在丁卯三月既望桐鄉九十老人朱星渚手識。

霜紅龕集備存小引

古書無所爲梓本也。士人束髮受書，以繕寫爲先務。後唐長興三年，始校正《九經》，刻板印賣，嗣是充棟汗牛，鬻書幾與衣物等。著述之家，非是無以傳後。未聞置成編弗用，仍事鈔謄之苦者。間有重其人，録其書，久之亦歸散佚。士人得書之易由此，寒士無力爲剞劂氏償，抱一編以没世者亦由此也。傅青主先生足跡半天下，詩文隨筆隨擲，家無藏藁，亦無定藁，甚有執所著以問先生，而先生已忘爲己作。雖臨終以收拾遺文勖孫蓮、蘇，然散之數十年，徵諸一方，亦非易致之事也。雖欲付梓，烏乎可？戴楓仲刻《霜紅龕集》，不可得矣。陽曲張思孝搜輯十二卷，又輯先生子壽毛居士《我詩集》六卷，昭餘梁尊甫助資刻於宜興，同事多所猜忌，遂燬其板。同邑張静生收原刻未載者六卷，謂之「拾遺」，惜真草雜沓，未及付梓而卒。其弟古娱遵其志，與余共爲羅訪，四十年來，所得愈多，篋而藏之，每一流覽，憮然興歎。壬子冬，余督子弟輩按部真謄以圖付梓，爲目十有五，卷四十，《我詩集》卷十有一。顔曰《備存》，以所得虞有誤，或傳鈔不能無訛舛也。嗟乎！世不乏有力之家，惟娱耳目炫流俗者是務，古蹟所存，關人心世道，輒鄙夷爲迂闊，且阻抑使不得行。余奉兹編久矣。邑人王子仁庵者，特慨然不以爲非，損橐無德色，争先睹之爲快。謂非加人一等者歟？洵梁子尊甫之嗣音也。獨是思孝去先生不遠，迄今又二百餘載，所得反大倍於昔，誠如瞿公云：「幸其猶存而惜其不存者，尚多也。」過此以往，倘有與余輩同志者，踵而增焉，使名山之藏盡得其傳，豈非集古之快事耶！因誌其緣起如此。

咸豐三年正月望日壽陽劉霈雪崖氏題於閻家長之則畫軒。

例　言

《霜紅龕詩文集》，戴楓仲梓而藏之，見者絶少。張思孝刻板亦無存。先生五世孫履巽順庵取其家所有者，鈔十餘本，静生《拾遺》得此爲多。嗣後皆古娱與予所輯，故原刻外即書「補」字，不著《拾遺》名目。

五台徐潤第廣軒曾館静生家，其《敦艮齋遺書》收先生語，皆在《拾遺》中。獨「孟子道性善也，是平地裏起骨堆」句不見。或别有本歟？評語頗略，今所録者半出《敦艮齋遺書》。

崞縣張震唐林亦館静生家，有《音註辨訛》，只就字書某音、某解、某貌釋之，及得手蹟一二，又多仍作本字，今略爲採録。其有與張互異者，多存之以備參。

戴楓仲刻《詩文集》外，又有《諸子注解》、《元釋兩藏精義續編》、《杜遇》、楓仲編杜詩，青主評點。《唐詩評點》、《李詩評點》。稽《傳》：「著有《性史》、《十三經字區》、《周易偶釋》、《周禮音條辨》、《春秋人名韻地名韻》、《兩漢人名韻》。」楓仲與張爾公書：「青主《易解》多前人所未道。」《潛邱劄記》：「著《左錦》一書，祕不示人。」沈樹德《傳》：「《鄉國聞見録》可補正史之闕。」《性史》前明已佚，餘俱無考。張刻俟補者，有《囊道人傳》、《汾二子傳》、《李御史傳》、《榆關馮老師壽序》、《李賓山松樹歌》、《仙帳歌》。今惟《仙帳歌》、《囊道人傳》未得。又聞有

《十三經評》、《十七史評》、《韻會小補評》、《老子莊子評》、《幼科丹經》、《女科丹經》、《蟬雪龙言序》、《我師還陽子。帖》、《王生延善。傳》、《白鶴觀碑文》、《大小丈夫傳》、《夫如何賦》、《游台日記敘》，亦可存其目以俟補。諸評亦有壽毛筆。

壽毛著作亦富。《池北偶談》：「作古賦數十篇。」《結鄰尺牘》：「《紫芝賦》似不從人間得來。」《盂縣志》：「著《我子》七篇。」張刻俟補者，《紫芝山賦》、《仙槐賦》、《蒼巖賦》、《游石龍洞賦》。今惟得《仙槐賦》，餘俟再考。

戴楓仲《晉四人詩例》云：「四人雖共事吟詠，而皆不自重其篇章，隨得隨棄，家無藏藁，且會心有地，造適無時，或書之於崖石木葉之間，人既難見，見亦不辨。間有好事者，録而藏之，復多賢形進盡之譌，是以搜集甚難。及搆得一章、兩章，問之四人，而四人者政復不記爲誰作。」四人者，先生與其子壽毛、胡季子庭、白居實孕彩也。夫楓仲與先生同時，猶不免訛舛如此，矧近今又二百餘年耶！其殘毀者旁注缺字，書法離奇不能識者，遵張刻例作□以俟補。

録《雜記》語自静生始，徐廣軒以爲比詩文尤精要，凡先儒講學聚訟及闡發未透者，一一剖抉精當。惜《拾遺》以外，廣軒未之見也。歷見先生所書册頁皆是，倘從事於斯，採之不盡，同志勖諸。

張刻《南郭寺》是杜詩，《題畫五絶》是庾子山詩，今俱削去。《天龍燒香》，壽毛《雪中過淮泗》或云誤入，未詳所出，姑存之以俟考。殘編斷簡，必有書古人成詩、成語而未加論斷者，即仿《潛邱劄記》例，概爲收録。詩文年月不甚的確，其有注者存之。《雜記》隨得隨録，更無前後次序。「莾」字解云「釋之大有快處」，「同父容晦翁」條云：「前章及之」，今其語俱不可得，以俟詳考。

先生與壽毛韻語多不甚對，然如「向臺」於「雷電」，「奮苓」於「頽暮」，「慷慨」於「離騷」，非不對也，此類不可枚舉。字書、韻書有不合者，必有所本，非盡傳鈔之誤。

張刻壽毛詩，《晋四人詩》外寥寥不多見。順庵本益缺略。今於手蹟石刻中搜得若干首，氣味似與少年有别。

先生不駁二氏，廣軒辨晰最詳。兹設外編者，特以便觀覽耳。

文後自記，低一格寫，諸評語低二格以别之。

張刻、《拾遺》、唐林互有異同，兹多遵順庵本，不能一一註明。

張刻後附贈輓諸詩，行實未及，余輯《仙儒外紀》十卷較詳，兹特録先生與壽毛傳各一篇。傳奇亦多，世傳《驕其妻妾》、《八仙慶壽》諸曲，《穿吃醋》止傳序文，又有《紅羅夢》，語少含蓄，古娱一見即投諸火。詩文有類此者，概不收録。

雪崖識

傅青主先生年譜序❶

余生長東南，習知東南文獻。如梨洲黄氏，亭林顧氏，最所服膺。尤嗜閲其年譜，舟車南北，攜以展誦爲樂。不惟論治、論學，闓益神智，即語出游接友一二瑣事，亦風格不落凡猥，繫人寤思。比持節晋陽，竊歎太原傅青主先生，碩學爣節，與黄、顧屹然鼎峙。近日譚復堂氏謂：「南人著述，往往疏於西北。」余謬蒞此邦，求其文獻，久之得張静生氏所輯《傅先生年譜》，讀之事實寥寥，未能與黄、顧兩譜同其縝密也。詢其原槧，僅存六板，心爲不懌。再考之《山西通志·經籍志上·傳記類》，著録同治時汾陽曹徵士樹穀。撰《傅徵君年譜》一卷，諮問其舊，未見傳本。簿書餘暇，涉獵羣籍，見有關傅先生事實者，隨筆甄録，久遂成帙。按年分寫，釐爲一譜。學識疏闊，固未敢上比黄、顧兩譜，以較張氏原輯稍覺詳審。竊維名人年譜之作，本《春秋》編年之别派，衍《史記》表年之小宗，細大不捐，言行並識。尚論君子，庶得其梗概，而有所取法焉。昔先生僑寓山陽，爲余生長之鄉。曾爲邑人滌寃，載在志乘，垂輝至今。兹余承乏太原，亦適爲先生誕育之區，硜硜撰此，奪以鞅掌，而不竟所學，頗爲先生玷也。世

❶ 此題原無，據文義補。

儻以爲傅氏學譜觀，則未始無戔戔之助，蓋亦攷西北文獻之一種，或尚不虛余此行也。助余商搉斠訂者，則爲江陰繆炎之京卿、荃孫。山陽段笏林廣文師、朝端。江夏羅微之太守、襄。上虞羅叔言參事振玉，並書之以識他山之助。宣統三年孟夏，山陽丁寶銓。

傅青主先生年譜

山陽丁寶銓輯

明萬曆三十五年丁未六月十九日，先生生。一歲。

先生生年，前人皆謂爲萬曆三十四年丙午，張廷鑑撰先生《年譜略》亦然。儲方慶《我詩集敘》作於康熙己未，言「青主今年七十有四」，逆數之爲丙午生。吴榮光《歷代名人年譜》亦作萬曆丙午生。張穆《顧亭林先生年譜》言先生長顧七歲，亦謂生於萬曆三十四年。今以先生本集考之，實生於丁未，非丙午也。案先生《六月十五日至十九日即事成吟二十一首》之十六云：「三十六未老，一兄不肯長。」又《甲申守歲》詩：「三十八歲儘可死。」先生兄庚卒於壬午，由壬午逆數三十六年，又由甲申逆數三十八年，均正是丁未。又《壽楊爾禎老友長歌》：「上章攝提十月初旬十，是爲老友楊方生行年五十之生日。」又云：「是以少爾尚六年，精神筋力不得與爾争良楛。」據此詩，爾禎五十當庚寅，乃生於辛丑。先生少於楊六歲，亦正是丁未。又《覽巖逕詩示眉及兩孫一百韻》：「昨年吾七十，五十汝今年。」考眉生於戊辰，先生時年二十二；眉五十時先生七十一，則又先生生於丁未之一證。先生《將化》詩劉霏附注云：「《傅氏宗圖》『落雀翁』下皆紀生辰、忌辰，先生生日六月十九日。」案：先生《六月十五日至十九日即事成吟二十一首》之三自注：「去歲今夜，先兄攜具西郭，爲十九日是山生日也。」與《宗圖》正合。

先生系傅氏，初名鼎臣，後改名山。郭鋐《傅先生傳》。字青竹，後改青主。先生《青羊庵》詩劉霦附注：「先生有『爲願青山作主人』句，故字青主。」一字仁仲，戴廷栻《石道人别傳》。或别署曰公之它。全祖望《陽曲傅先生事略》。一作公他，稽曾筠《傅徵君傳》及戴廷栻《傅壽毛行狀》。亦曰石道人，曰嗇廬，全祖望撰《事略》。曰隨厲，曰六持，《仙儒外紀》卷七。曰丹崖翁、本集《犂娃從石生序》。丹崖子，《汾二子傳》。曰濁堂老人，《題趙鳳白山水巨幅》。曰青羊庵主、《書山海經後》。案：《青羊庵》詩注「在崛㠑山中」，蓋亦先生太原僑居之一也。不夜庵老人，先生墨迹。又戴廷栻《我詩集敘》。先生《不夜庵》詩：「青羊庵改額，不夜小㡯麻。」是不夜庵即青羊庵之改名也。曰傅僑山、《傅史》。僑山、劉紹攽《傳先生傳》。僑黄山、《薑田先生傳》。僑黄老人、《書補郭林宗碑陰》。僑黄之人，《敘靈感梓經》。曰朱衣道人，《傅先生傳》。曰酒道人、《寄羴兄札》。酒肉道人，《帽花厨子傳》。或徑稱居士、傅道士、傅道人、傅子，並《傅史》。以喜苦酒故稱老蘗禪，先生《事略》。以受道法於龍池還陽真人，注見下辛巳年。故一名真山。劉紹攽撰《徵君傳》。戴廷栻《石道人别傳》後劉霦附記：「道家龍門派，以『道、德、通、玄、静、真、常、守、太、清』四十字爲號。❶還陽名静中，萬曆中從游。常、守已有人，『真』字虚一座。徵君至，始屬之，故稱『真山』。」或署僑黄真山，《不爲大常住勖哉之碑》。又曰五峰道人，曰龍池道人，

❶「四」，疑衍。實爲十字。

曰龍池聞道下士，曰觀化翁，曰大笑下士。《仙儒外紀》卷七。先世大同人，六世祖天錫，以《春秋》明經爲臨泉王府教授，始徙居太原忻州。《陽曲縣志·徵君事實》。《山西通志·明宗藩表》：臨泉王名美埁，晉定王濟熺之第六子。正統二年封，薨謚「莊懿」。《陽曲志》：臨泉王府在晉府西。曾祖朝宣，甯化王府儀賓、承務郎，以正德十五年移居陽曲。《徵君事實》。《通志·明宗藩表》：「甯化王名濟煥，晉恭王棡第五子。永樂八年封，薨謚懿簡。」振玉案：《陽曲志》卷十六《志餘》：甯化王以宣德八年封，府在晉府西，與《通志》言永樂年封不合。以年代考之，則《通志》誤也。又案：先生之曾祖事實不可考，惟先生書《承務君墓誌後》云「向藏承務君詒參藩官睢陳一家書，字法森逸多奇氣，中有『爾做官只要體帖「公生明，廉生威」六字』。書末又大書一行曰『切忌乘怒責人』」云云，承務君事實可知者僅此。鄒元標《侍御傅公霈傳》「公爲諸生時，父西岡公忽中寒病」云云，是承務君字西岡。先生子眉《我詩集·鈔梁書新事偶題》云：教授公以前尚矣，由教授而來太學生西岡君，自吾參藩公以至吾先祖離垢先生，今夫子復訓小子亦七世矣。所謂「太學生西岡君」，以鄒《傳》考之，蓋即承務君。《雜記》：「先曾祖既贅於王府，稍長遂廢讀書，郎青君亦無可奈何，聽之而已。」「郎青君」疑是先生高祖。側室殷太宜人，生三子，《雜記》：「先曾祖之結姻王府也，迫於勢，既贅於府，牽制不得自由。復聽娶妾，因得娶殷太宜人，而生先大夫兄弟三人。」案：先生《書承務君墓誌後》「先四祖時隨祖任中」，又曰「四小子在彼不讀書便送來，我一頓打死」，據是則先生曾祖生四子，與《雜記》生三子之言不合，或併女數之，而次居第四耶？曰霖，曰震，曰霈。霖字應期，嘉靖壬戌進士，官至遼海兵備道，戰功載《實録》。戴廷栻《傅壽毛行狀》。是爲先生祖。《忻州志·藝文·李維禎

〈傅參藩傳〉》：傅公名霖，字應期，忻州人也。父承翁主徙居陽曲，十三爲諸生，二十舉於鄉，又七年舉於南宮，歸而益漁獵六藝百家，又三年奉廷對，名在二甲，當爲郎，以宗正條格除知壽州。壽州土瞻腴，而濱淮河，與淮争道，溢皋陸，歲累旱蝗食稼，民羸幾卒。至則集諸名宿、三老、高年問所宜釐改制量，皆曰病在支官。於是罷壽春驛、正陽鎮巡檢，所省共張、榷會金數千。遊徼迾卒，不得爲姦利，賓旅安於次，商賈歌於途焉。右旅丁口多所影賴，單産孱民轉徙四方，田部鄉吏，數負其課，狧糠及米矣。爲綜覈質問，許自占數。民憚公嚴明，悉吐實。哀多益寡，相地衰政，而徭賦平。吴會中島寇，軍興不給，征旁郡金粟助之，後以爲常。有司苦不支，未敢班班顯言。公力請盡豁之，已。議里甲，均馬田，繕城郭，脩隄梁，通溝洫，廣儲蓄，飭廟學，創序室，勤考校，奬節義，禁殘暴。貫日而治詳，一日而曲列之。善政善教，燦然備舉。小大之獄，必以情，瞻傷察創，時有所寬，以明恩貸。鄰國棄其親家來奔者，比肩並起。臺使行縣慮囚，必公與俱。壽春之人親之，歡若父母；好之，芳若芝蘭，貌公像而尸祝之。三年舉最，當遷京朝，復以宗正條稍遷大名郡丞。練制度，順簡書，吏畏僚慕，再遷河南僉事，兵備睢陳。睢陳介兩京齊右，其俗椎剽掘冢，豪傑大猾，爲逋逃藪。欲因際會，觖望非冀。武弁忸宴安，牢廩逋懸，馬如羊，矛如錐鋑，盾如榆葉，直兒戲耳。爲實倉廩，便備用，募材伎之士，布之四郊，而簡其尤數百人，爲義從置麾下。有羅姓者，頗以軍法部署其黨與，將蟻動首禍，自當無能爲，以情相歸。公義而釋之，使復其所，盜賊羣輩應時崩解。而新鄭里居，以先帝舊學，遥執國柄，又公進士時知貢舉，比於門生。顧獨無問遺，恚曰：「豈固我哉！」既再相，攝銓事，嗾言者抉瑕摘釁，掩其弘美，坐計典鐫一階。公拂衣行：「吾安能嫗傴名勢，以己之僬僬，受人之棫棫乎！」上即位，有詔曰：「好女之色，惡者之孽也。公正之士，衆人之痤也。日者執政以愛憎爲黜陟，不厭士心，所司其廉察以名聞。」櫛栻官便之，公是以有華州除。念二人老不欲行，父刺促之不休。已受事而父病，請急還視，藥餌三月，臥不帖席，食不溢味，短後衣爲盡穿。父卒，哭不偯，禮無容，言無文。衣衾棺槨冢樹，大象其生，以送其死，卜筮、齋戒，几筵、饋薦、告祝，如或饗之，物取而皆祭之，如或嘗之，已事而哭，如或去之。服除不與外事交，仲若叔强之：「伯氏將無以，不違將母耶！吾二人者何爲？是謂我子不子、弟不弟也。」公乃謁選人，除平度州。凡七月，慮無遺計，舉無過事。爲之城城，移時而畢，民忘其勞。尋遷湖廣僉事，部荆西。中貴人啣命營顯陵，以爲奇貨，盜帑貲强半。公持之，費省而事集。漢水廞淤地肥美，皆民田也。中貴人將履畝籍之官，公駁議數四而止，郢人於今頌之。遷秦參藩，部隴右。旋遭母喪，徒跣而奔，所過躃踊號天聲，行道之人垂涕。歸居廬襄大事，一如喪父。服除，除故官山東，兵備遼海。遼海敵比境，敵小創，而憤禍拏未解。公以嚴威制號定令，以必信慶賞刑罰，以周固處舍收藏，以安重疾速舉徙進退，以參伍潛深窺敵觀變。將吏寬假繕策，無令拘閡。汰其墨黷，黜其冗濫，餘刀布，富困茆，壁壘旌旗改色，得敢死士五百人。敵降者收之，賜予有加等，願爲公盡力，刺候敵動息曲折，我先爲備。以故三出塞，斬首虜百許。匈奴震疊，避地二百里而遠。兩歲無亡矢遺鏃之費，夜户不閉。中丞御史上其功，大司馬壯之，將授中丞節。而先是公承攝他道事，興除利弊，同官以爲振暴其短，共搆之，計典鐫二階。中丞御史争之强，詔以故官聽用。再起甯前治，一如遼而加毖。裨將某縮朒而又挑虜釁，聲其罪斥之。柄臣爲解弗得，備禦某以五百金餽下吏竟案。督將中丞御史及大閱夕即疏薦於朝，而憾者懼公一旦乘權引繩排根不已，公遂落職矣。叔氏以御史予告，從田間上書言：「臣伯兄歷事三朝，童牙華顛，操行不易，不治觀者之耳目，不賄貴者之權勢，不利傳辟者之辭。内以忠誠自固，外以法度自守。奔走疏附，靡事不爲，何等不可！即兩次度遼鄉，方略積畜，脩鬬而能顛倒其敵，戰如守，行如戰，虓闞足以箠笞之，聲名足以暴炙之，功績較然。天下聚目而視，攢耳而聽，謂準之前事，當有景風之祚。而二三忮害好陷人罪，膏脣拭舌，逆曳點灼，直欲入三泉之下，鎮以大石。臣伯兄釋重負，偃仰從容，以送餘齒，歌詠聖朝，甯有纖介於懷！第變化非是，故相反易，使辨治之朝抱功脩職之吏，失意解體。臣雖屏居田閒，激濁揚清，故其典司語曰：善人在患饑不及餐，矧於同氣，可引嫌自避。惟陛下裁察。」書奏，當事者恐藉後來口實，公罷不敘，而仲亦薄罰。天下兩高之，以仲不愛其官，慷慨發憤，爲伯氏辨數，公必有内美脩能切至當人心者，而後仲感慨若是。公已謝，闔門養威重，非公事不謁有司。歲時肅衣冠，籲天祝聖。國有大征伐、典禮，憂喜見乎色，或形之談詠。月朔不宿於内，厭旦率諸子祀家廟，而焚香，默以其所爲告天。先世忌辰，四時之祭，夙夜有恪，而詔子孫，祖父起家之不易也，泣下沾襟。兩弟没，撫其孤，食而教之，今登賢能書，若明經茂才接武矣。御諸子婦嗃嗃儼若朝典，三黨之戚困戹具爲區處。有義田以濟饑，忻宗人二百里休戚不時聞。置田四頃，供展墓，若婚冠喪祭之費，主以宗老，而爲賢良、守業、偷惰三等，差次給之。歲大饑，發粟餔糜，活者數萬人。疫而死者，斂瘞之數千人。郡地形右痺不勝右，縉紳學士建永明寺、宣文塔於東山以輔所不足，推公首事。忻學圮敝更新，所捐助皆數百金。家政米鹽繁碎，精力能施行之。而衣無兼采，食時不力珍。居恒言：「勤，生之本也；儉，有之共也。自天子以逮庶人，廢一不可。」爲園城東隅，命之曰「從好」，日嘯歌其中。身長大佼好，美鬚髯，望之知爲福德人。喜誦養生家言，得其指。年踰七十矣，髮鬒面光澤，五官神明不衰，却杖捷步。蓋寢疾，七日而没。

震，嘉靖辛酉舉人，官耀州知州。《陽曲志·選舉表》。霈字應霑，萬曆丁丑進士，官至御史。鄒元標《侍御傅公傳》：「公諱霈，字應霑，號兆野。舉丁丑進士，拜咸陽令。尋丁母憂，補華亭令。兩地皆南北劇邑，公一切以廉静鎮之。咸陽拯饑興梁，士民歌誦。而在華亭革櫃頭苦，諸巨室賴以生全保護。穆如清風，所稱神明宰近之矣。以治行高等入爲御史，一巡倉漕，再巡蜀，批却導窾，恢恢游刃。其所條次國家便宜狀，皆其巨者。西蜀有巨帥以重金嘗公，公以柱後惠文糾之債，帥望風解印綬去。其溺職者即尚虚名不少貸。竣事還朝，聞仲兄病，遂請歸。仲兄瘉，而伯兄藩參公中計事，公義迫于中。疏曰：『臣兄治兵塞上且久，勞勩最著，沈塞迂滯。臣方痛心疾首，不能蠲嫌薦揚爲國大用。今中以考功令，臣兄何罪，獨臣令華亭與柄臣郄其罪耳！罷兄不如罷臣便。』旨下部議，而有引例難公者，遂鐫公職一級。公議雖不行，士論韙之。公雖落職家居，然偕伯仲塤箎迭奏，怡愉觴詠，里閭傳以爲吉祥盛事。海内有習公者，旦夕引領。公出而胎育元氣，增光廟社，而公遽謝世。悲哉！聞公爲諸生時，父西岡公忽中寒病不能言，公夜哭而搏顙醫門，投千金，西岡公立起。聞母夫人訃，憂病中時時寐語，而見大夫飲食之。公孝友綰結，自其天性，夫世固未有不孝親而能敬長者，亦未有敬長而不根孝親者。《詩》曰：『我儀圖之，仲山甫舉之。』公之謂矣。」又《通志·鄉賢録》十六《傅霈傳》：「忻州人，參政霖弟。初授咸陽知縣，庫吏進羨金，叱還之。恐其中飽，因取抵下户丁徭。補華亭，革除縣櫃之役，入爲監察御史。巡漕河，時内供增二十萬金猶不足，將取諸房窖。抗疏論之，得中止。按四川，發大帥李大祥奸贓。李槖千金求免，卒論罷。有職憲副者怠於官，亦糾劾以去。人病其執，因告歸，閉門纂《晉文獻通志》。先是江陵當國，鄒總憲元標以争奪情謫都匀，霈數往視，爲措道里費。」案：先生曾祖雖入贅藩邸，而先生高祖仍居忻州。先生《雜記》言高祖妣王尚居忻州，先大父之生也，王聞而奔會城，抱先大夫歸忻州。故《通志》霖、霈二《傳》仍稱忻州人。《白奄山人集》有《訪傅青主於松莊》詩，原注亦尚稱先生爲忻州人。霖生□□，字星履，其名無考。先生《家訓》：「先伯星履先生臨唐太宗書，疏爽豪舉。」又案：先生祖母何氏，亦不可考。次之謨，次譔。先生《雜記》：「先叔諱譔，以其子從周尚晉穆王之女。」振玉案：以先生父之謨例之，似當作之譔，疑刊本誤奪「之」字。又案：《陽曲志·選舉表》：萬曆癸卯舉人傅之詔，山仲父；天啟辛酉舉人傅之謙，山仲父；萬曆歲貢之誨，山仲父，似先生叔父凡四人。但先生《集》中無徵，兹姑據見《集》中者列之，而附注於此。《通志·明宗藩表》：晉穆王名敏醕，惠王子。萬曆十年襲封。之謨字檀孟，孫奇逢《貞髦君陳氏墓誌》：「十七歲歸於檀孟先生。」萬曆歲貢，《陽曲志·選舉表》。博學能文，好善樂施，《傅壽髦行狀》。自號離垢居士，《覽息眉詩有作》詩注。《陽曲志·徵君傳》：「父之謨，稱離垢先生。」即先生父也。配陳氏，稱貞髦君。《貞髦君陳氏墓誌銘》：「貞髦君，太原傅道人山母也。姓陳氏，父諱勔，忻州諸生。母周，二十二歲勵《柏舟》操。十七歲歸於檀孟先生，爲傅氏婦。舅參議公御家頗嚴，諸婦中陳獨以勤慎箸。生子三，長庚，諸生，先卒。次即山，甲申後以道人稱。三止，舊太學生。當甲申之變，山棄家而旅，隨所寓奉母往。母絶不以舊業介意，沙蓬苦苣，怡然安之。迄歲之甲午，山以飛語下獄，禍且不測。從山游者僉議申救，貞髦君要衆語之云：『道人兒自然當有今日事，即死亦分，不必救也。但吾兒止有一子眉，若果相念，眉得不死，以存傅氏之祀，足矣。』逾年，飛語白，山出獄，見母，母不甚悲，亦不甚喜，頷之而已。嗚呼，此母之達識何如也！」生三子，長庚，字子由，諸生，忠厚諶謹；戴廷栻《傅壽元小傳》：「子由先生忠厚諶謹，在傅氏兄弟輩無踏拖恣肆之習。」次即先生；三止，字行可，太學生。止事迹無可考，惟先生《因人私記》云：「孫振在山西，欲甘心於山不得，又一疏特參山之弟止，以威之。」又云：「問至舍弟止，止不到，先生曰：『傅山即其胞兄，可問之。』」是止因先生救袁公被參，牽入袁公案内。又《長歌壽楊爾禎老友》「頃來吾弟依爾頻，爾拂塵甑飲之食之不厭勤」，此其事迹略可知者。《陽曲志》及戴夢熊撰《徵君傳》：「先人遺産爲其弟蕩費殆盡，無怨色。及弟歿，遺孤尚幼，山撫之不啻己出。」振玉案：先生但有弟止，則蕩盡資産者即止矣。《志》所言初不知信否，然觀先生《致戴楓仲書》云「凡舍弟指責於弟者，皆不敢逆意規之。此豈愛弟之道，實避眼下怨忿耳。故有無窮忠告皆箝口不敢少攖。老兄無黃白仙術，不知當如何爲忠謀也」云云，則《志》之所言固不虚耳。貞髦君孕十二月，夢老比邱而生。生復不啼，一瞽僧至門曰：「既來何必不啼？」乃啼。王士禎《池北偶談》。戴廷栻《石道人别傳》：「先是，道人從叔某託朝海比邱造旃檀香佛，佛至，所費過贏，中悔。貞髦君出所積簪珥資百金請事佛，即夢佛指一臞老修爲比邱曰：『以是子汝。』及生道人時，見所指比邱來。俄而龍起所居屋極，雷雨大作，道人生，雨止。生復不啼，離垢先生出卜，遇瞽比邱，告之故。瞽比邱言：『但向彼道：「既來何必不啼？」』如所言，果啼。」云云。所記較漁洋爲詳。漁洋之説，或即得之楓仲也。

三十六年戊申，二歲。

三十七年己酉，三歲。

有宿慧，能自誦《心經》。《石道人别傳》：「三歲時，離垢先生偶誦《心經》句問道人，道人不覺應聲誦其下句。」是歲大歉，人相食。先生祖霖及叔祖震施粥以賑，並餽貧士米銀。《陽曲縣志·志餘》：「萬曆己酉，大荒，人相食。傅公霖施粥百日，費米四百斛。所居前後左右貧士賑米銀二十鍰。傅公震施粥，費米百斛。」

三十八年庚戌，四歲。

三十九年辛亥，五歲。

四十年壬子，六歲。

啖黄精，不樂穀食，强之，乃復飯。《傅先生事略》。又《石道人别傳》：「六歲，見離垢先生買黄精，云服之不死，輒出入取啖，不肯復穀食。强之，乃復穀食。」

四十一年癸丑，七歲。

就小學，凡所授書，傾注如宿通者。《石道人别傳》。先生《調饑》詩：「七歲悲生死，於今五十六。」又《講游夏問孝二章》云：「山私痛山童時數得怪異之證，驚憂吾親，不可勝道。」似先生七歲時有疾幾殆。

四十二年甲寅，八歲。

四十三年乙卯，九歲。

學書，臨鍾元常。《雜箸》：「吾八九歲即臨元常，不似。」

四十四年丙辰，十歲。

四十五年丁巳，十一歲。

四十六年戊午，十二歲。

夏四月甲辰，大清兵克撫順城，七月丙午克清河堡。《明史·神宗紀》。

四十七年己未，十三歲。

二月乙丑，經略楊鎬誓師於遼陽。總兵官李如柏、杜松、劉綎、馬林分道出塞。三月甲申，杜松遇大清兵於吉林崖，戰死。乙酉，馬林兵敗於飛芬山，兵備僉事潘宗顔戰死。庚寅，劉綎深入阿布達里岡，戰死。六月丁卯，大清兵克開原，馬林敗没。《明史·神宗紀》。

泰昌元年庚申，十四歲。

秋七月，神宗崩。光宗即位，甫一月，崩。熹宗即位。後廷臣議，改萬曆四十八年八月後爲泰昌元年。《明史·光宗紀》。

天啟元年辛酉，十五歲。

三月乙卯，大清兵取瀋陽，壬戌，取遼陽。《明史·熹宗紀》。

先生應童子試，提學文公翔鳳拔補博士弟子員。《石道人別傳》。《山西通志·名宦録》四：「文翔鳳，字天瑞，陝西三水人。萬曆庚戌進士。天啟間，以副使提學山西，力振晋人萎靡之習。以劾魏璫回籍，卒。翔鳳以辭賦爲專門絶學，覃思腐毫，必欲追配古人。詩離奇奡兀，可與劉叉馬異鬬險。今三晋士振奇者，猶多祖其習云。」荃孫案：先生詩文尚奇奥，殆得心傳於文也。振玉案：《徵君事實》及戴夢熊《傅徵君傳》、稽曾筠《傅先生傳》、《太原府志》本傳並作：「年十四，補博士弟子員。」考文公莅晋任在天啟間，若先生十四補博士弟子，則在萬曆末，文公尚未莅晋。似楓仲所記爲得實。是時塾課甚嚴，不出門庭。《蓮甦從登岱謁聖林歸信手寫此教之》詩：「我十五歲時，家塾嚴書程，眼界局小院，焉能出門庭。」因小病，取讀《神僧傳》，慨然神仙非難致事。《石道人別傳》。此爲先生肆力於方外諸書之始。是年猶子襄生，先生兄子由先生長子也。

二年壬戌，十六歲。

正月丁巳，大清兵取西平堡。《明史·熹宗紀》。

三年癸亥，十七歲。

四年甲子，十八歲。

冬，離垢先生病傷寒，瀕危，先生禱於神，得靈藥，飲之獲痊。《祈藥靈應記》：「甲子冬，先居士病傷寒十餘日，危證皆見。先兄與弟止左右服事，山往禱於南關文昌夫子廟。見盃水中浮墨星十許粒，如米臍。又祝之，得朱藥三星，持歸。午昃灌居士口中，及夜分前，諸危證盡除。自是日見平泰。」稽曾筠《傳徵君傳》：「父病，朝夕稽顙於神，願以身代。旬日父愈，人謂孝通神明。」朝端案：先生父不知没於何年，觀《因人私記》，丁丑辭袁公，邀往武昌，謝以違老母久，而不及父，則離垢先生之卒當在是年以後、三十歲以前也。

五年乙丑，十九歲。

六年丙寅，二十歲。

試高等，食廩餼。《石道人别傳》。《徵君事實》及戴夢熊《傳徵君傳》、《太原府志》本傳並作：「十六餼於庠，督學袁公深器之。」振玉案：戴廷栻《袁公繼咸傳》：「崇禎癸酉，典廣東鄉試，甲戌報朝命，陞山西按察司提學僉事，七月抵晋任。」是袁公至晋在崇禎七年。《府志》誤以食餼之年爲袁公莅晋之年，誤甚。

以舉子業不足習，遂讀《十三經》、諸子，史至《宋史》而止，肆力諸方外書。《石道人别傳》。又讀《文選》。《訓子姪》：「吾當二十上下時讀《文選》『京都』諸賦，先辨字，再默讀，三四上口，則略能成誦矣。」

臨晋唐楷書。《作字示兒孫》詩自注：「貧道二十歲左右，於先世所傳晋唐楷書法無所不臨，而不能略肖。」

是年作《秋海棠賦》。《秋海棠賦》注：「此二十年前筆。丁亥夏過晉祠，示周出稿命書之。」振玉案：丁亥，先生時年四十一。云二十年前，當是年二十時作。

七年丁卯，二十一歲。

八月乙卯，熹宗崩。丁巳，懷宗即位。《明史》熹宗及懷宗《紀》。

崇禎元年戊辰，二十二歲。

陝西饑民苦苛派，流賊大起。《明史·懷宗紀》。

先生配張氏静君，先生有《見内子静君所繡大士經》詩。忻州人，張光禄泮之女也。《通志·鄉賢録》十六：「張泮，忻州人。萬曆丙辰進士。耿介廉直，居銓曹嚴絶餽遺，終養二十年。朝野想望其丰采，屢起留銓，晋璽卿，俱不出。親没，從太原歸葬，徒步哀泣，感及行路。尋補通政。册封藩王，王肩輿過節前，泮正色斥之，劾不敬，奪禄。遷太僕卿。薦守令，一介不取。進光禄。時閹豎弄權，假内用冒破不貲，疏正其罪。卒日遺橐僅十一金，殯葬不具。」案：《忻州志》本傳言先生娶陳氏，誤。又張歸先生不知在何年，俟考。是年春正月，生子眉。孕有十四月。戴廷栻《高士傅壽眉行狀》。先生讀書，上口數過即成誦。《先生事略》。會試卷出，先生兄子由爲點定五十三篇，櫛沐畢誦起，至朝食悉熟記，不爽一字。《訓子姪》。

二年己巳，二十三歲。

十月戊寅，大清兵入大安口。十一月壬午朔，京師戒嚴。甲申，大清兵入遵化。辛丑，大清兵薄德勝門。《明史·懷宗紀》。

有大臣某議遷都，有旨：「再言遷者死。」人心乃定。《喻都賦序》。

三年庚午，二十四歲。

鄉試闈撤，有懷卷自縊於奎光樓者，先生作詩弔之。案：先生是年當應鄉試。陽城張公子履旋赴試來會城，與先生相見。《雜記》：「吾自二十外以來，交游頗多，亦儘有意氣傾倒之人，漸漸覺其無甚益我處。庚午，陽城張公子履旋赴鄉試來會城，司徒公寄與扇子一柄，一詩戒之。首句曰『交友休從意氣生』，吾初疑其不然，人無意氣亦何足與交也！後來漸漸知所謂意氣者，皆假爲名士之弊，坐此敗露者實繁，始知前輩皆實實歷過，才以此等句教子弟也。」《通志·忠烈録》上：「張履旋，澤州人，慎言子。舉崇禎十五年鄉試。賊陷陽城，歎曰：『吾父決不爲亂臣，吾豈爲賊子！』遂投崖死，贈御史。」

四年辛未，二十五歲。

八月丁未，大清兵圍大凌城。《明史·懷宗紀》。

觀霍鳳黄孝廉家藏書畫，爲之鑒别。《題宋元名人繪蹟》：「此册中多霍鳳黄孝廉家藏幅。孝廉之祖有宦晉官承奉者，多得晉分藩時書畫。而孝廉又博學精賞鑒，以文章從龍池先生游，是以收藏精富，在嘉隆間爲太原最。庚午、辛未之間，曾留貧道冰龕，頗細爲删存之。」

五年壬申，二十六歲。

是秋，陝西賊入山西，連陷大寧、澤州、壽陽，分部走河北，犯懷慶，陷修武。《明史·懷宗紀。》

先生配張氏卒。子眉方五歲，祖母貞髦君撫養之。《傳壽毛行狀》。稽曾筠《傳徵君傳》：「失偶時年二十七，子眉甫五齡，旁無妾媵，誓不復娶。」振玉案：《壽毛行狀》不言失恃之年月，然以壽毛生於戊辰、卒於甲子、年五十七考之，則眉五歲時先生年二十六。稽氏誤差一年也。

六年癸酉，二十七歲。

二月癸酉，流賊犯畿南。七月甲辰，大清兵取旅順。十一月壬子，賊渡河。乙卯，陷澠池。十二月，連陷伊陽、盧氏，分犯南陽、汝甯，遂逼湖廣。《明史·懷宗紀》。

七年甲戌，二十八歲。

正月壬辰，賊自鄖陽渡漢。癸巳犯襄陽，連陷紫陽、平利，自河南入四川。夏，賊食盡，僞降。縱出險，復叛，陷所過州縣。七月壬辰，大清兵入上方堡，至宣府。辛丑，京師戒嚴。庚戌，大清兵克保安，沿邊城堡多不守。冬，陝西賊分犯湖廣、河南，李自成陷陳州。《明史·懷宗紀》。

七月，山西提學僉事袁公繼咸莅任。戴廷栻《袁公繼咸傳》：「公諱繼咸，字臨侯。慕文文山之爲人，自號袁山。天啟乙丑進士。崇禎癸酉，典廣東鄉試。甲戌，報朝命，陞山西按察司提學僉事。七月抵晋任。」《通志·名宦録》四：「袁繼咸，字季通，宜春人。崇禎七年春爲山西提學僉事，孑身赴任，校閲公明，聲望大箸。」振玉案：《志》謂繼咸以是年春莅晋，與戴《傳》異。袁繼咸《六柳堂遺集·日録》亦言七月抵晋任，與戴記正合。九月，吴公甡拜右僉都御史，巡撫山西。《明史·吴甡傳》：「字鹿友，揚州興化人。萬曆四十一年進士。天啟二年徵授御史。崇禎七年九月，以通政超擢右僉都御史，巡撫山西。」案：《因人私記》：「先是七月閒，巡撫吴公甡來晉。」「七月」殆「九月」傳寫之誤。

八年乙亥，二十九歲。

正月乙卯，賊陷上蔡，連陷汜水、滎陽、固始。辛酉，張獻忠陷潁州。丙寅，陷鳳陽。壬申，援兵至。張獻忠犯廬州，尋陷廬江、無爲。李自成走歸德，與羅汝才復入陝西。七月，賊復走河南。十月辛卯，李自成陷陝州。《明史・懷宗紀》。

九年丙子，三十歲。

三月，高迎祥、李自成分部入陝西。七月，大清兵入寶坻，連下近畿州縣。八月，大清兵出塞。《明史・懷宗紀》。

袁公繼咸修復三立書院，戴廷栻《袁公傳》：「晋陽三立書院，舊撫魏公允貞創建。祀皋、夔、稷、契、益諸聖人，而以名宦鄉賢配東西廡。歲大比，則擇晋士之秀者講肄其中，官給廩餼。後祀事淆亂，廢者二十年矣。大學士吴公甡是時以右副都御史巡撫山西，檄公釐正舊典，公遂請修復。」爲從祀諸賢各繫一傳，《袁公傳》。又《六柳堂遺集・日録》：「丙子春，試畢回署，察晋陽舊有三立書院，舊撫魏見泉先生刱建。後祀事淆亂者二十年矣。中丞吴鹿友先生檄余釐正舊典，余遂請修復，因爲從祀諸賢各繫一傳。」曰《三立名賢傳》。課全晋諸生，拔取郭新、《通志》：「郭新字開士，洪洞人。性聰穎，丰采峻整。好學，工詩古文，侈然有馳驟當世之志。督學袁臨侯極賞之。嘗云：『吾文得九子而傳，吾名得九子而重。』九子者，新自號也，其傾倒若此。從學三立書院，一時名宿如傅青主、王式予、孟貞仲輩咸推爲祭酒。游江南歸，交益廣，詩文益富，未幾卒，年四十六。所箸有《渡江吟》、《曠林草》，其友晉露盤、吴起玉爲刻之。」戴廷栻《曠林一枝序》：「九子郭先生，平陽楊人。少多俊才，讀書武安曠林。庚辰夏病卒。晉露盤持九子詩，屬公他先生稍爲點定，梓之曰《曠林一枝》。」曹良直、《通志・鄉賢録》十六：「曹良直，字古遺，汾陽人。崇禎丁丑進士。知尉氏縣，歷知靈壽、雄縣，擢兵科給事中。條奏兵刑八事：曰軍令不可輕更，曰閫外不許請旨，曰入援不許報號，曰監軍不許敘功，曰監軍不許鈔將帥之塘報，曰戰守之功不宜並敘，曰舉將連坐之法宜有分别。良直少甚貧，族人中有欲助之資爲治生計者，謝曰：吾輩豈逐末營利耶？及歷三縣，所至有政聲。去之日，民泣送者盈道。性嫉惡，在朝彈劾，不避權貴，以直聲著。卒於官。」先生《悼古遺》詩附記：「曹子歷三縣，皆殘破，治有聲。壬午冬，選兵科，差堅清上谷。復命稱旨，上疏請閱九邊要塞，以長城自許。未幾卒。始終以豪氣不除，爲鄉里所忌。貧道有書遺曹子：諫官當言天下第一事。不日，曹子露章劾首輔周延儒，罷相。」《先生事略》：「曹公任在兵科，貽之書曰：諫官當言天下第一等事。曹公瞿然，即疏劾首輔宜興及駱錦衣養性。」《明史・周延儒傳》：「給事中曹良直亦劾延儒十大罪。」振玉案：全氏撰先生事略：「提學袁公繼咸爲巡按張孫振所誣，先生約同學曹良直等詣匭使，三上書訟之，不得達，乃伏闕陳情。」考之《因人私記》云：「會試舉人漸到汾州府，曹良直古遺又慫恿諸同年上疏，而解元衛周祚畏懦不敢適。芑山張自烈爾公從江西來看袁先生，良直、宗周屬自烈慫恿，而良直從中周旋之。疏且上，通政又難之。」是疏實未上，與《事略》不合。然龔鼎孳《定山堂詩集・送曹古遺給諫歸殯汾陽十四首》，其十三云：「伏闕回天日，欽崎一孝廉。」注：「古遺之事，其師某公左右之，以不罹譖陷。」又似古遺竟伏闕上書者。又《仙儒外紀》五載沈樹德《傳徵君傳》言「揭帖達御座，舉人本亦進呈」，則與龔詩合。又救袁公事出公揭者爲傅、薛，伏闕上疏者爲古遺，故公揭之首，並無曹名。此自是兩事，全氏誤併爲一，並坿正於此。薛宗周、王如金、《汾二子傳》：「薛子宗周，字文伯。王子如金，字子堅。皆汾之高才生。薛峻崖岸，肩稜稜如削，不苟言笑，高視迂步，而傭奴汾之人。王疏漫不立崖岸，工書，學詩歌，短小負氣，行多不掩言，而亦傭奴汾之人。甲申國變，皆廢舉子業，出城屏居小村落。己丑四月，大同兵以明旗號從西州入汾。薛以策干帥江某，勸急擣太原虛。江不能用。舊御史張懋爵適家居，兵擁之爲監軍。張傭奴，浮慕二子名，敦致戎幕。汾山鄉義勇少年千許人願投張部，張欲不收。少年又請自備馬匹、器杖從之，張唯唯。張富於財，二子勸出橐中，大賞士鼓勇。張不肯，少年稍散去。遷延至五月，兵將北上太原。二子過雷家堡，曹舉人偉餞之，語閒勸且辭張爲上。薛厲聲言，極知事不無利鈍，但見我明旗號尚觀望，非夫也！曹語塞。薛徐顧王曰：『爾有老母，可不往。』王曰：『顧請之老母，老母許之，不敢絕裾也。』皆從張。至晉祠，太原程生者見二子，問兵事。二子曰：『我兵有必勝之道，恨此輩無制勝術耳。』乃提兵者不即抵太原。而清援從北來，屯赤橋、華塔閒，兵保晉祠堡。清據西山，步卒亂，欲潰堡門出，人見二子者拔刀砍卒，斥登埤守堡，清攻堡五日不下。會輓運不即到，馬乏草，遂結陣南遷汾州，步卒沿道狼籍死，二子不知所終。」案：順治五年十二月，姜瓖以大同叛，六年陷汾州，二子殆從姜瓖者。崔嗣達、《通志·儒行録》：「崔嗣達，字季通，陽曲人。順治乙酉拔貢。安貧不仕，學問淹博，而恪宗程朱。闖變時，兄嗣遠夫婦殉難。撫其孫秉鉞登賢書。」戴廷栻《晉逸詩序》二：「季通精三傳，受知袁山先生，拔乙卯明經第一。國變棄業，惟精進誦經。行年七十二歲而卒。」振玉案：崇禎無乙卯。季通受知袁山，袁山提晉學時，當乙亥、丙子。「乙卯」乃「乙亥」之譌。《太原府志·選舉表》載崔嗣達崇禎朝拔貢，與戴《序》合。《通志》殆因崇禎無乙卯，乃武斷改爲順治乙酉。《陽曲志·人物列傳》誤與《通志》同，殆爲《通志》所本。白允彩、戴廷栻《測魚詩略序》：「山右老諸生有不得志於時曰居實白先生者，世榆關人，少有俊才，工舉業，文章高簡。袁臨侯先生急拔之曰：黄貞甫一派也。」又《文學白居實先生小傳》：「白先生居實孕彩，明榆關高才諸生。自甲申二月不爲諸生而篤喜制藝，尤得先輩簡貴法，至老不衰。」《通志·隱逸傳》：「白允彩，字居實，平定諸生。事母至孝，讀書過目成誦。性謹厚，斂束繩墨，至意氣所觸，輒奮前不少顧忌。中年遁迹荒村，與布衣野老日遊醉鄉，吟詠自娱。其詩沈浸三唐，簡質疏古，自抒性情。有《測魚村集》，戴楓仲選入《晋四人集》中。」案：《允彩傳》，《通志》兩見，一在《隱逸録》，一在《文學録》下，不知當日志局諸君何竟草率如此！曹偉、《碩公盆蓮》詩注：碩公，曹偉字。又《奉祝碩公曹先生六十歲序》：「舊鄉舉不今會亦不官者，則所謂無用人者也，乃於吾鄉聞三四人，見則碩公一人。曩與先生同筆硯於袁山先生之門，一時沾沾自喜士惟恐其穎之不露，而先生獨静慎寡言。」衛蒿、《曲沃志》：「衛處士蒿，字匪莪，初名麟貞，字瑞鳴，因居母喪易今名。與汾陽曹良直、太原傅山友善。晚年闢絳山書院，教授其中。人稱絳山先生。」戴廷栻《袁公傳》：「憶崇禎丙子於太原三立書院課士，諄諄勉戒士子：先德行，而後文藝。栻髫年同陽曲傅山、曲沃衛蒿等侍側。」戴廷栻《通志·文學録》下：「戴廷栻，字楓仲，祁縣人。明户部員外郎運昌子也。幼負異質，讀書十行並下，爲文操筆立就。應童子試，爲袁臨侯學使所賞，謂當以氣節文章名世。補諸生，食餼。甲申後無意仕進，居丹楓閣著書，操選政，鋟版數十種行世，一時名滿天下，學者仰之如山斗。海内名流，南方多聚於水繪園，北方則丹楓閣稱極盛焉。康熙己未，應博學鴻詞科，聲聞甚隆，一時名卿鉅公傾心尊禮，王阮亭題其廬曰『山右龍門』。晚以歲貢司訓聞喜，並署曲沃教諭。講明正學，士風改觀。年七十四卒。張文和公爲志其墓。有《半可集》行世。」《敘楓林一枝》：「丙子，吴中丞鹿友與袁師同志，拔晋才士三立書院課藝，楓仲聲噪社中，少所許可，獨虚心向余問字。」等三百餘人，振玉案：《因人私記》作二百五十人，玆據《六柳堂日録》及戴廷栻《袁公傳》、《石道人别傳》。講肄其中，《因人私記》：「課法：每月大會三，皆至書院，日有饌，午後文完飲酒，各從其知爲羣。小會六，皆在各寓中。每生日用米麪菜錢，取足於學租，皆豐厚有餘用。不時至崇善寺講藝。有病者親至其寓所，與藥餌調養之。」而擢先生第一。《石道人别傳》：「會袁山袁公提晋學，見道人藝，以爲是子忠孝人，置第一，延于三立書院。時晋國士三百餘人，以道人爲祭酒。」八月，巡按張孫振字古岳，盧州府人，見《因人私記》。以大計誣劾袁公。十月得旨：「著逮京勘問。」先羈候三立書院中，先生左右之。與同學薛宗周議伏闕訟寃，移書四府同學諸生，而先隨袁公行。郭鋐《傳先生傳》：「青主出萬餘金，糾通省諸生詣闕代白。」《陽曲志》：「徵君傅山徒步千里，伏闕訟寃。」至京，寓琉璃廠伏魔祠。十月末，袁公入刑部獄。先生草揭帖投通政司，數上皆不納。乃出揭帖，投大小各衙門及中官廠衛緝訪者，於是卒達御前。臘月，吴公甡糾孫振贓私，並《因人私記》。《仙儒外紀》七載：梁建綱《題因人私記詩》有「瑶琴一曲感優娼」句，自注「曲感優倡，借以救白袁山之寃」云云，其事實不可考，姑記於此。

十年丁丑，三十一歲。

二月，逮張孫振至京，下刑部獄。是月，先生游西山，半月始還。《因人私記》。都中譌言，皇帝苦邊患，宫操訓武，命中官習兵陣，嬪妃以下學騎馬馳縱，且南遷。先生爲作《喻都賦》，以解其惑。《喻都賦敘》。四月，袁公事雪，獄解。閏四月，先生出京，五月抵家。適袁公以原官起爲湖廣武昌道，以書招先生覽黄鶴之勝。先生以違老母久，謝不往。《因人私記》。《六柳堂日録》：「上鑒予無罪，復原官。予以親老具疏終養，而守武昌之命下矣。疏上，不允，以十月抵任。」振玉案：《石道人别傳》作「袁公補官泰州，約道人游」，誤。《陽曲志・徵君傳》作「袁誣既白，出督九江，屢遣使召山」，亦誤。是時，先生名聞天下，馬文忠公世奇爲作《山右二義士記》，謂先生與薛宗周。以比裴瑜、魏邵，楚王孫梓行之。丁時學字天心，順天宛平人。原籍紹興，官霍州知州。於國門立留社，將當時人士贈先生詩篇編爲一册，而以馬公士奇《記》冠於端。秋，慈谿桂公一章提學山西，重先生行誼，於歲試畢，首唱先生名，旌以花紅、鼓樂，又欲舉優行。先生苦謝，乃免。《因人私記》。先生記袁獄始末爲《因人私記》。是年先生辟穀，食栢葉。《石道人别傳》。

十一年戊寅，三十二歲。

九月辛巳，大清兵入牆子嶺。十一月戊辰，克高陽。《明史・懷宗紀》。

元日，雪。先生有詩二首。錢先生文蔚治具，邀游崇善寺。《太原三先生傳》：「錢先生丁酉舉於鄉，以廣文復令百泉二年餘，歸。歸之日，即焚冠帶，制棺木，斂衣備，而藏之，曰：吾事了矣！」又曰：「憶戊寅正月，先生治具，邀山輩集崇善寺。坐過半夜矣，先生神益王。次日有詩示山輩曰：『誰謂錢生老，猶然一酒狂。』晚年自號虛舟老人。」是年，猶子仁生，子由先生仲子也。戴廷栻《傅仲壽元小傳》：「壽元，明茂才傅庚字子由之中子也。五歲而孤。」振玉案：子由以壬午卒，則仁當生於是年。

十二年己卯，三十三歲。

正月庚申，大清兵入濟南，德王由樞被執。二月乙未，大清兵北歸。《明史・懷宗紀》。

十三年庚辰，三十四歲。

先生爲學，自是始務博綜。《家訓》：「至三十四五，始務博綜。」秋，夢游箕子陵，有三獸守之。《不想》詩注。兄子襄病歿。《郭九子哀辭》：「庚辰夏，舍姪物故。」年二十，太原府學生。《貞髦君陳氏墓誌》：「庚子，襄爲諸生，年二十歲亡。」戴廷栻《傅壽元小傳》：「子由先娶於韓，生襄而蚤夭。」又《傅烈婦傳》：「歸府學生傅襄。襄，世家子，才高負氣，伉儷之情淡然也。」婦李氏，太原孝廉李中馥《通志・文學録》下：「李中馥，字鳳石，太原人。前明甲子鄉薦。性剛鯁，負氣節，足跡未嘗入公府。遇歲饑，典衣賑貸，巡按某欲薦之，辭不赴。闖賊陷太原，遣人授以僞官，閉門堅卧拒之。其後姜逆之亂，畫守禦方略，縣令郝煥元恃以無恐。雅嗜讀書，晚年益勤，朝夕不釋卷，揄揚後學不去口。」《敘靈感梓經》：「僑黄之人之舅若弟，三四媚於孝廉家。」又曰：「孝廉明《春秋》，喜談節概。」文後劉霦附記：「鳳石有幹濟才，明季乙亥、丙子兩經虜變，偕袁袁山贊畫軍事，晋恃以無恐。鼎革後，杜門不出。宋企郊拘辱山右縉紳，獨鳳石不屈。彼亦不敢無禮。」「著有《四書膚搔》、《詩經注疏》、《從好集》、《於陵子集》、《歷考》、《石鼓考》、《耳載》、《晋社約》、《本草目録》、《銀杏園文集》、《玄釋兩藏撮要注解》等書。與青主、中宿貫徹三教真詮，時謂晋中三隱。」女也，同日仰藥以殉，年十九。八月，先生同學郭新卒，作《郭九子哀辭》，並點定其遺集，爲《曠林一枝》。戴廷栻《敘曠林一枝》。是年有《哭姪襄秀才》詩。

十四年辛巳，三十五歲。

正月丙申，李自成陷河南，福王常洵遇害。二月戊午，張獻忠陷襄陽，襄王翊銘、貴陽王常法並遇害。十一月丙子，李自成陷南陽，唐王聿鏌遇害。《明史·懷宗紀》。春，先生染疫，幾殆。先生兄子由先生調護之，獲痊。《老僧衣社疏》附記。先生素善病，因受道法於還陽真人。荃孫案：先生從還陽真人受道法，諸書或云「甲申」。《石道人別傳》敘於壬午前，非甲申也。《壽陽縣志》：「還陽子，郭姓，名静中，河南修武人。髫時恒夢驅龍爲行雨狀，稍長厭薄世故，遂棄家去。過華陰，遇異人劉某者，授以金丹五雷法，由是往來晋、趙、燕、齊、豫章、楚、粤閒，蹤跡靈異。歲旱，長吏輒走書數千百里迎之。至則爲壇設法，頃刻大雨如注。然霑足僅及所禱之境，他處不能得也。或求之者衆，弗暇躬往，第各付一符。方入境，不及焚，而雨隨集。藁城縣苦滹沱患，作法鎮之，徙數里。歷城縣有趵突泉，久涸，以鐵符券三納之，泉復出。一日過壽陽太安鎮，曰：『此去西北里許，當有吾容足處。』鎮人如其言，築庵於五峰山。時晋藩慕其名，於檜柏園中建道院延居。未幾，即辭歸。還陽於書無不通，尤邃於《易》。高邑趙南星與爲方外交。甲申歲，太原傅山避地龍池，師事焉。年近百歲，顔色如童子。忽呼門人具浴，浴畢，端坐而逝。太安鎮橋北有傅山題《明雨師還陽先生返真之墟碑》。」先生生日，子由先生治具，夜游西郭，爲先生壽。《即事成吟》詩注。有《病征》詩。

十五年壬午，三十六歲。

二月戊午，大清兵克松山。三月己卯，下錦州。五月甲戌，張獻忠陷廬州。九月壬午，賊決河灌開封。癸未，城圮。十一月庚辰，大清兵克薊州。閏月壬寅，南下，畿南郡邑多不守。十二月，大清兵趨曹、濮，山東州縣相繼下。《明史·懷宗紀》。

元日，雪，有《齋中坐雪》詩二首。正月，蔡忠襄公懋德巡撫山西，戴廷栻《蔡忠襄公傳略》：「公名懋德，字維立，蘇之崑山人。萬曆己未進士。壬午正月巡撫山西。」尋出鎮固關。《蔡忠襄公傳》。夏四月，兄庚病歿。先生日夜哭泣。六月十五至十九日，成《即事》詩二十一首以誌慟。《老僧衣社疏》附記：「壬午夏四月，離先兄變，日夜與老母哭泣。」八月撰《兩漢書人姓名表》成，自爲之敘。先生夢上帝議刼，給先生單，字不可識。尾識「高尚」字，先生《口號》詩十二首之七云：「犯禁微登議刼樓，雲章琅篆駭凡眸。麗眉道士貽單紙，高尚真書鸞尾收。」又《覽巖徑詩即事一百韻》「高尚祖師宣」，均指此事。且賜黃冠衲頭。先生知無功名分，遂製冠衲如夢中所賜者服之。是歲，應鄉試不中第。《石道人別傳》。振玉案：《傳先生事略》：「甲申，夢天帝賜之黃冠。」當即此事，而相差二年。當以楓仲所記爲得其實。是年，遷離垢君墓，自邑東山洪子峪，改卜於西山馬頭水。《甲申八月過先居士舊墳》詩注：「在邑東山洪子峪，遷西山馬頭水三年矣。」《陽曲志》：「正東鄉辛村三都有洪子峪，距城十二里。西鄉封都有馬頭水，距城四十里。」振玉案：《甲申八月過舊墳》詩注云「已三年」，則遷葬當在壬午，然太原自甲申二月陷于賊。據《陽曲志》卷十六《志餘》記，王師十月三日始克太原，則八月先生何能返里？疑此詩或作於乙酉，編者誤冠以「甲申」也。今姑從集所記年月而坿正於此。

十六年癸未，三十七歲。

正月丁酉，李自成陷承天。五月癸巳朔，張獻忠陷漢陽。八月丙寅，陷岳州。丙戌，陷長沙。十月丙寅，李自成陷潼關，督師尚書孫傳庭死之。賊遂連陷華州、渭南、臨潼。《明史・懷宗紀》。

四月，蔡公自固關返太原，修三立書院故事。飭集晋士講堂館餼，如袁公繼咸法。先生撰《巡撫蔡公傳》。聘先生及武鄉魏知縣權中、絳州韓舉人霖、《通志·文學録》中：「韓霖字雨公，絳州人。長身竦肩，音如洪鐘。爲文有奇氣，書法在蘇、米閒。天啟辛酉舉於鄉。少從兄游雲閒，得接婁東諸老。既舉於鄉，益嗜游，爲聚書計，歷江浙，北行齊魯，購書數百卷。歸，築樓儲之，校勘編摩，日事箸述。嘗學兵法於徐光啟，學火器於高則聖，務爲當世有用之士。蔡忠恪公撫晋，延入幕府，佐守太原。城陷，爲賊所得。後脱歸，匿迹西山，爲土寇所殺。所箸《守圉全書》、《救荒全書》、《祖絳帖考》、《礟臺圖説》數十種。兵燹之餘，存者亦僅矣。」又《蔡忠襄公傳略》：「太原陷，韓霖從賊爲中書。後數月，仇殺於家。」又先生《敘靈感梓經》：「絳韓生慫恿學西方事天之學，而疏其詞曰：無論十惡不善，朝皈依而夕登天堂也。」平陽桑舉人拱陽、太原陷，不食死。中貢士某、賈生某、陳生某、李木虎《蔡忠襄公傳》：「李木虎，山東人。喜談兵，意製木板爲虎城，如衝車，中容百計人，機行之，可攻城陷陣。時號其人曰『李木虎』。」等講戰守火攻、誠明道統、財用防河。月三集，初集講聖諭六句，次集講經濟，三集講制藝。《蔡忠襄公傳》及先生所撰《巡撫蔡公傳》。先生曰：迂哉，蔡公之言非可以起而行者也。《傅先生事略》。故先生雖期集，不肯衣紳衣講學。《石道人别傳》。闖賊入西安後，晋民倡亂者言賊不淫殺，民閒引領西望，無固志。先生與巡撫蔡公謀，使人備言賊虐狀，偏黏城鄉，民大兇懼。又編童謡，言賊今年當滅，於是乃得議守。《蔡公傳略》：「八月，闖賊破潼關，入西安，晋民倡亂者皆言賊不殺不淫，所過不徵税。於是引領西望。俄有秦民王國泰、黎大安黏帖於城郭、鄉里，言賊荼毒逼勒之慘。民大失望，更議守。實公與傅山所作。復作童謡曰：『馬在門内難行走，今年又是弼馬温。』即諺所謂猴年闖不祥者，亦倣新建遺法也。」振玉案：據《明史·懷宗紀》：李賊陷潼關在十月丙寅，《蔡公傳》作八月，與《明·紀》不合。《蔡傳》當時所記，或得其實。是年，先生友曹公良直中疫卒，先生爲詩悼之。振玉案：《悼古遺》詩後，編者原注「甲申」，然當在癸未。曹卒，諸書雖不著何年，但考先生《止庵戴先生傳》云：「良直雅不能以同鄉同年直名具疏，慫恿同官某疏劾陳演，以及先生。先生下獄，而曹適中疫卒。某以誣戍，先生事白，得温旨出獄，國變矣。」敘曹卒在國變之前。而曹以壬午始入諫垣。又《追悼曹子二首》自注：「曲沃閣部之師，曹子若在，必請纓誓死，以信奇節，必不容其觀望不前。」曲沃督師在甲午正月。以二事考之，故知曹卒當在是年。又案：先生丁内艱後，嘗欲爲曹作傳，見本集《與白居實書》。今集中無曹傳，殆擬作而未果歟？

十七年甲申十月朔爲國朝順治元年，三十八歲。

正月庚子，李建泰自請措餉討賊。乙卯，幸正陽門，餞建泰出師。是月，張獻忠入四川。二月辛酉，李自成陷汾州，别賊陷懷慶。丙寅，陷太原。乙亥，李自成攻代州。丁丑，賊别將陷固關，犯畿南。戊子，陷甯武關。三月癸卯，賊入關。乙巳，犯京師。丁未，内城陷，帝崩于萬歲山。四月，我大清破賊于山海關。五月入京師。《明史·懷宗紀》。

五月，闖賊迫山西，閣部李建泰出督師，聘先生及韓霖軍前贊畫。霖留太原，先生就聘往，爲建泰畫策。請援太原，謂援太原，則汾以南可復，山後河北不摇，則京師可運掉。會建泰聞曲沃陷，退入保定，援兵不果出。先生密書以報蔡公。二月初八日，標營小將張權開門納賊，蔡公自縊於三立書院。《蔡公傳略》。布政趙公建極、河南鄭州人，萬曆己未進士。癸未爲山西布政。巡撫僉事畢公拱宸、山東萊陽人，丙辰進士，字星伯。並見戴廷栻《三先生傳》。皋城樓協守、定遠將軍張公宏業並死之。畢公，先生之友，《三先生傳》。張公，先生之妻兄也。《定遠將軍張公傳》：「將軍忻人，名宏業，字胤吾。死之年七十一。光禄卿文溪公泮子也。」初，先生赴督師之聘，元夜至平定，寓張氏東池別墅。《甲申集・東池元夜》詩注：「平定東池爲日葵先生別墅。」案：日葵，名三謨，明大理寺卿。見《葵老惠訪病不能晤期霜紅再理前約》詩注。《仙儒外紀》十：「艾城西有日葵別業，闖賊敗歸，縱火將焚之。忽雷雨大作，青主曰：『天留也。』遂名爲『天留園』。」有《東池元夜》、案：詩云：「東池元夜月，故爲寓人清。」據詩語知先生寓此。《東池得家信》詩。及太原破，先生時在嘉山，《定遠將軍張公傳》：「甲申二月，太原失守。傅子時在嘉山。」案：《通志・山川考》四：「嘉山在平定州西八里。」奉母卜避地，筮得屯之初。《避地過起八兄山房》詩注。自是轉徙無定居。於平定主白氏七亘別業，《白髗》詩注：「居實白子，嗜酒，鼻髗紅。又盡禿其髮，曰『白禿』。別業在平定州七亘中。」《仙儒外紀》十：「白居實移居測魚村，訪明宗室，得之，愈養愈癡。歎曰：『天不欲興復明祚也！』潦倒自廢。」振玉案：先生《壽楊爾禎老友長歌》有「痛念舊年吾亦有弟被賊苦，吾竄伏七亘中而爲怯肩縮頸寒龜俯」句，似指甲申避地平定州時事。又據是詩，知是時先生弟止殆在太原，城破，陷於賊中也。於壽陽主石河村郝氏，《甲申集・石河村與郝舊甫》詩：「須眉覥人臣，瑣尾窺林藪。尤恨爲人子，宅親無安土。籃輿歷畏途，捍禦力不起。驀入石河村，通家邁舊甫。老氣率真意，避居寓吾母。」又「郝鑑盤六十壽，同人徵辭勸觴，率爾爲《石河》篇」云：

「遡往春灘，避地載過。」均甲申奉母避地郝氏之證。《石河》篇劉霦附記：「鑑盤郝姓，名德新，字舊甫，壽陽石河村人。解元郝名聲子，諸生。晉府儀賓。」于忻州止頓村舊家，《甲申集》有《頓村舊家作》注：「忻州頓村。」詩有「老屋簪弱欐，中宵月漏亮。四壁翠莓衣，稱吾窮宅相」句。玩詩意，先生在忻殆即止此。張《譜》言先生本忻之頓村人，故集中有《頓村舊家作》。振玉案：《忻州志》：東永豐鄉領十都、七十六村莊。東北隅都有頓村。然芝郡都又有傅家莊。張《譜》言先生家頓村，不知何據。于盂縣過孫氏山房。《甲申集》有《避地過起八兄山房令眉兒限韻同又玄作》詩，又有《月望起八兄生日》詩。案：《避地過起八兄山房》詩注「孫起八諱穎韓，盂縣人。其曾孫巂會進士」云云。意先生避地至盂，即主其家。振玉案：先生於曲沃閣部返都後，似即返平定。其至壽陽、至忻、至盂，其先後則不可知。戴廷栻《傅壽毛行狀》：「十七歲遭國變，從父避榆關、仇猶、秀容、仁巖之閒。」以先生《甲申集》諸詩考之，悉合。先生當國變，流離亡國之痛一寄之於詩。於壽陽有《石河村與郝子舊甫》詩、《長榆南崖之孤松》及《八月訪道師五峰龍池不遇》詩，於平定有《七亘老杏》詩，於忻州有《七賢祠》，又《祠僧患風不能禮客》詩、《聊以復祠僧》詩、《頓村舊家作》、《閒關上陀羅山》諸詩。於盂有《客盂避地過起八兄山房》、《月望起八兄生日》、《七機巖》、《藏山》、《高細水攜具河之干》、《仇猶秋興》諸詩。又五月，有《願旱》詩，八月有《過先居士舊墳》詩。振玉案：先生是年八月似不能返太原，說見前。今姑依集本書之。除夕有《甲申守歲》詩，又《無家賦》殆亦作於是年。先生自壬午服冠衲，及經國變，遂不復釋。《石道人別傳》。振玉案：全氏撰《先生事略》作「甲申，夢天帝賜之黃冠，乃衣朱衣，居土穴，以養母」。誤以壬午之夢爲甲申。又考先生未嘗居土穴，蓋因先生曾居土堂山而譌。先生集中有《土堂雜詩》十首，顧亭林有《寄問傅處士土堂山中》詩。《太原府志》：「土堂寺山在縣西北四十里劉村。」先生詩中之「土堂」、顧處士所謂「土堂山」均即土堂寺山。《陽曲志》亦作土堂山，非土穴也。又全氏言二十年天下大定，始稍稍出土穴，亦誤。先生自國變後，甲申往來於平定、壽陽、忻州、盂縣，乙酉旅盂以後，亦靡有定居。《貞髦君傳》所謂「轉徙無常家」，安得蟄居不出？其居土堂亦絶非甲申事。

二年乙酉，三十九歲。

冬季，袁公繼咸羈燕，以詩貽先生，並附手札。詩、札並見本集《坿録》。是年，先生寓盂縣，有《見内子静君所繡大士經》詩，《李賓山松歌》《通志·山川考》四：「李賓山在盂縣南二十里。」及《十一月次右玄》詩、《乙酉歲除八絶句》。振玉案：《歲除》詩有「何須爆竹震仇猶」句，故知歲暮先生尚在盂也。又案張《譜》記先生是年避地武鄉魏駟家云，見《武鄉縣志》。考《志》言「順治初求賢甚急，内外諸當路稔悉太原傅山，徵辟檄屢下，皆不應。夜潛出城，至武鄉止邑人魏駟家。駟爲擇堂西南隅，朝夕偃仰其中，自題曰『裊露』。歲餘，跡者漸稀，乃返太原」云云。但言順治初，不言在何年。是年除夕尚在盂，而《武鄉志》言寓武鄉歲餘，則非此年可知。或在次年丙戌耶？附記於此，以俟考。

三年丙戌，四十歲。

袁公再貽書於先生，末云：「晋士惟門下知我甚深，不遠蓋棺，斷不敢負門下之知，使異日羞稱袁繼咸爲友生也。」原書亦載本集《坿録一》。先生得書，慟哭曰：「公乎！我亦安敢負公哉！」全氏《事略》。振玉案：全氏誤合乙酉詩札並丙戌之札爲一，敘在乙酉。今據原札改正。但戴廷栻《袁公傳》謂公正命於丙戌六月，而弟二札署「丙戌秋初」。札尾所署，殆記得書之日也。張《譜》記先生是年潛入都，候袁公起居，不知何本。附記於此，以俟考。

四年丁亥，四十一歲。

夏過晉祠。《秋海棠賦》後自記：「丁亥夏過晉祠，示周出稿，命書之。」荃孫案：先生返太原，不知在何時，俟考。

五年戊子，四十二歲。

先生寓汾陽。《明李御史傳》：「戊子，石道人寓西河。」又《汾陽胡公傳》：「余自甲申後寓西河。」疑先生寓汾不始是年，或丙戌已在汾耶？ 胡款與弟庭、同並從先生游。《胡公遇春傳》：「余寓西河，始因薛生宗周而友胡款兄弟三人。」又曰：「公三子，長款，甲申以後棄諸生業；次庭，富才藻，詩凡百千首；次同，研經窮理，隱于醫。」《顧亭林年譜》注：「胡庭，青主弟子。」《通志·鄉賢録》十六：「李自成之亂，庭與弟同並隱居講學。庭于《易》、《詩》、《春秋》、《論語》、《大學》、《中庸》、《孟子》皆有論箸。」有《書扇貽還陽道師》詩。作《李御史傳》。

六年己丑，四十三歲。

寓平定馬軍村，有《即事二十首》、《無聊雜詩》注：「己丑寓平定馬軍村，即事有拈。」《悼王子堅二首》。作《汾二子傳》。王、薛是年死於太原之役。《汾二子傳》：「袁先生三立講堂，二子咸在。至今蓋十五六年矣。」案：袁公以崇禎十年涖提學任，至是年正十六年，則先生此傳作於己丑。振玉案：《馬軍村即事詩》「西河慚二義」，當指王、薛，今集本注「曹偉、薛宗周」，殆後人誤注。兄子仁鈔《高士傳》，先生爲作《題辭》。《鈔高士傳題辭》：「屠維赤奮若閒，辟藥嶺之麓。」朝端案：藥嶺在平定南四十里。

七年庚寅，四十四歲。

先生寓祁縣，訪戴楓仲，題詩於丹楓閣壁。《敘楓林一枝》：「甲寅，訪楓仲，登丹楓閣，庚寅題壁詩有『榆次孫盛，昭餘温嶠』語。」振玉案：先生《口號詩十一首》之三有此二語。丹楓閣所題，殆即《口號十一絶》與？《竹南漫録》：「楓仲博雅好古，所居丹楓閣上圖書鼎彝羅列左右，人方之倪迂清閟。」壽楊爾楨五十生日，作《長歌》。案：爾楨名方生。《薑田先生傳》：「觀察楊公于國者，字元達。其先燕人，後爲太原人。」又曰：「六子皆安素業，能稱其清白吏家兒。長方生，讀書能文，有父風。」

八年辛卯，四十五歲。

是年寓汾陽。《陽曲志》、《傳眉傳》、《戴廷栻傳》、《壽毛行狀》並云，辛卯僑西河。振玉案：甲申以後，眉侍左右不離，知先生是年當亦寓汾。

九年壬辰，四十六歲。

十年癸巳，四十七歲。

冬，教子眉、猶子仁爲小楷。《雜記》。

十一年甲午，四十八歲。

先生寓平定，《陽曲志・志餘》。以飛語下太原郡獄。《貞髦君陳氏墓誌銘》。又《陽曲志・志餘》記先生下獄事云：「傅青主因闖亂失家，僑寓榆關。河南獲奸細，扳有山西朱衣道人傅姓，咨行晉撫，密遣司李王秉乘率兵執青主，下之獄。」郭鉉《傅先生傳》：「或劾其與南朝明赧帝通，下獄。」忻州張中宿天斗。同繫。《敘張髯詩略》：「張天斗，字中宿，以字行。忻州人，多髯。治五行家及形家言。」戴廷栻《敘張髯詩略》劉霦附記：「中宿，明季癸未與孫司馬參謀，引退，而司馬敗。甲申同傅徵君繫獄，而世傳其仙去。」先生抗詞不屈，絶粒九日。全氏《事略》。振玉案：先生《朝沐》篇：「堪包羞被恥兮，重之以甲午之情事。憶使九日不食兮，溘此微氣。」全氏所記，殆本之此篇。病甚，陽曲陳右玄謐。治之而愈。《與右玄》詩：「客歲吾離難，自信明夷貞。愁我一朝溘，奇方檢祕經。君以香附子，三奈佐南星。庸醫不解旨，難其非參苓。樌椷獨漸喻，精製而深登。藥香滿稾籍，沈睡俄晨醒。」案：據此知先生在獄有疾，右玄藥之而愈。《山西通志》：「陳謐，字右玄，陽曲人。聚徒汾西，妙解醫術，與傅徵君爲友。」有《除夜同難諸子有詩覽之有作》及《獄祠樹》、《秋夜》、詩有「秋夜一鐙涼，囹圄真道場」句，故知是在獄時作。《木公居實獄祠中作伴三月》詩。案先生《紀夢》詩：「荼苦甘三月，秋明浄一天。朱衣成罪案，《洪範》却無篇。」是先生初秋入獄，除夕尚在獄中。《仙儒外史》十引《萋芳小集》：「西河王孫，一字木公，嘗與白孕彩伴青主獄中。或曰木公賈姓。」先生既入獄，先生子眉亦羈陽曲縣倉。一夕，夢鐵藕開花一枝，《陽曲志・傅眉傳》。先生《紀夢》詩：「老子知無用，眉兒自審才。一枝鐵藕上，千葉蓮花開。」又《覽巖徑詩一百韻》亦有「花培鐵藕蓮」句。又《秋夜》詩：「寶蓮開鐵藕，兒夢亦非常。」均韻此事。歲除，眉得釋。黄昏奔侍貞髦君，幾死於固碾溝。《哭眉詩》：「傷心甲午除，爾始解拘囚。黄昏奔西村，幾死固碾溝。」又曰：「明日是年下，稀粥寒燈篝。老母舉一匙，爲我進庶羞。」振玉案：《陽曲志》：「西北鄉蘭伏六都，有南固碾、北固碾。」此但云「固碾溝」，不知爲南爲北。又案：《我詩集》卷十一《與古度書》：「自兩道老爺會審之後，父子不見面者又六十餘日矣。皇天！皇天！熱淚燒心！但昭雪有日，父子見面不難。近者舍弟從西村來，道家祖母飲食稀少，淚眼腫痛，念兒憶孫，不少絶口。言至於此，不可堪忍。」又曰「囚眉愚見以爲，懇邊老爺作一申文至都老爺處，將囚眉及叔暫保在外。若不能如此，或囚眉或家叔放假三日，令人押上與家祖母見面後即迴。乞以下情轉達之邊老爺」云云。則眉之得釋，由於古度，惜不知古度姓名。邊老爺，殆指太原守邊大綬，任邱人。順治八年知太原府，有治績。《太原府志·名宦》有傳。又據此書，則先生弟止亦在獄。范文學芸茂卒，先生作詩悼之。戴廷栻《文學范先生小傳》：「諱芸茂，字補袞，洪洞諸生，聘君德州判竹溪公之子。從竹溪公游於理學先輩辛復元之門。天性孝友，力行所講執敬之學。甲申後杜其門，謂子弟曰：『吾生逢亂世，加之衰病，不復進取矣。汝輩讀書，無忘世業可也。』甲午卒於家。」又《文獻徵存録》：「范芸茂，字垂雲，洪洞人。輯山右之文二十卷，題曰《晉國垂棘》。」先生在獄講《論語游夏問孝二章》。

十二年乙未，四十九歲。

金陵紀伯紫映鍾、《感舊集》：「映鍾，字伯紫，一字伯子，號戇叟，自稱鍾山遺老，江南上元人。有《真冷堂詩稾》。」合肥龔尚書鼎孳《感舊集》：「龔鼎孳，字孝升，生時庭産紫芝，因號芝麓，江南合肥人。崇禎戊辰進士，本朝禮部尚書。有《定山堂集》。」力救之，事白釋歸。《陽曲志·文徵·傳壽毛先生傳》。《傳先生事略》作：「門生有以奇計救之者，得免。」《貞髦君陳氏墓誌銘》亦作：「從山游者僉議申救。」郭鋐《傅先生傳》作：「勘官憐其義，代解，乃得出。」《陽曲志・志餘》記先生下獄事云：「先生既下獄，顔色自若，供係太原府諸生，食餼有年，以失家避荒，侍養老母，頗知醫藥。兩訊茹嚴刑，語言不亂。覆核所扳日期，即臬司經歷魏一鰲爲父疾求方於汾州日也。撫軍陳公憐其冤，具請釋。」與郭《傳》略同。《仙儒外紀》五引蔡璜撰《先生傳》：「順治甲午，緣叛案，羅織備極，拷掠不屈。京卿龔某爲援解，得雪。」與《志》説合。出獄後，先生出獄，不知在乙未何時。據《貞髦君陳氏墓誌》「逾年飛語白」，亦不言其時日。有《山寺病中望村僑》、《感》、《不死》三詩。以詩語考之，當在是年。

十三年丙申，五十歲。

春，戴楓仲請刻先生詩，先生不許。戴廷栻《譜四人詩序》。周徵君容。游晉陽，與先生訂交。全祖望《周君墓幢銘》：「先生周姓，諱容，字茂三，浙之寧波府鄞縣人也。踪跡徧天下，於浙最厚方舟，於山右則申鳧盟、傅青主。」襄案：《聰山集》有《贈周太望序》云：「晤茂山周子於晉陽。」又《鳧盟先生年譜》：「順治十三年春，如京師，遂游太原，訪楊臬使思聖。四月返里。」《聰山集》有《晉陽喜晤明州周茂山七律》云「四月邊霜吹寶刀」，以《年譜》「四月返里」之説證之，則茂山游晉及先生與訂交皆在是年可知。振玉案：楊思聖官晉臬，《太原府志》云在順治年，不知其在何歲。據《申鳧盟先生年譜》知在是年。可補《太原志》之闕文。

十四年丁酉，五十一歲。

是年有《紀夢》詩詩云：「咄咄箕陵夢，於今十八年。」振玉案：夢在庚辰，云十八年，則此詩作於是年。及

《丁酉二月十四日二首》。作《姚缺庵墓誌》、《銘》稱缺庵卒於丁酉，故知此文作於是年。《麧䴵小賦》。《賦》後附記：「丁酉既熱，睡足，起略遲，覺精神。適有此束，率意捉筆。」《陽曲志》記晋人所食各種麪食，有麧䴵飯。注：「廣大麥初熟，刈而磨之，狀如繩，又名麥繩兒。色淺碧，或葷或素，以菜伴食，香美異常。」

十五年戊戌，五十二歲。

十六年己亥，五十三歲。

先生南游，浮淮渡江，南至金陵。復過江而北，至海州。先生南游江南，其年月不可考。據集中《朝沐》篇姑附此年。《朝沐》篇云：「蹇浮淮兮渡江，奈曾憂兮不忘。攬河入海兮遺憂，雷電冥冥兮臨鬱州。鬱州兮拳拳，愴臣心兮五百田客。」又云：「諗甲申以來兮，何生人之樂致，堪包羞被恥兮，重之以甲午之情事。憶使九日不食兮，溘此微氣。老母之哭臣兮亦既，期頤菽水兮，豈不有弟焉任之。」以此考之，知江南之游在庚子丁内艱以前，甲午以後。振玉案：是時，南中舟山、臺灣之師連年入海泝江。己亥夏，蒼水方破金陵，先生南游適在此數年。觀篇中「愴臣心兮五百田客」語，疑先生殆有浮海之志。惟篇中又有「薜荔兮離離，不遑衣之兮臣母老矣」語，殆又以惓惓老母故不果與。有《江風》、《江月》、《燕子磯看往來船態領之》、《江甯不弔古》、《東海倒坐崖》五詩。倒坐崖在海州雲臺山。振玉案：《東海倒坐崖》詩云：「一鐙續日月，不寐照煩惱。佛事憑血性，望望田橫島。不生不死間，云何爲懷抱。」知先生是時尚屬望于海東也。

十七年庚子，五十四歲。

先生歸太原。有《庚子二三月之閒詩三首》。冬十一月二十八日，貞髦君卒於松莊戴廷栻《不旨軒記》：「太原東郭松莊，公他先生今僑於此。」潘耒《雙塔寺雅集詩敘》：「出太原郡城東可七八里，有寺曰永祚，雙塔巍然。其下爲松莊，傅隱君青主所居也。」之僑舍，年八十四。《貞髦君陳氏墓誌》：「生於萬曆丁丑十月十七日，壽至八十四歲。庚子十一月二十八日卒於松莊之僑舍。」又云：「山轉徙無常家，庚子適在松莊。」《陽曲志·徵君事實》作：「辛丑居母憂。」案：先生《哭眉詩》：「傷心甲午除，爾始解拘囚。」又云：「相守又六年，祖母將彌留。」由甲午下數又六年，正是庚子。則《事實》云辛丑者，誤也。先生卧苫枕凷，不茹蔬者百日。《徵君事實》。

十八年辛丑，五十五歲。

戴楓仲刻先生及子眉與白居實、胡季子詩爲《晉四人詩》。謝彬字文侯。爲先生畫象。此象今刻入《晉乘》中，時先生年五十五。先生偕殷宗山岳。至軹關，爲楊公思聖視疾。申涵光《楊方伯傳》：「公名思聖，字猶龍，鉅鹿人也。歷春坊侍讀學士，出爲山西按察使，陞河南布政使。辛丑入覲，卒於塗。」又云：「至覃淮，疾又作，豫撫以狀聞，乞休致。公召殷子，與居軹關候命。謂之曰：『吾歸，與二子尋廣羊舊跡，讀書學道，以樂殘年，志畢矣。』已而病亟，歎曰：『醫數投涼劑，取快目前耳，遂相誤至此。惟青主力言其非。青主來，吾尚可望。然青主寒暑固不出，奈何！』青主者，傅山字，太原高士也，博學兼通醫。其人素難致，而公在晉臬時，曾折節式其廬。殷子曰：『非我自往，無濟也。』時六月大霖雨，晝夜行山谷間，四日而至太原。跽謂傅子曰：『猶龍病，先生其有意乎？』傅曰：『世無兩猶龍，吾安得坐視？』時亦抱病，慨然遂偕行。未至前二日，公歿。」又《殷宗山行狀》：「宗山名岳，字伯巖。」

康熙元年壬寅，五十六歲。

六月登北岳，《與居實書》：「六月倉皇一登北岳。」又云：「山生孝不和嶠，死孝不王戎。」又云：「閒讀《禮》書，亦屬勉强，非其好也。不敢曰『此古人讀《禮》之時』也。」振玉案：據此書，則先生游北岳，殆在貞髦君服未釋時，意當在壬寅，故姑列此。張《譜》列辛丑，不知何據。有《孟冬集夜對居實有悲》詩及《調饑七章》。詩有「七歲悲生死，於今五十六」語，故知作於是年。

二年癸卯，五十七歲。

四月至輝縣，訪孫鍾元奇逢。於百泉。《文獻徵存録》：「孫奇逢，字啟泰，又字鍾元，保定容城人。十七歲舉鄉試，篤學尚志，與定興鹿善繼爲友，以聖賢相期。山寇起，容城被圍，帥鄉里禦之，城卒以全。後入易州，徙新安，而卒返輝縣蘇門，督子弟躬耕自給。康熙十四年卒，年九十二。」《雜記》：「頃過共城，見孫鍾元先生，真誠謙和，令人諸意全消也。其家門雍穆，有禮有法，吾敬之愛之。」猶子仁侍行，《哭姪仁》詩：「癸卯百泉上，乙巳青柯坪。」又《傅壽元小傳》：「癸卯游百泉，乙巳游華岳，壽元裹糧左右，不減壯僕。」途中攜舊録子書一册，暇即爲之解釋。《百泉帖石刻自識》。崑山顧甯人炎武。訪先生於松莊，《文獻徵存録》：「顧炎武，字甯人，又字亭林，崑山人。年十四補諸生。國朝薦博學鴻詞，又薦修《明史》，皆辭。卒於華陰，年六十九。」張穆《亭林年譜》：「癸卯，至太原，訪傅青主處士。」贈《五律》一章，先生依韻答之。兩詩各見本集。《十七史商榷》：「昔顧甯人宿傅青主家，晨未起，青主曰：『汀芒矣！』甯人怪而問之，青主笑曰：『子平日好談古音，今何忽自昧之乎？』甯人亦不覺失笑。古音『天』呼若『汀』，『明』呼若『芒』，故青主以此戲之。」亭林《廣師》篇：「蕭然物外，自得天機，吾不如傅青主。」山陽閻百詩若璩。過松莊，《淮安府志》：「閻若璩，字百詩，別署潛邱居士。」與先生論學相問答。《潛邱劄記》：「傅山先生少耽《左傳》，著《左錦》一書，祕不示人。余初訪之松莊，年將六十矣。問余古人命名應有義，但如『文六年，續鞫居乃狐射之族』，『鞫居』二字何義？余曰：案『成二年，齊師乃止，次於鞫居』，杜氏止注：『鞫居，衛地。』惟劉昭引《陳留志》於『兗州封丘縣』下注云：『有鞫亭，古鞫居。』則知此蓋以地命名者。因難『何以晋人遠取衛地而名其子耶』？余曰則有《風俗通義》在。俗説縣令問主簿：『靈星在城東南，何法？』主簿仰答曰：『惟靈星所以在東南者，亦不知也。』先生不覺笑。」荃孫案：潛邱是年二十八歲。是年作《東十方寏補建白衣閣洞碑》。申凫盟游太原，言於方伯王公顯祚，爲先生買宅。襄案：《申凫盟先生年譜》：「康熙二年癸未，如太原。方伯王公顯祚中表契闊二十餘年，屢折柬邀公。不得已，至晋署，一握手即歸。太原高士傅山，貧居不蔽風雨，公力言於方伯，爲買宅數畝。」又魏裔介《申凫盟傳》：「同郡中表王襄璞爲山右方伯，邀至署。未幾遄歸，襄璞訝其速，答曰：『此中有高士傅青主，貧居不能蔽風雨。公以身下之，勝於光之留多矣。』襄璞爲之捐俸買宅，一時傳爲盛事。」振玉案：《太原府志・職官》：「布政司左布政使王顯祚，舉人，直隸曲周人。」又：「右布政使王顯祚，順治十一年任，鄉貫無考。」據《志》，是王先任左布政，後轉右布政，買宅在康熙三年，乃在右布政任時。《志》於顯祚一人，既明記鄉貫，又云無考，矛盾可笑。

三年甲辰，五十八歲。

富平李子德因篤。與先生飲於崇善寺。《陽曲志》：「崇善寺在城東隅。」《文獻徵存録》：「李因篤，字天生，更字孔德，一字子德，陝西富平人。博聞强記，年三十，棄諸生。康熙中舉博學鴻詞，授檢討。」《受祺堂集·旃蒙執徐年》詩有《同傅徵君公他劉明經輿甫米侍御輔之陳公子端伯家刺史舅飲崇善寺十首》。振玉案：《受祺堂集》中，甲辰前一年已有《得傅徵君信》詩，是與先生乃舊好，非新訂交者。又案：此詩在集中繫《旃蒙執徐》，而署題已稱「徵君」，殆後來編詩時所加。席上呈先生詩。臘月，子眉歸自燕，先生有《問訊詩》。振玉案：壽毛自甲申後，日侍從先生，其離先生而遠游，不省在何年。觀先生《偶録五言古一章》有：「死生旦暮耳，男兒無故鄉。」又：「父子俄然别，君臣恐難忘。」又：「一杖生不扶，墓酹中興觴。數當撇捩盡，奈何乖義方。」又「我死非允吾，五噫爾其遑」等句，細味詩意，似先生遣眉出游，欲有所爲。蓋先生雖出獄後，精衛之志猶未已也。《陽曲志·傅壽毛先生傳》：「嘗鬻藥塞外，又嘗鬻藥南方。過豫適楚，流連江漢閒。」又《壽祺堂集·贈傅大壽髦》詩：「直窮朔漠源，時覽瀟湘圖。」先生集中又有《眉兒歸自塞外》詩，此游迹之略可知者。至其年月，雖不可考，要不外辛、壬、癸、甲數年。

四年乙巳，五十九歲。

游關中，登華岳，猶子仁侍行。見《傅壽元小傳》。過富平，訪李子德，手植梅於尚友齋。《顧亭林年譜》：「李子德來迎，因過所居月明山下。」徐注：「山在富平東北七十五里，子德居此山下。」月明山，一名頻山，見《受祺堂集·邑里絶句》注。《受祺堂集·柔兆敦牂年》詩有《尚友齋詠梅是傅徵君所植》，知先生是年訪子德，詠梅在丙午，植梅當在乙巳。

五年丙午，六十歲。

六年丁未，六十一歲。

作《止庵戴先生傳》。《傳》中有云：「余傳先生，特取甲申以來居鹿臺二十三四年，風概有類管幼安也。」振玉案：由甲申下數，至是年正得二十四年，故知此《傳》作於丁未。

七年戊申，六十二歲。

戴務旃本孝。至太原訪先生，信宿而去。襄案：王弘撰《守硯庵文稿序》：「猶記戊申之春，有人焉，撰杖履北走太原，訪傅公之佗，信宿而西。入潼關，過予獨鶴亭，賦詩一章。登太華之顛，作畫一幅而去。飄然出塵埃之表，則鷹阿山樵戴子務旃也。」《國朝詩別裁集》：「本孝字務旃，和州布衣。著《前生餘生詩稿》。」又《畫徵録》作休甯人。

八年己酉，六十三歲。

九年庚戌，六十四歲。

有《秋徑》詩十首。

十年辛亥，六十五歲。

沛縣閻古古爾梅。至太原，訪先生於松莊，《感舊集》：「閻爾梅，字調鼎，號古古，沛縣人。舉人，有《白耷山人集》。」《祝碩公曹先生六十壽序》：「吾乃今從南來，復得彭城古古先生，亦老孝廉，不應今世，汗漫去鄉國。舊善騎射，今斂而不試，時寄豪詩酒間。」先生爲畫《歲寒古松》。見《白耷山人集·訪傅青主於松莊》詩注。九月九日，戴楓仲邀先生及潘次耕，沈彤《潘先生行狀》：先生字次耕，又字稼堂，自號止止居士。康熙十七年以布衣薦博學鴻詞，擢二等第二，除翰林院檢討。四十七年九月二十九日卒，年六十三。觴古古於崇善寺。《遂初堂集·九日同惠元龍家雙南兄登瑞光寺塔》詩注「辛亥九月同閻古古、傅青主飲太原新寺」，殆即此事。古古於席上賦七律一章贈先生，楓仲作《游崇善寺記》。見《半可集》。

十一年壬子，六十六歲。

正月初吉，太原守周計百令樹《遂初堂集·太原太守周君墓誌》：「君諱令樹，字計百，延津人。弱冠工文章，有盛名。順治乙未第進士，除贛州推官。居數年，被劾落職。事白，復官，遷大同同知。舉卓異，進太原知府，移病歸。久之，抵京補官，坐事下獄。」率子若壻，屏騶從，挈壺觴，造先生之廬，並會飲於雙塔寺。《陽曲志》：「郝莊永祚寺在城東南八里高岡，俗呼『雙塔寺』。」潘次耕作《雙塔寺雅集記》，以志其事。文見《遂初堂集》。振玉案：次耕作《記》，不言何年。考《陽曲志》載周令樹《狄梁公祠碑記》云：「辛亥夏，令樹奉命來守是邦。」此會在正月，則非辛亥可知。《太原府志·職官表》載：「周令樹，康熙十年任。」繼周者爲吴延壽，亦云「康熙十年任」，似周守太原不逾年。然《亭林年譜》注引令樹《重建晋祠碑》，作於「壬子端午後三日」，則此集在壬子。《府志》於吴延壽「十年任」下殆脱「一」字也。又案：戴廷栻《不旨軒記》：「周公計百於雲中修來青堂以待先生。」是周任大同同知時，先生已與往還，故在大同築堂，名「來青」。先生集中有《來青軒遲月》詩。「來青軒」，殆即「來青堂」。先生到大同，未知在何年，要在此前二三年閒耳。過紅土道場，《陽曲志》：「紅土溝白雲寺在城南十里，舊有浄業庵。由溝中鑿修磴道，上建佛殿。」紅土道場即浄業庵。作《懷雪林》詩。雪林張姓，陽曲人，廩生，亂後爲僧，見《雪林讀左傳》詩注。雪林詩作於元旦，集本題作《壬子年下過紅土道場懷雪林》。《陽曲志》卷二「紅土溝白雲寺」條下引此詩作《壬子元旦過紅土溝道場懷雪林》。振玉案：先生《哭子眉》詩云：「傷心甲午除，爾始解拘囚。」又云：「明日是年下，稀粥寒鐙篝。」知晉俗呼元旦爲年下也。秋，閻百詩再訪先生於松莊。《古文尚書疏證》卷五上：「壬子秋，過陽曲松莊，傅山先生字青主者適讀《左傳》，以『哀二十五年，褚師聲子韤而登席，公怒』下問曰：『古人既脱履，復脱韤乎？雖杜注「古者見君解韤」，然書《傳》中僅此一見，無別證，何也？』余不能對。久之，讀陳祥道《禮書》，始用以報曰：『《禮書》謂，漢魏以後，朝祭皆跣韤，又謂梁天監閒，尚書參議：「案禮跣韤，事由燕坐。今極恭之所，莫不皆跣。清廟崇嚴，既絶常禮，凡有履行者，應皆跣韤。」蓋方是時，有不跣韤者，故議及之。可見六朝時猶然。而尤妙者在「案禮跣韤，事由燕坐」二語。古祭不跣，所以主敬。朝不脱履，以非坐故。惟登坐於燕飲，始有跣爲歡，後則以跣示敬。此亦古今各不同處，因怪杜注「見君解韤」，「見君」字不確。要須易爲「古者燕飲解韤」耳。』先生得之喜甚，曰：『此一段直可以正杜注、補孔疏，爲劉炫、趙汸所未及。』余不敢當。兹已忽忽十年，聊牽連書之，以見一時知己之情云。」

十二年癸丑，六十七歲。

是年臘月，子眉婦朱氏卒。壽毛作朱氏文：「父平定諸生，□□，母蔡，其所自出。丁丑、癸卯、□□、□巳，其生之年、月、日、時；二月二十六日，其歸我之年月日，癸丑、乙丑、辛丑、甲午，其卒之年、月、日、時。」案丁丑爲崇禎十年。丁丑生，癸丑卒，是朱氏年三十七。戴楓仲爲先生作《石道人傳》。

十三年甲寅，六十八歲。

先生游山左，登岱岳，謁聖林。孫蓮甦侍行。先生有《蓮甦從登岱岳謁聖林歸信手寫此教之》詩，又

《邯鄲與任令》詩：「却喜游山左，還要過海濱。岱宗愁一覽，花眼決東秦。」《待死》詩：「一拜先師林，皇皇知弱喪。」又有《朝聖廟》詩。此先生曾游魯登岱之證。但不知在何年。然《蓮甦從登岱岳》詩有「汝今年十五」句，蓮甦生年雖亦不可考，然《不如》詩作於戊午，云：「一兒年五十，兩孫近弱冠。」《覽巖徑》詩：「昨年吾七十，五十汝今年。」以此推之，則山東之游必在丁巳前三四年。姑繫於是年。仲秋，至祁訪戴楓仲，再登丹楓閣。《敘楓林一枝》。猶子仁卒，年三十七。戴廷栻《傳仲壽元小傳》：「壽元，明茂才傅庚字子由之中子也。子由先娶於韓，生襄而蚤夭。又娶於李，生仁，性僻潔。五歲而孤，年三十九中寒，竟不起。初娶白居實女。女殘疾人，壽元不棄其殘，以二年而没。又八年而娶錢生無疆姪。錢女才而勤，後一年亦中寒死。側室生一子，名醴。娶有婦矣，相繼早夭。」振玉案：《傳》未明書仁卒年，惟傳首言「傅生長逝，匆匆七年，辛酉初秋，余將北征」云云。由辛酉上數至甲寅正七年。又以先生《哭眉詩》「慟絶仁哥罷，於今剛十年」語證之，眉卒於甲子，前十年正是甲寅。又先生《乙卯五月偶記》「仁舍我一年去矣」，知仁以是年五月卒。《傳》稱卒年三十九，今以《傳》中「五歲而孤」考之，仁之父子由以壬午卒，則仁以戊寅生，由戊寅至甲寅，乃三十七，非三十九，《小傳》誤也。仁善琴能歌，有酒癖。見《我詩集·渡江後自石頭再寄壽元》詩注。先生哭之以詩。是年顧甯人有《寄先生土堂山中》詩。振玉案：先生在太原居處亦無定所，惟在松莊最久。孫徵君《貞髦君墓誌》云「庚子卒於松莊」，至壬子潛邱訪先生時仍在松莊，由庚子迄壬子已十三年，不知何時移居土堂山。據顧詩，但知先生是年居土堂耳。八月，游甯鄉柏窊，胡庭從，蓮蘇侍。又游金郎村之金容寺。張《譜》：先生《真武廟壁題名》云：「甲寅八月傅山來，胡庭從，蓮蘇侍。」又《贈金容寺僧老量詩石刻》云：「甲寅八月游龍泉了。發青龍，過金容寺。寺主老量不宗、不教、不募、不積，力田修寺，知報佛恩者也。煮粥，一宿去。僑黄老人傅山題。偕來者王珸、胡庭，孫蓮蘇侍。」王珸，字吾玉，甯鄉人。見《吾玉説孤庵行徑》詩注。荃孫案：《名勝志》：柏窊山在鄉甯縣東十五里，其山多柏，故名。山右有甯鄉，又有鄉甯。考《集》中有《連日與離石王吾玉汎論無題八首》，甯鄉爲離石地，則所游似爲甯鄉，非鄉甯。而《名勝志》載柏窊在鄉甯，殊不合，俟考。

十四年乙卯，六十九歲。

仲秋，先生與王珸、王璟、胡庭、兒眉、孫蓮蘇游甯鄉柏窊，賦紀游詩三章。見本集卷四。集中又有《離石》詩二首，當亦此兩年中作。

十五年丙辰，七十歲。

十六年丁巳，七十一歲。

作《覽巖徑詩即事示眉一百韻》。詩有「昨年吾七十」語，故知作於是年。

十七年戊午，七十二歲。

開博學鴻詞科。給事中李宗孔、劉沛先以先生薦，先生辭不就。《傅先生事略》。《廣陵詩事》卷一：「李宗孔，字書雲，官給事中。在臺垣先後疏四十餘上，皆關吏治民生。每同九卿奏事，侃侃直言，於同列不少阿附。後請假歸。御書『香山洛社』額以寵異之。」又卷二：《同郡李書雲挽蔡女蘿》詩：「是李爲揚州人。」振玉案：《魏果敏公年譜》「庚申三月，因會推江西按察司員缺，舉出之人各懷私意，因參差游移，大乖體統。遂會同滿漢都察院科道各官，公疏題參。副都御史李仙根、吏科給事中李宗孔規避不畫題。宗孔反參余爲吹毛索瘢，打成一片，一呼百應，無敵執異者。不知其何心等語。奉旨：『著魏象樞明白回奏。』余將前後情節明白回奏，奉旨下部，一併察議。象樞免議，宗孔降五級」云云。《廣陵詩事》所謂「於同列不少阿附」，殆指此事。劉沛先，郭鉉撰先生《傳》作「劉佩先」。三月有《書神宗御書後》。六月病甚，有《病極待死》、《入涼暫爾醒快》、《不如》三詩。

十八年己未，七十三歲。

先生辭大科不就。當事必欲致之，檄邑長踵門促上道。劉紹攽《傅先生傳》。案：是時，陽曲令爲戴夢熊。《陽曲志》：「夢熊字汝兆，浙江浦江人。康熙十五年任，在官六載，二十二年去任。」先生集中有《與某令君》詩云：「知屬仁人不自由，病軀豈敢少淹留。」又云：「此行若得生還里，汾水西巖老首邱。」此詩，集中不記年月，殆作於是時。「某令君」，殆謂夢熊也。先生稱疾，有司令役夫舁其牀以行，全祖望撰《先生事實》。二孫侍。《陽曲志・傅壽毛先生傳》作「以木版載徵君，兩孫舁之，先生掖以行」。《觚賸》作「令其子執鞭，乘一驢以行」。戴夢熊撰《徵君傳》作「余具籃輿欵段，力爲勸駕，先生黽勉就道」，均與全氏不合。既至京師三十里，以死拒不入城。《傅壽毛先生傳》作：「至平子門，偃息僧寺。」又儲方慶《我詩集序》：「羈京師不閱月，一無所事。風雨霜雪，閉門擁鑪。晴日則走平子門，與壽毛論十洲三島事，以遣消時日。」《觚賸》亦云：「至崇文門外，稱疾荒寺。」於是益都馮相國溥。首過之，毛奇齡《馮公年譜》：「公字孔博，別字易齋，青州益都人。順治丙戌會試中式，丁亥進士，仕至文華殿大學士兼吏部尚書。康熙三十年卒，年八十三。謚文毅。」公卿畢至，先生卧牀不起。《傅壽毛先生傳》：「是時海內名士雲集，高徵君名，進謁者駢填户外。徵君卧牀蓐不起，先生出應客，徧以情告。」又稽曾筠撰《先生傳》：「山但欹倚榻上，言衰老不可爲禮。諸貴人益以此重山，弗之怪也。」蔚州魏公象樞徐乾學《刑部尚書謚果敏魏公神道碑》：「公諱象樞，字環溪，又號庸齋。丙戌開科，公中進士，官至都察院左都御史、刑部尚書。致仕後四年、丁卯七月晦卒於家，壽七十一。」乃以其老病上聞。詔免試，放還山。時徵士中報罷而年老者恩賜以官。益都密請以先生與杜徵君紫峰，《文獻徵存録》：「杜越字君異，家貧，教授生徒，束脩一無所受。康熙中徵博學鴻詞，以筋骨衰弗就試。有《紫峰集》十四卷。」雖皆未豫試，然人望也。於是亦特加中書舍人以寵之。劉紹攽撰《先生傳》：「不與試，例不授官。然上特重先生，命賜秩。部擬正字，上薄之，特與内閣中書以歸。」益都强先生入謝，先生不可。益都令其賓客百輩説之，遂稱疾篤。乃使人舁以入，望見午門，淚涔涔下。益都强掖之使謝，則仆於地。蔚州進曰：「止，止，是即謝矣。」次日遽歸，大學士以下皆出城送之。先生歎曰：「自今以還，其脱然無累哉！」既而又曰：「使後世或妄以劉因輩賢我，且死不瞑目矣！」聞者咋舌。全氏撰《傅先生事略》。游淮安，留連經月。康熙《淮安府志·流寓傳》：「傅山號青主，太原學廩生。嘗往來於淮，寓龍興寺，與道人張應錫傾蓋成知己。山詩名徧天下，淮人求詩字，門限幾斷。又數爲淮民脱冤，人德之。甲午，在京親友以博學鴻詞薦，不應。知縣設計强行，公即不食，至京病益甚。朝廷嘉其節，免入試。歸游淮安，留連經月。每歲一至。」案《淮志》，游淮安在免試後，不知即在出都後否。觀先生《與曹秋岳書》有「今幸放免，復卧版舁歸」，又似試後即返里者。兹姑依《淮志》繫於免試後，而存疑於此。振玉案：《淮志》言「每歲一至」，殆亦不可信。以先生本集考之，或游南京、海州時，亦曾過淮安與？又《志》之「甲午」，當作「戊午」。自京師歸，大中丞以下咸造廬請謁。先生自稱曰民，或曰：「君非舍人乎？」不應也。劉紹攽《傳先生山傳》。陽曲令奉部文與懸「鳳閣蒲輪」匾，却之。《仙儒外紀》五引先生事實。秋，再游關中。富平令郭九芝迎先生至署，《陝西通志·名宦傳》：「郭傳芳，字九芝，大同威遠人。由選貢授咸甯縣佐，攝郃陽、長安篆，俱有聲，遷富平知縣。」《受祺堂集·陳情歸賦雲中曲呈郭明府兼感夙懷》云：「前秋是日杯相屬，左有東吴右二曲。今此二妙跡稍遠，太原徵君聲光續。」自注：「東吴謂亭林先生，二曲謂中孚家兄，時迎青主傅先生至。」振玉案：亭林以戊午春由太原至關中。閻氏《尚書古文疏證》卷八：「戊午應薦至京師，崑山顧炎武甯人時在富平。」李詩云「前秋」，乃指戊午，子德先生此詩作於大科陳情歸里後次年。集中又有《送郭明府九芝之達州任》詩，故知先生游關中在是年秋。襄案：王弘撰《守硯庵文稿敘》「昔公之佗論：『予於代州郭九芝所曰「清貴」二字，久以奉華下。』予謝不敢承。故嘗自書柴扉曰『昔慚栗里，今媿松莊』」云云，當是在富平時語。爲九芝《題四以碣後》。七月二十日書十六字格言以教兩孫。致曹秋岳書。《文獻徵存録》：「曹溶，字潔躬，又字秋岳，號倦圃，嘉興人。崇禎丁丑進士，順治元年起河東道御史。後官廣東右布政使，遭喪歸里。服除，補山西按察副使。康熙十七年舉鴻博，以病辭。」振玉案：先生此書之末有「枯木堂力疾草此」語。先生集中有《枯木堂讀杜詩》一首，注：「直隸崇文門外圓教寺。」疑先生在都即寓此寺，則此書爲未出都時作。而書中又有「今幸放免，復卧板舁歸」及「見山生歸」語，則又似作於返里後已，不免矛盾。而書首有「以七十四歲老病將死之人，謬充博學之薦」語。考膺薦之年爲戊午，先生年七十二，次年入都，年七十三，而證以先生他詩文，自記年歲均無一相合者。此帖殆僞作。全氏作《先生事略》，言先生膺大科之薦年七十四，則又沿此札而譌。今姑繫此札於是年之末，而辨正之，俾來者無惑焉。

十九年庚申，七十四歲。

七月二十三夜，夢至一小梵，因書其事於《光明經》後。

二十年辛酉，七十五歲。

正月三日，遇虎，作詩紀之。夏，先生至沁州，詩云「重過沁土一瞻依」，是先生再游沁也。初至沁不知在何年。有《題尺木禪師影堂壁》詩。《通志·方外録》下：「性休號尺木，俗姓朱，大同人。幼補弟子員，善詩文，工草隸。值闖賊之變，棄家雲游。戊子始薙髮於粵之龍阬菴，從崆峒戒子，傳衣鉢。游漢口，遇不退禪師，棒喝悟道。卓錫於沁州永慶寺。歲癸巳二月二日，出定沐浴，對衆説偈，擲杖而化。箸有《銅鞮語録》。」冬，至平定，主張氏峪里花園。有《辛酉冬寓石艾張植元培兄峪里花園壬戌三月旋里》詩。振玉案：《仙儒外紀》卷十載：「先生在平定，嘗寓張植峪里園、朱花史不窺園。」其寓不窺園不知在何時，坿此俟考。又案：《平定州志》有先生《峪園》詩，集中失采，不知即峪里花園否？待考。冬，得休甯黄朝聘上珍書。《家訓》：「六十年來曾見休甯黄朝聘上珍書札子、扇子，極大雅。與先居士善。辛酉冬，復接得一函。」前庚申至此六十一年矣。

二十一年壬戌，七十六歲。

正月立春，作《迎春花》詩。三月，由平定旋里。爲尤西堂侗。作《鶴栖堂圖》。《文獻徵存録》：「尤侗，字同人，又字展成，號晦庵，一號艮齋，長洲人，晚號西堂老人。少日博聞强記，補弟子員。康熙己未舉博學鴻詞，授檢討。卒年八十七。」《鶴栖堂圖卷詩序》：「康熙己未，西堂先生自武林攜歸雙鶴，每值春夏之會，鶴必交，與凡鳥無異。壬戌四月十有七日，忽生二卵，就地結巢，雄雌遞相抱送。五月二十又四日，先後兩雛出。先生作詩紀其事，同時詩人俱爲題贈。余作《鶴栖堂圖》，並題《産鶴三詠》贈之。青竹道人。」此卷藏江陰繆氏藝風堂，《産鶴三詠》不見集中。別録出，以補集本之缺。是年顧亭林先生殁於曲沃。

二十二年癸亥，七十七歲。

二十三年甲子，七十八歲。

二月初九日，子眉卒，年五十七。先生慟甚，成《哭子詩》十四章。戴廷栻《高士傅壽毛行狀》：「壽毛諱眉，一字須男，別號麋道人。七歲作小詩小賦，河東名士郭九子新見之，歎曰：『何六朝才也！』讀《左氏傳》，公他日試一題，爲《詠史》五言一首。十二歲詩賦日麗，十五歲頗通經史。事畢湖目公，許之弘詞科，壽毛亦期以科名繼先志。取《公》、《穀》、唐、宋大家文三百篇，益以王、唐、歸、胡制義，誦讀摹擬，一日成十六藝，宿儒遜謝弗及。十七歲遭國變，盡廢舉子業。從父避榆關、仇猶、秀容、仁巖之閒，轉移無定，如冥鴻然。壽毛學類縱横，自擬措注作用，多出於《管子》。歎世無知兵者，復取孫、吴、穰苴、尉繚、武侯、藥師諸書，檃括五六百言，曰《不多篇》。又能騎射，善長鎗，有垂功名於竹帛之志。辛卯僑西河，夢上帝召，造訓狐之謡。又夢小紅天者，從太后行，前導二幡，有簪珥衣冠之對，於是自負益大。徧歷九邊，覽其形勝，以所如不合歸。沈淪卑賤，賣藥太原市。代父治家，養祖母以天年終。伯父庚遺孤子曰仁，慧而惰，壽毛督責勤學，臨帖有令名，娶妻生子矣。子與仁皆亡，既葬，復嫁其二女如己出。葬諸從季父昦弟十餘人，皆成禮。家無餘財，周人之急，惟恐不及。友子某之婦，其所爲娶也。五十外，見所期諸事無成，發願累刧修行，先爲王霸，一了生平，然後爲佛。卜之佛，佛許之。自此遂以生死爲一體。惜未竟其用，以其餘緒發而爲詩賦書畫。著有《我子》、《我詩》、《我賦》，變化自新，不蹈襲前人一字。書法，篆則李斯玉箸，隸則《孔宙》、梁鵠、宗聖侯、鍾繇。楷、草、《急就》，則張芝、索靖、二王、歐、褚、李北海、魯公，無所不臨。畫則北宋，時放筆顛險，層巒瀑布，可喜可驚。圖章同漢人，尤妙於銅者，大得八分璽法之意。壽毛敦行好古，負經世之才，悒悒不得志以終，甲子二月九日也。逆數戊辰正月，年五十有七。平定故錦衣指揮千户朱某之女，其元配也。二子，曰蓮甦，曰赤驥。能守家訓，書法尤有祖父風。」《陽曲志》卷十五《文徵・傅壽毛先生傳》：「甲午歲，徵君以飛語繫太原郡獄，先生亦羈陽曲縣倉。金陵紀伯紫、合肥尚書龔公救之力，事白得釋。先生詣合肥之門，撰《紫芝賦》以贈之。合肥公收召才雋，知名士滿堂。先生喜議論，與人辨駁，前無强敵。一日諸名人品評禰正平《鸚鵡賦》，先生曰：『此小兒乞憐語，漁陽摻撾氣盡索，不足道也。』雲中王壎知其才，曰：『何不作《後鸚鵡賦》？』先生於是振筆一書，橫肆數百言，捷如風雨，奇氣欻崛，盡掃正平之詞。一座傳觀大驚。伯紫更誦其《紫芝賦》曰：『是不從人間來！』先生曰：『我賦才纔出盧次楩上耳。』徵君急呼之歸，曰：『無持布鼓於雷門！』徵君常集《傅史》，先生即效班氏爲《傅氏九等表》附之。習技勇於汾州之古寺。寺僧續宗爲劉鎮帥部將，鎮帥殁，隱跡爲僧。先生從之游，學手搏之技，握拳擊鐘，響立應。蹤躍山阪，上下如飛。横槊舞劍，挽勁弩能左右射。山右故多武勇士，以騎射擊刺名者，一時皆出先生下，咸以周盤龍擬之。徵君免試歸，先生年五十二矣，閲四年而卒。病革時不能執筆，猶口授絶命詞，呼兩兒書之。」《陽曲志》卷十三《人物志・傅眉傳》：「一日公他論及某饑寒，眉曰：『此輩並非饑寒累了我，正是我累了饑寒。』公他曰：『此語大可讀。』妻朱，平定諸生女，先眉殁。眉年五十六，先公他卒。」先生《哭子詩》後坿記：「甲午，山以飛語縲太原府獄，眉羈陽曲倉。倉中修定業，聞祖母病，飛神自倉門上櫺中倒下，至西村看祖母畢，仍飛神還附形。遂夢鐵藕開花一枝，事行解。天性近禪，讀釋典輒如舊熟。每以老莊與佛書參同。讀《莊子》有別解，亦自命曰：我莊子。六書會通有妙理。五十六歲鬱鬱不得志，以積勞憂恨成病。病卧在牀且革，尚有詩數十首。」全祖望《傅先生事略》：「其子曰眉，能養志。每日樵於山中，置書擔上。休擔則取書讀之。中州有吏部郎者，故名士，訪先生，既見問曰：『郎君安往？』先生答曰：『少需之，且至矣。』俄而，有負薪而歸者。先生呼曰：『孺子來前肅客。』吏部頗驚。抵暮，先生令伴客寢，則與敘中州之文獻，滔滔不置，吏部或不能盡答也。詰朝，謝先生曰：『吾甚慚於郎君。』先生故喜苦酒，自稱『老蘖禪』，眉乃自稱曰『小蘖禪』。」《仙儒外紀》十：「壽毛膂力過人。所遺長鎗，數人不能舁。」《仙儒外紀》九：王如金《贈傅壽毛詩》「蠡海測丹兒」，注：「壽毛號『守丹道人』。」振玉案：眉之年壽，戴楓仲謂生於戊辰，卒於甲子，年五十七，所記最明晰，而他傳皆言年五十六。今以先生《哭子詩》考之，則戴氏所言五十七者信，而作五十六者誤也。《哭子詩》十四之三曰：「慟絶仁哥罷，於今剛十年。」《乙卯五月偶記》「仁舍我去一年矣」，是仁卒於甲寅，由甲寅至甲子剛十年。又《哭子詩》十四之四曰：「元年戊辰降，十七丁甲申。苦楚四十年，矢死崇禎人。」由甲申後至甲子，剛四十年。均爲年五十七之確證。至諸家之作五十六，殆因先生《哭子詩》後附記「五十六以積勞憂恨成病」一語而致譌。眉殆病於癸亥，而卒於甲子，先生但舉其得疾之年，而忘著其卒之歲月。劉霖氏所謂「痛極，語少倫次」是也。諸家因致誤會，至全氏作《先生事略》又謂大科之年，眉已先卒，誤尤甚矣。又眉二子，諸家皆作蓮甦、赤驥，惟先生《家訓·十六字格言》後書教蓮蘇、蓮寶。又《家訓》言：「蘇讀書已有聞見，可語文事矣；寶亦不必遠求，只向蘇問之，便有進益。」又：「爾兩人皆能讀書，蘇志高心細而氣脆，教之使純；寶頗疏快而傲慢處多，當教之使知禮。」蓮寶當是赤驥之改名。集中又時稱「蓮和尚」，當是蓮蘇之小名。先生遺書魏環溪尚書、李約齋、孫長公、戴汝兆，《集》中原題但作「汝翁」，劉霦注謂：「是戴夢熊。」襄案：李約齋，名振藻，字天葩。其先十世祖自孝義遷蔚州。從魏果敏公象樞講學，官刑部山西司郎中，卒於康熙三十四年。見陳廷敬《李公墓誌銘》。以兩孫爲託。先生致魏書言：「兩孫孱少，内外眷屬無可緩急者。羅叉外侮，實繁有徒，特遺此書，求加護持。」遺孫書言「家門不幸，兩孫無依。内外旁皇，不可堪受」云云。四札之後附一札，殆蓮蘇謝魏尚書者，中有「惡里凌侮，恨不一步即離，第因壙事未襄，暫與虎狼同居」云云。合觀諸札，殆似家難、外侮一時俱起者，不知究爲何事。戴楓仲《傳壽毛行狀》作於壽毛亡後二年，乃全不及此事，殊不可解。六月十二日，先生卒。振玉案：先生年歲及卒之年月，諸家所記異同不一。劉紹攽所撰《傳》作八十餘，郭鋐撰《傳》作卒年八十，稽曾筠撰《傳》大科後又六年卒，則謂卒於乙丑，李果《霜紅龕集敘》作年七十八，《將化》詩後劉霦附記引李又綍撰《傳》、蔡璜撰《傳》作七十九，而均不記卒之月日。惟《陽曲志》卷十四《文徵》及張《譜》引先生五世孫履巽所編《事實》作「康熙二十三年六月十二日卒，享年七十九」。《將化》詩後劉霦引《傅氏宗圖》載先生忌辰爲六月十二日，而不箸卒於何年。考《陽曲志·傅壽毛先生傳》言：「眉卒未幾，徵君亦卒。」又李天生《受祺堂集·存歿口號詩一百一首》之第六十二云：「哭兒兼折鄭司農。」注：「傅處士眉，青主先生子。眉卒，先生哭之慟，亦亡。」與《陽曲志·壽毛傳》正合。李詩作於旃蒙赤奮若，乃先生卒之後一年，當時所記，定可徵信。則《徵君事實》云「康熙二十三年六月十二日卒」爲得其實，年齡則以李果《序》言七十八者爲得。《徵君事實》作七十九者，蓋沿「生於萬曆丙午」之譌，故先一年也。又《霜紅龕集拾遺》有先生《上谷詩册》，前後有甲子十二月、乙丑正月兩《題記》。劉霦疑爲後人臨摹，妄增年月。予謂此册中諸詩亦淺俚不類先生作。其前題作「上元甲子十二月二十日記於保定撫署」。考《畿輔通志》，康熙二十三年保定巡撫爲阿哈達，二十四年爲崔澄。偏觀全集，似與二公了無夙好。乃喪明之痛方新，填海之悲未已，於午門則不肯折腰，垂死乃遽游軍府，揆之事實，誣妄可知。此册殆全出僞造，非僅妄填年月已也。又劉刻本集《拾遺》有《拙庵册序》，有「乙丑春暮，晤雪公於會城鎮遠門北郭護國蘭若」語。考魏、陳諸公祭文，大書「康熙二十四年乙丑三月辛酉朔」，乃諸公致奠之日，正先生遇雪公之時，天下甯有是理？又文中稱「傳道翁先生」，使果出先生手，不應自稱如此。種種謬誤，僞造無疑。劉霦疑《上谷詩册》爲妄增年月，而不知集中尚存此僞敘，亦署以乙丑也。爲辨正於此，以解後人之惑。《仙儒外紀》五引《李又絳傳》：「一夕端坐，弟子問長生術，以手指心而没。」遺命：以朱衣黄冠斂。全氏撰《先生事略》。四方會葬者數千百人。《徵君事實》。葬西山，《陽曲志》卷二《陵墓門》。私謚文貞，《先儒外紀》五《先生事實》。入祀陽曲縣學鄉賢祠，《陽曲志》。案：先生祀鄉賢，不知在何年。並祀三立祠。《仙儒外紀》八載提學高《準請入祀三立祠批》云：「前賢碩果，聖世逸民。至性深情，既無虧於孝弟；驚才絶學，復擅譽於文章。非坐部之遺絃，祕餘音而不鼓。詎立仗之選駿，伏舊櫪以長休。子龍未是，傭人早棲。梁碭表聖獨饒，野態終古王官。杳爾虚舟，溯東流之河海；孑然條肆，留西土之榛苓。癖泉石而傲煙霞，人識路旁之屨。下巢由而上堯舜，天迴輪底之蒲。溯梗概則雪冷雲孤，挹流風則川長岳峻。可謂晋中一箇，無慚閣上諸賢。如詳行學，置主送祠。」振玉案：先生入祀三立祠，亦不知在何年，提學高亦不著其名。考康熙二十四年山西提學爲高龍光，四十八年提學爲高其倬，不知果爲誰也。

先生子眉，孫二：蓮甦、蓮甦，集中又作「蓮蘇」。《仙儒外紀》十：「《醫經》痘出腎經者，凶。長房出花遇此症，青主憂之。會弟子餽蓮花數枝，半萎，虔供佛前。次早，花盛開，症變心經，故名『蓮蘇』。」詳先生手書

《妙法蓮花經跋》，張聖訓《觀傅青主鄭谷口摹蔡中郎二碑》詩注：「先生孫蓮蘇，字長房。」蓮寶，女孫班班、有《悼孫女班班》詩。大薦、小薦。壽毛《銘朱氏文》。從子五，襄、仁，兄庚子。普、杲、永，弟止子，永出嗣州守房。見《貞髦君墓誌》。從孫醴，仁子，早夭。案：普、杲、永三人未知有子幾人，無考。《冰鐙詩》引「褒兒叫奇曰：真玉碑」，褒兒當亦諸孫行，不可考。

先生先世自教授翁以來，七八代皆讀書爲文。《家訓》。先生祖霖爲古文，好班氏《漢書》，《兩漢書人姓名韻敘》。集曰《慕隨堂》。《覽息眉詩有作》詩注及《陽曲志》。李維楨《傅參藩傳》：「傅公嘗慕晉隨會賢，以名堂。」《雜記》：「『幽人自是多清興，昨日看花今又來』二句甚閒逸可玩，先大夫看牡丹詩也。」先生伯父□□御史公霈子。有《無聲草》，《覽息眉詩有作》詩注。《家訓》：「先伯星履先生臨唐太宗，疏爽豪舉，惜乎其子不肖，不能收藏。」此伯父不知何名。先生父離垢君好檀孟，《兩漢書人姓名韻敘》。先生兄庚有《冷雪齋冰燈詩序》，見本集。先生所箸有《性史》、《十三經字區》、《周易音釋》、《周禮音辨條》、《春秋人名韻地名韻》、《兩漢書人名韻《陽曲志》本傳及稽曾筠撰《傳》。地名韻》、《傳家帖》、《霜紅龕文集》、奇書及諸傳奇。郭鋐撰《傳》。案：劉霏編輯《霜紅龕集》例言「傳奇亦多，世傳《驕其妻妾》、《八仙慶壽》諸曲，《穿吃醋》止傳序文。又有《紅羅夢》，語少含蓄，古餘一見，即投諸火」云云。意先生所撰傳奇或憤激太過，或有贋作，故張氏火之與。又有《易解》、戴廷栻《與張爾公書》：「敝鄉學問之士彫謝殆盡，惟傅青主一人而已。今有《易解》，多前人所未道，覽之快人心目。但以三聖人立說，謂爻辭出文王，而周公不與焉。私心有所未安，恐管見不足以測微，就正於先生，以正是非。」《左錦》、閻潛邱《劄記》：「傅先生少耽《左傳》，著《左錦》一書。」《明紀編年》、《映藜齋小記》：「傅徵君《明紀編年》始洪武，終魯監國，數百年事，約成數卷，非簡也，殆欲終明之統耳。敘賊闖入晉，有『余年卅九』語。傳鈔者譌爲十九，遂有十六歲救袁師説，此大舛也。」《鄉關聞見録》。《仙儒外紀》卷七引沈樹德《傅徵君傳附記》：「徵君著作甚富，多殘缺不全。近見《鄉國聞見録》一書，敘事簡勁，可補正史之缺。幸卷帙完善，宜急梓之以公世。」眉著《不多篇》、《梁書新事鈔》、《我詩》、今本作《我詩集》六卷。《傅氏九等表》、《高士傳壽毛行狀》。《我子》。七篇。見《盂縣志》。仁詩不傳，僅存《明妃篇》三章。載戴廷栻《傅仲壽元小傳》中。蓮蘇、赤驥皆以才名。《陽曲志人物·傅眉傳》。全氏撰《先生事略》謂「家世以學行，師表晉中」，不虛也。先生先世家法素嚴。觀承務君與參藩公家書，實有義方之訓。見前。參藩督離垢先生讀書，鞭背致結痏，至老不去。《雜記》。先生每出游，令眉與子共挽車，暮宿逆旅，仍篝燈課讀經、史、《騷》、《選》諸書，詰旦必成誦始行，否則予杖。全氏撰《先生事略》。其家訓之嚴如此。

先生友愛諸季，先世遺産，弟蕩費强半，終身無怨色。弟没，撫遺孤如己子。於里黨姻戚，竭力賙其緩急，屋舍田園，多爲細人竊據，概置不問。稽曾筠撰《徵君傳》。振玉案：先生手足之閒，似有隱痛。《示弟姪》詩有云：「鱗甲生庭荆，姑息融面霜。且圖將順美，不發在心兵。奄忽至今日，鴒原火猶張。」不知詩中所指何人。題云「示弟姪」，先生但有一弟止，意者其爲從兄弟歟？

先生先世移家太原，後代有園亭之勝。參藩有園名「從好」。《覽息眉詩有作》詩注。《陽曲志》：

「傅少參園，一在元通觀右，一在東城下草廠街。久廢。今呼傅家園是。」參藩有二園，其一不知何名。侍御有園，在五府壑子街。《陽曲志》。中有三象閣。先生伯父有園，名「下漚」，《覽息眉詩有作》詩注。及先生少讀書烈石之虹巢。《陽曲志》：「烈石山在縣西北四十里。」戴廷栻《不旨軒記》：「先生少年讀書烈石，經始半椽，一欄如虹，謂之虹巢。」又先生集中《虹巢二首》注：「老杏一株如虹，作書齋，在省西北四十里蘭村裂石廟前。右側汾河出峽之口。」振玉案：先生《哭子詩》：「十二虹巢中，蓮葉兜鍪奇。」又《哭姪襄秀才》詩：「虹巢嬾再過。」考壽毛有《荷葉兜鍪賦》作於十二歲。壽毛以戊辰生，壽毛十二時，先生年三十三，襄之卒在庚辰，先生年三十四。玩詩，知襄之卒，尚居虹巢中，云「嬾再過」，殆是歲即已移居者。已而居屈圍松林之青羊庵。《陽曲志》：「崛嵎山在縣西北四十里呼延村。」《不旨軒記》：「後復於屈圍松林構青羊庵。」振玉案：青羊庵亦名七松厤，見《青羊庵三首》注。後改「不夜庵」，見《不夜庵》詩。又改「霜紅龕」，見《青羊庵》詩注。以秋季樹草葉色青紅也。又案：先生居青羊庵，不知在何年，殆由虹巢移此歟。又移居松莊城東南十里，見前庚子年注。先生由庚子至壬子皆在松莊。及土堂山。《陽曲志》：「土堂山在縣西北四十里劉村，有怪柏數十株，前臨汾水。」振玉案：先生庚寅在土堂山，説見前，意由松莊遷土堂，殆在癸丑年，因壬子仍在松莊也。雖轉徙不遑，然率在山水佳處。晉中八景，在太原者三，曰烈石寒泉，曰屈圍紅葉，曰土堂神柏。先生蓋悉佔其勝矣。《陽曲志》載徵君故里在城西三十里西村。振玉案：先生《哭子詩》後附記言：「眉羈陽曲倉中修定業，聞祖母病，飛神至西村看祖母。」是甲午先生在獄時，正家西村。《志》又言：其居有青羊庵、霜紅龕、虹巢諸名，謂青羊庵、虹巢即西村，似有誤。虹巢在僧寺，集中有《間過虹巢主僧勸酒命題》詩。青羊庵，據先生詩注，即霜紅龕，在屈圍山南面松林中。《志》稱屈圍山在縣西北四十里，與西村在城西三十里，方位、里數均不合，不知《志》何以云然。箸之俟考。

先生當國變後，出游之日爲多，其在晋游迹所至，有不能知年月者，以集中詩考之，蓋曾至崞、至洪洞，有《石城讀居實詩淚下如雨》詩，有《題九子故里》詩，九子，洪洞人。至絳，《别正之》詩：「十朝留絳邑，今日别文生。」至曲沃，《曲沃志·衛蒿傳》：「京師陷，奉母隱絳山。崑山顧炎武賦詩訂交。傅山往來邑中，與之講道，或留宿炎武之寓園，借寓白石樓，前明隱士李鑌構。」先生有《也居許小樓避暑》詩，劉霏注謂：「即白石樓。」至平陸，《僧房芭蕉》詩注：「平陸作。」至介休，有《介山石乳泉》詩。至静樂，有《蘆芽》詩注：「山在静樂縣北。」因無年月可繫，附記於此。

《通志》本傳及劉紹攽撰《傳》，並謂先生少與孫忠靖公傳庭。同學，集中絶無與忠靖往來箋札，詩文中亦不及忠靖一語。考忠靖中萬曆戊午舉人，己未成進士，謁選知河南永城縣。據戴廷栻《督師孫公傳略》。戊午、己未，先生時才年十二三，忠靖釋褐，即出爲地方長吏，殆無與忠靖同學之理。志傳所述，殆不然矣。振玉又案：全氏撰《先生事略》云：「嘗批歐公《集古録》曰『吾今乃知此老真不讀書也』云云。考《濳邱札記》：『予嘗謂，蓋代文人，無過歐公，而學殖之陋，亦無過公。』傅山先生聞之曰：『子得毋以劉原父有好箇歐九之云，從而和之乎？』余曰：『非敢。然實親驗之《集古録》跋尾。』」據此，則全氏又誤以百詩之言爲先生語也。並附正於此。

先生自二十歲外交游頗多，《雜記》。及國變後所與游者，大率勝國遺老、學問藝術之士及方外而已。今就先生集中所戴及見方志者，曰張三謨、《平定州志·人物傳》：「張三謨，字緯典，天啟壬戌進士。累官大理寺卿。性篤孝，廬墓六年，歷官有能聲。在大理輕重出入，雖臨以威，不少動。彈劾權貴，抉摘隱微。廷推入閣，爲忌者排陷，不果。初官御史，出按福建時，當崇禎改元之初，其《辭闕書》有曰：『治亂大關在輔臣、臺諫各得其職。若輔臣化其成心，臺諫不爲異論，於治何有？』尤推一時篤論。」陳鼎《張三謨傳》作「母歿，廬墓三年」，與《志》作「六年」者不合。又云：「弱冠舉於鄉，即負笈往師高邑趙南星。」《通志》本傳：「後致政里居，闖賊至，聘以爲相，以死拒之。」文養蒙、絳州人，字正之，游辛復元先生及馬文忠公門。見《惜正之老友》詩注。張修已、《平定州志》：「字君吉。善詩歌，兼擅書法。卜居義井村，自號買山子。足跡不入城市。太原傅山顏其居曰『詩陶』，又曰『隘龕』。」郭連城、《通志·隱逸録》：「文水人，高才博學，工書善詩，不樂仕進，自號白雲隱士。究心性命之學，與太原傅青主、平定白居實爲方外游。年未三十卒。忻州牧魏一鼇旌爲處士之墓。」梁檀、《仙儒外紀》：「檀，字大廛，太原諸生。工繪事，有清標。亂後避居西山，詩畫不令人見。戴楓仲刻其集及王獻明、錢虛舟，名《晉逸詩》。」高應元、《仙儒外紀》十：「太原高應元，世家子。性情恬淡，專習擘窠大字。青主遊崛㠑寺，見所書『便是西天』匾，大驚異，遂與訂交。」王介石、《榆次縣志》：「王介石，字豫二，性高邁，究心經史及釋老之學，皆有論著。陽曲傅徵君，高世士也，贈詩屢稱之。」楊耀祖、《平定州志》：「楊耀祖，字丕顯。幼遇異人汪建陽，遂精岐黄術。流寓太原。傅山疾，非耀祖藥勿噉也。」温毓桂、《平遥縣志》：「温毓桂，字秋香，邑高士也。一介不取，執親喪，居廬三載。傅徵君雅重之。秋香嘗謂人曰：『昔與傅徵君青主、梁河州小素游，文章道義相爲切嗟。自二公作古後，不數十年，而士風日下，典型無存。緬想風規，如東京夢華，邈焉難再矣。』」劉澤民、《平遥縣志》：「劉澤民，字潤卿，性任俠使氣，人不敢逼視。年四十，長齋布衣，折節自處。與太原傅徵君友。」陳于帝、《忻州志》卷四《隱逸》：「陳于帝，明季廩貢，少有才名，安定王雅重之。後絶意仕進，謝遣生徒，不與外事，罕有識其面者。惟與傅青主爲友，每過訪，輒流連不忍去。一時稱爲『兩克先生』。」段樵、鄭大元、《太原縣志》：「孫綷、段樵、鄭大元，皆傅山密友。闖變，偕隱沁源山中。後鄭歸柳峪，授徒自給。友一駝，一啞，一骫，號『四廢』。二人不知所終。」劉霏曰：《山西通志》亦言：「孫、段不知所終。」然青主《贈大元》詩云：「伯陽吾愧汝，一飯不曾嘗。節苦甘溝壑，蒙亭小學堂。三人傷獨在，四廢寄情狂。手植芳椒老，辛紅滿夕陽。」又《題墓碣》云：「柳峪似谷口，姓還同子真。上京名不振，倫擬德彌尊。白日無朋友，黄泉有段孫。心期長夜合，抵掌論乾坤。」玩此，似前卒矣。高肖柴、先生有《悼高宇一》詩注：「高名肖柴，邑南鄉人。明諸生。」任復亨、《仙儒外紀》九：「任復亨，字元仲，亦字无咎，平定人。品行高潔，精書法。青主爲作《傳》。」王适、曾嵒、《通志・藝術録》下：「适字古弦，陽曲人。善飲酒，工墨畫。又有曾嵒者，工畫山水，青主與之交，稱云：『晋陽兩畫筆，竟在曾阿六家也。』」郝異彦、《通志・藝術録》下：「字太素，陽曲人。明末官淮安外河主簿，善畫美人、花草、翎毛，又能平遠山水。」趙文徵、《通志・藝術録》下：「字鳳白，陽曲人。工山水畫，不用丹青家蹊徑。傅青主稱其産於筆底，拔出嶔崎，落勢真奇構也！」竇學周、《平定州志》：「字紹旦，明廩生。好古工文，不求名譽。與太原傅青主、本郡白居實友善。青主顔其讀書之堂曰『醉白堂』，並爲之作《記》焉。」白孕彩、戴廷栻、衛蒿、李中孚、孫奇逢、李因篤、顧炎武、杜樾、閻若璩、閻爾梅、潘耒、胡庭、范芸茂、陳謐、王如金、薛宗周、張天斗、僧雪林、《仙儒外紀》卷十：「雪林張姓，陽曲人。明諸生。與朱霞友善，亂後爲僧。」雪峰，《仙儒外紀》卷十：「雪峰字明逸，工詩。青主謂在皎然、齊已輩上。嘗修永祚寺霎塔，後卓錫壽陽聖佛山。」又云：「《山右詩話》合雪林、雪峰爲一人，未審是否。」振玉案：雪峰、雪林確非一人。先生集中有《悼雪林》詩，而雪峰則卒於先生身後。《仙儒外紀》曾載《圓璧挽先生》詩，不知圓璧即雪峰也。先生《雪峰嚻塵二句得未曾有驚喜叫絶爲綴十句》詩，第二首云：「拈以語圓璧，小技須復研。」又《題慈恩寺傳三藏法師後》云：「此河東王府藏，散失不全，雙塔院圓璧募賟賰緣，贖置塔院。」均圓璧即雪峰之確證。其人殆名圓璧，字雪峰。《外紀》言雪峰字明逸，不知何據。其弟子之可考者，胡庭外，有段縡、《太原縣志》：「段縡，字叔玉。諸生，陽曲傅徵君高弟子。康熙中，秀水朱彝尊、清苑王乩遊晋祠，一見皆器重之。工楷法，尤善鐫刻。」杜亦衍，《太谷縣志》：「杜亦衍，字蔭祁，號泥窮野人。陽曲傅徵君弟子。家貧，淡名利，有『摩抄甖内米，斷續火中煙。小童賒酒去，先我一顔酡』之句。或欲聞諸當道者，逃遯而免。著《情來草》。」坿記於此，以章幽隱。

先生性任俠，見天下且喪亂，諸號爲薦紳先生者，多腐惡不足道，憤之，乃堅苦持氣節，不肯少與時媕婴。思以濟世自見，而不屑爲空言。嘗自歎曰：「彎强躍駿之骨而以佔畢朽之，是則埋吾血千年而碧不可滅者矣。」或强以宋諸儒之學問，則曰：「必不得已，吾取同甫先生。」以黄冠自放，閒有問學者，則曰：「老夫學莊、列者也。於此閒諸仁義事實羞道之，即强言之亦不工。」又雅不喜歐公以後之文，曰是所謂江南之文也。工書，自大小篆隸以下無不精。兼工畫，嘗自論其書曰：「弱冠學晋、唐人楷法，皆不能肖。一得趙松雪香光墨蹟，愛其圓轉流麗，稍臨之遂亂真矣。既乃愧之曰：是如學正人君子，每覺觚稜難近，降與匪人遊，不覺其日親。松雪曷嘗不學右軍？而結果淺俗，至類駒王之無骨，心術壞而手隨之也。於是復學顏太師。」因語人學書之法：「甯拙毋巧，甯醜毋媚，甯支離毋輕滑，甯直率毋安排。」君子以爲先生非止於書也。全氏撰《先生事略》。黄先生石齋與馬先生君常論書，晋唐後首推先生。戴廷栻《跋家藏傅道翁三世墨蹟》。王文簡公論先生畫入逸品。《池北偶談》。張瓜田徵君謂先生畫山水，皴擦不多，邱壑磊砢，以骨勝，墨竹亦有氣。《畫徵録》。振玉案：王漁洋有《答傅青主惠寫荷竹兼懷戴楓仲》詩，又《白耷山人集》訪先生詩注言，先生爲畫古松，是先生不僅工山水也。顧甯人極稱先生識字。閻百詩稱：「先生長於金石遺文之學，每與余語，窮日繼夜，不少衰止。」歎謂此種學「正經史之譌而補其缺，厥功甚大」。《潛邱雜記》。郃陽曹全碑出，先生以謝承《後漢書》考證，多所裨，大勝范書也。《困學紀聞箋》卷十三《謝承後漢書》：「錢牧齋云：『方少師於史館攜去，問之其後人，不可得。陽曲傅山先生聞之，笑曰：某家即有之，永樂閒揚州刻本。初郃陽曹全碑出，以謝書考證多所裨，大勝范書，以寇亂亡失矣。』」先生又嘗走平定山中，爲人視疾，失足墮崖。僕夫驚哭曰：「死矣！」先生旁皇四顧，見有風峪甚深，中通天光，一百二十六石柱林立，則高齊所書佛經也，摩挲終日而出。全氏撰《先生傳略》。荃孫案：《太原府志》：「風峪在太原縣西五里，風洞在縣西三里。風峪口甎甃洞一穴，方五丈，穴中三柱，四壁鐫《華嚴經》。」又朱彝尊《風峪石刻佛經記》：「太原縣之西五里，有山曰風峪，風穴存焉。愚者捧土塞穴，建石佛於內。環列所刻佛經，凡石柱一百二十有六。」又曰：「予友太原傅山行平定山中，誤墜崖谷，見洞口石經林列，與風峪等皆北齊天保閒字。」則先生平定山中所見與風峪石經自是二事。全氏誤併爲一，附正之。

先生既絶世事，而家傳故有禁方，乃資以自活。全氏撰《先生事略》。凡沈疴，遇先生無不瘳。用藥不依方書，多意爲之。每以一二味取驗。有勞瘵者，教之胎息，不三月而愈。一婦妬疑夫外遇，忽患腹痛，展轉地上。其夫求先生，令持敝瓦缶置婦榻前，搗千杵，服之立止。一老翁痰湧喉閒，氣不得出。入其家，具棺待殮。先生診之曰：不死。令搗蒜汁灌之，吐痰數升而甦。劉紹攽撰先生《傳》。先生善醫，而不耐俗，病家多不能致。然素喜看花，置病者於有花木寺觀中，令善先生者誘致之。聞病人呻吟，僧即言羈旅無力延醫耳，先生即爲治劑。太原古晉陽城中有先生賣藥處，立牌「衛生堂藥餌」五字，乃先生筆也。《茶館客話》。《仙儒外紀》六言：「藥鋪乃衛生館，不作衛生堂。」

明崇禎閒，汾澨有艸自生，土人不能識。青主見之流涕曰：「煙也，中國之亡徵見矣！」《仙儒外紀》卷十。

先生在太原獄，撫軍陳公憐其冤，具疏請釋，羈獄以候。先生手録《金剛》、《法華》二經註之。一年後，如接形聲，種種惡業現諸變相。一日司李省囚，語先生曰：「君高行動天，不日昭雪也。」先生遂將獄中幽魂慘戚情形訴之，乞拾棄骼埋郊外義塚，司李頷之。適太守邊公夜夢獄中諸厲哀鳴於前，次日司李以先生所言請，邊驚歎曰：「怪哉，夢寐之靈也！」即捐俸買地，多備席藁，殮瘞如法，仍勒石禁侵擾。有吏父夢三婦人披髮藍縷，哭言：「恩出宰官，權在公子。今獨遺某三人黑獄，何時出耶！」一夕三夢之。明以語其子，果於牆之僻處掘得三婦屍，兩屍無姓氏，一屍於瓦上書姓氏，交城人也。裹而埋之，由是囹圄不爲蒿里矣。此先生註《金剛》、《法華》之所感也。《陽曲志·志餘》。振玉案：先生在獄似未逾年，此云「一年後」云云，疑未確。先生喜游，每遊諸山水勝刹，至其門不肯入。顰眉謂同游者：是有閣、有廊、有池及花樹，是左右向。果閣、廊、池、花樹、左右向如所度，蓋近如宿命通矣。《石道人傳》。先生卒後數月，或遇之於太行山頂，扶杖游行，與人相問答如生平。瞿源洙《霜紅龕集敘》。

秀雲者，晉府樂長也，聲容冠一時。善畫蘭，兼工小楷，操琴《漢宮秋》稱絕調。又能以琵琶彈《普唵咒》，與琴入化，文人學士多與游，字之曰「明霞」。卒爲輕薄子所紿，傾囊相委，久知其負己也，抑鬱而逝。唵殨積歲，傅青主先生聞而憐之，召僧尼導引郊外，與所知詞客數輩酹之酒而葬之。有《聯珠詩十四首》，其一云：「芳魂栩栩自仙游，走馬章臺滿目愁。疏雨細風清夜永，可憐一曲《漢宮秋》。」其二云：「《漢宮秋》是古琴文，幾箇知音坐上聞。流水不逢鍾子輩，當壚誰識卓文君。」其八云：「小樓塵土暗窗紗，不見樓頭解語花。碁冷文楸香冷篆，牀頭橫著舊琵琶。」其九云：「琵琶掩抑不堪聽，司馬江頭涕淚零。老大只教癯骨在，何須粉白與螺青。」《陽曲志·志餘》。振玉案：此詩不見集中，附錄於此，以存佚事。

「《儒藏》精華編選刊」選目

經部

周易鄭注
漢魏二十一家易注
周易注
周易正義
周易口義（與《洪範口義》合册）*
温公易説（與《司馬氏書儀》
《孝經注解》《家範》合册）
漢上易傳
誠齋先生易傳
易學啓蒙
周易本義
楊氏易傳
易學啓蒙通釋
周易本義附録纂注
周易啓蒙翼傳
易纂言
周易本義通釋
易經蒙引
周易述
周易述補（江藩）（與李林松
《周易述補》合册）
周易述補（李林松）
易漢學
御纂周易折中
周易虞氏義
雕菰樓易學
周易集解纂疏
周易姚氏學
尚書正義
鄭氏古文尚書
洪範口義
書傳（與《書疑》《尚書表注》合册）
書疑
尚書表注
書纂言
尚書全解（全二册）
尚書要義

讀書叢説
書傳大全（全二册）
古文尚書攷（與《九經古義》合册）
尚書集注音疏（全二册）
尚書後案
毛詩注疏
詩本義
吕氏家塾讀詩記
慈湖詩傳
詩經世本古義（全四册）
毛詩稽古編
毛詩説
毛詩後箋（全二册）
詩毛氏傳疏（全三册）
詩三家義集疏（全三册）
儀禮注疏

儀禮集釋（全二册）
儀禮圖
儀禮鄭註句讀
儀禮章句
儀禮正義（全六册）
禮記正義
禮記集説（衛湜）
禮記集説（陳澔）（全二册）
禮記集解
禮書
五禮通考
禮經釋例
禮經學
司馬氏書儀
春秋左傳正義
左氏傳説

左氏傳續説
左傳杜解補正
春秋左氏傳賈服注輯述
春秋左氏傳舊注疏證（全四册）
春秋左傳讀（全二册）
公羊義疏
春秋穀梁傳注疏
春秋集傳纂例
春秋權衡（與《七經小傳》合册）
春秋集注
春秋經解
春秋胡氏傳
春秋尊王發微（與《孫明復先生小集》合册）
春秋本義
春秋集傳

春秋集傳大全（全三册）
孝經注解
孝經大全
白虎通德論
七經小傳
九經古義
經典釋文
群經平議（全二册）
新學僞經考
論語集解（正平版）
論語義疏
論語注疏
論語全解
論語學案
孟子注疏
孟子正義（全二册）
四書集編（全二册）
四書纂疏（全三册）
四書集註大全（全三册）
四書蒙引（全二册）
四書近指
四書訓義
四書賸言
四書改錯
四書説
廣雅疏證（全三册）
説文解字注

史部

逸周書
國語正義（全二册）
貞觀政要
歷代名臣奏議
御選明臣奏議（全二册）
孔子編年
孟子編年
陳文節公年譜
慈湖先生年譜
宋名臣言行録
伊洛淵源録
道命録
考亭淵源録
道南源委
聖學宗傳
元儒考略
理學宗傳
明儒學案
宋元學案

四先生年譜
洛學編
儒林宗派
程子年譜
學統
伊洛淵源續録
豫章先賢九家年譜
閩中理學淵源考（全三册）
清儒學案
經義考
文史通義

子部

孔子家語（與《曾子注释》合册）
曾子注釋
孔叢子
新書
鹽鐵論
新序
説苑
太玄經
論衡
昌言
傅子
大學衍義
大學衍義補
朱子語類
龜山先生語録
胡子知言（與《五峰集》合册）
木鐘集
西山先生真文忠公讀書記
性理大全書（全四册）
居業録
困知記
思辨録輯要
家範
小學集註
曾文正公家訓
勸學篇
仁學
習學記言序目
日知録集釋（全三册）

集部

蔡中郎集
李文公集
孫明復先生小集
直講李先生文集

歐陽脩全集
伊川擊壤集
元公周先生濂溪集
張載全集
温國文正公文集
公是集（全二册）
游定夫先生集
和靖尹先生文集
豫章羅先生文集
梁溪先生文集
斐然集（全二册）
五峰集
文定集
渭南文集
誠齋集（全四册）
晦庵先生朱文公文集

東萊吕太史集
止齋先生文集
攻媿先生文集
象山先生全集（全二册）
陳亮集（全二册）
絜齋集
文山先生文集
勉齋先生黄文肅公文集
北溪先生大全文集（全二册）
西山先生真文忠公文集
鶴山先生大全文集
閑閑老人滏水文集
郝文忠公陵川文集
仁山金先生文集
静修劉先生文集
雲峰胡先生文集

許白雲先生文集
吴文正集（全三册）
道園學古録　道園遺稿
師山先生文集
曹月川先生遺書
康齋先生文集
敬齋集
涇野先生文集（全三册）
重鐫心齋王先生全集
雙江聶先生文集
歐陽南野先生文集（全二册）
念菴羅先生文集（全二册）
正學堂稿
敬和堂集
涇皋藏稿
馮少墟集

高子遺書
劉蕺山先生集（全二册）
霜紅龕集（全二册）
南雷文定
桴亭先生文集
西河文集（全六册）
曝書亭集
三魚堂文集外集
紀文達公遺集
考槃集文録
復初齋文集
述學
揅經室集（全三册）
劉禮部集
籀廎述林
左盦集

出土文獻

郭店楚墓竹簡十二種校釋
上海博物館藏楚竹書十九種校釋（全二册）
秦漢簡帛木牘十種校釋
武威漢簡儀禮校釋

*合册及分册信息僅限已出版文獻。